‘हे राम’ से ‘जय श्रीराम’ तक

20 तिथियाँ जिन्होंने भारत की दिशा बदल दी

की कोशिश से भटक गया जिसने अपने सभी नागरिकों को समानता, स्वतन्त्रता, न्याय और भाईचारे का वादा किया था। आज यह देश हमारे स्वतन्त्रता सेनानियों और इसकी नींव रखने वाले दूरदर्शी पुरखों की कड़ी मेहनत को बर्बाद कर, खुद को हिन्दू राष्ट्र के रूप में स्थापित करने की कोशिश कर रहा है। यह पुस्तक पढ़ने लायक है क्योंकि यह आज़ाद भारत के इतिहास के बारे में ऐसी जानकारियाँ देती है, जो सामाजिक व सार्वजनिक विमर्श का हिस्सा नहीं है।

–डॉ. संदीप पाण्डेय
रेमन मैग्सेसे पुरस्कार विजेता

यह पुस्तक भारत के उस ऐतिहासिक चेहरे की याद दिलाती है जो ईसापूर्व के सबसे महान व्यक्तित्व बुद्ध से लेकर हमारे अपने समय के विश्वपुरुष महात्मा गांधी के द्वारा जो रचा गया और जिया गया। इसमें हमारी सामूहिक चेतना और स्वप्न के वे सारे दस्तावेज़ एक ऐसे संग्रहालय की तरह मौजूद हैं जिनसे अपने समय के मायावी कुहासे और महान्धकार के बावजूद अपनी खोयी हुई राहें पायी जा सकती हैं। लेखक आनन्द वर्धन सिंह ने इसे जिस व्याकुल वेदना और भारत की जनबिरादरी के प्रति अपनी गहरी निष्ठा और समर्पित भावना से लिखा है, वह किसी पेशेवर पत्रकार की लेखकी मात्र नहीं, संकट में फँसे अपने लोगों और देश के प्रति उनके गहरे जज़्बे की कमाई है। पुस्तक का शीर्षक– *'हे राम' से 'जय श्रीराम' तक* यह सूचित करने को पर्याप्त है कि हमारी मंज़िल और यात्रा का संकल्प क्या था और हम भटक कर आ कहाँ पहुँचे हैं? आनन्द वर्धन सिंह यहाँ हमारे उस असूझ दिग्भ्रम और राष्ट्रीय मूर्च्छा को तोड़ एक ऐसे उत्तरदायी सचेत जागरण की ओर ले जाना चाहते हैं जिससे यह देश पुनः अपना खोया हुआ स्वत्व पा सके। क्या ऐसे शब्दों की अगवानी हमें नहीं करनी चाहिए? क्या यह समय हमसे दुबारा यह नहीं कह रहा कि उठो! जागो!! और अपना प्राप्य अर्जित करो!!

–डॉ. विजय बहादुर सिंह
साहित्यकार व आलोचक

हे राम से "जय" श्रीराम तक

20 तिथियाँ जिन्होंने भारत की दिशा बदल दी

आनन्द वर्धन सिंह

पूर्वकथन
शशि थरूर

प्रस्तावना
सतीश झा

अनुवाद
सुनील कुमार

वाणी प्रकाशन

प्रकाशन के उत्कृष्टतम 61 वर्ष

vaniprakashan.com

सजिल्द पहला संस्करण : 2024

वाणी प्रकाशन

4695, 21-ए, दरियागंज, नयी दिल्ली-110 002

फ़ोन : +91 11 23273167, 23275710

शाखाएँ

अशोक राजपथ, पटना-800 004, बिहार

कॉफ़ी हाउस कैम्पस, महात्मा गांधी मार्ग, प्रयागराज-211 001, उत्तर प्रदेश

महात्मा गांधी अन्तरराष्ट्रीय हिन्दी विश्वविद्यालय, वर्धा-442 001, महाराष्ट्र

36/ए, शेक्सपियर सरणी, रानी बिरला गर्ल्स कॉलेज के पास, कोलकाता-700 017, प. बंगाल

sales@vaniprakashan.in
vaniprakashan@gmail.com

'Hey Ram' Se 'Jai Shree Ram' Tak

by Anand Vardhan Singh

Translated by Sunil Kumar

ISBN : 978-93-5775-661-7

Politics/Journalism

मूल्य : ₹ 695

जी.एस. ऑफ़सेट, दिल्ली-110 095 में मुद्रित

वाणी प्रकाशन का लोगो मक़बूल फ़िदा हुसेन की कूची से

पूर्वकथन

आनन्द वर्धन सिंह की पुस्तक 'हे राम' से 'जय श्रीराम' तक आधुनिक भारत के इतिहास का विहंगावलोकन प्रस्तुत करती है। इस पुस्तक में आज़ादी के बाद के 75 वर्षों के दौरान की उपलब्धियों के साथ-साथ भारत के पतन का कारण बनने वाली घटनाओं पर भी नज़र डाली गयी है। भारतीय इतिहास से लिए गये इन वृत्तान्तों में विपरीत परिस्थितियों का सामना करते हुए अदम्य साहस, आश्चर्यजनक नवोन्मेष तथा अटूट आत्मशक्ति के उदाहरण तो प्रस्तुत किये ही गये हैं; साथ ही यह पुस्तक हमें भारतीय इतिहास के तामसिक पहलुओं से भी रूबरू करवाती है, जैसे कि जन-स्वतन्त्रताओं का हनन, विदेश नीति की चुनौतियाँ, और धार्मिक कट्टरवाद की समस्या जो आज़ादी के शुरुआती दिनों में ही सर उठाकर खड़ी हो गयी थी और हालिया धारा फिर से उसी दिशा में बहने लगी है।

सभी राष्ट्रों को अस्मिता के संघर्ष का सामना करना पड़ता है। भारत जैसे देश में तो यह संघर्ष और अधिक चुनौतीपूर्ण हो जाता है क्योंकि भारतीय समाज विभिन्न धार्मिक तथा जातीय समूहों का संचय है जिसकी जड़ में यह धारणा निहित है कि हमारी विविधता हमारी एकता का स्रोत है, अलगाव का नहीं। बहुत से विदेशी समीक्षक यह देख कर हैरान होते हैं कि भारत जैसा बहुलतावादी देश अब तक एकजुट कैसे है, जबकि सच्चाई यह है कि यह बहुलता ही भारत का अस्तित्व सुनिश्चित किये हुए है। बहुलतावाद ही भारत की मूल प्रकृति है, भारत के भूगोल ने इसे एक अपरिहार्यता बनाकर रखा है और हमारा इतिहास इस तथ्य की पुष्टि करता रहा है।

बहुलतावाद तथा सर्वसमावेशिता लम्बे समय से भारत के मूलतत्त्व की भूमिका निभाते आ रहे हैं। इस मूलतत्त्व का क्षरण ही इस पुस्तक की केन्द्रीय विषयवस्तु है—गांधीजी की हत्या की भयावहता से लेकर हालिया दिनों में अयोध्या तथा गुजरात से उठने वाली साम्प्रदायिक हिंसा की घटनाएँ इस क्षरण के ही लक्षण हैं।

आज धार्मिक अलगाववाद के कोकून में बन्द हो जाने का ख़तरा बहुत अधिक बढ़ गया है। यह भारत के बुनियादी सिद्धान्तों के विपरीत है। स्वामी विवेकानन्द ने कहा था कि हिन्दू धर्म हमें विभिन्न मतों को स्वीकार करने की शिक्षा देता है। हिन्दुत्व हिन्दू धर्म नहीं है; यह तो एक राजनैतिक सिद्धान्त है, धार्मिक श्रद्धा नहीं। 'हिन्दू पाकिस्तान' में हिन्दू धर्म के कोई भी गुण नहीं होंगे, यह एक संघी हिन्दू राज्य बनकर रह जायेगा। अधिकांश सोचने-समझने वाले हिन्दू इस प्रकार के राज्य को स्वीकार नहीं करेंगे—लेकिन 'हे राम' से 'जय श्रीराम' तक पुस्तक में हमें इस प्रकार के हिन्दू कट्टरपन्थी राज्य के निर्माण की सम्भावना बार-बार सर उठाती हुई नज़र आती है।

आनन्द वर्धन सिंह इस पुस्तक के उपसंहार में यह कामना ज़ाहिर करते हैं कि देश 'जय श्रीराम' की रणहुंकार के भ्रम से बाहर निकल आये और फिर से 'जय सिया राम' का सौम्य अभिवादन अपना ले जिसमें सर्वजनहिताय-सर्वजनसुखाय का सन्देश अभिव्यक्त किया जाता है। मैं भी शान्ति, सहिष्णुता तथा एकता की इस भावना का अनुमोदन करता हूँ। यही गुण हमारे प्यारे भारत देश को रौशन भविष्य प्रदान कर सकते हैं।

—शशि थरूर

प्रस्तावना

अंग्रेज़ी शासन से मुक्ति प्राप्त करने के पश्चात् भारत अब 75 वर्ष की युवावस्था को प्राप्त कर चुका है। युवा इसलिए क्योंकि लोकतन्त्र की उम्र धीरे-धीरे ही बढ़ती है। इसकी अधेड़ावस्था भी बहुत देर से आती है। अमेरिका में भी, जिसको दुनिया का 'सबसे पुराना लोकतन्त्र' कहा जाता है, हम देखते हैं कि एक लोकतान्त्रिक गणराज्य के पैमाने पर खरे उतरने वाले बहुत से पैमानों पर हाल ही में परिपक्व समझ विकसित होने लगी है। ऐसे में हमें कोई हैरानी नहीं होनी चाहिए कि 17 आम लोकसभा चुनावों तथा 16 प्रधानमन्त्रियों का अनुभव ले लेने के बाद भारत अकूत सम्भावनाओं से भरा हुआ है तथा इसकी सरहद के बीच निवास करने वाले दुनिया के हर पाँचवें व्यक्ति को लोकतान्त्रिक शासन प्रदान करने में प्रयासरत है।

हमारा इतिहास ऐसी महान विभूतियों से भरा हुआ है जिन्होंने मानव सभ्यता की बेहतरी में अपना योगदान दिया है। सदियों पहले ही भारत का प्रभाव पश्चिमेशिया से लेकर सुदूर पूर्वी एशिया तक फैला हुआ था और पुरातन समय से ही भारत विश्व को शान्ति, वसुधैव कुटुम्बकम् तथा सर्वजनहिताय का सन्देश देने के साथ-साथ प्रकृति एवं विज्ञान की समग्रतामूलक समझ भी प्रदान करता आ रहा है। लेकिन विश्व पटल पर दो व्यक्तियों की वजह से भारत को सबसे ज़्यादा पहचान मिली है, और संयोगवश इन दोनों को ही महात्मा कहकर बुलाया जाता है : महात्मा बुद्ध तथा महात्मा गांधी। उनका सन्देश भौगोलिक, राष्ट्रीय अथवा राजनैतिक सीमाओं तक सीमित नहीं किया जा सकता।

द्वितीय विश्व युद्ध से लेकर वर्तमान तक इस 140 करोड़ से अधिक आबादी के इस देश के विकासमार्ग का वर्णन करना अपने आप में एक महाउपक्रम है। राष्ट्र के सफ़र को प्रभावित करने वाली हज़ारों महत्त्वपूर्ण घटनाओं का बिन्दु-मिलान करना कमज़ोर दिल के लोगों या नौसिखियों के बस की बात नहीं; वह भी ऐसे समय में जबकि एक दिन ऐसा नहीं जाता है जब लोगों का जीवन बेहतर करने,

सामाजिक ताने-बाने को मज़बूती प्रदान करने तथा एक बेहतर भविष्य के निर्माण हेतु प्रतिबद्ध समीक्षकों की अन्तरात्मा को हिला देनी वाली कोई-न-कोई दारुण घटना घटित न होती हो।

आनन्द वर्धन सिंह हमारे समय के एक दुर्लभ समीक्षक हैं जो पारखी नज़र रखते हैं, तथा अपनी टिप्पणियों एवं सम्प्रेषण के नित नवीन माध्यमों की तलाश करने के माध्यम से अपने दर्शकों तक ज़मीनी सच्चाई पहुँचा रहे हैं। एक समृद्ध लोकतन्त्र में उद्वेलनशील पत्रकारिता से यही अपेक्षा की जाती है। पिछले कुछ समय से स्वतन्त्र पत्रकारिता में ये गुण बिरले ही मिलते हैं और मुख्यधारा का मीडिया तो पूरी तरह से शासक वर्ग का दरबारी ही बन चुका है, अनुचर की तरह अपने आकाओं की सेवा करता है। आनन्द वर्धन सिंह पिछले एक दशक से भी अधिक समय से लखनऊ से प्रकाशित होने वाले एक ख्यातिप्राप्त समाचारपत्र का सम्पादन करते आ रहे हैं। उन्होंने पहले ही पहचान लिया था कि जब पाठक ही डिजिटल माध्यमों को तरजीह देने लगे हैं, तो ऐसे में पत्रकार का भी दायित्व बनता है कि भरसक प्रयास करके डिजिटल मंच पर ही पाठकों तथा दर्शकों तक अपनी बात को पहुँचाया जाये। 2018 में उन्होंने द *पब्लिक इंडिया* की स्थापना की और अपनी स्पष्टवादिता एवं शासक वर्ग को आईना दिखाने की प्रतिबद्धता के कारण यह मंच दूसरे लोगों के लिए भी प्रेरणास्रोत बन गया है। इसके साथ ही द *पब्लिक इंडिया* ने जनभावना के अनुरूप पत्रकारिता करके इस पेशे के मूल चरित्र को भी बचा कर रखा है।

इस पुस्तक में स्वतन्त्रता के बाद भारत देश तथा भारतीय समाज की यात्रा को प्रभावित करने वाली घटनाओं का जायज़ा लिया गया है। 1947 के बाद से भारत की दिशा को निर्धारित करने वाली 20 घटनाओं के विश्लेषण के द्वारा ज्ञात-अज्ञात तथा भूले-बिसरे वृत्तान्त प्रस्तुत किये गये हैं। इन तिथियों तथा तथ्यों के माध्यम से लेखक ने भारत की अस्मिता से हमारी पहचान करवाने का प्रयास किया है।

आनन्द वर्धन सिंह का लालन-पालन एक राजनैतिक रूप से सक्रिय परिवार में हुआ, इसीलिए उन्हें भारत की दशा-दिशा को प्रभावित करने वाली बहुत सी छोटी-मोटी तथा साथ ही बड़ी एवं महत्त्वपूर्ण घटनाओं को सुनने-देखने तथा उनमें भागीदारी करने का प्रत्यक्ष अनुभव प्राप्त हुआ। महात्मा गांधी की हत्या से लेकर अयोध्या में राम मन्दिर के भूमिपूजन तक यह पुस्तक ऐसी बहुत सी घटनाओं से हो कर गुज़रती है जिनके बारे में सम्भवत: आम पाठकों को पूरी जानकारी नहीं है।

पुस्तक का शीर्षक बड़ी दक्षता के साथ भारत की 75 वर्ष की यात्रा की ओर इंगित करता है। भारत में औसत जीवन-प्रत्याशा के अनुसार तो व्यक्ति का पूरा

जीवनकाल इस पुस्तक में समाहित कर दिया गया है। यह भी एक क्रूर विडम्बना ही थी कि स्वतन्त्रता प्राप्ति के कुछ महीने के अन्दर ही भारत के अहिंसक स्वतन्त्रता संघर्ष के निर्माता, देश के 'राष्ट्रपिता,' महानतम भारतीयों में से एक व्यक्ति जिसने विश्व को अहिंसा, शान्ति, सत्य एवं उच्चादर्शों की सीख दी, जो अपने समाज के निर्धनतम व्यक्ति की तरह अल्पावस्त्र धारण करता रहा, जो सादगी में महानता की प्रतिमूर्ति था, वह स्वयं ही एक दक्षिणपन्थी, कट्टरवादी द्वारा दाग़ी गयी गोलियों से मारा गया। दुनिया के सबसे अहिंसक व्यक्ति को हिंसक अन्त दिया गया। वह घटना आज तक देश को विभाजित करती आ रही है। बहुसंख्यावादी दक्षिणपन्थी हिन्दुत्ववादी आज तक गांधी के हत्यारे को अपना नायक मानते हैं, ये लोग हिन्दू से भिन्न हैं, लेकिन आज के दिन केन्द्र सरकार इन्हीं लोगों के हाथ में है।

पुस्तक की शुरुआत गांधीजी की हत्या से होती है, लेकिन आनन्द वर्धन सिंह पूरी पुस्तक में केवल राजनीति की ही चर्चा नहीं करते हैं। वे यह भी बताते हैं कि संविधान को अपनाने के बाद भारत एक गणतन्त्र किस प्रकार बना। साथ ही कूटनीति, सेना, खेल-कूद, जनान्दोलन, सेना सम्बन्धी सरोकार, अर्थव्यवस्था, विकास, दंगे, भ्रष्टाचार तथा अन्य विषयों के साथ-साथ नरेन्द्र मोदी का उत्थान एवं दुनिया के दो सर्वाधिक जनसंख्या वाले देशों पर इसके प्रभाव जैसे प्रश्नों पर भी पुस्तक में चर्चा की गयी है। आनन्द वर्धन सिंह अपने अनुभव की रौशनी में इन घटनाओं को देखते हैं; इनमें से बहुत सी घटनाओं में तो वे स्वयं सक्रिय भागीदारी कर चुके हैं, कुछेक घटनाएँ उन्होंने नज़दीक से देखी हैं तो कुछेक घटनाओं की बाहर से समीक्षा की है; साथ ही समकालीन भारत के इतिहास के विद्यार्थी तो वे सदैव रहे ही हैं।

यह किताब पाठक को बाँधकर रख लेती है। पुस्तक में बहुत से ऐसे विषयों पर अन्तर्दृष्टि प्रदान की गयी जिनके बारे में या तो लिखा ही नहीं गया है या फिर उन घटनाओं में शामिल थोड़े से लोगों के अलावा और कोई जानता भी नहीं है कि ये घटनाएँ किस प्रकार विकसित हुईं, अन्ततः लावा बनकर कैसे फूटीं तथा कौन सी ऐतिहासिक शक्तियों का प्रत्यक्ष परिणाम थीं।

सतीश झा

बोस्टन, अमेरिका

भूतपूर्व सम्पादक–दिनमान

संस्थापक सम्पादक–जनसत्ता

आभार

बचपन से ही मुझे यथास्थिति पर सवाल उठाने की आदत डाली गयी थी और समय के साथ-साथ यह मेरा स्वभाव बन गया–इतिहास निर्माण करने वाली अलग-थलग सी दिखने वाली घटनाओं का विश्लेषण करना और जवाब तलाश करने की कोशिश करना मेरी आदत बन चुका था।

सबसे पहले तो मुझे स्वर्गीय जॉर्ज फ़र्नांडीस साहब का आभार व्यक्त करना चाहिए। उन्होंने मुझे समाजवादी नज़रिये का जीवन-दर्शन तथा राजनैतिक दृष्टिकोण प्रदान किया। मेरे स्वर्गीय भाई साहब का प्रशिक्षण समाजवादी नेताओं द्वारा किया जा रहा था तथा 1969 में उन्होंने रिक्शा तथा ताँगा चालकों को सम्बोधित करने के लिए जॉर्ज साहब को आमन्त्रित किया था। यह मेरे जीवन की सबसे बड़ी घटना थी जिसने मुझे असली राजनीति की ओर प्रेरित किया।

मैं अपने स्वर्गीय भाई हर्ष वर्धन का भी आभार व्यक्त करता हूँ जिन्होंने अपना पूरा जीवन वंचितों के अधिकारों की रक्षा के लिए तथा अन्याय के विरुद्ध संघर्ष को समर्पित कर दिया था। वे दो बार लोकसभा में सांसद निर्वाचित हुए तथा एक बार विधायक रहे। उनके माध्यम से ही सन् 1977 के बाद से मुझे चुनावी राजनीति में अन्तर्दृष्टि मिलनी शुरू हुई। चार दशक तक उन्होंने मुझे उनकी चुनावी मुहिम का आयोजन करने की खुली छूट दी तथा मेरी बनाई हुई रणनीतियों में पूरा भरोसा बनाकर रखा।

मेरे घर में माता-पिता राजनीति के बारे में बे-लगाम और उन्मुक्त चर्चा तथा अपने-अपने विचारों को स्वतन्त्र रूप से अभिव्यक्त करने को प्रोत्साहित करते थे। यह उनका बहुत बड़ा योगदान था जिसने मेरे व्यक्तित्व का निर्माण करने में सबसे महत्त्वपूर्ण भूमिका निभाई है।

मेरी माताजी श्रीमती सावित्री सिंह साहित्य तथा इतिहास की गहरी जानकारी रखती थीं तथा बचपन में उनके द्वारा सुनाई गयी कहानियों ने मुझ पर बड़ा प्रभाव

डाला। वे स्वतन्त्रता सेनानी थीं तथा उन्होंने गांधीजी के आश्रम सेवाग्राम में बहुत वर्ष बिताये थे। सिर्फ़ मुझे और मेरे भाई-बहनों को ही नहीं बल्कि हमारी भावी पीढ़ियों को भी उनकी धार्मिक कथाओं का आनन्द मिला, साथ ही स्वतन्त्रता संग्राम तथा गांधीजी के निजी जीवन का आँखों देखा हाल तो उनसे सुनते ही रहते थे।

मेरे पिताजी योगेन्द्र पाल सिंह साधन-सम्पन्न परिवार में पैदा हुए थे लेकिन उन्होंने अपना रास्ता स्वयं बनाने का फ़ैसला किया। बांसगाँव (उत्तर प्रदेश) में उन्होंने दशहरे के अवसर पर भैंसा काटने की कुप्रथा पर तो पाबन्दी लगाई ही, साथ ही जिन दिनों में ठाकुर-ब्राह्मण जातियों के लिए हल को हाथ लगाना भी वर्जित था उस समय उन्होंने ख़ुद हल चलाकर अपने क्षेत्र में एक तरह की क्रान्ति पैदा कर दी थी।

अपने सभी भाई-बहनों के योगदान का भी आभार व्यक्त करता हूँ जो मेरे हर निर्णय में मेरे साथ खड़े रहे। हालाँकि इनमें से बहुत से निर्णय ग़लत भी साबित हुए लेकिन उनकी 'मैं हूँ ना' वाली भावना ने मुश्किल निर्णयों को भी आसान बना दिया।

पिछले 40 वर्षों के दौरान मेरा सहारा बनी रहने के लिए मेरी पत्नी प्रतिभा केवल आभार की ही नहीं बल्कि प्रशंसा तथा प्रेम की भी भागी हैं। लम्बी यात्राओं के दौरान मैं तो घर से ग़ायब ही रहता था लेकिन फिर भी मुझे कभी घरेलू मामलों या बच्चों की चिन्ता करने की ज़रूरत नहीं पड़ी। उनकी एक सबसे विलक्षण प्रतिभा का ज़िक्र न करना बड़ी नाइन्साफ़ी हो जायेगी–जब भी मुझे पैसे की कमी होती थी तो वे सदैव ही मेरा वित्तपोषण कर देती थीं। मुझे आज भी हैरानी होती है कि वे इतनी आसानी तथा सहजता के साथ पैसे को कैसे सँभाल लेती हैं।

मेरे बच्चों निखिल तथा निधि को लगता है कि उनके पिता कभी कोई ग़लत काम नहीं कर सकते–उनके इस भरोसे ने मुझे सदैव उचित निर्णय लेने का नैतिक साहस प्रदान किया है।

हम संयुक्त परिवार में रहते हैं, इसलिए मैं अपनी भावी पीढ़ी का आभार व्यक्त करता हूँ कि उन्होंने मेरे साथ एक दोस्त जैसा व्यवहार किया, और उनकी वजह से ही मैं जिज्ञासु तथा ऊर्जावान बना रहा हूँ। डालीगंज, लखनऊ में मेरे घर में हम हर त्यौहार धूम-धाम से मनाते थे, इनके आयोजन में अगुआ तो मैं ही होता था लेकिन मेरा भतीजा राजन इन आयोजनों में मेरा सबसे बड़ा सहायक होता था।

यहाँ सभी सक्रिय कार्यकर्ताओं का आभार व्यक्त करना तो सम्भव नहीं लेकिन मैं यह अवश्य कहना चाहता हूँ कि आपकी सहानुभूति तथा अपने उद्देश्य के

प्रति आपका समर्पण बड़ा उत्साहवर्धक है। मेरे दोस्तों तथा सहकर्मियों की विस्तृत मण्डली हर दिन एक नया हौसला देती रहती है।

मेरी पहली सम्पादक प्रणीता लेले विशेष धन्यवाद की अधिकारी हैं, आपने पुस्तक में समाहित सामग्री के बारे में बड़े महत्त्वपूर्ण प्रश्न उठाये तथा आवश्यक जानकारी को पुस्तक में समाहित करने में सहायता की।

ज्ञानेश न केवल तकनीकी पक्ष का ध्यान रखते रहे हैं बल्कि मेरे अधिकांश उपक्रमों के बारे में सबसे पहली राय भी प्रदान करते रहे हैं। इस पुस्तक के सिलसिले में भी उन्होंने यह भूमिका बख़ूबी निभाई है।

मेरे स्टाफ़ के लोगों ने मुझे यह आराम मुहैया करवा दिया कि इस पुस्तक को लिखते समय मुझे और किसी बात की चिन्ता करने की आवश्यकता नहीं। उनके समर्पण का आभार व्यक्त करने के लिए मेरे पास शब्द नहीं। इस पुस्तक का आवरण तैयार करने के लिए मुशैफ़ का धन्यवाद, यह आवरण इस पुस्तक की विषयवस्तु को भली-भाँति अभिव्यक्त करता है।

मेरी भतीजी सुप्रिया की ज़िद थी कि इतिहास को तोड़ने-मरोड़ने की कोशिशों का जवाब देने के लिए इस पुस्तक को पाठकों के सामने लाना अत्यन्त आवश्यक है।

वाणी प्रकाशन के अरुण माहेश्वरी जी और अदिति माहेश्वरी जी को मेरा धन्यवाद, आपने इस पुस्तक में बड़ा विश्वास जताया तथा पाण्डुलिपि में बिना कोई फेर-बदल किये पूरी पुस्तक छाप दी।

पुस्तक का हिन्दी अनुवाद श्री सुनील कुमार जी ने बहुत सुन्दर किया और इस पुस्तक की मूल आत्मा को बिना छेड़े इसका अंग्रेज़ी से हिन्दी में रूपान्तरण किया। मैं प्रो. रामदेव शुक्ल जी का विशेष आभारी हूँ कि उन्होंने अपने व्यस्त कार्यक्रम के बीच समय निकालकर हिन्दी अनुवाद को त्रुटिविहीन बनाया। डॉ. राजीव श्रीवास्तव के रेखाचित्रों ने 20 तीथियों को और पैना बना दिया है।

मैं यह स्वीकार करना चाहता हूँ कि मेरी नातिन 'जिया' जिसे मैं प्यार से कुची-कुची बुलाता हूँ, ने मेरे भीतर एक नये प्रकार का प्रेम जगाया है जो मुझे एक दैवी प्रेरणा और शक्ति प्रदान करता है।

अन्ततः, मेरे देशवासियों के नाम, जो हर प्रकार की विपरीत परिस्थितियों, फ़ेक न्यूज़ तथा नफ़रत की राजनीति के बावजूद भारत की आत्मा तथा भारत की अवधारणा को ज़िन्दा रखे हुए हैं और यह पुस्तक अब आपके हवाले कर रहा हूँ।

—आनन्द वर्धन सिंह

अनुक्रम

अध्याय एक

हे राम!

महात्मा गांधी की हत्या

30 जनवरी 1948, शुक्रवार

'हे राम!'–30 जनवरी 1948 को अपने हमवतन के ही हाथों तीन गोलियाँ खाने के बाद महात्मा के मुँह से निकलने वाले अन्तिम शब्द यही थे। इन तीन प्राणघाती गोलियों ने नश्वर महात्मा को अमरत्व प्रदान कर दिया। देश ने अपने राष्ट्रपिता को खो दिया–यह आदरसूचक उपाधि नेताजी सुभाष चन्द्र बोस ने गांधीजी को दी थी, और आज पूरा देश इसी उपाधि से उन्हें जानता है।

हिन्दू धर्म में यह मान्यता है कि प्राण निकलते वक़्त राम का नाम आपके होंठों पर हो तो दिवंगत आत्मा को मोक्ष की प्राप्ति होती है। हिन्दू गांधी की दूसरे हिन्दू नाथूराम गोडसे ने जब हत्या की तो राम का नाम लेते हुए उन्होंने प्राण छोड़े। हिन्दू

धर्म के स्वघोषित रक्षक नाथूराम गोडसे ने गांधीजी की हत्या के लिए शुक्रवार का दिन चुना। शुक्रवार मुसलमानों के लिए एक मुक़द्दस दिन है, और सभी दीनपरस्त मुसलमान इस दिन जुम्मे की नमाज़ अदा करते हैं। जुम्मे की नमाज़ तो दिन में ही हो चुकी थी लेकिन हत्यारे ने गांधीजी को अपनी सांध्य-प्रार्थना करने का अवसर नहीं दिया। यीशु मसीह की ही तरह गांधीजी को भी उनके अपने समाज ने ही मारा, जिस समाज के उत्थान के लिए उन्होंने अपना पूरा जीवन समर्पित कर दिया था।

मोहनदास से महात्मा गांधी तक का सफ़र

इंग्लैंड में क़ानून की पढ़ाई करने के बाद मोहनदास करमचन्द गांधी थोड़े समय के लिए भारत वापिस आये और फिर दक्षिण अफ्रीका चले गये। वहाँ पर उन्होंने अहिंसा, सत्याग्रह आदि विचारों पर प्रयोग किये। हम कह सकते हैं कि दक्षिण अफ्रीका उनकी प्रारम्भिक प्रयोगशाला थी जहाँ पर उन्होंने जनहित की उपेक्षा करने वाली विदेशी सरकार का विरोध करने हेतु अपने उपकरणों को आजमाया। गांधीजी जीवनपर्यन्त स्वयं को मानसिक तथा आध्यात्मिक रूप से सुदृढ़ बनाने में प्रयत्नरत रहे ताकि अपने अधिकारों के लिए संघर्ष करने वाले एक दृढ़ समाज और एक दृढ़ राष्ट्र का निर्माण कर सकें।

महात्मा गांधी ने हमें ब्रितानवी हुक्मरानों से लड़ने के लिए अस्त्र-शस्त्र तो प्रदान किये ही, साथ ही उन्होंने राष्ट्र को स्वराज की धारणा भी प्रदान की। उनको अहसास था कि अंग्रेज़ों को देश से निकालने के बाद हमें आधी आज़ादी ही प्राप्त होगी, लेकिन हमारी आज़ादी सही अर्थों में तभी पूर्ण होगी जब सभी देशवासियों को भुखमरी, बेरोज़गारी, लैंगिक भेदभाव तथा अस्पृश्यता से भी मुक्ति मिल जायेगी।

महात्मा गांधी कभी भी 'द्विराष्ट्र सिद्धान्त' के समर्थक नहीं थे लेकिन कांग्रेस नेतृत्व जल्द से जल्द अंग्रेज़ों को देश से निकालना चाहता था, चाहे इसके परिणामस्वरूप देश का विभाजन ही क्यों न हो जाये। जिन्ना द्वारा मुसलमानों के लिए एक अलग मुल्क की माँग करना अंग्रेज़ों के हितों की पूर्ति करती थी। 15 अगस्त 1947 को गांधीजी स्वतन्त्रता का जश्न नहीं मना रहे थे, बल्कि साम्प्रदायिक शान्ति एवं सौहार्द की स्थापना के लिए कलकत्ता में उपवास पर बैठे थे। विभाजन के विषय पर गांधीजी के अनेक लेख उपलब्ध हैं। यहाँ हम उन लेखों का विश्लेषण नहीं करेंगे क्योंकि गांधीजी की हत्या के बाद भारतीय राजनीति पर पड़ने वाले प्रभावों को समझना इस पुस्तक का मुख्य उद्देश्य है। विभाजन के बाद गांधीजी ने भारत और पाकिस्तान का संघ बनाने का विचार भी प्रस्तुत किया। बाद में डॉ. राममनोहर

लोहिया ने भारत-पाक महासंघ का नाम देकर इस विचार को पुनः प्रस्तुत किया। गांधीजी को यह पूर्ण विश्वास था कि किसी-न-किसी दिन दोनों देशों के बीच कोई आपसी समझौता हो जायेगा और दोनों देश प्रगति की राह पर अग्रसर होंगे।

एक-दो बार गांधीजी उस समय के सरसंघचालक के निमन्त्रण पर राष्ट्रीय स्वयंसेवक संघ के शिविर में भी गये; उन्होंने संघ के अनुशासन की तो तारीफ़ की लेकिन साथ ही यह सलाह भी दी कि संघ द्वारा अपनायी गयी 'हिन्दू' की परिभाषा में परिवर्तन करने की आवश्यकता है। महात्मा गांधी द्वारा अपनाया गया हिन्दुत्व सर्वसमावेशी था जबकि संघ की अवधारण अपवर्जनात्मक थी। यह एक आम मान्यता है कि नाथूराम गोडसे संघ के प्रति सहानुभूति रखता था। यह भी माना जाता है कि हिन्दू महासभा गांधीजी की हत्या के षड्यन्त्र में शामिल थी। सावरकर ने हत्या की योजना बनायी थी तथा गोरखनाथ मठ के महन्त दिग्विजयनाथ ने आवश्यक सामग्री जुटाने में सहयोग प्रदान किया था।[1]

महात्मा गांधी-कांग्रेस-नेहरू-सरदार पटेल

गांधीजी द्वारा लिखे गये एक पत्र के आधार पर हम यह कह सकते हैं कि स्वतन्त्रता प्राप्ति का लक्ष्य प्राप्त होने के पश्चात् गांधीजी कांग्रेस का विघटन करना चाहते थे।[2] पूर्ण स्वराज की उनकी अवधारणा केवल अंग्रेज़ी शासन से मुक्ति प्राप्त करने तक सीमित नहीं थी, उनका मुख्य उद्द्देश्य था अन्त्योदय–यानी कि समाज के निर्धनतम व्यक्ति का कल्याण सुनिश्चित करना। मेरा यह विचार है कि महात्मा गांधी कांग्रेस को एक विचारधारात्मक तथा सामाजिक संगठन के रूप में तो बना कर रखना चाहते थे, लेकिन वे यह नहीं चाहते थे कि कांग्रेस प्रत्यक्ष रूप से चुनावों में भाग ले। आज के सन्दर्भ में इसे इस तरह से समझ सकते हैं कि वे आरएसएस तथा भाजपा (भारतीय जनता पार्टी) जैसी व्यवस्था बनाना चाहते थे, आरएसएस जहाँ अपनी विचारधारा का प्रचार करती है तो वहीं भाजपा उसी विचारधारा के आधार पर चुनाव लड़ती है। उसी तरह गांधीजी की नज़र में कांग्रेस आन्दोलन तथा कांग्रेस पार्टी में एक स्पष्ट विभाजन था। कांग्रेस पार्टी चुनावों में भागीदारी कर सकती थी, जबकि कांग्रेस आन्दोलन इसकी विचारधारा को अपनाने वाले विभिन्न राजनैतिक दलों (जैसे कि कांग्रेस पार्टी या समाजवादी दल) से अलग तथा असम्बद्ध होता।

महात्मा गांधी ने सदैव कांग्रेस को सुदृढ़ बनाने की दिशा में प्रयास किया। उन्होंने यह काम हमेशा दल के प्रशिक्षक के रूप में किया, कभी कप्तान नहीं बने। यहाँ तक कि अप्रत्यक्ष रूप से भी कप्तानी नहीं सँभाली। गांधीजी की यह मान्यता

थी कि देश को नेहरू की दूरदर्शिता तथा पटेल की प्रशासनिक क्षमता दोनों की ही ज़रूरत थी। सरदार पटेल जवाहरलाल नेहरू से 15 वर्ष बड़े थे। उन्होंने किसी विषय पर नेहरू को चुनौती नहीं दी। उन्हें मालूम था कि चुनावों में वोट की ही अहमियत होती है और नेहरू जनप्रिय नेता थे ही। नेहरू में वोट खींच कर लाने की क्षमता थी। सरदार पटेल को यह भी ज्ञात था कि भारत को एक मज़बूत शुरुआत की ज़रूरत थी और नेहरू को विकासकार्य में ध्यान लगाना था। ऐसे में एक सक्षम तथा भरोसेमन्द सहयोगी की आवश्यकता होती है और सरदार ने भी सदैव यह सहयोग प्रदान किया। इतिहास में ऐसे भी बहुत से साक्ष्य मिलते हैं कि सरदार पटेल के दृढ़-निश्चय तथा इच्छा के सामने नेहरू को झुकना पड़ा। नेहरू सरदार पटेल के प्रति बड़े भाई जैसा ही स्नेह तथा सम्मान रखते थे।

गोपाल कृष्ण गोखले की सलाह पर जनवरी 1915 में गांधीजी दक्षिण अफ्रीका से भारत लौट आये। 19 फ़रवरी 1915 को गोखले जी का देहान्त हो गया लेकिन उनकी दी हुई शिक्षा का अनुसरण करते हुए गांधीजी ने पूरे देश का भ्रमण किया ताकि वे इस देश और इस देश के लोगों, उनकी विविधता तथा उनकी विपन्नता को प्रत्यक्ष अनुभव कर सकें। हमें गांधीजी की बृहत्तर दूरदर्शिता तथा समझ की प्रशंसा करनी चाहिए। वे भारत को न केवल ब्रितानवी राज से मुक्त करवाना चाहते थे बल्कि साथ-ही-साथ भारतीय समाज को भी कुप्रथाओं से मुक्त करवाना चाहते थे। युवा शक्ति की महत्ता का उन्हें बख़ूबी अहसास था और वे विद्यार्थियों के साथ संवाद करने का कोई भी मौक़ा नहीं गँवाते थे। इस दिशा में महामना मदन मोहन मालवीय ने उन्हें प्रथम अवसर प्रदान किया। 1916 की बसन्त पंचमी के दिन भारत के वाइसराय तथा गवर्नर-जनरल लॉर्ड हार्डिंग ने बनारस हिन्दू विश्वविद्यालय का भूमिपूजन सम्पन्न किया। इस समारोह में शामिल होने के लिए देश के बड़े-बड़े शिक्षाविद् तथा राजे-रजवाड़े आमन्त्रित किये गये थे। गांधीजी को भी समारोह में भाषण देने के लिए आमन्त्रित किया गया था। सभा में अधिकांश श्रोता विद्यार्थी ही थे। मालवीय जी की सहयोगी एनी बेसेंट ने गांधीजी को अपने शब्दों को लगाम देने के लिए मनाने का प्रयास किया। युवाओं तथा विद्यार्थियों के साथ गांधीजी का स्नेह बी.एच.यू. के दिनों से ही देखा जा सकता है। उन्होंने अपने भाषण में विभिन्न विषयों पर चर्चा की और स्वराज की महत्ता तथा आवश्यकता पर ज़ोर दिया।

शुरुआती वर्षों में जब वे दिल्ली आते थे तो सेंट स्टीफेंस कॉलेज में उनका ठहराव हुआ करता था। कॉलेज के प्रधानाचार्य सुशील कुमार रुद्रा उनकी मेजबानी किया करते थे। बिरला हाउस तथा सेंट स्टीफेंस कॉलेज दोनों ही दिल्ली में स्थित

हैं। गांधीजी ने बिरला हाउस में अन्तिम साँस ली तो सेंट स्टीफेंस में विद्यार्थियों को सम्बोधित करते हुए पहली बार राष्ट्र को असहयोग का निमन्त्रण दिया था। सरकार प्रधानाचार्य रुद्रा से ख़फ़ा हो गयी थी लेकिन इसके बावजूद वे गांधीजी की मेजबानी करते रहे। ऐसे अनेक उदाहरण मिलते हैं कि स्वतन्त्रता संघर्ष के दौरान केवल भारतीय ही नहीं बल्कि अंग्रेज़ संस्थाध्यक्ष, उप-कुलपति, प्रधानाचार्य आदि भी आन्दोलनकारी विद्यार्थियों के सामने ढाल बनकर खड़े हो जाते थे। पुलिस अथवा प्रशासन को संस्थान के अन्दर घुसने की अनुमति नहीं दी जाती थी। ब्रितानवी राज की यह परम्परा आज़ादी के बाद भी लम्बे समय तक छात्र नेताओं को सुरक्षा मुहैया करवाती रही। लेकिन आज के भारत में छात्रों को यह सुरक्षा उपलब्ध नहीं। नियम-क़ानून की धज्जियाँ उड़ा दी गयी हैं। मोदी की दूसरी पारी में अमित शाह गृहमन्त्री बने और अब विश्वविद्यालयों तथा अकादमिक संस्थानों में पुलिस का घुसना एक आम परिघटना बन चुकी है। 2019 के आख़िरी महीनों में पुलिस बेधड़क होकर बार-बार जवाहरलाल नेहरू विश्वविद्यालय, जामिया मिल्लिया इस्लामिया, अलीगढ़ मुस्लिम विश्वविद्यालय के परिसर में घुसती रही।

महात्मा गांधी के अन्तिम 144 दिन

भारत के स्वतन्त्र होने के कुछ दिनों बाद गांधीजी ने पाकिस्तान का दौरा करने का कार्यक्रम बनाया। पाकिस्तान जाते वक़्त गांधीजी को दिल्ली से होकर जाना था। वे 1947 में सितम्बर के पहले हफ़्ते में दिल्ली पहुँच गये थे। लेकिन दिल्ली में हालात ऐसे थे कि उन्हें लम्बा पड़ाव डालना पड़ गया। विभाजन के बाद दिल्ली न केवल सत्ता का बल्कि नफ़रत का भी केन्द्र बन गया था। कांग्रेस के शीर्ष नेतृत्व के साथ-साथ देश के वायसराय लॉर्ड माउंटबेटन ने भी यह समझ लिया था कि विभाजन के बाद हिन्दुओं तथा मुसलमानों के भड़के हुए जज़्बात को शान्त करने में गांधीजी ही महत्त्वपूर्ण भूमिका निभा सकते थे। सरहद के उस पार से साम्प्रदायिक हिंसा की ख़बरें आ रही थीं जिसके कारण वातावरण और ज़्यादा दूषित होता जा रहा था। पाकिस्तान से आने वाले शरणार्थियों के साथ हुई बेरहमी की दारुण कथा सुन-सुनकर लोगों का ख़ून उबलता जा रहा था। गांधीजी सरहद के दोनों तरफ़ लोगों की तकलीफ़ को महसूस कर सकते थे। उन्हें लगता था कि भारत और पाकिस्तान दोनों ही देशों में लोग एक ही तरह का कष्ट भोग रहे थे। पूर्वी पाकिस्तान (पूर्वी बंगाल) में ख़्वाजा निज़ामुद्दीन के हाथों मुस्लिम लीग का नेतृत्व हारने के बाद एच.एस. सुहरावर्दी कलकत्ता में ही ठहर गये थे तथा गांधीजी के साथ मिलकर बंगाल के

विभिन्न हिस्सों में शान्ति-स्थापना हेतु प्रयास कर रहे थे। वे बहुत दिनों बाद 5 मार्च 1949 को भारत त्यागकर पाकिस्तान गये। ख़्वाजा निज़ामुद्दीन पूर्वी पाकिस्तान के पहले मुख्यमन्त्री बन चुके थे। पश्चिमी पाकिस्तान जाते वक़्त रस्ते में सुहरावर्दी 18 सितम्बर को दिल्ली में गांधीजी से मिलने आये। गांधीजी ने उनके हाथ जिन्ना को यह सन्देश भिजवाया कि जिन्ना पाकिस्तान में अल्पसंख्यकों को अधिकार एवं सुरक्षा प्रदान करने के अपने वादे पर खरे नहीं उतर रहे थे। *हिन्दुस्तान टाइम्स* में यह ख़बर छपी थी कि 18 सितम्बर को हिन्दुओं तथा सिखों की सभा को सम्बोधित करते हुए गांधीजी ने लोगों से अपील की थी कि वे अपने मुसलमान बन्धुओं को सम्मान दें,[3] साथ ही यह भी कहा कि अल्पसंख्यकों के अधिकारों तथा सुरक्षा को सुनिश्चित करने के लिए वे स्वयं पाकिस्तान जायेंगे और इस उपक्रम में अगर उनकी जान भी जाती है तो वे अपने प्राण निछावर करने को भी तैयार हैं। दोनों देशों में शान्ति तथा सौहार्द स्थापित करने के उद्देश्य से गांधीजी पाकिस्तान जाने की योजना बना चुके थे। विभाजन के कारण पैदा हुए साम्प्रदायिक वैमनस्य में भारत और पाकिस्तान दोनों ही देश धू-धू जल रहे थे। भारत और पाकिस्तान के नेताओं को यह भान तक नहीं था कि विभाजन के दौरान इतनी अधिक हिंसा हो जायेगी।

ऐसा लग रहा था कि गांधीजी के प्रयास सफल हो रहे थे क्योंकि थोड़े समय के लिए दंगे बन्द हो गये थे और शान्ति-स्थापना की सम्भावना नज़र आने लगी थी। जनवरी 1948 के पहले सप्ताह में मुसलमानों के ख़िलाफ़ हिंसा फिर भड़क उठी। गांधीजी ने उपवास पर जाने का निर्णय कर लिया। वायसराय माउंटबेटन से मिलकर उन्होंने अपना यह निर्णय घोषित भी कर दिया। उपवास से एक दिन पहले नेहरू गांधीजी के पास आये तथा दो घण्टे तक उनके साथ लम्बी चर्चा की। 13 जनवरी की सुबह सरदार पटेल ने भी गांधीजी से भेंट करके चर्चा की। गांधीजी ने 13 जनवरी को अपना उपवास शुरू किया। यह उपवास छह दिन तक चला। इस उपवास का कोई एक स्पष्ट कारण नज़र नहीं आता क्योंकि इस उपवास के पीछे बहुत से कारण बताये जा सकते हैं। गांधीजी का कहना था कि शान्ति-सौहार्द की स्थापना तथा मुसलमानों के ख़िलाफ़ होने वाली हिंसा को रोकना उनके उपवास का उद्देश्य था। लेकिन गोडसे समेत बहुत से लोगों का यह मानना था कि पाकिस्तान को 55 करोड़ रुपये दिलवाने के लिए गांधीजी ने यह उपवास किया था। सम्पत्तियों एवं संसाधनों के विभाजन के एवज़ भारत को पाकिस्तान को 75 करोड़ रुपये अदा करने थे। 20 करोड़ की पहली क़िस्त तो अदा की जा चुकी थी लेकिन 55 करोड़ की दूसरी क़िस्त अदा करने से पहले ही पाकिस्तान की फ़ौज की मदद से तथाकथित

स्वतन्त्रता सेनानियों ने कश्मीर पर हमला कर दिया था। इसी कारण भारत सरकार ने 55 करोड़ की बची हुई क़िस्त रोक लेने का निर्णय लिया। भारत को यह आशंका थी कि पाकिस्तान भारत के विरुद्ध ही इस पैसे का इस्तेमाल करेगा।

महात्मा गांधी भारत सरकार के इस निर्णय से स्तम्भित हो गये थे तथा इसको विश्वासघात तक कह दिया। उन्होंने सरदार पटेल तथा वायसराय माउंटबेटन के सामने भी अपनी आपत्ति दर्ज की। माउंटबेटन ने भी अपनी सहमति जताते हुए कहा कि यह निर्णय ही भारत सरकार की एकमात्र ग़लती थी। सरदार पटेल से यह अपेक्षा की जाती थी कि वे अपनी ज़ुबान के खरे हैं, लेकिन गांधीजी को कहना पड़ा कि अब वे पहले वाले सरदार नहीं रह गये हैं, बदल गये हैं। चूँकि पाकिस्तान संसाधनों की तंगी से जूझ रहा था, ऐसे में गांधीजी को यह शंका भी थी कि मजबूरी में फँसे हुए जिन्ना इस विश्वासघात को बहाना बनाकर कहीं भारत पर आक्रमण न कर दें। दोनों ही देश इस हालत में नहीं थे कि जंग मोल ले सकें। भारत अनेक आन्तरिक समस्याओं से जूझ रहा था और भारत दुनिया को यह सन्देश भी नहीं देना चाहता था कि हम अपना शासन स्वयं सँभालने में असमर्थ हैं। साथ ही, पूरे विश्व में भारत की छवि भी ख़राब हो जाती और दुनिया यह समझने लगती कि भारत अपने वादे पूरे नहीं करता है।

14 जनवरी को नेहरू, पटेल तथा मौलाना आज़ाद फिर से गांधीजी से मिले तथा उन्हें आश्वस्त करने का प्रयास किया कि सरकार अपना वचन निभाने का भरसक प्रयास कर रही है। यह सामान्य धारणा बन चुकी थी कि सरदार पटेल मुस्लिम-विरोधी थे। इस बारे में गांधीजी ने अपनी एक प्रार्थना सभा में टिप्पणी भी की थी। उन्होंने कहा, 'सरदार सीधी बात बोलनेवाले हैं। वे जो बोलते हैं तो कड़वी लगती है। वह (ग़लती) सरदार की वाणी में है।'[4] सरदार पटेल में अपना विश्वास व्यक्त करते हुए उन्होंने मुसलमानों से कहा, 'लेकिन इतना तो करें कि सरदार कोई ग़लती करते हैं तो उनको बताओ।' 15 जनवरी को कमज़ोरी बहुत अधिक बढ़ जाने के कारण गांधीजी अपना भाषण पूरा नहीं कर पाये थे तथा उनके सचिव प्यारेलाल ने वक्तव्य पढ़ कर सुनाया। गांधीजी ने इस बात पर ज़ोर दिया कि उनका उपवास भारत और पाकिस्तान में बसने वाले अल्पसंख्यकों की पीड़ा के प्रति सहानुभूति दर्शाने हेतु शुरू किया गया था। मौलाना आज़ाद से मिलने के पश्चात् गांधीजी ने अपना उपवास तोड़ने हेतु सात माँगें रखीं, सभी माँगें मुसलमानों के कष्ट-निवारण से सम्बन्धित थीं। लगभग दो लाख लोगों–मुख्यत: हिन्दुओं, सिखों तथा ईसाइयों–ने शान्ति प्रतिज्ञा पर हस्ताक्षर किये तथा गांधीजी को यह आश्वासन दिया कि मुसलमानों को तंग नहीं

किया जायेगा, उनके ऊपर अत्याचार नहीं किया जायेगा। 18 जनवरी को राजेन्द्र प्रसाद के घर पर हुई सभा में सरकार ने सभी सातों माँगें मान लीं तथा गांधीजी ने भी अपना उपवास तोड़ दिया। उस समय तो उनको यह आभास भी नहीं था कि यह उपवास सत्य के साथ उनका अन्तिम प्रयोग साबित होगा। 15 जनवरी को ही मन्त्रिमण्डल ने बक़ाया रक़म पाकिस्तान को अदा करने के प्रस्ताव को मंज़ूरी दे दी।

नाथूराम गोडसे

नाथूराम विनायकराव गोडसे एक चितपावन ब्राह्मण था। उसका असली नाम रामचन्द्र गोडसे था। उससे पहले पैदा हुए तीन भाइयों की बचपन में ही मृत्यु हो गयी थी जबकि तीनों बहनें बच गयी थीं। उसके माता-पिता को लगा कि उनके लड़कों पर श्राप लग चुका है इसलिए उन्होंने गोडसे का लालन-पालन लड़की की तरह करने का निर्णय लिया। लड़कियों की ही तरह उसकी नाक भी बिंधवाई गयी तथा नथ भी पहनाकर रखी गयी। इसी नथ के कारण उसका नाम नाथूराम पड़ा। उसके छोटे भाइयों के बचने के बाद ही गोडसे की फिर से लड़के की तरह परवरिश शुरू हुई।

वह 1910 में पैदा हुआ तथा 1932 में सांगली में उसने बौद्धिक कार्यवाह (ज़मीनी कार्यकर्ता) के रूप में राष्ट्रीय स्वयंसेवक संघ की सदस्यता ली। वह हिन्दू राष्ट्रवाद के विचार से प्रभावित था। संघ के साथ-साथ वह हिन्दू महासभा का भी सदस्य था। 1942 में विजयादशमी के दिन उसने अपने संगठन 'हिन्दू राष्ट्र दल' की स्थापना की लेकिन साथ ही वह संघ तथा हिन्दू महासभा का सदस्य भी बना रहा। गोडसे ने एक मराठी पत्रिका की शुरुआत की तथा इसके बाद ही संघ के गोलवलकर के सम्पर्क में आया। दोनों ने मिलकर गणेश दामोदर सावरकर की अंग्रेज़ी में लिखी पुस्तक *राष्ट्र मीमांसा* का मराठी में अनुवाद किया। लेकिन जब गोलवलकर ने अनुवाद का पूरा श्रेय स्वयं ले लिया तो गोडसे उनसे अलग हो गया।

30 जनवरी 1948 की उस भयावह शाम को ख़ाकी बुशर्ट तथा नीली पतलून पहने हुए गोडसे ने इटली की बनी हुई 38 कैलीबर बेरेट्टा एम 1934 सेमी-ऑटोमेटिक पिस्तौल से गांधीजी के सीने में तीन गोलियाँ उतार दीं। आधे घण्टे बाद, शाम के पाँच बजकर चालीस मिनट पर देश ने अपने बापू को खो दिया। गोडसे ने चौथी गोली भी चलाई थी, लेकिन गांधीजी के दर्शन करने आये हुए भारतीय शाही वायु सेना के एक सार्जेंट ने तब तक गोडसे को दबोच लिया था।

नेहरू, पटेल तथा लॉर्ड माउंटबेटन ने देश में दंगों तथा अशान्ति पर क़ाबू पाने में सफलता पा ली। मुम्बई में अवश्य दंगे हुए तथा लोग हताहत एवं घायल भी हुए।

एक साल तक गोडसे का मुक़दमा चला तथा 8 नवम्बर 1949 को उसको फाँसी की सज़ा सुना दी गयी। 'पाप से घृणा करो, पापी से नहीं' के आदर्श को अपनाते हुए गांधीजी के पुत्रों मणिलाल गांधी तथा रामलाल गांधी ने सरकार के सामने अपील दायर की कि गोडसे की फाँसी की सज़ा को उम्रक़ैद में बदल दिया जाये। प्रधानमन्त्री नेहरू, उप-प्रधानमन्त्री एवं गृहमन्त्री सरदार पटेल तथा गवर्नर-जनरल राजगोपालाचारी ने यह अपील ख़ारिज कर दी। 15 नवम्बर 1949 को अम्बाला कारागार में गोडसे को फाँसी के फँदे से झुला दिया गया।

प्रभाव एवं परिणाम

महात्मा गांधी की हत्या हो जाने के कारण वे पाकिस्तान नहीं जा पाये। भारत को कम-से-कम पाँच-छह साल के लिए तो महात्मा गांधी की ज़रूरत थी ही ताकि वे शुरुआती चरणों में राज्य का सुदृढ़ीकरण कर पाते तथा देश को एक बेहतर दिशा में चलायमान कर पाते। उनकी हत्या के बाद अगले कई दशकों तक भारतीय उपमहाद्वीप ने विश्व में प्रधान भूमिका निभाने की क्षमता भी खो दी। गांधीजी के मार्गदर्शन में न तो भारत-पाकिस्तान के बीच इतनी ज़्यादा नफ़रत पनपती और न ही युद्धों में जान-माल का इतना ज़्यादा नुक़सान उठाना पड़ता।

महात्मा गांधी की हत्या के बाद तो अतिवादियों को जैसे एक प्रकार का अनुमोदन ही मिल गया। दूसरे शब्दों में यह भी कह सकते हैं कि आज़ाद भारत में यह पहली घटना थी जिसके द्वारा यह विचारधारा समाज में फैला दी गयी कि 'यदि मैं तुम्हारे विचारों/दर्शन से सहमत नहीं हूँ तो तुम्हारी जान लेकर ज़ुबान बन्द करवा दूँगा।' स्वतन्त्रता संघर्ष के दौरान हिंसा की घटनाएँ सदैव ही या तो अंग्रेज़ों के विरुद्ध या फिर अंग्रेज़ों की नीतियों के प्रति सहानुभूति रखने वाले भारतीयों के विरुद्ध हुआ करती थीं। लेकिन महात्मा गांधी की हत्या जिस व्यक्ति ने की वह धर्म पर आधारित विचारधारा का हामी था। महात्मा गांधी की हत्या के सात दशक बाद गोडसे का मन्दिर बनाया जाना इस बात की गवाही देता है कि समाज का एक हिस्सा न केवल उस हत्या की अनुशंसा करता है बल्कि हत्यारे की पूजा भी करता है। उस संस्था के लिए तो गोडसे एक नायक ही है।

चूँकि गांधीजी की हत्या कर दी गयी थी, इसलिए वे संविधान निर्माण में भी कोई भूमिका नहीं निभा सके। इस प्रक्रिया में उनकी भूमिका शुरुआती चरणों में ही रही, और वह भी बहुत सीमित सी। वैसे भी उस समय सरकार का पूरा ध्यान विभाजन के कारण उत्पन्न हुई समस्याओं से निपटने में लगा हुआ था और संविधान

निर्माण प्राथमिकता नहीं था। संविधान समिति गठित हो चुकी थी लेकिन मसौदे पर काम शुरू नहीं हुआ था।

गांधीजी और अम्बेडकर के बीच घोर असहमति थी लेकिन फिर भी अम्बेडकर को संविधान सभा में शामिल करवाने में गांधीजी ने महत्त्वपूर्ण भूमिका निभाई थी। गांधी और अम्बेडकर दोनों के ही पास शोषितों के कल्याण की योजना थी। इसीलिए एक को 'राष्ट्रपिता' कहा जाता है तो दूसरे को 'संविधान-पिता' कहा जाता है। समय-समय पर समाज में ऐसी महान विभूतियों का उद्‌भव होता रहता है जो हमें सन्मार्ग पर लेकर जाती हैं और यह सीख देकर चली जाती हैं कि ईमानदारी और आदर्शों से भरा हुआ जीवन कैसे जिया जाये। इन दोनों महान विभूतियों–महात्मा गांधी तथा अम्बेडकर–ने भी निर्धन-निर्बल के कल्याण की भावना को अपने जीवन का ध्येय बना लिया था तथा ये दोनों ही हमारी समृद्ध परम्परा के अटूट अंग बन चुके हैं।

गांधीजी ने हिन्द-स्वराज की अवधारणा दी थी। लेकिन हिन्द-स्वराज की अवधारणा को संविधान में कोई जगह नहीं दी गयी है। इस बारे में तो कोई सन्देह ही नहीं है कि गांधीजी के द्वारा प्रस्तुत की गयी गाँवों पर आधारित स्थानीय स्वशासन की धारणा को ही संविधान की केन्द्रीय विषय-वस्तु होना चाहिए था। लेकिन विकास के विषय पर गांधीजी तथा अम्बेडकर के बीच बहुत बड़ा मतभेद था। गांधीजी गाँव को केन्द्र में रखकर भारत का विकास करना चाहते थे, इस व्यवस्था को उन्होंने 'रामराज्य' का नाम दिया था। वे औद्योगीकरण में विश्वास नहीं करते थे। इसके विपरीत, अम्बेडकर का यह विचार था कि औद्योगीकरण के माध्यम से ही भारत अपनी निर्धनता का निवारण कर सकता है।

महात्मा गांधी में विपरीत विचारधाराओं के बीच सन्तुलन स्थापित करने की अद्वितीय क्षमता थी। समाजवादी धड़ा उन्हें अपना नेता मानता था, साम्यवादी निरन्तर उनके साथ विचारों का आदान-प्रदान करते थे, और सुभाष चन्द्र बोस का धड़ा भी, जिनका यह विचार था कि केवल फ़ौज बनाकर हिंसा के माध्यम से ही अंग्रेज़ों को देश से बाहर निकाला जा सकता था, गांधीजी के नेतृत्व में पूर्ण विश्वास रखता था। घनश्याम दास बिरला तथा जमनालाल बजाज जैसे पूँजीवाद समर्थक भी स्वतन्त्रता संघर्ष में सक्रिय भूमिका निभाते थे तथा इस आन्दोलन का वित्तपोषण भी करते रहते थे। महात्मा गांधी देश और दुनिया के बारे में बृहत्तर स्तर पर दृष्टिपात कर पाते थे।

यह भी संयोग ही है कि राजनेताओं की हत्या करने के द्वारा देश की दशा-दिशा बदलने के जघन्य कृत्य में एक निरन्तरता भी है–हर बार एक 'गांधी' की ही हत्या की गयी। महात्मा गांधी, इन्दिरा गांधी तथा राजीव गांधी की हत्या इस बात का प्रमाण है कि स्वतन्त्र भारत में कुछ लोग शान्तिपूर्ण सहअस्तित्व की भावना के साथ नहीं रहना चाहते हैं।

टिप्पणियाँ

1. उत्तर प्रदेश के गोरखपुर जनपद में स्थित इस मठ की स्थापना मत्स्येन्द्रनाथ ने की थी। यह नाथ पन्थ का गढ़ है और इसे यह नाम गुरु गोरखनाथ से मिला है। हाल ही में इस मठ के महन्त योगी आदित्यनाथ जब उत्तर प्रदेश की भाजपा सरकार में मुख्यमन्त्री बने तो यह मठ और अधिक चर्चा में आ गया।
2. 2 फ़रवरी 1948 को हरिजन में *'गांधीजी की अन्तिम इच्छा तथा वसीयतनामा'* शीर्षक से छपे लेख का संदर्भ; साथ ही *सम्पूर्ण गांधी वाङ्मय,* खण्ड 98, पृ. 333, कांग्रेस का संविधान मसौदा, https://www.gandhiashramsevagram.org/gandhi-literature/collected-works-of-mahatma-gandhi-volume1 to 98.php पर उपलब्ध (1 फ़रवरी 2020 को सन्दर्भ लिया गया)।
3. रामचन्द्र गुहा, 2018, *गांधी : द ईयर्स दैट चेंन्ज्ड द वर्ल्ड, 1914-1948,* क्नोफ़ डबलडे पब्लिशिंग ग्रुप, एप्पल बुक्स।
4. 13 जनवरी 1948 को नयी दिल्ली में प्रार्थना सभा में दिया गया भाषण। *सम्पूर्ण गांधी वाङ्मय,* खण्ड 90, पृ. 397।

अध्याय दो

हम, भारत के लोग...

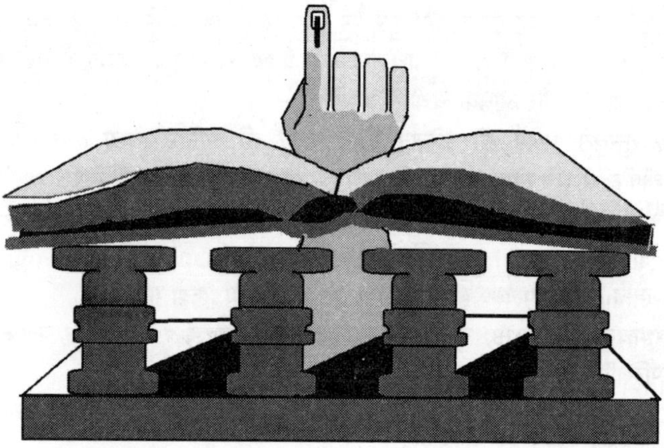

संविधान का अंगीकरण

26 जनवरी 1950, गुरुवार

भारत का शासन एक लिखित संविधान के अन्तर्गत चलाया जाता है। हमारे देश में संसद की नहीं बल्कि संविधान की सर्वोच्चता है क्योंकि यह संविधान समिति के द्वारा लिखा तथा स्वीकृत किया गया था, संसद के द्वारा नहीं। संविधान सभा ने 26 नवम्बर 1949 को संविधान को स्वीकृत किया था लेकिन इसका क्रियान्वयन 26 जनवरी 1950 को किया गया। 26 जनवरी की महत्ता को समझने के लिए हमें इन दो तिथियों के बीच होने वाले परिवर्तनों पर गहरी नज़र डालनी होगी। 26 नवम्बर 1950 को संविधान स्वीकृत करने के साथ ही भारत ब्रितानवी राजशाही का अधिराज्य नहीं रह गया था। स्वतन्त्रता के पश्चात् भारत का शासन भारत सरकार

अधिनियम, 1935 तथा 1935 से पहले पारित किये गये विभिन्न अधिनियमों के तहत चलाया जा रहा था। 26 जनवरी 1950 को भारत सरकार अधिनियम, 1935 तथा भारतीय स्वतन्त्रता अधिनियम, 1947 को निरस्त कर दिया गया। संविधान का अन्तिम अनुच्छेद–अनुच्छेद 395–ब्रितानवी संसद द्वारा पारित किये गये सभी पूर्ववर्ती विधानों को निरस्त कर देता है। ऐसा इसलिए किया गया ताकि संविधान की सर्वोच्च सत्ता को सुनिश्चित किया जा सके। संविधान-निर्माण के मुख्य बिन्दु पर आने से पहले अंग्रेज़ों द्वारा भारत का शासन चलाने की प्रक्रिया के विकास को समझ लेना मुनासिब रहेगा। भारत में लागू किये जाने वाले बहुत से अधिनियम तथा नियम ब्रिटेन में पारित किये जाने वाले विधान से प्रत्यक्ष रूप से प्रभावित थे। इनमें से प्रमुख अधिनियमों की आगे चर्चा की गयी है।

विनियमन अधिनियम (रेगुलेटिंग एक्ट), 1773

31 दिसम्बर 1600 को शाही अधिकार-पत्र (चार्टर) के द्वारा भारत तथा पूर्वी एशिया के साथ व्यापार करने के उद्देश्य से ब्रिटिश ईस्ट इंडिया कम्पनी की स्थापना की गयी, लेकिन आगे चलकर कम्पनी ने भारत के कुछेक हिस्सों पर अपना राजनैतिक शासन भी स्थापित कर लिया। कम्पनी के मामलों का नियमन करने के लिए ब्रितानवी सरकार ने नियन्त्रण अपने हाथों में लेने का निर्णय लिया। कम्पनी के मामलात का पर्यवेक्षण करने के लिए चार सदस्यीय परिषद् नियत की गयी। इस परिषद् के सदस्यों का चुनाव कम्पनी के निदेशक मण्डल में से किया जाता था। बंगाल के गवर्नर को बंगाल का गवर्नर-जनरल बना दिया गया और बंगाल के तत्कालीन गवर्नर वारेन हेस्टिंग्स को इस ओहदे पर पहली नियुक्ति दी गयी। इस अधिनियम के द्वारा भारतीय सर्वोच्च न्यायालय की स्थापना की गयी, इस प्रकार भारत में न्याय-तन्त्र की विधिवत शुरुआत हुई।

ईस्ट इंडिया कम्पनी अधिनियम, 1784

यह पिट्ट के भारतीय अधिनियम के नाम से भी मशहूर है। इस अधिनियम के द्वारा वाणिज्यिक एवं प्रशासनिक क्रियाकलापों का द्विभाजन किया गया। सैन्य एवं असैन्य गतिविधियों का निरीक्षण करने के लिए छह सदस्यीय नियन्त्रण मण्डल की स्थापना की गयी। इस मण्डल के सदस्य ब्रितानवी सरकार तथा कम्पनी में से लिए जाने थे। वाणिज्यिक गतिविधियों का संचालन कम्पनी के निदेशक मण्डल के हाथों में छोड़ दिया गया।

सेंट हेलेना अधिनियम, 1833

इसको 1833 का अधिकार-पत्र (चार्टर) अधिनियम भी कहा जाता है। इस अधिनियम के माध्यम से ईस्ट इंडिया कम्पनी के अधिकार-पत्र को 20 वर्ष के लिए बढ़ा दिया गया। बंगाल के गवर्नर-जनरल को भारत के गवर्नर-जनरल के रूप में पुनर्नियुक्त कर दिया गया। लॉर्ड विलियम बेंटिंक भारत के पहले गवर्नर-जनरल नियुक्त हुए। उनकी सरकार को भारत सरकार कहा जाता था तथा उनकी परिषद् को भारतीय परिषद् का नाम दिया गया। इस परिषद् को सम्पूर्ण भारत के लिए विधान बनाने की शक्ति प्रदान की गयी। इस अधिनियम के साथ ही ईस्ट इंडिया कम्पनी की वाणिज्यिक गतिविधियाँ समाप्त कर दी गयीं तथा यह पूरी तरह से प्रशासनिक निकाय बन गयी।

अधिकार-पत्र अधिनियम, 1853

इस अधिनियम के द्वारा बंगाल का गवर्नर अलग से नियुक्त किया जाने लगा ताकि भारत के गवर्नर-जनरल को बंगाल की ज़िम्मेदारियों से मुक्त होकर पूरे देश का शासन चलाने की सहूलियत प्रदान की जा सके। इस अधिनियम ने दो महत्त्वपूर्ण संस्थानों की नींव भी रखी। भारत में संसदीय शासन की शुरुआत हुई तथा गवर्नर-जनरल की परिषद् के विधायी तथा कार्यकारी उत्तरदायित्वों का द्विभाजन किया गया। गवर्नर-जनरल की विधायी परिषद् का विस्तार करके इसमें बारह सदस्यों का प्रावधान किया गया, इनमें से चार स्थानीय प्रतिनिधि होने थे। इस अधिनियम के द्वारा लोक सेवा की शुरुआत भी की गयी। प्रवेश परीक्षा केवल कम्पनी द्वारा नामित व्यक्तियों तक सीमित न रखकर सभी के लिए खोल दी गयी। 1858 में भारतीय लोक सेवा अस्तित्व में आयी, आगे चलकर भारतीयों को भी प्रवेश-परीक्षा में बैठने की अनुमति दी गयी। स्वतन्त्रता के पश्चात् इस सेवा का नया नामकरण करके इसे भारतीय प्रशासनिक सेवा (आई ए एस) कहा जाने लगा। इस तरह से हम कह सकते हैं कि इस संस्थान का इतिहास डेढ़ सदी से भी ज़्यादा पुराना है।

भारत सरकार अधिनियम, 1858

इस अधिनियम के द्वारा भारत में ईस्ट इंडिया कम्पनी का शासन समाप्त कर दिया गया तथा भारत का शासन करने का उत्तरदायित्व एवं शक्ति ब्रितानवी राजमुकुट को हस्तान्तरित कर दी गयी। गवर्नर-जनरल ब्रितानवी सरकार के प्रतिनिधि के रूप

में अंग्रेज़ों के अधिकार के अन्तर्गत आने वाले प्रान्तों का शासन चलाता था, अब उसके पद का भी नया नामकरण करके उसको वायसराय बना दिया गया। वायसराय के रूप में उसको भारतीय रजवाड़ों के साथ सम्बन्ध बनाने थे। ब्रितानवी सरकार के साथ उसका कोई सम्बन्ध नहीं था, उसकी राजभक्ति पूर्णतः ब्रितानवी राजमुकुट के प्रति थी। शासक के साथ उसका सीधा संवाद होता था। साथ ही, गवर्नर-जनरल के रूप में वह ब्रितानवी शासन के अधीन आने वाले प्रान्तों का शासन चलाता था। लेकिन सहूलियत के लिहाज़ से इन दोनों पदों को केवल वायसराय ही कह दिया जाता था। ब्रितानवी मन्त्रिमण्डल में से एक मन्त्री, जो कि भारत कार्यालय का राजनैतिक अध्यक्ष होता था, को भारत सचिव के पद पर नियुक्त किया जाता था। भारत सचिव की सहायता के लिए पन्द्रह सदस्यों की समिति नियुक्त की गयी।

भारतीय परिषद् अधिनियम, 1861

कार्यकारी एवं विधायी कार्यों के प्रबन्धन के उद्देश्य से गवर्नर-जनरल की परिषद् की संरचना में परिवर्तन किये गये। कलकत्ता में स्थित विधान परिषद् को ब्रितानवी सरकार के अन्तर्गत आने वाले सम्पूर्ण भारत के लिए क़ानून बनाने की शक्ति प्रदान की गयी। बॉम्बे तथा मद्रास प्रेज़िडेंसी की विधान परिषद् से क़ानून बनाने की शक्ति पहले ही ली जा चुकी थी, लेकिन इस अधिनियम के द्वारा उन्हें अपने सूबों में क़ानून बनाने की शक्ति पुनः प्रदान कर दी गयी। केन्द्रीय कार्यकारिणी में छह से बारह अतिरिक्त सदस्यों को नामित करने का प्रावधान किया गया। लेकिन साथ ही यह शर्त भी रखी गयी कि इनमें से कम-से-कम आधे सदस्य अनिवार्यतः ग़ैर-सरकारी अधिकारी होने चाहिए। यह तय किया गया कि गवर्नर-जनरल की केन्द्रीय कार्यकारिणी के सदस्यों को पोर्टफ़ोलियो (संविभाग) प्रदान किये जायेंगे। विभागों का विभाजन किया गया तथा पाँचों सदस्य अपने-अपने कार्यक्षेत्र के प्रति उत्तरदायी बनाये गये। इस अधिनियम में बंगाल, उत्तर-पश्चिम सीमाक्षेत्र, तथा पंजाब प्रान्तों हेतु नयी विधान परिषद् के गठन का प्रावधान किया गया। गवर्नर-जनरल को निरंकुश शक्तियाँ प्रदान की गयीं, वह किसी भी क़ानून को वीटो कर सकता था तथा अपनी मर्ज़ी का अध्यादेश भी ला सकता था।

भारतीय परिषद् अधिनियम, 1909

इसे मोर्ले-मिंटो सुधार भी कहा जाता है। केन्द्रीय तथा प्रान्तीय विधान परिषदों में सदस्य-संख्या बढ़ा दी गयी। सत्येन्द्र प्रसाद सिन्हा वायसराय की कार्यकारी परिषद्

में शामिल किये जाने वाले प्रथम भारतीय बने। 1915 में सिन्हा भारतीय राष्ट्रीय कांग्रेस के अध्यक्ष भी निर्वाचित हुए। उस समय के राज्यसचिव एडविन सैमुएल मोंटेग्यू की सहायता करने के लिए 1917 में वे वापिस इंग्लैंड चले गये। मोंटेग्यू-चेम्सफ़ोर्ड सुधारों में उन्होंने महत्त्वपूर्ण भूमिका निभाई थी। इस अधिनियम का सबसे महत्त्वपूर्ण निर्णय यह था कि मुसलमानों के लिए अलग से निर्वाचक-मण्डल का प्रावधान कर दिया गया।

भारत सरकार अधिनियम, 1919

इसे मोंटेग्यू-चेम्सफ़ोर्ड सुधार के नाम से भी जाना जाता है। इस अधिनियम के द्वारा केन्द्रीय एवं प्रान्तीय सूचियों का सूत्रपात किया गया। प्रान्तों में द्वैधशासन की स्थापना कर दी गयी। हस्तान्तरित एवं आरक्षित विषय विधान परिषद् के अधिकार-क्षेत्र से बाहर रखे गये थे। केन्द्रीय परिषद् को दो सदनों में विभाजित किया गया–ऊपरी सदन (राज्य परिषद्) तथा निचला सदन (विधानसभा)। सिखों, ईसाइयों, एंग्लो-इंडियन तथा यूरोपवासियों को अलग से निर्वाचक-मण्डल प्रदान किये गये।

भारत सरकार अधिनियम, 1935

संघीय सूची, प्रान्तीय सूची तथा सहवर्ती सूची के द्वारा केन्द्र एवं प्रान्तों के बीच शक्तियों का विभाजन किया गया। प्रान्तों में द्वैधशासन का उन्मूलन करके केन्द्र में इस व्यवस्था को लागू किया गया। संघीय विषय दो श्रेणियों में विभाजित किये गये–आरक्षित एवं हस्तान्तरित विषय। बंगाल, बिहार, बॉम्बे, मद्रास, आसाम तथा संयुक्त प्रान्त की विधानपरिषदों को द्विसदनीय बनाया गया। भारतीय रिज़र्व बैंक की स्थापना इस अधिनियम का एक महत्त्वपूर्ण निर्णय था। 8 मई 1945 को यूरोप में द्वितीय विश्वयुद्ध समाप्त हो गया। युद्ध के समय ब्रितानवी प्रधानमन्त्री विंस्टन चर्चिल ने लेबर तथा उदारवादी दलों के साथ गठबन्धन किया हुआ था। लेकिन 23 मई 1945 को यह गठबन्धन टूट गया तथा 5 जुलाई 1945 को इंग्लैंड में मतदान हुआ। रूढ़िवादियों की पूरी चुनावी मुहिम युद्धकाल के नायक चर्चिल पर केन्द्रित थी। दूर-दराज़ के क्षेत्रों से मतपेटियाँ एकत्र करने के पश्चात् 25 जुलाई को मतगणना की गयी; लेबर पार्टी भारी-भरकम बहुमत से जीती थी और चर्चिल को शर्मनाक हार का सामना करना पड़ा। क्लेमेंट रिचर्ड एटली के नेतृत्व में भारत के प्रति सहानुभूति रखने वाली सरकार का गठन हुआ और कैबिनेट मिशन योजना के अन्तर्गत 16 मई 1946 को संविधान सभा का गठन कर दिया गया।

संविधान सभा

अंग्रेज़ों ने जब भारत छोड़ने का निर्णय लिया तो यह तय किया गया था कि अपना शासन निर्बाध रूप से चलाने के लिए भारत को नियम-क़ानूनों की आवश्यकता पड़ेगी। 100 से भी अधिक वर्षों से हमारा शासन भारत से 6000 किलोमीटर दूर स्थित देश द्वारा 6000 अंग्रेज़ अफ़सरों तथा 30,000 सिपाहियों की मदद से चलाया जा रहा था। द्वितीय विश्वयुद्ध के बाद राजनैतिक परिप्रेक्ष्य बदल गया था। 1945 में ब्रिटेन में लेबर पार्टी की सरकार बनी और क्लेमेंट रिचर्ड एटली प्रधानमन्त्री बने। लेबर पार्टी भारत की स्वतन्त्रता के प्रति सहानुभूति रखती थी। उन्होंने बिना ख़ून-ख़राबे के भारत को स्वतन्त्र करने का निर्णय लिया। बाद में एटली भारत की स्वतन्त्रता को अपनी 'सर्वोत्कृष्ट उपलब्धि' बताया करते थे। जब संविधान सभा की स्थापना पर विचार किया जा रहा था तब तक देश के विभाजन की योजना पूर्णरूप ग्रहण नहीं कर पायी थी। संविधान सभा का चुनाव सीधे लोगों द्वारा किया जाता तो ज़्यादा बेहतर होता। लेकिन भारत उस वक़्त भी अंग्रेज़ों के कब्ज़े में था और शासन भी दो प्रकार के थे–भारत के एक हिस्से पर तो अंग्रेज़ों का प्रत्यक्ष शासन था, और एक बड़ा हिस्सा राजा-रजवाड़ों, तालुकदारों के अधीन था जो प्रत्यक्ष रूप से ब्रितानवी राजमुकुट के प्रति राजभक्ति दिखाते थे। समय बहुत कम था, ऐसे में सर्वोत्कृष्ट मार्ग यही था कि संविधान सभा के सदस्यों का चुनाव प्रान्तीय विधानसभाओं के निर्वाचित सदस्यों द्वारा करवाया जाये। इस प्रक्रिया की अन्तर्निहित त्रुटियाँ भी थीं ही। चूँकि उस समय सभी नागरिकों को मतदान का अधिकार नहीं था इसलिए प्रान्तीय विधानसभाओं के सदस्यों का चुनाव समाज के एक सीमित हिस्से द्वारा किया जाता था, मतदाताओं की संख्या भारत की कुल जनसंख्या का 20 प्रतिशत भी नहीं थी। लगभग 10 लाख लोगों पर एक प्रतिनिधि चुना जाता था, यानी कि 1 अनुपात 10 लाख।

यह तय किया गया कि प्रस्तावित संविधान सभा में 389 सदस्य होंगे–292 सदस्यों का चुनाव प्रान्तीय विधानसभाओं में से समानुपातिक प्रतिनिधित्व के आधार पर किया जाना था; चार सदस्य दिल्ली, अजमेर-मेवाड़, कूर्ग तथा ब्रिटिश बलूचिस्तान के मुख्यायुक्त प्रान्तों से लिए जाने थे; तथा 93 सदस्य रजवाड़ों के प्रतिनिधि होते। अगस्त 1946 तक संविधान सभा के सदस्यों के चुनाव की प्रक्रिया पूर्ण कर ली गयी। 296 में से कांग्रेस ने 208 सीटें जीतीं तथा मुस्लिम लीग को 73 सीटों पर विजय प्राप्त हुई।

इन चुनावों के आधार पर 2 सितम्बर 1946 को निर्वाचित सदस्यों में से भारत की अन्तरिम सरकार का गठन किया गया। वायसराय की कार्यकारिणी परिषद् मन्त्रिमण्डल में रूपान्तरित कर दी गयी। प्रधानमन्त्री पद की शक्तियाँ कार्यकारिणी परिषद् के उपाध्यक्ष को सुपुर्द की गयीं। शुरुआत में केवल कांग्रेसी नेता ही सरकार में शामिल हुए। जवाहरलाल नेहरू अन्तरिम सरकार के उपाध्यक्ष, दूसरे शब्दों में प्रधानमन्त्री, बने। 20 फ़रवरी 1947 तक लॉर्ड वावेल कार्यकारिणी परिषद् के अध्यक्ष थे। उनके बाद नये वायसराय तथा गवर्नर-जनरल लॉर्ड माउंटबेटन ने 21 फ़रवरी 1947 से पदभार सँभाला। अन्तरिम सरकार में 14 सदस्य थे, इनमें वायसराय लॉर्ड वावेल के साथ-साथ ब्रिटिश भारतीय सेना के सेनाध्यक्ष सर क्लौड औकिनलेक भी शामिल थे। साथ ही, 12 परिषद् सदस्य भी थे जो सरकार में मन्त्री हुआ करते थे। शुरुआत में तो मुस्लिम लीग ने अन्तरिम सरकार का बहिष्कार किया लेकिन बाद में काफ़ी मोल-भाव के बाद 15 अक्तूबर को वे भी अन्तरिम व्यवस्था का हिस्सा बनने के लिए राज़ी हो गये। मुस्लिम लीग के पाँच नामज़दों के लिए जगह बनाने हेतु कांग्रेस के पाँच मन्त्रियों को इस्तीफ़ा देना पड़ा।

इस्तीफ़ा देने वाले पाँच कांग्रेसी मन्त्रियों में से तीन मुसलमान थे। मुस्लिम लीग यह नहीं चाहती थी कि अन्तरिम सरकार में कांग्रेस की तरफ़ से कोई भी मुसलमान प्रतिनिधि शामिल हो। हटाये जाने वाले मन्त्रियों में से सर शफ़अत अहमद खान एक बुद्धिजीवी व्यक्ति थे और इलाहाबाद विश्वविद्यालय में इतिहास विभाग के विभागाध्यक्ष थे, साथ ही 1941 से 1944 तक दक्षिण अफ़्रीका में भारत के उच्चायुक्त के रूप में अपनी सेवाएँ दे चुके थे। 1946 में उन्होंने मुस्लिम लीग की मर्ज़ी के अनुसार 'सर' का ख़िताब लौटाने से इनकार कर दिया था जिसके कारण उन्हें मुस्लिम लीग से भी इस्तीफ़ा देना पड़ा। 24 अगस्त 1946 को अन्तरिम सरकार के सदस्यों के नाम की घोषणा के पाँच घण्टे बाद ही शिमला में सर शफ़अत के ऊपर छुरी से सर, गर्दन एवं छाती पर सात वार किये गये। वे कला, शिक्षा एवं स्वास्थ्य मन्त्री थे। विधि मन्त्री सैयद अली ज़हीर मुस्लिम लीग के दूसरे शिकार बने। वे अवध क्षेत्र के एक प्रमुख वकील थे तथा आज़ादी के पश्चात् ईरान में भारत के राजदूत भी नियुक्त किये गये। तीसरे मुसलमान नेता थे आसिफ़ अली, ये कांग्रेस की रक्षा समिति के सदस्य थे। नवम्बर 1945 से मई 1946 तक उन्होंने आज़ाद हिन्द फ़ौज का प्रसिद्ध मुक़दमा भी लड़ा था।[1] अन्तरिम सरकार में वे रेलवे, यातायात तथा सम्प्रेषण मन्त्री थे। स्वतन्त्रता के पश्चात् वे अमेरिका में भारत के प्रथम राजदूत नियुक्त किये गये। जब मुस्लिम लीग ने अन्तरिम सरकार में शामिल

होने का निर्णय लिया तो वित्तमन्त्री आर.के.एस. चेट्टी को भी इस्तीफ़ा देना पड़ा। स्वतन्त्रता के पश्चात् वे पुनः भारत के प्रथम वित्तमन्त्री नियुक्त किये गये। शरत चन्द्र बोस अपने-आप में एक बहुत बड़े नेता थे और नेताजी सुभाष चन्द्र बोस के बड़े भाई होने के कारण बहुत से भारतीय उन पर फ़ख्र किया करते थे। अन्तरिम सरकार में वे निर्माण, खदान तथा ऊर्जा मन्त्री थे। लेकिन मुस्लिम लीग के लिए जगह बनाने हेतु उन्हें भी पद छोड़ना पड़ा। 1936 से 1947 तक वे अखिल भारतीय कांग्रेस समिति के सदस्य रहे लेकिन 1947 में उन्होंने बंगाल-विभाजन के विरोध में कांग्रेस से इस्तीफ़ा दे दिया।

अक्तूबर 1946 में लियाक़त अली अन्तरिम सरकार में वित्तमन्त्री बने तथा विभाजन के बाद पाकिस्तान के प्रथम प्रधानमन्त्री भी नियुक्त हुए। लियाक़त अली की ज़िन्दगी में अक्तूबर महीने की बड़ी महत्ता रही है। 1 अक्तूबर 1895 को करनाल (हरियाणा) में उनका जन्म हुआ। 15 अक्तूबर को उन्होंने अन्तरिम सरकार में मन्त्री पद सँभाला। और 16 अक्तूबर 1951 को रावलपिण्डी में साद अकबर खान बबरक ने गोली मारकर उनकी हत्या कर दी। पुलिस ने उसी वक़्त प्रधानमन्त्री के हत्यारे को गोली मारकर ढेर कर दिया और इस प्रकार यह गुत्थी कभी नहीं सुलझ पायी कि लियाक़त अली की हत्या का षड्यन्त्र किसने रचा था। यह भी नियति की एक विडम्बना ही है कि भारत के राष्ट्रपिता की हत्या एक कट्टर हिन्दू के द्वारा की गयी और पाकिस्तान में जिन्ना के बाद दूसरे बड़े प्रभावशाली नेता लियाक़त अली को एक मुसलमान ने मौत दी। भारत के विभाजन के सूत्रधार लॉर्ड माउंटबेटन भी एक आयरिश उग्रवादी धड़े द्वारा 27 अगस्त 1979 को आयरलैंड में मारे गये।

मुस्लिम लीग कोई-न-कोई हीला-हवाला निकालकर संविधान सभा के उद्घाटन सत्र को टालना चाह रही थी जबकि कांग्रेस का यह प्रयास था कि संविधान निर्माण की प्रक्रिया को अविलम्ब शुरू किया जाये। अन्तरिम सरकार के उपाध्यक्ष की हैसियत से नेहरू ने 9 दिसम्बर 1946 को संविधान सभा का प्रथम सत्र बुला लिया। दिसम्बर 1946 से नवम्बर 1949 के बीच संविधान सभा के 11 सत्र हुए जिनमें कुल 165 दिन सदन की कार्रवाई चली। 9 दिसम्बर 1946 को, सोमवार के दिन संसद के केन्द्रीय हॉल (उस वक़्त इसे संविधान हॉल कहा जाता था) में सुबह 11 बजे आचार्य जे.बी. कृपलानी ने संविधान सभा के अस्थायी अध्यक्ष के रूप में डॉ. सच्चिदानन्द सिन्हा के नाम की घोषणा की और इसके साथ ही संविधान सभा का उद्घाटन सत्र शुरू हो गया। 9 महिला सदस्यों समेत कुल 207 सदस्यों ने इस सत्र में भाग लिया और सभी ने अपना परिचय देने के पश्चात् पंजिका में हस्ताक्षर किये।

सिन्हा जी ने अमेरिका, चीन तथा ऑस्ट्रेलिया से प्राप्त हुए बधाई-सन्देश सभा को पढ़कर सुनाये। मुस्लिम लीग इस सत्र से बाहर रही।

11 दिसम्बर 1946 को डॉ. राजेन्द्र प्रसाद को संविधान सभा का अध्यक्ष चुना गया, बंगाल के एक प्रमुख ईसाई नेता एच.सी. मुखर्जी उपाध्यक्ष चुने गये। संविधान सभा ने सदन की चर्चाओं में मुस्लिम लीग की भागीदारी का बड़े संयम के साथ इन्तज़ार किया। सबसे महत्त्वपूर्ण प्रस्ताव, यानी कि उद्देश्य प्रस्ताव (जिसमें सभा के कार्यक्षेत्र को परिभाषित एवं वर्णित किया गया था), 13 दिसम्बर 1946 को जवाहरलाल नेहरू द्वारा सभा के सामने रखा गया और विमर्श के बाद 22 जनवरी 1947 को सभा द्वारा अंगीकृत कर लिया गया। 20-25 जनवरी तथा 28 अप्रैल-2 मई 1947 के दौरान हुए संविधान सभा के दूसरे तथा तीसरे सत्र में भी मुस्लिम लीग उपस्थित नहीं रही। 3 जून 1947 को लॉर्ड माउंटबेटन ने कैबिनेट मिशन योजना को निरस्त कर दिया। दो नयी शर्तों के साथ भारत की स्वतन्त्रता की घोषणा की गयी। लॉर्ड माउंटबेटन ने भारत से अंग्रेज़ों के जाने की तिथि को और पहले सरका कर 15 अगस्त 1947 नियत कर दिया। साथ ही यह भी तय किया गया कि भारत और पाकिस्तान दो देशों के रूप में भारत का विभाजन किया जायेगा। 18 जुलाई 1947 को भारतीय स्वतन्त्रता अधिनियम पारित कर दिया गया।

संविधान सभा के क्रियाकलाप को समझने के सिलसिले में डॉ. भीमराव अम्बेडकर की कहानी बड़ा दिलचस्प उदाहरण प्रस्तुत करती है। डॉ. अम्बेडकर महाराष्ट्र से थे तो उन्होंने महाराष्ट्र से ही चुनाव लड़ा, लेकिन वहाँ पर उस समय कांग्रेस की सरकार थी। कांग्रेस के केन्द्रीय नेतृत्व, मुख्यतः सरदार पटेल तथा डॉ. राजेन्द्र प्रसाद, की हिदायत पर महाराष्ट्र विधानसभा में कांग्रेस के नेता श्रीमान् खेर ने डॉ. अम्बेडकर को हरवा दिया। बंगाल में जोगेन्द्र नाथ मण्डल ने मुस्लिम लीग के साथ प्रान्तीय सरकार में भागीदारी कर रखी थी, उन्होंने डॉ. अम्बेडकर को बंगाल आकर चुनाव लड़ने का निमन्त्रण दिया। मण्डल साहब ने जेसोर की मुस्लिम-बहुल सीट से डॉ. अम्बेडकर को निर्वाचित करवा दिया। डॉ. अम्बेडकर ने बंगाल के प्रतिनिधि के रूप में संविधान सभा के प्रथम तीन सत्रों में भागीदारी की। 3 जून 1947 को विभाजन की घोषणा होने के पश्चात् यह तय किया गया कि पाकिस्तानी क्षेत्र से चुने गये सदस्य पाकिस्तान की संविधान सभा सदस्य बनेंगे तथा भारतीय क्षेत्र से चुने गये सदस्य भारत की संविधान सभा के सदस्य रहेंगे। इस प्रकार डॉ. अम्बेडकर भी पाकिस्तानी संविधान सभा के सदस्य बन गये थे क्योंकि जेसोर पाकिस्तान के हिस्से में आया था। जोगेन्द्र नाथ मण्डल मुस्लिम लीग के पाँच सदस्यीय कोटे में अन्तरिम

सरकार में मन्त्री बने, उन्हें पाकिस्तान की संविधान सभा का अध्यक्ष भी चुना गया और बाद में वे पाकिस्तान के प्रथम विधि मन्त्री बने।

डॉ. अम्बेडकर बड़ी दुविधा में पड़ गये थे और इस सिलसिले में उन्होंने वायसराय तथा महात्मा गांधी से सम्पर्क किया। उन दोनों का विचार था कि राजनैतिक विचारों अथवा झुकाव का भेदभाव किये बिना यह सुनिश्चित किया जाना अधिक आवश्यक था कि देश के सबसे प्रबुद्ध व्यक्तियों को स्वतन्त्र भारत के संविधान-निर्माण की प्रक्रिया में शामिल किया जाये। सर्वोत्कृष्ट व्यक्तियों का प्रतिनिधित्व करने के लिए 30 ग़ैर-कांग्रेसी नेताओं को कांग्रेस के सहयोग से निर्वाचित करवाया गया। ऐसा कहा जाता है कि इनमें से 16 नेताओं का चयन तो गांधीजी ने स्वयं किया था। गांधीजी तथा वायसराय की दख़लन्दाज़ी के बाद कांग्रेसी नेता डॉ. अम्बेडकर को संविधान सभा में शामिल करने का मार्ग तलाश करने लगे। संविधान सभा के अध्यक्ष डॉ. राजेन्द्र प्रसाद ने 30 जून 1947 को बॉम्बे प्रान्त के मुख्यमन्त्री (उस समय उनको प्रधानमन्त्री कहा जाता था) बी.जी. खेर को पत्र लिखा। उन्होंने कहा कि डॉ. अम्बेडकर को तुरन्त प्रभाव से निर्वाचित करवाया जाये ताकि वे 14 जुलाई 1947 से शुरू होने वाले संविधान सभा के चतुर्थ सत्र में भाग ले सकें। डॉ. एम. जयकर पुणे विश्वविद्यालय के प्रथम उपकुलपति तथा भारतीय संघीय न्यायालय के न्यायाधीश थे। प्रधानमन्त्री खेर ने उन्हें इस्तीफ़ा देने के लिए राज़ी कर लिया तथा उनकी रिक्त हुई जगह पर डॉ. अम्बेडकर को संविधान सभा का सदस्य नामित कर दिया गया।

कुल 17 समितियाँ बनायी गयी थीं। राजेन्द्र प्रसाद चार समितियों के अध्यक्ष थे, नेहरू तीन के तथा अन्य 10 समितियों की अध्यक्षता अलग-अलग नेताओं को प्रदान की गयी थी। 29 अगस्त 1947 को डॉ. भीमराव अम्बेडकर की अध्यक्षता में सात सदस्यीय मसौदा समिति का गठन किया गया।

विभाजन के बाद भारत की संविधान सभा में 299 सदस्य रह गये थे। हमारे संविधान निर्माताओं द्वारा किये गये काम की महत्ता तथा विशालता को समझने के लिए हमें भारतीय तथा पाकिस्तानी संविधान-निर्माण की प्रक्रिया की एक संक्षिप्त तुलना कर लेनी चाहिए। पाकिस्तानी संविधान सभा की प्रथम औपचारिक बैठक 11 अगस्त 1947 को हुई। अलग-अलग नेताओं की अध्यक्षता में अन्य कई बैठकें करने के पश्चात् 24 अक्तूबर 1954 को अन्ततः संविधान बनाये बिना ही यह सभा भंग कर दी गयी। 28 मई 1955 को दूसरी संविधान सभा का गठन किया गया, इस सभा ने 23 मार्च 1956 को पाकिस्तान के संविधान का प्रकाशन किया तथा पाकिस्तान को एक इस्लामी गणराज्य घोषित कर दिया। 7 अक्तूबर 1958 को

पाकिस्तान में सैन्य शासन लागू कर दिया गया और संविधान का अभिनिषेध कर दिया गया। बांग्लादेश बनने के पश्चात् भुट्टो ने बचे हुए पाकिस्तान में 14 अगस्त 1973 को एक नया संविधान लागू किया, लेकिन यह भी चार वर्ष पूरे नहीं कर पाया। 5 जुलाई 1977 को जनरल ज़िया उल हक़ ने सैन्य तख़्तापलट कर दिया और इस बार सैन्य शासन ने संविधान को निलम्बित कर दिया। 1985 में संविधान को पुनः स्थापित किया गया लेकिन 1999 में जनरल परवेज़ मुशर्रफ़ ने पाकिस्तान की निर्वाचित सरकार का तख़्तापलट किया और संविधान एक बार फिर से निलम्बित कर दिया गया। दोनों देशों की धरोहर साझी है, संघर्ष साझा है और स्वतन्त्रता के समय दोनों की अभिलाषा भी एक समान थी, लेकिन लोकतन्त्र के मामले में ये दोनों देश एक-दूसरे से बहुत दूर हैं। संविधान प्रदत्त क़ानून के शासन के मामले में भारत पाकिस्तान से मीलों आगे है।

अविभाजित भारत का नक़्शा तथा उसके बीच स्थापित हस्तिमुख संविधान सभा का प्रतीक-चिह्न था। हाथी भगवान गणेश का प्रतीक है। किसी भी शुभ कार्य की शुरुआत से पहले गणेश जी का नाम लिया जाता है। हाथी की स्मृति भी तीक्ष्ण मानी जाती है, इस प्रकार यह इस संकल्प का भी प्रतीक बन जाता है कि समाज के किसी भी अंग को भूला नहीं जायेगा और सभी के अधिकारों को संविधान द्वारा प्रश्रय प्रदान किया जायेगा। 22 जुलाई 1947 को संविधान सभा ने भारत के राष्ट्रध्वज को स्वीकृति दी। संविधान सभा के क्रियाकलाप का संचालन करने वाले पाँच आधारभूत सिद्धान्त थे : 1. गणराज्य 2. संसदीय शासन व्यवस्था 3. संघीय ढाँचा 4. मूल अधिकार तथा 5. स्वतन्त्र न्यायपालिका। मई 1949 में संविधान सभा ने भारत को राष्ट्रमण्डल का सदस्य बनाने के प्रस्ताव को मंज़ूरी दे दी।

संविधान सभा के 11 सत्र हुए। अन्तिम सत्र 14 से 26 नवम्बर 1949 तक चला जिसके अन्तिम दिन संविधान को स्वीकार कर लिया गया। 24 जनवरी 1950 को संविधान सभा के 284 सदस्य संविधान की अंग्रेज़ी तथा हिन्दी पाण्डुलिपियों पर हस्ताक्षर करने के लिए पुनः एकत्र हुए। सबसे पहले डॉ. राजेन्द्र प्रसाद ने हस्ताक्षर किये, हस्ताक्षर करने वाले अन्तिम व्यक्ति थे फ़िरोज़ गांधी। इंक़लाब ज़िन्दाबाद का नारा देने वाले मौलाना हसरत मोहानी भी संविधान सभा के सदस्य थे लेकिन उन्होंने संविधान पर हस्ताक्षर करने से मना कर दिया क्योंकि उनको लगता था कि संविधान का निर्माण करने वाले व्यक्ति आमजन के सच्चे प्रतिनिधि नहीं थे। उनका कहना था कि अंग्रेज़ी राज में केवल समाज के सुविधासम्पन्न वर्ग को ही मताधिकार प्राप्त था। 24 जनवरी 1950 को तीन महत्त्वपूर्ण निर्णय प्रभाव में आये–डॉ. राजेन्द्र

प्रसाद भारत के प्रथम राष्ट्रपति चुने गये और भारत के राष्ट्रगान एवं राष्ट्रगीत को स्वीकार किया गया।

संविधान जब मुद्रण के लिए तैयार हो गया तो सुन्दर तिर्यगक्षर में पूरा संविधान हाथ से लिखवाने के लिए नेहरू ने भारत के एक दक्ष हस्तलिपि विशारद प्रेम बिहारी नारायण रायज़ादा (सक्सेना) से सम्पर्क किया। पारिश्रमिक का सवाल आया तो प्रेम बिहारी ने पैसा लेने से इनकार कर दिया, लेकिन यह शर्त रख दी कि उनके द्वारा हस्तलिखित प्रत्येक पृष्ठ पर उनका नाम लिखा जायेगा तथा अन्तिम पृष्ठ पर उनके साथ-साथ उनके दादाजी का नाम भी लिखा जायेगा। प्रेम बिहारी की यह माँग मान ली गयी। काम करने के लिए संविधान हॉल (वर्तमान में संविधान क्लब, रफ़ी मार्ग, नयी दिल्ली) में उन्हें एक कमरा दे दिया गया। हस्तलिपि के लिए उन्होंने 303-निब का इस्तेमाल किया और 432 निब का इस्तेमाल करने तथा छह महीने की निरन्तर मेहनत के पश्चात् उन्होंने अकेले ही संविधान-लेखन का कार्य सम्पन्न कर लिया। प्रसिद्ध चित्रकार नन्दलाल बोस तथा व्यौहार रामचन्द्र सिन्हा ने संविधान के पृष्ठों की किनारी की साज-सज्जा की तथा प्रत्येक पृष्ठ को प्रसिद्ध चित्रकलाओं से अलंकृत किया। संविधान की मूल पाण्डुलिपि चर्मपत्र पर लिखी गयी थी ताकि लम्बे समय तक इसका क्षरण न हो। पृष्ठ का आकार 16×22 इंच था। पूरा संविधान 251 पृष्ठों में लिखा गया था, पाण्डुलिपि का वज़न 3.75 किलोग्राम था। आज के दिन हिन्दी तथा अंग्रेज़ी दोनों ही पाण्डुलिपियाँ संसद पुस्तकालय में हीलियम भरे आवरण में रखी हुई हैं।

क्रियान्वयन के समय संविधान में 22 भागों में संयोजित 395 अनुच्छेद तथा 8 सूचियाँ थीं जिन्हें 1,45,000 शब्दों में लिखा गया था। अमेरिका में अलाबामा राज्य का संविधान ही भारतीय संविधान से बड़ा लिखित संविधान है। 26 नवम्बर 1949 को संविधान के स्वीकरण तथा 26 जनवरी 1950 को संविधान के क्रियान्वयन के बीच का दो महीने का अन्तराल इसी वजह से रखा गया क्योंकि भारत के लोगों का 26 जनवरी की तिथि के साथ बड़ा भावनात्मक सम्बन्ध था। दिसम्बर 1929 में रावी नदी के तट पर लाहौर में कांग्रेस का अधिवेशन हुआ था जहाँ कांग्रेस अध्यक्ष जवाहरलाल नेहरू ने पूर्ण स्वराज की माँग की थी तथा 26 जनवरी को भारत का स्वतन्त्रता दिवस घोषित किया था। उसके बाद से अगले 17 वर्ष तक पूरा देश 26 जनवरी को स्वतन्त्रता दिवस मनाता रहा। लेकिन लॉर्ड माउंटबेटन का भावनात्मक जुड़ाव 15 अगस्त की तिथि के साथ था क्योंकि वे पूरे दक्षिण-पूर्वी एशिया में सभी मित्र राष्ट्रों की सेना के सुप्रीम कमांडर थे तथा इसी तिथि को 1945 में जापान की

नौसेना ने उनके सामने आत्मसमर्पण किया था। इसीलिए 3 जून 1947 को लॉर्ड माउंटबेटन ने घोषणा कर दी कि 15 अगस्त 1947 को अंग्रेज़ भारत से वापिस चले जायेंगे, इस प्रकार उन्होंने 15 अगस्त को भारत का स्वतन्त्रता दिवस बना दिया। अन्ततः यह निर्णय लिया गया कि 20 वर्ष से जुड़ी लोगों की भावनाओं का सम्मान करते हुए 26 जनवरी को स्वतन्त्रता दिवस की बजाय गणतन्त्र दिवस के रूप में मनाया जायेगा। 26 जनवरी 1950 को गुरुवार के दिन 1952 में आम चुनावों के द्वारा संसद के गठन तक संविधान सभा को ही भारत की अस्थायी संसद में रूपान्तरित कर दिया गया।

टिप्पणियाँ

1. द्वितीय विश्वयुद्ध के पश्चात् ब्रितानवी सेना ने नेताजी सुभाष चन्द्र बोस के नेतृत्व में जापान के साथ मिलकर अंग्रेज़ों के ख़िलाफ़ लड़ने वाले आज़ाद हिन्द फ़ौज के 20,000 फ़ौजियों को युद्धबन्दी बनाया था। निष्पक्षता दर्शाने के लिए अंग्रेज़ों ने देशद्रोह के आरोप में मेजर जनरल शाहनवाज़, लेफ्टिनेंट कर्नल पी. के. सहगल तथा लेफ्टिनेंट कर्नल जी.एस. ढिल्लों–एक मुसलमान एक हिन्दू तथा एक सिख–पर मुक़दमा चलाया।

अध्याय तीन

हिन्दी-चीनी भाई-भाई

युद्ध में पराजय तथा नेहरू का देहान्त

20 अक्तूबर 1962, शनिवार

वह काला इतिहास जिसे हम भूल जाना चाहते हैं

1962 का युद्ध हमारे देश के लिए सदैव एक भयावह स्मृति तथा ग़मो-ग़ुस्से का कारण बना रहेगा। विभाजन के बाद भारत और पाकिस्तान के बीच युद्ध हुआ था लेकिन विभाजन की पीड़ा से जूझ रहा बृहतर समाज उस युद्ध के प्रभावों को महसूस नहीं कर पाया था। हम कह सकते हैं वह कोई गम्भीर युद्ध नहीं था, बल्कि सीमा निर्धारित करने के लिए हुई एक लड़ाई भर थी। इसलिए हम कह सकते हैं कि देश ने पहली बार 1962 में युद्ध का स्वाद चखा और युद्ध से उत्पन्न होने वाली

परेशानियों, आकुलता, पराक्रम, स्वाभिमान और राष्ट्रीयता की भावना का स्वतन्त्र भारत ने पहली बार आभास किया। यह युद्ध मुख्यतः थलसेना द्वारा लड़ा गया था, वायुसेना ने बड़ी मामूली भूमिका निभाई थी जबकि नौसेना का तो इस्तेमाल ही नहीं किया गया था।

नेहरू ने पंचशील की नीति अपनाई हुई थी और वे भारत की पुरातन संकल्पना के अनुरूप *वसुधैवकुटुम्बकम्*[1] की अवधारणा की पुनःस्थापना करने का प्रयास कर रहे थे। इंडोनेशिया के राष्ट्रपति सुकर्णो, मिस्र के राष्ट्रपति अब्दुल नसीर तथा युगोस्लाविया के राष्ट्रपति मार्शल टीटो एक नयी विश्व-व्यवस्था की स्थापना में नेहरू का सहयोग कर रहे थे। यहीं से गुटनिरपेक्ष आन्दोलन की शुरुआत होती है। गुटनिरपेक्ष देश उस समय चल रहे शीत युद्ध में न तो अमेरिका के ख़ेमे में थे और न ही सोवियत संघ के पाले में रहना चाहते थे। भारत एक नवजात देश था और ख़ुद अपने पैरों पर खड़ा होना सीख रहा था। एक तरफ़ तो अमेरिका को यह लगता था कि भारत धीरे-धीरे समाजवाद तथा साम्यवाद की ओर बढ़ता जा रहा है, इसलिए हमारे विरोध में उसने अपना सारा सहयोग एवं सद्‌भावना पाकिस्तान को प्रदान कर रखी थी। वहीं दूसरी तरफ़ सोवियत संघ को भी यह सन्देह था कि भारत शीघ्रातिशीघ्र एक पूँजीवादी देश बनना चाहता है, इसलिए उसका झुकाव भी साम्यवादी देश चीन की ओर अधिक था। बाद के वर्षों में मास्को से हमें जितनी मित्रता तथा सहयोग प्राप्त हुआ है वह आज़ादी के शुरुआती वर्षों में ढूँढ़ें से भी नहीं मिलता था। भारत नियति से साक्षात्कार कर रहा था और अपनी नियति का स्वयं निर्माण करने में प्रयासरत था।

स्वतन्त्रता के पश्चात् भारत के पास संसाधनों की कमी थी लेकिन फिर भी देश ने बाँध, बिजलीघर, इस्पात संयन्त्रों तथा भारी उद्योग आदि के क्षेत्र में निवेश करने का निर्णय कर लिया था। साथ ही सेना का आधुनिकीकरण एवं उन्नयन करने हेतु भी बड़े पैमाने पर बजट की ज़रूरत थी। ऐसे में नेहरू ने निर्णय लिया कि त्वरित औद्योगीकरण समय की ज़रूरत थी और संसाधनों का एक बड़ा हिस्सा इस उद्‌देश्य की पूर्ति हेतु नियत कर दिया गया।

भारत की ही तरह चीन भी एक प्राचीन सभ्यता है। 1644 से चीन चिंग वंश के अधीन था, लेकिन 1912 में राजतन्त्र की समाप्ति हुई और इसके

स्थान पर चीनी गणराज्य की स्थापना की गयी। इसके बाद साम्यवादियों तथा राष्ट्रवादियों के बीच एक विध्वंसक गृहयुद्ध शुरू हो गया। 1949 में साम्यवादियों की विजय के साथ यह गृहयुद्ध समाप्त हुआ। माओ ज़ेदोंग के नेतृत्व में साम्यवादियों ने चीनी जनवादी गणराज्य की स्थापना की। दूसरी तरफ़ चियांग काई शेक के नेतृत्व में राष्ट्रवादियों को चीन से बाहर ताइवान में अपनी सरकार की स्थापना करनी पड़ी जिसको उन्होंने चीनी गणराज्य नाम दिया। 35,808 वर्ग किलोमीटर में फैला ताइवान क्षेत्रफल के हिसाब से केरल (38,000 वर्ग किलोमीटर) से भी छोटा है। 1895 में ताइवान जापान को समर्पित कर दिया गया था लेकिन 1945 में द्वितीय विश्वयुद्ध के पश्चात् चीन ने पुनः इस द्वीप का अधिग्रहण किया। भारत चीनी जनवादी गणराज्य को स्वीकार करने वाले पहले देशों में से था।

दलाई लामा को लेकर भी भारत और चीन के बीच विवाद उत्पन्न हो गया। एक स्वतन्त्र देश के रूप में तिब्बत का लम्बा इतिहास रहा है। लेकिन जब चीन ने तिब्बत पर कब्ज़ा किया तो पूरे देश में स्वतन्त्रता की मुहिम ज़ोर पकड़ गयी। चीनियों ने दबाव बढ़ाना शुरू कर दिया और अन्ततः दलाई लामा को तिब्बत छोड़कर भागना पड़ा। नेपाल एक छोटा सा देश है इसलिए वह दलाई लामा को शरण नहीं दे सकता था; अन्ततः भारत ने ही दलाई लामा को आश्रय प्रदान किया। हिमाचल प्रदेश की पहाड़ियों में स्थित धर्मशाला नगर में दलाई लामा तथा तिब्बती शरणार्थियों हेतु भूमि प्रदान की गयी। वहाँ पर उन्होंने निर्वासित सरकार स्थापित की। इसके कारण भारत और चीन के बीच रणनीतिक मतभेद तथा प्रतिद्वन्द्विता शुरू हो गयी। पश्चदर्शन का लाभ उठाते हुए वर्तमान में हम नेहरू के इस क़दम को ग़लत बता सकते हैं लेकिन हमें यह भी याद रखना चाहिए भारत-तिब्बत सीमा पुलिस (आईटीबीपी) आज भी भारत के सीमा सुरक्षा तन्त्र का हिस्सा है और इसका सीधा-सीधा मतलब यही है कि हम तिब्बत को एक स्वतन्त्र देश मानते हैं, चीन का हिस्सा नहीं। इसके कारण तिब्बत की स्वतन्त्रता की माँग को नैतिक बल मिलता है। इससे यह भी सिद्ध होता है कि हम चीन में किसी उग्रवादी अथवा विद्रोही धड़े का समर्थन नहीं कर रहे थे बल्कि मुश्किल समय में एक पड़ोसी मित्र की सहायता कर रहे थे।

भारत-चीन सीमा विवाद की उत्पत्ति को समझने के लिए हमें इसके ऐतिहासिक तथा भौगोलिक कारणों पर नज़र डालनी चाहिए। सीमा पर दो क्षेत्रों में भारत-चीन विवाद ज़्यादा उग्र होता है। यदि हम तिब्बत को एक स्वतन्त्र देश मानें तो भारत-चीन सीमा तीन देशों को भी छूती हुई गुज़रती है। पश्चिम में लद्दाख के ऊपर भारत-चीन की सीमा स्थित है। पाकिस्तान की तरह चीन के साथ हमारी निरन्तर सीमा नहीं है। बीच में नेपाल आता है और यह सीमा टूट जाती है। भूटान भी हमारा सरहदी पड़ोसी है और इसकी सीमा आसाम, अरुणाचल प्रदेश, पश्चिम बंगाल तथा सिक्किम राज्यों को छूती है। उत्तर-पूर्व में अरुणाचल प्रदेश, नागालैंड, मिजोरम तथा मणिपुर की सीमा म्याँमार के साथ भी लगती है। चीन की सीमा पर स्थित सिक्किम राज्य का शासन एक बौद्ध पुरोहित-राजा के द्वारा चलाया जाता था, 1890 में अंग्रेज़ों ने इसे भारत के एक रजवाड़े का दर्जा दे दिया। स्वतन्त्रता के पश्चात् भारत ने सिक्किम को संरक्षित राज्य का दर्जा दिया था लेकिन 1975 के जनमत-संग्रह के पश्चात् भारतीय गणराज्य में इसका पूर्णत: विलय कर दिया गया।

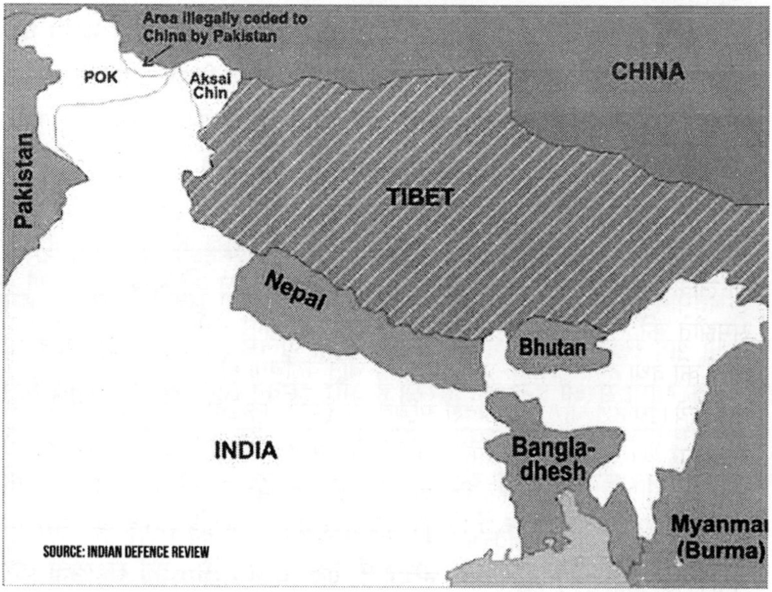

मानचित्र 3.1

उत्तर में चीन के जिनजियांग प्रान्त के साथ भारत की सीमा लगती है। इसके बाद चीन-अधिकृत भारतीय क्षेत्र अक्साई चिन आता है तथा उसके बाद चीन-अधिकृत तिब्बत स्थित है (मानचित्र देखें)। अतः, भारत के सुदूर उत्तर में अक्साई चिन स्थित है तथा उसके ऊपर है जिनजियांग। क्षेत्रफल के हिसाब से अक्साई चिन लगभग 38,000 वर्ग किलोमीटर में फैला हुआ है, यानी कि स्विट्ज़रलैंड के बराबर भूमिक्षेत्र। तिब्बत तथा जिनजियांग को जोड़ने वाली सड़क अक्साई चिन से ही होकर गुज़रती है। गुलाब सिंह जम्मू-कश्मीर राज्य के प्रथम डोगरा राजा थे तथा उन्होंने सिखों का आधिपत्य स्वीकार किया हुआ था, 1834 में उन्होंने लद्दाख जीता तथा 1842 में तिब्बत के साथ विधिवत सन्धि पर भी हस्ताक्षर किये। 1846 के प्रथम एंग्लो-सिख युद्ध में सिखों की पराजय हुई तथा गुलाब सिंह अंग्रेज़ों के आधिपत्य में आ गये। उसी समय से अक्साई चिन को भारत का हिस्सा माना जाता रहा है। लेकिन चीन इस दावे को नकारता है तथा अक्साई चिन को जिनजियांग उइगर स्वायत्त क्षेत्र का हिस्सा मानता है। पहले इस क्षेत्र को पूर्वी तुर्किस्तान कहा जाता था। 1949 में चीन ने इसका अधिग्रहण कर लिया था। कभी-कभी चीन अक्साई चिन को तिब्बत स्वायत्त क्षेत्र का हिस्सा भी बताता है।

प्रथम एंग्लो-बर्मा युद्ध में अंग्रेज़ों की विजय के पश्चात् 24 फ़रवरी 1826 को यान्दाबो की सन्धि हुई जिसके तहत अंग्रेज़ों ने आसाम तथा मणिपुर राज्यों का अधिग्रहण कर लिया। आसाम और मणिपुर के भारत में शामिल होने के पश्चात् चीन और भारत एक-दूसरे की सीमा पर आ गये। सीमा-विवाद का निपटारा करने के लिए 1913 तथा 1914 में यूनाइटेड किंगडम, चीन तथा तिब्बत के प्रतिनिधि शिमला सम्मेलन में शामिल हुए। शिमला समझौते की शुरुआत तो तीन देशों ने की थी लेकिन बाद में चीन ने अपना दावा बदल लिया। चीन की सरकार ने कभी इस समझौते की संपुष्टि नहीं की। ब्रिटिश भारतीय सरकार ने तिब्बत के साथ प्रत्यक्ष वार्ता की तथा दोनों देशों के प्रतिनिधियों ने चीन के बिना ही इस समझौते पर हस्ताक्षर कर दिये। ब्रिटिश भारत के विदेश सचिव सर हेनरी मैकमैहोन इस समझौते के मुख्य वार्ताकार थे। अंग्रेज़ों की तरफ़ से मैकमैहोन ने इस समझौते पर हस्ताक्षर किये थे तथा तिब्बत की तरफ़ से लोन्चेन सात्रा ने यह भूमिका निभाई। भारत के उत्तर-पूर्व क्षेत्र तथा चीन-अधिकृत तिब्बत की नव-निर्धारित सीमा को मैकमैहोन रेखा कहा गया। यह सीमा 890 किलोमीटर लम्बी है, पश्चिम में भूटान से शुरू होकर पूर्व में ब्रह्मपुत्र नदी के मोड़ से 260 किलोमीटर आगे तक जाती है। शिमला समझौते के

बाद 1935 तक मैकमैहोन रेखा को एक तरह से भुला ही दिया गया था, लेकिन 1935 में अंग्रेज़ अफ़सर ओलाफ कैरो ने सरकार को इस बात के लिए मना लिया कि शिमला सम्मेलन को प्रकाशित किया जाये तथा मैकमैहोन रेखा को भारत के आधिकारिक मानचित्र पर प्रदर्शित किया जाये। भारत इसको वैध अन्तरराष्ट्रीय सीमा मानता था। जबकि चीन का यह दावा है कि तिब्बत कोई सम्प्रभु राष्ट्र तो था नहीं, इसलिए इसके पास किसी सन्धि पर हस्ताक्षर करने का अधिकार नहीं था। चीन आज तक मैकमैहोन रेखा से आगे के लगभग 65,000 वर्ग किलोमीटर तक के क्षेत्र को दक्षिण तिब्बत के नाम से अपने आधिकारिक मानचित्र में प्रदर्शित करता है।

उत्तर-पूर्व सीमावर्ती एजेंसी (नेफा) हालाँकि 1972 तक आसाम के क्षेत्र में आती थी लेकिन इसका प्रशासन राज्यपाल द्वारा प्रत्यक्ष रूप से चलाया जाता था। 26 जनवरी 1954 को गणतन्त्र दिवस की पाँचवीं वर्षगाँठ पर नेफा को छह सीमावर्ती संभागों में बाँट दिया गया जिनमें से एक संभाग, तुएनसांग, को नागा पर्वतीय जनपद के साथ सम्बद्ध कर दिया गया; इस प्रकार नेफा में पाँच संभाग बच गये। 1 अगस्त 1965 को नेफा का प्रशासन विदेश मन्त्रालय से लेकर गृह मन्त्रालय को समर्पित कर दिया गया, और पाँच संभागों को जनपद का दर्जा दे दिया गया। साथ ही, राजनैतिक अधिकारी को हटाकर सभी जनपद में उपायुक्त भी नियुक्त किये गये। 27 जनवरी 1972 को नेफा को अरुणाचल प्रदेश नाम देकर केन्द्र-शासित प्रदेश की हैसियत प्रदान की गयी। अन्ततः 20 फ़रवरी 1987 को अरुणाचल प्रदेश को पूर्ण राज्य बना दिया गया।

भारतीय सेना की स्थापना अंग्रेज़ों द्वारा की गयी थी इसलिए आज़ादी के बाद सेना को न सिर्फ़ नेताओं की तरफ़ से बल्कि आमजन की तरफ़ से भी शक-सन्देह का सामना करना पड़ रहा था। स्वतन्त्रता से पहले भारतीय सेना अंग्रेज़ी मशीनरी का ही एक कलपुर्ज़ा थी जो न केवल भारतीय समाज का दमन करती थी बल्कि भारतीयों के प्रति वैमनस्यपूर्ण रवैया भी रखती थी। औपनिवेशिक राजशाही की ख़ुमारी उतरने में थोड़ा वक़्त तो लगना ही था। भारत ने लोकतन्त्र को पूर्णतः आत्मसात कर लिया था। सेना सदैव विधायिका की मातहत रही है। चीन अपने-आप को साम्यवादी समाज बताता है तथा जनहित में शासन करने का दावा करता है लेकिन देश की राजनीति का निर्धारण करने में वहाँ की सेना बड़ी महत्त्वपूर्ण भूमिका निभाती है। पाकिस्तान तो अपने जनरलों के हाथ खिलौना ही बन गया, सभी महत्त्वपूर्ण निर्णय तथा नियुक्तियाँ इन्हीं जनरलों के द्वारा की जाती हैं। यहाँ तक

कि पाकिस्तान के प्रधानमन्त्री को भी कोई बड़ा निर्णय लेने से पहले सेनाध्यक्ष की स्वीकृति लेनी पड़ती है।

सुभाष चन्द्र बोस की आज़ाद हिन्द फ़ौज के युद्धबन्दियों का मुक़दमा लाल क़िले में चलाया गया था और देश के नामी-गिरामी नेताओं ने उनकी वक़ालत की थी, लेकिन स्वतन्त्रता के पश्चात् आज़ाद हिन्द फ़ौज के फ़ौजियों को भारतीय सेना में प्रविष्टि नहीं दी गयी। इसके विपरीत पाकिस्तानी सेना ने आज़ाद हिन्द फ़ौज के अफ़सरों तथा सिपाहियों को अपनी सेना में समाहित किया था।

कल तक जो ब्रितानवी सेना हुआ करती थी स्वतन्त्रता के पश्चात् उसने जल्द ही अपने-आप को भारतीय सेना में रूपान्तरित कर लिया। स्वतन्त्रता के फ़ौरन बाद पहली झड़प नये पड़ोसी बने पाकिस्तान के साथ हुई। दोनों सेनाओं के अफ़सर कुछ महीने पहले तक एक-दूसरे के सहकर्मी हुआ करते थे। सेना तथा स्वतन्त्रता आन्दोलन से निकलने वाला राजनैतिक नेतृत्व शुरुआती हलचल महसूस कर रहा था तथा एक-दूसरे की थाह नहीं ले पाये थे। 17 अप्रैल 1957 को कैलाशनाथ काटजू की जगह पर वी.के. मेनन को रक्षामन्त्री नियुक्त किया गया। वी.के. मेनन 1957 के आम चुनाव में उत्तर मुम्बई लोकसभा निर्वाचन-क्षेत्र से चुनकर आये थे। पखवाड़े भर के अन्दर ही 8 मई 1957 को जनरल थिमय्या को चार वर्ष का कार्यकाल देकर सेनाध्यक्ष नियुक्त किया गया। वे भारतीय सेना के निपुणतम जनरलों में से थे और द्वितीय विश्वयुद्ध में इन्फेंट्री डिवीज़न की कमान सँभालने वाले इकलौते भारतीय अफ़सर थे। कोरिया युद्ध के दौरान उन्होंने संयुक्त राष्ट्र संघ के निरपेक्ष राष्ट्र प्रत्यावर्तन आयोग की अगुआई की थी। 1954 में असैनिक पद्म पुरस्कारों की स्थापना की गयी थी और प्रथम वर्ष में ही जनरल थिमय्या को पद्म भूषण से अलंकृत किया गया।

नये रक्षामन्त्री मेनन ने चौथाई सदी के लगभग ब्रिटेन में बिताई थी। प्रेसिडेंसी कॉलेज, चेन्नई से इतिहास तथा अर्थशास्त्र में स्नातक होने के पश्चात् मेनन इंग्लैंड चले गये। वहाँ जाकर उन्होंने मनोविज्ञान तथा राजनैतिक विज्ञान में परा-स्नातक की डिग्री ली। मेनन के बारे में यह मज़ाक़ चलता था कि उन्होंने 37 की उम्र तक विद्यार्थी जीवन जिया। उनका झुकाव साम्यवाद की तरफ़ था। स्वतन्त्रता के फ़ौरन बाद उन्हें इंग्लैंड में भारत का उच्चायुक्त नियुक्त किया गया। 1949 से लेकर 1962 तक उन्होंने संयुक्त राष्ट्र संघ में भारतीय प्रतिनिधिमण्डल की अध्यक्षता की थी। कई बार लोगों को यह भ्रम होता है कि विजयलक्ष्मी पण्डित संयुक्त राष्ट्र संघ में भारत की राजदूत थीं, लेकिन यह धारणा बेबुनियाद है। 1953 में उन्हें एक वर्ष के लिए संयुक्त

राष्ट्र संघ की महासभा की प्रथम महिला अध्यक्ष निर्वाचित किया गया था, लेकिन राजदूत वे कभी नहीं रहीं। संयुक्त राष्ट्र में सबसे लम्बा भाषण देने का कीर्तिमान भी मेनन के ही नाम है। 23 जनवरी 1957 को कश्मीर पर भारत के दावे के समर्थन में वे अनवरत पाँच घण्टे बोलते रहे, अगले दिन 24 जनवरी को उन्होंने फिर दो घण्टे अड़तालीस मिनट तक अपनी बात रखी; इस प्रकार उन्होंने आठ घण्टे का भाषण दिया। भाषण के बाद वे फ़र्श पर ही ढह गये और उन्हें अस्पताल में भर्ती करवाना पड़ा था। वे पेंगुइन पेलिकन प्रकाशन के संस्थापक सदस्य भी थे, आज के दिन यह बड़ा प्रकाशन बन चुका है। 1940 में इंग्लैंड में उधम सिंह पर माइकल ओ-डॉयर की हत्या का मुक़दमा चला था जिसमें मेनन ने उधम सिंह की पैरवी की थी। वे परमाणु हथियारों के सख़्त विरोधी थे और इस सिलसिले में बहुत से मंचों पर सक्रिय रहते थे। 1953 में उन्हें राज्यसभा में लाया गया था 1956 में बिना पोर्टफ़ोलियो का मन्त्री बनाया गया। यह माना जाता है कि नेहरू की विश्व-व्यवस्था की संकल्पना को विभिन्न मंचों पर अभिव्यक्त करने की ज़िम्मेदारी मेनन ने ही ले रखी थी। उनके साथ एक बड़ा विवाद यह जुड़ा कि 1948 में स्वतन्त्र भारत में भ्रष्टाचार के प्रथम मामले में उनका नाम आया था। जब वे भारत के उच्चायुक्त थे तो उन्होंने सामान्य प्रक्रिया की अनुपालना किये बिना ही जीप ख़रीदने के लिए 80 लाख का ठेका दे दिया था। मेनन की बड़ी उपलब्धि यह रहेगी कि दिसम्बर 1961 में उन्होंने गोवा का अधिग्रहण किया–इसको गोवा की स्वतन्त्रता भी कहा जाता है–तथा इस प्रकार 451 साल से चले आ रहे पुर्तगाली राज को समाप्त कर दिया। चार अलग-अलग राज्यों का प्रतिनिधित्व करने का कीर्तिमान भी मेनन के ही नाम है। 1953 में वे मद्रास (अब चेन्नई) से राज्यसभा के सदस्य चुने गये, तथा 1956 में केरल राज्य की स्थापना के बाद केरल से भी उनको राज्यसभा के लिए चुना गया। 1957 तथा 1961 में उन्होंने कांग्रेस के टिकट पर उत्तर मुम्बई से लोकसभा चुनाव जीता। कांग्रेस से इस्तीफ़ा देने के बाद उन्होंने 1967 के आम चुनाव में उत्तर-पूर्व मुम्बई से आज़ाद उम्मीदवार के रूप में चुनाव लड़ा, लेकिन यह चुनाव वे हार गये। 1969 में पश्चिम बंगाल में मिदनापुर से उन्होंने आज़ाद उम्मीदवार की हैसियत से चुनाव जीता तथा 1971 में केरल के त्रिवेन्द्रम (अब थिरुवनन्तपुरम) से जीतकर आये।

जनरल थिमय्या तथा राजनैतिक नेतृत्व के बीच के सम्बन्धों को समझते वक़्त एक कारक को ध्यान में रखना आवश्यक है। एक देश के रूप में पाकिस्तान बुरी तरह विफल हो चुका था। पाकिस्तान 14 अगस्त 1947 से 7 अक्तूबर 1958 के बीच सात प्रधानमन्त्री बदल चुका था। आख़िरकार 27 अक्तूबर 1958 को जनरल

अयूब ने तख़्तापलट कर दिया और ख़ुद को देश का दूसरा राष्ट्रपति नियुक्त कर लिया। इस सम्भावना से इनकार नहीं किया जा सकता कि राजनैतिक नेतृत्व इस सन्देह से ग्रस्त था कि भारतीय सेना भी इस प्रकार के अनिष्ट को अंजाम दे सकती है। उनको शंका थी कि पाकिस्तान की ही तरह भारत में भी सैन्य तख़्तापलट न हो जाये। इसीलिए सेना पर अपना राजनैतिक प्रभुत्व बनाये रखने के लिए नेहरू को एक मज़बूत रक्षामन्त्री की आवश्यकता थी और मेनन ने यही भूमिका अदा की। आगे हम भारत पर चीन के हमले का घटनाक्रम सविस्तार प्रस्तुत करेंगे, लेकिन उससे पहले जनरल थिमय्या के इस्तीफ़े पर रौशनी डालना भी आवश्यक है।

1956 में चीन ने तिब्बत में स्थित ल्हासा को जिनजियांग से जोड़ने के लिए 1200 किलोमीटर लम्बी सड़क का निर्माण पूरा कर लिया और भारत को इसकी ख़बर तक नहीं लगी। यह दुनिया की सबसे ऊँची सड़क थी जिसकी औसत ऊँचाई समुद्रतल से 4000 मीटर ऊपर थी। एक बिन्दु पर तो यह सड़क 5500 मीटर की ऊँचाई तक गयी है। इस सड़क का एक हिस्सा भारतीय क्षेत्र अक्साई चिन से होकर गुज़रता है। जब नेहरू ने अगस्त 1959 में लोकसभा में इस तथ्य को उजागर किया तब जाकर देश को इसके बारे में पता लगा। साथ ही नेहरू ने यह घोषणा भी कर दी कि भारत-चीन के बीच हुई झड़पों के कारण नेफा क्षेत्र में सीमा की पहरेदारी के लिए सेना को तैनात किया जायेगा। यह इस बात का संकेत था कि भारत युद्ध के लिए तैयार है। नेहरू जनरल थिमय्या का बहुत मान करते थे। इस घोषणा के बाद जनरल थिमय्या नेहरू से मिले तथा अतिरिक्त संसाधनों के अभाव में सेना को तैनात करने की कठिनाइयों तथा जटिलताओं से उनको अवगत करवाया। ऐसा कहा जाता है कि उन्होंने प्रधानमन्त्री को सलाह दी कि वे संसद में की गयी अपनी घोषणा को वापिस ले लें। इसके बाद रक्षामन्त्री मेनन जनरल थिमय्या से मिले और उनकी बातचीत के दौरान जो कुछ भी घटित हुआ वही जनरल थिमय्या के इस्तीफ़े का कारण बना। 31 अगस्त 1959 को तीन मूर्ति भवन (नेहरू का कार्यालय यहीं था) में इस्तीफ़ा भिजवा दिया गया और उसी दोपहर को जनरल थिमय्या से लम्बी बातचीत करने के पश्चात् नेहरू ने उनको अपना इस्तीफ़ा वापिस लेने के लिए राज़ी कर लिया। बहुत से लोगों के मन में यह धारणा घर कर चुकी थी कि प्रधानमन्त्री नेहरू तथा जनरल थिमय्या के बीच मतभेद उभर चुके थे। थिमय्या, नेहरू तथा मेनन की आपसी अनबन को युद्ध के लिए सेना की तैयारियों में कमी का कारण माना जाता है जिसके फलस्वरूप अन्ततः भारतीय सेना को युद्ध में चीन के हाथों पराजय चखनी पड़ी। लेकिन इस मान्यता को सिद्ध नहीं किया जा सकता। अन्वेषण करने पर इस मान्यता में कोई

सच्चाई नज़र नहीं आती। इस मान्यता को कपोल-कल्पना ही कहा जाना चाहिए। जनरल थोराट को सेनाध्यक्ष न बनाये जाने वाली बात सही है लेकिन यह सम्भव नहीं लगता कि इसकी वजह से उन्होंने नेहरू के प्रति कुढ़न पाल ली थी। युद्ध के तुरन्त पश्चात् वाई.बी. चव्हाण नेहरू की जगह रक्षामन्त्री बने। 25 नवम्बर 1962 को रक्षामन्त्री की अध्यक्षता में नौ सदस्यीय राष्ट्रीय सुरक्षा परिषद् की स्थापना की गयी। इस परिषद् के सदस्य थे : तीनों सेनाओं के अध्यक्ष; रक्षा सचिव; विश्वविद्यालय अनुदान आयोग के अध्यक्ष डॉ. डी.एस. कोठारी; लेफ्टिनेंट जनरल एस.पी.पी. थोराट; नेफा के कोर कमांडर; तथा दो सेवानिवृत्त सेनाध्यक्ष जनरल राजेन्द्र सिंह जी तथा जनरल थिमय्या। यह एक प्रधानमन्त्री के रूप में नेहरू की विशिष्टता को दर्शाता है कि अपने आपसी मतभेदों के बावजूद वे देश के सर्वोत्तम लोगों, यहाँ तक कि सेवानिवृत्त जनरलों तक को, राष्ट्रहित में एक मंच पर ले आने में सफल रहे। साथ ही यह घटना संकट की घड़ी में इन सभी महानुभावों का बड़प्पन भी दर्शाती है।

एक मिथक यह भी फैलाया जाता है कि नेहरू की हिमायत पर ही चीनी जनवादी गणराज्य को संयुक्त राष्ट्र संघ की सुरक्षा परिषद् की स्थायी सदस्यता तथा वीटो शक्ति मिली थी। यह भ्रम फैलाया जाता है कि स्थायी सदस्यता का प्रस्ताव पहले भारत को दिया गया था लेकिन नेहरू ने ज़िद की कि इसे चीन को प्रदान किया जाये। लेकिन संयुक्त राष्ट्र संघ के अभिलेखों का अध्ययन करने पर यह मिथक झूठा साबित होता है। 24 अक्तूबर 1945 को सुरक्षा परिषद् के पाँच सदस्य देशों ने संयुक्त राष्ट्र अधिकार-पत्र का अनुमोदन किया और इस प्रकार संयुक्त राष्ट्र संघ की स्थापना हुई। वीटो शक्ति प्राप्त ये पाँच स्थायी सदस्य देश थे : फ्रांस, चीनी गणराज्य, सोवियत संघ, यूनाइटेड किंगडम तथा संयुक्त राज्य अमेरिका। चीनी जनवादी गणराज्य की स्थापना के पश्चात् चीनी गणराज्य की सरकार ताइवान में निष्कासित हो गयी थी लेकिन सुरक्षा परिषद् की सदस्यता उनके ही पास रही। चीनी जनवादी गणराज्य (मूल चीन देश यही है) को 1971 में जाकर चीनी गणराज्य की जगह पर सुरक्षा परिषद् का स्थायी सदस्य बनाया गया। 1971 तक तो चीनी जनवादी गणराज्य संयुक्त राष्ट्र का सदस्य तक नहीं था, ऐसे में सुरक्षा परिषद् का स्थायी सदस्य बनने का तो सवाल ही पैदा नहीं होता। नेहरू द्वारा भारत को प्रस्तावित की जाने वाली स्थायी सदस्यता चीन को प्रदान किये जाने का मिथक पूर्णतः आधारहीन है। सबसे पहले तो संयुक्त राष्ट्र में ऐसा कोई दस्तावेज़ ही नहीं है जो इस दावे की पुष्टि करता हो कि भारत को स्थायी सदस्यता का प्रस्ताव दिया गया था। अमेरिका ने केवल ब्राजील के हक़ में खुलकर मुहिम चलाई थी लेकिन उनको भी स्थायी

सदस्यता नहीं प्रदान की गयी। साथ ही यह तथ्य भी सही है कि नेहरू चाहते थे कि चीन विश्व-समुदाय के साथ सम्पर्क स्थापित करे ताकि इसकी गतिविधियों पर नियन्त्रण रखा जा सके। समझदारी इसी में थी कि चीनी जनवादी गणराज्य को इसकी शक्ति के समानुपातिक महत्त्व प्रदान किया जाये। निम्न पंक्तियों की मदद से हम यह अच्छी तरह समझ सकते हैं कि चीनी जनवादी गणराज्य के साथ संवाद स्थापित करना तथा वैश्विक सत्ता-व्यवस्था में इसको समाहित करना किसलिए अनिवार्य था–'चीनी जनवादी गणराज्य एक शक्तिशाली देश है लेकिन अजीब-सी मनोदशा रखता है।'[2]

इस क़दम की बहुविध व्याख्याएँ प्रस्तुत की जा सकती हैं। पहला तर्क तो यह दिया जा सकता है कि चीन आकार तथा जनसंख्या के हिसाब से इतना बड़ा देश है कि भविष्य में यदि किसी महाशक्ति के साथ इसका विवाद हुआ तो उसका प्रभाव भारत पर भी पड़ना निश्चित था। दूसरे, भारत पश्चिम तथा पूर्व में पहले ही एक दुश्मन से घिरा हुआ था, दक्षिण में हिन्द महासागर सुरक्षा कवच प्रदान करता था और उत्तर में तिब्बत पर चीन पहले ही कब्ज़ा कर चुका था, ऐसे में चीन के साथ मित्रतापूर्ण सम्बन्ध क़ायम करना बुरा विचार तो नहीं कहा जा सकता। उस समय चीन तथा ताइवान दोनों ही चीन के ऊपर अपनी सत्ता का दावा करते थे तथा नेहरू की सहानुभूति चीनी जनवादी गणराज्य के साथ थी क्योंकि इसकी स्थापना क्रान्ति के द्वारा हुई थी जबकि दूसरी तरफ़ चीनी गणराज्य (ताइवान) सैन्य तानाशाही के अधीन था। नेहरू चाहते थे कि संयुक्त राष्ट्र संघ में चीनी गणराज्य को विस्थापित करके चीनी जनवादी गणराज्य को जगह देनी चाहिए क्योंकि ऐसा न करना मूर्खतापूर्ण हठधर्मी तो थी ही, साथ ही यह विश्व शान्ति के लिए भी बड़ा ख़तरा उत्पन्न करता था। उनके विचार में, चीनी जनवादी गणराज्य की पुन:प्रतिष्ठा के माध्यम से ही इसकी आक्रामकता पर नियन्त्रण लगाया जा सकता था।

दलाई लामा 1750 से लेकर वर्तमान समय तक तिब्बत के आध्यात्मिक तथा राजनैतिक मुखिया की भूमिका निभाते आ रहे हैं (इतिहास में भी उन्होंने शासक की भूमिका निभाई हुई है)। वर्तमान दलाई लामा इस कड़ी में चौदहवें अवतरण हैं। 1940 में पाँच वर्ष की आयु में उन्हें धर्मगुरु नियुक्त किया गया तथा 17 नवम्बर 1950 को उन्हें विधिवत रूप से राजनैतिक अध्यक्ष के पद पर सुशोभित कर दिया गया। 1951 में दलाई लामा तथा चीन की केन्द्रीय जनवादी सरकार ने 17 सूत्रीय समझौते पर हस्ताक्षर किये जिसके अन्तर्गत तिब्बत पर चीन की प्रभुसत्ता स्वीकार कर ली गयी। लेकिन इस समझौते को अवैध भी माना जाता है क्योंकि दलाई लामा

पर दबाव बनाकर हस्ताक्षर लिए गये थे तथा चीन ने शान्तिपूर्ण रूप से तिब्बत को अर्ध-स्वायत्त राज्य का दर्जा देने की धारा भी तोड़ दी थी। स्वयं दलाई लामा ने इस समझौते का विरोध करते हुए कहा है कि उन पर दबाव बनाकर हस्ताक्षर लिए गये थे। 1954 में भारत तथा चीन ने पंचशील (शान्तिपूर्ण सहअस्तित्व के पाँच सिद्धान्त) सहमति पर हस्ताक्षर किये, साथ ही तिब्बत पर चीन की प्रभुसत्ता को भी स्वीकार किया। 1959 के तिब्बत विद्रोह की असफलता के बाद दलाई लामा को अपने मन्त्रियों के साथ देश छोड़कर भागना पड़ा। जब तक वे स्वदेश वापिस नहीं लौट जाते तब तक के लिए भारत ने उनको राजनैतिक शरण प्रदान कर रखी है। उन्होंने हिमाचल प्रदेश में मैकलोडगंज को अपनी निर्वासित सरकार का मुख्यालय बनाया। उस दिन से लेकर आज तक तिरसठ वर्ष बीत चुके हैं; दलाई लामा को पूरी दुनिया में शान्ति तथा अहिंसा का प्रतीक माना जाता है, इसके लिए 1989 में उन्हें नोबेल शान्ति पुरस्कार भी प्रदान किया गया। कठिनाई की घड़ी में तिब्बती लोगों को सम्बल प्रदान करने के कारण दुनिया भर के मानवाधिकार कार्यकर्ता भी भारत को सम्मान देते हैं।

यहाँ हम तिब्बत-चीन-दलाई लामा के मुद्दे पर भी थोड़ी जानकारी लेते हैं ताकि पाठक भविष्य में होने वाली घटनाओं की बेहतर समझ बना सकें, हालाँकि इस सूचना का 1962 के युद्ध से सीधा-सीधा सम्बन्ध नहीं है। नये दलाई लामा को एक जटिल प्रक्रिया के द्वारा चिह्नित किया जाता है। तिब्बत के दूसरे सबसे शक्तिशाली धर्मगुरु पंचन लामा नये दलाई लामा को चिह्नित करने में बड़ी महत्त्वपूर्ण भूमिका निभाते हैं। 1989 में दशम पंचन लामा का देहान्त होने के पश्चात् 14 मई 1995 को दलाई लामा ने एक छह वर्षीय बालक गेन्धुन चोएक्यी न्यीमा को एकादश पंचन लामा के पुनरावतरण के रूप में चिह्नित किया। चीनी जनवादी गणराज्य द्वारा स्थापित खोज समिति ने दलाई लामा द्वारा की गयी नियुक्ति को ख़ारिज कर दिया तथा उसके स्थान पर 11 नवम्बर 1995 को ग्येनचेन नोरबु को एकादश पंचन लामा घोषित कर दिया। गेन्धुन चोएक्यी न्यीमा को हिरासत में ले लिया गया और उस दिन के बाद से उनका कोई अता-पता नहीं लग पाया है। दलाई लामा को भी भान है कि उनकी वृद्धावस्था के कारण उनके पास अधिक समय नहीं बचा है और उनके देहान्त के पश्चात् यदि पन्द्रहवें दलाई लामा की नियुक्ति चीनी जनवादी गणराज्य द्वारा स्थापित पंचन लामा ने की तो नया दलाई लामा निश्चय ही अपने चीनी अधिपतियों की सलाह तथा इच्छाओं के अनुसार काम करेगा। उनके द्वारा चिह्नित किये गये पंचन लामा का कोई सुराग़ नहीं मिल पा रहा है। यह भी नहीं पता कि वे जीवित भी हैं या उनकी हत्या कर दी गयी है। इसीलिए दलाई लामा ने घोषणा कर

दी है कि वे स्थापित परम्परा के अनुसार नियुक्त होने वाले अन्तिम दलाई लामा हैं, उनके पश्चात् पन्द्रहवें दलाई लामा की नियुक्ति तिब्बती जनसमाज द्वारा की जायेगी।

दलाई लामा नेफा क्षेत्र में तावांग के रास्ते से भारत में दाख़िल हुए। श्री कामाख्या प्रसाद त्रिपाठी, मेरे स्कूल-सखा कमलेश त्रिपाठी के पिता, उन दिनों आसाम सरकार में मन्त्री हुआ करते थे। भारत सरकार के प्रतिनिधि के रूप में 18 मार्च 1959 को उन्होंने तेजपुर में आधिकारिक रूप से दलाई लामा का स्वागत किया था।

1962 के युद्ध से पहले भारतीय क्षेत्र से चीनियों को बाहर निकालने के लिए नेहरू ने अग्रवर्ती नीति (फॉरवर्ड पॉलिसी) अपनाई हुई थी, यह नीति कुछेक रणनीतियों तथा आनुमानिक संकल्पनाओं पर आधारित थी। गुप्तचर संस्थाओं तथा उस क्षेत्र में तैनात अफ़सरों द्वारा प्रदत्त सूचनाओं के आधार पर अग्रवर्ती नीति का निर्धारण किया जाता था। लेकिन दुःख के साथ कहना पड़ता है कि सेना की तरफ़ से सरकार को नगण्य सूचनाएँ प्राप्त हुईं। इस नीति के तहत सेना को निर्देश दिया गया कि वह मैकमैहोन रेखा तथा अक्साई चिन में सीमावर्ती क्षेत्रों में तैनात हो जाये। यह अनुमान लगाया गया कि चूँकि चीन पहले ही बहुत सी समस्याओं में घिरा हुआ था इसलिए वह प्रतिकार में एक और नया मोर्चा खोलने का निर्णय नहीं लेगा। चीनी गणराज्य के साथ उनका संघर्ष समाप्त होता नज़र नहीं आ रहा था। लेकिन यह अनुमान भारत को बहुत भारी पड़ने वाला था। इसी दौरान विश्व में अन्य महत्त्वपूर्ण घटनाक्रम भी चल रहा था। नेहरू गुटनिरपेक्ष आन्दोलन की अगुआई कर रहे थे तथा शीत युद्ध से निरपेक्ष बने हुए थे। नेहरू ने अमेरिका तथा सोवियत संघ दोनों से ही यह आश्वासन ले लिया था कि चीन के साथ भारत के युद्ध में वे भारत को समर्थन देंगे। नेहरू यह भी मान कर चल रहे थे कि हिमालय भारत की अभेद्य ढाल बन कर खड़ा है और चीन इस से पार नहीं पा सकता, लेकिन उन्होंने इस तथ्य पर ध्यान ही नहीं दिया कि कोरिया युद्ध में चीनी सेना पर्वतीय युद्ध का अच्छा अभ्यास हासिल कर चुकी थी।

झाओ एनलाई (चाओ एनलाई) पहले भी भारत आते रहे थे लेकिन दलाई लामा के भारत आगमन के बाद 1960 में चीन के प्रीमियर का प्रथम भारत दौरा हुआ तो उसमें द्विपक्षीय सम्बन्धों के साथ-साथ सीमा-विवाद पर भी बात हुई। 1979 से पहले झाओ एनलाई को चाओ एनलाई, माओ ज़ेदोंग को मो त्से तुंग तथा बीजिंग को पेकिंग लिखा जाता था। ये पुराने नाम अंग्रेज़ीकृत वर्तनी तथा उच्चारण पर आधारित थे लेकिन 1979 में 'एक चीन नीति' लागू करने के बाद चीनी अस्मिता की

विलक्षणता को अभिव्यक्त करने पर ज़ोर दिया गया जिसके परिणामस्वरूप मंडारी भाषा को रोमन वर्णमाला में अभिव्यक्त करने की पिनयिन पद्धति को अपनाकर नये नाम तथा उच्चारण सामने लाये गये।[3] सीमा पर तनाव को कम करने के लिए झाओ एनलाई ने एक विस्तृत योजना प्रस्तुत की। उन्होंने कहा कि यदि भारत पश्चिम में अक्साई चिन पर चीन के दावे को स्वीकार कर ले तो चीन भी पूर्व में नेफा क्षेत्र पर भारत की सम्प्रभुता को स्वीकार कर लेगा। साथ ही यह प्रस्ताव भी दिया गया कि दोनों देश अपनी-अपनी सेनाओं को मैकमैहोन रेखा से 20 किलोमीटर पीछे हटा लेंगे। ये दोनों ही प्रस्ताव भारत को स्वीकार नहीं थे। इसके परिणामस्वरूप सीमा पर तनाव बना रहा तथा छुटपुट झड़पें चलती रहीं। भारत ने नेफा सीमा पर आसाम राइफल्स को हटा कर सेना को तैनात कर दिया। चीन ने इसे बड़ी धमकी समझा और उनको लगा कि भारत या तो तिब्बत को स्वतन्त्र करवाना चाहता है या फिर इसका अधिग्रहण करना चाहता है। दिसम्बर 1961 में भारत ने जब पुर्तगाली आधिपत्य से गोवा को स्वतन्त्र करवाया तो चीन ने इसे अतिक्रमण के रूप में देखा था। उनके मन में यह धारणा बैठ गयी थी कि भारत विस्तारवाद की नीति अपना चुका था।

20 अक्तूबर 1962 को चीन ने आक्रमण किया और तावांग के रास्ते से घुसकर चार दिन में पूरे नेफा क्षेत्र को रौंदते हुए चीनी सेना ब्रह्मपुत्र नदी के तट पट स्थित तेजपुर नगर के नज़दीक तक पहुँच गयी। युद्ध का समाधान निकालने के लिए दोनों देशों के राजनयिक अनवरत वार्ता में लग गये और अगले तीन हफ़्ते तक अक्साई चिन तथा नेफा दोनों ही क्षेत्रों में युद्ध धीमी गति से चलता रहा। चीन ने प्रस्ताव दिया कि दोनों पक्ष अपनी वर्तमान अवस्थिति से 20 किलोमीटर पीछे हट जायें। लेकिन भारत को यह प्रस्ताव स्वीकार्य नहीं था क्योंकि चीन पहले ही भारत की सीमा में 40 किलोमीटर अन्दर तक घुस चुका था। वार्ता असफल हो चुकी थी तथा 14 नवम्बर 1962 को चीन ने पश्चिमी मोर्चे पर युद्ध पुनः आरम्भ करके नेहरू को जन्मदिन का तोहफ़ा दे डाला। इसके बाद 21 नवम्बर 1962 को चीनी सेना स्वयं ही पीछे हट गयी। लद्दाख में रेजांग ला की लड़ाई में भारतीय सेना ने अदम्य साहस तथा बहादुरी की अमरगाथा लिख दी। मेजर शैतान सिंह की कमान में 13 कुमाऊँ रेजिमेंट के 123 सिपाहियों को चुशूल हवाई पट्टी की सुरक्षा की ज़िम्मेदारी दी गयी थी। यह लड़ाई 17,000 फुट की ऊँचाई पर लड़ी गयी थी तथा भारतीय सैनिकों के पास इतनी उच्चता पर लड़ने हेतु उपयुक्त सुरक्षा सामग्री भी नहीं थी। चीन की सेना के पास नवीनतम रूसी राइफ़लें थीं, उनकी तुलना में भारतीय सेना की बन्दूक़ें

काफ़ी पुरातन थीं। कुमाऊँ रेजिमेंट की सी कम्पनी में तीन प्लाटून थीं जिनमें 120 यादव सिहापी नियुक्त थे, ये सिपाही हरियाणा के रेवाड़ी तथा राजस्थान के अलवर ज़िले से आते थे। 18 नवम्बर को जब चीनी सेना ने सी कम्पनी पर हमला किया तो ये योद्धा आख़िरी गोली तक लड़े और कहा जाता है कि असलहा ख़त्म होने के बाद बहुत से अहीर योद्धा तो ख़ाली हाथ भी दुश्मन से लड़ते रहे। क़द-काठी में छोटे शत्रु को हाथों से मारते रहे। छह सैनिकों के अलावा बाक़ी पूरी कम्पनी युद्ध में हत हो गयी। इनमें से पाँच सैनिक तो युद्धबन्दी बना लिए गये जबकि इकलौते जीवित बचे सैनिक को कम्पनी कमांडर शैतान सिंह ने बेस कैम्प को सूचना देने के लिए भेज दिया था। चीनियों की तरफ़ से हत सैनिकों की संख्या लगभग 1300 थी। यानी कि एक भारतीय सैनिक ने लगभग दस चीनियों को मारा था। युद्ध समाप्त होने के बाद मेजर शैतान सिंह का शव बरामद हुआ तथा सरकार ने उन्हें देश के सबसे बड़े सैन्य सम्मान परम वीर चक्र से सम्मानित किया।

यह कहा जाता है कि 1962 के युद्ध में अमेरिका तथा सोवियत संघ दोनों ही भारत के प्रति सहानुभूति तो रखते थे लेकिन अलग-अलग कारणों से दोनों में से कोई भी देश हमारी सहायता के लिए नहीं आया। चीन ने रूस द्वारा प्रदान की गयी श्रेष्ठ राइफ़लों तथा बन्दूक़ों के साथ लड़ाई लड़ी थी, लेकिन भविष्य में रूस भारत का सबसे भरोसेमन्द दोस्त तथा सहयोगी बनकर उभरा। यह तथ्य भी सच है कि भारत बेख़बर था तथा चीन ने यदि सालों तक नहीं तो कम-से-कम कुछ महीने तक तो इस युद्ध की योजना बनाई ही थी। चीन ने समय का भी सही चुनाव किया। अमेरिका तथा सोवियत संघ दोनों ही महाशक्तियाँ 16 अक्तूबर से 28 अक्तूबर 1962 तक क्यूबा मिसाइल संकट में फँसी हुई थीं, ऐसा लग रहा था कि किसी भी क्षण परमाणु युद्ध शुरू हो सकता है। इसलिए इन दोनों महाशक्तियों से जिस सहयोग की अपेक्षा थी वह आ ही नहीं पाया। जिस तेज़ी के साथ चीनी सेना तेजपुर तक पहुँच गयी थी वह केवल लम्बी तथा श्रमसाध्य योजना के परिणामस्वरूप ही हासिल की जा सकती है। अन्ततः चीनी सेना नेफा से तो पीछे हट गयी लेकिन अक्साई चिन में कब्ज़ा जमाये रखा।

आमजन तीन व्यक्तियों को इस पराजय हेतु ज़िम्मेदार मानते थे। इनमें पहले व्यक्ति थे जनरल बी.एम. कौल, ये ही ऑपरेशन के कर्ता-धर्ता थे। वे सेना मुख्यालय में चीफ़ ऑफ़ जनरल स्टाफ़ (सीजीएस) के पद पर तैनात थे। उन्हें उत्तर-पूर्व में IV कोर का कमांडर नियुक्त किया गया था। चूँकि नेहरू और जनरल कौल दोनों ही कश्मीरी ब्राह्मण थे, इसलिए जातीय लगाव के कारण इन्होंने नेहरू के साथ नज़दीकियाँ बना ली थीं। इन्हें 1933 में कमीशन मिला था तथा 1936 में इन्होंने

आर्मी सर्विस कोर शाखा को चुन लिया था। इसके बाद पूरा सेवाकाल ये जंगी कोर से बचते रहे तथा ऐसे पदों को तरजीह देते रहे जिन पर लड़ाई का भार नहीं होता था। जनरल कौल परम विशिष्ट सेवा मैडल पाने वाले पहले अफ़सर हैं और इनके प्रशस्ति-पत्र में लिखा हुआ है : *'अमर' परियोजना को सफलतापूर्वक अंजाम देने हेतु जिसके अन्तर्गत सेना हेतु अम्बाला में 1450 क्वार्टर बनाये गये। यह इस प्रकार की प्रथम परियोजना थी तथा तेज़ गर्मी एवं मानसून के साथ-साथ अनेक कठिनाइयों से जूझते हुए सम्पन्न की गयी। लेफ्टिनेंट जनरल कौल ने कड़े परिश्रम तथा आत्मप्रेरणा के बल पर इन कठिनाइयों को हल किया। उन्होंने संगठन क्षमता, प्रेरणाशक्ति तथा सूझ-बूझ का प्रदर्शन किया। उनके दृढ़-निश्चय, नेतृत्व, तथा व्यक्तिगत उदाहरण प्रस्तुत करने के गुण के कारण ही यह परियोजना नियत समय पर सम्पन्न हो पायी।'* सैन्य आवास निर्माण के लिए उनको यह सम्मान दिया गया था। युद्ध के दौरान कोर कमांडर कौल बीमार पड़ गये तथा इनको दिल्ली वापिस भेजना पड़ा। नवम्बर 1962 में उन्होंने वापिस जाकर युद्ध में भागीदारी की।

जनरल थिमय्या के बाद उनके कोर्समेट जनरल प्रेमनाथ थापर को सेनाध्यक्ष नियुक्त किया गया। वे बहुत अच्छे सैनिक थे। भारत की हार के लिए दूसरे नम्बर पर जनरल थापर को ज़िम्मेदार माना जाता है। भारतीय मीडिया ने जनरल थापर पर कड़े आरोप लगाने में कोई कसर नहीं छोड़ी। ये नेहरू के रिश्तेदार भी थे। इनकी पत्नी बिमला थापर गौतम सहगल की बहन थीं जो कि विजयलक्ष्मी पण्डित की बेटी नयनतारा सहगल के पति थे। 21 नवम्बर 1962 को चीन स्वयं ही पीछे हट गया और इस प्रकार से युद्ध समाप्त हुआ। जनरल थापर ने 19 नवम्बर को इस्तीफ़ा दे दिया तथा 20 नवम्बर को युद्ध के बीच में ही जनरल जे.एन. चौधरी ने सेनाध्यक्ष का पद सँभाला। ये 6 जून 1966 तक सेनाध्यक्ष रहे। जनरल थापर के इस्तीफ़े के कारण दो नये कीर्तिमान भी स्थापित हुए। जनरल थापर इस्तीफ़ा देने वाले भारत के एकमात्र सेनाध्यक्ष हैं। साथ ही, जनरल चौधरी दो युद्धों में भारत की अगुआई करने वाले एकमात्र सेनाध्यक्ष बने। 1962 तथा 1965 के युद्धों में वही भारतीय सेना के सेनाध्यक्ष थे। बाद में जनरल थापर 1964 से 1969 तक अफ़ग़ानिस्तान में भारत के राजदूत भी रहे। ये भारत के वरिष्ठ पत्रकार करण थापर के पिता हैं तथा प्रसिद्ध इतिहासकार रोमिला थापर इनकी भतीजी हैं।

लेकिन इस युद्ध की सबसे बड़ी गाज़ रक्षामन्त्री वी.के. कृष्णा मेनन पर गिरी। इस कड़ी में तीसरे गुनहगार के रूप में उन्हीं का नाम लिया जाता है। इस दुर्घटना के लिए आज तक उन्हीं को ज़िम्मेदार ठहराया जाता है। मेरे विचार में, मेनन साहब

एक दक्ष राजनयिक थे और स्वतन्त्रता के बाद के शुरुआती वर्षों में विश्वपटल पर भारत की पहचान स्थापित करने में उन्होंने केन्द्रीय भूमिका निभाई थी। 31 अक्तूबर 1962 को मेनन ने इस्तीफ़ा दे दिया तथा नेहरू ने रक्षामन्त्री का पद सँभाल लिया। आमजन में मेनन के इस्तीफ़े की माँग ज़ोर पकड़ती जा रही थी और युद्ध के बीच में ही उनको यह माँग पूरी भी करनी पड़ी; इससे यह भी सिद्ध होता है कि उस समय एक देश के रूप में हमारा आत्मविश्वास बहुत निचले स्तर पर था। लोगों का ग़ुस्सा इस हद तक पहुँच चुका था कि यदि मेनन को नहीं निकाला जाता तो ख़ुद नेहरू को ही कुर्सी छोड़नी पड़ जाती। इसीलिए नेहरू ने मेनन से इस्तीफ़ा लेकर ख़ुद रक्षामन्त्री की ज़िम्मेदारी सँभाल ली।

1962 के युद्ध ने न केवल भारत की प्रतिष्ठा को आघात पहुँचाया था बल्कि प्रधानमन्त्री नेहरू को व्यक्तिगत रूप से भी तोड़ दिया था। चीन द्वारा पीठ में छुरा घोंपने के बाद वे नैतिक तथा मानसिक रूप से टूट गये थे। घाव इतना गहरा था कि वे कभी इस विश्वासघात से उबर नहीं पाये। 27 मई 1964 को उन्होंने अन्तिम साँस ली। दो विशिष्ट क्षेत्रों में नेहरू-युग की उपलब्धियाँ सदैव याद की जाती रहेंगी। नेहरू ने न केवल लोकतन्त्र का बिरवा लगाया बल्कि तब तक इसका पालन-पोषण करते रहे जब तक इसकी जड़ें नहीं जम गयीं, यही वजह है कि भारत आज तक दुनिया के सामने लोकतन्त्र की शेखी बघार पाता है। नेहरू लोकतान्त्रिक परम्पराओं का सम्मान करते थे। डॉ. लोहिया सड़क पर तथा संसद में नेहरू की कड़ी आलोचना करते रहते थे, लेकिन फिर भी कभी उनके भाषण के दौरान शोरगुल नहीं मचाया जाता था। उनकी असहमति को दबाने का कभी कोई प्रयास नहीं किया गया। आज के माहौल में यह सोच पाना भी असम्भव लग सकता है कि 1962 के युद्ध के दिनों में न केवल संसद का सत्र निरन्तर चलता रहा बल्कि विपक्ष ने इतना अधिक दबाव बनाया कि बीच युद्ध में रक्षामन्त्री तक को इस्तीफ़ा देना पड़ गया। विपक्ष तथा जनता के दबाव में मेनन ने मन्त्रिमण्डल के सामने अपना इस्तीफ़ा प्रस्तुत किया तथा नेहरू को यह इस्तीफ़ा स्वीकार भी करना पड़ा। आज के दिन भारत का राजनैतिक वातावरण पूरी तरह बदल चुका है। अब असहमति तथा मतभेद को दबाया जाता है, हम लोकतन्त्र को तलछट के स्तर पर उतरते हुए देख रहे हैं। यह बड़े दुःख का विषय है कि हमने अपने इतिहास से बहुलतावाद तथा मतभेद को समाहित करने का पाठ नहीं सीखा है।

भारत में सरकारी क्षेत्र के बड़े उद्योगों की स्थापना नेहरू की दूसरी बड़ी उपलब्धि है। स्टील अथॉरिटी ऑफ़ इंडिया लिमिटेड (सेल), भारत हेवी

इलेक्ट्रिकल्स लिमिटेड (भेल), भारत अर्थ मूवर्स लिमिटेड (बीईएमएल), मेटल्स एंड मिनरल्स ट्रेडिंग कॉर्पोरेशन (एमएमटीसी), शिपिंग कॉर्पोरेशन ऑफ़ इंडिया लिमिटेड (एससीआईएल), हिन्दुस्तान एरोनॉटिक्स लिमिटेड (एचएएल), तथा अन्य कई कम्पनियों की स्थापना की गयी। धर्मनिरपेक्ष छवि बनाकर रखना नेहरू के व्यक्तित्व का एक आकर्षक गुण था, आज़ादी के बाद के शुरुआती वर्षों में इस छवि के कारण लोगों ने उनको बहुत पसन्द किया। इसके विपरीत, गांधी ने सदैव अपने-आप को एक धर्मनिष्ठ हिन्दू के रूप में प्रदर्शित किया था। बाद के वर्षों में राजनैतिक दलों ने धर्मनिरपेक्षता को वोट बटोरने का माध्यम बना लिया। हालाँकि ज़मीन पर तो दोनों समाजों के बीच कोई वैमनस्य नहीं था लेकिन राजनेताओं द्वारा वोट के लिए मुसलमानों के तुष्टिकरण की नीति अन्ततः आत्मघाती साबित हुई। बहुत से आम चुनावों में ब्राह्मण-मुस्लिम-अनुसूचित जाति का समीकरण कांग्रेस को विजय दिलवाता रहा। देश में मुसलमानों की जनसंख्या 14 प्रतिशत है, इस हिसाब से 545 सदस्यीय संसद में 76 मुसलमान सांसद होने चाहिए। 1980 में 49 मुसलमान सांसद जीतकर आये थे जो कि आज तक की अधिकतम संख्या है जबकि 2014 के चुनाव में केवल 22 मुसलमान सांसद विजयी हुए जो पूरे इतिहास की न्यूनतम संख्या है। नेहरू अपनी व्यक्तिगत तथा राष्ट्र की धर्मनिरपेक्ष छवि के प्रति बहुत सतर्क रहते थे लेकिन आज़ादी के 75 वर्ष बाद भारत आज के दिन धार्मिक तथा जातीय आधार पर बड़े विभाजन का सामना कर रहा है।

टिप्पणियाँ

1. 1950 के दशक में विउपनिवेशीकरण के दौर में पंचशील के द्वारा दो सम्प्रभु देशों के आपसी सम्बन्धों को निम्न पाँच सिद्धान्तों पर आधारित करने का प्रस्ताव दिया गया : (1) एक-दूसरे की प्रादेशिक अखण्डता और प्रभुसत्ता का सम्मान करना (2) अनाक्रमण (3) एक-दूसरे के आन्तरिक मामलों में हस्तक्षेप न करना (4) समानता एवं पारस्परिक लाभ, तथा (5) शान्तिपूर्ण सहअस्तित्व। 29 अप्रैल 1954 को पेकिंग नगर में चीन तथा भारत ने इन्हीं सिद्धान्तों को स्वीकार करते हुए पंचशील समझौते पर हस्ताक्षर किये थे। *वसुधैवकुटुम्बकम्* हितोपदेश से लिया गया है तथा इसका अर्थ है 'सम्पूर्ण विश्व एक परिवार है।'
2. https://thediplomat.com/2018/04/why-did-nehru-want-the-peoples-republic-of-china-in-the-united-nations पर उपलब्ध (31 जनवरी 2021 को देखा गया)।
3. पिनयिन चीनी भाषा की वर्णमाला है, यह चीनी हस्तलेख के उच्चारण को दर्शाती है।

अध्याय चार

जय जवान, जय किसान

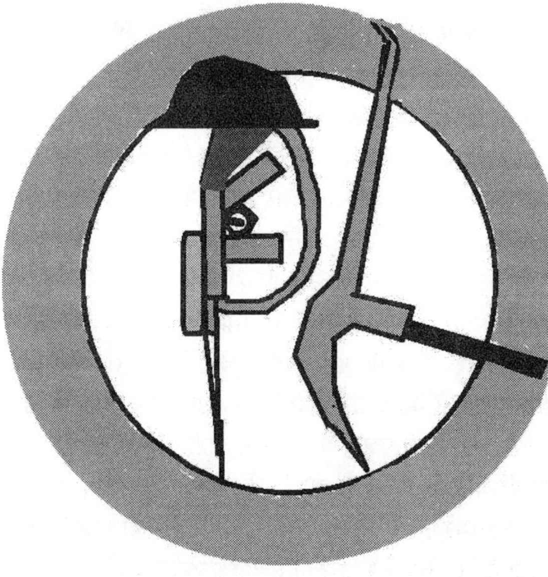

1965 का युद्ध तथा लाल बहादुर शास्त्री की मृत्यु
11 जनवरी 1966, मंगलवार

नेहरू के बाद देश का नेतृत्व किसको दिया जाये? 27 मई 1964 को नेहरू के देहान्त के पश्चात् देश के सामने सबसे बड़ा प्रश्न यही था। एक दौर का अन्त हो चुका था और एक नये दौर की शुरुआत होने वाली थी, लेकिन इसकी रूपरेखा अभी तक स्पष्ट नहीं हो पायी थी। प्रधानमन्त्री पद के दावेदार बहुत थे लेकिन कांग्रेस पार्टी में उस समय सर्वसम्मति से निर्णय लिए जाते थे। तत्कालीन कांग्रेस अध्यक्ष

के. कामराज के समर्थन के बिना कोई व्यक्ति इस पद पर विराजमान नहीं हो सकता था। चूँकि संविधान के अनुसार प्रधानमन्त्री का पद ख़ाली नहीं रखा जा सकता, अतः नेहरू की मृत्यु के कुछ घण्टे बाद ही गुलज़ारी लाल नन्दा को प्रधानमन्त्री पद की शपथ दिलवाई गयी। यह केवल एक अन्तरिम व्यवस्था थी। लाल बहादुर शास्त्री के राजनैतिक जीवन की शुरुआत तो उत्तर प्रदेश सरकार में मन्त्री के रूप में हुई थी लेकिन प्रथम आम चुनावों के बाद से ही वे निरन्तर केन्द्रीय मन्त्रिमण्डल का हिस्सा रहे थे। नेहरू की मृत्यु के समय शास्त्री जी बिना पोर्टफ़ोलियो के मन्त्री थे। उन दिनों बिना पोर्टफ़ोलियो के मन्त्री बहुत शक्तिशाली हुआ करते थे। वे सरकार के विभिन्न महत्त्वपूर्ण कार्यों का निरीक्षण करते थे तथा कोई संकट खड़ा हो जाये तो उसका निपटारा करने में केन्द्रीय भूमिका निभाते थे। लाल बहादुर शास्त्री नेहरू जी के भरोसेमन्द साथी थे। रक्षामन्त्री का पद सँभालने से पहले वी.के. मेनन भी बिना पोर्टफ़ोलियो के मन्त्री के रूप में नेहरू जी के मन्त्रिमण्डल में शामिल रह चुके थे। प्रधानमन्त्री पद के लिए चार नामों पर विचार चल रहा था–(जेपी) जयप्रकाश नारायण, मोरारजी देसाई, इन्दिरा गांधी तथा लाल बहादुर शास्त्री। जेपी नेता कम, विचारक ज़्यादा थे तथा राजनैतिक उठापटक से किनारा कर चुके थे, इसलिए उनका नाम तो पहले ही काट दिया गया। यहाँ इस तथ्य को स्पष्ट कर देना आवश्यक है कि नेहरू ने कभी भी अपने जीवन में इन्दिरा गांधी को दल अथवा सरकार में स्थापित करने का प्रयास नहीं किया। इन्दिरा के पक्ष में तो हम यह तक कह सकते हैं कि उन्होंने स्वतन्त्रता के पश्चात् पार्टी अथवा सरकार में बड़े पदों पर विराजमान कांग्रेसियों की तुलना में कहीं अधिक योगदान तथा बलिदान दिया था। इन्दिरा ने कभी प्रधानमन्त्री पद के लिए अपनी दावेदारी नहीं रखी। इसकी एक वजह तो यह हो सकती है कि–हालाँकि इसका लिखित प्रमाण कहीं नहीं मिलता है–1959 में शास्त्री जी ने कांग्रेस कार्यकारी समिति में कांग्रेस अध्यक्ष के लिए इन्दिरा का नाम प्रस्तावित किया था और इसीलिए यह पुराना क़र्ज़ उतारने के लिए वे स्वयं ही शास्त्री जी के रास्ते से हट गयीं। मोरारजी देसाई अड़ गये थे तथा उनकी दावेदारी भी मज़बूत थी। शास्त्री जी के एक हुनर के बारे में बहुत कम चर्चा की जाती है, और वह हुनर है उनकी चुनाव प्रबन्धन की दक्षता। 1952 में नेहरू कांग्रेस अध्यक्ष थे तथा शास्त्री जी अखिल भारतीय कांग्रेस समिति के महासचिव थे, उस समय उन्होंने अपने इस हुनर का भरपूर प्रदर्शन किया। उम्मीदवारों का चयन करने तथा चुनाव प्रबन्धन करने की ज़िम्मेदारी शास्त्री जी के ही ऊपर थी। 1952, 1957 तथा 1962 के आम चुनावों में उन्होंने बड़ी महत्त्वपूर्ण भूमिका निभाई थी तथा यह भी सत्य है

कि चुनाव-दर-चुनाव कांग्रेस को एकतरफ़ा जीत दिलाने में उनका भी योगदान था। कामराज ने कांग्रेस के सभी सांसदों से व्यक्तिगत भेंट की तथा उनको यह समझाने की कोशिश की कि चुनाव के बिना ही सर्वसम्मति से प्रधानमन्त्री पद के अगले दावेदार का चयन कर लिया जाये। मोरारजी देसाई पीछे हटने को तैयार नहीं थे लेकिन जब चुनाव नज़दीक आ गया तो उन्होंने अपना नाम वापिस ले लिया, उनको पता था कि पार्टी में शास्त्री जी का बहुत सम्मान था और इस बात में कोई सन्देह ही नहीं था कि जीत उन्हीं की होगी।

कांग्रेस अध्यक्ष बनने के पश्चात् कामराज ने अपनी प्रसिद्ध 'कामराज योजना' सामने रखी।[1] उन्होंने तमिलनाडु के मुख्यमन्त्री पद से इस्तीफ़ा दे दिया, तदुपरान्त छह अन्य मन्त्रियों ने भी इस्तीफ़ा दिया तथा दल के संगठन सम्बन्धी कार्यों में लग गये। देश और दल दोनों ही पाँच लोगों के एक गुट द्वारा चलाये जा रहे थे, इनको सिंडिकेट कहा जाता था।[2] कोई भी नेता इन पाँचों की मिली-जुली ताक़त के सामने ठहर नहीं सकता था।

कांग्रेस पार्टी ने लाल बहादुर शास्त्री का चयन किया तथा देश ने भी खुले दिल से शास्त्री जी को प्रधानमन्त्री स्वीकार कर लिया। शास्त्री जी का सरल-साधारण व्यक्तित्व तथा गुटबाज़ी से दूर रहना उनकी सबसे बड़ी ताक़त बन गया। वे अतिशय ईमानदार थे। चूँकि वे सामान्य पृष्ठभूमि से आये थे, अत: देश का आमजन भी उनके साथ जुड़ाव महसूस करता था। देश कठिन परिस्थितियों से गुज़र रहा था, संसाधनों की कमी थी तथा चीन के हाथ हुई हार का ज़ख़्म भी बहुत गहरे तक जाकर लगा था। युद्ध के कारण अधिकांश संसाधन हथियारों पर लगाने पड़ गये थे, खाद्य सामग्री की कमी थी तथा देश के सबसे बड़े नेता नेहरू भी अब नहीं रहे थे। सबसे बड़ा संकट खाद्यान्न का ही था। खाने वाले मुँह बहुत थे लेकिन कृषि क्षेत्र में उत्पादकता न्यून स्तर पर थी। ऊपर से, उच्च जन्म दर कृषि क्षेत्र में हुई वृद्धि की हवा निकाल देती थी। शास्त्री जी ने जनता से आह्वान किया कि वे सप्ताह में कम से कम एक समय व्रत रखकर भोजनत्याग को अपना लें। लोगों की तरफ़ से भी उनको ज़बरदस्त समर्थन मिला। अगले कुछ हफ़्तों तक केवल आम लोगों ने ही नहीं बल्कि छोटे-बड़े रेस्टोरेंटों ने भी उनके आह्वान का पालन किया। सोमवार की शाम को शटर गिरा दिये जाते थे। पूरा देश सप्ताह में एक समय भोजनत्याग करता था। इसको 'शास्त्री व्रत' कहा जाता था। यह भी याद रखना चाहिए कि यह प्रक्रिया पूरी तरह से स्वेच्छा पर आधारित थी। उन्होंने पूरे देश को अधिकाधिक मात्रा में खाद्यान्न की खेती करने

के लिए प्रेरित किया, यहाँ तक कि प्रधानमन्त्री निवास में ख़ाली पड़ी ज़मीन में शास्त्री जी ने ख़ुद हल चलाया तथा अन्न बोया।

शास्त्री जी का व्यक्तित्व नेहरू से पूर्णतः भिन्न था। वे मृदुभाषी एवं विनम्र थे तथा अपनी सादा एवं अनुशासित जीवन-शैली के लिए जाने जाते थे। चूँकि उनको अपने वरिष्ठ साथियों तथा मित्रों का नेतृत्व करना था, अतः वे आत्म-प्रदर्शन से बचते रहे। शास्त्री जी की सरकार के विरोध में तीन बार अविश्वास प्रस्ताव लाया गया। पहला अविश्वास प्रस्ताव तो उनके प्रधानमन्त्री बनने के तीन महीने के अन्दर ही आ गया था। यह प्रस्ताव स्वतन्त्र सांसद एन.सी. चैटर्जी ने प्रस्तुत किया था तथा जनसंघ के उमाशंकर त्रिवेदी ने इसका समर्थन किया था। बहुत से मुद्दों पर बहस हुई तथा इन बहसों के परिणामस्वरूप जून 1964 में देश ने सदन के अन्दर ही भारतीय कम्युनिस्ट पार्टी (सीपीआई) तथा भारतीय कम्युनिस्ट पार्टी–मार्क्सवादी (सीपीआई–एम) का विभाजन होते हुए देखा। एक बहस के दौरान जवाब देते वक़्त शास्त्री जी ने यह कह भी दिया था कि सीपीआई के हिरेन मुखर्जी अपने भूतपूर्व साथी तथा सीपीएम के नेता ए.के. गोपालन से ख़फ़ा थे तथा शास्त्री जी पर किये गये उनके व्यक्तिगत प्रहार भी दरअसल अप्रत्यक्ष रूप से गोपालन को ही इंगित करते थे। प्रस्ताव के पक्ष में 50 मत पड़े तथा विपक्ष में 307, जबकि स्वतन्त्र पार्टी के 13 सदस्य अनुपस्थित रहे।

पाकिस्तान उस समय गम्भीर आन्तरिक अशान्ति से गुज़र रहा था। वहाँ सेना का हुकुम चलता था तथा अपनी स्थापना के समय से ही पाकिस्तान असमाधेय अन्तर्विरोधों के साथ ही जूझ रहा था। पूर्वी पाकिस्तान पश्चिमी पाकिस्तान के साथ सिर्फ़ नाम ही साझा करता था, इसके अतिरिक्त इन दोनों देशों के बीच साझी संस्कृति नहीं थी। एशिया महाद्वीप के इस कदर भिन्न-भिन्न समाजों को एक सूत्र में बाँधकर रखने का प्रयास बेमानी साबित होना था। ये दोनों समाज न केवल भाषा, रीति-रिवाज़, अर्थव्यवस्था, राजनीति, महत्त्वाकांक्षाओं, तथा परम्परा की दृष्टि से एक-दूसरे से पूर्णतः भिन्न थे बल्कि इन दोनों के बीच हज़ारों मील का फ़ासला भी था। सिर्फ़ मज़हब ही इनके बीच एक साझा सम्पर्क सूत्र था। पाकिस्तान का नेतृत्व अमेरिका के साथ नज़दीकियाँ बढ़ाकर ख़ुश था। अमेरिका के प्रश्रय में उनको सुरक्षा का झूठा आश्वासन मिलता था। भारत अभी भी 1962 की हार की टीस महसूस कर रहा था। भारत के नेतृत्व पर न केवल अन्तरराष्ट्रीय स्तर पर बल्कि देश के अन्दर भी सवाल उठाये जा रहे थे। संसद में तीक्ष्ण बहसें होती थीं जिनमें देश के नेतृत्व की बखिया उधेड़ी जाती थी। सम्मानित राजनेता, विद्वान, बुद्धिजीवी

और कवि; सभी देश के नेतृत्व को सवालों के घेरे में ला रहे थे। भारत न केवल दुनिया का सबसे बड़ा बल्कि सबसे मज़बूत लोकतन्त्र बनने की राह पर अग्रसर हो रहा था। असहमति, आलोचना, वाद-विवाद ही लोकतन्त्र की ख़ुराक हैं। किसी भी लोकतान्त्रिक व्यवस्था में एक मज़बूत विपक्ष ही शासक वर्ग की सत्ता पर लगाम लगा सकता है।

हालाँकि पाकिस्तान ने काफ़ी हिसाब-किताब लगाकर भारत के विरुद्ध सैन्य दुस्साहस की शुरुआत की थी लेकिन वे यह भूल गये थे कि स्वतन्त्रता के बाद के अठारह वर्षों के दौरान भारत एक वयस्क, मज़बूत तथा एकजुट राष्ट्र बन चुका था तथा यह युद्धभूमि में किसी भी शत्रु से लोहा लेने की क्षमता रखता था। पाकिस्तान के ऊपर भारत एक निर्णायक अवरोधक क्षमता हासिल कर चुका था। पाकिस्तान के अन्दर एक जनरल राजगद्दी पर विराजमान था जिसको लोगों के बीच अपने शासन को वैधता दिलवाने की चिन्ता थी। वह लोगों के समर्थन से नहीं बल्कि अपनी वर्दी के ज़ोर से सत्ता पर क़ाबिज़ हुआ था। पाकिस्तान के विदेश मन्त्री ज़ुल्फ़िकार अली भुट्टो को लगता था कि उनकी सेना न केवल सैनिकों की क़ाबिलियत के हिसाब से बल्कि सैन्य-सामग्री एवं असलहे की गुणवत्ता के हिसाब से भी भारत से श्रेष्ठ थी। साथ ही पाकिस्तान ने अमेरिका से नवीनतम जेट लड़ाकू विमान तथा अत्याधुनिक पैटन टैंक भी ख़रीद लिए थे।

1965 के युद्ध पर चर्चा करते समय शास्त्री जी के साथ-साथ वाई.बी. चव्हाण का नाम भी प्रमुखता से लिया जाता है। 1962 में वी.के. मेनन के इस्तीफ़े के पश्चात् वाई. बी. चव्हाण भारत के रक्षामन्त्री बने थे (हालाँकि युद्ध के दौरान कुछ दिनों तक नेहरू ने रक्षामन्त्री का पोर्टफोलियो सँभाला था)। शास्त्री जी के मन्त्रिमण्डल में भी वाई.बी. चव्हाण रक्षामन्त्री बने रहे। बॉम्बे प्रेसिडेंसी का विभाजन करने के बाद जब महाराष्ट्र राज्य का निर्माण किया गया तब वाई.बी. चव्हाण प्रथम मुख्यमन्त्री बने थे।[3] ये कांग्रेस के सबसे कुशल मन्त्रियों में से थे। 1962 के युद्ध के पश्चात् सेना का नवीकरण अवश्यम्भावी हो गया था। चीनी आक्रामकता के दौरान सोवियत संघ की तुलना में अमेरिका भारत के प्रति अधिक सहानुभूति प्रदर्शित करता था, अतः अमेरिका से परामर्श करने के पश्चात् एक पंचवर्षीय रक्षा योजना को अमली जामा पहनाने का निर्णय लिया गया। भारत में अमेरिका के राजदूत चेस्टर बोवेल्स द्वारा आधिकारिक निमन्त्रण मिलने के पश्चात् रक्षामन्त्री वाई.बी. चव्हाण के नेतृत्व में एक उच्च-स्तरीय प्रतिनिधि-मण्डल मई 1964 में अमेरिका गया, इनका

उद्देश्य था भारत के लिए आधुनिक लड़ाकू एवं बमवर्षक विमान हासिल करना। प्रतिनिधि-मण्डल के अन्य सदस्य थे : रक्षा सचिव पी.वी.आर. राव, थलसेना से लेफ्टिनेंट जनरल मोती सागर, वायुसेना के एयर वाइस मार्शल, नौसेना के रीयर एडमिरल एस.एम.एस. नन्दा, आयुध निर्माण के महानिदेशक एस.जे. शोनी, तथा इनके सहयोग हेतु अन्य वरिष्ठ अधिकारीगण भी साथ गये। उस समय के अमेरिकी रक्षा सचिव रोबर्ट मैकनेमारा से मिलने हेतु वाई.बी. चव्हाण वाशिंगटन गये, भविष्य में मैकनेमारा विश्व बैंक के अध्यक्ष पद पर भी नियुक्त हुए। राष्ट्रपति जॉनसन की टीम में से मैकनेमारा अपनी तीक्ष्ण भूराजनैतिक समझ के लिए जाने जाते थे। वाई. बी. चव्हाण तथा मैकनेमारा में गहरी दोस्ती हो गयी। आगे चलकर वाई.बी. चव्हाण जब इन्दिरा गांधी के राज में वित्तमन्त्री बने तो उस समय उनको विश्व बैंक के साथ सम्पर्क में रहना पड़ता था। ऐसे में विश्व बैंक के अध्यक्ष मैकनेमारा के साथ उनकी यह मित्रता बहुत काम आयी। बी.के. नेहरू अमेरिका में भारत के राजदूत थे। 28 मई को भारतीय प्रतिनिधि-मण्डल की राष्ट्रपति जॉनसन के साथ मुलाक़ात तय की गयी, उससे पहले यह प्रतिनिधि-मण्डल अमेरिका के अन्य राज्यों में पहले से तय वचनबद्धताओं की पूर्ति के लिए निकल गया। चव्हाण के निजी सचिव आर.डी. प्रधान होटल में उनके बाज़ू वाले कमरे में ही ठहरे हुए थे। आधी रात को चव्हाण ने उनको गहरी नींद से उठाकर नेहरू जी के देहान्त की ख़बर दी। अपनी पुस्तक *डिबाकल टू रिवाइवल* में प्रधान ने नेहरू जी के देहान्त की ख़बर मिलने के पश्चात् चव्हाण की अमेरिका से भारत यात्रा का विवरण दिया है।[4]

चव्हाण को नेहरू के देहान्त की ख़बर अमेरिका के सहायक सचिव टैल्बो ने दी थी। सुबह साढ़े चार बजे रक्षामन्त्री ने एक छोटे से विमान में पीटरसन एयरफ़ील्ड, कोलोरैडो स्प्रिंग्स से उड़ान भरी। वे दिल्ली जाने वाला हवाई जहाज़ पकड़ने के लिए न्यूयॉर्क आ रहे थे। उस विमान में टेलीप्रिंटर भी लगा हुआ था तथा उड़ान के दौरान ही चव्हाण ने राष्ट्रपति जॉनसन के नाम अपना खेद-पत्र भी लिखवा दिया जिसमें उन्होंने मुलाक़ात रद्द करने हेतु खेद व्यक्त किया तथा यह सूचित किया कि उनको फ़ौरन न्यूयॉर्क के रास्ते दिल्ली जाना पड़ रहा है। वे यह पत्र भेज भी नहीं पाये थे कि उससे पहले ही उन्हें राष्ट्रपति जॉनसन का सन्देश आ गया जिसमें उन्होंने लिखा था कि राष्ट्रपति के विमानों में से एक बोइंग 707 रक्षामन्त्री चव्हाण को दिल्ली ले जाने के लिए तैयार खड़ा है। इसके बाद चव्हाण के विमान

को वाशिंगटन की तरफ़ मोड़ दिया गया। थोड़े समय बाद चव्हाण के पास एक और अनुरोध पहुँचाया गया कि यदि उनको असुविधा न हो तो अमेरिका के राज्य सचिव डीन रस्क तथा भारतीय राजदूत बी. के. नेहरू भी अन्तिम संस्कार में शामिल होने के लिए उनके साथ ही दिल्ली जाना चाहते हैं। चव्हाण वाशिंगटन के एयरफ़ील्ड पर पहुँचे तो वहाँ पर रोबर्ट मैकनेमारा, टैल्बो, चेस्टर बोवेल्स, कैनेडी के दौर में भारत में अमेरिका के राजदूत जॉन के. गालब्रेथ तथा उनकी पत्नी चव्हाण के साथ संवेदना प्रकट करने एवं उनको विदा करने हेतु पहले से ही उपस्थित थे। तेहरान में तेल भरवाने के पश्चात् जहाज़ को मुम्बई के रास्ते दिल्ली जाना था क्योंकि पाकिस्तान ने भारत के लिए वायुमार्ग बन्द कर रखा था। इस तरह वह शाम को चार बजे तक अन्तिम संस्कार में पहुँच ही नहीं पाते। डीन रस्क ने पाकिस्तान के राष्ट्रपति अयूब खान से सम्पर्क किया और पाकिस्तान ने फ़ौरन वायुमार्ग खोल दिया जिसकी वजह से चव्हाण समय रहते अन्तिम संस्कार में पहुँच गये। दिल्ली पहुँचने के पश्चात् डीन रस्क स्वयं चव्हाण के पास आये तथा अमेरीकी राजनयिकों को अपने साथ जहाज़ में लाने के लिए उनका धन्यवाद ज्ञापन किया। राजनय के इतिहास में इस प्रकार की अद्वितीय घटनाएँ कुछ महत्त्वपूर्ण प्रश्न उठाती हैं : अमेरिका तथा पाकिस्तान द्वारा दर्शाये गये शिष्टाचार की वजह क्या थी? क्या ऐसा नेहरू के अतिमानवीय व्यक्तित्व के कारण किया गया या फिर यह सामान्य राजनयिक प्रक्रिया थी? क्या ऐसा एक देश के रूप में भारत की महत्ता के कारण किया गया या फिर यह उपरोक्त तीनों कारकों का संगम था? नेहरू के देहान्त के कारण अमेरिका के साथ रक्षा समझौता नहीं हो सका और बाद की घटनाओं ने तो इतिहास की दिशा ही बदल दी। बाद के वर्षों में भारत को सोवियत संघ से अधिक समर्थन मिला।

सेना के पुनर्संगठन में चव्हाण ने महत्त्वपूर्ण भूमिका निभाई थी। उन्होंने न केवल सेना का आधुनिकीकरण किया बल्कि सेना में नये अफ़सरों की भर्ती करने, उनके प्रशिक्षण तथा नियुक्ति की प्रक्रिया में भी केन्द्रीय भूमिका निभाई। पहले से स्थापित प्रशिक्षण संस्थानों के साथ-साथ जनवरी 1963 में चेन्नई एवं पुणे में दो अफ़सर प्रशिक्षण विद्यालयों (ओ टी एस) की स्थापना की गयी। पुणे के ओ टी एस को तो मई 1964 में बन्द कर दिया गया था लेकिन चेन्नई ओ टी एस अभी तक काम कर रहा है। 1988 में चेन्नई ओ टी एस का नाम बदलकर अफ़सर प्रशिक्षण संस्थान कर दिया गया, इस प्रकार इसको भी भारतीय सेना अकादमी, देहरादून के समकक्ष दर्जा मिल गया। जनवरी 1963 से अक्तूबर 1965 तक आपातकालीन कमीशन के

अन्तर्गत अफ़सरों के 12 बैच को नियुक्ति प्रदान की गयी। आपातकालीन कमीशन समाप्त होने के पश्चात् इन विद्यालयों में लघु सेवा कमीशन के अफ़सरों को प्रशिक्षण प्रदान किया जाने लगा। अनिवार्य दायित्व योजना के अन्तर्गत इनमें केन्द्र सरकार के श्रेणी I एवं II के राजपत्रित अफ़सरों को भी शामिल किया गया था। इस योजना को 1968 में समाप्त कर दिया गया, उसके बाद से यहाँ पर केवल सैन्य अफ़सरों को ही प्रशिक्षण प्रदान किया जाता है।

1965 के युद्ध में पहली बार सेना के तीनों धड़ों ने सक्रिय रूप से युद्ध में भाग लिया। थलसेना के जनरल जी.एन. चौधरी, वायुसेना के एयर मार्शल अर्जन सिंह तथा नौसेना के एडमिरल भास्कर की वीरता तथा नेतृत्व ने न केवल सेना को बल्कि आमजन को भी प्रेरणा प्रदान की। हालाँकि जनरल चौधरी की सैन्य-क्षमता पर सवालिया निशान लगाये जाते हैं तथा यह मत भी अभिव्यक्त किया जाता है कि वे पूर्ववर्ती सेनाध्यक्षों जनरल थिमय्या तथा जनरल करिअप्पा के स्तर के रणनीतिकार तथा नेता भी नहीं थे। 1965 के युद्ध से पहले उसी साल कच्छ के रण में भारत-पाकिस्तान की सेनाओं के बीच झड़प हो चुकी थी। पाकिस्तान शत्रुता बढ़ाने का प्रयास कर रहा था तथा 9 अप्रैल 1965 को उन्होंने झड़प शुरू कर दी। पाकिस्तान की 51 इन्फेंट्री ब्रिगेड ने सरहद पार की तथा कच्छ के रण में कंजरकोट के नज़दीक सरदार चौकी पर कब्ज़ा कर लिया। वे आक्रमण पर बने रहे तथा 24 अप्रैल को चार अन्य चौकियों पर कब्ज़ा कर लिया। कंजरकोट का पूरा क्षेत्र पाकिस्तान के कब्ज़े में आ गया। यह प्रश्न उठाया जा सकता है कि प्रत्याक्रमण करने के बजाय भारत ने चुप्पी क्यों साधी तथा सैन्य कार्रवाई के बजाय राजनयिक रूप से इस मुद्दे को सुलझाने का प्रयास क्यों किया? जून 1965 में लन्दन में राष्ट्रमण्डल सम्मेलन के दौरान ब्रिटिश प्रधानमन्त्री ने स्वयं अपनी मध्यस्थता की पेशकश की। ब्रिटेन के राजनयिक प्रयासों के परिणामस्वरूप शास्त्री तथा अयूब ने 30 जून 1965 को युद्धविराम समझौते पर हस्ताक्षर किये। पाकिस्तान अपनी सेना को पीछे हटाने तथा कंजरकोट का नियन्त्रण भारत को वापिस देने के लिए तैयार हो गया, बदले में भारत ने पाकिस्तान को अपने क्षेत्र में स्थित सड़कों का उपयोग करने की अनुमति प्रदान कर दी। कच्छ में अन्तरराष्ट्रीय सीमा का निर्धारण करने के लिए एक समिति की स्थापना की गयी। इनकी मुलाक़ातें कई सालों तक चलती रहीं। अन्त में, शास्त्री जी की मृत्यु के कई वर्ष पश्चात् पाकिस्तान को 75 वर्ग किलोमीटर का क्षेत्र प्रदान किया गया।

ऑपरेशन जिब्राल्टर

श्रीनगर में हज़रतबल दरगाह से जब एक पवित्र स्मृतिचिन्ह[5] ग़ायब हुआ तो घाटी में बड़ा असन्तोष फैला जिसके बाद पाकिस्तान के शासकों को लगने लगा कि कश्मीर के आमजन का समर्थन पाकिस्तान की ओर जा सकता है। अगस्त 1953 में शेख़ अब्दुल्ला की गिरफ़्तारी के बाद उनके पुराने सहयोगी तथा पार्टी में दूसरे नम्बर के नेता बक्शी ग़ुलाम मुहम्मद जम्मू-कश्मीर के प्रधानमन्त्री (31 मार्च 1965 तक जम्मू-कश्मीर के मुख्यमन्त्री को प्रधानमन्त्री कहा जाता था) तथा साथ ही नेशनल कान्फ्रेंस के अध्यक्ष भी बने। शेख़ अब्दुल्ला के समर्थक प्लेबिसाइट फ्रंट के बैनर तले इकट्ठे हो गये थे।[6] अब्दुल्ला को समझौता-वार्ता में शामिल करने हेतु नेहरू ने यह सुझाव दिया कि बक्शी को इस्तीफ़ा दे देना चाहिए। अक्तूबर 1963 में बक्शी ने अपने विश्वस्त साथी ख़्वाजा शम्सुद्दीन को विधानसभा का अध्यक्ष मनोनीत करवाकर उनको अपना उत्तराधिकारी घोषित कर दिया। लेकिन प्रशासन की बागडोर उन्होंने अपने हाथ में ही रखी। उन दिनों शमसुद्दीन को बक्शी का 'चमचूदीन' कहा जाता था। बक्शी के प्रशासन के अन्तर्गत 26 दिसम्बर 1963 को हज़रतबल दरगाह से पवित्र स्मृतिचिन्ह चुराया गया। 27 दिसम्बर 1963 को यह ख़बर आग की तरह फैल गयी कि स्मृतिचिन्ह दरगाह से ग़ायब हो चुका है। इसके बाद न केवल कश्मीर में बल्कि पूरे देश में बड़े स्तर पर विरोध-प्रदर्शन शुरू हो गये। पश्चिम बंगाल तथा पूर्वी पाकिस्तान (बांग्लादेश) में दंगे भड़क गये। अशान्ति इस कदर फैल गयी थी कि केन्द्र सरकार को इस मामले में हस्तक्षेप करना पड़ा। समाज का एक हिस्सा यह मानता था कि यह षड्यन्त्र पाकिस्तान द्वारा रचा गया है, लेकिन इस धारणा के पक्ष में कोई सबूत मौजूद नहीं था। उन्नीस वर्षीय मीरवाइज़ मौलवी फ़ारूक़ (उनका बेटा मुहम्मद उमर फ़ारूक़ कश्मीर का वर्तमान मीरवाइज़ तथा अखिल भारतीय हुर्रियत कॉन्फ्रेंस का नेता है) की अध्यक्षता में अवामी एक्शन कमेटी (ए ए सी) की स्थापना की गयी। इन विरोध-प्रदर्शनों की अगुआई ए ए सी ही कर रही थी। विरोध इतना गम्भीर हो गया था कि प्रधानमन्त्री नेहरू ने अन्वेषण ब्यूरो (आईबी) के अध्यक्ष बी.एन. मलिक को मामले की जाँच करने के लिए श्रीनगर भेजा तथा उन्होंने स्वयं ऑल इंडिया रेडियो पर आकर इस अपवित्र कृत्य के प्रति खेद प्रकट किया तथा साथ ही लोगों से शान्ति बनाये रखने की अपील की। पाकिस्तान यह मौक़ा हाथ से नहीं जाने देना चाहता था–भुट्टो ने बयान दिया तथा कराची में काला दिवस मनाया गया। अपने रेडियो वक्तव्य में राष्ट्रपति अयूब ने इस प्रतिबद्धता का इज़हार किया

कि पाकिस्तान जम्मू-कश्मीर के लोगों के स्वनिर्णय के अधिकार की रक्षा करने की जी-तोड़ कोशिश करेगा। 3 जनवरी 1964 को पश्चिमी पाकिस्तान की संसद में इस मामले पर एक प्रस्ताव स्वीकार किया गया तथा जुम्मे की नमाज़ के बाद पूरा पाकिस्तान विरोध-प्रदर्शन हेतु सड़क पर आ गया। भारत में हिन्दू तथा सिख भी इस आन्दोलन में शामिल हो गये जिसके कारण सरकार की परेशानी और ज़्यादा बढ़ गयी। हालात का निरीक्षण करने तथा इस पर क़ाबू पाने के लिए गृह सचिव वी. विश्वनाथ को व्यक्तिगत रूप से श्रीनगर जाना पड़ा।

4 जनवरी 1964 को शम्सुद्दीन ने रेडियो कश्मीर पर घोषणा की–"आज हमारी ईद हो गयी। पवित्र स्मृतिचिन्ह मिल गया।"[7] स्मृतिचिन्ह को दुबारा दरगाह में स्थापित कर दिया गया। सार्वजनिक अवकाश घोषित कर दिया गया तथा पूरे कश्मीर में चरागाँ किया गया। लेकिन यह ख़ुशी लम्बे समय तक नहीं टिक पायी क्योंकि लोगों को स्मृतिचिन्ह की प्रामाणिकता पर सन्देह था। ऐसे आरोप लगाये जा रहे थे कि सरकार ने असल स्मृतिचिन्ह की जगह कोई नक़ली चीज़ रख दी है। ए ए सी ने यह माँग की कि वे स्मृतिचिन्ह का सत्यापन करेंगे। जाँच का निरीक्षण करने हेतु 3 जनवरी को गृह सचिव वी. विश्वनाथ को भेजा गया। लेकिन सत्यापन की माँग ज़ोर पकड़ती जा रही थी, ऐसे में नेहरू ने इस मुद्दे का समाधान निकालने हेतु अपने सबसे कुशल साथी शास्त्री को 3 फ़रवरी 1964 को श्रीनगर भेजा। कई दिन तक वार्ता चली तथा अन्ततः 6 फ़रवरी को एक समझौता हो पाया। इस समझौते के अनुसार सात सदस्यीय कार्यकारी समिति बनाई गयी जिसकी अध्यक्षता सैयद मीराक शाह काशानी ने की थी, ये कश्मीर के सबसे सम्मानित मौलवियों में से थे। स्मृतिचिन्ह का दीदार करने के पश्चात् कमेटी ने यह निर्णय दिया कि असल स्मृतिचिन्ह (मू-ए-मुक़द्दस) ही दरगाह में स्थापित किया गया है। कमेटी ने शास्त्री जी के खरेपन, वार्ताकुशलता तथा संकट सुलझाने के प्रयासों की बहुत तारीफ़ की। लेकिन यह मामला यहीं समाप्त नहीं हुआ। अब इस बात की माँग की जाने लगी कि 'असल गुनहगारों' को सामने लाया जाये। लोग जानना चाहते थे कि यह चोरी की किसने है। 12 फ़रवरी को संसद के एक सत्र के दौरान गृहमन्त्री गुलज़ारी लाल नन्दा तथा विपक्ष के सांसद अटल बिहारी वाजपेयी इसी मुद्दे पर बहस में उलझे हुए थे। 17 फ़रवरी 1964 को गृहमन्त्री ने संसद में यह सूचना दी कि दरगाह के पाँच मुजाविरों में से एक मुजाविर अब्दुल रहीम बन्दे को मुख्य सन्दिग्ध माना जा रहा था। अब्दुल तथा उसके सहयोगियों को गिरफ़्तार कर लिया गया। लेकिन फिर भी लोग यही मानते रहे कि अब्दुल को बलि का बकरा बनाया जा रहा था। यह

अफ़वाह फैल रही थी कि बक्शी के घर की एक बूढ़ी औरत मू-ए-मुक़द्दस का दीदार करना चाहती थी, इसीलिए थोड़े वक़्त के लिए इसको बक्शी के घर ले जाया गया था। लेकिन चूँकि उन्होंने सही समय पर इसको दरगाह में वापिस नहीं पहुँचाया इसीलिए लोगों का ध्यान इस तरफ़ गया। जो मुजाविर मू-ए-मुक़द्दस को बक्शी के घर लेकर गये थे वे घबरा गये।

कश्मीर के मामले में पाकिस्तान की हालत सदा से ही खट्टे अंगूरों वाली रही है। विभाजन के समय भी पाकिस्तान कश्मीर के नेताओं, महाराजा तथा अवाम की राय को नहीं पढ़ पाया था। पाकिस्तान को लगा कि चूँकि कश्मीर एक मुस्लिम बहुल क्षेत्र है तथा पाकिस्तान के साथ इसकी सरहद भी लगती है, इसलिए यह पाकिस्तान में विलय का निर्णय लेगा। लेकिन शेख़ अब्दुल्ला पाकिस्तानी नेताओं की नब्ज़ और असल मंशा से भली-भाँति वाक़िफ़ थे, इसीलिए उन्होंने भारत के साथ जाने का निर्णय लिया। चूँकि पाकिस्तान कश्मीरियों का शोषण कर रहा था, इसलिए उन्होंने विलय के प्रस्ताव को नकार दिया। सरदार पटेल ने महाराजा हरिसिंह की टाल-मटोल तथा अनिर्णय का त्वरित समाधान कर दिया था तथा अन्ततः वे भारत के साथ विलय सन्धि पर हस्ताक्षर करने को तैयार हो गये। पाकिस्तान का खेल बिखर गया था लेकिन फिर भी वे कश्मीर के उत्तर-पश्चिमी भूभाग पर कब्ज़ा करने में सफल रहे। इस क्षेत्र को उन्होंने आज़ाद कश्मीर का नाम दिया।

ग्यारह साल कारावास भुगतने के पश्चात् 8 अप्रैल 1964 को कश्मीर के सबसे कद्दावर नेता शेख़ अब्दुल्ला को रिहा किया गया। जम्मू-कश्मीर समस्या का समाधान निकालने के लिए नेहरू ने उनको रिहा किया था। लम्बे कारावास के बाद भी, या शायद इसी की वजह से, शेख़ अब्दुल्ला की लोकप्रियता में कोई कमी नहीं आयी थी। कश्मीर षड्यन्त्र केस में उनका नाम आया था। उनके विरुद्ध लगाये गये सभी अभियोग वापिस ले लिए गये। नेहरू चाहते थे कि शेख़ अब्दुल्ला पाकिस्तान जाकर जनरल अयूब से बातचीत करें तथा कश्मीर मुद्दे का समाधान निकालकर लायें। शेख़ मुहम्मद अबुल्ला तथा पाकिस्तान के राष्ट्रपति अयूब के बीच वार्ता की शुरुआत हुई। दोनों नेताओं ने एक संघ के निर्माण पर काफ़ी विस्तार से बातचीत की। यह भी तय किया गया कि जून के मध्य में अयूब तथा नेहरू दिल्ली में मुलाक़ात करेंगे। लेकिन मई में नेहरू का देहान्त हो गया जिसकी वजह से यह मुलाक़ात कभी हो ही नहीं पायी।

घाटी में राजनैतिक अशान्ति तथा आन्दोलन ज़ोर पकड़ गया जिसकी वजह से 1965 में शेख़ अब्दुल्ला को फिर से गिरफ़्तार कर लिया गया। बहती गंगा में हाथ

धोने के लिए पाकिस्तान ने ऑपरेशन जिब्राल्टर का आग़ाज़ किया (इस ऑपरेशन का नाम भी स्पेन पर मुसलमानों की विजय की याद दिलाने के लिए रखा गया था)। इस ऑपरेशन का उद्देश्य था कि पहले कश्मीर घाटी पर कब्ज़ा किया जाये, उसके बाद में पूरे जम्मू-कश्मीर पर कब्ज़ा किया जायेगा। इस ऑपरेशन के तहत पाकिस्तानी फ़ौजियों के दल सादा कपड़ों में घाटी में घुसे तथा राजनैतिक अशान्ति की लपटों को हवा देने का कार्य करने लगे। यह योजना बनाई गयी कि 8 अगस्त 1965 को पीर दस्तगीर साहिब के सालाना उर्स में पाकिस्तानी एजेंट आमजन में घुल-मिलकर अशान्ति को बढ़ावा देंगे। यह उम्मीद की जा रही थी कि लोग बड़ी संख्या में इकट्ठे होकर शेख़ अब्दुल्ला की गिरफ़्तारी का विरोध करेंगे। पाकिस्तानियों को लगता था कि गिरफ़्तारी के विरोध में हो रहे इन प्रदर्शनों को आसानी के साथ भारत-विरोधी विप्लव में बदला जा सकता है। लेकिन उनकी यह धारणा ग़लत साबित हुई कि स्थानीय लोग पाकिस्तान का साथ देंगे। स्थानीय लोगों ने पुलिस तथा सेना को इन घुसपैठियों की ख़बर दे दी और आनन-फानन में इनको गिरफ़्तार कर लिया गया। 8 अगस्त को दो पाकिस्तानी अफ़सरों को पकड़कर पूछताछ की गयी तो पाकिस्तानी सेना की पूरी योजना खुलकर सामने आ गयी। पाकिस्तानियों को स्थानीय लोगों का समर्थन तो मिला नहीं जिसके परिणामस्वरूप इन घुसपैठियों को ढूँढ़-ढूँढ़कर गिरफ़्तार किया गया। बड़ी मात्रा में असलहा भी बरामद हुआ। कुछेक घुसपैठिये पाकिस्तान वापिस नहीं लौट पाये और अन्ततः उन्होंने ख़ुद ही आत्मसमर्पण कर दिया। 12 अगस्त 1965 तक ऑपरेशन जिब्राल्टर समाप्त हो चुका था।

ऑपरेशन ग्रैंड स्लैम (1 सितम्बर 1965 को शुरू)

प्रधानमन्त्री लाल बहादुर शास्त्री तथा रक्षामन्त्री वाई.बी. चव्हाण की अगुआई में भारतीय राजनैतिक नेतृत्व ने बड़े साहस तथा आक्रामकता का प्रदर्शन किया। मीडिया में सामान्यतः नेताओं के नैतिक बल, दृढ़-निश्चय तथा साहस पर चर्चा नहीं की जाती है। 28 अगस्त 1965 को भारतीय सेना ने युद्धविराम रेखा पार की तथा हाजी पीर दर्रे पर कब्ज़ा कर लिया। अगले तीन दिनों के दौरान वे उड़ी नगर की सीध में नीलम घाटी में आगे बढ़ते रहे। मुज़फ़्फ़राबाद पर भारतीय सेना का कब्ज़ा होने का ख़तरा मंडराने लगा था, ऐसे में पाकिस्तानी सेना ने ऑपरेशन ग्रैंड स्लैम की शुरुआत की। 1 सितम्बर 1965 को पाकिस्तानी सेना ने तवी नदी पार करके भारतीय सीमा लाँघ दी। वे अखनूर के बिल्कुल क़रीब पहुँच गये तथा जम्मू ख़तरे में आ गया था। हमला बहुत बड़े स्तर पर किया गया था, भारी तोपखाने से

लैस पाकिस्तानी सेना की पाँच ब्रिगेडों ने छम्ब क्षेत्र में एक साथ हमला बोल दिया और चूँकि भारतीय सेना ने संयुक्त राष्ट्र संघ के नियमों की पालना करते हुए हल्के अस्त्र-शस्त्र से लैस केवल एक ही ब्रिगेड इस क्षेत्र में तैनात कर रखी थी इसलिए यह पूरा क्षेत्र शत्रु के हाथ में जाने का ख़तरा बढ़ गया था। इस क्षेत्र में अन्दर तक घुसने के लिए पाकिस्तान ने जी-जान लगा दी थी, उनकी योजना यह थी कि कश्मीर में तैनात सेना को नीचे मैदान से जाने वाली रसद से काट दिया जाये। ऐसे में एयर मार्शल अर्जन सिंह के नेतृत्व में भारतीय वायुसेना ने ऐसे कारनामे को अंजाम दे डाला जिसकी मिसाल हवाई युद्ध में और कहीं नहीं मिलती। भारतीय वायुसेना के पास पुराने पड़ चुके वैम्पायर विमान थे तो पाकिस्तानी वायुसेना के पास अमेरिका द्वारा प्रदत्त अत्याधुनिक लड़ाकू जेट विमानों का अम्बार लगा हुआ था। 3 सितम्बर 1965 को स्क्वाड्रन लीडर ट्रेवर कीलर नैट विमान से सेबर जेट एफ़-86एफ़ को गिराने वाले दुनिया के पहले पायलट बने। अमेरिकी सेबर विमान को नैट विमान की तुलना में बहुत अधिक श्रेष्ठ विमान माना जाता था। जनरल करिअप्पा के बारे में एक क़िस्सा बताया जाता है जिसके बाद उनकी शोहरत चारों तरफ़ फैल गयी। उनका इकलौता बेटा वायुसेना में पायलट था। उसके विमान को पाकिस्तान में गिरा लिया गया था तथा पायलट को युद्धबन्दी बना लिया गया। राष्ट्रपति अयूब फ़ौज में फ़ील्ड मार्शल करिअप्पा के साथ सेवाएँ दे चुके थे और पुराने समय के सम्पर्क का लाभ उठाते हुए उन्होंने फ़ील्ड मार्शल करिअप्पा के बेटे को रिहा करने की पेशकश की। इस पेशकश को नकारते हुए फ़ील्ड मार्शल करिअप्पा ने जवाबन लिखा था–'सभी युद्धबन्दी मेरे बेटे हैं। उन सबका अच्छा ख़याल रखना।' फ़ील्ड मार्शल करिअप्पा को सेना का भारतीयकरण करने वाला माना जाता है।

19 सितम्बर 1965 को पाकिस्तान ने एक भारतीय असैनिक विमान को उड़ा दिया, इस विमान में गुजरात के मुख्यमन्त्री बलवन्त राय मेहता सफ़र कर रहे थे। आज के दिन ज़्यादा लोग इस घटना के बारे में नहीं जानते। मेहता लोक सेवक मण्डल के अध्यक्ष थे। इस मण्डल की स्थापना 1921 में लाहौर शहर में लाला लाजपत राय ने की थी। महात्मा गांधी ने इस मण्डल का उद्घाटन किया था। लाला लाजपत राय इस मण्डल के प्रथम अध्यक्ष तथा मेरे नाना स्वामी सत्यानन्द उपाध्यक्ष थे। असैनिक बीचक्राफ्ट विमान में बैठ कर टाटा केमिकल्स के मीठापुर संयन्त्र में स्थित हवाई पट्टी से मेहता ने उड़ान भरी थी, वायुसेना के सेवानिवृत्त पायलट जहाँगीर इंजीनियर इस विमान को उड़ा रहे थे। विमान में मेहता के साथ उनकी

पत्नी, एक पत्रकार तथा उनके कार्यालय के तीन कर्मचारी भी सवार थे। पाकिस्तानी वायुसेना के पायलट क़ैस हुसैन ने भारतीय सीमा के अन्दर उड़ रहे इस विमान को चिह्नित किया, अपने वरिष्ठ अधिकारियों को सूचना दी कि यह असैनिक विमान है, लेकिन हुकुम मिलने के बाद इस विमान को उड़ा भी दिया। विमान में सवार सभी लोगों की मृत्यु हो गयी। अगस्त 2011 में पाकिस्तानी पायलट हुसैन ने भारतीय पायलट इंजीनियर की बेटी को पत्र लिखकर अपने इस कृत्य हेतु माफ़ी माँगी, 'पाकितानी नियन्त्रकों ने असैनिक विमान को सर्वेक्षक विमान समझ लिया था'–और विमान को उड़ा देने का हुकुम ज़ारी कर दिया।

वायुसेना छम्ब क्षेत्र में पाकिस्तानी सेना को आगे बढ़ने से रोक पाने में सफल रही। इसके बाद शास्त्री जी के नेतृत्व के अन्तर्गत भारतीय सेना ने तुरुप का पत्ता निकाला। पंजाब तथा राजस्थान के क्षेत्रों में ज़ोर-शोर से युद्ध शुरू कर दिया गया, पाकिस्तानी सेना यह अपेक्षा नहीं कर रही थी कि भारत नये मोर्चे खोल देगा। लाहौर की ओर आगे बढ़ने का निर्णय लिया गया, भीषण रण के पश्चात् भारतीय सेना ने पाकिस्तानी क्षेत्र में बर्की गाँव पर कब्ज़ा कर लिया और भारत की जीत के प्रतीक के रूप में बर्की पुलिस थाने पर तिरंगा लहरा दिया गया। प्रतिक्रिया में पाकिस्तानी सेना ने पंजाब के खेमकरण क्षेत्र में मोर्चा खोल दिया। असल उत्तर की मशहूर लड़ाई में 4 ग्रेनेडियर्स के कम्पनी क्वार्टर मास्टर हवलदार अब्दुल हमीद ने अपनी रिकॉइललैस बन्दूक़ से ही पाकिस्तानी टैंकों का सामना किया तथा तीन टैंक उड़ा डाले। लड़ते-लड़ते वे ज़ख़्मी हो गये तथा अन्ततः उनकी मृत्यु हो गयी। इस अप्रतिम बलिदान हेतु मरणोपरान्त उन्हें परमवीर चक्र से सम्मानित किया गया। फिल्लोरा की लड़ाई को इतिहास का सबसे बड़ा टैंक युद्ध माना जाता है, इस लड़ाई की सफलता सदैव भारतीय सेना की स्मृति में रहेगी। 10 सितम्बर को लड़ाई शुरू हुई, पाकिस्तानी सेना को भीषण प्रतिरोध दिया गया तथा दो दिन बाद उन्हें पीछे हटना पड़ा। भारत ने छह टैंक खोये तो वहीं पाकिस्तानी सेना को छियासठ टैंक खोने पड़े थे। पूना हॉर्स रेजिमेंट के लेफ्टिनेंट कर्नल आर्देशिर बुरजोरजी को मरणोपरान्त परमवीर चक्र से सम्मानित किया गया। लाहौर की तरफ़ बढ़ते हुए भारतीय सेना ने डोगराई गाँव पर भी क़ब्ज़ा कर लिया। भारतीय सेना ने जब इच्छोगिल नहर को पार किया तो लगने लगा कि अगले कुछ घण्टे में लाहौर भारत के हाथ में आ जायेगा। यहाँ यह भी याद रखना चाहिए कि भारतीय ए एम एक्स-13 टैंकों की गन भी छोटी थी तथा इनमें नाईटविज़न की सुविधा भी नहीं थी जबकि भारी-भरकम गन से लैस पाकिस्तानी पैटन टैंक रात में भी युद्ध कर सकते थे।

भारतीय नौसेना ने सतर्कता बनाकर रखी तथा भारत के पश्चिमी एवं पूर्वी तटों को महफूज़ रखा। 1965 में पूरे उपमहाद्वीप में केवल पाकिस्तान के पास ही पनडुब्बी मौजूद थीं, इसको ग़ाज़ी नाम दिया गया था। भारतीय नौसेना ने पनडुब्बियाँ 1967 में जाकर ख़रीदी थीं। नौसेना के पनडुब्बी-रोधी दस्ते ने ग़ाज़ी पनडुब्बी को निष्क्रिय बनाये रखने में बड़ी महत्त्वपूर्ण भूमिका अदा की तथा उनकी सतर्कता के कारण ही पूरे युद्धकाल में ग़ाज़ी पनडुब्बी पूरी तरह क्रियाहीन बनी रही। युद्धविराम की पूर्वसंध्या पर पाकिस्तानी सेना ने यह झूठी ख़बर फैलाई कि ग़ाज़ी ने भारतीय जलपोत आई एन एस ब्रह्मपुत्रा को डुबो दिया था। इस ख़बर का भण्डाफोड़ करने के लिए सभी देशों के नौसेना राजदूत-सहायकों तथा पत्रकारों को आई एन एस ब्रह्मपुत्रा पर बुलाकर चाय पिलाई गयी।

भिन्न-भिन्न लोग 1965 के युद्ध के शुरुआत की तिथि अलग-अलग बताते हैं। एक समूह यह मानता है कि युद्ध अप्रैल 1965 में शुरू हुआ जब पाकिस्तान ने कच्छ के रण में सीमा का उल्लंघन किया तथा भारत पर हमला कर दिया था। दूसरा समूह यह मानता है कि युद्ध अगस्त में शुरू हुआ जब पाकिस्तान ने ऑपरेशन जिब्राल्टर का सूत्रपात किया था। एक तीसरा समूह 1 सितम्बर को युद्ध की शुरुआती तिथि मानता है क्योंकि इसी दिन पाकिस्तानी सेना ने छम्ब क्षेत्र में युद्धविराम रेखा (वर्तमान में इसे नियन्त्रण रेखा कहा जाता है) को पार करते हुए भारत पर आक्रमण किया था। पाकिस्तान पूरी धूम-धाम के साथ 6 सितम्बर को राष्ट्रीय रक्षा दिवस मनाता है। 6 सितम्बर को ही भारतीय सेना अन्तरराष्ट्रीय सीमा पार करके पाकिस्तानी पंजाब में घुसी थी तथा लाहौर की तरफ़ बढ़ने की शुरुआत हुई थी। सरकारी विवरणों में पाकिस्तान 6 सितम्बर को ही इस युद्ध की शुरुआत मानता है क्योंकि इसी दिन भारत ने पाकिस्तान पर आक्रमण किया था। दूसरी तरफ़ भारत में 1 सितम्बर को युद्ध की शुरुआती तिथि माना जाता है क्योंकि इसी दिन पाकिस्तानी सेना भारतीय सीमा में घुसी थी। अपनी जनता तथा अन्तरराष्ट्रीय समुदाय के सामने पाकिस्तान यह भ्रम फैलाता रहता है कि वह जम्मू-कश्मीर तथा भारत की सरहदों को अलग-अलग मानता है, जबकि वास्तविकता यह है कि चाहे जम्मू-कश्मीर में स्थित सियाचीन हो या फिर गुजरात में कच्छ का रण, ये भारत के अटूट अंग हैं। पाकिस्तान अपने लोगों को भ्रम में डालने हेतु यह प्रचार करता है कि 1965 का युद्ध विशेषत: कश्मीर के लिए किया गया था। 1965 के युद्ध में पाकिस्तान ने एक ग़लती यह की कि रणक्षेत्र का चयन वे स्वयं करना चाहते थे, जबकि लाल बहादुर शास्त्री यह दृढ़-निश्चय कर

चुके थे कि यदि किसी शत्रु ने भारत की सीमा पर हमला किया तो भारत यह तय करेगा कि युद्ध कहाँ तथा कैसे लड़ा जायेगा।

संयुक्त राष्ट्र संघ ने हस्तक्षेप किया तथा 22 सितम्बर को त्वरित युद्धविराम का प्रस्ताव पास कर दिया। 23 सितम्बर को जब अचानक युद्धविराम की घोषणा हुई तब भारतीय सेना लाहौर से कुछेक घण्टे ही दूर खड़ी थी। भारत ने पाकिस्तान के 1920 वर्ग किलोमीटर क्षेत्र पर क़ब्ज़ा कर लिया था जबकि पाकिस्तानी सेना भारत के 540 वर्ग किलोमीटर क्षेत्र पर क़ाबिज़ होकर बैठी थी। भारत के 2862 सैनिक हताहत हुए तो पाकिस्तान की तरफ़ से 5800 सैनिकों को जान गँवानी पड़ी। युद्धविराम के पश्चात् अपने प्रसिद्ध भाषण में प्रधानमन्त्री लाल बहादुर शास्त्री ने कहा था, 'युद्ध की शुरुआत करते समय राष्ट्रपति अयूब ने दावा किया था कि वे और उनकी सेना दिल्ली को रौंदती हुई गुज़रेगी, तो मैंने सोचा कि क्यों न उनका स्वागत करने के लिए मैं स्वयं ही लाहौर चला जाऊँ।'

1965 के युद्ध पर चर्चा का समापन करने से पहले हमें दोनों देशों के बीच का फ़र्क़ समझ लेना चाहिए–भारत एक धर्मनिरपेक्ष राष्ट्र है जबकि पाकिस्तान एक मज़हबी इस्लामी देश है। 1965 के युद्ध हेतु 12वीं डिवीज़न के जीओसी मेजर जनरल अख्तर हुसैन मलिक को पाकिस्तान की पूरी सेना की कमान दी गयी थी। वे एक बहादुर सैनिक एवं रणनीतिकुशल जनरल थे तथा ज़मीनी लड़ाई की पेचीदगियों को बहुत बेहतर ढंग से समझते थे। जनरल मलिक की योजना यह थी कि जम्मू पर क़ब्ज़ा करने के द्वारा पूरे जम्मू-कश्मीर को अपने अधिकार में ले लिया जाये। उनकी योजना के अनुसार पाकिस्तानी सेना ने तवी नदी को पार किया तथा जम्मू पर क़ब्ज़ा करने के लिए अखनूर की तरफ़ बढ़ने लगी। अगले दिन जनरल मलिक जब अखनूर पर हमले की रणनीति बना रहे थे तो पाकिस्तानी सेना के चीफ़ ऑफ़ स्टाफ़ अपने साथ मेजर जनरल याह्या खान को लेकर जनरल मलिक के पास आये (आगे चलकर याह्या खान पाकिस्तान के राष्ट्राध्यक्ष भी बने)। फ़ील्ड मार्शल अयूब के हुकुम की अनुपालना करते हुए जनरल मलिक ने त्वरित प्रभाव से सेना की कमान जनरल याह्या खान को सौंप दी, और याह्या की बुरी योजना एवं रणनीतिक ग़लतियों का असर यह हुआ कि जम्मू पाकिस्तान के लिए दूर की कौड़ी बनकर रह गया। युद्ध के बीच में कमान बदलने का यह स्पष्टीकरण दिया जाता है कि जम्मू पर क़ब्ज़े के बाद जनरल मलिक पूरे पाकिस्तान में महानायक बनकर उभर आते तथा वे राष्ट्रपति अयूब की सत्ता के लिए ख़तरा बन सकते थे, इसीलिए अयूब ने अपने विश्वस्त याह्या को जम्मू-विजय का सेहरा अपने सर बाँधने का अवसर दिया।

लेकिन इस धारणा में सत्यता नज़र नहीं आती। इसकी असल वजह पूर्णतः भिन्न थी। जनरल मलिक अहमदिया मुसलमान थे तथा पाकिस्तान का सुन्नी नेतृत्व कभी किसी अहमदिया को सम्मान हासिल करने का अवसर नहीं देना चाहता था। भुट्टो सरकार ने संविधान में द्वितीय संशोधन किया तथा अहमदियों को काफ़िर घोषित कर दिया। राष्ट्रपति ज़िया-उल-हक़ भी एक अध्यादेश लेकर आये जिसके तहत यह प्रावधान किया गया कि यदि अहमदिया अपने आप को मुसलमान बताएँगे या फिर ख़ुद को मुसलमानों की तरह प्रस्तुत करेंगे तो इसको एक दण्डनीय अपराध माना जायेगा। इन दो संशोधनों के पश्चात् अहमदिया मुसलमानों के केन्द्रीय मुख्यालय को पाकिस्तान से उठाकर लन्दन में स्थानान्तरित कर दिया गया। यह पाकिस्तान में सुन्नी बहुसंख्यकों द्वारा किये गये उत्पीड़न एवं भेदभाव का निकृष्टतम उदाहरण है।

1965 के युद्ध के पश्चात् शास्त्री जी इलाहबाद से 30 किलोमीटर दूर स्थित उरवान गाँव में एक सभा को भाषण दे रहे थे, यहीं पर उन्होंने '*जय जवान, जय किसान*' का नारा दिया था। यह नारा प्रत्येक भारतीय के दिल को छू गया–इसमें गर्व तथा समर्पण का भाव निहित था। आधी सदी गुज़र जाने के बाद भी यह नारा आज भी लोगों को भावुकता तथा प्रेरणा से भर देता है। अपने दो मन्त्रियों के साथ शास्त्री जी के सम्बन्ध तनावपूर्ण थे, ये दो मन्त्री थे–टी.टी. कृष्णामाचारी तथा इन्दिरा गांधी। हरिदास मूंदड़ा घोटाले में नाम आने के बाद 1958 में कृष्णामाचारी को वित्तमन्त्री पद से इस्तीफ़ा देना पड़ा था। 1962 में वे चुनाव जीतकर आये लेकिन नेहरू ने उनको वित्तमन्त्री का पद देने से इनकार कर दिया। लेकिन आगे चलकर कृष्णामाचारी वित्तमन्त्री बनने में सफल रहे तथा 31 दिसम्बर 1965 को उन्होंने एक बार फिर से इस्तीफ़ा दिया; इस बार उनको यह उम्मीद थी कि शास्त्री जी उनसे इस्तीफ़ा वापिस लेने की गुज़ारिश करेंगे, लेकिन शास्त्री जी ने दृढ़ता का परिचय दिया तथा उनका इस्तीफ़ा स्वीकार कर लिया। यह भी तय किया था कि इन्दिरा गांधी को ब्रिटेन में भारत की उच्चायुक्त नियुक्त किया जायेगा ताकि दिल्ली में शास्त्री जी निर्बाध रूप से अपनी सरकार चला सकें। प्रधानमन्त्री के ताशकंद से वापिस आते ही इस निर्णय पर अमल किया जाना था। लेकिन समय की धारा को कुछ और ही मंज़ूर था। चूँकि युद्धविराम लागू हो चुका था लेकिन युद्ध की समाप्ति की विधिवत घोषणा नहीं की गयी थी, ऐसे में इस मामले का निपटारा करने के लिए सोवियत संघ के राष्ट्रपति कोसीजिन ने अपनी मध्यस्थता की पेशकश की। इससे पहले भारत ने पाकिस्तान के साथ द्विपक्षीय मामलों को सुलझाने के लिए किसी तीसरे पक्ष की मध्यस्थता स्वीकार नहीं की थी। हालाँकि उस समय तक भारत ने सोवियत संघ तथा

अमेरिका के बीच समान दूरी बनाकर रखने का प्रयास किया था लेकिन साथ-साथ यह अनुभूति भी घर कर रही थी कि भारत को एक घनिष्ठ मित्र की सख्त ज़रूरत थी। पाकिस्तान पहले से ही सेंटो (केन्द्रीय सन्धि संगठन) तथा सीटो (दक्षिण एशिया सन्धि संगठन) का सदस्य बन चुका था तथा शीतयुद्ध में अमेरिका का सहयोगी बन चुका था। शायद यह भी एक वजह थी कि भारत ने सोवियत संघ में जाकर पाकिस्तान के साथ सन्धि करने का निर्णय लिया।

4 जनवरी 1966 को शास्त्री जी ताशकंद के लिए रवाना हुए, जाते-जाते वे वादा करके गये थे कि भारतीय सैनिकों के बलिदान से हासिल की गयी भूमि किसी भी शर्त पर पाकिस्तान को वापिस नहीं की जायेगी। सात दिन तक वार्ता चलती रही तथा अन्त में संयुक्त राष्ट्र संघ, अमेरिका तथा सोवियत संघ के दबाव में आकर 10 जनवरी 1966 को शान्ति समझौते पर हस्ताक्षर कर दिये गये। इस समझौते को ताशकंद घोषणा कहा जाता है। यह तय किया गया कि 25 फ़रवरी 1966 तक दोनों देशों की सेनाएँ 5 अगस्त 1965 की स्थिति तक वापिस लौट जायेंगी, इस प्रकार सितम्बर 1965 में हुआ युद्धविराम सम्पन्न हो जायेगा। भारत तथा पाकिस्तान दोनों ही ने अपना-अपना जीता हुआ क्षेत्र वापिस लौटा दिया, लेकिन चूँकि भारत को बड़ा भूखण्ड लौटाना पड़ा था अतः आमजन में यह धारणा व्याप्त हो गयी कि यह समझौता भारत के हित में नहीं था। अतः, रणभूमि में जो कुछ कमाया गया था उसको कूटनीतिज्ञों ने लुटा दिया। 11 जनवरी 1966 को 61 वर्ष की आयु में शास्त्री जी का देहान्त हो गया लेकिन उनकी मृत्यु का कारण आज तक स्पष्ट नहीं हो पाया है। ऐसा सन्देह व्यक्त किया जाता है कि उनको ज़हर दिया गया था। कुछ लोग मानते हैं कि वे बहादुर सैनिकों के बलिदान से अर्जित की गयी भूमि को वापिस करने का आघात नहीं झेल पाये थे। यह भी कहा जाता है कि उनकी मृत्यु हृदयाघात के कारण हुई। शास्त्री जी के 18 महीने के राज का भारत पर बहुत गहरा प्रभाव पड़ा। हालाँकि उनको 1965 के भारत-पाक युद्ध में अपनी नेतृत्वकुशलता के लिए जाना जाता है लेकिन भारत को खाद्यान्न के क्षेत्र में आत्मनिर्भर बनाने हेतु किये गये उनके प्रयासों ने भी हमारे देश के भविष्य पर दूरगामी प्रभाव डाले हैं।

ताशकंद समझौते के बाद यह बहस शुरू हो गयी कि असल में युद्ध में जीत किसकी हुई थी। दोनों देशों ने विजय का दावा किया। लेकिन कुछ बुनियादी प्रश्नों पर ग़ौर करें तो हम हार-जीत के प्रश्न का निर्धारण कर सकते हैं। युद्ध की शुरुआत किसने की? सीमा लाँघने के पीछे क्या उद्देश्य निहित था? क्या यह उद्देश्य हासिल

हो पाया? इन सभी प्रश्नों का उत्तर यह है कि जम्मू-कश्मीर पर अधिकार करने के लिए पाकिस्तान ने सीमा लाँघी थी तथा उनको वापिस अपने घर में खदेड़ दिया गया था। इस तरह हम कह सकते हैं कि युद्ध में पाकिस्तान की पराजय हुई। भारत का काम यह था कि वह अपनी सरहदों की रक्षा करे; भारत ने अपना उद्देश्य भी हासिल कर लिया तथा साथ ही यह भ्रम भी तोड़ दिया कि अत्याधुनिक अस्त्र-शस्त्र से लैस पाकिस्तानी सेना भारतीय सेना से श्रेष्ठतर थी। पाकिस्तानी वायुसेना मिसाइलयुक्त सेबर जेट तथा एफ़-104 स्टार लड़ाकू विमान लेकर भारत पर हमलावर हुई थी, उनके विमान अँधेरे में भी वार करने की क्षमता रखते थे। भारतीय वायुसेना को खटारा, पुरातन पड़ चुके तथा विश्वास के अयोग्य लड़ाकू विमानों के साथ रणभूमि में उतरना पड़ा था। वायुसेना के पास नैट तथा द्वितीय विश्वयुद्ध के समय के विमान थे, इनमें मिसाइल नहीं लगाई जा सकती थी, न ही ये विमान रात्रि-उड़ान के उपकरणों से युक्त थे। रक्षामन्त्री वाई.बी. चव्हाण जब अमेरिका में एक लड़ाकू विमान निर्माता के पास गये थे तो उन पर ताना कसा गया था कि भारतीय वायुसेना पुरातन विमानों का संग्रहालय बनकर रह गयी है। हालाँकि यह सच है कि पाकिस्तान की तुलना में भारत ने अधिक विमान खोये, लेकिन इस तथ्य को भी ध्यान में रखना चाहिए कि भारतीय वायुसेना ने पाकिस्तान को अधिक क्षति पहुँचाई थी। भारतीय वायुसेना आक्रामक मुद्रा में थी तथा पाकिस्तानी वायुसेना को रक्षात्मक रणनीति अपनाने पर मजबूर कर दिया था। भारत ने पाकिस्तानी विमानों के साथ हवाई लड़ाई में अधिक विमान नहीं खोये थे, बल्कि इनमें से अधिकांश विमान पाकिस्तानी भूमि के अन्दर घुसे हुए थे तथा विमान-रोधी गन से इनको गिराया गया था। अपनी दिलेरी तथा चातुर्य से भारतीय वायुसेना ने पाकिस्तानी वायुसेना को खोल में बन्द करके रख दिया था। हताहतों की संख्या भी पाकिस्तान की तरफ़ अधिक थी लेकिन भारत की तरफ़ से नौजवान अफ़सरों को अधिक बलिदान देना पड़ा। हालाँकि 1965 के युद्ध में केवल दो परमवीर चक्र प्रदान किये गये, लेकिन अगर इन नवनियुक्त अफ़सरों ने बहादुरी का परिचय न दिया होता तो इस युद्ध का परिणाम कुछ और ही होता।

1965 के युद्ध ने चीन के हाथों पराजय से अशक्त पड़ चुके भारत को फिर से एक मज़बूत राष्ट्र बनकर उभरने का अवसर दिया, जबकि पाकिस्तान ख़ुद अपनी शुरू की हुई जंग के परिणामों से कभी उबर नहीं पाया। इस बिन्दु के बाद दोनों देशों ने एक-दूसरे के विपरीत विकास-पथ का चयन किया। भारत की शक्ति में

वृद्धि होती रही जबकि पाकिस्तान की बदहाली दिन-ब-दिन बढ़ती चली गयी। ऐसा लगता नहीं कि दोनों देश कभी इतिहास के बारे में साझा दृष्टिकोण विकसित कर पायेंगे, हालाँकि यह ज़रूर कहा जाना चाहिए कि इस शर्त को पूरा किये बग़ैर भारत और पाकिस्तान के बीच सामंजस्य स्थापित होने की सम्भावना भी नहीं बन सकती।

टिप्पणियाँ

1. नेहरू के नेतृत्व में कांग्रेस ने 1962 में हुए तीसरे आम चुनाव में जीत हासिल की। इसके बाद भारत-चीन युद्ध के कारण भारत पर संकट की घड़ी आ गयी। यह महसूस किया गया कि जनप्रतिनिधि आमजन से कट गये थे जिसके कारण पार्टी के समर्थकों तथा शासन पर बुरा प्रभाव पड़ रहा था। 1963 में मद्रास (अब तमिलनाडु) के तीन बार के मुख्यमन्त्री के. कामराज ने यह योजना सामने रखी कि पार्टी में नये प्राण फूँकने तथा आमजन के साथ सम्पर्क पुन: स्थापित करने हेतु सभी वरिष्ठ केन्द्रीय मन्त्रियों तथा राज्यों के मुख्यमन्त्रियों को त्यागपत्र देकर संगठन के कार्य में लग जाना चाहिए। नेहरू ने इस योजना का स्वागत किया तथा स्वयं अपना इस्तीफ़ा देने की पेशकश की, लेकिन कामराज ने उनको पद पर बने रहने के लिए मना लिया क्योंकि दल तथा देश के नेता के रूप में नेहरू की एक विशिष्ट हैसियत थी। कामराज योजना के अन्तर्गत मोरारजी देसाई, जगजीवन राम तथा लाल बहादुर शास्त्री समेत छह वरिष्ठ केन्द्रीय मन्त्रियों तथा स्वयं कामराज, एस.के. पाटिल एवं बीजू पटनायक समेत छह मुख्यमन्त्रियों ने इस्तीफ़ा दिया तथा उनको संगठन की ज़िम्मेदारियाँ सौंपीं गयीं। कामराज स्वतन्त्रता के पश्चात् कांग्रेस के सबसे शक्तिशाली अध्यक्ष बनकर उभरे।
2. यह ग़ैर-हिन्दीभाषी दिग्गज नेताओं का गुट था; इनमें शामिल थे–निजलिंगप्पा, संजीवा रेड्डी, एस.के. पाटिल, अतुल्य घोष तथा स्वयं कामराज। इस गुट का कांग्रेस पार्टी पर पूरा नियन्त्रण था, जबकि 1991 तक कांग्रेस पार्टी के प्रधानमन्त्री उत्तर प्रदेश के विशेष जिलों से ही चुनकर आते रहे। इस सिंडिकेट ने न केवल शास्त्री एवं इन्दिरा गांधी को प्रधानमन्त्री बनवाने में महत्त्वपूर्ण भूमिका निभाई थी बल्कि मन्त्रिमण्डल के निर्माण, चुनावों में प्रत्याशियों के चयन तथा पार्टी के सभी महत्त्वपूर्ण निर्णयों में ये तब तक केन्द्रीय भूमिका निभाते रहे जब तक कि अन्ततः इन्दिरा गांधी ने इनको किनारे नहीं लगा दिया।
3. अंग्रेज़ों ने बॉम्बे प्रेसीडेंसी को बॉम्बे प्रान्त बना दिया था तथा स्वतन्त्रता के पश्चात् इसको बॉम्बे (आजकल मुम्बई) राज्य बनाया गया।
4. आर.डी. प्रधान, 1998, *डिबाकल टू रिवाइवल : वाई.बी. चव्हाण एज़ डिफेन्स मिनिस्ट,, 1962-65,* नयी दिल्ली, संगम बुक्स लिमिटेड।
5. पैग़म्बर मुहम्मद की दाढ़ी के बाल को मू-ए-मुक़द्दस कहा जाता है। इसको चाँदी के लोलक से लटकाकर शीशे की नली में रखा गया है।

6. कश्मीर के भारत में विलय के पश्चात् शेख़ अब्दुल्ला जम्मू-कश्मीर के प्रधानमन्त्री बने। उनके संरक्षण में उनके ही एक अनुयायी मिर्ज़ा मुहम्मद अफ़ज़ल बेग़ ने संयुक्त राष्ट्र संघ के पर्यवेक्षण के अन्तर्गत जनमतसंग्रह का आन्दोलन शुरू किया। हालाँकि शेख़ अब्दुल्ला कभी भी औपचारिक रूप से प्लेबिसाइट फ्रंट के सदस्य नहीं बने लेकिन 1975 में केन्द्र सरकार के साथ समझौता करने के बाद जब वे मुख्यमन्त्री बने तब तक वे इस आन्दोलन को हवा ज़रूर देते रहे। प्लेबिसाइट फ्रंट का नेशनल कॉन्फ्रेंस में विलय हो गया तथा अफ़ज़ल बेग़ शेख़ अब्दुल्ला के उप-मुख्यमन्त्री बन गये।
7. https://kashmirfile.net/hanging-by-the-relic-issue18-vol06-61615 पर उपलब्ध (2 फ़रवरी 2021 को देखा गया)।

अध्याय – 5

भारत ने बाज़ी पलट दी

1971 का युद्ध, बांग्लादेश की स्थापना तथा 'दुर्गा' के रूप में इन्दिरा गांधी का आविर्भाव

16 दिसम्बर 1971, गुरुवार

विभाजन के पश्चात् पाकिस्तान की स्थापना होने के समय से ही पूर्वी एवं पश्चिमी पाकिस्तान के बीच द्वन्द्व के बीज पड़ गये थे। 1951 की जनगणना के अनुसार पाकिस्तान की जनसंख्या 7.5 करोड़ थी। पश्चिमी पाकिस्तान का क्षेत्रफल 7,96,095 वर्ग किलोमीटर था। यहाँ पर 3.3 करोड़ लोग रहते थे। जबकि पूर्वी पाकिस्तान का क्षेत्रफल 1,43,998 वर्ग किलोमीटर था। यहाँ पर 4.2 करोड़ लोग रहते थे।[1] भारत और पाकिस्तान की संविधान सभाओं की स्थापना एक साथ हुई

थी लेकिन हैरत की बात यह है कि संविधान बनाने में पाकिस्तान को लगभग 10 वर्ष लग गये।

अविभाजित बंगाल के 18 ज़िलों को काटकर पूर्वी पाकिस्तान बनाया गया था लेकिन इस नवस्थापित देश का शासक एवं निर्णायक वर्ग मुख्यत: पश्चिमी पाकिस्तान से आता था। इसी वजह से पूर्वी पाकिस्तान के अवाम में असन्तोष पाया जाता था। जब द्विराष्ट्र सिद्धान्त को अमली जामा पहनाया जा रहा था तब बंगाल में मुस्लिम लीग के सबसे बड़े नेता एच. एस. सुहरावर्दी ने संयुक्त बंगाल की स्थापना का प्रयास किया था। शुरू में तो उनकी इस योजना को कुछेक हिन्दू नेताओं का समर्थन भी मिला, लेकिन बाद में इस विचार को त्याग दिया गया। विभाजन के पश्चात् सुहरावर्दी भारत में ही रहे तथा 1949 में जाकर उन्होंने पाकिस्तान में हिजरत की। उनको मुस्लिम लीग से निकाल दिया गया जिसके बाद उन्होंने अवामी मुस्लिम लीग की स्थापना की, आगे चलकर ग़ैर-मुस्लिमों को प्रतिनिधत्व प्रदान करने हेतु उन्होंने इस पार्टी का नाम बदलकर अवामी लीग कर दिया। शेख़ मुजीबुर रहमान ने अपने राजनैतिक जीवन की शुरुआत एक छात्र नेता तथा सुहरावर्दी के नज़दीकी सहयोगी के रूप में की थी। आगे चलकर सुहरावर्दी ने राजनीति से संन्यास ले लिया, वे बेरूत चले गये जहाँ 1963 में उनका देहान्त हो गया। इसके साथ ही शेख़ मुजीब का न केवल अवामी लीग पर बल्कि पूर्वी पाकिस्तान की जनता के प्रतिनिधत्व पर भी एकाधिकार हो गया।

जनरल अयूब हालाँकि एक फ़ौजी तानाशाह थे, इसके बावजूद भी उन्होंने 1962 में संविधान लागू करने का प्रयास किया। इस संविधान के द्वारा पाकिस्तान में संसदीय शासन पद्धति को समाप्त करके राष्ट्रपति शासन पद्धति लागू कर दी गयी। 1964 में पहली बार राष्ट्रपति पद हेतु चुनाव आयोजित करवाये गये, इन चुनावों में शेख़ मुजीब ने अयूब की प्रतिद्वन्द्वी फ़ातिमा जिन्ना का समर्थन किया। यह चुनाव अप्रत्यक्ष मतदान के माध्यम से किया गया था। पाकिस्तान के लोगों ने राष्ट्रपति के चुनाव में प्रत्यक्ष रूप से मतदान नहीं किया था। राष्ट्रपति का चयन निर्वाचक-मण्डल के द्वारा किया गया था। ये निर्वाचक तहसील, ज़िला आदि के प्रतिनिधि थे। मुहम्मद अली जिन्ना की बहन फ़ातिमा जिन्ना को 36 प्रतिशत मत मिले तथा 62 प्रतिशत मत के साथ जनरल अयूब राष्ट्रपति का चुनाव जीत गये। राष्ट्रपति चुने जाने के बाद जनरल अयूब ने अविकसित एवं उपेक्षित पूर्वी पाकिस्तान में औद्योगिक विकास लाने का प्रयास किया। चूँकि पाकिस्तान की अधिसंख्या पूर्वी पाकिस्तान में रहती

थी, इसलिए ढाका को पाकिस्तान की दूसरी राजधानी घोषित किया गया तथा ढाका में संसद के निर्माण की योजना तैयार की गयी। संसद की रूपरेखा बनाने के लिए एक वास्तुविद भी तैनात कर दिया गया। लेकिन आन्तरिक दबावों के कारण जनरल अयूब जनरल याह्या के हाथों सत्ता खो बैठे तथा 1962 के संविधान को निरस्त कर दिया गया। याह्या खान ने वैधानिक रूपरेखा आदेश (एल एफ़ ओ) की घोषणा की तथा प्रत्यक्ष चुनावों का प्रावधान कर दिया। चुनावों के बाद नवगठित सरकार को पाकिस्तान का नया संविधान लिखना था।

शेख़ मुजीब के नेतृत्व में पूर्वी पाकिस्तान का संघर्ष भी ज़ारी था। पाकिस्तान की सरकार ने उन पर राजद्रोह का अभियोग लगाकर उनको गिरफ़्तार कर लिया। पश्चिमी पाकिस्तान का शासक वर्ग सदैव ही शेख़ मुजीब की गतिविधियों को सन्देह की नज़र से देखता था। 1962 तथा 1965 के युद्धों के पश्चात् उन पर भारत के साथ मिलकर षड्यन्त्र रचने के आरोप लगाये गये। इस बात में कोई शक नहीं कि भारतीय नेतृत्व ने शेख़ मुजीब के साथ चर्चाएँ एवं मुलाक़ातें की थीं। 1966 में शेख़ मुजीब ने जब अपना छह सूत्रीय कार्यक्रम (एस पी पी) प्रस्तुत किया तो उसके बाद अवामी लीग एवं पाकिस्तानी सरकार का आपसी संघर्ष और ज़्यादा तेज़ हो गया। यह कार्यक्रम पूर्वी पाकिस्तान हेतु पहले से अधिक स्वायत्तता की माँग करता था। लेकिन चूँकि शेख़ मुजीब को सुहरावर्दी का उत्तराधिकारी माना जाता था इसलिए उनकी स्वीकार्यता बहुत अधिक थी। जिन्ना ने पाकिस्तान के पूर्वी एवं पश्चिमी दोनों भागों में उर्दू को राजकीय भाषा बनाने की नीति अपनाई थी, इस भाषाई उपनिवेशवाद के विरोध में भी शेख़ मुजीब को बहुत समर्थन मिला। पूर्वी पाकिस्तान का स्वतन्त्रता संघर्ष भाषा एवं संस्कृति पर आधारित था, वे बांग्ला भाषा तथा बंगाली संस्कृति से प्रेम करते थे। पूर्वी तथा पश्चिमी पाकिस्तान की संस्कृति पूर्णतः भिन्न थी। मुजीब ने पूर्वी पाकिस्तान में उभरती हुई बंगाली 'राष्ट्रवादी' जनभावना का लाभ उठाया। इसी के परिणामस्वरूप अन्ततः बांग्लादेश की स्थापना हुई। मज़हब पाकिस्तान के दो हिस्सों को लम्बे समय तक एक सूत्र में बाँधकर नहीं रख पाया। यह सच ही कहा जाता है कि बांग्लादेश की स्थापना मज़हब के ऊपर भाषा एवं संस्कृति की विजय दर्शाती है।

7 दिसम्बर 1970 को पहली बार पाकिस्तान में आम चुनावों का आयोजन करवाया गया। पाकिस्तान की संसद में 313 सदस्य थे–इनमें से 300 सदस्यों का प्रत्यक्ष निर्वाचन किया जाना था तथा 13 महिला सदस्यों को नामित किया जाना था (7 महिलाएँ पूर्वी पाकिस्तान से तथा 6 महिलाएँ पश्चिमी पाकिस्तान से)। पश्चिमी

पाकिस्तान में चार प्रान्तीय सभाओं की स्थापना की गयी, ये प्रान्त थे–पंजाब, सिन्ध, उत्तर पश्चिमी सीमाप्रान्त तथा बलूचिस्तान। पूर्वी पाकिस्तान में केवल एक ही प्रान्तीय सभा थी। इस प्रकार 7 दिसम्बर 1970 को राष्ट्रीय संसद एवं 5 प्रान्तीय सभाओं हेतु एक साथ आम चुनाव करवाये गये। पूरा देश चुनाव के ख़ुमार में था क्योंकि स्वतन्त्रता के 23 वर्ष पश्चात् पहली बार जनता को अपने प्रतिनिधियों का चयन करने का अवसर मिल रहा था। भारत और पाकिस्तान एक साथ स्वतन्त्र हुए थे लेकिन दोनों देशों ने अलग-अलग राजनैतिक मार्ग अपनाया था। स्वतन्त्रता के समय ही भारतीय अवाम को मतदान का अधिकार मिल गया था। 1970 तक भारत चार बार आम चुनावों में मतदान कर चुका था तथा उसी वर्ष पाँचवें आम चुनावों का आयोजन भी किया गया। राजनैतिक रूप से भारत लोकतन्त्र के सभी सोपानों को फ़तह करता जा रहा था जबकि इसके विपरीत पाकिस्तान में हमेशा बन्दूक़ का राज रहा। दोनों देशों की दशा-दिशा भिन्न-भिन्न रही है। लोकतान्त्रिक सूचकांकों पर पाकिस्तान की तुलना में भारत सदैव बेहतर प्रदर्शन करता रहा है।

1970 के आम चुनावों में लगभग 24 राजनैतिक दलों ने भाग लिया था। राष्ट्रीय संसद हेतु 7 दिसम्बर को चुनाव होना था लेकिन इससे पहले ही 3 नवम्बर को पूर्वी पाकिस्तान भोला चक्रवात की चपेट में आ गया। बड़े पैमाने पर तबाही हुई तथा लगभग 5 लाख लोगों को जान गँवानी पड़ी। पश्चिमी पाकिस्तान के शासक वर्ग ने उचित मात्रा में सहायता नहीं पहुँचाई जिसके कारण दोनों क्षेत्रों के बीच दरार और ज़्यादा बढ़ गयी। 300 में से 162 सीटें पूर्वी पाकिस्तान में स्थित थीं तथा 138 सीटें पश्चिमी पाकिस्तान में थीं। राष्ट्रीय संसद के चुनाव हेतु शेख़ मुजीबुर रहमान के नेतृत्व में अवामी लीग ने 170 प्रत्याशी खड़े किये। अवामी लीग ने पूर्वी पाकिस्तान की सभी 162 सीटों पर तथा पश्चिमी पाकिस्तान की 8 सीटों पर चुनाव लड़ा। ज़ुल्फ़िक़ार अली भुट्टो के नेतृत्व में पाकिस्तान पीपल्स पार्टी ने 120 सीटों पर चुनाव लड़ा (103 सीटों पर पंजाब एवं सिन्ध प्रान्त में तथा 17 सीटों पर उत्तर-पश्चिमी सीमाप्रान्त एवं बलूचिस्तान में)। पूर्वी पाकिस्तान में उन्होंने एक भी सीट पर अपना प्रत्याशी खड़ा नहीं किया। इन चुनावों में मतदाताओं की कुल संख्या 5,69,41,500 थी। पूर्वी पाकिस्तान में 3,12,11,220 मतदाता थे तथा पश्चिमी पाकिस्तान में मतदाताओं की संख्या 2,57,30,280 थी। चुनावों में लोगों ने पूरे जोश-ओ-जज़्बे के साथ भाग लिया तथा 63 प्रतिशत मतदान हुआ जो कि फ़ौजी क़ब्ज़े के नीचे रह रहे समाज के लिए एक अच्छा शगुन माना जा सकता है। अपनी पुस्तक *डायरीज़ ऑफ़ फ़ील्ड मार्शल मुहम्मद अयूब खान फ्रॉम 1966-72* में राष्ट्रपति अयूब खान ने भुट्टो

पर यह आरोप लगाया कि 1958 में मन्त्री बनने तक भुट्टो अपने-आप को भारत की अदालतों में ख़ुद को भारत का नागरिक बताता रहा क्योंकि उसको अपने माता-पिता द्वारा भारत में छोड़ी गयी सम्पत्ति का डेढ़ लाख रुपया हर्जाना वसूल करना था।

चुनावों का नतीजा उम्मीदों के मुताबिक़ ही रहा। पूर्वी पाकिस्तान में अवामी लीग ने 162 में से 160 सीटों पर जीत हासिल की तथा संसद में बहुमत हासिल कर लिया। पाकिस्तान पीपल्स पार्टी को 81 सीटों पर जीत मिली और वे प्रमुख विपक्षी दल बनकर उभरे। पंजाब तथा सिन्ध की प्रान्तीय सभाओं में भी पीपल्स पार्टी को बहुमत प्राप्त हुआ। उत्तर-पश्चिम सीमाप्रान्त एवं बलूचिस्तान में मार्क्सिस्ट नेशनल अवामी पार्टी ने सरकार बनायी। पूर्वी पाकिस्तान की प्रान्तीय सभा की 300 में से 288 सीटें अवामी लीग ने जीत लीं। देश ने अपना निर्णय ज़ाहिर कर दिया था लेकिन पश्चिमी पाकिस्तान का शासक वर्ग पूर्वी पाकिस्तान के नेता तथा उसके दल की प्रभुसत्ता को स्वीकार करने को राज़ी नहीं था। तरह-तरह के बहाने बनाये गये तथा सरकार का गठन नहीं करने दिया गया। जनरल याह्या खान तथा भुट्टो किसी भी हाल में देश की बागडोर शेख़ मुजीब को सौंपने को तैयार नहीं थे। भुट्टो ने यह तर्क दिया कि अवामी लीग ने पश्चिमी पाकिस्तान में एक भी सीट नहीं जीती थी, अतः पाकिस्तान पर शासन करने का उनका कोई अधिकार नहीं था। लेकिन भुट्टो यह भूल गये कि अवामी लीग पश्चिमी पाकिस्तान में 8 सीटों पर चुनाव लड़कर हारी थी जबकि भुट्टो ने तो पूर्वी पाकिस्तान में अपना प्रत्याशी तक खड़ा नहीं किया था। फिर भी भुट्टो ने यह दावा कर दिया कि भुट्टो के बिना सरकार बनाना ऐसा ही होगा जैसे प्रिंस ऑफ़ डेनमार्क के बिना शेक्सपियर के हैमलेट का मंचन कर दिया जाये। पाकिस्तान के पहले आम चुनावों की सबसे बड़ी विडम्बना यह है कि इन चुनावों के ढाई साल बाद जाकर 14 अगस्त 1973 को भुट्टो को प्रधानमन्त्री बनाया गया।

जब याह्या खान तथा भुट्टो की जोड़ी ने अवामी लीग के दावे को नकार दिया तथा पूर्वी पाकिस्तान में बंगालियों पर अत्याचार करने शुरू कर दिये तो वहाँ पर आन्दोलन की ज्वाला और तेज़ हो गयी। फ़रवरी 1971 के अन्तिम हफ़्ते में ऑपरेशन सर्चलाइट शुरू किया गया। पूर्वी कमान (पूर्वी पाकिस्तान) के कमांडर शाहज़ादा याक़ूब खान ज़मीनी हक़ीक़त से वाक़िफ़ थे तथा वे फ़ौजी बूट के नीचे आम लोगों का दमन नहीं करना चाहते थे, इसीलिए उन्होंने इस कार्रवाई का विरोध किया। उनकी जगह जनरल टिक्का खान को तैनात कर दिया गया। मुजीबुर रहमान के साथ वार्ता करने के लिए जनरल याह्या खान मार्च में ढाका आये, लेकिन इस मुलाक़ात में वे किसी समझौते पर नहीं पहुँच पाये। 25 मार्च 1971 को मुजीबुर रहमान को

गिरफ़्तार कर लिया गया तथा 14 डिवीज़न के जनरल कमांडिंग अफ़सर ख़ादिम हुसैन रज़ा ने ऑपरेशन सर्चलाइट शुरू कर दिया। सबसे पहले ढाका विश्वविद्यालय को निशाना बनाया गया और वहाँ पर 100 से 300 विद्यार्थियों तथा शिक्षकों को क़त्ल कर दिया गया।

27 मार्च 1971 को शाम 7 बजकर 45 मिनट पर मेजर ज़िया ने अवामी लीग तथा शेख़ मुजीबुर रहमान की तरफ़ से रेडियो चिट्टोगोंग पर बांग्लादेश की स्वतन्त्रता की घोषणा कर दी। मुजीबुर रहमान को पश्चिमी पाकिस्तान की जेल में स्थानान्तरित कर दिया गया। समानता सुनिश्चित करने के द्वारा ही 2000 किलोमीटर दूर स्थित पूर्वी एवं पश्चिमी पाकिस्तान के बीच की खाई को पाटा जा सकता था। लेकिन घटनाक्रम पूर्वी पाकिस्तान के लोगों की उम्मीदों के मुताबिक़ नहीं गया। पश्चिमी पाकिस्तान की सरकार ने भेदभाव की नीति को नहीं त्यागा और जब उन्होंने अवामी लीग के उम्मीदवारों के वैध दावे को नकार दिया तो दोनों के बीच की खाई और ज़्यादा बढ़ गयी। पूर्वी पाकिस्तान में पश्चिमी पाकिस्तानी सेना के अत्याचारों का वर्णन करते समय *वर्ल्ड मीडिया* ने 'नरसंहार' शब्द का प्रयोग किया था। ऐसा अनुमान लगाया जाता है कि 3 से 30 लाख के बीच बांग्लादेशियों को क़त्ल किया गया, लाखों स्त्रियों का बलात्कार किया गया, लगभग 1 करोड़ लोगों को सीमा पार करके भारत आना पड़ा तथा 3 करोड़ लोगों को अपना घर-बार छोड़कर विस्थापित होना पड़ा। असम, पश्चिम बंगाल, त्रिपुरा तथा बिहार में बांग्लादेशी शरणार्थियों का ताँता लग गया। इसके कारण भारत के सीमित संसाधनों पर बोझ पड़ने लगा। मानवता का लिहाज़ रखते हुए शरणार्थियों को कैम्पों में रखा गया; इनको भोजन, कपड़े तथा दैनिक ज़रूरत की वस्तुएँ प्रदान की गयीं। 17 अप्रैल 1971 को कलकत्ता में बांग्लादेश की अन्तरिम सरकार की स्थापना की गयी। चूँकि यह सरकार बांग्लादेश की सरहद से बाहर स्थित थी इसलिए इसको हम निर्वासित सरकार भी कह सकते हैं। इस प्रकार, उस समय तिब्बत एवं बांग्लादेश की निर्वासित सरकारें भारत में रहकर अपना आन्दोलन चला रही थीं।

इन्दिरा गांधी के नेतृत्व में भारत बांग्लादेशी स्वतन्त्रता सेनानियों को आर्थिक, राजनयिक एवं सैन्य समर्थन प्रदान कर रहा था जिसके कारण भारत के सीमित संसाधनों पर दबाव बढ़ता जा रहा था। यह स्पष्ट होता जा रहा था कि वर्तमान अवस्था को लम्बे समय तक बनाकर नहीं रखा जा सकता, और इस समस्या को सुलझाने का इकलौता मार्ग यही था कि स्वतन्त्रता की लड़ाई लड़ रहे बांग्लादेशियों को भरपूर सहायता प्रदान की जाये। 25 अप्रैल 1971 को इन्दिरा गांधी ने अपने

मन्त्रिमण्डल की मीटिंग बुलाई जिसमें सेनाध्यक्ष जनरल सैम मानेकशॉ को भी शामिल किया गया। उनसे पूछा गया कि भारत युद्ध के लिए कितना तैयार है तो उन्होंने बेलाग-लपेट जवाब दिया कि '100 प्रतिशत हार होगी।' सेना का पुनर्संगठन करने की आवश्यकता थी तो साथ ही अन्य कई कारकों को भी ध्यान में रखना आवश्यक था जैसे कि मौसम का ध्यान रखना तथा मानसून में हुई भारी बारिश के कारण पूरे ग्रामीण क्षेत्र में पानी भरा हुआ था तथा सड़कें डूबी हुई थीं। उनको यह भी पता था कि भारत को केवल पूर्वी मोर्चे पर ही नहीं बल्कि पश्चिमी मोर्चे पर भी युद्ध लड़ना पड़ेगा। वे सर्दियों तक इन्तज़ार करना चाहते थे ताकि बर्फ़बारी के कारण हिमालयी रास्ते बन्द हो जायें तथा पाकिस्तान की सहायता के लिए चीन अपनी सेना न भेज पाये। यह तय किया गया कि देश का राजनैतिक नेतृत्व विश्व पटल पर भारत के लिए भरोसेमन्द साथी तलाश करने का प्रयास करेगा। भारत पूरी दुनिया को पाकिस्तान का घिनौना चेहरा दिखाना चाहता था ताकि जब युद्ध हो तो विश्व के नेतागण यदि भारत का पक्ष न भी लें तो कम-से-कम भारत के विरोध में भी न उतरें। अमेरिका सरेआम पाकिस्तान का समर्थन कर रहा था, ऐसे में भारत को एक शक्तिशाली तथा भरोसेमन्द साथी की आवश्यकता थी। अमेरिका के राज्य सचिव हेनरी किसिंजर ने जुलाई 1971 में चीन की यात्रा की। इसके बाद अमेरिका-चीन-पाकिस्तान की धुरी उभरने लगी। वह शीत युद्ध का दौर था और सोवियत संघ यह नहीं चाहता था कि अमेरिका पाकिस्तान में पैर जमा ले तथा सोवियत संघ की दुम दबाकर बैठ जाये। भारत के साथ दोस्ती करने के माध्यम से सोवियत संघ को गुटनिरपेक्ष देशों के साथ घनिष्ठ सम्बन्ध बनाने का अवसर भी मिल जाता। 9 अगस्त 1971 को दोनों देशों के विदेशमन्त्रियों–ए.ए. ग्रोमीय्को तथा स्वर्ण सिंह–ने भारत-सोवियत शान्ति, मित्रता एवं सहयोग सन्धि पर हस्ताक्षर किये। इस सन्धि में बारह अनुच्छेद थे। एक-दूसरे की सुरक्षा की गारंटी प्रदान करना इस सन्धि की सबसे महत्त्वपूर्ण धारा थी। भारत के इतिहास में सबसे लम्बे समय तक केन्द्रीय मन्त्री बने रहने का कीर्तिमान स्वर्ण सिंह के ही नाम है। ये 1952 से 1976 तक मन्त्रिपरिषद् में रहे। ऐसा माना जाता था कि उनको कूटनीति की गहरी समझ थी। बांग्लादेश संकट के दौरान 1971 में उन्होंने संयुक्त राष्ट्र संघ में अमेरिका के राजदूत जॉर्ज एच.डब्ल्यू. बुश तथा पाकिस्तान के विदेशमन्त्री ज़ुल्फ़िक़ार अली भुट्टो के प्रत्युत्तर में व्याख्यान दिया था, उनके इस प्रत्युत्तर को बहुत सराहा जाता है। आगे चलकर जॉर्ज बुश अमेरिका के राष्ट्रपति तथा भुट्टो पाकिस्तान के राष्ट्रपति

एवं प्रधानमन्त्री बने। भारत-सोवियत सन्धि ने अमेरिका के सातवें बेड़े के ख़तरे को 71 के युद्ध के दौरान नाकाम बना दिया था।

पाकिस्तानी सेना के बंगाली अफ़सरों तथा जवानों ने बग़ावत कर दी तथा 11 जुलाई 1971 को बांग्लादेशी सेना का गठन किया। कर्नल एम.ए.जी. उस्मानी बांग्लादेशी सेना के कमांडर-इन-चीफ़ बनाये गये तथा उनको कैबिनेट मन्त्री का दर्जा दिया गया। लेफ्टिनेंट कर्नल अब्दुर रब उनके चीफ़ ऑफ़ स्टाफ़ नियुक्त किये गये। मुक्ति वाहिनी को प्रशिक्षण प्रदान करने के लिए भारतीय सीमा के अन्दर 10 प्रशिक्षण कैम्प स्थापित किये गये तथा सितम्बर महीने से हर महीने 20,000 मुक्ति वाहिनी योद्धाओं को बांग्लादेश भेजने का लक्ष्य रखा गया। मानेकशॉ ने ब्रिगेडियर सुजान सिंह को मुक्ति वाहिनी को प्रशिक्षण प्रदान करने तथा हथियार उपलब्ध करवाने का दायित्व दिया। रणनीति तो यह थी कि मुक्ति वाहिनी के द्वारा पाकिस्तानी सेना को उलझाकर रखा जाये। जब भारतीय सेना युद्ध में उतरेगी तो मुक्ति वाहिनी स्थानीय स्तर पर इनको सहयोग प्रदान करेगी।

1971 के वर्ष का मध्य आते-आते यह स्पष्ट होने लगा था कि भारत एक दशक के भीतर तीसरे युद्ध की ओर बढ़ रहा है। अमेरिका के राष्ट्रपति रिचर्ड निक्सन तथा उनके राज्यसचिव हेनरी किसिंजर अपने आप को लोकतन्त्र एवं मानवाधिकार का समर्थक बताते थे, लेकिन इस युद्ध में वे भी खुलकर याह्या खान की तानाशाही को समर्थन प्रदान कर रहे थे एवं अन्तरराष्ट्रीय स्तर पर उनके पक्ष में गुटबाज़ी कर रहे थे। जब बांग्लादेश में नरसंहार चल रहा था तथा राष्ट्रपति निक्सन कांग्रेस के सामने यह हलफ़ ले चुके थे कि पाकिस्तान को दी जाने वाली सारी सहायता रोकी जा चुकी है, लेकिन उसके बावजूद अमेरिकी सरकार ने पाकिस्तान को 3.8 मिलियन डॉलर का असलहा भेजा था। चीन और पाकिस्तान की अपनी असंख्य यात्राओं में से एक यात्रा के दौरान किसिंजर दिल्ली में रुके। इन्दिरा गांधी ने किसिंजर को नाश्ते पर बुलाया। उन्होंने जनरल मानेकशॉ को भी बावर्दी आने का सन्देश दे दिया। उन्होंने यह स्पष्ट नहीं किया कि नाश्ते पर और कौन-कौन होगा। मानेकशॉ को पता ही नहीं था कि किस मुद्दे पर बात होगी, जब वे प्रधानमन्त्री निवास में पहुँचे तब जाकर उनको पता चला कि उनको किसिंजर के साथ मुलाक़ात के लिए बुलाया गया है। इन्दिरा ने किसिंजर से विनती की कि वे हस्तक्षेप करें तथा बांग्लादेश में हो रहे नरसंहार तथा बलात्कार को रोकें ताकि बांग्लादेश में हालात सामान्य बनाये जा सकें तथा भारत में शरणार्थियों के आगमन को रोका जा सके। किसिंजर गोल-मटोल जवाब देते रहे और उन्होंने कोई स्पष्ट वादा नहीं किया। उनके इस रवैये से आहत

इन्दिरा गांधी ने किसिंजर को दो टूक बता दिया कि यदि विश्व (यानी कि अमेरिका) पूर्वी पाकिस्तान में हो रही ज़्यादतियों का मूकदर्शक बना रहा तो भारत युद्ध का सहारा ले सकता है।

इन्दिरा को यह पता था कि युद्ध शुरू करने से पहले भारत को अन्य देशों के नेताओं का समर्थन हासिल करना पड़ेगा। सितम्बर 1971 में उन्होंने सोवियत संघ का दौरा किया। इस दौरे का परिणाम भारत के लिए बहुत लाभदायक साबित हुआ। इसके नतीजे में भारत को एक विश्वस्त मित्र मिल गया जो न केवल युद्धभूमि में भारत को सहयोग दे रहा था बल्कि जब-जब चीन एवं अमेरिका संयुक्त राष्ट्र संघ में भारत के विरुद्ध कोई षड्यन्त्र रचने का प्रयास करते थे तो सोवियत संघ उनकी योजना को वीटो कर देता था। 24 अक्तूबर 1971 को इन्दिरा गांधी तीन सप्ताह के वैश्विक दौरे पर गयीं जिसके दौरान उन्होंने लेबनान, बेल्जियम, ऑस्ट्रिया, ब्रिटेन, अमेरिका, फ्रांस तथा पश्चिमी जर्मनी की सरकारों को हालात से अवगत करवाया तथा उनको शरणार्थी समस्या एवं पूर्वी पाकिस्तान में चल रहे नरसंहार के बारे में बताया। इस दौरे का मुख्य मक़सद यह था कि यदि बात युद्ध तक आ जाये तो भारत को इन देशों का समर्थन मिलता रहे। जब वे अमेरिका गयीं तो राष्ट्रपति निक्सन तथा राज्यसचिव किसिंजर का व्यवहार तनिक भी मित्रतापूर्ण नहीं था। इस अपमान ने इन्दिरा के प्रण को और ज़्यादा सशक्त बना दिया तथा उन्होंने सख़्ती के साथ पाकिस्तान समस्या से निपटने का निर्णय लिया। जुलाई 2019 से मई 2020 के बीच अमेरिकी सरकार ने राष्ट्रपति निक्सन की टेप्स को गोपनीयता से मुक्त किया तो यह खुल कर सबके सामने आ गया कि निक्सन तथा किसिंजर इन्दिरा गांधी के बारे में किस प्रकार की अभद्र भाषा का प्रयोग किया करते थे। इन टेप्स से हमें यह भी पता लगता है कि अमेरिका ने पूर्वी पाकिस्तान में हो रहे अत्याचारों की तरफ़ से नज़र फेर ली थी तथा उन्होंने नरसंहार, बलात्कार, मानवाधिकारों के हनन और लोकतन्त्र की अवमानना की निन्दा नहीं की।

3 दिसम्बर 1971 को सैन्य तैयारियों तथा शरणार्थियों की प्रबन्धन व्यवस्था का जायज़ा लेने के लिए इन्दिरा गांधी भारत की पूर्वी सीमा पर गयीं। शरणार्थियों की संख्या 1 करोड़ को पार कर चुकी थी। जब वे कोलकाता के ब्रिगेड मैदान में एक जनसभा को सम्बोधित कर रही थीं तब उनको यह सन्देश दिया गया कि पाकिस्तान ने भारत पर आक्रमण कर दिया है। वे पश्चिम बंगाल के मुख्यमन्त्री सिद्धार्थ शंकर रे को साथ लेकर तुरन्त दिल्ली की तरफ़ वापिस चल पड़ीं। यह ख़तरा था कि पाकिस्तानी वायुसेना उनके विमान को निशाना बना सकती थी इसलिए उनके विमान

को घुमा-फिराकर दिल्ली उतारा गया। जब वे दिल्ली पहुँचीं तो पूरा शहर अँधेरे में डूबा हुआ था। युद्ध की तैयारियों के बारे में जानकारी लेने के लिए उन्होंने तीनों सेनाओं के सेनाध्यक्षों—जनरल सैम मानेकशॉ, एडमिरल एस.एम. नन्दा तथा एयर चीफ़ मार्शल पी.सी. लाल—को बुलाया। यह कहा जाता है कि 1965 के युद्ध के दौरान नौसेना को अन्तरराष्ट्रीय सीमा पार न करने के निर्देश दिये गये थे जिसके कारण नौसेना को जान-माल की क्षति भी उठानी पड़ी थी। जब एडमिरल नन्दा ने अन्तरराष्ट्रीय सीमा को पार करने की अनुमति माँगी तो इन्दिरा गांधी ने उनको छोटा सा जवाब दिया था, 'युद्ध तो युद्ध होता है।' अतः भारतीय सेना को हर छोटे-बड़े निर्णय के लिए बार-बार राजनैतिक नेतृत्व से अनुमति लेने की आवश्यकता नहीं थी। सेनाध्यक्षों के साथ मीटिंग करने के पश्चात् प्रधानमन्त्री ने मन्त्रिमण्डल के साथ मीटिंग की, उसके बाद विपक्षी दलों के साथ मीटिंग हुई। अन्त में आधी रात के बाद ऑल इंडिया रेडियो पर आकर उन्होंने राष्ट्र को सम्बोधित किया।

भारत के औपचारिक रूप से युद्ध में शामिल होने के पश्चात् मुक्ति वाहिनी को बड़ी प्रेरणा मिली। मुक्ति वाहिनी के समर्थन से भारतीय सेना तेज़ी के साथ बांग्लादेश के अन्दर घुसती चली गयी। पूर्वी मोर्चे पर दबाव हटाने के लिए पाकिस्तान ने पश्चिमी मोर्चे पर युद्ध खोल दिया। 4 दिसम्बर को ब्रिगेडियर तारिक़ मीर ने जैसलमेर पर क़ब्ज़ा करने के उद्देश्य से लोंगेवाला पर आक्रमण कर दिया। उनकी योजना थी कि नाश्ता लोंगेवाला में करेंगे, दोपहर का भोजन जैसलमेर में और रात्रिभोज जोधपुर में। लोंगेवाला चौकी की सुरक्षा 23 पंजाब रेजिमेंट के मेजर कुलदीप सिंह चाँदपुरी (बॉर्डर फ़िल्म में सनी देओल ने इन्हीं की भूमिका निभाई थी) तथा इनके 83 सैनिकों के हाथों में थी। पाकिस्तानी सेना की हथियारबन्द रेजिमेंट उनकी पैदल सेना से बहुत आगे निकल गयी थी। यह एक बड़ी रणनीतिक ग़लती थी। भारतीय सेना ने कुत्तों को कैम्प से बाहर रखने के लिए तारों वाली बाड़ लगा रखी थी। पाकिस्तानी टैंकों ने समझ लिया कि इस जगह पर सुरंगें बिछी हुई हैं, और वे आगे नहीं बढ़े। वे पैदल सेना के आने का इन्तज़ार करते रहे जिसकी वजह से भारतीय सेना को और अधिक समय मिल गया। वायुसेना के हंटर्स तथा संधेवाला के तोपखाने की मदद से मेजर चाँदपुरी ने इतिहास रच दिया। 34 पाकिस्तानी टैंक या तो नष्ट कर दिये गये या फिर क़ब्ज़े में ले लिए गये। नौसेना ने ऑपरेशन त्रिशूल शुरू कर दिया। पहली बार नौसेना आक्रामक मुद्रा में आयी थी। 5 दिसम्बर को नौसेना के विमानों ने कराची बन्दरगाह को तहस-नहस कर दिया, यहाँ पर रखे हुए पेट्रोलियम उत्पादों के गोदाम में आग लग गयी जो कई दिन तक जलती रही। पूर्वी मोर्चे पर आई एन एस विक्रान्त

ने कोक्स बाज़ार तथा चिट्टागोंग बन्दरगाह पर तबाही फैला दी। 93 नाविकों के साथ पाकिस्तान की मशहूर पनडुब्बी ग़ाज़ी विशाखापत्तनम के पास डूब गयी, यह युद्ध में एक गोला तक नहीं दाग़ पायी थी।

हालाँकि अमेरिका सार्वजनिक रूप से कह रहा था कि युद्ध को बन्द करने की आवश्यकता है लेकिन फिर भी वह खुल कर पाकिस्तान के समर्थन में आ गया। अगोपनीय किये गये दस्तावेज़ों में अब यह बात खुलकर सामने आ गयी है कि किसिंजर संयुक्त राष्ट्र में चीन के राजदूत हुआंग हा से व्यक्तिगत रूप से मिले तथा उनके आग्रह किया कि वे भारत की सीमा पर सैन्य गतिविधियाँ शुरू कर दें। किसिंजर ने चीन को आश्वासन दिया कि यदि सोवियत संघ भारत की मदद को आगे आया तो अमेरिका खुलकर चीन का साथ देगा। चीनियों ने इस प्रस्ताव पर विचार किया तथा अमेरिका के झाँसे में न आने का निर्णय लिया। अमेरिका ने भारत को धमकी दी कि वह सातवें बेड़े की मशहूर टास्क फ़ोर्स 74 (टी एफ़ 74) को युद्ध में भेज देगा। सातवें बेड़े की स्थापना द्वितीय विश्वयुद्ध के दौरान की गयी थी तथा इसने कोरिया एवं वियतनाम युद्ध में भी महत्त्वपूर्ण भूमिका निभाई थी। इसमें 60-70 जहाज़, 300 विमान, 40,000 नाविक, नौसेना के कार्मिक तथा तटरक्षक शामिल थे। टी एफ़ 74 के पास परमाणुवाहक विमानवाहक पोत एंटरप्राइज़, आक्रमण वाहक, डिस्ट्रॉयर, मिसाइल-साधक अनुरक्षी जहाज़, एक परमाणुवाहक पनडुब्बी तथा सामान-वाहक जहाज़ शामिल थे। ढाका जाने के लिए यह बेड़ा 15 दिसम्बर 1971 को बंगाल की खाड़ी में दाख़िल हुआ, लेकिन जब इसने देखा कि भारत की मदद के लिए सोवियत संघ ने अपने प्रशान्त महासागर बेड़े का टेंथ ऑपरेटिव बैटल ग्रुप पहले से ही तैनात कर रखा है तो अमेरिकी बेड़े को उल्टे पैरों भागना पड़ा।

6 दिसम्बर 1971 को इन्दिरा गांधी ने संसद के अन्दर एक नये देश बांग्लादेश की स्थापना की घोषणा की। भारत बांग्लादेश को स्वीकार करने वाला सबसे पहला देश था। जैसा कि पहले से ही उम्मीद थी, अमेरिका ने इस मामले को संयुक्त राष्ट्र संघ की सुरक्षा परिषद् में उठाने की कोशिश की लेकिन सोवियत संघ ने इस प्रस्ताव को वीटो कर दिया। जब यह सब चल रहा था तब इन्दिरा गांधी को यह आभास भी था कि यदि यह मामला संयुक्त राष्ट्र संघ के हाथों में पहुँच गया तो बांग्लादेश की स्वतन्त्रता ख़तरे में पड़ जायेगी तथा भारत सैन्य एवं आर्थिक रूप से तबाह हो जायेगा। जनरल मानेकशॉ, कलकत्ता में पूर्वी कमान के जनरल ऑफ़िसर कमांडिंग इन चीफ़ लेफ्टिनेंट जनरल जगजीत सिंह अरोड़ा तथा मेजर जनरल जे.एफ़.आर.

जैकब ने बांग्लादेश में पाकिस्तानी सेना के कमांडर लेफ्टिनेंट जनरल अब्दुल्ला खान नियाज़ी पर दबाव बढ़ाना शुरू कर दिया। भारतीय सेना ने पाकिस्तानी सेना को घेर रखा था, और जब 14 दिसम्बर को भारतीय वायुसेना ने गवर्नर आवास पर बमबारी की तो उसके बाद पाकिस्तानी सेना का हौसला पूरी तरह टूट गया। नियाज़ी ने युद्धविराम का सन्देश भेजा जिसके बाद भारतीय सेना ने बमबारी रोक दी। 16 दिसम्बर 1971 को मेजर जनरल जैकब ढाका गये तथा नियाज़ी के सामने आत्मसमर्पण करने की पेशकश की, बदले में उन्होंने यह आश्वासन दिया कि जनरल नियाज़ी तथा उनके परिवार को सुरक्षा प्रदान की जायेगी और जेनेवा समझौते के अनुरूप युद्धबन्दियों के साथ सम्मानपूर्ण व्यवहार किया जायेगा। नियाज़ी ने प्रयास किया कि आत्मसमर्पण की बजाय युद्धबन्दी पर समझौता हो जाये लेकिन जनरल जैकब आत्मसमर्पण की माँग पर अड़े रहे। जनरल नियाज़ी को दो विकल्प दिये गये थे : या तो बिनाशर्त सार्वजनिक रूप से आत्मसमर्पण कर दें तथा भारतीय सेना के संरक्षण में रहें, या फिर भारतीय सेना की बमबारी का सामना करने को तैयार रहें। यदि आत्मसमर्पण दस्तावेज़ पर हस्ताक्षर नहीं किये गये तो भारतीय सेना की शान्त रखी गयी तोपें फिर से आग उगलने लगेंगी। चार घण्टे के अन्दर ही जनरल नियाज़ी तथा उनके 93,000 सैनिकों ने भारतीय सेना के सामने आत्मसमर्पण कर दिया। आत्मसमर्पण की प्रक्रिया को अंजाम देने के लिए लेफ्टिनेंट जनरल जगजीत सिंह अरोड़ा अपने साथियों के साथ पाँच सैन्य हेलीकॉप्टरों में बैठ कर ढाका पहुँचे तथा दोपहर को ढाई बजे आत्मसमर्पण की प्रक्रिया शुरू हुई। 16 दिसम्बर 1971 को शाम चार बजकर इकत्तीस मिनट पर ढाका के रेस कोर्स मैदान में लेफ्टिनेंट जनरल नियाज़ी ने आत्मसमर्पण दस्तावेज़ पर हस्ताक्षर किये, अपनी वर्दी से सितारे हटाये तथा अपनी पिस्तौल भारतीय एवं बांग्लादेशी सेना के जनरल ऑफ़िसर कमांडिंग इन चीफ़ लेफ्टिनेंट जनरल जसजीत सिंह अरोड़ा के सुपुर्द कर दी। मुक्ति वाहिनी के प्रतिनिधि के रूप में चीफ़ ऑफ़ स्टाफ़ कैप्टन खांडकर इस कार्यक्रम में शामिल हुए। स्वतन्त्रता के पहले जनरल मानेकशॉ ने 1000 रुपये में अपनी मोटरसाइकिल जनरल याह्या खान को उधार पर बेची थी। लेकिन इसी बीच विभाजन हो गया तथा याह्या खान मोटरसाइकिल का पैसा दिये बग़ैर ही पाकिस्तान चले गये। पूर्वी पाकिस्तान के आत्मसमर्पण के बाद जनरल मानेकशॉ मज़ाकन कहा करते थे कि 'याह्या ने मोटरसाइकिल का पैसा कभी नहीं दिया, लेकिन अपना आधा देश देकर उन्होंने यह पुराना क़र्ज़ चुका दिया।'

16 दिसम्बर को अपने सम्भाषण के दौरान इन्दिरा गांधी ने पूरी दुनिया के सामने घोषणा की, 'ढाका एक स्वतन्त्र देश की स्वतन्त्र राजधानी है।' भारत ने एकतरफ़ा रूप से पश्चिमी मोर्चे पर युद्धबन्दी का ऐलान कर दिया। चौदह दिन के अन्दर ही भारत ने पाकिस्तान का इतिहास तथा भूगोल बदलकर रख दिया था। बांग्लादेश की स्थापना हुई तथा पाकिस्तान अपना आधा देश खो बैठा। लेकिन एक सवाल का जवाब नहीं मिल पाता है कि इन्दिरा की असल मंशा क्या थी? क्या वे बांग्लादेश की स्थापना करना चाहती थीं या फिर पाकिस्तान का विभाजन करना चाहती थीं? पाकिस्तान के तीसरे राष्ट्रपति जनरल आग़ा मुहम्मद याह्या खान ने 20 दिसम्बर 1971 को इस्तीफ़ा दे दिया तथा ज़ुल्फ़िक़ार अली भुट्टो पाकिस्तान के चौथे राष्ट्रपति बने। जब पूर्वी पाकिस्तान का आत्मसमर्पण हुआ उस वक़्त भुट्टो अमेरिका में थे। पाकिस्तान के उप-प्रधानमन्त्री तथा विदेशमन्त्री के रूप में वे संयुक्त राष्ट्र संघ की दख़लन्दाज़ी के द्वारा युद्ध को रुकवाने का प्रयास कर रहे थे। भुट्टो ने बर्कले में स्थित कैलिफोर्निया यूनिवर्सिटी से राजनैतिक विज्ञान में ऑनर्स की पढ़ाई की थी, यहीं पर उनके राजनैतिक जीवन की शुरुआत हुई। 1950 में उन्होंने अमेरिकी कांग्रेस के लिए होने वाले चुनावों में हेलेन गहेगन डगलस के लिए चुनावी अभियान चलाया था, वो रिचर्ड निक्सन से चुनाव हार गयी थीं।

इन्दिरा गांधी ने बड़ी क़ीमत चुकाकर पाकिस्तान के विरुद्ध युद्ध जीता था, लेकिन अगर बांग्लादेश के नेता शेख़ मुजीबुर रहमान देश वापिस नहीं आते तो यह जीत ख़तरे में पड़ सकती थी। अब उनका सबसे बड़ा लक्ष्य यह था कि शेख़ मुजीब को पाकिस्तानी जेल से रिहा करवाया जाये। मार्च 1971 में शेख़ मुजीब को क़ैद करने के पश्चात् पाकिस्तान भेज दिया गया था जहाँ पर फ़ौजी अदालत में उन पर देशद्रोह का मुक़दमा चलाया गया। उनको मृत्युदण्ड सुनाया गया। उनकी कोठरी में क़ब्र खोद दी गयी तथा छत से फन्दा लटका दिया गया, इस प्रकार उनको हर वक़्त यह याद दिलाया जाता था कि उनकी ज़िन्दगी की डोर किसी भी पल काटी जा सकती है।

भुट्टो वाशिंगटन से वापिस आये। 15 दिसम्बर को दिया गया उनका भाषण उनके भीतर पल रहे क्रोध तथा आधा पाकिस्तान खो जाने की खीज दर्शाता है। सुरक्षा परिषद् में सोवियत संघ ने अमेरिका तथा चीन द्वारा युद्धविराम के सभी प्रस्तावों पर वीटो लगा दिया था तथा इस प्रकार बांग्लादेश की स्वतन्त्रता को परिणति तक पहुँचने में सहायता की। ब्रिटेन तथा फ्रांस इन प्रस्तावों में अनुपस्थित रहते थे, इस वजह से

भुट्टो इन देशों पर भी क्रुद्ध रहते थे। इन्दिरा गांधी भुट्टो के मन की थाह लेना चाहती थीं ताकि आगे की रणनीति पर काम शुरू किया जा सके। यदि पाकिस्तान शेख़ मुजीब की हत्या कर देता तो बांग्लादेश के साथ-साथ भारत के भविष्य पर भी काले बादल मँडराने लगते। इस मामले में इन्दिरा गांधी के नज़दीकी सहयोगी डी.पी. धर ने एक सम्भावना खोली। वे सोवियत संघ में भारत के राजदूत थे तथा भारत-सोवियत मैत्री सन्धि को अमली जामा पहनाने में उन्होंने महत्त्वपूर्ण भूमिका निभाई थी। पूर्वी पाकिस्तान के मुख्य सचिव मुज़फ़्फ़र हुसैन भी युद्धबन्दियों में शामिल थे तथा उनको दिल्ली में डी.पी. धर के सरकारी आवास में ठहराया गया था।

हुसैन की बीवी लैला लन्दन गयी हुई थी और जब युद्ध शुरू हुआ तो उसके लिए वापिस आने की सम्भावनाएँ भी समाप्त हो गयीं। लैला और भुट्टो के बीच गहरी दोस्ती थी। यह तय किया गया कि जब तेल भरवाने के लिए भुट्टो का विमान हीथ्रो हवाई अड्डे पर रुकेगा तब अपने पति की रिहाई की गुहार लेकर लैला भुट्टो से मुलाक़ात करेगी और बातों ही बातों में यह भी पता लगाने का प्रयास करेगी की शेख़ मुजीब के बारे में भुट्टो ने क्या योजना बना रखी है। भारतीय उच्चायोग में नियुक्त एक राजनयिक शशांक एस. बैनर्जी को हीथ्रो हवाई अड्डे के वीआईपी लाउंज में लैला तथा भुट्टो की मुलाक़ात करवाने की ज़िम्मेदारी दी गयी।

योजना के मुताबिक़ लैला ने अपने पति की रिहाई की गुहार लगानी शुरू की लेकिन भुट्टो अपनी मित्र की असल मंशा भाँप चुके थे और लैला से कहा, 'लैला, मैं जानता हूँ तुम किसलिए आयी हो। तुम इन्दिरा गांधी का सन्देश लेकर आयी हो न! जाकर उनको बता तो कि राष्ट्रपति बनने के थोड़े दिन बाद ही मैं शेख़ मुजीब को रिहा कर दूँगा, उसको बांग्लादेश वापिस भेज दूँगा। बदले में मुझे क्या चाहिए यह मैं इन्दिरा जी को दूसरे सूत्रों के हवाले से बता दूँगा। अब तुम जा सकती हो।' इन्दिरा गांधी के पास यह सन्देश आया कि यदि वे युद्धबन्दियों को रिहा करने का आश्वासन दें तो बदले में शेख़ मुजीब को भी रिहा कर दिया जायेगा।

20 दिसम्बर 1971 को पाकिस्तान की बागडोर भुट्टो के हाथों में सौंपते वक़्त याह्या खान ने भुट्टो को एक लिफ़ाफ़ा पकड़ाया था, इसमें शेख़ मुजीब के मृत्युदण्ड का आज्ञापत्र था लेकिन उस पर तिथि नहीं लिखी हुई थी। उसने यह भी कहा कि शेख़ मुजीब की हत्या न करना बहुत बड़ी ग़लती थी, साथ ही भुट्टो को यह सलाह भी दी कि वह आज्ञापत्र पर तिथि डालकर शेख़ मुजीब की फाँसी का दिन निर्धारित कर दे। शेख़ मुजीब को मियाँवाली जेल की 73 नम्बर कोठरी में रखा

गया था। 26 दिसम्बर को उनको जेलर के आवास में स्थानान्तरित कर दिया गया तथा बाद में 1 जनवरी 1972 को रावलपिंडी के पास शाहुल्ला गाँव में भेज दिया गया। भुट्टो ने शेख़ मुजीब को मनाने की कोशिश की कि वे पाकिस्तान के साथ सम्बन्ध बनाकर रखें, उन्होंने सुझाव दिया कि पाकिस्तान तथा बांग्लादेश को पूरी तरह से एक-दूसरे से कट नहीं जाना चाहिए बल्कि एक प्रकार का संघ या सहयोग बनाकर रखना चाहिए। एक हफ़्ते तक उनको मनाने का प्रयास चलता रहा लेकिन उस शत्रुतापूर्ण माहौल में भी शेख़ मुजीब टूटे नहीं और यही जवाब देते रहे कि जब तक वे मुक्त होकर अपने लोगों के बीच में नहीं चले जाते और बांग्लादेश के लोगों की राय नहीं ले लेते तब तक वे कोई वादा नहीं कर सकते। 8 जनवरी 1972 को भुट्टो शेख़ मुजीब को विदा करने के लिए हवाई अड्डे पर आये तथा पाकिस्तान इंटरनेशनल एयरलाइन्स के बोइंग विमान में बिठाकर उनको लन्दन रवाना कर दिया गया। लन्दन में शेख़ मुजीब को कोमेट होटल में ठहराया गया। 10 जनवरी 1972 को शाही वायुसेना का विमान शेख़ मुजीब को बांग्लादेश ले जाने के लिए ले उड़ा। इन्दिरा गांधी तथा भारत के लोगों के प्रति आभार व्यक्त करने के लिए वे दिल्ली में रुके। सुबह 8 बजे उनका विमान दिल्ली पहुँचा। हवाई अड्डे पर बंगबन्धु का स्वागत करने के लिए देश के बड़े-बड़े नेताओं तथा बीस देशों के राजदूतों के साथ इन्दिरा गांधी स्वयं मौजूद थीं। उस वक़्त तक केवल भारत तथा भूटान ने ही बांग्लादेश को मान्यता दी थी। सोवियत संघ के राजदूत भी हवाई अड्डे पर पहुँचे हुए थे। लेकिन अमेरिका के राजदूत नहीं आये। शेख़ मुजीब ने कहा, 'हमारे सबसे बुरे दौर में भारत के लोग हमारे साथ खड़े रहे। इस अहसान को हम कभी नहीं भूलेंगे।' यह शेख़ मुजीब तथा इन्दिरा गांधी की पहली मुलाक़ात थी। उसी दोपहर को 3 बजे शेख़ मुजीब ढाका पहुँचे जहाँ उनके स्वागत के लिए जनसैलाब उमड़ा हुआ था। 'जोय बांग्ला,' 'जोय बंगबन्धु' के नारे लग रहे थे। कोलाहल इतना ज़्यादा था कि उनके स्वागत में दी गयी इक्कीस तोपों की सलामी की आवाज़ शायद ही किसी ने सुनी हो।

अब इन्दिरा गांधी का ध्यान इस तरफ़ था कि पाकिस्तान के साथ युद्धबन्दी का समझौता कैसे किया जाये। 23 अप्रैल 1972 को दोनों देशों के बीच चर्चा के बिन्दुओं पर सहमति बन गयी तथा यह तय किया गया कि द्विपक्षीय वार्ता के लिए दोनों पक्ष जून में शिमला के बार्न्स कोर्ट (राजभवन) में मिलेंगे। 1965 के बाद के छह वर्षों के दौरान भारत एक शक्तिशाली तथा आत्मविश्वासपूर्ण राष्ट्र बनकर

उभर चुका था। अब हमें किसी तीसरे पक्ष या किसी निष्पक्ष स्थान पर जाने की आवश्यकता नहीं थी। भारत अपनी धरती पर ही समझौता वार्ता करने में सक्षम था। जून 1972 में भुट्टो अपनी बेटी बेनज़ीर को साथ लेकर (आगे चलकर बेनज़ीर भी पाकिस्तान की प्रधानमन्त्री बनीं) शिमला आये। दोनों देशों के विदेशमन्त्रियों के बीच औपचारिक समझौता वार्ता चलती रही तथा 2 जुलाई 1972 को समझौते पर हस्ताक्षर हो गये (असल में ये हस्ताक्षर 2 और 3 जुलाई की रात को 12 बजकर 40 मिनट पर किये गये थे)। हालाँकि समझौते का मसौदा 26 जून को लिखा गया था लेकिन काफ़ी फेरबदल के बाद इस मसौदे के छठे प्रतिरूप को स्वीकृति दी गयी। इसको शान्ति सन्धि का नाम दिया गया तथा भारत की प्रधानमन्त्री इन्दिरा गांधी एवं पाकिस्तान के राष्ट्रपति ज़ुल्फ़िक़ार अली भुट्टो ने इसपर हस्ताक्षर किये। दोनों देशों की संसदों से इस सन्धि को स्वीकृत करवाया जाना था और 4 अगस्त 1972 से यह प्रभाव में आ जानी थी। अंग्रेज़ी के साथ-साथ इस सन्धि को हिन्दी तथा उर्दू में भी लिखा गया। यह भी तय किया गया कि आज के बाद से दोनों देशों के द्विपक्षीय मामलों एवं विवादों को सुलझाने के लिए 1949 में संयुक्त राष्ट्र सुरक्षा परिषद् द्वारा अपनाये गये प्रस्ताव की बजाय शिमला समझौते को सन्दर्भ बिन्दु के रूप में प्रयोग किया जायेगा। 1972 का शिमला समझौता पूर्ववर्ती संयुक्त राष्ट्र प्रस्ताव को प्रतिस्थापित कर देता है।

इस समझौते के अनुसार युद्धबन्दी रेखा को नियन्त्रण रेखा (एल ओ सी) का नाम दिया गया। भारत 93,000 युद्धबन्दियों तथा युद्ध में जीते गये लगभग 5,000 वर्ग मील क्षेत्र को वापिस लौटाने को राज़ी हो गया। बदले में भुट्टो ने इन्दिरा गांधी को यह ज़बानी आश्वासन दिया कि पाकिस्तान वापिस लौटने के बाद वे नियन्त्रण रेखा को अन्तरराष्ट्रीय सीमा के रूप में स्वीकार कर लेंगे। समझौता वार्ता के दौरान भी भारत ने यह प्रयास किया था कि जम्मू-कश्मीर समस्या का स्थायी समाधान निकालने के लिए नियन्त्रण रेखा को ही अन्तरराष्ट्रीय सीमा घोषित कर दिया जाये, लेकिन उस समय भुट्टो ने भारत के इन प्रयासों का विरोध किया था। एक दिन पहले इन्दिरा गांधी ने पाकिस्तानी पत्रकारों से मिलकर भारत का पक्ष स्पष्ट रूप से उनके सामने रख दिया था। दो जुलाई की रात को भुट्टो अकेले ही इन्दिरा गांधी से मिलने के लिए गये तथा उनसे याचना की कि यदि वे पाकिस्तान ख़ाली हाथ लौटे तो पाकिस्तान में फिर से सैन्य तानाशाही आ जायेगी तथा लोकतन्त्र का ख़ात्मा हो जायेगा–और भारत को अपने पड़ोस में एक फ़ौजी हुकूमत से निपटना

पड़ेगा। भुट्टो अपनी लोकतान्त्रिक छवि को सुधारने का प्रयास कर रहे थे। चूँकि यह एक व्यक्तिगत मुलाक़ात थी इसलिए इसको दस्तावेज़ों के माध्यम से सत्यापित नहीं किया जा सकता लेकिन ऐसा कहा जाता है कि भुट्टो ने इन्दिरा को यह वादा याद दिलाया था कि यदि भुट्टो शेख़ मुजीब को छोड़ दें तो इन्दिरा भी युद्धबन्दियों को रिहा कर देंगी। इसके बाद इन्दिरा युद्धबन्दियों को रिहा करने के लिए राज़ी हो गयीं। शिमला समझौते के आलोचक इन्दिरा पर यह आरोप लगाते हैं कि वे कश्मीर समस्या का समाधान निकालने में नाकाम रहीं, न ही उन्होंने पाकिस्तानी जेलों में सड़ रहे भारत के 54 युद्धबन्दियों की रिहाई का मामला उठाया। उनके कटु आलोचक तो यहाँ तक कहते हैं कि इन्दिरा गांधी पाकिस्तान के साथ सख़्ती से नहीं निपटना चाहती थीं।

विजय के उल्लास में लोग इन युद्धबन्दियों के बारे में तो भूल ही गये थे। युद्ध के कई साल बाद पाकिस्तानी जेलों में सड़ रहे युद्धबन्दियों के बारे में ख़बरें जनता के सामने आनी शुरू हुईं। इससे भी बुरी बात यह थी कि शिमला समझौते से पहले भारत के युद्धबन्दियों के बारे में किसी भी मन्त्रालय ने कोई टिप्पणी अथवा दस्तावेज़ तैयार नहीं किया था। दस्तावेज़ उपलब्ध न होने के कारण ही इनको रिहाई नहीं मिल सकी। यदि यह भूल-चूक थी तो इसको बहुत बड़ा अपराध माना जाना चाहिए और पूरी व्यवस्था को इसके लिए ज़िम्मेदार ठहराया जाना चाहिए। और चूँकि अन्तिम ज़िम्मेदारी प्रधानमन्त्री की होती है, इसलिए इस भूल के लिए मूल रूप से इन्दिरा गांधी ही दोषी हैं।

पाकिस्तानी युद्धबन्दियों की वापसी की प्रक्रिया तीन वर्ष तक चलती रही। अन्तिम युद्धबन्दी लेफ्टिनेंट जनरल नियाज़ी थे जिनको 30 अप्रैल 1975 को पाकिस्तान के हवाले किया गया। वापिस लौटते ही युद्ध आयोग ने उन पर मुक़दमा चलाया। उनको दोषी क़रार दिया गया और उनका रैंक, अलंकरण, तग़मे तथा पुरस्कार वापिस ले लिए गये। आम पाकिस्तानी यह मानता था कि जनरल नियाज़ी एक फ़ौजी थे और आत्मसमर्पण करने के द्वारा उन्होंने पूरे देश की नाक कटवा दी थी। लोगों को यह अहसास ही नहीं कि युद्ध कोई बच्चों का खेल नहीं। नियाज़ी के आत्मसमर्पण ने हज़ारों सैनिकों को मृत्यु का ग्रास बनने से बचा लिया था। पाकिस्तान वापिस लौटने के बाद इन युद्धबन्दियों को जनता की तरफ़ से अपमान ही मिला।

1971 के युद्ध के तीनों महत्त्वपूर्ण किरदार अपने-अपने देश के मुखिया थे तथा आगे चलकर इन तीनों का बड़ा हिंसक अन्त हुआ। 1975 में शेख़ मुजीब की हत्या कर दी गयी[2], 1979 में भुट्टो को फाँसी के फन्दे से लटका दिया गया तथा 1984 में गोली मारकर इन्दिरा गांधी की हत्या कर दी गयी।

टिप्पणियाँ

1. https://www.pbs.gov.pk/content/population-census पर उपलब्ध (30 जनवरी को देखा गया)।
2. शेख़ मुजीबुर रहमान को आमतौर पर शेख़ मुजीब के नाम से जाना जाता है।

अध्याय छह

आओ मर्दो...नामर्द बनो

आपातकाल का सियाह दौर, नागरिक स्वतन्त्रताओं का हनन

25 जून 1975, बुधवार

1967 का चौथा आम चुनाव इन्दिरा गांधी ने जीता। पाँचवाँ आम चुनाव उन्होंने समय से एक साल पहले ही 1971 में करवा लिया। इन चुनावों में भी इन्दिरा गांधी की जीत हुई। लेकिन आपातकाल लगाकर अगले आम चुनावों को एक साल तक स्थगित करने का कलंक भी उन्हीं के माथे पर लगा। पहली बार लोगों ने देश की स्वतन्त्रता एवं लोकतन्त्र का हनन होते देखा और नागरिकों के अधिकारों को पैरों तले रौंद दिया गया। चुनावों को स्थगित करके इन्दिरा गांधी ने देश को अँधेरे गर्त में धकेल दिया। 1969 के राष्ट्रपति चुनावों में कांग्रेस पार्टी ने नीलम संजीव रेड्डी को

अपना उम्मीदवार बनाया था जबकि इन्दिरा गांधी ने वी.वी. गिरी का चयन किया था, इन चुनावों में इन्दिरा गांधी के प्रत्याशी की जीत हुई। यह घटना इन्दिरा गांधी के राजनैतिक जीवन में बड़ा परिवर्तन लेकर आयी। चुनाव इतना काँटे का हुआ कि दूसरी वरीयता के मतों की गिनती के बाद ही विजेता की घोषणा हो पायी। वी. वी. गिरी को 50.9 प्रतिशत मत मिले थे तथा संजीव रेड्डी को 49.1 प्रतिशत। दो रूढ़िवादी दलों–जनसंघ तथा स्वतन्त्र पार्टी–ने भूतपूर्व वित्तमन्त्री सी. डी. देशमुख को अपना प्रत्याशी बनाया था। कांग्रेस अध्यक्ष निजलिंगप्पा इस हद तक हताशा-निराशा में डूबे हुए थे कि उन्होंने जनसंघ तथा स्वतन्त्र पार्टी से भी दूसरी वरीयता का मत माँग लिया। ये दोनों दल कांग्रेस की घोषित एवं स्थापित विचारधारा के धुर विरोधी थे। जनसंघ एक दक्षिणपन्थी हिन्दुत्ववादी दल था तो स्वतन्त्र पार्टी पूँजीपतियों की हितैषी थी।

राष्ट्रपति पद हेतु कांग्रेस प्रत्याशी का निर्धारण करने के लिए संसदीय बोर्ड की मीटिंग हुई जिसमें इन्दिरा गांधी ने जगजीवन राम का नाम सुझाया, लेकिन सिंडिकेट ने इस नाम पर क़लम चला दी। संसदीय बोर्ड में संजीव रेड्डी का काफ़ी समर्थन था जिसके कारण वे कांग्रेस पार्टी के आधिकारिक प्रत्याशी बनने में सफल रहे। संसदीय बोर्ड की सदस्या होने के कारण इन्दिरा गांधी को भी संजीव रेड्डी के नामांकन पत्र की प्रस्तावक बनना पड़ा। वी.वी. गिरी विपक्ष के प्रत्याशी थे लेकिन अपने अधिकार का प्रदर्शन करने के लिए इन्दिरा गांधी ने वी.वी. गिरी को समर्थन देने का निर्णय लिया। जब निजलिंगप्पा ने दक्षिणपन्थी दलों से मत का आग्रह किया तो इसके बाद इन्दिरा गांधी को भी एक नैतिक अवसर मिल गया तथा उन्होंने भी कांग्रेसी जनप्रतिनिधियों से यह अपील कर दी कि वे समाजवाद तथा धर्मनिरपेक्षता के सिद्धान्तों को ध्यान में रखते हुए अपनी अन्तरात्मा की आवाज़ पर मतदान करें। चुनाव से पहले की शाम को उन्होंने यह अपील की थी। कांग्रेस के आधिकारिक प्रत्याशी के पक्ष में मतदान सुनिश्चित करवाने के लिए सचेतक लागू नहीं किया गया। यदि सचेतक लागू कर दिया जाता तो वी.वी. गिरी के लिए मतदान करने वाले कांग्रेसियों की सदस्यता निरस्त कर दी जाती, इस प्रकार यह सम्भावना थी कि अनुशासन लागू कर दिया जाता तो कांग्रेस प्रत्याशी आसानी से चुनाव जीत सकता था। वी.वी. गिरी को कांग्रेस की तुलना में विपक्षी दलों से अधिक मत मिले। कांग्रेस के छोटे से हिस्से ने ही वी.वी. गिरी के पक्ष में मतदान किया। पाँचवें राष्ट्रपति चुनावों के दौरान यह स्पष्ट होने लगा कि राजनैतिक व्यक्तिवादिता भारतीय राजनीति में

अपना सर उठा रही है। आने वाले वर्षों में इस राष्ट्रपति चुनाव ने भारतीय राजनीति पर गम्भीर प्रभाव डाले। इस परिघटना को भारतीय राजनीति में मील के पत्थर के रूप में देखा जाता है।

1969 के राष्ट्रपति चुनावों के बाद यह तो तय हो गया था कि कांग्रेस में विभाजन होकर रहेगा। इन्दिरा ने चार कनिष्ठ मन्त्रियों को अपने मन्त्रिमण्डल से निकाल दिया और प्रतिशोध में कांग्रेस अध्यक्ष ने इन्दिरा के तीन वफ़ादारों को कांग्रेस कार्यकारिणी समिति में शामिल करने से इनकार कर दिया। ये तीन वफ़ादार थे–सी. सुब्रमणियम (1988 में इनको भारत रत्न से सम्मानित किया गया), फखरुद्दीन अली अहमद तथा एस. डी. शर्मा (ये दोनों आगे चलकर भारत के राष्ट्रपति बने)। 12 नवम्बर 1969 को इन्दिरा गांधी को कांग्रेस पार्टी से निष्कासित कर दिया गया, उसी दिन उन्होंने भारतीय राष्ट्रीय कांग्रेस (रिक्विजिशनिस्ट) की स्थापना कर दी तथा सी. सुब्रमणियम को इसका अध्यक्ष बनाया गया। मूल कांग्रेस पार्टी को भारतीय राष्ट्रीय कांग्रेस (ऑर्गेनाइजेशन) कहा गया। कांग्रेस (आर) को बछड़े को दूध पिलाती गाय का चुनाव चिन्ह मिला। यह प्रचार किया गया कि इन्दिरा गांधी गाय की प्रतीक है तथा उनका दूध पीता हुआ बछड़ा संजय गांधी है। लोकसभा तथा राज्यसभा को मिलाकर कांग्रेस के 429 प्रतिनिधि थे और यह दावा किया जाता था कि इनमें से 310 से 330 सदस्यों का समर्थन इन्दिरा के साथ था। 16 नवम्बर 1969 को संसद का सत्र शुरू हुआ लेकिन कांग्रेस (आर) के पास पूर्ण बहुमत नहीं था। कांग्रेस में विभाजन होने के कारण इन्दिरा गांधी की सरकार अल्पमत में आ गयी थी। यहीं से केन्द्र में सत्ता बनाये रखने के लिए गठबन्धन सरकारों की शुरुआत होती है। इन्दिरा गांधी को भारतीय कम्युनिस्ट पार्टी (सीपीआई), संयुक्त सोशलिस्ट पार्टी (एसएसपी) के एस.एम. जोशी धड़े, प्रजा सोशलिस्ट पार्टी (पीएसपी) के एस. एन. द्विवेदी धड़े तथा द्राविड़ मुनेत्र कड़गम (डीएमके) का समर्थन मिला; एसएसपी का मधु लिमये-राजनारायण धड़ा, पीएसपी का एच. वी. कामथ धड़ा तथा भारतीय कम्युनिस्ट पार्टी मार्क्सवादी (सीपीएम) इन्दिरा का समर्थन करने को तैयार नहीं हुए। स्वतन्त्र पार्टी तथा जनसंघ ने कांग्रेस (ओ) को समर्थन दिया था जिसकी वजह से इन्दिरा को यह प्रचार करने का बहाना मिल गया कि उनकी नीतियाँ समाजवाद तथा साम्यवाद की ओर झुकी हुई हैं तथा दरिद्र-कल्याण की भावना से भरी हुई हैं।

केन्द्र में गठबन्धन सरकारों की शुरुआत होने के साथ ही कांग्रेस में सामूहिक नेतृत्व की परम्परा भी दफ़न हो गयी। इससे पहले विचारधारात्मक बुनियादों पर नेता को चुनौती दी जाती रही थी। लेकिन कांग्रेस का विभाजन विचारधारात्मक टकराव

के कारण नहीं बल्कि व्यक्तित्वों के टकराव के कारण हुआ था। इसके बाद जो घटनाक्रम सामने आया उसने यह प्रदर्शित कर दिया कि कांग्रेस पार्टी में संगठन की सत्ता निरन्तर क्षीण होती जा रही थी। संगठन पदाधिकारियों की तुलना में मन्त्रियों के हाथ में अधिक सत्ता थी। द्राविड़ मुनेत्र कड़गम, अकाली दल तथा भारतीय क्रान्ति दल जैसे क्षेत्रीय दल राष्ट्रीय राजनीति में पहले से अधिक निर्णायक भूमिका निभाने लगे। इन्दिरा बाहरी समर्थन से चलाई जा रही सरकार के दबावों को महसूस कर रही थीं, इसीलिए उन्होंने नियत अवधि से चौदह महीने पहले ही चुनाव करवाने का निर्णय ले लिया। इन चुनावों में उनको यह साबित करके दिखाना था कि वे देश के लोगों की आकांक्षाओं तथा नब्ज़ को समझती हैं। तैंतालीस दिन तक चले प्रचार अभियान के दौरान उन्होंने 300 से अधिक सभाएँ कीं। इस चुनाव में वे विपक्ष के *'इन्दिरा हटाओ'* नारे के प्रत्युत्तर में *'ग़रीबी हटाओ'* का नारा लेकर उतरीं। 352 सीटों के साथ इन्दिरा की कांग्रेस (आर) ने सदन में पूर्ण बहुमत प्राप्त कर लिया। बांग्लादेश का युद्ध जीतने के बाद तो देश में उनकी लहर चल पड़ी थी जिसके नतीजे में उन्होंने मध्य प्रदेश, राजस्थान, महाराष्ट्र, कर्नाटक, गुजरात, बिहार, पंजाब तथा हरियाणा राज्यों के चुनावों में शानदार जीत दर्ज की। तमिलनाडु, नागालैंड, मेघालय तथा मणिपुर को छोड़कर देश के सभी राज्यों में कांग्रेस की सरकार थी। केरल में तीस विधायकों के साथ कांग्रेस सबसे बड़ी पार्टी बनकर उभरी तथा इन्होंने सीपीआई के अच्युत मेनन के नेतृत्व में बनी संयुक्त मोर्चा सरकार को समर्थन प्रदान किया। उनत्तीस विधायकों के साथ-साथ सीपीएम के ई. नम्बूदरीपाद नेता प्रतिपक्ष बने।

एक तरह से सभी राज्यों को फ़तह करने तथा केन्द्र में भारी बहुमत की सरकार बनाने के पश्चात् इन्दिरा गांधी इस प्रकार के निर्णय लेने लगीं जिनमें आपातकाल की आहट सुनी जा सकती थी।[1] 5 नवम्बर 1971 को संविधान (24वाँ संशोधन) अधिनियम पारित किया गया जिसके द्वारा संसद को संविधान के किसी भी प्रावधान में संशोधन करने की शक्ति मिल गयी, यहाँ तक कि संसद मूलभूत अधिकारों को सीमित भी कर सकती थी। बैंकों के राष्ट्रीयकरण के बारे में सर्वोच्च न्यायालय द्वारा दिये गये निर्णय को पलटने हेतु इन्दिरा अप्रैल 1972 में 25वाँ संशोधन लेकर आयीं। इसी संशोधन के अनुसार रजवाड़ों को प्रदान किये जाने वाले शाही भत्ते के मामले में हर्जाने का निर्धारण करने की शक्ति भी न्यायालय की बजाय संसद को प्रदान कर दी गयी। आपातकाल के दौरान अन्य कई संशोधन लाये गये; इनमें से 38वाँ, 39वाँ तथा 42वाँ संशोधन अधिक महत्त्वपूर्ण हैं क्योंकि इन संशोधनों ने बड़े पैमाने पर संविधान की संरचना तब्दील की थी। इन सभी संशोधनों ने न्यायपालिका के अधिकार-क्षेत्र में

सेंध लगाई तथा विधायिका (संसद) को अधिकाधिक अधिकार प्रदान किये जिसके परिणामस्वरूप संविधान सभा द्वारा निर्धारित किया गया शक्ति-सन्तुलन बिगाड़ दिया गया। प्रधानमन्त्री की शक्ति उत्तरोत्तर बढ़ती जा रही थी। 24वें तथा 25वें संशोधनों को न्यायालय में चुनौती दी गयी, इसको केशवानन्द भारती केस के रूप में जाना जाता है। तेरह न्यायाधीशों की पीठ बनाई गयी जिसने 24 अप्रैल 1973 को अपना फ़ैसला सुनाया। यह सर्वोच्च न्यायालय के आज तक के इतिहास की सबसे बड़ी संवैधानिक पीठ है। बँटा हुआ फ़ैसला आया तथा 7-6 के क्षीण बहुमत से यह निर्णय दिया गया कि संसद को संविधान की मूल संरचना में बदलाव करने का अधिकार नहीं है। इस निर्णय के बाद इन्दिरा गांधी न्यायाधीशों की नियुक्ति में दख़लन्दाज़ी करने लगीं, इसका बहाना यह बनाया कि उन्हें एक 'समर्पित न्यायपालिका' चाहिए थी। न्यायिक नियुक्तियों के माध्यम से न्यायपालिका पर तथा अन्ततः संविधान पर अधिकार करने का प्रयास किया गया। केशवानन्द भारती मामले का निर्णय आने के बाद अगले ही दिन मुख्य न्यायाधीश सेवानिवृत्त हो गये तथा स्थापित परिपाटी का उल्लंघन करते हुए तीन वरिष्ठ न्यायाधीशों को लाँघते हुए न्यायमूर्ति ए.एन. रे मुख्य न्यायाधीश नियुक्त हुए। इसके विरोध में तीनों वरिष्ठ न्यायाधीशों ने त्यागपत्र दे दिया—न्यायमूर्ति शेलत तथा न्यायमूर्ति हेगड़े ने अप्रैल 1973 में त्यागपत्र दिया तथा इसके एक महीने बाद न्यायमूर्ति ग्रोवर भी त्यागपत्र देकर चले गये। न्यायमूर्ति ए.एन. रे ने केशवानन्द भारती मामले में असहमति की टिप्पणी दर्ज की थी तथा इससे पहले भी बहुत बार सरकार के हक़ में फ़ैसले दे चुके थे। बार ने भी उनकी नियुक्ति का विरोध किया तथा स्वयं जयप्रकाश नारायण ने भी सभी सांसदों के नाम एक खुला पत्र लिखकर यह अपील की कि मुख्य न्यायाधीश की नियुक्ति की प्रक्रिया में प्रधानमन्त्री को प्राप्त निर्बाध अधिकारों पर अंकुश लगाये जाने की आवश्यकता है। संविधान में न्यायपालिका तथा विधायिका के बीच शक्ति-सन्तुलन स्थापित किया गया था और इस सन्तुलन को बचाये रखने की आवश्यकता थी। इस पत्र के बाद इन्दिरा जेपी से ख़तरा महसूस करने लगीं। यहीं से इन्दिरा तथा जेपी के बीच टकराव की शुरुआत हुई जिसके नतीजे में देश में आपातकाल लगा तथा जेपी को जेल की काली कोठरी में बन्द किया गया। गांधीजी की मृत्यु 30 जनवरी को हुई थी और हिन्दू परम्परा के अनुसार 12 फ़रवरी को उनकी तेरहवीं मनाई जाती थी। गांधीजी की तेरहवीं मनाने के लिए जेपी प्रत्येक वर्ष 12 फ़रवरी को अपने पैतृक गाँव सिताब दियारा में संवेदना सभा का आयोजन किया करते थे। ये गांधी युग के आख़िरी नेता थे जो अभी तक सक्रिय रूप से राजनीति से जुड़े हुए थे।

1971 के युद्ध के बाद खाने-पीने की तथा आवश्यक वस्तुओं की क़ीमतें आसमान पर जा पहुँची थीं। 1972 के गुजरात विधानसभा चुनावों में कांग्रेस ने 168 में से 140 सीटें जीतकर भारी बहुमत लिया था। जुलाई 1973 में घनश्यामदास ओझा की जगह पर चिमनभाई पटेल को गुजरात का मुख्यमन्त्री बनाया गया। उनके राज में भ्रष्टाचार तथा महँगाई इस कदर बढ़ गयी कि उनकी सरकार के विरुद्ध क्षोभ उभरने लगा। 20 दिसम्बर 1973 को मेस बिल में हुई 20 प्रतिशत वृद्धि को वापिस लेने की माँग लेकर अहमदाबाद के एल.डी. इंजीनियरिंग कॉलेज के विद्यार्थियों ने विरोध प्रदर्शन शुरू कर दिया। इनकी छोड़ी हुई चिंगारी 1974 में नव निर्माण आन्दोलन का दावानल बनकर उभरी जिसकी लपटों में आकर एक भारी बहुमत की सरकार को इस्तीफ़ा देने पर मजबूर होना पड़ा। भोजन तथा शिक्षा के मामलों पर तथा चिमनभाई पर व्यक्तिगत रूप से लगे भ्रष्टाचार के आरोपों के कारण पहले तो शैक्षणिक संस्थानों में विरोध-प्रदर्शन हुए। बाद में आमजन भी इस आन्दोलन में शामिल हो गये। 25 जनवरी 1974 को राज्यव्यापी बन्द का आयोजन किया गया जिसके प्रत्युत्तर में सरकार ने भारी पुलिस बल का प्रयोग किया। नतीजा यह रहा कि 100 से अधिक लोग जान से हाथ धो बैठे, 8000 से ज़्यादा गिरफ़्तारियाँ हुईं तथा हज़ारों लोग ज़ख़्मी हुए। इस आन्दोलन का कोई नेता नहीं था। विद्यार्थियों, वक़ीलों तथा अध्यापकों ने आन्दोलन को दिशा देने के लिए अपने-अपने स्तर पर नव निर्माण युवक समितियों का गठन किया था। कर्फ़्यू लागू कर दिया गया तथा आन्दोलन को दबाने एवं हालात को क़ाबू करने के लिए सेना बैठानी पड़ी। 9 फ़रवरी 1974 को चिमनभाई पटेल को इस्तीफ़ा देना पड़ा तथा गुजरात में राष्ट्रपति शासन लगा दिया गया।[2] इन्दिरा को ऐसा लगता था कि मुख्यमन्त्री के इस्तीफ़ा देने के बाद लोग शान्त हो जायेंगे। लेकिन राजनेताओं ने अपनी रोटी सेंकने का मौक़ा सूँघ लिया था तथा विधानसभा को भंग करने की माँग लेकर मोरारजी देसाई ने उपवास शुरू कर दिया। 80 प्रतिशत बहुमत लेने के बावजूद कांग्रेस को नये चुनावों की माँग माननी पड़ी। जेपी ने भी मोरारजी की माँग को नैतिक समर्थन दिया तथा कहा कि नागरिकों के पास यह अधिकार है कि वे समयावधि से पहले ही निर्वाचित प्रतिनिधियों को वापिस बुला लें। 168 में से 95 विधायकों ने इस्तीफ़ा दे दिया तथा अन्ततः 16 मार्च 1974 को विधानसभा भंग कर दी गयी।

बिहार सदैव राजनैतिक रूप से भारत के सबसे जीवन्त राज्यों में शामिल रहा है। गुजरात से सीख लेते हुए बिहार ने कांग्रेस तथा इन्दिरा गांधी के आधिपत्य को चुनौती देने का निर्णय लिया। 1970 में लालू यादव पटना विश्वविद्यालय छात्रसंघ के

महासचिव निर्वाचित हुए। अगले साल उन्होंने अध्यक्ष पद का चुनाव लड़ा लेकिन डॉ. राम जतन सिन्हा से हार गये। 1973 में अन्ततः वे पटना विश्वविद्यालय छात्रसंघ के अध्यक्ष चुने गये तथा विद्यार्थी परिषद् (जनसंघ का छात्र मोर्चा) के सुशील मोदी महासचिव बने। गुजरात की ही तरह बिहार के नेतृत्व में भी बदलाव किया गया था। जुलाई 1973 में केदार पाण्डेय को हटाकर अब्दुल ग़फ़ूर को मुख्यमन्त्री बना दिया गया। 18 मार्च 1974 को छात्रों तथा पुलिस के बीच में टकराव हुआ जिसके बाद आन्दोलन तेज़ी से भड़क उठा। छात्रों को लगता था कि राजनेता उनके आन्दोलन को अपने फ़ायदे के लिए भुनाने का प्रयास करेंगे इसलिए छात्रों तथा युवाओं ने जेपी से सम्पर्क किया तथा उनसे आन्दोलन की अगुआई करने की प्रार्थना की। उन्होंने एक शर्त पर आन्दोलन का नेतृत्व करने को सहमति दी कि आन्दोलन पूरी तरह से अहिंसक होना चाहिए, यहाँ तक कि विरोध-प्रदर्शनों के दौरान छात्रों को पत्थरबाज़ी करने की भी इजाज़त नहीं थी। इन्दिरा को यह बात पसन्द नहीं आयी कि जेपी छात्रों की अगुआई कर रहे हैं तथा अप्रैल फूल्स डे पर उन्होंने एक बड़ी बेवकूफ़ी कर डाली। इस दिन भुवनेश्वर में एक रैली को सम्बोधित करते हुए उन्होंने जेपी पर व्यक्तिगत आक्षेप लगा दिये, 'अमीरों के पैसों पर पलने वाला आदमी...भ्रष्टाचार की बात करने की हिम्मत कैसे कर सकता है।' भुवनेश्वर से इन्दिरा को दुःख-दर्द ही नसीब हुआ है। 1967 में चुनाव प्रचार के दौरान किसी ने उन पर पत्थर फेंक दिया था जिससे उनकी नाक टूट गयी थी; 1974 में सर्वोदय आन्दोलन के नेता के बारे में कटूक्ति बोलकर उन्होंने दोनों के बीच में दूरी बढ़ा ली; और 1984 में अपनी हत्या से पहले अन्तिम भाषण भुवनेश्वर में ही दिया था। जेपी एवं जवाहरलाल तथा उनकी पत्नियों प्रभावती देवी एवं कमला नेहरू में बड़े घनिष्ठ सम्बन्ध थे। जेपी के लिए इन्दिरा अपनी बेटी जैसी थीं और वे स्नेह से उन्हें इन्दु कहकर बुलाया करते थे। जेपी सरकार की नीतियों तथा राष्ट्रीय महत्त्व के अन्य मुद्दों पर लिखते रहते थे। इन्दिरा उनके बहुत से लेखों से असहमत थीं लेकिन फिर भी दोनों के बीच में बातचीत तथा सौहार्द का रिश्ता बना हुआ था। लेकिन जब जेपी ने छात्र आन्दोलन की बागडोर सँभाल ली तो दोनों के रिश्तों में खटास आने लगी, इसीलिए जब 1 नवम्बर 1974 को दोनों के बीच में मीटिंग हुई तो वह मीटिंग असफल ही साबित हुई। जेपी ने इन्दिरा को पत्रों का एक पुलिन्दा थमा दिया। ये पत्र इन्दिरा की माता कमला नेहरू ने जेपी की पत्नी प्रभावती को लिखे थे (1973 में प्रभावती का देहान्त हो गया था)।

कांग्रेस के कुशासन तथा भ्रष्टाचार के विरुद्ध चल रहे आन्दोलन में समन्वय स्थापित करने के लिए बिहार छात्र संघर्ष समिति का गठन किया गया, इसमें

विपक्षी दलों के छात्र मोर्चों के प्रतिनिधि शामिल थे। ये मोर्चे थे–समाजवादियों का समाजवादी युवजन सभा (एस.वाई.एस.), जनसंघ का अखिल भारतीय विद्यार्थी परिषद् (ए.बी.वी.पी.), सीपीआई का ऑल इंडिया स्टूडेंट फेडरेशन (ए.आई.एस. एफ़.), तथा तरुण शान्ति सेना आदि। 8 अप्रैल 1974 को जेपी ने पटना में मूक रैली का नेतृत्व किया। अप्रैल 1974 में ही वी.एम. तारकुंडे के साथ मिलकर जेपी ने दिल्ली में सिटीजन्स फ़ॉर डेमोक्रेसी की स्थापना की। जेपी इस संस्था के अध्यक्ष थे तथा उन्होंने माँग रखी कि लोकतन्त्र की रक्षा करने के लिए स्वतन्त्र एवं निष्पक्ष चुनाव करवाये जायें। रेलवे कर्मचारियों के बीच भी लम्बे समय से आन्दोलन की भावना उमड़ रही थी। ऑल इंडिया रेलवे फ़ेडरेशन (ए.आई.आर.एफ़.) भारत की सबसे पहली रेलवे यूनियन थी, इसकी स्थापना 1925 में हुई थी। स्वतन्त्रता के बाद जेपी इस यूनियन के अध्यक्ष बने तथा ज्योति बसु उपाध्यक्ष रहे। 1973 में तेज़तर्रार नेता जॉर्ज फ़र्नांडीस इस यूनियन के अध्यक्ष बने। बहुत से ऐसे मुद्दे थे जिनका लम्बे समय से समाधान नहीं किया गया था। अंग्रेज़ों के समय से रेलवे निजी हाथों में थी तथा लम्बे कार्यदिवस का मुद्दा उसी समय से कार्मिकों को परेशान कर रहा था। 1974 में 8 मई से लेकर 27 मई तक जॉर्ज फ़र्नांडीस ने हड़ताल की अगुआई की जिसमें लगभग 17 लाख लोगों ने भागीदारी की थी, यह अपने-आप में विश्व कीर्तिमान है। 50,000 से अधिक रेलवे कार्मिकों को गिरफ़्तार किया गया और हज़ारों कार्मिकों को घर से बेदख़ल कर दिया गया। इन्दिरा गांधी की अकुशलता ने एक मामूली औद्योगिक विवाद को एक लघुस्तर के गृहयुद्ध में बदल दिया।

5 जून 1974 को पटना के ऐतिहासिक गांधी मैदान में जेपी ने 'सम्पूर्ण क्रान्ति' का नारा दे दिया। छात्र आन्दोलन से शुरू हुई क्रान्ति जंगल में आग की तरह फैलती गयी तथा सीपीआई के अलावा अन्य सभी दलों ने जेपी के नेतृत्व को स्वीकार कर लिया। इसी दौरान जेपी को 'लोकनायक' की उपाधि मिली। जैसा कि पहले ही बताया जा चुका है कि 1 नवम्बर 1974 को जेपी तथा इन्दिरा के बीच एक मीटिंग हुई थी। जेपी उनसे अकेले में मिलना चाहते थे लेकिन इन्दिरा ने जगजीवन राम तथा वाई. बी. चव्हाण को भी साथ में बिठा लिया। जेपी ने नौ माँगें रखीं, बिहार में अब्दुल ग़फ़ूर की सरकार को भंग करना भी इनमें से एक माँग थी। साथ ही उन्होंने नये चुनावों की भी माँग की। समझौता तो दूर की बात, इस मीटिंग के बाद दोनों नेताओं के बीच की दूरी और ज़्यादा बढ़ गयी। उसी दिन रामलीला मैदान में हुई एक रैली के दौरान इन्दिरा ने सार्वजनिक रूप से अब्दुल ग़फ़ूर को हटाने से साफ़ इनकार कर दिया। 4 नवम्बर 1974 को पुलिस ने एक विरोध-प्रदर्शन पर लाठियाँ

बरसाईं और जेपी को भी नहीं बख्शा गया। सम्पूर्ण क्रान्ति के बारे में जागरूकता फैलाने के लिए जेपी ने देश के भिन्न-भिन्न क्षेत्रों का दौरा शुरू कर दिया। धीरे-धीरे आन्दोलन में जान आने लगी। इस बीच मोरारजी देसाई की अनिश्चितकालीन भूख हड़ताल के परिणामस्वरूप गुजरात में नये चुनावों की घोषणा कर दी गयी। 12 जून 1975 को चुनाव परिणाम घोषित हुए तथा पहली बार गुजरात में ग़ैर-कांग्रेसी सरकार की स्थापना हुई। जनसंघ, कांग्रेस (ओ), संयुक्त सोशलिस्ट पार्टी (एसएसपी) तथा भारतीय लोकदल के गठबन्धन से बने संगठन जनता मोर्चा ने चिमनभाई की मदद से सरकार का गठन किया। यह भी विडम्बना ही है कि जनता मोर्चा ने चिमनभाई पटेल के विरुद्ध ही आन्दोलन चलाया था लेकिन बाद में उसी भ्रष्ट व्यक्ति से समर्थन लेने में उन्हें कोई झिझक नहीं हुई। एक कहावत है कि 'राजनीति किसी के भी साथ हमबिस्तरी करवा सकती है।' हालाँकि चिमनभाई ख़ुद तो चुनाव हार गये थे लेकिन उनकी पार्टी किसान मज़दूर लोक पक्ष (केएलपी) ने 11 सीटें जीती थीं तथा पहली ग़ैर-कांग्रेसी सरकार को समर्थन प्रदान किया था। 18 जनवरी 1977 को जनता मोर्चा का नाम बदलकर इसे जनता पार्टी बना दिया गया।

1971 का चुनाव इन्दिरा गांधी ने रायबरेली से जीता था। उनको 1,83,309 मत मिले थे। उनके विरोध में धुर समाजवादी नेता राजनारायण ने चुनाव लड़ा था। राजनारायण को 71,499 मत मिले। इस प्रकार इन्दिरा गांधी लगभग 1,10,000 मत से जीत गयीं। राजनारायण ने इन्दिरा गांधी के निर्वाचन को चुनौती देते हुए इलाहाबाद उच्च न्यायालय में याचिका दायर कर दी। शान्ति भूषण ने राजनारायण का मुक़दमा लड़ा था, आगे चलकर शान्ति भूषण केन्द्रीय क़ानून मन्त्री भी बने। सालों तक अदालत में लटका रहने के बाद अन्ततः 1975 की शुरुआत में याचिका क्रमांक 5 पर सुनवाई अन्तिम चरण में पहुँच गयी। ईमानदार न्यायाधीश जगमोहन लाल सिन्हा इस मामले की सुनवाई कर रहे थे। 18 मार्च 1975 को भारत के इतिहास में पहली बार पदासीन प्रधानमन्त्री को स्वयं अपना बयान दर्ज करवाने के लिए अदालत के सामने पेश होना पड़ा। पाँच घण्टे तक उनसे जिरह चलती रही। अपनी पुस्तक *द केस दैट शुक इंडिया*[3] में शान्ति भूषण के बेटे प्रशान्त भूषण ने इस मामले का आँखों-देखा विवरण प्रस्तुत किया है। 23 मई 1975 को जिरह समाप्त हुई तथा फ़ैसला सुरक्षित रख लिया गया। ग्रीष्मावकाश के कारण अदालत भी छुट्टी पर चली गयी थी। मन्ना लाल न्यायमूर्ति सिन्हा के सचिव थे, न्यायमूर्ति ने मन्ना लाल से शपथ ली कि वह किसी के सामने इस फ़ैसले का खुलासा नहीं करेगा, यहाँ तक कि उसकी पत्नी को भी इसकी भनक नहीं लगनी चाहिए। इलाहाबाद उच्च न्यायालय

के मुख्य न्यायाधीश न्यायमूर्ति डी.एस. माथुर ने न्यायमूर्ति सिन्हा से मुलाक़ात की। इन्दिरा गांधी के निजी चिकित्सक डॉ. के.पी. माथुर, इलाहाबाद के सांसद तथा अन्य बहुत से प्रभावशाली लोगों ने भी न्यायमूर्ति सिन्हा से मिलकर उनको प्रभावित करने का प्रयास किया। उनके सामने यह दाना डाला गया कि उनको सर्वोच्च न्यायालय में नियुक्त कर दिया जायेगा। इसके अलावा बहुत से प्रत्यक्ष-अप्रत्यक्ष प्रलोभन दिये गये। इन सब प्रलोभनों से पिंड छुड़ाने के लिए न्यायमूर्ति सिन्हा ने ख़ुद को घर में बन्द कर लिया तथा हर आगन्तुक को यही जवाब दिया जाता था कि साहब घर पर नहीं हैं। 28 मई से 7 जून तक कोई उनसे नहीं मिल पाया, यहाँ तक कि उन्होंने किसी का फ़ोन भी नहीं सुना। 7 जून 1975 को मुख्य न्यायाधीश माथुर ने देहरादून से उनको फ़ोन किया तथा गृह मामलों के अतिरिक्त सचिव पी.पी. नायर का यह सन्देश उनको सुना दिया कि न्यायमूर्ति सिन्हा जुलाई तक इस मुक़दमे का फ़ैसला रोक कर रखें। इस प्रकार के अन्य प्रस्तावों से बचने के लिए वे उसी दिन अदालत में गये तथा पंजीकार (रजिस्ट्रार) को यह हुकुम दे दिया कि वे दोनों पक्षों को यह इत्तिला कर दें कि मुक़दमे का फ़ैसला 12 जून को सुनाया जायेगा। चूँकि कोई भी यह टोह नहीं ले पा रहा था कि क्या फ़ैसला लिखा गया इसलिए इन्दिरा को अनिष्ट की आशंका होने लगी। 11 जून को देर रात गये सीआईडी की एक टीम ने मन्ना लाल के घर पर दबिश दी और बार-बार पूछताछ करने पर भी वह चुप रहा तो उसको डराया-धमकाया भी गया। मन्ना लाल इस कदर डर गया था कि अपनी पत्नी को एक सुरक्षित ठिकाने पर छोड़ने के बाद वह न्यायमूर्ति सिन्हा के आवास पर चला गया और रात भर वहीं रुका। अगली सुबह नहाने-धोने के लिए वह अपने घर गया तो सीआईडी की टीम ने उसे फिर से दबोच लिया और इन्दिरा गांधी को हॉटलाइन पर लेकर मन्ना लाल से कहा कि वे सीधे प्रधानमन्त्री के सामने फ़ैसले का खुलासा करें। फ़ैसला सुनाये जाने के बाद भी सीआईडी की टीम इस बात के लिए मन्ना लाल को परेशान करती रही कि वह उनको न्यायमूर्ति के मुलाक़ातियों तथा उनके निजी जीवन के बारे में जानकारी दे। महान्यायवादी ने शान्ति भूषण को भी यह प्रलोभन दिया कि उनके लिए अतिरिक्त महान्यायवादी का पद स्थापित किया जा सकता है। 12 जून 1975 को न्यायमूर्ति सिन्हा ने संचालन आदेश पढ़कर सुनाया–'इजराह नम्बर 3 तथा इजराह नम्बर 1 का अतिरिक्त इजराह नम्बर 1, अतिरिक्त इजराह नम्बर 2 तथा अतिरिक्त इजराह नम्बर 3 के साथ अध्ययन करने के पश्चात् अदालत इस निर्णय पर पहुँची है कि याचिका स्वीकार की जाती है तथा लोकसभा में प्रतिवादी नम्बर 1, श्रीमती इन्दिरा नेहरू गांधी, के चुनाव को अमान्य क़रार दिया जाता है।'

258 पृष्ठ का फ़ैसला था। इन्दिरा के चुनाव को रद्द कर दिया गया। उन्हें छह साल तक चुनावों से प्रतिबन्धित कर दिया गया। लेकिन यह फ़ैसला बीस दिन बाद लागू होना था, सभी फैसलों को लागू करने में सामान्यत: यही प्रक्रिया अपनाई जाती है। इस दौरान यदि वे चाहें तो सर्वोच्च न्यायालय में अपील दायर कर सकती थीं। इस फ़ैसले की अतिवादी प्रतिक्रिया सामने आयी। इन्दिरा के समर्थकों का हौसला टूट गया तथा जेपी आन्दोलन में ख़ून की नयी लहर दौड़ पड़ी। वैश्विक मीडिया ने इसे एक स्वस्थ तथा दृढ़ लोकतन्त्र का सबूत बताकर पेश किया। 12 जून का ही दिन इन्दिरा के लिए एक और अशुभ ख़बर लेकर आया, उनके विश्वस्त साथी तथा सलाहकार डी. पी. धर भी इसी दिन परमात्मा को प्यारे हो गये।

हालाँकि चुनाव अभियान में सरकारी अमले (यशपाल कपूर) तथा सरकारी वाहन के प्रयोग का अभियोग एक मामूली मामला था लेकिन फिर भी यह पद के दुरुपयोग का मामला तो बनता ही था तथा प्रधानमन्त्री पद पर बैठी हुई इन्दिरा गांधी को इस बात का ध्यान रखना चाहिए था कि वे इस प्रकार की छोटी-मोटी ग़लतियाँ न करें। *लन्दन टाइम्स* ने इस फ़ैसले पर टिप्पणी करते हुए कहा था कि 'यह किसी छोटे से ट्रैफ़िक उल्लंघन के ऊपर प्रधानमन्त्री को हटाने के बराबर मामला था।'[4] उनकी पार्टी के दिग्गज इन्दिरा जी के आवास पर पहुँचे। इनमें शामिल थे– पश्चिम बंगाल के मुख्यमन्त्री तथा देश के बड़े वक़ील सिद्धार्थ शंकर रे, केन्द्रीय क़ानून मन्त्री एच. आर. गोखले, उमाशंकर दीक्षित, जगजीवन राम, कांग्रेस अध्यक्ष देवकान्त बरूआ तथा अन्य कई बड़े-बड़े नेता। यह निर्णय लिया गया कि उच्च न्यायलय के फ़ैसले को चुनौती देते हुए सर्वोच्च न्यायालय में अपील दायर की जायेगी तथा अन्तरिम रूप से इन्दिरा बरूआ के साथ अपने पद की अदला-बदली कर लेंगी। यानी कि बरूआ प्रधानमन्त्री बन जायेंगे तथा इन्दिरा कांग्रेस की अध्यक्ष बन जायेंगी। इन्दिरा का छोटा बेटा संजय गांधी मारुति कारख़ाने में गया हुआ था, फ़ैसले की ख़बर मिलते ही वह तुरन्त घर की तरफ़ भागा। वह बाँह पकड़कर इन्दिरा को मीटिंग से दूर ले गया तथा यह ज़िद की कि वे त्यागपत्र न दें। इन्दिरा के 28 साला बेटे ने 28 मिनट से भी कम समय में न केवल देश के भविष्य का निर्धारण कर दिया था बल्कि इन्दिरा के करिश्माई नेतृत्व पर भी काला धब्बा लगा दिया। आज तक भी आपातकाल का काला साया उनके साहसिक निर्णयों पर ग्रहण लगाता नज़र आता है जैसे कि 1971 के युद्ध में विजय, भोजन सुरक्षा के मामले में देश को आत्मनिर्भर बनाना, सिक्किम का भारत में विलय, क्षेत्रीय सहयोग हेतु दक्षिण एशिया संगठन (सार्क) का नेतृत्व करना, आदि। हमें यह भी ध्यान रखना चाहिए कि इस समय

तक इन्दिरा लोकतान्त्रिक परम्पराओं का सम्मान करती रही थीं, इसीलिए उन्होंने जनभावना का सम्मान करते हुए भारी बहुमत से बनी गुजरात की सरकार को रद्द कर दिया था तथा नये चुनाव करवा दिये थे। संजय गांधी को ज़्यादा चिन्ता अपनी मारुति परियोजना की थी, उसको लगता था कि अगर उसकी माँ प्रधानमन्त्री न रही तो उसकी परियोजना पर जाँच बैठा दी जायेगी।

इलाहाबाद उच्च न्यायालय के निर्णय के विरुद्ध सर्वोच्च न्यायालय में विशेष अनुमति याचिका (एसएलपी) दायर की गयी। लेकिन उस समय सर्वोच्च न्यायालय का अवकाश चल रहा था। अवकाशकालीन न्यायाधीश के रूप में अपने कर्तव्यों का निर्वाह कर रहे न्यायमूर्ति वी.आर. कृष्णा अय्यर ने 24 जून 1975 को एक आदेश पारित कर दिया जिसमें कहा गया था कि इन्दिरा गांधी को मतदान का अधिकार नहीं होगा, वे प्रधानमन्त्री अथवा सांसद के रूप कोई आय प्राप्त नहीं करेंगी लेकिन वे प्रधानमन्त्री के पद पर बनी रह सकती हैं। 25 जून 1975 को सभी बड़े विपक्षी नेताओं को साथ में लेकर जेपी ने दिल्ली के रामलीला मैदान में एक महारैली का आयोजन किया। उन्होंने आन्दोलन को अखिल भारतीय स्तर पर फैलाने का आह्वान किया तथा प्रधानमन्त्री आवास के बाहर धरने पर बैठने का निर्णय सुना दिया। जेपी ने पुलिस तथा सेना से भी यह अपील की कि वे सरकार के अनैतिक आदेशों की अनुपालना न करें। इन्दिरा ने इसका यह मतलब लिया कि जेपी सेना को सरकार के विरुद्ध भड़का रहे हैं तथा आपातकाल लागू करने का निर्णय ले लिया। संवैधानिक बाध्यताओं की पूर्ति करने के लिए इन्दिरा गांधी ने राष्ट्रपति फ़ख़रुद्दीन अली अहमद से 20 मिनट की मुलाक़ात की। फ़ख़रुद्दीन प्रधानमन्त्री की आपातकाल लगाने की माँग से सहमत हो गये। रात को 11 बजकर 40 मिनट पर आर.के. धवन आपातकाल की घोषणा का पत्र लेकर राष्ट्रपति भवन गये और राष्ट्रपति ने तुरन्त इस पत्र पर हस्ताक्षर कर दिये। प्रधानमन्त्री निवास में परा-संवैधानिक व्यवस्था का बोलबाला हो गया। अपनी माँ की तरफ़ से संजय गांधी सभी बड़े फ़ैसले लेने लगे तथा सभी निर्देश उन्हीं की तरफ़ से आते थे। उनके निर्देशन में ही उन विपक्षी नेताओं की सूची तैयार की गयी जिनको गिरफ़्तार किया जाना था। गृहमन्त्री ओम मेहता, दिल्ली के उपराज्यपाल कृष्ण चन्द तथा हरियाणा के मुख्यमन्त्री बंसीलाल के परामर्श से यह सूची तैयार हुई। 26 जून की रात को ढाई बजे गांधी शान्ति प्रतिष्ठान से जेपी को गिरफ़्तार कर लिया गया तथा उनको संसद मार्ग पुलिस थाने में लाया गया। बाद में भारतीय दंड संहिता की धारा 107 लगाकर उनको हरियाणा के सोहना यात्री-निवास में स्थानान्तरित कर दिया गया। पूरे देश में विपक्षी नेताओं की गिरफ़्तारी

शुरू हो गयी तथा यह प्रक्रिया महीनों तक चलती रही। ऐसा अनुमान लगाया जाता है कि बिना किसी सूचना, अभियोग तथा मुक़दमे के ही एक लाख से ज़्यादा लोगों को बन्दीगृह में डाला गया। आपातकाल की घोषणा होने से पहले मन्त्रिपरिषद् की बैठक की जानी थी, 26 जून की सुबह छह बजे यह बैठक बुलाई गयी। किसी में इतनी हिम्मत नहीं हुई कि आपातकाल का विरोध कर सके। दिन में इन्दिरा ने राष्ट्र के नाम सम्बोधन दिया तथा लोगों को बताया कि देश में आपातकाल लगा दिया गया है, साथ ही यह भी स्पष्ट किया कि किन कारणों से उन्हें आपातकाल लगाना पड़ा।

संजय गांधी ने निर्णय लिया कि 26 जून की सुबह दिल्ली में एक भी अख़बार नहीं छपना चाहिए, इसलिए अख़बारों के सबसे बड़े केन्द्र बहादुरशाह ज़फ़र मार्ग की बिजली काट दी गयी। ज़्यादातर अख़बारों का कार्यालय यहीं पर हुआ करता था। संजय गांधी ने सूचना एवं प्रसारण मन्त्री आई.के. गुजराल को यह निर्देश दिया कि वे सभी प्रेस विज्ञप्तियाँ तथा प्रेस टिप्पणियाँ अनुमोदन हेतु उनके पास भेजा करेंगे। गुजराल यह दावा करते हैं कि उन्होंने यह निर्देश मानने से इनकार कर दिया था जिसके बाद प्रधानमन्त्री ने यह निर्देश ज़ारी किया कि सभी विज्ञप्तियाँ उनके आवास पर भेजी जायेंगी जहाँ पर सूचना एवं प्रसारण मन्त्रालय का एक अफ़सर उनका सत्यापन करेगा। प्रेस पर पाबन्दियाँ लगा दी गयी थीं तथा गुजराल की जगह पर विद्याचरण शुक्ल को सूचना एवं प्रसारण मन्त्री बना दिया गया। शुक्ल सदैव ही संजय गांधी की ख़ुशामद में लगे रहते थे। जब किशोर कुमार ने युवा कांग्रेस की रैली में गाना गाकर मनोरंजन प्रदान करने तथा कांग्रेस के बीस सूत्रीय कार्यक्रम का प्रचार करने से मना किया तो शुक्ल ने ही किशोर कुमार को ऑल इंडिया रेडियो तथा दूरदर्शन पर प्रतिबन्धित किया था। अपने भाइयों चेतन तथा विजय आनन्द के साथ मिलकर फ़िल्मी सितारे देव आनन्द ने भी सरेआम आपातकाल का विरोध किया। उन्होंने तो सरकार से टक्कर लेने के लिए नेशनल पार्टी के नाम से अपना राजनैतिक दल भी बना लिया। मनोज कुमार ने न केवल अमृता प्रीतम द्वारा लिखी गयी एक आपातकाल तथा सरकार समर्थक डॉक्युमेंटरी का निर्देशन करने से इनकार कर दिया बल्कि फ़ोन करके अमृता प्रीतम को खरी-खोटी भी सुना दी। कहा जाता है कि अमृता प्रीतम इतनी ज़्यादा शर्मिन्दा थीं कि उन्होंने मनोज कुमार से पटकथा को जला देने की विनती की। मनोज कुमार की फ़िल्म *शोर* जब रिलीज़ होने वाली थी तो विद्याचरण ने पहले ही दूरदर्शन पर इसका प्रसारण कर दिया। टेलीविज़न पर फ़िल्म देखने के बाद लोग टिकट लेकर सिनेमाघर में गये ही नहीं और यह फ़िल्म पिट गयी। सत्यजीत रे, मृणाल सेन, गुलज़ार, हृषिकेश मुखर्जी, वी. शान्ताराम,

राजकुमार, उत्तम कुमार, साधना रॉय, प्राण, शत्रुघ्न सिन्हा, विनोद खन्ना, डैनी डेन्जोंगपा तथा राष्ट्रीय पुरस्कार से सम्मानित दक्षिण की अभिनेत्री स्नेहलता रेड्डी ने भी आपातकाल के विरोध में आवाज़ बुलन्द की। स्नेहलता रेड्डी को गिरफ़्तार कर लिया गया तथा आन्तरिक सुरक्षा व्यवस्था अधिनियम (मीसा) लगाकर आठ महीने तक बेंगलुरु की जेल में प्रताड़ना दी गयी। जब उनका स्वास्थ्य हद से ज़्यादा बिगड़ने लगा तब जाकर उनको रिहा किया गया। रिहाई के चार-पाँच दिन के अन्दर ही उनकी मृत्यु हो गयी।

विनोबा भावे ने आपातकाल को स्वीकृति प्रदान की तथा इसको *अनुशासन पर्व* का नाम दे दिया। बाल ठाकरे, एम.जी. रामाचन्द्रन तथा मदर टेरेसा ने भी आपातकाल की अनुशंसा की थी। खुशवन्त सिंह ने न केवल आपातकाल का समर्थन किया था बल्कि वह तो संजय गांधी के सलाहकार तथा प्रशंसक भी थे। हालाँकि संजय गांधी न तो सरकार में और न ही कांग्रेस पार्टी के अन्दर किसी पद पर विराजमान थे लेकिन फिर भी कांग्रेस के अधिकांश मुख्यमन्त्री संजय गांधी की ख़ुशामद करने में आगे रहते थे। पुलित्ज़र पुरस्कार विजेता पत्रकार लुइस एम. सिमोन्स आपातकाल के दिनों में भारत में तैनात थे, *वाशिंगटन पोस्ट* में लिखी उनकी एक ख़बर से हमें यह अन्दाज़ा लग जाता है कि ख़ुद इन्दिरा गांधी अपने बेटे के सामने किस हद तक लाचार हो गयी थीं। अपनी ख़बर में उन्होंने यह बताया कि आपातकाल की घोषणा से ठीक पहले एक डिनर पार्टी के दौरान संजय गांधी ने सब लोगों के सामने इन्दिरा गांधी को थप्पड़ मारा। जब सिमोन्स ने यह ख़बर लिखी कि आपातकाल के बारे में भारतीय सेना क्या दृष्टिकोण रखती है तो उन्हें देश से निष्कासित कर दिया गया। आपातकाल ख़त्म होने के बाद उन्हें दुबारा भारत में तैनाती मिली और अपनी दूसरी तैनाती के दौरान वे इन्दिरा, राजीव गांधी तथा सोनिया गांधी से भी मिले। इन्दिरा ने कभी इस ख़बर का ज़िक्र नहीं किया। लेकिन एक डिनर पार्टी के दौरान राजीव के सामने सिमोन्स का यह तारुफ़ करवाते हुए मुलाक़ात करवाई गयी कि ये वही पत्रकार हैं जिन्होंने थप्पड़ वाली ख़बर लिखी थी। इस तारुफ़ के बाद राजीव सिर्फ़ मुस्कुरा के रह गये थे, कुछ बोले नहीं। सिमोन्स लिखते हैं कि हालाँकि सोनिया चुप ही रहीं लेकिन उनके चेहरे पर क्रोध छलक रहा था।[5]

औद्योगिक एवं कृषि क्षेत्र में प्रगति को बढ़ावा देने के लिए प्रधानमन्त्री ने बीस-सूत्रीय कार्यक्रम पेश किया। सरकारी सेवाओं को सुधारने के लिए बहुत प्रकार के प्रयास किये गये। सरकारी कर्मचारी अपनी लेटलतीफ़ी के लिए कुख्यात थे, लेकिन आपातकाल के शुरुआती दिनों में सबने समय से दफ़्तर आना शुरू कर

दिया। रोज़मर्रा की घूसखोरी बन्द हो गयी, कहीं चलती भी थी तो थोड़ी-बहुत ही। रेलगाड़ियाँ समय से आने-जाने लगीं। इसलिए सरकारी कर्मचारियों की सुस्ती तथा उपेक्षा से त्रस्त समाज का एक तबक़ा तो आपातकाल का प्रशंसक बन गया। 1974 में संजय गांधी ने अपने से दस वर्ष छोटी लड़की मेनका गांधी के साथ शादी की। अब न केवल कांग्रेस के राजनेताओं का भविष्य बल्कि देश की नियति भी अट्ठाईस साला संजय गांधी तथा अठारह साला मेनका गांधी के हाथों में आ गयी। उस समय तक तो मेनका मतदान करने लायक भी नहीं हुई थी क्योंकि उस समय तक मतदान की आयु इक्कीस वर्ष हुआ करती थी। बिना किसी वैध पद पर होते हुए भी संजय गांधी ने अपना पाँच सूत्रीय कार्यक्रम लागू कर दिया। यह कार्यक्रम साक्षरता, पौधारोपण, जातिवाद के उन्मूलन, दहेज़ प्रथा का उन्मूलन तथा परिवार नियोजन पर केन्द्रित था। इनमें से परिवार नियोजन को ज़्यादा ज़ोर-शोर से लागू किया गया। प्रत्येक राज्य को लक्ष्य दे दिये गये। ज़िला स्तर पर सरकारी अधिकारियों को कोटा दिया गया कि उन्हें एक निश्चित संख्या में लोगों की नसबन्दी करनी ही करनी है। जब तक बन्धीकरण का कोटा पूरा नहीं कर लिया जाता था तब तक सरकारी कर्मचारियों को वेतन नहीं दिया जाता था। प्रजनन नियन्त्रण की आड़ में सत्तर साल के बूढ़ों से लेकर अठारह साल से कम उम्र के अविवाहित युवकों तक की नसबन्दी कर दी गयी। अनुमान लगाया जाता है कि कार्यक्रम शुरू होने के एक वर्ष के अन्दर ही 60 लाख से ज़्यादा लोगों को बधिया कर दिया गया। इसकी तुलना में हिटलर अपने पूरे राज के दौरान 4 लाख लोगों का ही बधियाकरण कर पाया था। ज़बरी नसबन्दी के विरुद्ध असन्तोष फैलने लगा। मुज़फ़्फ़राबाद में लोग नसबन्दी के विरोध में प्रदर्शन कर रहे थे तो पुलिस ने उन पर गोलियाँ चला दीं जिसमें 30 के लगभग लोग मारे गये। अटल बिहारी वाजपेयी ने भी इसके विरोध में कविता लिखी, उनकी कविता का शीर्षक था–*आओ मर्दो नामर्द बनो।*[6] यानी कि बधिया बनो, कायर बनो, और सर झुकाकर अन्याय सहो। उत्तर प्रदेश के मुख्यमन्त्री नारायण दत्त तिवारी सार्वजनिक रूप से संजय गांधी के जूते उठाकर चले और दिल्ली विकास प्राधिकरण के अध्यक्ष जगमोहन ने संजय गांधी को ख़ुश करने के लिए तुर्कमान गेट पर बनी झुग्गियों पर बुलडोज़र चलवा दिया था। इस प्रकार के नेताओं ने भी संजय गांधी की सनक को बढ़ावा देने में बड़ी भूमिका निभाई थी। और जब इन झुग्गियों में बसने वाले प्रवासी मज़दूरों ने विरोध-प्रदर्शन किया तो पुलिस ने उन पर गोलियाँ बरसा दीं और 150 से ज़्यादा लोगों को हलाक़ कर दिया।

चूँकि संसद में कोई विपक्ष तो था नहीं, अतः इन्दिरा गांधी संविधान में एक के बाद एक संशोधन करती चली गयीं। आपातकाल लागू होने में तीन लोगों ने महत्त्वपूर्ण भूमिका निभाई थी–जेपी ने विचारधारात्मक निर्देशन तथा नेतृत्व प्रदान किया, 17 लाख रेलवे कर्मचारियों को हड़ताल में शामिल करके जॉर्ज फ़र्नांडीस ने इन्दिरा सरकार की चूलें हिला दीं, तथा राजनारायण ने याचिका दायर करके इन्दिरा के चुनाव को अवैध क़रार करवा दिया। इन तीनों में एक समानता यह थी कि ये तीनों ही कट्टर समाजवादी थे। आख़िरकार लगभग 19 महीनों के बाद 18 जनवरी 1977 को राजनैतिक बन्दियों को कारागार-मुक्त कर दिया गया, रैलियों पर लगा प्रतिबन्ध हटा लिया गया तथा नये चुनावों की घोषणा कर दी गयी। 21 मार्च 1977 को आपातकाल समाप्त कर दिया गया तथा लोकतन्त्र की पुनः बहाली हुई।

टिप्पणियाँ

1. 25 जून 1975 को प्रधानमन्त्री की सलाह पर राष्ट्रपति फ़ख़रुद्दीन अली अहमद ने आपातकाल की घोषणा के दस्तावेज़ पर हस्ताक्षर किये। संविधान के अनुच्छेद 352 के अनुसार आन्तरिक अशान्ति से निपटने के लिए आपातकाल लगाया जा सकता है, सरकार को निर्बाध शक्तियाँ मिल जाती हैं तथा नागरिक स्वतन्त्रताओं पर प्रतिबन्ध लगा दिये जाते हैं।
2. संविधान के अनुच्छेद 356 के अनुसार यदि कोई राज्य-सरकार प्रशासन चलाने में असमर्थ हो जाये तो नयी सरकार के गठन तक राज्य के प्रशासन की बागडोर केन्द्र के हाथ में आ जाती है। तब तक केन्द्र सरकार द्वारा नियुक्त राज्यपाल उस राज्य का कार्यभार सँभालता है।
3. प्रशान्त भूषण, 2017, *द केस दैट शुक इंडिया : द वर्डिक्ट दैट लेड टू एमरजेंसी*, भारत, पेंगुइन रेंडम हाउस। 336 पृष्ठ की इस पुस्तक को एक महत्त्वपूर्ण विधिक एवं ऐतिहासिक दस्तावेज़ माना जाता है।
4. https://www.theleaflet.in/the-judge-who-unseated-a-prime-minister/# पर उपलब्ध (15 जनवरी 2021 को देखा गया)।
5. 'फर्स्ट पर्सन : द स्टोरी बिहाइंड हाउ संजय गांधी स्लैप्ड इन्दिरा सिक्स टाइम्स एट ए डिनर पार्टी' https://scroll.in/article/736845/first-person-the-story-behind-how-sanjay-gandhi-slapped-indira-six-times-at-a-dinner-party पर उपलब्ध (28 जनवरी 2021 को देखा गया)।
6. जीता जागता पुरुष, 2019, *मेरी इक्यावन कविताएँ*, नयी दिल्ली, किताबघर।

अध्याय सात
सम्पूर्ण क्रान्ति

जनता परिवार का विघटन, जेपी के आदर्शों के साथ विश्वासघात
23 जनवरी 1977, रविवार

हम यह कह सकते हैं कि 1975 में लगाये गये आपातकाल के परिणामस्वरूप भारत में कांग्रेस का 30 साल से अबाध चला आ रहा राज समाप्त हुआ तथा केन्द्र में गठबन्धन सरकारें अपनी जड़ें जमा पायीं। संविधान के अनुच्छेद 352(1) की अनुपालना करते हुए राष्ट्रपति फ़ख़रुद्दीन अली अहमद ने 25 जून 1975 की अँधेरी रात को मध्य-रात्रि से कुछ मिनट पहले ही आपातकाल की घोषणा की थी। 25 जून 1975 से लेकर 21 मार्च 1977 तक लगभग 21 महीने देश में आपातकाल लगा रहा। राष्ट्रीय, राज्य एवं ज़िला स्तर पर सक्रिय सभी विपक्षी नेताओं को अनाप-

शनाप आरोप लगाकर जेल में बन्द कर दिया गया। इनको राजनैतिक बन्दियों का दर्जा दिया गया था। कारागार में इन नेताओं को एक-दूसरे के साथ विचारों का आदान-प्रदान करने तथा घनिष्ठता स्थापित करने का अवसर मिला। आपातकाल ने इन विपक्षी नेताओं को इन्दिरा गांधी तथा उसकी पार्टी कांग्रेस (आर) के उत्पीड़क शासन के विरुद्ध एकजुट होने का स्वर्णिम अवसर दे दिया था।

इन्दिरा गांधी कांग्रेस के दिग्गजों की छत्रछाया से बाहर निकलकर पार्टी पर अपना एकछत्र नियन्त्रण स्थापित करना चाहती थीं। उन्होंने बड़ी बेरहमी के साथ अपने विरोधियों के ख़िलाफ़ घेरा तंग करना शुरू कर दिया था जिसके कारण पार्टी दो फाँक हो गयी–एक धड़ा कामराज के नेतृत्व में दिग्गजों के साथ बना रहा (कांग्रेस ओ), तथा दूसरे धड़े ने इन्दिरा के साथ मिलकर कांग्रेस (आर) की स्थापना कर ली। इन्दिरा की कांग्रेस पुरानी कांग्रेस से पूर्णतः भिन्न थी। पुरानी कांग्रेस में आन्तरिक लोकतन्त्र की परम्परा बची हुई थी। जबकि इन्दिरा की कांग्रेस में यदि किसी को आगे बढ़ना था तो उसको इन्दिरा के सामने पूर्णतः नतमस्तक होना पड़ता था। नेताओं के बीच ख़ुद को सबसे बड़ा चापलूस साबित करने की होड़ लग गयी। इन्दिरा का नियन्त्रण इस कदर सर्वव्यापी था कि वह उँगली के एक इशारे से किसी भी राज्य में अपनी मर्ज़ी के व्यक्ति को मुख्यमन्त्री के पद पर बिठा डालती थीं, चाहे उस प्रदेश में पार्टी ने उस व्यक्ति का चयन किया हो अथवा नहीं। आगे चलकर 1970 के दशक में कांग्रेस (आर) का नाम बदलकर कांग्रेस (आई) कर दिया गया, यहाँ 'आई' का मतलब था इन्दिरा। कालान्तर में यह कांग्रेस (आई) ही भारतीय राष्ट्रीय कांग्रेस बनकर उभरी।

18 जनवरी 1977 को इन्दिरा गांधी ने छठे लोकसभा चुनावों का आयोजन करवाने की घोषणा कर दी। विपक्षी नेताओं को कारागार से रिहा किया जाने लगा। जेपी की अध्यक्षता में विभिन्न राजनैतिक दलों के नेताओं की बैठक हुई। इसके नतीजे में 23 जनवरी 1977 को जनता पार्टी की स्थापना हुई। आपातकाल से पहले गुजरात में जनता मोर्चा विधानसभा चुनावों में कांग्रेस को हराकर सरकार बनाने में कामयाब रहा था, जनता पार्टी ने इसी अनुभव से सीख ली थी। आपातकाल के दौरान जनता मोर्चा के सभी नेताओं तथा कार्यकर्ताओं को जेल में डाल दिया गया था। भारतीय लोकदल, स्वतन्त्र पार्टी, समाजवादी पार्टी, भारतीय जनसंघ, कांग्रेस (ओ) तथा अन्य कांग्रेस विरोधी दल एक साथ आ गये। ये सब जनता पार्टी के झंडे तले इकट्ठे हो गये। चन्द्रशेखर को जनता पार्टी का अध्यक्ष मनोनीत किया गया।

वे *अध्यक्षजी* के नाम से मशहूर हो गये। रामकृष्ण हेगड़े जनता पार्टी के महासचिव बने। हलधर (हल चलाता हुआ किसान) चरण सिंह की पार्टी भारतीय लोकदल का चुनाव चिन्ह हुआ करता था, जनता पार्टी ने भी इसी चुनाव चिन्ह को स्वीकार कर लिया। यहाँ इस तथ्य को भी अनदेखा नहीं करना चाहिए कि इन्दिरा गांधी की कांग्रेस को टक्कर देने वाले दो सबसे बड़े नेता भूतपूर्व कांग्रेसी ही थे तथा सवर्ण वर्ग से आते थे। चन्द्रशेखर राजपूत थे तथा हेगड़े ब्राह्मण जाति से सम्बन्ध रखते थे। जनता पार्टी का युग बीत जाने के बाद क्षेत्रीय स्तर पर पिछड़ा वर्ग राजनीति में अधिक महत्त्वपूर्ण भूमिका निभाने लगा और इस वर्ग से बड़े-बड़े नेता भी निकले। चार दशक बाद भी भारतीय राजनीति में जनता पार्टी के अवशेष देखे जा सकते हैं। 2020 में सक्रिय राजनैतिक दलों–जैसे कि भारतीय जनता पार्टी, बीजू जनता दल, जनता दल यूनाइटेड, जनता दल (एस) तथा राष्ट्रीय जनता दल–के नाम में जनता पार्टी का नाम देखा जा सकता है। ये सभी दल उसी जनता पार्टी के महानद से निकली हुई छोटी-बड़ी धाराएँ हैं।

घटनाक्रम बड़ी तेज़ी से घट रहा था। आपातकाल के बाद जगजीवन राम, हेमवतीनन्दन बहुगुणा, नन्दिनी सत्पथी आदि के नेतृत्व में एक धड़ा कांग्रेस से बग़ावत कर गया तथा 2 फ़रवरी 1977 को इन्होंने कांग्रेस फॉर डेमोक्रेसी (सी एफ़ डी) की स्थापना कर ली। सी एफ़ डी की इस माँग को मान लिया गया कि यह अपनी अलग अस्मिता बनाकर रखेगी तथा औपचारिक रूप में जनता पार्टी में विलय नहीं करेगी। इससे हम यह अन्दाज़ा लगा सकते हैं कि शायद जनता पार्टी का नेतृत्व भी अपनी जीत के बारे में आश्वस्त नहीं था। पर्दे के पीछे पुराने कांग्रेसी सहयोगियों के साथ समझौते करने के प्रयास ज़ोर-शोर से ज़ारी थे। माकपा (भारतीय कम्युनिस्ट पार्टी मार्क्सवादी) ने घोषणा कर दी कि वे जनता दल के विरोध में अपना प्रत्याशी नहीं उतारेंगे। 10 फ़रवरी 1977 को जनता पार्टी का घोषणापत्र ज़ारी किया गया।

उस समय देश में लगभग 32 करोड़ मतदाता थे। चुनावों में 62 प्रतिशत मतदान हुआ। चुनाव-प्रचार करने में कोई कोर-कसर नहीं छोड़ी गयी थी। जनता पार्टी के पास एक से बढ़कर एक लोकप्रिय नेता थे, इन्होंने देश के कोने-कोने में जाकर चुनाव प्रचार किया। देश के इतिहास में पहली बार एक धर्मगुरु ने मंच पर आकर किसी राजनैतिक दल (यानी कि जनता पार्टी) के पक्ष में मतदान करने की सार्वजनिक रूप से अपील की। धर्मनिरपेक्ष छवि वाले हेमवतीनन्दन बहुगुणा ने दिल्ली की जामा मस्जिद के शाही इमाम को सी एफ़ डी तथा जनता पार्टी के लिए

चुनाव प्रचार करने हेतु मना लिया था। बहुगुणा ने मुसलमानों के बीच अपना वोट बैंक बनाने की मंशा से यह हरकत की थी, वे धर्मनिरपेक्षता के आदर्शों के प्रति पूर्णतः समर्पित नहीं थे। अल्पसंख्यकों के प्रति इस प्रकार की सांकेतिक सद्भावना दिखाने वाले कृत्यों का पर्दाफ़ाश करने के लिए ही लालकृष्ण आडवाणी ने 1980 के दशक में इसको 'छद्म-धर्मनिरपेक्षता' का नाम दिया था। निर्वाचन आयोग का निर्देश तो यह कहता है कि मन्दिर, गुरुद्वारा, चर्च, मस्जिद आदि जैसे धार्मिक-स्थल के अन्दर से मतों की अपील करना या फिर चुनाव-प्रचार हेतु धार्मिक-स्थलों का प्रयोग करना आचार संहिता के उल्लंघन के घेरे में आता है।

23 मार्च 1977 को चुनाव परिणाम सामने आये। भारतीय लोकदल ने 405 सीटों पर चुनाव लड़ा था तथा इसको 295 सीटों पर जीत मिली। चूँकि जनता पार्टी ने भारतीय लोकदल के चुनाव चिन्ह पर चुनाव लड़ा था इसलिए निर्वाचन आयोग के अभिलेखों में भी इसको भारतीय लोकदल की जीत के रूप में दर्ज किया गया है। कांग्रेस को 154 सीटें तथा 34.5 प्रतिशत मत मिले, यह मुख्य विपक्षी दल बनकर उभरी। इन चुनावों में एक बड़ा उलटफेर यह हुआ कि इन्दिरा गांधी रायबरेली की सीट पर राजनारायण से 55,200 मतों के अन्तर से हार गयीं। जॉर्ज फ़र्नांडीस को जेल से रिहा नहीं किया गया था, लेकिन जेल के अन्दर से ही उन्होंने बिहार के मुज़फ़्फ़रपुर से चुनाव लड़ा तथा सबसे अधिक मत-अन्तराल से विजयी हुए। जनता पार्टी के गठबन्धन को 345 सीटें तथा 51.89 प्रतिशत मत प्राप्त हुए। इन नतीजों में उत्तर-दक्षिण का विभाजन भी सामने आ गया। जनता पार्टी की अधिकांश सीटें हिन्दी पट्टी से आयी थीं। उत्तर प्रदेश में इनको 85 में से 85 सीटें, बिहार में 54 में से 52, राजस्थान में 25 में से 24, मध्य प्रदेश में 40 में से 37 तथा हरियाणा में 10 में से 10 सीटें मिलीं। दक्षिण के चार राज्यों में से इसको केवल 6 सीटें मिलीं जबकि केरल में तो जनता पार्टी अपना खाता तक नहीं खोल पायी थी।

24 मार्च को जेपी तथा आचार्य जे.बी. कृपलानी ने राजघाट में नवनिर्वाचित सांसदों को शपथ दिलवाई। सांसदों ने गांधीजी द्वारा दिखाये गये मार्ग का अनुसरण करने की शपथ ली। अब सबसे बड़ी चुनौती यह थी कि प्रधानमन्त्री पद पर किसको बिठाया जाये। मोरारजी देसाई, चरण सिंह तथा जगजीवन राम तीनों ही प्रधानमन्त्री पद के दावेदार थे। ये तीनों ही भूतपूर्व कांग्रेसी भी थे। यह भी अजीब विडम्बना थी कि प्रधानमन्त्री का चयन करने की ज़िम्मेदारी जिनको दी गयी थी वे जीवन भर कांग्रेस के धुर विरोधी रहे थे। स्वतन्त्रता के बाद से ही समाजवादी, साम्यवादी दल

तथा जनसंघ के नेताओं एवं कार्यकर्ताओं ने कांग्रेस की विचारधारा एवं राज की मुखालफ़त की थी। चूँकि एक नाम पर सहमति नहीं बन पा रही थी तो आन्तरिक टूट-फूट से बचने के लिए जनता पार्टी ने जेपी तथा आचार्य कृपलानी से विनती की कि वे भारत के अगले प्रधानमन्त्री का चयन करें, साथ ही उनसे यह वादा भी किया गया कि उनका निर्णय सर्वमान्य होगा। यहाँ दूसरी विडम्बना यह सामने आती है कि इन दोनों कांग्रेस-विरोधी नेताओं को एक भूतपूर्व कांग्रेसी को ही भारत के नये प्रधानमन्त्री के रूप में चुनना था। जनता पार्टी के नेताओं को केवल एक ही बात जोड़कर रखती थी कि ये इन्दिरा गांधी तथा उसकी कांग्रेस पार्टी का विरोध करते थे। बहुत विचार-विमर्श के बाद जेपी तथा आचार्य कृपलानी ने मोरारजी देसाई के नाम पर मुहर लगा दी। यहाँ पर भी चुनाव के द्वारा नहीं बल्कि हाईकमान के इशारे पर नेता चुनने की कांग्रेसी परम्परा को निभाया गया; इस मामले में जेपी तथा आचार्य कृपलानी ने हाईकमान की भूमिका निभाई। लेकिन बाक़ी लोगों को शान्त करने के लिए चरण सिंह तथा जगजीवन राम दोनों को ही उप-प्रधानमन्त्री का पद दिया गया। इसके साथ ही उन्हें अतिरिक्त कार्यभार भी दिया गया। चरण सिंह गृहमन्त्री बने–प्रधानमन्त्री के बाद गृहमन्त्री ही सबसे शक्तिशाली मन्त्री होता है–तथा जगजीवन राम ने रक्षामन्त्री की ज़िम्मेदारी सँभाली। यह सम्भावना बना कर रखी गयी कि किसी दिन वे भी प्रधानमन्त्री की कुर्सी पर पहुँच सकते हैं। आगे चलकर इस सम्भावना को हक़ीक़त में बदलने के लिए इन नेताओं ने सभी आदर्शों को ताक़ पर रख दिया था।

उस समय के नेताओं की नैतिकता तथा व्यक्तिगत ईमानदारी को समझने के लिए एक उदाहरण का सहारा लेते हैं। तीन दशक तक सत्ता में रहने के बाद जब इन्दिरा गांधी रायबरेली का चुनाव हारीं तब न तो उनके पास अपना ख़ुद का कोई मकान था, न ही उनके परिवार के किसी सदस्य के पास कोई सम्पत्ति थी। सांसद नहीं रही थीं तो उन्हें सरकारी बँगला भी नहीं दिया जा सकता था। उनके पति फ़िरोज़ गांधी ने दिल्ली के बाहरी इलाक़े में ज़मीन का एक टुकड़ा ख़रीदा हुआ था। यह एक प्लाट ही उस तानाशाह, लोकतन्त्र की हत्यारी इन्दिरा गांधी की इकलौती सम्पत्ति थी। जनता पार्टी के कुछेक नेताओं ने उनको अकबर रोड निवास से निकालने का प्रयास किया लेकिन जेपी ने इस क़दम का कड़ा विरोध किया। इन्दिरा गांधी ने मुहम्मद यूनुस से विलिंगडन क्रेसेंट पर 12 नम्बर बँगला किराये पर लिया। उनको उस समय चल रहे मूल्य के हिसाब से ही किराया भी देना पड़ा था। वे पार्टी की अध्यक्ष बनी रहीं जिसमें एक और विभाजन हुआ। उनको पार्टी से निकाल दिया

गया जिसके बाद उन्होंने कांग्रेस (आई) की स्थापना की। फिर से चुनाव जीतकर संसद में पहुँचने की चाह के पीछे एक मंशा तो यह थी कि उनको बेघर नहीं रहना पड़ेगा। फिर से चुनाव लड़ने के पीछे राजनैतिक कारण तो बहुत थे लेकिन सांसद बनने के पश्चात् वे न केवल संसद में अपनी आवाज़ उठा सकती थीं बल्कि विदेशी गण्यमान्य व्यक्तियों से मिलने-जुलने के लिए अधिकृत हो जातीं। उनको जनता सरकार द्वारा दायर किये जा रहे आपराधिक मामलों तथा जाँच आयोगों से मुक्ति मिल जाती। कांग्रेस ने कर्नाटक में 28 में से 26 सीटें जीती थीं। डी.बी. चन्द्र गौड़ा प्रजा सोशलिस्ट पार्टी में हुआ करते थे लेकिन वे कांग्रेस में शामिल हो चुके थे। कांग्रेस के टिकट पर ही उन्होंने चिकमंगलूर से चुनाव जीता था। इन्दिरा गांधी का रास्ता साफ़ करने के लिए उन्होंने अपनी सीट से इस्तीफ़ा दे दिया। 1978 में वीरेन्द्र पाटिल को 77,000 मतों से हराकर इन्दिरा संसद में दाख़िल हुईं। इन्दिरा गांधी के ख़िलाफ़ चुनाव लड़ने के लिए दक्षिण के मशहूर फ़िल्मी सितारे राजकुमार से सम्पर्क किया गया। जब उन्होंने इनकार कर दिया तो जनता पार्टी ने वीरेन्द्र पाटिल को अपना उम्मीदवार बनाया। हेगड़े तथा भूमिपुत्र जॉर्ज फ़र्नांडीस ने वीरेन्द्र पाटिल के चुनाव-प्रचार की ज़िम्मेदारी सँभाली। आगे चलकर डी.बी. चन्द्र गौड़ा ने कांग्रेस (आई) छोड़कर कांग्रेस (यू) का दामन थाम लिया। 1986 में उन्हें जनता दल के टिकट पर राज्यसभा की सदस्यता दी गयी। 2009 के लोकसभा चुनावों में वे भाजपा के टिकट पर सांसद चुने गये। यानी कि सत्ता में बने रहने के लिए कितने ही दल बदले जा सकते हैं। इसीलिए भारतीय राजनीति में '*आया राम, गया राम*' कहावत मशहूर हुई है। दलबदल की राजनीति हमारे नेताओं के चरित्र तथा नैतिकता पर सवालिया निशान लगाती है, इसकी वजह से लोकतन्त्र उपहास का पात्र बनकर रह जाता है।

1969 के राष्ट्रपति चुनावों में कांग्रेस पार्टी ने एन. संजीव रेड्डी को अपना प्रत्याशी बनाया था लेकिन वे इन्दिरा गांधी की पसन्द नहीं थे। इन्दिरा ने चुनाव से पहले कांग्रेसियों से अपील की कि वे अपनी अन्तरात्मा की आवाज़ पर मतदान करें जिसके नतीजे में संजीव रेड्डी विपक्ष के प्रत्याशी वी.वी. गिरी से चुनाव हार गये थे। हार के साथ ही उन्होंने सक्रिय राजनीति से संन्यास ले लिया (राजनेताओं द्वारा संन्यास लिया जाना भी एक दुर्लभ परिघटना है)। जेपी के मनाने पर वे फिर से सक्रिय राजनीति में दाख़िल होने को तैयार हो गये। 1977 के लोकसभा चुनाव में कांग्रेस ने आन्ध्र प्रदेश में एक सीट के अलावा बाक़ी सभी सीटें जीत ली थीं, विपक्ष की तरफ़ से यह एक सीट संजीव रेड्डी ने ही निकाली थी। इसके बाद 3 महीने और 17 दिन की कार्यावधि के दौरान वे सबसे कम समय तक लोकसभा के अध्यक्ष भी रहे।

राष्ट्रपति फ़ख़रुद्दीन अली अहमद के देहान्त के बाद जुलाई 1977 में उन्हें सर्वसम्मति से भारत का राष्ट्रपति चुना गया। सर्वसम्मति से चुने जाने का कीर्तिमान आज तक उन्हीं के नाम है।

आपातकाल लगाने के एक निर्णय के कारण इन्दिरा गांधी की छवि ऐसी नेता की बन चुकी थी जो नियम-क़ानून का सम्मान नहीं करती थी तथा लोकतान्त्रिक संस्थानों को ढहाने में लगी रहती थी। जनता पार्टी ने विभिन्न राज्यों में बनी कांग्रेस (आर) की सरकारों को अपना कार्यकाल पूरा नहीं करने दिया तथा समय से पहले चुनाव करवा लिए। उस समय जनता पार्टी अपने-आप को लोकतन्त्र का रक्षक बता रही थी। इसके पक्ष में दलील यह दी गयी कि चूँकि जनता ने केन्द्र में कांग्रेस पार्टी को नकार दिया है अतः इसके पास राज्यों में भी सरकार में बने रहने का नैतिक अधिकार नहीं है। 10 राज्यों में चुनाव करवाये गये। उत्तर प्रदेश, बिहार, ओड़िशा, हरियाणा, मध्य प्रदेश, राजस्थान, हिमाचल प्रदेश तथा दिल्ली में जनता पार्टी की सरकारें बनीं। पंजाब में जनता पार्टी के साथ गठबन्धन करके शिरोमणि अकाली दल ने सरकार बनाई। शेख़ अब्दुल्ला जम्मू-कश्मीर में फिर से सत्ता में लौट आये। हालाँकि भिन्न-भिन्न राजनैतिक दल जनता पार्टी के झण्डे तले लामबन्द हो गये थे, लेकिन उन दलों के सदस्यों की वफ़ादारी अपने-अपने दल के सर्वेसर्वा के साथ ही बनी रही। चार राज्यों में नियुक्त हुए नये मुख्यमन्त्री–मध्य प्रदेश में कैलाश जोशी, राजस्थान में भैरों सिंह शेखावत, हिमाचल प्रदेश में शान्ता कुमार तथा दिल्ली में केदारनाथ साहनी–राष्ट्रीय स्वयंसेवक संघ (आरएसएस) के पुराने कार्यकर्ता थे। इन चार राज्यों में संख्याबल के हिसाब से भूतपूर्व जनसंघ बड़ी मज़बूत स्थिति में आ चुका था।

हरियाणा में देवीलाल तथा ओड़िशा में नीलमणि रौत्रेय को चरण सिंह (भारतीय लोकदल) का वफ़ादार माना जाता था। इन दोनों को मुख्यमन्त्री बनाया गया। उत्तर प्रदेश (उत्तराखण्ड पहले इसी में शामिल था) तथा बिहार (उस समय तक झारखण्ड भी इसी में शामिल था) राजनैतिक रूप से बहुत महत्त्वपूर्ण राज्य थे क्योंकि इन राज्यों ने 140 में से 138 सीटें जनता दल की झोली में डाली थीं। बिहार में चरण सिंह के वफ़ादार कर्पूरी ठाकुर को समाजवादी पार्टी ने समर्थन दिया। कांग्रेस (ओ) के सत्येन्द्र नारायण सिंह के साथ इनका मुक़ाबला था। 21 जून 1977 को विधानसभा में मतदान हुआ, जनसंघ के सदस्यों ने कर्पूरी ठाकुर के पक्ष में मत दिये जिसकी वजह से वे विजयी हुए। अगले ही दिन 22 जून को उत्तर प्रदेश विधानसभा में

मतदान होना था। यहाँ भी बिहार वाली कहानी दोहराई गयी। चरण सिंह ने रामनरेश यादव को समर्थन दिया था जबकि कांग्रेस (ओ) के सी.बी. गुप्ता ने रामधन के पीछे अपनी ताक़त झोंक रखी थी। यहाँ भी जनसंघ से सम्बन्धित विधायकों ने चरण सिंह के उम्मीदवार के पक्ष में मतदान किया। हालाँकि मोरारजी देसाई प्रधानमन्त्री थे लेकिन चार मुख्यमन्त्री नियुक्त करवाने के बाद चरण सिंह छोटे पद पर बने रहने को तैयार नहीं थे।

जिस दिन मोरारजी देसाई ने प्रधानमन्त्री पद की शपथ ली थी उसी दिन जनता परिवार नामी इस प्रयोगशाला में विघटन का बिरवा भी लग गया था। चरण सिंह ज़मीन से जुड़े हुए नेता थे तथा उत्तर प्रदेश से आते थे। इस राज्य ने देश को सबसे ज़्यादा प्रधानमन्त्री दिये हैं। उनके मन में यह बात घर कर गयी थी कि प्रधानमन्त्री पद के लिए उनकी दावेदारी को भाव नहीं दिया गया था। उनको लगता था कि वे भी देसाई जितने ही क़ाबिल प्रधानमन्त्री बनने की क्षमता रखते हैं। उन्होंने इस शर्त पर दूसरे नम्बर की जगह पर बैठना स्वीकार किया था कि सीबीआई प्रत्यक्ष रूप से गृह मन्त्रालय के अधीन आनी चाहिए। उससे पहले सीबीआई का प्रशासनिक नियन्त्रण प्रधानमन्त्री के हाथों में होता था।

मन्त्रिपरिषद् ने कुछेक महत्त्वपूर्ण निर्णय लिए; जैसे कि बड़ोदा डायनामाइट केस वापिस ले लिया गया तथा 1974 की हड़ताल के दौरान निलम्बित किये गये रेलवे कर्मचारियों की पुनः बहाली कर दी गयी। जनता पार्टी की सरकार ने भ्रष्टाचार, भाई-भतीजावाद तथा मानवाधिकारों के हनन जैसे मामलों को लेकर इन्दिरा गांधी के विरुद्ध विभिन्न जाँच आयोग तथा समितियाँ बिठा दीं। मारुति उद्योग लिमिटेड की कारकर्दगी पर भी जाँच बिठाई गयी। हालाँकि सार्वजनिक रूप से जनता पार्टी यह घोषणा कर चुकी थी कि आपातकाल के दौरान की गयी ज़्यादतियों के जवाब में कोई प्रतिशोधात्मक कार्रवाई नहीं की जायेगी लेकिन चरण सिंह ने इन्दिरा गांधी को सलाख़ों के पीछे पहुँचाने के लिए जाल बिछाना शुरू कर दिया था। अगस्त में सीबीआई ने एक एफ़आईआर दर्ज की लेकिन अन्तिम समय पर मोरारजी देसाई अड़ गये और इस एफ़आईआर वाले मंसूबे को भविष्य के लिए टाल दिया गया। इसी बीच शाह आयोग ने भी सुनवाई का आग़ाज़ कर दिया तथा इन्दिरा के बहुत से पुराने वफ़ादारों ने आयोग के सामने आकर अपनी-अपनी गवाही दी। इन्दिरा एवं संजय को दोषी पाया गया।

इन्दिरा गांधी में समय की धारा को जाँचने की अद्भुत क्षमता थी। वे समाज की नब्ज़ समझती थीं तथा राजनैतिक अवसर को भुनाने के मामले में उनका कोई सानी

नहीं था। 27 मई 1977 को बेलछी नाम के एक दूरदराज़ एवं छोटे से गाँव में कुर्मियों ने 8 हरिजनों तथा 3 सुनारों को ज़िन्दा जला दिया। यह गाँव बिहार के नालन्दा ज़िले की बिहार शरीफ़ तहसील के अन्तर्गत आता था। यहाँ पर कुर्मियों का बोलबाला था। मण्डलोत्तर काल में इस क्षेत्र में नीतीश कुमार की बड़ी पकड़ रही है। यहीं से वे सांसद चुने गये तथा टिकट देकर जॉर्ज फ़र्नांडीस को भी जितवाया, हालाँकि बाद में उन्होंने मुज़फ़्फ़रपुर से जॉर्ज फ़र्नांडीस को टिकट देने से इनकार कर दिया था। नेता प्रतिपक्ष वाई. बी. चव्हाण ने बेलछी जाने की घोषणा तो कर दी थी लेकिन किन्हीं कारणों से उनका यह दौरा हो नहीं पा रहा था। इन्दिरा की राजनैतिक कुशाग्रता ने मौक़े की महत्ता को भाँप लिया। 13 अगस्त 1977 को वे उड़कर पटना पहुँचीं। आगे का रास्ता सड़क से तय करने लगीं। चूँकि भारी बारिश हुई थी तथा जलभराव एवं टूट-फूट के कारण सड़कें कामयाब नहीं रह गयी थीं इसलिए वे कार छोड़कर ट्रैक्टर पर चढ़ गयीं। लेकिन ट्रैक्टर भी धँस गया और लगने लगा कि उनको अपना दौरा यहीं पर रोकना पड़ेगा। उनके साथियों की यह राय थी कि पटना वापिस लौटा जाये और बारिश थमने के बाद बेलछी पहुँचने का पुनः प्रयास किया जाये। लेकिन इन्दिरा इतनी जल्दी हौसला हारने वालों में से नहीं थीं। उन्होंने पैदल ही बेलछी की ओर चलना शुरू कर दिया। कई किलोमीटर चलने के बाद भी उनके चेहरे पर थकान का कोई नामोनिशान नहीं था। तब तक उनके लिए मोती नामी हाथी का इन्तज़ाम कर लिया गया था और मोती के ऊपर बैठकर वे फिर से प्रधानमन्त्री की कुर्सी पाने के सफ़र पर बढ़ चलीं। वहाँ पत्रकारों की उपस्थिति में स्थानीय समाज द्वारा उनका ज़बरदस्त स्वागत किया गया, इस स्वागत के बाद उनके अन्दर अपने विरोधियों से जूझने की प्रेरणा फिर से फूट पड़ी। उनके बेलछी दौरे के बाद गांधी परिवार तथा कांग्रेस पार्टी के बारे में लोगों की धारणा में बदलाव आने लगा। बेलछी के बाद तो उन्होंने एक के बाद एक बहुत जगहों का दौरा किया, हर जगह वे अपने आप को उत्पीड़ितों की 'मसीहा' बनाकर प्रस्तुत करती रहीं।

3 अक्तूबर 1977 को शाम 4 बजकर 55 मिनट पर पूर्व प्रधानमन्त्री इन्दिरा गांधी को हिरासत में लेने के लिए सीबीआई की टीम विलिंगडन क्रेसेंट के 12 नम्बर बँगले में दाख़िल हुई। इस गिरफ़्तारी को तूल देने के लिए परिवार के सभी सदस्यों ने अपनी-अपनी भूमिका निभाई। मेनका *सूर्या* पत्रिका की सम्पादक थीं, उन्होंने अपने दफ़्तर में फ़ोन करके इस गिरफ़्तारी की सूचना दे दी। उनके सहायक सम्पादक रघु तुरन्त पत्रकारों, विशेषकर विदेशी संवाददाताओं, को इकट्ठा करने में लग गये।

संजय गांधी बहुत ज़्यादा आवेश में थे और कांग्रेस समर्थकों के साथ मिलकर बँगले के बाहर नारेबाज़ी करवाने लगे। उनको पहले से शक था कि सरकार इस प्रकार की कार्रवाई कर सकती है इसलिए उन्होंने इस प्रकार की घटना से निपटने के लिए भरपूर तैयारी कर रखी थी। फ़ोन पर ख़बर मिलते ही जगदीश टाइटलर लारियाँ भरकर नौजवानों को बँगले के बाहर ले आये। इन्दिरा के क़रीबी सभी बड़े नेता तथा गण्यमान्य व्यक्ति इकट्ठे हो गये। इस मौक़े को भुनाने के लिए इन्दिरा भी लेटलतीफ़ी करती जा रही थीं। *इंडिया टुडे* द्वारा दिये गये आँखों देखे वर्णन के अनुसार दो लोग बहुत ज़्यादा खिन्न नज़र आ रहे थे। बंसीलाल तो इसलिए ख़फ़ा थे क्योंकि चूँकि उनका वज़न बहुत ज़्यादा घट गया था जिसके कारण इन्दिरा के बँगले के बाहर तैनात पुलिसवाले उनको पहचान ही नहीं पाये थे। और राजीव गांधी पता नहीं क्या इरादा लेकर हाथ में पेंचकस और जम्बूर उठाये हुए यहाँ से वहाँ टहल रहे थे। लोगों पर अच्छा फ़िल्मी प्रभाव छोड़ने के लिए इन्दिरा ने यह माँग की कि उनको हथकड़ियाँ पहनाकर बँगले से बाहर ले जाया जाये। अच्छी-ख़ासी भीड़ जमा हो गयी तब जाकर उन्होंने शाम 7:30 बजे बँगले से बाहर आने का निर्णय लिया। उन्होंने बड़ी चतुराई के साथ सही समय का चुनाव किया था। पत्रिका का लेख बताता है कि तब तक नारेबाज़ी में ज़्यादा जोश नहीं आ पाया था। वे तीन बार अपने शयनकक्ष से बाहर निकलकर अन्दर गयीं, मानो लोगों को इशारा कर रही हों कि नारेबाज़ी में और ज़्यादा जोश भरने की ज़रूरत है। अन्ततः वे बाहर आयीं, हाथ हिलाकर लोगों का अभिवादन किया तथा उनका कारवाँ चल पड़ा। राजीव तथा संजय भी अलग-अलग मेटाडोर में बैठकर काफ़िले के साथ चल रहे थे। आपातकाल के दौरान संजय गांधी ने मेटाडोर वैन को प्रश्रय प्रदान किया था। यह हर उभरते हुए युवा कांग्रेस नेता के सपनों की कार हुआ करती थी। हालिया दिनों में हिन्दी पट्टी में टोयोटा फोर्च्यूनर ने यह जगह हथिया ली है। जिसको यह दिखावा करना होता है कि उसकी भी राजनीति में कोई औक़ात है वह फोर्च्यूनर लेकर चलता है।

गृहमन्त्री चरण सिंह इन्दिरा की गिरफ़्तारी पर ख़ुद नज़र बनाये हुए थे इसलिए वे मन्त्रिमण्डल की बैठक में 15 मिनट देरी से पहुँचे। तब तक जगजीवन राम का यह प्रस्ताव स्वीकार किया जा चुका था कि सीबीआई इन्दिरा को पुलिस रिमांड पर नहीं लेगी। अगले ही दिन इन्दिरा को रिहा कर दिया गया। यह न केवल उनकी वापसी में मील का पत्थर साबित हुआ बल्कि यहीं से जनता पार्टी नामी प्रयोग का पटाक्षेप भी शुरू हो गया। इन्दिरा ने कांग्रेस में बहुत से विभाजनों का सामना किया था, उन्होंने इस गिरफ़्तारी को इस प्रकार दर्शाना शुरू कर दिया कि मानो वे

पीड़िता हैं और जनता पार्टी के नेता दुर्दान्त उत्पीड़क हैं। लेकिन समीक्षक इन्दिरा की गिरफ़्तारी से एक और नतीजा निकालते हैं। हालाँकि भारत तथा पाकिस्तान ने अपना सफ़र एक साथ शुरू किया था लेकिन आज़ादी के 30 वर्षों के दौरान–आपातकाल लागू होने के बावजूद–भारत में लोकतन्त्र बहुत गहरी जड़ें जमा चुका था। इन्दिरा से एक दशक छोटे ज़ुल्फ़िकार अली भुट्टो को इन्दिरा से लगभग तीन महीने पहले 5 जुलाई 1977 को गिरफ़्तार किया गया था और आख़िर में उनको फाँसी के फन्दे पर झूलना पड़ा।

नये नेताओं के नेतृत्व में देश आगे बढ़ रहा था लेकिन प्रधानमन्त्री पद पर मज़बूत व्यक्तित्व नहीं था। मोरारजी भाई का एक फ़ैसला बड़े लम्बे समय तक याद किया गया, वह यह कि 1 अप्रैल 1977 से उन्होंने पूरे देश में नशाबन्दी लागू कर दी। इससे पहले वे गुजरात में नशाबन्दी लागू करके अपनी मंशा ज़ाहिर कर चुके थे, इसलिए उनके इस फ़ैसले को बड़ी गम्भीरता के साथ लिया गया। हालाँकि बाद के वर्षों में तमिलनाडु तथा बिहार ने भी अपने-अपने अन्दाज़ में नशाबन्दी लागू की है। जब आई.बी.एम. तथा कोका-कोला ने विदेशी मुद्रा विनियमन अधिनियम की अनुपालना करने से इनकार कर दिया तो उद्योग मन्त्री जॉर्ज फ़र्नांडीस ने इन दोनों कम्पनियों को बाहर का रास्ता दिखा दिया।

अन्तरराष्ट्रीय स्तर पर पाकिस्तान तथा चीन ने जनता पार्टी की जीत का स्वागत किया। पाकिस्तान का आनन्दोन्माद तो समझ में आता है क्योंकि वे 1971 के युद्ध में मिली हार तथा बांग्लादेश की स्थापना के लिए इन्दिरा गांधी को ज़िम्मेदार ठहराते थे। इस दौरान भारत की नज़दीकियाँ रूस के साथ भी बहुत ज़्यादा बढ़ गयी थीं जिसके कारण चीन चिन्तित होने लगा। 1979 में विदेशमन्त्री अटल बिहारी वाजपेयी ने चीन की यात्रा की, यह 1962 के बाद किसी भारतीय नेता का पहला चीन दौरा था। इस यात्रा के बाद से हमारे उत्तर-पूर्वी पड़ोसी के साथ सम्बन्ध पुनः सामान्य होने लगे। बांग्लादेश के संस्थापक बंगबन्धु शेख़ मुजीबुर रहमान को भारत में भ्रातासमान स्नेह मिलता था। लेकिन 1975 में मुजीब की हत्या के बाद दोनों देशों के सम्बन्धों में खटास आने लगी थी। जनता पार्टी की सरकार ने मुजीब समर्थक गुरिल्ला योद्धाओं को प्रदान की जाने वाली मदद पर रोक लगा दी। अमेरिकी राष्ट्रपति का दौरा किसी भी देश के लिए बहुत महत्त्वपूर्ण होता है। अतीत में अमेरिका के राष्ट्रपति आइजनहावर तथा निक्सन भारत का दौरा कर चुके थे लेकिन उसी दौरे के दौरान वे पाकिस्तान भी गये थे। 1978 में राष्ट्रपति जिम्मी कार्टर विशेष रूप से तीन दिवसीय दौरे पर भारत आये।

चरण सिंह तथा मोरारजी भाई के आपसी मतभेद बढ़ते ही जा रहे थे तथा अन्ततः अप्रैल 1978 में चरण सिंह ने जनता पार्टी की कार्यकारी समिति से त्यागपत्र दे दिया। कुर्सी पर पहुँचने की जंग दिन-ब-दिन पहले से अधिक घमासान होती जा रही थी। इस प्रक्रिया में मोरारजी भाई तथा जगजीवन राम के बेटों पर भी लांछन लगाये जाने लगे। प्रधानमन्त्री निवास में बैठकर कान्तिभाई ने जो व्यापारिक समझौते किये थे उन पर सवाल उठाये जाने लगे। सोवियत संघ से वापिस लौटते समय प्रधानमन्त्री के बेटे को तेहरान हवाई अड्डे पर उतारने के लिए आकस्मिक रूप से विमान का पूर्वनिर्धारित यात्रामार्ग बदल दिया गया, इस कृत्य को भी सवालों के घेरे में लाया गया। उप-प्रधानमन्त्री तथा गृहमन्त्री के पदों पर विराजमान चौधरी चरण सिंह ने सीबीआई पर पूरा नियन्त्रण स्थापित कर लिया था जिसके कारण प्रधानमन्त्री मोरारजी भाई के साथ उनका टकराव बढ़ने लगा। जब मेनका गांधी द्वारा सम्पादित *सूर्या* पत्रिका ने सुरेश कुमार की अर्ध-नग्न तस्वीरें प्रकाशित कीं तो प्रधानमन्त्री पद के तीसरे दावेदार तथा सुरेश कुमार के पिता जगजीवन राम की मुश्किलें भी बढ़ने लगीं। ये तस्वीरें किसी अज्ञात सूत्र ने खुशवन्त सिंह को उपलब्ध करवाई थीं।

इन्दिरा गांधी फिर से सांसद बन चुकी थीं जिसके कारण उनको कुछेक विशेषाधिकार प्राप्त हो गये थे। वे संसद के बाहर इस मौक़े का ज़्यादा फ़ायदा उठा रही थीं, संसद के अन्दर की बहसों में भाग लेने में उन्होंने ज़्यादा दिलचस्पी नहीं दिखाई। दिसम्बर 1978 में एक विचित्र घटना घटी। इन्दिरा पर नकेल डालने के लिए 19 दिसम्बर 1978 को जनता पार्टी ने तुरुप का पत्ता खेल दिया। यह चाल जनता पार्टी के चाणक्यों द्वारा तैयार की गयी थी। विशेषाधिकारों के दुरुपयोग तथा पाँचवीं लोकसभा की अवमानना का आरोप लगाकर सत्रांत तक इन्दिरा गांधी को सदन से निष्कासित कर दिया गया। इस प्रस्ताव के पक्ष में 279 मत पड़े, 138 मत विरोध में आये तथा 27 सदस्य मतदान में अनुपस्थित रहे। इन्दिरा ने खुले हाथों से इस अवसर को स्वीकार किया और अपने निष्कासन को चुनौती नहीं दी। अब इन्दिरा अपने बारे में मतदाताओं की धारणा बदलने में लग गयी थीं। वे ख़ुद को पीड़िता के रूप में दिखाने में कामयाब रहीं।

बन्द कमरों में तेज़ी के साथ राजनैतिक मोल-भाव चल रहा था। काफ़ी लम्बी बातचीत के बाद चरण सिंह वित्तमन्त्री का ओहदा लेकर सरकार में वापिस आ गये लेकिन चरण सिंह के साथ ही निकाले गये भूतपूर्व स्वास्थ्य मन्त्री तथा समाजवादी नेता राजनारायण को सरकार में कोई पद नहीं दिया गया। ऐसी बातें फैलाई गयीं

कि चरण सिंह मोरारजी भाई को हटाने में इस कदर मसरूफ़ हो गये थे कि वे राजनारायण के बारे में भूल ही गये। चरण सिंह धड़े के ख़िलाफ़ आगे यह जाल बिछाया गया कि एक-एक करके उनके मुख्यमन्त्रियों को हटाया जाये। जनता पार्टी के अन्दर नीचे-नीचे एक और धारा चल रही थी जिसको केवल उस समय के प्रखर राजनैतिक विश्लेषक मधु लिमये ही समझ पा रहे थे। भारतीय जनसंघ सदैव ही भारत के इतिहास का सबसे अनुशासित दल रहा है और यह जनता पार्टी के संगठन पर क़ब्ज़ा जमाने की कोशिशों में लगा हुआ था। जनता पार्टी के अन्दर अन्य दल सिर्फ़ इन्दिरा हटाओ के लक्ष्य पर काम कर रहे थे। समाजवादी कांग्रेस के धुर विरोधी थे लेकिन उन्हें जनता पार्टी या फिर सरकार के अन्दर किसी पूर्व कांग्रेसी का नेतृत्व स्वीकार करने में कोई दिक़्क़त नहीं थी। जनता पार्टी के अन्दर केन्द्र तथा राज्यों के स्तर पर जनसंघ ही सबसे एकजुट धड़ा बना हुआ था। चूँकि ये राष्ट्रीय स्वयंसेवक संघ के कार्यकर्ता थे इसलिए इनको जनता पार्टी के बाहर से निर्देशन प्रदान किया जाता था। मधु लिमये ने संगठन के अन्दर होने वाले चुनावों का पुरज़ोर विरोध किया क्योंकि उनको भान था कि जनसंघ के अनुशासन तथा सौदा करने की क्षमता के सामने अन्य कोई दल टिक नहीं सकता था। दोहरी सदस्यता के मामले को तूल दिया गया। यह तर्क दिया गया कि जनता पार्टी में शामिल होने वाले सभी दलों के सदस्यों को अन्य संगठनों की सदस्यता त्याग देनी चाहिए। इस तर्क के अनुसार जनसंघ के सदस्यों को राष्ट्रीय स्वयंसेवक संघ की सदस्यता त्यागनी पड़ती। दोहरी सदस्यता का मामला दो साल से ही उबल रहा था और इस दौरान जनसंघ जहाँ जनता पार्टी के संगठन पर बड़ी तेज़ी से पकड़ बनाता जा रहा था वहीं समाजवादी तथा अन्य असंगठित दल नेपथ्य में विलीन होते जा रहे थे।

अब पार्टी के अन्दर ही नये सिरे से धड़ाबन्दी शुरू हो गयी। कल के दोस्त आज के दुश्मन बन गये। मोरारजी भाई को जनसंघ का समर्थन मिल गया। राज्य में कुछेक जगहों पर साम्प्रदायिक टकराव होने के कारण रामनरेश यादव ने जनसंघ के मन्त्रियों को पदच्युत किया तो जनसंघ को भी मोरारजी भाई के सहारे की ज़रूरत पड़ गयी थी। यह भी कोई दबी-ढँकी बात नहीं थी कि यह मुख्यमन्त्री चरण सिंह का वफ़ादार था। प्रधानमन्त्री पद के दावेदार जगजीवन राम तथा पार्टी अध्यक्ष चन्द्रशेखर को मोरारजी के साथ सामंजस्य बैठाकर रखने में कोई दिक़्क़त नहीं थी। पहला नश्तर उत्तर प्रदेश में ही चलाया गया। फ़रवरी 1979 में रामनरेश यादव को मुख्यमन्त्री पद छोड़ना पड़ा तथा उनके स्थान पर कांग्रेस (ओ) के कद्दावर नेता बनारसी दास को

मुख्यमन्त्री की कुर्सी पर विराजमान कर दिया गया। बिहार में सत्येन्द्र नारायण सिंह 1977 में मुख्यमन्त्री की दौड़ में कर्पूरी ठाकुर से मात खा गये थे, अब उन्होंने भी अपना सारा वज़न राम सुन्दर दास के पाले में डाल दिया। इसके नतीजे में अप्रैल 1979 में कर्पूरी ठाकुर को गद्दी से हटाकर राम सुन्दर दास बिहार के मुख्यमन्त्री बने। तीसरे नश्तर के नतीजे में जून 1979 में जब देवीलाल की कुर्सी भजन लाल के हाथ में आयी तो चरण सिंह को पूरी तरह शक्तिहीन बना दिया गया। जब विरोधी ख़ेमा चरण सिंह के पर कतरने में लगा हुआ था तब चरण सिंह के समर्थक तथा चतुर राजनेता राजनारायण भी मोरारजी भाई का तख़्ता पलटने के लिए बिसात बिछाने में लगे थे। वे संजय गांधी के सम्पर्क में बने हुए थे।

छठी लोकसभा के दौरान एक और कीर्तिमान स्थापित किया गया। जनता पार्टी के सरकार में आने के बाद 1 जुलाई 1977 को वाई.बी. चव्हाण नेता प्रतिपक्ष बने तथा वे 11 अप्रैल 1978 तक इस पद पर रहे। लेकिन कांग्रेस में विभाजन होने तथा अधिकांश सांसदों के इन्दिरा गांधी के साथ जाने के कारण 12 अप्रैल 1978 से 9 जुलाई 1979 तक सी.एम. स्टीफेन को नेता प्रतिपक्ष बनाया गया। जनता पार्टी से टूट कर आये एक धड़े ने चव्हाण कांग्रेस के साथ हाथ मिला लिए और संख्याबल अधिक होने के कारण वाई.बी. चव्हाण 10 जुलाई 1979 को पुनः नेता प्रतिपक्ष बने। चव्हाण इस पद पर केवल 19 दिन, यानी कि 28 जुलाई 1979 तक ही रह पाये। हद तो तब हुई जब प्रधानमन्त्री पद के दावेदार जगजीवन राम ने सरकार छोड़ दी तथा 29 जुलाई से 22 अगस्त 1979 तक नेता प्रतिपक्ष की भूमिका में चले गये। छठी लोकसभा ने 4 नेता प्रतिपक्ष देखे थे। इस कीर्तिमान को तोड़ पाना आसान काम नहीं।

9 जुलाई 1979 को संसद का मानसून सत्र शुरू हुआ। वाई. बी. चव्हाण ने अविश्वास प्रस्ताव पेश कर दिया जिस पर 11 जुलाई को चर्चा हुई। राजनारायण ने चरण सिंह को प्रधानमन्त्री बनवाने में केन्द्रीय भूमिका निभाई थी, ये 40 सांसदों की सूची लेकर राष्ट्रपति संजीव रेड्डी से मिलने गये जिन्होंने मोरारजी देसाई की सरकार में विश्वास खो देने का दावा किया था। चार दिन तक बहस चलती रही जिसके दौरान चरण सिंह ने सरकार का बचाव करने से इनकार कर दिया। जॉर्ज फ़र्नांडीस स्वतन्त्र भारत के सबसे निपुण वक्ताओं में से माने जाते हैं, 14 जुलाई को जब उन्होंने सरकार के बचाव में बोलना शुरू किया तब उनकी वक्तृत्व शैली पूरे निखार के साथ देश के सामने आयी। चूँकि 15 जुलाई को रविवार था इसलिए यह निर्णय लिया गया कि 16 जुलाई को अविश्वास प्रस्ताव पर मतदान किया जायेगा। मोरारजी भाई को

पता था कि उनकी गिनती पूरी नहीं हो पायेगी। 15 जुलाई को ही उन्होंने इस्तीफ़ा दे दिया। 16 जुलाई को चरण सिंह ने भी जनता पार्टी से इस्तीफ़ा दे दिया तथा जनता पार्टी (एस) के नाम से अपना नया राजनैतिक दल बना लिया। इससे पहले भारत के लोगों ने इतने बड़े पैमाने पर लोकतन्त्र के तथाकथित रक्षकों को मण्डी में बिकते हुए नहीं देखा था। जनता पार्टी तथा जनता पार्टी (एस) दोनों ने ही बहुमत का दावा करते हुए अपने-अपने समर्थकों की सूची राष्ट्रपति के सामने रखी।

23 तथा 25 जुलाई को चरण सिंह ने सरकार बनाने का दावा करते हुए अपने समर्थकों की सूची तथा समर्थन देने वाले राजनैतिक दलों के पत्र राष्ट्रपति के सामने पेश किये। वे जनता पार्टी (एस) तथा कांग्रेस (यू) की गठबन्धन सरकार बना रहे थे। कांग्रेस (आई) ने इस गठबन्धन को बाहरी समर्थन दिया था। हालाँकि जनता पार्टी अभी भी सबसे बड़ा दल था लेकिन चरण सिंह को जनता पार्टी (एस) के 77, 14 स्वतन्त्र, कांग्रेस के 75, कांग्रेस (आई) के 72, माकपा के 22 तथा एडीएमके के 18 सांसदों का समर्थन मिला जिसके कारण उनकी संख्या 278 हो गयी और वे सरकार बनाने के लिए आवश्यक 273 के आँकड़े को पार कर गये। राष्ट्रपति सन्तुष्ट थे तथा चरण सिंह को सरकार का गठन करने का न्योता दिया गया। कांग्रेस (आई) ने अपने समर्थन पत्र में लिखा था कि वे जनसंघ को सत्ता से बाहर रखने के मक़सद से चरण सिंह सरकार को समर्थन प्रदान कर रहे हैं। 8 मन्त्रियों की मन्त्रिपरिषद् के साथ चरण सिंह ने 28 जुलाई 1979 को प्रधानमन्त्री पद की शपथ ली। समझौते के फलस्वरूप वाई. बी. चव्हाण को उप-प्रधानमन्त्री के साथ-साथ गृहमन्त्री का पद भी मिला। धुरन्धर समाजवादी नेता मधु लिमये, जॉर्ज फ़र्नांडीस तथा राजनारायण ने दल तथा संगठन को मज़बूती प्रदान करने को तरजीह दी तथा ये सरकार में शामिल नहीं हुए। ब्रह्मानन्द रेड्डी, करण सिंह, के.सी. पन्त, टी.ए. पाई आदि कांग्रेस के दिग्गज नेताओं को भी सरकार से बाहर बैठना पड़ा क्योंकि इन्दिरा अभी इनको मन्त्री बनवाने को राज़ी नहीं थीं। आपातकाल के दौरान ये इन्दिरा के मन्त्रिमण्डल के सदस्य हुआ करते थे तथा जनता पार्टी के राज में विभिन्न आयोगों के सामने इन्दिरा गांधी के ख़िलाफ़ गवाहियाँ दे चुके थे। लेकिन पर्दे के पीछे सौदेबाज़ी चल ही रही थी जिसके नतीजे में 30 जुलाई को कांग्रेस के 6 मन्त्रियों ने भी आख़िरकार शपथ ले ही ली। मतदाता ठगा हुआ महसूस कर रहा था। जनता ने व्यवस्था बदलने के उद्देश्य से, इन्दिरा तथा कांग्रेस के कुशासन से मुक्ति पाने की आस में जनता पार्टी को वोट दिया था। लेकिन अब एक ऐसी खिचड़ी सरकार उनके सर पर आ बैठी थी कि कुछ समझ नहीं आ रहा था कौन किसका विरोधी है, कौन किसके ख़िलाफ़ लड़ रहा है।

मोरारजी देसाई ने संसदीय दल के नेतृत्व से भी इस्तीफ़ा दे दिया तथा उनकी जगह जगजीवन राम को स्थापित किया गया। इन्दिरा ने बड़ी सूझ-बूझ के साथ अपने पत्ते खेले। चरण सिंह से कहा गया कि वे इन्दिरा गांधी के ख़िलाफ़ दायर किये गये मुक़दमे तुरन्त प्रभाव से वापिस लें और इसके फ़ौरन बाद बिना कोई सूचना दिये उन्होंने सरकार से समर्थन वापिस ले लिया। 23 दिन के अन्दर चरण सिंह को इस्तीफ़ा देना पड़ा, सत्रांत होने के कारण वे प्रधानमन्त्री के रूप में एक भी दिन संसद नहीं जा पाये थे। राष्ट्रपति ने जगजीवन राम का दावा स्वीकार नहीं किया तथा नये चुनावों की घोषणा कर दी। मज़बूत शुरुआत मिलने के बावजूद अपने अन्दरूनी विचारधारात्मक एवं राजनैतिक मतभेद के कारण जनता पार्टी की सरकार क्षरण का शिकार हो गयी। संसद में इसका कार्यकाल कोलाहल से भरा रहा और ये कोई रचनात्मक कार्य नहीं कर पाये। मोरारजी देसाई, चरण सिंह तथा जगजीवन राम अपने संकीर्ण व्यक्तिगत हितों को साधने में लगे रहे जिसके कारण आये दिन दिल्ली में उठापटक चलती रहती थी। यह दावा किया जाता था कि इन्दिरा गांधी को 'इतिहास के कूड़ेदान' में डाल दिया गया है, लेकिन 34 महीनों के अन्दर ही वे फिर से सत्ता में लौट आयी थीं। सम्पूर्ण क्रान्ति का सपना देखने वाले तथा इसकी सिद्धि के लिए अथक प्रयास करने वाले जयप्रकाश नारायण ने अपनी आँखों के सामने अपने सपनों एवं आदर्शों को अपने ही समर्थकों के पैरों तले कुचले जाते हुए देखा। 8 अक्तूबर 1979 को वे भी इस संसार से विदा हो गये।

अध्याय आठ
कपिल दा जवाब नहीं

फिसड्डी से विश्वविजेता तक का सफ़र

25 जून 1983, शनिवार

1983 का वर्ष घटनाओं से भरा हुआ वर्ष था। देश पंजाब समस्या से निपटने में लगा हुआ था, लेकिन इसी वर्ष खेलकूद के मैदान में ऐसा कीर्तिमान भी अर्जित किया गया जिसके बाद खेल के प्रति पूरे देश का नज़रिया ही बदल गया। 25 जून 1983 को तीसरे क्रिकेट विश्वकप के फ़ाइनल का आयोजन हुआ जिसमें भारत ने वेस्ट इंडीज़ को पछाड़ कर पहली बार यह ट्रॉफी अपने नाम की। उस समय तक इसको प्रुडेंशियल कप कहा जाता था। इंग्लैंड के लॉर्ड्स मैदान में हुए इस फ़ाइनल मुक़ाबले में भारत ने अपराजेय वेस्ट इंडीज़ को धूल चटाकर विश्वविजेता की ट्रॉफी

उठाई। स्वतन्त्रता के बाद खेलकूद के मैदान में भारत की उपलब्धियों पर भी नज़र डाल लेना आवश्यक है। स्वतन्त्रता के बाद से ही सभी नागरिकों को देश की नियति का निर्माण करने के समान अवसर प्रदान किये गये थे। भारत दुनिया का सबसे बड़ा लोकतन्त्र था। इसको समाज के सभी अंगों के उत्थान की ओर ध्यान देना था। सदियों तक आर्थिक शोषण झेलने के बाद देश में इतनी ताक़त नहीं बची थी कि यह अपने लोगों का पेट तक भर सके। आज के दिन भारत एक महाशक्ति बनकर उभर चुका है। स्वतन्त्रता के समय पर खेलकूद सरकार की वरीयताओं में शामिल नहीं था, आज के दिन भी कमोबेश यही स्थिति है। इस क्षेत्र में जो कुछ भी उपलब्धियाँ हासिल की गयी हैं वे सब भी लोगों के व्यक्तिगत हौसले का ही परिणाम हैं।

स्वतन्त्रता के समय हॉकी भारत की शान हुआ करती थी। हॉकी में भारत के शानदार सफ़र का आग़ाज़ 1928 के एम्सटर्डम ओलम्पिक खेलों से हुआ। भारत वह पहला ग़ैर-यूरोपीय देश था जिसने इन खेलों में भाग लेकर स्वर्ण पदक जीता। यह कोई छोटी-मोटी उपलब्धि नहीं थी। इसके बाद 1932 के लॉस एंजेलेस ओलम्पिक तथा 1936 के बर्लिन ओलम्पिक में भी इसी कीर्तिमान को दोहराया गया। बर्लिन ओलम्पिक के दौरान ही हिटलर तथा ध्यानचन्द के बीच ऐतिहासिक मुलाक़ात हुई थी। बर्लिन ओलम्पिक में भारत का प्रतिनिधित्व करने के लिए 24 खिलाड़ियों का दल गया। इनमें से 16 तो हॉकी के ही खिलाड़ी थे। इन्होंने एक अलग दल के रूप में भागीदारी की थी। तकनीकी रूप से वे औपनिवेशिक भारत का प्रतिनिधित्व कर रहे थे। 1931 में अन्तरराष्ट्रीय ओलम्पिक समिति ने ओलम्पिक खेलों की मेजबानी बर्लिन को प्रदान की थी। उस समय तक जर्मनी में नाज़ियों का राज नहीं आया था। लेकिन जब 1936 में ओलम्पिक हुए तब तक हिटलर जर्मनी का तानाशाह बन चुका था। तनाव का माहौल बना हुआ था। ओलम्पिक का सलाम तथा नाज़ी सलाम एक जैसे ही थे, लेकिन बहुत से देशों ने यह फ़ैसला किया कि मार्च-पास्ट के दौरान वे हिटलर को सलामी नहीं देंगे। इक्यावन देश इस ओलम्पिक में प्रतिभागिता कर रहे थे तथा अपना विरोध प्रदर्शित करने के लिए ग्रेट ब्रिटेन, अमेरिका तथा अन्य कई देशों ने यह निर्णय लिया कि वे हिटलर को ओलम्पिक सलामी नहीं देंगे। इसके स्थान पर उन्होंने हिटलर के सामने से गुज़रते हुए सैन्य सलामी देने का निर्णय लिया। जर्मन दल में 348 खिलाड़ी थे। हिटलर उन सब के प्रदर्शन पर पैनी नज़र बनाये हुए था।

जर्मनी पहुँचने के बाद भारतीय हॉकी टीम ने मेजबान जर्मनी के साथ एक वार्म-अप मैच खेला जिसमें 1-4 से भारत की शिकस्त हुई। ध्यानचन्द टीम के कप्तान थे, वे सेंटर-फॉरवर्ड की भूमिका में खेला करते थे। अली इक्तेदार शाह,

जिनको प्यार से 'दारा' के नाम से बुलाया जाता था, इनसाइड-राइट की भूमिका में खेला करते थे लेकिन ओलम्पिक खेलों में भाग लेने के लिए उनके विभाग ने उनको छुट्टी नहीं दी थी। इस हार के बाद भारतीय ख़ेमे की आँखें खुलीं तथा ख़तरे की घण्टी बजने लगी। एक बैठक की गयी जिसके बाद दारा को तुरन्त बर्लिन बुलाने का निर्णय लिया गया। विभाजन के बाद अली इक्तेदार शाह दारा पाकिस्तान चले गये तथा 1948 के ओलम्पिक खेलों में इन्होंने पाकिस्तानी टीम की कप्तानी की। भारत तथा जर्मनी अलग-अलग ग्रुप में थे और इन दोनों ने अपने-अपने ग्रुप के तीनों मैच जीते। भारत ने हंगरी को 4-0 से, अमेरिका को 7-0 से तथा जापान को 9-0 से शिकस्त दी। सेमी-फ़ाइनल से एक दिन पहले दारा बर्लिन पहुँचे तथा इस मैच में भारत ने फ्रांस को 10-0 से ढेर कर दिया। अब जर्मनी के साथ फ़ाइनल मुक़ाबला होना था। जर्मनी की टीम पूरे जोश में थी क्योंकि 40,000 जर्मन दर्शकों के साथ हिटलर ख़ुद यह मैच देखने आया था। मैच के पहले हाफ़ में भारत ने केवल एक ही गोल दागा। जब दूसरा हाफ़ शुरू हुआ तब सभी दर्शक यह देख कर हैरान रह गये कि भारतीय कप्तान ध्यानचन्द ने स्पाइक वाले जूते एवं स्टोकिंग्स उतार कर रख दी थीं तथा वे रबर के जूते पहनकर खेलने के लिए उतरे थे। भारतीय टीम अलग ही रंग में नज़र आ रही थी। तीन और गोल खाने के बाद जर्मनी की टीम गन्दी हरकतों पर उतर आयी और विशेषकर ध्यानचन्द को निशाना बनाने लगी। 'डी' के अन्दर जर्मनी के गोलकीपर ने जान-बूझकर ध्यानचन्द को इतनी तेज़ टक्कर मारी कि उनके दो दाँत टूट गये। लेकिन थोड़ी देर बाद ही ध्यानचन्द फिर से मैदान पर लौट आये, इसके बाद तो 40,000 जर्मनों ने ध्यानचन्द तथा भारतीय टीम की जादूगरी देखी। भारत ने 8-1 से जर्मनी को परास्त कर दिया।

हालाँकि हिटलर सिपाही रह चुका था लेकिन उसमें खेलभावना ज़रा भी नहीं थी। मैच ख़त्म होने से पहले ही वह मैदान छोड़कर चला गया। शायद वह अपने हाथों से विजेता भारतीय टीम को स्वर्णपदक नहीं देना चाहता था। बाद में हिटलर ने ध्यानचन्द को बुलाया। सहमे हुए ध्यानचन्द ने हिटलर को बताया कि वे भारतीय सेना में लान्स नायक के पद पर तैनात हैं। हिटलर ने ध्यानचन्द के सामने पेशकश रखी कि यदि वे जर्मन सेना में आ जायें तो उनको फ़ील्ड मार्शल बना दिया जायेगा। बाद में इस घटना को याद करते हुए ध्यानचन्द ने बताया कि वे समझ नहीं पा रहे थे कि यह पेशकश थी या धमकी। लेकिन दुनिया के सबसे शक्तिशाली तानाशाह के सामने खड़े होकर ध्यानचन्द ने यह जवाब दिया था कि वे अपने देश की सेवा करके ही ख़ुश हैं।

स्वतन्त्रता के बाद भारत ने लगातार 3 ओलम्पिक में स्वर्णपदक जीते–1948, 1952 तथा 1956 के ओलम्पिक खेलों में हॉकी का स्वर्णपदक भारत की ही झोली में आया था। 1960 के रोम ओलम्पिक में भारत को 1-0 से हराकर पाकिस्तान ने स्वर्णपदक जीता। इस समय तक भारत ओलम्पिक में बिना कोई मैच हारे 30 लगातार जीतों का विश्व कीर्तिमान स्थापित कर चुका था। 1964 के टोक्यो ओलम्पिक में फिर से भारत ने स्वर्णपदक जीता। लेकिन 1968 तथा 1972 के ओलम्पिक खेलों में भारत को कांस्यपदक (तीसरे स्थान) से सन्तुष्ट होना पड़ा। 1976 के मोंट्रियल ओलम्पिक में पहली बार हॉकी का खेल घास की बजाय एस्ट्रोटर्फ पर खेला गया और उस ओलम्पिक में भारत को पदक के बिना ही वापिस आना पड़ा। 1980 में सोवियत संघ द्वारा अफ़ग़ानिस्तान पर किये गये आक्रमण का विरोध करने के लिए 65 देशों ने मोस्को ओलम्पिक का बहिष्कार कर दिया था। पश्चिमी जर्मनी, हॉलैंड, ऑस्ट्रेलिया, न्यूज़ीलैंड तथा पाकिस्तान जैसी धुरन्धर टीमें खेलों में पहुँची ही नहीं। भारत के अलावा केवल पोलैंड, स्पेन, रूस, क्यूबा तथा तंज़ानिया की हॉकी टीमें ओलम्पिक में खेलीं। भारत ने तंज़ानिया को 18-0 से, क्यूबा को 13-0 से तथा रूस को 4-2 से शिकस्त दी और पोलैंड तथा स्पेन के साथ ड्रा खेला। फ़ाइनल में स्पेन को 4-3 से हराकर भारत ने स्वर्णपदक जीता।

1975 में मलेशिया में आयोजित हुआ हॉकी विश्वकप भारत ने जीता था, लेकिन यह विश्वकप के इतिहास में भारत की इकलौती जीत है। यह तीसरा विश्वकप था और फ़ाइनल मुक़ाबले में भारत ने प्रथम विश्वकप के विजेता पाकिस्तान को 2-1 से शिकस्त दी। 1980 के ओलम्पिक तथा 1975 के विश्वकप के बाद से 2019 तक भारत इन प्रतियोगिताओं के सेमीफ़ाइनल तक में जगह नहीं बना पाया था। उपलब्धियों तथा लोकप्रियता के लिहाज़ से हॉकी अब भारत का राष्ट्रीय खेल नहीं रहा है।

टेनिस के क्षेत्र में भी भारत ने बड़ी उपलब्धियाँ अर्जित की हैं। 1921 से ही प्रतिवर्ष डेविस कप का आयोजन किया जाता रहा है, इसमें अलग-अलग देशों की टीमें हिस्सा लेती हैं। भारतीय टेनिस टीम भी डेविस कप में अपनी धाक जमाती रही है। अन्तरराष्ट्रीय टेनिस फ़ेडरेशन डेविस कप का आयोजन करवाती है। डेविस कप के सौ साला इतिहास के दौरान भारत तीन बार–1966, 1974 तथा 1987 में–डेविस कप के फ़ाइनल में पहुँचा है। 1962 में रामानाथन कृष्णन को विम्बलडन में चौथी सीड प्रदान की गयी, ये साठ की दहाई की मशहूर टेनिस त्रयी का हिस्सा थे और इन्होंने भारतीय टेनिस को बुलन्दियों पर पहुँचाया था। कृष्णन के साथ-साथ जयदीप

मुखर्जी तथा प्रेमजीत लाल इस त्रयी के अन्य खिलाड़ी थे। सत्तर की दहाई विजय अमृतराज तथा आनन्द अमृतराज के नाम रही और ये भारत को डेविस कप के फ़ाइनल तक ले गये। 1974 के फ़ाइनल में भारत का मुक़ाबला दक्षिण अफ़्रीका के साथ होना था। लेकिन दक्षिण अफ़्रीका की रंगभेद नीति के प्रति विरोध प्रदर्शित करने के लिए भारत ने इस फ़ाइनल मुक़ाबले का बहिष्कार कर दिया। 1974 में अमृतराज बन्धुओं का प्रदर्शन इतना उच्च कोटि का चल रहा था कि सबको यही लगता था कि वे भारत के लिए डेविस कप जीत कर ही लाते।

बिलियर्ड्स तथा स्नूकर भी भारत को ब्रिटेन की देन हैं। बिलियर्ड्स तीन गेंदों के साथ खेला जाता है–लाल, सफ़ेद तथा पीली गेंदें। सफ़ेद तथा पीली गेंदें दोनों विपक्षियों की स्ट्राइकर गेंदें होती हैं। स्नूकर 22 गेंदों के साथ खेला जाता है–15 लाल, 6 रंगबिरंगी तथा 1 गेंद सफ़ेद होती है। एंग्लो-इंडियन मूल के विलियम जोन्स ने 1958 तथा 1964 में वर्ल्ड एमेच्यूर बिलियर्ड्स चैम्पियनशिप का ख़िताब जीता। माइकल फेरेरा ने 1977, 1981 तथा 1983 में यह ख़िताब अपने नाम किया। गीत सेठी भी 1985, 1987 तथा 2001 में यह ख़िताब जीत चुके हैं। इसके साथ ही उन्होंने वर्ल्ड प्रोफ़ेशनल बिलियर्ड्स चैम्पियनशिप का ख़िताब भी पाँच बार जीता है–1992, 1993, 1995, 1998 तथा 2006 में उन्होंने यह ख़िताब अपने नाम किया। पंकज आडवाणी इस कड़ी में सबसे युवा बिलियर्ड्स तथा स्नूकर खिलाड़ी हैं जिन्होंने देश-विदेश में भारत को बहुत ख्याति दिलाई है। 2019 तक वे विश्व चैम्पियनशिप में 23 ख़िताब अपने नाम कर चुके थे। बिलियर्ड्स के क्षेत्र में पाँच हैटट्रिक्स भी उनके नाम हैं। 2005, 2008, 2012, 2017 तथा 2019 में वे एक ही समय में विश्व विजेता, एशिया विजेता तथा राष्ट्रीय विजेता रहे।

स्वतन्त्रता के बाद बहुत से खिलाड़ियों ने बड़ी-बड़ी उपलब्धियाँ हासिल की हैं। यहाँ हम उनमें से कुछेक खिलाड़ियों की चर्चा करेंगे। ट्रैक एंड फ़ील्ड के क्षेत्र में सबसे बड़ा नाम मिल्खा सिंह का है। विभाजन के बाद वे पाकिस्तान से उजड़कर भारत आये थे। उन्होंने 400 मीटर दौड़ में विश्व कीर्तिमान ध्वस्त किया था लेकिन 1960 के रोम ओलम्पिक में वे पदक से चूक गये। उसी साल जब वे पाकिस्तान में एक प्रतियोगिता में भाग ले रहे थे तो उस समय के पाकिस्तानी राष्ट्रपति जनरल अयूब ने उनको 'उड़न सिख' का नाम दिया था। उस दिन के बाद से वे इसी नाम से मशहूर हो गये। 'पय्योली एक्सप्रेस' पी.टी. उषा ने 1984 के लॉस एंजेलेस ओलम्पिक में 400 मीटर हर्डल दौड़ का राष्ट्रीय कीर्तिमान स्थापित किया था

लेकिन वे पदक से चूक गयी थीं। इन दोनों ही खिलाड़ियों ने अनेक अन्तरराष्ट्रीय स्पर्धाओं में बहुत से पदक जीते लेकिन ओलम्पिक में इनको चौथे स्थान पर ही सन्तुष्ट रहना पड़ा।

बैडमिंटन के क्षेत्र में भी भारत ने विश्वविजेता खिलाड़ी पैदा किये हैं। 1980 में प्रकाश पादुकोण को विश्व के नम्बर 1 खिलाड़ी की रैंकिंग मिली थी। पादुकोण तथा पुलेला गोपीचन्द ने क्रमशः 1980 तथा 2001 में ऑल इंग्लैंड ओपन भी जीता। 2018 में श्रीकान्त कादाम्बी भी एक सप्ताह के लिए विश्व के नम्बर 1 खिलाड़ी रहे। बैडमिंटन के क्षेत्र में भारतीय महिलाओं ने भी बड़ी-बड़ी उपलब्धियाँ हासिल की हैं। साइना नेहवाल विश्व की नम्बर 1 खिलाड़ी रह चुकी हैं तथा 24 अन्तरराष्ट्रीय ख़िताब अपने नाम कर चुकी हैं। हालाँकि पी.वी. संधु बैडमिंटन वर्ल्ड चैम्पियन बनने वाली पहली भारतीय हैं लेकिन उनकी उच्चतम रैंकिंग 2 ही रही है। चीनी माता तथा तमिल पिता से पैदा हुईं ज्वाला गुट्टा इकलौती ऐसी भारतीय खिलाड़ी हैं जो मिश्रित युगल (2010 में छठी रैंकिंग) तथा महिला युगल (2015 में दसवीं रैंकिंग) में टॉप दस में जगह बना चुकी हैं। इन दोनों खेलों में वे 300 से अधिक मैच जीत चुकी हैं, यह भी भारतीय कीर्तिमान है। टॉप दस डबल्स बैडमिंटन खिलाड़ियों में से अकेली ज्वाला गुट्टा ही फॉरहैंड सर्विस का इस्तेमाल करती हैं, अन्य सभी डबल्स खिलाड़ी बैकहैंड सर्विस का इस्तेमाल करते हैं।

1792 में अंग्रेज़ों ने भारत में कलकत्ता क्लब की स्थापना की, इसके साथ ही भारत में क्रिकेट की कहानी का आग़ाज़ होता है। एम सी सी (1787) के बाद यह दुनिया का दूसरा सबसे पुराना क्रिकेट क्लब है। भारतीय क्रिकेट नियन्त्रण बोर्ड (बीसीसीआई) की स्थापना दिसम्बर 1928 में हुई थी, ब्रितानवी व्यवसायी ग्रांट गोवन इसके प्रथम अध्यक्ष बनाये गये तथा एंथनी 'डे मेलो प्रथम सचिव नियुक्त हुए। बीसीसीआई एक निजी संस्था है। यह तमिलनाडु सोसाइटी पंजीकरण अधिनियम के अन्तर्गत एक सोसाइटी के रूप में पंजीकृत है। बहुत साल तक बीसीसीआई एक ग़ैर-लाभकारी संस्था के रूप में कार्य करती रही तथा आयकर अधिनियम के चंगुल से बचती रही। लेकिन हालिया दिनों में इसको आयकर अधिनियम के मातहत लाया गया है। मौजूदा वक़्त में यह संस्था आयकर अदा कर रही है। 2017 में सर्वोच्च न्यायालय ने बीसीसीआई के क्रियाकलाप को सुव्यवस्थित करने के लिए चार सदस्यीय प्रबन्धक समिति का गठन किया।

सीमित ओवरों का क्रिकेट इंग्लैंड में तो लोकप्रियता प्राप्त कर चुका था लेकिन टेस्ट क्रिकेट खेलने वाले अन्य देश इस प्रारूप को अपनाने के लिए ज़्यादा उत्साहित

नहीं थे। क्रिकेट को 'भद्रजनों' का खेल समझा जाता था। सफ़ेद कपड़े पहनकर लाल गेंद से यह खेल खेलने की परम्परा पूरी दुनिया में घर कर चुकी थी। इंग्लैंड तथा ऑस्ट्रेलिया का क्रिकेट जगत में बोलबाला हुआ करता था। अन्तरराष्ट्रीय क्रिकेट परिषद् (आईसीसी) का मुख्यालय इंग्लैंड में हुआ करता था जिसके कारण वे अपनी मर्ज़ी से इस खेल की दशा-दिशा तय कर पाते थे। क्रिकेट का महानतम खिलाड़ी डॉन ब्रैडमैन ऑस्ट्रेलिया से ही निकले थे। उन लोगों का क्रिकेट के प्रति अलग ही नज़रिया हुआ करता था। ऑस्ट्रेलिया ने तो 6 गेंद के ओवर की जगह 8 गेंद के ओवर की शुरुआत भी कर दी थी। 1970 में केरी पेकर ने आईसीसी के मुक़ाबले में ऑस्ट्रेलिया में वर्ल्ड सीरीज़ क्रिकेट (डब्ल्यू.एस.सी.) की शुरुआत की। इसके बाद तो क्रिकेट खेलने का ढब-ढंग पूरी तरह से बदल गया। उन्होंने क्रिकेट जगत में क्रान्ति ला दी थी। सफ़ेद पोशाक की जगह पर खिलाड़ी मैदान में रंग-बिरंगी पोशाकें पहनने लगे, लाल गेंद एवं सफ़ेद साइट-स्क्रीन की जगह पर सफ़ेद गेंद एवं काली साइट स्क्रीन का इस्तेमाल किया गया, दिन की बजाय रात को कृत्रिम रोशनी में मैच खेले जाने लगे, मैदान के हर कोने में कैमरे लग गये, जगह-जगह माइक्रोफ़ोन लगाये गये, आदि। ये सभी बदलाव लोगों में क्रिकेट के प्रति उत्सुकता जगाने लगे थे। सीमित ओवरों के क्रिकेट को 'पजामा-गेम' कहकर हीन साबित करने का प्रयास किया गया। केरी पेकर की वर्ल्ड सीरीज़ के जवाब में आईसीसी ने 1975 में विश्वकप की शुरुआत की जिसके अन्तर्गत 60 ओवरों के मैच खेले जाने थे। इस प्रतिस्पर्धा में 8 देशों ने भाग लिया। उस समय के 6 टेस्ट क्रिकेट खेलने वाले देश, यानी कि ऑस्ट्रेलिया, इंग्लैंड, भारत, न्यूज़ीलैंड, पाकिस्तान तथा वेस्ट इंडीज़ इस प्रतियोगिता में शामिल हुए। साथ ही एसोशिएट देशों के रूप में श्रीलंका तथा पूर्वी अफ़्रीका को भी प्रतिस्पर्धा में शामिल किया गया। 1982 में श्रीलंका को भी टेस्ट खेलने का दर्जा मिल गया और यह टेस्ट खेलने वाला आठवाँ देश बना। हालाँकि दक्षिण अफ़्रीका को टेस्ट खेलने का दर्जा बहुत पहले ही मिल चुका था लेकिन उसकी रंगभेद की नीति का विरोध करने हेतु 1970 से 1991 तक दक्षिण अफ़्रीका को क्रिकेट से प्रतिबन्धित रखा गया था।

1975, 1979 तथा 1983 में विश्वकप की मेजबानी इंग्लैंड ने की थी। 1975 तथा 1979 में क्रमशः ऑस्ट्रेलिया तथा इंग्लैंड को हराकर वेस्ट इंडीज़ ने विश्वकप जीता। 1983 में 8 टीमों को दो समूहों में बाँटा गया तथा सभी टीमों को एक-दूसरे के विरुद्ध 2-2 मैच खेलने थे। भारत, ऑस्ट्रेलिया, वेस्ट इंडीज़ तथा जिम्बाब्वे समूह 'बी' में थे। दोनों समूहों की ऊपरी दो टीमों को सेमी फ़ाइनल में जगह मिलती। 9

जून को उद्घाटन दिवस पर ही प्रतियोगिता का सबसे बड़ा उलटफेर हो गया जब 1983 के विश्वकप से अपना श्रीगणेश करने वाली जिम्बाब्वे की टीम ने 1975 के उपविजेता रहे ऑस्ट्रेलिया को हरा दिया। भारत का पहला मुक़ाबला वेस्ट इंडीज़ के साथ था जो 1975 तथा 1979 का विश्वकप जीत चुकी थी। पहले बल्लेबाज़ी करके भारत ने 8 विकेट खोकर 260 रन बनाये और जवाब में वेस्ट इंडीज़ की टीम 54.1 ओवर में 228 रन पर ऑल आउट हो गयी। भारतीय गेंदबाज़ों ने शानदार प्रदर्शन किया था। रोजर बिन्नी ने 48 रन देकर 3 विकेट लिए तथा रवि शास्त्री ने 26 रन देकर 3 विकेट लिए। वेस्ट इंडीज़ की टीम को पेवेलियन वापिस भेजने में इन दोनों ने बड़ी महत्त्वपूर्ण भूमिका निभाई। विश्वकप के 8 साला इतिहास में यह वेस्ट इंडीज़ की पहली शिकस्त थी। यशपाल शर्मा ने 89 रन बनाये थे। उनको मैन ऑफ़ द मैच घोषित किया गया। बहुत हद तक कमतर भारतीय टीम ने कपिलदेव की क़ाबिल कप्तानी में जब अपराजेय वेस्ट इंडीज़ को शिकस्त दी तो यह एक निर्णायक पल साबित हुआ और इसके बाद भारतीय ख़ेमा विश्वकप जीतने की सम्भावनाओं के प्रति गम्भीर हो गया। पहले दौर में भारत ज़िम्बाब्वे से जीता लेकिन ऑस्ट्रेलिया से हार गया। दूसरे दौर में वेस्ट इंडीज़ ने भारत को पराजित किया। इसके बाद आया 18 जून 1983 को ज़िम्बाब्वे के विरुद्ध हुआ वह यादगार मैच! भारतीय सलामी बल्लेबाज़ गावस्कर तथा श्रीकान्त खाता खोले बिना ही पेवेलियन वापिस लौट गये थे। 17 रन के स्कोर पर भारत 5 विकेट खो चुका था और 78 रन पर 7 विकेट गिर चुके थे। यदि भारत यह निर्णायक मैच हार जाता तो प्रतियोगिता से बाहर हो जाता। 148 रन के स्कोर पर मदनलाल आउट हुए तथा भारत ने आठवाँ विकेट खो दिया। कपिलदेव एक सिरा पकड़कर क्रीज़ पर जमे हुए थे। दसवें खिलाड़ी के रूप में भारत के विकेट-कीपर सय्यद किरमानी बल्लेबाज़ी के लिए आये। उनको अच्छा बल्लेबाज़ नहीं माना जाता था। उस दिन सय्यद किरमानी भी क्रीज़ पर जम गये तथा अन्त तक कपिलदेव का साथ देते रहे। 60 ओवर की समाप्ति पर भारत का स्कोर 266 रन हो चुका था। सय्यद किरमानी 24 रन पर नाबाद थे तथा कपिलदेव ने अपनी ज़िन्दगी की सबसे धुआँधार पारी खेली थी। उन्होंने 126.81 के स्ट्राइक रेट से 175 रन बनाये। उन दिनों इतना ऊँचा स्ट्राइक रेट सुनने में भी नहीं आता था।

भारत लय में आ चुका था तथा अन्तिम ग्रुप मैच में ऑस्ट्रेलिया को भी पटक डाला। सेमी फ़ाइनल में भारत मेजबान इंग्लैंड को परास्त करके फ़ाइनल में पहुँचा जहाँ मुक़ाबला वेस्ट इंडीज़ के साथ था। वेस्ट इंडीज़ सेमी फ़ाइनल में पाकिस्तान को हरा चुकी थी। 25 जून 1983 के दिन इतिहास लिखा गया। भारतीय टीम 183

पर ऑल आउट हो गयी। वेस्ट इंडीज़ के पास ग्रीनिज, हेन्स, रिचर्ड्स, लॉयड्स तथा गोम्स जैसे एक के बाद एक निपुण बल्लेबाज़ थे। अब तक आयोजित हुए 3 विश्वकपों में उन्हें केवल एक बार हार मिली थी। मोहिन्दर अमरनाथ तथा मदनलाल ने 3-3 विकेट लिए और वेस्ट इंडीज़ की टीम 140 पर ऑल आउट हो गयी। भारत विश्व विजेता बन चुका था।

क्रिकेट एक पूर्णतः शौक़िया खेल से आगे बढ़कर खरबों डॉलर के व्यवसाय में बदला तो इसके साथ ही व्यावसायिक जगत की दिक़्क़तें-समस्याएँ भी इस खेल के हिस्से में आ गयीं। भारत में जुए की परम्परा प्राचीन काल से ही विद्यमान रही है। राजा युधिष्ठिर ने तो जुए में न केवल ख़ुद को बल्कि अपने भाइयों तथा पत्नी तक को दाँव पर लगा दिया था। इस कुप्रथा पर रोक लगाने के लिए 1867 में सार्वजनिक द्यूत अधिनियम लाया गया और सभी प्रकार की जुएबाज़ी को ग़ैर-क़ानूनी बना दिया गया। लेकिन घुड़दौड़ पर सट्टेबाज़ी को अपवादस्वरूप इस क़ानून की जद से बाहर रखा गया। बहुत से क्रिकेट खेलने वाले देशों में सट्टेबाज़ी आम प्रचलन में थी लेकिन भारत में इसको अवैध गतिविधि घोषित किया जा चुका है। क्रिकेट में अथाह पैसा आ गया था। जगमोहन डालमिया तथा ललित मोदी की अध्यक्षता में बीसीसीआई अपने सर्वोच्च शिखर पर जा पहुँची और जब 1999-2000 में मैच-फिक्सिंग का भाँडा फूटा तो देश-दुनिया में सब भौचक्के रह गये।

मैच-फिक्सिंग की इस कहानी की शुरुआत जुलाई 1981 में लीड्स में हुई थी। यहाँ पर ऑस्ट्रेलिया तथा इंग्लैंड के बीच एशेज श्रृंखला का तीसरा टेस्ट मैच खेला जा रहा था। इंग्लैंड श्रृंखला में 1-0 से पिछड़ा हुआ था। तीसरे टेस्ट में पहले बल्लेबाज़ी करते हुए ऑस्ट्रेलिया ने 9 विकेट पर 401 रन बनाकर पारी घोषित कर दी। इसके जवाब में पहली पारी में इंग्लैंड 174 रन पर ऑल आउट हो गयी। उनको फॉलोऑन का सामना करना पड़ा। दूसरी पारी में भी वे 135 रन पर 7 विकेट गँवा चुके थे। ऐसा लग रहा था कि इंग्लैंड की हार अवश्यम्भावी बन चुकी थी। लिली तथा मार्श ने इंग्लैंड की जीत पर सट्टा खेला जो 500-1 के आँकड़े पर चल रहा था। यह क्रिकेट के इतिहास का सबसे ऊँचा सट्टा था। इसके बाद तो इंग्लैंड ने 356 रन बना डाले तथा जीत के लिए ऑस्ट्रेलिया के सामने 130 रन का लक्ष्य रखा। पहली पारी में ऑस्ट्रेलिया ने अपना दूसरा विकेट 149 रन पर खोया था लेकिन दूसरी पारी में वे 111 रन पर ऑल आउट हो गये। आगे चलकर इंग्लैंड वह श्रृंखला भी जीत गया। लिली तथा मार्श ने 7500 डॉलर जीते। दूसरी घटना 1994 की है जब श्रीलंका दौरे के दौरान पिच तथा मौसम की सूचना सटोरियों के साथ साझा करने के एवज़ में

मार्क वॉ तथा शेन वार्न को क्रमश: 4000 तथा 5000 डॉलर मिले। 1995 में क्रिकेट ऑस्ट्रेलिया को इसकी भनक मिली तथा इन दोनों खिलाड़ियों पर जुर्माना लगाया गया लेकिन 1998 तक इस सूचना को सार्वजनिक नहीं होने दिया।

ऐसा कयास लगाया जाता है कि जब 1980 तथा 1990 के दशक में शारजाह में वन-डे मैचों का आयोजन शुरू हुआ तो वहीं से भारतीय उपमहाद्वीप में मैच-फिक्सिंग की शुरुआत हुई। सट्टेबाज़ी जमकर होती थी। अपराधियों का गिरोह संगठित होकर मैच फिक्सिंग करने लगा। इस छोटे से समूह को पहले से ही मैच का नतीजा मालूम होता था तथा ये सटोरियों के माध्यम से लोगों का पैसा लगवाते थे। मैच-फिक्सिंग के बाद स्पॉट-फिक्सिंग का दौर आया। अब मैच के परिणाम के साथ-साथ टॉस, ओवरों, गेंदों की संख्या, वाइड गेंदों, रन-आउट आदि पर भी सट्टा खेला जाने लगा और टेस्ट मैच के साथ-साथ वन डे मैच भी सट्टेबाज़ी की गिरफ़्त में आ गये। मैच-फिक्सिंग तथा सट्टेबाज़ी का यह जाल पूरी दुनिया में पैर पसार गया। सिंगापुर, चीन तथा भारत सट्टेबाज़ी के बड़े केन्द्र बन गये।

दिल्ली पुलिस ने दक्षिण अफ्रीका के कप्तान हैन्सी क्रोन्ये तथा एक सटोरिये की आपसी बात को बीच में ही पकड़ लिया। दक्षिण अफ्रीका की सरकार ने हस्तक्षेप किया तथा भारतीय एजेन्सियों को हैन्सी क्रोन्ये से पूछताछ करने की अनुमति नहीं दी। दक्षिण अफ्रीका में अदालत के सामने क्रोन्ये ने अपना अपराध स्वीकार कर लिया। तीन कप्तानों पर आजीवन प्रतिबन्ध लगाया गया–दक्षिण अफ्रीका के हैन्सी क्रोन्ये, पाकिस्तान के सलीम मलिक तथा भारत के मुहम्मद अज़हरुद्दीन। देश को उस समय और बड़ा धक्का लगा जब अज़हरुद्दीन, अजय शर्मा, जड़ेजा तथा मनोज प्रभाकर पर पाँच वर्ष से लेकर आजीवन प्रतिबन्ध लगाया गया। आगे चलकर यह प्रतिबन्ध उठा लिया गया। दोष साबित कर पाना इतना आसान काम नहीं था। सट्टेबाज़ी का भाँडा फूट चुका था तथा सबको पता लग चुका था कि मैच-फिक्सिंग बड़े पैमाने पर होती है। आज के दिन मैचों की संख्या बहुत अधिक बढ़ चुकी है तथा क्रिकेट के खेल में पैसा पानी की तरह बहाया जा रहा है। क्रिकेट अब सच में ही एक बड़ा उद्योग बन चुका है।

अध्याय नौ

जब एक बड़ा पेड़ गिरता है तो धरती हिलती है

ऑपरेशन ब्लू स्टार–इन्दिरा गांधी की हत्या का कारण

31 अक्तूबर 1984, बुधवार

13 अप्रैल 1978 को बैशाखी के दिन खालसा का स्थापना दिवस मनाने के लिए अमृतसर में निरंकारी सन्त समागम का आयोजन किया गया। इस समागम के आयोजन हेतु अकाली सरकार से अनुमति माँगी गयी। दशम गुरु, गुरु गोबिन्द सिंह जी ने गुरु ग्रन्थ साहिब को ही गुरु घोषित कर दिया था, तब से सभी सिख इस धर्मग्रन्थ को ही जीवित गुरु मानकर इसकी उपासना करते हैं। निरंकारी भी सिख धर्म का ही एक पन्थ है, इसकी स्थापना 19वीं सदी में हुई थी। ये गुरु ग्रन्थ साहिब की बजाय ज़िन्दा गुरु के अनुयायी हैं। इसके बाद निरंकारी पन्थ में से ही सन्त निरंकारी नाम का एक और धड़ा निकला। रूढ़िवादी सिख सदैव ही इस धड़े के साथ लड़ते-भिड़ते आये हैं। दमदमी टकसाल तथा अखण्ड कीर्तनी जत्था इस धड़े के साथ सबसे ज़्यादा टक्कर लेते थे।

1706 में गुरु गोबिन्द सिंह ने दमदमी टकसाल की स्थापना की थी। यह सिखों का शैक्षणिक-सांस्कृतिक मोर्चा है। इसका मुख्यालय अमृतसर से 40 किलोमीटर दूर मेहता चौक पर स्थित है। 1978 में जरनैल सिंह भिंडरावाले दमदमी टकसाल का जत्थेदार था। वह सन्त निरंकारी पन्थ का कट्टर विरोधी था। उसने गुरुद्वारे की क़िलेबन्दी शुरू कर दी तथा दमदमी टकसाल के अन्दर हथियार जमा करने लगा। अखण्ड कीर्तनी जत्था सिख धर्म का एक रूढ़िवादी पन्थ है। उनका मानना है कि गुरु ग्रन्थ साहिब के शब्द ही गुरुबाणी हैं।

भिंडरावाले तथा फौजा सिंह के नेतृत्व में दमदमी टकसाल तथा अखण्ड कीर्तनी जत्थे ने यह तय कर लिया कि वे निरंकारी सन्त समागम का आयोजन नहीं होने देंगे। अपने अनुयायियों के साथ मिलकर इन दोनों अगुआओं ने समागम पर हमला कर दिया। फौजा सिंह ने अपनी तलवार से निरंकारियों के तीसरे गुरु बाबा गुरबचन सिंह का सर क़लम करने का प्रयास किया। लेकिन बाबा के अंगरक्षक ने फौजा सिंह को गोली से उड़ा दिया और इसके बाद जो भगदड़ मची उसमें भिंडरावाले बच के निकल भागा। अखण्ड कीर्तनी जत्थे के 11 सदस्य, भिंडरावाले के 2 अनुयायी तथा सन्त निरंकारी पन्थ के 3 अनुयायियों की जान गयी। अदालत में मुक़दमा दायर किया गया तथा न्यायालय ने निरंकारी पन्थ के सभी 60-70 अभियुक्तों को यह कहकर दोषमुक्त करार दे दिया कि उन्होंने आत्मरक्षा में अपने हमलावरों की हत्या की थी।

1971 के लोकसभा चुनावों में कांग्रेस ने शिरोमणि अकाली दल को पूरी तरह से धराशायी कर दिया था। इसके बाद जब 1972 में विधानसभा चुनाव हुए तो कांग्रेस के ज्ञानी जैल सिंह पंजाब के मुख्यमन्त्री बने। लोकसभा चुनावों में अकाली दल पंजाब की 13 में से केवल 1 सीट जीत पाया था। विधानसभा में उनको 117 में से केवल 24 सीटें ही मिलीं। सत्ता को हाथ से फिसलते देख शिरोमणि अकाली दल ने एक उच्च-स्तरीय समिति का गठन कर दिया जो सिखों की माँगें पूरी करवाने की योजना में लग गयी। इस समिति का मुख्य मक़सद यही था कि किसी-न-किसी तरह शिरोमणि अकाली दल को फिर से राज्य की सरकार में स्थापित करवाया जाये। अगले कुछ सालों तक शिरोमणि अकाली दल ख़ुद को सिखों की इकलौती प्रतिनिधि जमात के रूप में स्थापित करने के प्रयासों में लगी रही। समिति की बहुत सी बैठकें हुईं जिनके नतीजे में एक प्रस्ताव पर सहमति बनी। 16-17 अक्तूबर 1973 को आनन्दपुर साहिब में शिरोमणि अकाली दल की कार्यकारी समिति की बैठक हुई। उस बैठक में इस प्रस्ताव को सर्वसम्मति से स्वीकार कर लिया गया। यह आनन्दपुर

साहिब प्रस्ताव के नाम से मशहूर हो गया। इस प्रस्ताव के माध्यम से अकाली दल फिर से कुर्सी पर आने की उम्मीद कर रहा था। 5 साल बाद 28-29 अक्तूबर 1978 को लुधियाना में शिरोमणि अकाली दल की 18वीं अखिल भारतीय अकाली कॉन्फ्रेंस का आयोजन किया गया। यहाँ पर भी इस प्रस्ताव का पुनः अनुमोदन किया गया।

इस प्रस्ताव की मुख्य माँगें थीं–पंजाब के लिए पहले से अधिक स्वायत्तता, चंडीगढ़ का पंजाब को हस्तान्तरण, रावी-ब्यास नदी के जल का वितरण, पंजाब का सामाजिक-आर्थिक विकास तथा देश के अन्य भागों में सिखों के लिए संरक्षण। जरनैल सिंह भिंडरावाले को बढ़ावा देने के लिए कांग्रेस को दोषी ठहराया जाता है। वह 31 वर्ष की युवावस्था में ही दमदमी टकसाल का जत्थेदार बन गया था। 1975 में इन्दिरा गांधी ने आपातकाल लगाया तो अकाली दल ने विपक्षी दलों के साथ मिलकर आपातकाल का विरोध किया था। 1977 के चुनावों के बाद जब इन्दिरा सरकार को बाहर का रास्ता दिखाया गया तो अकाली दल केन्द्र में जनता परिवार का हिस्सा था। पंजाब में इन्होंने जनता पार्टी के समर्थन से सरकार बनाई। मीडिया रिपोर्टों में यह बात खुलकर लिखी जाती थी कि शिरोमणि अकाली दल के पर कतरने की मंशा से आपातकाल के दौरान तथा बाद में भी ज्ञानी जैल सिंह के साथ मिलकर संजय गांधी ने भिंडरावाले को ख़ूब बढ़ावा दिया। ज्ञानी जैल सिंह संजय गांधी का हुकुम बजा लाने में ही ख़ुश था। आपातकाल के दौरान संजय का इन्दिरा गांधी तथा कांग्रेस के ऊपर पूरा नियन्त्रण था। यह भी कहा जाता है कि 1972 के विधानसभा चुनावों में भी कांग्रेस ने भिंडरावाले का भरपूर उपयोग किया था, शिरोमणि अकाली दल के वोट काटने के लिए भिंडरावाले के प्रत्याशी मैदान में उतारे गये। लेकिन भिंडरावाले को कांग्रेस का सबसे बड़ा समर्थन 1978 में गुरुद्वारा प्रबन्धक समिति के चुनावों में मिला। कुल 140 में से भिंडरावाले के समर्थकों ने 40 सीटों पर चुनाव लड़ा और कांग्रेस के जी-तोड़ प्रयासों के बावजूद वह केवल 4 सीट ही जीत पाया। इस मदद का अहसान चुकाने के लिए भिंडरावाले ने 1980 के लोकसभा चुनावों में इन्दिरा गांधी के लिए प्रचार किया और वे फिर से देश की प्रधानमन्त्री बनीं। भिंडरावाले को समझ में आ गया था कि चुनावी राजनीति में उसकी दाल नहीं गलेगी और वह ख़ुद को एक धार्मिक नेता की छवि में ढालने लगा; इस प्रकार वह राजनीति को प्रभावित कर सकता था तथा राजनेताओं पर दबाव बना सकता था।

निरंकारियों तथा दमदमी टकसाल एवं अखण्ड कीर्तनी जत्थे के बीच टकराव ठहरने का नाम नहीं ले रहा था। अकाल तख़्त के जत्थेदार ने भी निरंकारियों का सामाजिक बहिष्कार करने का हुकुमनामा ज़ारी कर दिया। 24 अप्रैल 1980 को

अखण्ड कीर्तनी जत्थे के रणजीत सिंह ने दिल्ली में तीसरे निरंकारी गुरु बाबा गुरबचन सिंह की गोली मारकर हत्या कर दी। आगे चलकर रणजीत सिंह अकाल तख़्त का जत्थेदार भी बना। एफ़आईआर में भिंडरावाले के सहयोगियों का नाम भी आया। वह ख़ुद हरमन्दिर साहिब में जाकर छुप गया तथा उसको गिरफ़्तार नहीं किया जा सका।

भिंडरावाले का असरो-रसूख़ बढ़ता चला गया। 9 सितम्बर 1981 को *पंजाब केसरी* के संस्थापक तथा सम्पादक लाला जगत नारायण की हत्या कर दी गयी। भिंडरावाले इस हत्या का मुख्य सन्दिग्ध था। 20 सितम्बर को उसने आत्मसमर्पण कर दिया। सुबूतों के अभाव में 15 अक्तूबर को उसको रिहा करना पड़ा। उसका आतंक इतना ज़्यादा था कि उसके ख़िलाफ़ गवाही देने के लिए कोई सामने ही नहीं आया। वरिष्ठ पत्रकार कुलदीप नय्यर ने उसकी गिरफ़्तारी के पूरे ड्रामे के बारे में विस्तार से लिखा है। ऐसा कहा जाता है कि भिंडरावाले को गिरफ़्तार करने के लिए जब पंजाब पुलिस ने हरियाणा के एक गाँव चंदो कलां में दबिश दी तो गृहमन्त्री ज्ञानी जैल सिंह का हुकुम पाने के बाद हरियाणा के मुख्यमन्त्री भजनलाल ने भिंडरावाले को अपनी व्यक्तिगत बस में बिठाकर फ़रार करवा दिया। इसके बाद चंदो कलां गाँव में हिंसा भड़क उठी। दमदमी टकसाल की दो बसें जला दी गयीं। उन बसों में भिंडरावाले के दिये हुए प्रवचनों की प्रतियाँ रखी थीं, वे भी जल कर राख हो गयीं। इसके बाद कांग्रेस तथा भिंडरावाले के सम्बन्ध पूरी तरह से ख़राब हो गये। पूरे पंजाब में हिंसक घटनाएँ रोज़मर्रा का उसूल बन गयीं। भिंडरावाले के समर्थक दिन-दहाड़े हत्याएँ करने लगे थे। एक रेलगाड़ी को पटरी से उतार दिया गया, एक हवाई जहाज़ को अपहृत कर लिया गया तथा इसको लाहौर ले जाया गया। भारत के गृहमन्त्री ज्ञानी जैल सिंह ने संसद के अन्दर यह बयान दिया कि लाला जगत नारायण की हत्या में भिंडरावाले की संलिप्तता का कोई सुबूत मौजूद नहीं है।

आनन्दपुर साहिब प्रस्ताव को लागू करवाने की नीयत से 1982 में शिरोमणि अकाली दल तथा भिंडरावाले ने हाथ मिला लिए तथा 'धर्म युद्ध मोर्चा' की स्थापना की। भिंडरावाले ने धमकी दी कि यदि इस प्रस्ताव को लागू नहीं किया गया तो वह सिखों के लिए एक अलग देश 'खालिस्तान' की स्थापना कर लेंगे। खालिस्तान का विचार पहली बार 1971 में अमेरिका में रह रहे जगजीत सिंह चौहान ने दिया था। इसके ख़यालों के खालिस्तान में भारतीय तथा पाकिस्तानी पंजाब, हरियाणा, हिमाचल, जम्मू-कश्मीर तथा राजस्थान के कुछेक हिस्से तथा पाकिस्तान में सिंध, बलूचिस्तान एवं खैबर पख़्तूनख़्वाँ के कुछेक हिस्से आते थे। खालिस्तानियों ने

भाषायी आधार पर भी पंजाब को विभाजित करने का प्रयास किया और वे हिन्दी को बाहरी भाषा बताने लगे। इन्दिरा गांधी ने इस प्रस्ताव को मानने से इनकार कर दिया क्योंकि यह अलगाववादी भावनाओं को बढ़ावा दे सकता था। उन्होंने दावा कर दिया कि जरनैल सिंह भिंडरावाले आईएसआई तथा चीन के सहयोग से कार्य कर रहा है।

शिरोमणि अकाली दल के अध्यक्ष हरचरण सिंह लोंगोवाल के बुलावे पर 19 जुलाई 1982 को भिंडरावाले ने अपने 200 हथियारबन्द अनुयायियों के साथ मिलकर स्वर्ण मन्दिर के गुरु नानक निवास में शरण ली। इस प्रकार वह गिरफ़्तारी से बच सकता था। इसके बाद भिंडरावाले ने स्वर्ण मन्दिर को अपना मुख्यालय बना लिया। पूरे पंजाब में उग्रवादी सरेआम अपनी कार्रवाइयों को अंजाम देते थे और फिर गुरुद्वारों में जाकर शरण ले लेते थे। सरकार भी इन पर कार्रवाई करने में झिझकती रही क्योंकि इसको लगता था कि गुरुद्वारों के ख़िलाफ़ कार्रवाई करने से लोगों की धार्मिक भावनाएँ भड़क सकती हैं। 25 अप्रैल 1983 को डीआईजी ए.एस. अटवाल की स्वर्ण मन्दिर के परिसर में ही गोली मारकर हत्या कर दी गयी। जब वे मत्था टेककर गुरुद्वारे से बाहर निकले तो भिंडरावाले के समर्थक गुरुद्वारे के अन्दर से निकले और डीआईजी की हत्या करने के बाद फिर से गुरुद्वारे के अन्दर लौट गये। दो घण्टे से ज़्यादा समय तक उनकी पार्थिव देह सड़क पर पड़ी रही और पंजाब पुलिस तक की हिम्मत नहीं हुई कि वे आगे बढ़कर अपने डीआईजी का शव उठा लें। आख़िर में पंजाब के मुख्यमन्त्री दरबारा सिंह को फ़ोन करके भिंडरावाले से विनती करनी पड़ी कि वे पुलिस को डीआईजी अटवाल का शव उठा लेने दें। पश्चदृष्टि में तो यही समझ में आता है कि डीआईजी अटवाल की हत्या के फ़ौरन बाद ही सरकार को स्वर्ण मन्दिर में घुसकर भिंडरावाले के समर्थकों का सफ़ाया कर देना चाहिए था। अगर उस समय कार्रवाई कर दी जाती तो बाद में इतना ख़ून-ख़राबा न होता।

इसके बाद तो पंजाब में हालत बद से बदतर होते चले गये। बन्दूक़-राज क़ायम हो गया। जो भी उग्रवादियों की बात नहीं मानता था उसी को मार दिया जाता था, चाहे वह हिन्दू हो या कोई और। अब यह स्पष्ट होने लगा था कि भिंडरावाले खुल कर हिन्दू-सिख विवाद को भड़का रहा था तथा उसको आईएसआई एवं भारत में अव्यवस्था फैलाने में लगीं अन्य कई एजेन्सियों का समर्थन भी मिल रहा था। 10 अक्तूबर 1983 को एक बस से उतार कर 6 हिन्दुओं को क़त्ल कर दिया गया जिसके बाद पंजाब में राष्ट्रपति शासन लगा दिया गया। यह एक अप्रत्याशित स्थिति थी क्योंकि केन्द्र एवं राज्य दोनों ही जगह पर कांग्रेस की सरकार थी। कांग्रेसी

मुख्यमन्त्री दरबारा सिंह को किसी भी लिहाज़ से बाग़ी नेता नहीं कहा जा सकता लेकिन केन्द्र को फिर भी लगता था कि राज्य सरकार नाकाम हो चुकी थी और क़ानून-व्यवस्था को बनाये रखने में सक्षम नहीं रही थी। दरबारा सिंह कांग्रेस के उन कुछेक नेताओं में से थे जो अपनी ज़िद के पक्के थे तथा ज्ञानी जैल सिंह की भाँति भिंडरावाले के सामने झुकते नहीं थे। यह भी अपने आप में एक अनूठा उदाहरण है कि केन्द्र सरकार किसी राज्य में सम्पूर्ण नियन्त्रण अपने हाथों में हासिल करना चाहती हो।

हरचरण सिंह लोंगोवाल की अध्यक्षता में अकाली दल तथा शिरोमणि गुरुद्वारा प्रबन्धक समिति के अध्यक्ष गुरचरण सिंह टोहरा ने भिंडरावाले के साथ हाथ मिलाये हुए थे, लेकिन उन्होंने भी देख लिया कि भिंडरावाले किसी की बात सुनने को तैयार नहीं था। उसके समर्थक हर उस आदमी को रास्ते से हटाने में लग गये थे जो भिंडरावाले से थोड़ी सी भी असहमति रखता था। इसके बाद वे भी भिंडरावाले से कन्नी काटने लगे। भिंडरावाले को बड़ा बनाने में ज्ञानी जैल सिंह ने महत्त्वपूर्ण भूमिका निभाई थी। 25 जुलाई 1982 को ये देश के राष्ट्रपति निर्वाचित हुए। जैल सिंह की राजनैतिक हैसियत का अनुमान इसी से लगाया जा सकता है कि राष्ट्रपति निर्वाचित होने के फ़ौरन बाद उन्होंने कहा था, 'यदि मेरी नेता ने मुझे झाड़ू लगाने का हुकुम दिया होता मैं झाड़ू उठाकर सफ़ाई का काम करने लगता। उन्होंने मुझे राष्ट्रपति बनाने का निर्णय लिया।' इन्दिरा गांधी ज्ञानी जैल सिंह को कितना महत्त्व देती थीं इसका अन्दाज़ा इसी बात से लगाया जा सकता है कि प्रधानमन्त्री को हर सप्ताह राष्ट्रपति के सामने ब्रीफ़िंग देनी होती है, लेकिन ऑपरेशन ब्लू स्टार के शुरू होने से ठीक एक दिन पहले 31 मई को जब इन्दिरा गांधी राष्ट्रपति के साथ यह बैठक करने के लिए गयीं तो उसने इस मुद्दे पर कोई चर्चा तक नहीं की। राष्ट्रपति को पूरी तरह से अँधेरे में रखा गया।

फ़रवरी 1984 से ही हर गुज़रते दिन के साथ फ़िजां में तनाव बढ़ता जा रहा था। इस दौरान एक परिघटना यह भी घट रही थी कि भिंडरावाले के अड़ियल रवैये और कभी बातचीत के लिए तैयार न होने के कारण उसके बहुत से समर्थक उसको छोड़कर जाने लगे थे। भारत के ख़िलाफ़ काम करने वाली सभी एजेन्सियाँ सक्रिय होकर भिंडरावाले को आर्थिक-नैतिक सहयोग प्रदान करने में लग गयी थीं। उन्होंने भिंडरावाले को यक़ीन दिलाना शुरू कर दिया कि खालिस्तान की स्थापना बस होने ही वाली है और उसको जुटकर भारत सरकार के विरुद्ध लड़ाई करनी

चाहिए। भिंडरावाले के समर्थकों की बन्दूकें पंजाब के हिन्दुओं के दिलों में दहशत भर रही थीं।

दिसम्बर 1983 तक भिंडरावाले ने सिखों के सबसे पवित्र स्थल स्वर्ण मन्दिर पर पूरी तरह से क़ब्ज़ा जमा लिया। 15 दिसम्बर को भिंडरावाले ने गुरु नानक निवास से निकलकर स्वर्ण मन्दिर के अन्दर ही अकाल तख़्त में डेरा जमा लिया। स्वर्ण मन्दिर के मुख्य ग्रन्थी किरपाल सिंह ने अकाल तख़्त पर भिंडरावाले के क़ब्ज़े का विरोध किया। सरकार गुरुद्वारे में घुसना नहीं चाहती थी और एक नामी-गिरामी आतंकवादी बेधड़क गुरुद्वारे के अन्दर बैठकर सरकार को मुँह चिढ़ा रहा था। इसके बाद तो भिंडरावाले तथा उसके समर्थकों का हौसला सातवें आसमान पर पहुँच गया और उनको लगने लगा कि चाहे कुछ भी हो जाये, सरकार कभी स्वर्ण मन्दिर में घुसने की कोशिश नहीं करेगी। भिंडरावाले हर दिन स्वर्ण मन्दिर के दरबार कक्ष–मंजी साहिब–में बैठकर भड़काऊ भाषण दिया करता था, साथ ही जिन-जिन लोगों ने उसका फ़रमान टाला होता था उनको दोषी भी घोषित करता था। पूरे माहौल में बेचैनी और डर व्याप्त था और स्वर्ण मन्दिर में जाने वाले हिन्दू श्रद्धालुओं की संख्या बहुत हद तक कम हो गयी थी। लोगों ने स्वर्ण मन्दिर में न जाना ही बेहतर समझा।

इसी दौरान स्वर्ण मन्दिर के अन्दर हथियारों का अम्बार लगाया जा रहा था। पुलिस तथा सुरक्षाबल हथियारों को मन्दिर के अन्दर जाने से रोक पाने में नाकाम रहे। मन्दिर को शस्त्रागार में बदल दिया गया। मन्दिर के अन्दर दूध तथा राशन ले जाने वाली गाड़ियों के अन्दर हथियार भी छुपाकर ले जाये जाते थे। दिन-ब-दिन भिंडरावाले के समर्थकों की तादाद भी बढ़ती जा रही थी। बेरोज़गार युवा, पुलिस की पकड़ से भागे हुए अपराधी और पुलिस/सैन्यबलों के भगोड़े सिपाही भिंडरावाले के साथ मिलकर खालिस्तान की लड़ाई में शामिल होने लगे। भिंडरावाले के संगठन का एक महत्त्वपूर्ण सदस्य अनोक सिंह 6 जून 1984 को गिरफ़्तार कर लिया गया। उस पर अपने गाँव के सरपंच को क़त्ल करने का अभियोग लगाया गया।

ऑल इंडिया सिख स्टूडेंट्स फेडरेशन का महासचिव हरमिंदर सिंह संधु भिंडरावाले का नज़दीकी सहयोगी था। ऑपरेशन ब्लू स्टार के दौरान उसकी पत्नी मारी गयी थी। उस पर यह शक होने लगा था कि वह सरकार का भेदिया है और 1990 में उसको गोलियों से छलनी कर दिया गया। 1971 के युद्ध में शामिल रहे मेजर जनरल शाहबेग सिंह भिंडरावाले के सबसे महत्त्वपूर्ण सहयोगी थे। वे भिंडरावाले के सैन्य सलाहकार की भूमिका निभा रहे थे। उन्होंने खालिस्तानी लड़ाकों को हथियारों

के उपयोग, सैन्य रणनीतियाँ बनाने तथा सरकार के साथ लड़ाई में टक्कर लेने का प्रशिक्षण दिया था। 1971 के युद्ध के दौरान मेजर जनरल शाहबेग ब्रिगेडियर के रैंक पर तैनात थे। उनको बेग अली का नाम दिया गया और उन्होंने मुक्ति वाहिनी के योद्धाओं को प्रशिक्षण प्रदान किया था। हालाँकि उन्होंने पूरी उत्कृष्टता के साथ अपनी सेवाओं को अंजाम दिया था लेकिन फिर भी उनकी सेवानिवृत्ति के दिन से ठीक एक दिन पहले बिना कोर्ट मार्शल किये ही उनको सेना से बर्ख़ास्त कर दिया गया। वे सभी मन्त्रियों तथा राजनेताओं के पास जा-जाकर अपना दुखड़ा रोते रहे लेकिन सबने बेबसी का इज़हार कर दिया। ऐसे में एक वरिष्ठ राजनेता की सलाह पर वे भिंडरावाले के पास गये। उनकी ज़िन्दगी को एक नया मक़सद मिल गया था, यानी कि भिंडरावाले के साथ मिलकर भारत के ख़िलाफ़ खालिस्तान की लड़ाई लड़ना। उन्होंने अपनी निजी बन्दूक़ उपहारस्वरूप भिंडरावाले को पेश कर दी और उसके समर्थकों को प्रशिक्षण प्रदान करने के लिए वे स्वयं भी अपनी पत्नी के साथ स्वर्ण मन्दिर के अन्दर रहने के लिए आ गये। 3 जून 1984 को उनकी पत्नी स्वर्ण मन्दिर से बाहर निकल आयीं।

फ़रवरी 1984 से मई 1984 के बीच सरकार तथा अकालियों के बीच बहुत सी बैठकें तथा विचार-विमर्श हुए। बातचीत चलाने के लिए हरचरण सिंह लोंगोवाल ने चार लोगों को नामजद किया–प्रकाश सिंह बादल, गुरचरण सिंह टोहरा, सुरजीत सिंह बरनाला, तथा उस समय भारत के विदेशमन्त्री नरसिम्हा राव। सरकार की तरफ़ से नरसिम्हा राव बातचीत का नेतृत्व कर रहे थे। पूरे पंजाब को बन्धक बना लिया गया था, ऐसे में सरकार के धैर्य की परीक्षा ली जा रही थी। हर दिन अख़बारों में उग्रवादियों के हाथों किसी-न-किसी की हत्या की ख़बरें आती रहती थीं। 26 मई को आख़िरी बैठक हुई, इसमें भी किसी निर्णय पर नहीं पहुँचा जा सका। अकाली दल ने घोषणा की कि वह गुरु अर्जुन देवजी के शहीदी दिवस, यानी कि 3 जून 1984, से सरकार के विरुद्ध मोर्चा (विरोध-प्रदर्शन) का आयोजन शुरू कर देगा। अकाली दल के अध्यक्ष लोंगोवाल ने घोषणा की कि पंजाब से देश के अन्य भागों में होने वाली गेहूँ की आपूर्ति को रोक दिया जायेगा। पंजाब के बारे में भिंडरावाले की योजना यह थी कि पंजाब में रहने वाले सभी हिन्दू पंजाब से पलायन कर जायें तथा पंजाब के बाहर रहने वाले सभी सिख पंजाब में आकर बस जायें। देश पहले ही हिन्दू-मुसलमानों के बीच एक विभाजन देख चुका था, अब इसी प्रकार के धार्मिक आधार पर हिन्दू-सिख विभाजन करवाने का प्रयास किया जा रहा था।

स्वर्ण मन्दिर के अन्दर छह हथियारबन्द धड़े सक्रिय थे। जत्थेदार सुखदेव सिंह के नेतृत्व में बब्बर खालसा इंटरनेशनल सबसे बेहतर प्रशिक्षित तथा सबसे अधिक वित्तपोषित संगठन था। ये खालिस्तान की माँग पर अड़े हुए थे। 23 जून 1985 को एयर इंडिया का विमान एआई182 लन्दन के रास्ते दिल्ली आने के लिए 329 यात्रियों को लेकर मोंट्रिएल से उड़ा। बब्बर खालसा ने इस विमान को बम से उड़ा दिया और सभी यात्रियों को जान से मार दिया। दूसरा गुट था दल खालसा, 1981 में जब भिंडरावाले को गिरफ़्तार किया गया तब इन्होंने इंडियन एयरलाइन्स के विमान का अपहरण किया था। राष्ट्रविरोधी गतिविधियों में शामिल होने के कारण 1982 में इन पर प्रतिबन्ध लगा दिया गया था। हालाँकि भिंडरावाले ने कभी भी सार्वजनिक रूप से उनको स्वीकार नहीं किया लेकिन यह आम समझ थी कि वे भिंडरावाले के साथ समन्वय बनाकर रखते थे। स्वर्ण मन्दिर के अन्दर तीसरा गुट था अखण्ड कीर्तनी जत्था, इसका नेतृत्व फौजा सिंह की पत्नी बीबी अमरजीत कौर के हाथ में था। चौथा गुट था हरमन्दिर सिंह संधु के नेतृत्व में अखिल भारतीय सिख स्टूडेंट्स फेडरेशन। पाँचवाँ गुट था अकाल फेडरेशन। इस गुट के लगभग 25 सदस्य भिंडरावाले तथा खालिस्तान के लिए अपनी जान न्योछावर करने को तैयार थे। सबसे कुख्यात गुट था भिंडरावाले ख़ुद तथा उसके 250 के लगभग समर्थक। पहले तो वह गुरु नानक निवास के कमरा नम्बर 49 में जाकर रुका और जब हालात में गर्मी आने लगी तो वह अकाल तख़्त में जाकर बैठ गया।

1 जून 1984 को स्वर्ण मन्दिर सेना के हवाले कर दिया गया। 2 जून की रात को इन्दिरा गांधी ने दूरदर्शन पर आकर देश के नाम अपना सन्देश दिया। यह भिंडरावाले तथा उसके समर्थकों को मनाने-समझाने का आख़िरी प्रयास था। 3 जून को पत्रकारों को बसों में भरकर पंजाब की सीमा से बाहर हरियाणा में लाकर छोड़ दिया गया और मीडिया पर पूर्ण प्रतिबन्ध लगा दिया गया। टेलिफ़ोन लाइनें तथा सम्प्रेषण के सभी माध्यम काट दिये गये एवं जन-परिवहन को रोक दिया गया। 36 घण्टे का कर्फ़्यू घोषित कर दिया गया। यहाँ तक कि बिजली भी काट दी गयी और पूरा पंजाब अँधेरे में डूब गया। पाकिस्तान के साथ लगने वाली सरहद को पूरी तरह से बन्द कर दिया गया। मेजर जनरल के.एस. बराड़ इस ऑपरेशन के मुखिया नियुक्त किये गये। सेनाध्यक्ष जनरल के.एस. वैद्य तथा उप-सेनाध्यक्ष लेफ्टिनेंट जनरल के. सुन्दरजी पूरे ऑपरेशन का निरीक्षण कर रहे थे। नियति का खेल देखिए कि जब जाति से जाट सिख मेजर जनरल बराड़ अपनी नियुक्ति से पहले भारतीय सेना अकादमी में प्रशिक्षण ले रहे थे तब मेजर जनरल शाहबेग उनके प्रशिक्षक हुआ

करते थे। अब वे अपने देश की सेवा में अपने गुरु के ही ख़िलाफ़ लड़ने जा रहे थे। इस ऑपरेशन के दौरान भारतीय सेना के इतिहास में एक और स्वर्णिम पल जुड़ा। चूँकि मामला धार्मिक संवेदनाओं से जुड़ा हुआ था इसलिए ऑपरेशन शुरू करने से पहले मेजर जनरल बराड़ ने अपने सैनिकों के सामने एक भाषण दिया जिसके दौरान उन्होंने कहा कि जो सैनिक इस ऑपरेशन में शामिल नहीं होना चाहते वे बाहर जाने के लिए स्वतन्त्र हैं, इस बारे में उनके ऊपर कोई कार्रवाई नहीं की जायेगी। एक भी सैनिक ऑपरेशन से बाहर नहीं गया, उनके लिए देश ही सर्वोपरि था।

चूँकि 3 जून गुरु अर्जुन देवजी का गुरुपर्व था इसलिए कर्फ्यू में ढील दे दी गयी। ऐसा माना जाता है कि बहुत से अपराधियों ने इस ढील का फ़ायदा उठाया तथा वे स्वर्ण मन्दिर से निकल भागे। 3 जून को भिंडरावाले ने आख़िरी पत्रकार वार्ता की। 4 जून को शिरोमणि गुरुद्धारा प्रबन्धन समिति के अध्यक्ष टोहरा ने भिंडरावाले से आत्मसमर्पण करने की अन्तिम अपील की लेकिन उनका यह प्रयास भी व्यर्थ ही गया। लाउडस्पीकर पर घोषणा करके श्रद्धालुओं से कहा गया कि स्वर्ण मन्दिर से बाहर निकल जायें। लेकिन 5 जून तक केवल 125-150 लोग ही बाहर निकल पाये। भिंडरावाले के समर्थक श्रद्धालुओं को मन्दिर से बाहर जाने से रोक रहे थे तथा धमकियाँ दे रहे थे, वे इन श्रद्धालुओं को ढाल की तरह इस्तेमाल करने वाले थे। बड़ी संख्या में लोग स्वर्ण मन्दिर के अन्दर बन्दी बनकर रह गये।

5 जून को शाम 7 बजे ऑपरेशन शुरू हुआ। उग्रवादियों के पास मौजूद असलहे का सामना हुआ तो सेना भौचक्की रह गयी। कुछ लोगों का तर्क है कि गुप्तचर एजेन्सियाँ उग्रवादियों के पास मौजूद हथियारों का सही-सही अनुमान देने में नाकाम रही थीं, लेकिन अन्य लोगों का मानना है कि सूचना तो पूरी दी गयी थी लेकिन समयाभाव के कारण सेना उपलब्ध सूचना का ठीक से अध्ययन नहीं कर पायी थी जिसके कारण उन्हें हालात का सही-सही अन्दाज़ा नहीं लग पाया। 5 और 6 जून की रात को यह तो स्पष्ट हो गया कि टैंकों का इस्तेमाल किये बग़ैर उग्रवादियों पर क़ाबू नहीं पाया जा सकेगा। आतंकवादियों के पास मौजूद चीन-निर्मित रॉकेट लांचर्स, मशीन गनों तथा एंटी-टैंक मिसाइलों का सामना करने के लिए टैंकों का इस्तेमाल बहुत ज़रूरी था। इस पूरे ऑपरेशन के दौरान मन्दिर के ढाँचे को भी बहुत नुक़सान पहुँचा। पुस्तकालय जल गया और अकाल तख़्त का एक हिस्सा भी खण्डित हो गया। बाद में सरकार ने तख़्त का पुनर्निर्माण करवाने की पेशकश की लेकिन सिखों ने इस पेशकश को ठुकरा दिया और सरकार की मदद के बिना ही अपने संसाधनों से यह निर्माण करवाया। 6 जून को भिंडरावाले तथा शाहबेग के

शवों को बाहर निकाला गया। 7 जून को यह ऑपरेशन सम्पूर्ण हो गया। यह भारत के इतिहास का सबसे दुखद ऑपरेशन था। इसमें पाया किसी ने कुछ नहीं, सभी ने कुछ-न-कुछ खोया ही। अगले तीन दिन तक छुपे हुए उग्रवादियों की तलाश चलती रही। 8 जून को ज्ञानी जैल सिंह ने स्वर्ण मन्दिर का दौरा किया। मन्दिर के अन्दर से उनके ऊपर गोली चलाई गयी। जनरल बराड़ के अनुसार 4 अफ़सरों समेत 83 सैनिकों ने अपनी शहादत दी तथा 248 सैनिक घायल हुए। साथ ही 252 उग्रवादी एवं आम श्रद्धालु भी जां-बहक़ हुए।

इसके बाद लम्बे समय तक पंजाब में उग्रवाद चलता रहा और एक दशक के लम्बे संघर्ष के बाद ही राज्य में स्थिति सामान्य हो पायी। पूरे विश्व में सिखों की भावनाएँ आहत हुईं तथा सिखों का एक हिस्सा इस पूरी दुर्घटना के लिए इन्दिरा गांधी को ज़िम्मेदार मानता रहा। अपने धर्मस्थल की अवमानना पर सिखों के अन्दर क्रोध भर गया था। उनके सबसे पवित्र स्थल में घुसकर हत्या एवं तबाही का खेल खेला गया था। अकाल तख़्त को धरती पर परमेश्वर का सांसारिक प्रतिनिधि माना जाता है, इसी परमेश्वरस्वरूप अकाल तख़्त को खण्डित कर दिया गया था। गुरुद्वारे के दरबार साहिब को गोलियों से छलनी कर दिया गया था। सिख सन्दर्भ पुस्तकालय में गुरुओं की हस्तलिखित पाण्डुलिपियाँ सँभालकर रखी हुई थीं, ये सभी जलकर राख हो गयीं। मन्दिर के तोशाखाने में महाराजा रणजीत सिंह के दौर की महत्त्वपूर्ण ऐतिहासिक शिल्पकृतियाँ रखी हुई थीं, इनको भी बहुत नुक़सान पहुँचा। गुप्तचर सेवाओं ने ख़तरे को पहले से ही भाँप लिया और इन्दिरा गांधी के अंगरक्षक दल में से सिखों को हटा दिया। लेकिन चूँकि इन्दिरा गांधी ख़ुद को जननेता मानती थीं तथा उनको लगता था कि सिखों को हटा देने से लोगों के बीच उनके बारे में बुरा सन्देश जायेगा और उनकी सिख विरोधी छवि को बढ़ावा देगा इसलिए उन्होंने अपने सिख अंगरक्षकों को पुनः नियुक्त करवा दिया। उन्होंने विशेष सुरक्षा दल को निर्देश दिया कि सब-इंस्पेक्टर बेअंत सिंह तथा सतवंत सिंह को पुनः बहाल किया जाये। बेअंत सिंह लगभग 10 वर्ष से इन्दिरा गांधी का अंगरक्षक था जबकि सतवंत ने 5 महीने पहले ही प्रधानमन्त्री की सुरक्षा की ज़िम्मेदारी सँभाली थी।

30 अक्तूबर 1984 को इन्दिरा ओड़िशा से वापिस लौटीं। यहाँ पर एक जनसभा में दिया गया उनका भाषण मानो उनकी नियति के बारे में ही भविष्यवाणी कर रहा था। भाषण के दौरान उन्होंने कहा था–'आज मैं यहाँ हूँ, कल शायद न रहूँ...मैं अन्तिम साँस तक राष्ट्र की सेवा में लगी रहूँगी और जब मेरे प्राण जायेंगे तो मैं यह कह पाऊँगी कि मेरे ख़ून के एक-एक कतरे ने इस देश की धरा को सींचा

है...राष्ट्र की सेवा में प्राण देने में मुझे कोई झिझक नहीं। मेरे ख़ून का हर एक कतरा इस देश की धरा को सींचेगा और इसको जीवित करेगा।' रूसी मूल के ब्रितानवी अभिनेता, लेखक तथा निर्देशक पीटर उस्तीनोव आयरिश टेलीविज़न के लिए इन्दिरा गांधी के ऊपर एक डॉक्यूमेंटरी फ़िल्म बना रहे थे। 31 अक्तूबर की सुबह को पीटर अपनी डॉक्यूमेंटरी की शूटिंग के लिए 1 अकबर रोड पहुँच गये और इन्दिरा गांधी को उनके आगमन की सूचना दे दी गयी। सुबह 9 बजकर 25 मिनट पर वे अपने निजी सहयोगियों आर. के. धवन तथा रामेश्वर दयाल के साथ 1 सफदरजंग रोड पर स्थित प्रधानमन्त्री निवास से बाहर निकलीं तथा उसके साथ ही लगे बँगले 1 अकबर रोड की ओर चल पड़ीं। यहाँ पर पीटर उस्तीनोव पहले ही उनका इन्तज़ार कर रहे थे। इस बंगले का इस्तेमाल प्रधानमन्त्री के कार्यालय के रूप में किया जा रहा था।

9 बजकर 29 मिनट पर वे बंगले के दरवाज़े पर पहुँच गयीं जहाँ पर उनके अंगरक्षकों ने अभिवादन तथा गोलियों के साथ उनका स्वागत किया। .38 कैलीबर की रिवॉल्वर से बेअंत सिंह ने तीन गोलियाँ दागीं और फिर हथियार ज़मीन पर फेंक दिया। इसी बीच सतवंत ने अपनी स्टेन सब-मशीनगन से 30 गोलियाँ प्रधानमन्त्री के जिस्म में उतार दीं। आईटीबीपी के जवानों ने बेअंत को तो मौक़े पर ही ढेर कर दिया लेकिन सतवंत को हिरासत में लेकर पुलिस के हवाले कर दिया गया। बेअंत सिंह का चाचा केहर सिंह इस षड्यन्त्र का मुख्य योजनानिर्माता था, बाद में उसको भी गिरफ़्तार कर लिया गया। वह आपूर्ति और निपटान महानिदेशालय में क्लर्क के पद पर तैनात था। न्यायालय ने सतवंत सिंह तथा केहर सिंह को दोषी क़रार दिया तथा 6 जनवरी 1989 को इन दोनों को फाँसी पर झुला दिया गया।

प्रधानमन्त्री की गोलियों से छलनी देह सड़क पर पड़ी थी। और जब इसकी सबसे ज़्यादा ज़रूरत थी ठीक उसी समय सुरक्षातन्त्र द्वारा बार-बार ड्रिल करके तैयार की गयी आपातकालीन योजना की कलई खुल गयी। पिछले 37 वर्ष से इसी प्रकार की किसी अनहोनी से निपटने के लिए प्रधानमन्त्री निवास के पिछले दरवाज़े पर एक एम्बुलेंस हमेशा तैयार खड़ी रखी जाती थी। लेकिन यह एम्बुलेंस स्टार्ट ही नहीं की जा सकी क्योंकि चालक का कोई अता-पता नहीं मिल रहा था। वह चाय पीने के लिए किसी टपरी पर गया हुआ था। इन्दिरा को एक सरकारी सफ़ेद एम्बेसडर की पिछली सीट पर सोनिया गांधी की गोद में लिटाया गया और यह गाड़ी अखिल भारतीय आयुर्विज्ञान संस्थान (एम्स) की ओर दौड़ पड़ी। एम्स को यह सूचना दी गयी कि किसी वीआईपी को लाया जा रहा है लेकिन सरकारी बाबुओं ने एम्स के प्रशासन को यह सूचना नहीं दी कि इस कार में गोलियों के छलनी तथा

अर्धमृत अवस्था में भारत की प्रधानमन्त्री को लाया जा रहा है। डॉक्टर आनन-फ़ानन में इन्दिरा गांधी के इलाज में लग गये। ख़ून की 60 बोतलों का प्रबन्ध किया गया और दोपहर तक इनमें से 40 बोतलें इस्तेमाल कर ली गयी थीं। राजीव गांधी तथा प्रणब मुखर्जी पश्चिम बंगाल में चुनाव-प्रचार कर रहे थे। उनको फ़ौरन हेलीकॉप्टर में बिठाकर कलकत्ता लाया गया तथा यहाँ से चार्टर प्लेन में बिठाकर दिल्ली रवाना कर दिया गया। इस दस सीट वाले विमान में राजीव गांधी के साथ-साथ प्रणब मुखर्जी, लोकसभा अध्यक्ष बलराम जाखड़, पश्चिम बंगाल के राज्यपाल उमाशंकर दीक्षित, उनकी बहू शीला दीक्षित तथा लोकसभा के महासचिव सुभाष कश्यप भी दिल्ली आ रहे थे। 1 बजे बीबीसी ने इन्दिरा गांधी की मौत की घोषणा कर दी, राजीव गांधी ने हवा में ही अपनी माँ की मृत्यु की ख़बर सुनी थी। इन्दिरा गांधी की हत्या ने राजनैतिक शून्य के साथ-साथ अन्य बहुत प्रकार की अनिश्चितताएँ उत्पन्न कर दीं। यह निर्णय लिया गया कि राजीव गांधी को तुरन्त प्रभाव से प्रधानमन्त्री के पद पर नियुक्त कर देना चाहिए। यह भी सुनिश्चित किया जाना आवश्यक था कि शासन निर्बाध रूप से चलता रहना चाहिए। विमान में मौजूद सभी लोगों ने निर्णय लिया कि वे राजीव गांधी से प्रार्थना करें कि वे तुरन्त प्रभाव से प्रधानमन्त्री का पद सँभाल लें। लेकिन राजीव आश्वस्त नहीं थे और उन्होंने कहा कि वे पहले आपस में तथा राज्यपाल के साथ इस विषय पर चर्चा कर लें। शीला दीक्षित राजभवन से संविधान की एक प्रति लेकर आयी थीं। तकनीकी जटिलताओं के बारे में स्पष्टता हासिल करने के लिए संविधान का भी अध्ययन किया गया।

सुभाष कश्यप बताते हैं कि उन्होंने राजीव गांधी को तुरन्त प्रभाव से प्रधानमन्त्री का कार्यभार सँभालने के लिए कहा, साथ ही यह भी कि वे अन्तरिम प्रधानमन्त्री बनने के बारे में सोचें भी नहीं। विमान में मौजूद अन्य नेताओं को बताया गया कि एकमात्र यह औपचारिकता पूरी करने की आवश्यकता है कि कांग्रेस पार्टी राजीव गांधी को अपना प्रधानमन्त्री पद का दावेदार नामजद कर दे। चूँकि राष्ट्रपति ज्ञानी जैल सिंह उस समय विदेश में थे तथा यह शंका भी थी कि ऑपरेशन ब्लू स्टार से आहत होने के कारण वे कहीं शपथ दिलवाने से इनकार न कर दें, इसलिए राजीव गांधी के शपथ-ग्रहण के लिए अन्य विकल्पों पर भी चर्चा की गयी। सुभाष कश्यप याद करते हैं कि उपराष्ट्रपति द्वारा शपथ दिलवाने की नज़ीर पर भी चर्चा की गयी। गृहयुद्ध की स्थिति उत्पन्न होने की आशंका होने लगी थी, इसलिए हवा में ही देश के भविष्य का फ़ैसला करना पड़ा। जब उनका विमान दिल्ली उतरा तब तक यह तय किया जा चुका था कि राजीव ही देश के अगले प्रधानमन्त्री होंगे। आवश्यक

कार्यक्रम का विवरण देने के लिए प्रधानमन्त्री के प्रधान सचिव पी.सी. अलेक्जेंडर एम्स के आठवें तल पर स्थित शौचालय में राजीव गांधी से मिले। तुरन्त ही कांग्रेस संसदीय दल की बैठक बुलाई गयी जिसमें राजीव गांधी को नेता घोषित कर दिया गया। ज्ञानी जैल सिंह भी यमन से वापिस लौट आये थे तथा उन्होंने शाम साढ़े छह बजे राजीव गांधी को शपथ दिलवाई। रात 8 बजे की ख़बरों में दूरदर्शन पर सलमा सुल्तान ने राष्ट्र के सामने इन्दिरा गांधी की मृत्यु की घोषणा की। चूँकि इन्दिरा गांधी की मृत्यु की घोषणा 8 बजे की गयी थी, इसलिए हम कह सकते हैं कि शाम साढ़े छह बजे से आठ बजे तक देश के दो प्रधानमन्त्री थे।

उस समय तक पूरे देश में सिखों के ख़िलाफ़ हिंसा भड़क उठी थी, दिल्ली में तो यह हिंसा कुछ ज़्यादा ही विकराल रूप धारण कर गयी। राजीव गांधी ने देश के नाम सन्देश दिया।[1] हिंसा को रोकने में 3 दिन लग गये और राष्ट्रनिर्माण की मुख्यधारा में सिखों को पुनः शामिल करने में तो दशक भर अथक प्रयास करना पड़ा। महात्मा गांधी के बाद इन्दिरा गांधी की हत्या के बाद भी देश को साम्प्रदायिक दंगे देखने पड़े। राजघाट के पास शक्ति स्थल पर 3 नवम्बर को उनका अन्तिम संस्कार किया गया।

बीते समय की बात करें तो हम यह कह सकते हैं कि संजय गांधी तथा ज्ञानी जैल सिंह ने 'संत' जरनैल सिंह भिंडरावाले नाम के भस्मासुर को जन्म दिया था। उनके द्वारा पैदा किये गये दैत्य ने जो-जो कारनामे अंजाम दिये उसकी परिणति इन्दिरा गांधी की हत्या के रूप में हुई। संजय गांधी की राष्ट्रीय महत्त्व के मुद्दों को बचकाना तरीक़े से सुलझाने की ख़ब्त के कारण देश को लगभग बीस वर्षों तक अव्यवस्था तथा कोलाहल झेलना पड़ा। उसका तानाशाही व्यक्तित्व तथा संसदीय शासन एवं प्रक्रिया की अवमानना करने की ज़िद ने देश को समस्याओं के मुँह में डाल दिया था। यदि कांग्रेस ने परिपक्वता के साथ समस्या का समाधान निकालने का प्रयास किया होता तो न तो पंजाब में आतंकवाद पनपता और न ही स्वर्ण मन्दिर पर सेना को चढ़ाई करनी पड़ती। ऑपरेशन ब्लू स्टार के लिए केन्द्र तथा राज्य दोनों ही स्तरों पर राजनेताओं को सामूहिक ज़िम्मेदारी लेने की आवश्यकता है।

ऑपरेशन ब्लू स्टार से पहले का घटनाक्रम हमारी आँखें खोलने के लिए काफ़ी है, इन्दिरा गांधी जैसी मँजी हुई राजनेता भी अपने बेटे के हाथों मजबूर हो गयीं। प्रधानमन्त्री के रूप में सारे निर्णय बेटे के सलाह-मशविरे के साथ करने लगीं। वे चापलूसों से घिरी हुई थीं जो हर क़दम पर उनको दिशाभ्रमित करते रहते थे। वे इन्दिरा को विध्वंस के रास्ते पर ले गये। लोकतन्त्र में राजनेता को समाज के प्रति उत्तरदायी बनाये रखना आवश्यक है। अगर ऑपरेशन ब्लू स्टार न किया जाता तो

इन्दिरा गांधी की हत्या भी नहीं होती और 1984 के दंगे भी नहीं होते। शायद भारत आज एक अलग ही दशा में होता। इस घटना से नेताओं को नसीहत लेनी चाहिए कि वे ऐसे अनावश्यक तत्त्वों को अपने आस-पास न रखें जो उनको भ्रमित करते हों। सरकार को यह सुनिश्चित करना चाहिए कि कोई भी समुदाय अपने-आप को परित्यक्त अथवा उपेक्षित महसूस न करे। देश के अन्दर रहने वाला प्रत्येक व्यक्ति मुख्यधारा का अभिन्न अंग है। यदि भविष्य में इस प्रकार के प्रलय से बचना है तो सभी राजनैतिक दलों को अपने संकीर्ण राजनैतिक उद्देश्यों का त्याग करके एक बृहतर सोच को अपनाना पड़ेगा। किसी भी नेता को यह भूलना नहीं चाहिए कि नेतृत्व की नैतिक ज़िम्मेदारियाँ भी होती हैं।

टिप्पणियाँ

1. इन्दिरा गांधी की हत्या तथा सिख-विरोधी दंगों के बाद एक प्रार्थना-सभा के दौरान राजीव गांधी ने यह भाषण दिया था।

अध्याय दस

भ्रष्टाचार के विरुद्ध अभियान

बोफ़ोर्स की दलदल में धँसते राजीव गांधी,
वी.पी. सिंह का उत्थान तथा पतन
30 नवम्बर 1989, गुरुवार

भारतीय जनमानस में बोफ़ोर्स घोटाला लम्बे समय तक सबसे बड़ा घोटाला बना रहेगा।[1] इस घोटाले के कारण ही 1989 में कांग्रेस पार्टी को सत्ता से हाथ धोने पड़े और वी.पी. सिंह बड़े नेता बनकर उभरे। 'मिस्टर क्लीन' राजीव गांधी को हटाकर दूसरे 'मिस्टर क्लीन' वी.पी. सिंह प्रधानमन्त्री बने। यह भी भारत के इतिहास में एक मील का पत्थर साबित हुआ क्योंकि इससे पहले किसी भी सरकार को भ्रष्टाचार के मुद्दे पर चुनावों में हार का मुँह नहीं देखना पड़ा था। 24 मार्च 1986 को 410 तोपों की आपूर्ति के लिए 1437 करोड़ रुपये के अनुबन्ध पर हस्ताक्षर किये गये,

यह अनुबन्ध 155 एमएम होवित्ज़र फ़ील्ड गन की आपूर्ति के लिए किया गया था। भारत सरकार तथा स्वीडिश आयुध निर्माता कम्पनी 'बोफ़ोर्स' के बीच यह अनुबन्ध हुआ था। चित्रा सुब्रामणियम उन दिनों *द हिन्दू* अख़बार के लिए काम कर रही थीं। जब वे स्वीडन गयी हुई थीं उस दौरान उन्होंने स्वीडिश रेडियो पर एक कार्यक्रम सुना जिसमें यह आरोप लगाया गया था कि इस अनुबन्ध को हासिल करने के लिए बोफ़ोर्स ने रिश्वत खिलाई थी। वे एक-दो सूत्रों से मिलीं तथा अन्ततः स्वीडन के पुलिस अधिकारी स्टेन लिंडस्ट्रोम तक पहुँचने में कामयाब रहीं। लिंडस्ट्रोम की ही अध्यक्षता में इस अनुबन्ध की जाँच करने के लिए समिति का गठन किया गया था। बाद में चित्रा को साथ लेकर *द हिन्दू* के सम्पादक एन. राम ने भी स्टेन से मुलाक़ात की। 2012 में इस घोटाले के उद्‌घाटन की 25वीं सालगिरह के अवसर पर स्टेन लिंडस्ट्रोम ने एक लम्बा साक्षात्कार दिया और इस बारे में सफ़ाई दी कि उन्होंने रिश्वतखोरी के इस मामले से सम्बन्धित 350 पृष्ठ से अधिक के दस्तावेज़ पत्रकारों को क्यों सुपुर्द किये थे। उन्होंने यह भी स्पष्ट किया कि वे इस मामले में मुखबिर क्यूँ बने।

अप्रैल 1987 में भारतीय राजनेताओं तथा सैन्य अधिकारियों पर रिश्वत लेने के आरोप पहली बार सार्वजनिक रूप से लगे। राजीव गांधी ने संसद के अन्दर खड़े होकर कड़े शब्दों में इन आरोपों को नकारा। इस मामले की जाँच करने के लिए अगस्त 1987 में कांग्रेस सरकार ने एक संयुक्त संसदीय समिति (जेपीसी) का गठन किया। आम चुनावों से ठीक पहले जुलाई 1989 में इस समिति ने अपनी रिपोर्ट पेश की और सरकार को निर्दोष घोषित कर दिया। यह भारत के इतिहास की प्रथम संयुक्त संसदीय समिति थी। कांग्रेस के वरिष्ठ दलित नेता बी. शंकरानन्द इस समिति के अध्यक्ष थे, वे कर्नाटक से आते थे। दूसरी संयुक्त संसदीय समिति का गठन संसद द्वारा 1992 में आर.एन. मिर्धा की अध्यक्षता में किया गया था। इस समिति को हर्षद मेहता शेयर मार्केट घोटाले की जाँच करने की ज़िम्मेदारी दी गयी थी। नियति का खेल देखिए कि दूसरी समिति ने प्रथम समिति के अध्यक्ष बी. शंकरानन्द को भी जाँच के घेरे में लिया था। संसद के सामने प्रस्तुत की गयी इनकी रिपोर्ट में लिखा गया था कि पेट्रोलियम मन्त्री तथा तेल उद्योग विकास बोर्ड के अध्यक्ष के पद पर रहते हुए शंकरानन्द ने निविदा मानदण्डों में हेर-फेर की थी। उनकी इस प्रकार की हेर-फेर के कारण सरकार को लगभग 130 करोड़ रुपये का घाटा बर्दाश्त करना पड़ा था और इसका फ़ायदा फ़ेयरग्रोथ तथा एस्सार नाम के दो निजी व्यवसायों को

मिला था। साथ ही बोफ़ोर्स घोटाले के सम्बन्ध में इस तथ्य को भी अनदेखा नहीं किया जाना चाहिए कि फ्रांसीस तोप सोफ़मा की बजाय स्वीडिश तोप बोफ़ोर्स की निविदा सुनिश्चित करवाने के लिए 3 अलग-अलग कम्पनियों को 319.4 मिलियन स्वीडिश क्रोनोर (64 करोड़ रुपये) का भुगतान किया गया था। लेकिन यह कोई स्पष्ट नहीं कर पाया कि इस रक़म के एवज़ में इन कम्पनियों ने बोफ़ोर्स को क्या सेवाएँ प्रदान की थीं।

शुरू में तो बोफ़ोर्स घोटाले की ख़बरें द *हिन्दू* में प्रकाशित हुईं लेकिन बाद में सरकार के दबाव में आकर द *हिन्दू* ने इस घोटाले पर से पर्दा हटाने की प्रक्रिया रोक दी। लेकिन चित्रा सुब्रामणियम ने अपनी जाँच को विराम नहीं दिया और वे द *हिन्दू* छोड़कर द *स्टेट्समैन* तथा द *इंडियन एक्सप्रेस* में चली गयीं। बोफ़ोर्स घोटाले पर आगे की रिपोर्टें इन्हीं अख़बारों में प्रकाशित की गयीं। इस पूरे घोटाले का मुख्य पात्र था ओत्तावियो क्वात्रोची। वह एक इतालवी व्यवसायी था तथा गांधी परिवार के साथ उसकी घनिष्ठता थी। वह स्नैमप्रोगेत्ती नाम की एक पेट्रोकेमिकल फर्म का प्रतिनिधित्व करता था तथा दिल्ली के सौदेबाज़ हलक़ों के बीच अपने-आप को एक जाने-माने बिचौलिये के रूप में स्थापित कर चुका था। 1989 के चुनाव सर पर आये तो विपक्ष ने रिश्वत का मामला तो उठाया ही, साथ ही विपक्षी नेता बोफ़ोर्स तोप की क्षमता पर भी सवाल उठाने लगे। ऐसा माहौल बनाया जा रहा था कि भारत की सुरक्षा के साथ समझौता किया गया है। स्वीडिश कम्पनी को काली सूची में डाल दिया गया, लेकिन जब कारगिल युद्ध के दौरान बोफ़ोर्स तोपों के पुर्ज़े हासिल करने की ज़रूरत पड़ी तो इस कम्पनी पर लगा प्रतिबन्ध हटाना पड़ा था। कारगिल युद्ध के दौरान इस तोप ने अपनी श्रेष्ठता साबित करके दिखाई। पाकिस्तानी सेना के पास मौजूद मीडियम आर्टिलरी तोपें बोफ़ोर्स के पासंग में भी नहीं थीं। युद्धक्षेत्र में मौजूद आर्टिलरी अफ़सरों ने भी इसकी श्रेष्ठता की ताईद की। 1999 के कारगिल युद्ध में इस तोप ने अपना लोहा मनवा लिया था।

1989 का चुनाव कांग्रेस हार गयी। वी.पी. सिंह देश के प्रधानमन्त्री बने, वे जनता दल गठबन्धन के नेता थे। जनवरी 1990 में सीबीआई ने बोफ़ोर्स के अध्यक्ष आर्दबो और तथाकथित बिचौलियों विन चड्ढा एवं हिन्दुजा बन्धुओं के ख़िलाफ़ एफ़आईआर दर्ज कर ली। जुलाई 1993 में क्वात्रोची ने भारत छोड़ दिया। इसके बाद वह कभी वापिस नहीं आया। इस दौरान भारतीय एवं विदेशी अदालतों में क़ानूनी लड़ाई चलती रही। 22 अक्तूबर 1999 को भाजपा की अगुआई में राष्ट्रीय

लोकतान्त्रिक गठबन्धन (एनडीए) की सरकार बनी और घोटाला सामने आने के 12 वर्ष बाद सीबीआई ने क्वात्रोची, विन चड्ढा, उस समय के रक्षासचिव एस.के. भटनागर, राजीव गांधी (1991 में इनकी हत्या हो चुकी थी) तथा अन्य के विरुद्ध आरोपपत्र दर्ज किया। 2001 में विन चड्ढा तथा एस. के. भटनागर की भी मृत्यु हो गयी। जैसे-जैसे सरकार बदलती गयी वैसे-वैसे ही यह मामला भी नये-नये रुख लेता रहा। 2004 में जब कांग्रेस सत्ता में आयी तो भारत सरकार तथा सीबीआई की तरफ़ से उस समय के अतिरिक्त महान्यायाभिकर्ता ने दिसम्बर 2005 में ब्रिटेन की सरकार से विनती की कि लन्दन में क्वात्रोची के दो बैंक खातों पर लगे लेन-देन के प्रतिबन्ध को उठा लिया जाये। हालाँकि 16 जनवरी 2006 को सर्वोच्च न्यायालय ने सीबीआई को निर्देश दिये थे कि यह सुनिश्चित किया जाये कि क्वात्रोची पैसे नहीं निकाल पाये, लेकिन 23 जनवरी को सीबीआई ने स्वीकार किया कि इन दोनों खातों में 4.6 मिलियन डॉलर (21 करोड़ रुपये) का आहरण किया जा चुका था।

फ़रवरी 2006 में क्वात्रोची को अर्जेंटीना में हिरासत में ले लिया गया था लेकिन चूँकि भारत और अर्जेंटीना के बीच प्रत्यर्पण सन्धि नहीं हुई थी इसलिए कांग्रेस की अगुआई में बनी संयुक्त प्रगतिशील गठबन्धन (यूपीए) सरकार उसको भारत लाने में असफल रही। 13 जुलाई 2013 को उसकी मृत्यु हो गयी। 34 साल बाद भी बोफ़ोर्स मामले पर कोई निर्णय नहीं आ पाया है। यह न केवल हमारी न्याय व्यवस्था की कलई खोलता है बल्कि भाँति-भाँति के राजनैतिक दलों की इच्छाशक्ति एवं उनके असल चरित्र को भी उजागर करता है। सीबीआई के भूतपूर्व निदेशक ए.पी. मुखर्जी ने अपनी पुस्तक में लिखा है कि राजीव गांधी बोफ़ोर्स मामले में मिली दलाली को कांग्रेस पार्टी के लिए उपयोग में लाना चाहते थे। इस विषय में उन्होंने मुखर्जी के साथ चर्चा भी की थी। स्वीडन में चलाई जा रही जाँच के मुखिया लिंडस्ट्रोम यह दावा करते हैं कि हालाँकि राजीव गांधी ने व्यक्तिगत रूप से तो रिश्वत नहीं ली थी लेकिन वे इस गुनाह में तो शरीक थे ही कि उन्होंने यहाँ-वहाँ दलाली खिलाने वालों के बारे में जानते-बूझते हुए भी उनके ख़िलाफ़ कोई कार्रवाई नहीं की। स्टेन लिंडस्ट्रोम ने ठीक ही कहा है कि 'जब बोफ़ोर्स घोटाले को दबाने का प्रयास किया जा रहा था तो राजीव गांधी चुपचाप खड़े तमाशा देखते रहे।'

उन दिनों बोफ़ोर्स अनुबन्ध के ही बारे में एक और कहानी बड़े ज़ोर-शोर के साथ राष्ट्रीय समाचारपत्रों में प्रकाशित करवाई जा रही थी—यह दावा किया जा रहा था कि यह अनुबन्ध भारतीय राजनीति को व्यापारियों तथा उद्योगपतियों के चंगुल से मुक्त करवाने की दिशा में एक सराहनीय प्रयास था। प्रधानमन्त्री बनने के बाद

राजीव गांधी ने पैसे के प्रभाव को ख़त्म करने की दिशा में बड़ी लगन से काम किया था। पार्टी को पैसा देने के बाद धन्ना सेठों की अपेक्षा यह होती थी कि सत्ताधारी दल उनको धन कमाने के अवसर मुहैया करवायेगा। ये अवसर अलग-अलग रूप में उपलब्ध करवाये जा सकते थे, जैसे कि सरकार इनकी करचोरी तथा विदेशी मुद्रा विनियमन अधिनियम (फेरा) के नियमों के उल्लंघन की तरफ़ से मुँह मोड़ ले, इनको करों में छूट प्रदान करे, बिना प्रतिस्पर्धा के लाइसेंस प्रदान कर दे, तथा इसी प्रकार के अन्य कई ग़ैर-क़ानूनी कृत्य। राजनीति और पूँजी के इस साठ-गाँठ के कारण बड़ी समस्याएँ उत्पन्न हो गयी थीं। अहसान के बदले में सूचनाएँ प्रदान करने वाले तथा इन अहसानों के एवज़ में कमाई गयी मलाई में अपना हिस्सा माँगने वाले लोगों का एक पूरा गिरोह अस्तित्व में आ गया था। राजीव गांधी की मन्त्रिपरिषद् के दो मन्त्रियों–अरुण नेहरू तथा अरुण सिंह–ने चुनावों के लिए धन जुटाने का वैकल्पिक मार्ग सुझाया। उनका सुझाव था कि पूँजीपतियों से पैसा लेने की बजाय कांग्रेस पार्टी को रक्षा सौदों में दलाली खाकर अपने लिए धन का इन्तज़ाम करना चाहिए।

कपूरथला रियासत के राजकुमार अरुण सिंह मेटल बॉक्स और रेकिट एंड कोलमैन के लिए काम कर चुके थे। कैम्ब्रिज में ये राजीव गांधी के सहपाठी थे। राजीव के ही बुलावे पर अरुण सिंह ने 1982 में राजनीति में क़दम रखा था। 25 सितम्बर 1985 को राजीव गांधी ने पी.वी. नरसिम्हा राव से रक्षामन्त्री का पद ले लिया तथा ख़ुद ही रक्षामन्त्री का पदभार भी सँभाल लिया। अपने नायब के पद पर उन्होंने अरुण सिंह को तैनात किया। रक्षा मन्त्रालय द्वारा एक परिपत्र ज़ारी किया गया कि कोई भी व्यक्ति किसी रक्षा आपूर्तिकर्ता के बिचौलिये के रूप में सरकार से सम्पर्क नहीं करेगा और आगे से विभाग अथवा मन्त्रालय आपूर्तिकर्ता के साथ प्रत्यक्ष वार्ता किया करेगा। यह अनुमान लगाया गया था कि विदेशी रक्षा आपूर्तिकर्ताओं के प्रतिनिधियों के रूप में काम करने वाले ये बिचौलिये हर वर्ष हज़ारों करोड़ दलाली के रूप में अपनी जेब में डाल ले जाते थे। बिचौलियों को रास्ते से हटाने के बाद ये विदेशी आपूर्तिकर्ता दलाली की रक़म सीधे ही कांग्रेस पार्टी को प्रदान कर सकते थे। इस नयी व्यवस्था से तीन फ़ायदे हो जाते। पहला, केवल दो या तीन आपूर्तिकर्ताओं के साथ ही सम्पर्क करना पड़ता। दूसरा, जिसको भी अनुबन्ध मिलता वह सीधे ही कांग्रेस पार्टी को दलाली की रक़म पहुँचा देता। चूँकि बिचौलियों को हटा दिया गया था तो वे समझौते को प्रभावित भी नहीं कर सकते थे, इसलिए भारत को पहले से बेहतर अनुबन्ध मिलने की सम्भावनाएँ भी बढ़ गयी थीं। तीसरा, चूँकि रक्षा सौदे

कई-कई साल में एक बार करने पड़ते हैं इसलिए यह सम्भावना भी ख़त्म हो गयी थी कि एक ही आपूर्तिकर्ता के पास बार-बार जाना पड़ेगा।

बोफ़ोर्स अनुबन्ध के बाद हुए नाटक की पटकथा निःसन्देह वी.पी. सिंह ने लिखी थी। वे दहिया ज़मींदारी के राजा बहादुर के पुत्र थे तथा मांडा के राजा गोपाल सिंह ने उनको गोद ले लिया था। 1941 में 10 वर्ष की बाल्यावस्था में वी.पी. सिंह का राज्याभिषेक हो गया था। उन्होंने इलाहाबाद विश्वविद्यालय से विधि की पढ़ाई की और यहाँ के छात्रसंघ में वे उपाध्यक्ष भी चुने गये। उन्होंने पुणे के फ़र्गुसन कॉलेज से भौतिक विज्ञान में बी.एससी. की पढ़ाई भी की। वे कांग्रेस में शामिल हो गये और 1969 के उत्तर प्रदेश विधानसभा चुनावों में सोरोन की सीट पर विजयी हुए, सदन में उनको कांग्रेस पार्टी का मुख्य सचेतक बनाया गया। 1971 में वे सांसद चुने गये और इन्दिरा गांधी ने अपनी मन्त्रिपरिषद् में उन्हें उप वाणिज्य मन्त्री का पद प्रदान किया। आपातकाल के दौरान 1976 से 1977 तक वे देश के वाणिज्य मन्त्री भी रहे।

1980 में इन्दिरा केन्द्र और उत्तर प्रदेश दोनों ही जगह पुनः सत्ता में लौट आयीं। 330 विधायकों के साथ उत्तर प्रदेश देश का सबसे बड़ा राज्य था और इन्दिरा गांधी ने इसकी बागडोर वी.पी. सिंह के हाथ में दे दी। मांडा नरेश 1980 और 1982 के बीच उत्तर प्रदेश के मुख्यमन्त्री भी रहे। वी.पी. सिंह को चुनने के पीछे बड़ी वजह यह थी कि उनकी छवि एकदम साफ़-सुथरी थी और वे राजनैतिक गुटबाज़ी में भी नहीं फँसते थे। उनकी मन्त्रिपरिषद् में 49 सदस्य थे लेकिन 5-6 मन्त्रियों को छोड़कर अन्य कोई भी मन्त्री उनके नियन्त्रण में नहीं था। उन्होंने नौ बार अपनी मन्त्रिपरिषद् में फेरबदल करके अपने क़िस्म का एक नया कीर्तिमान स्थापित कर दिया। मुख्य सचिव के बारे में उनकी पसन्द को नकार दिया गया और अपने से वरिष्ठ 14 आईएएस अधिकारियों को लाँघकर आर.पी. खोसला मुख्य सचिव नियुक्त हुए, उस समय ये केन्द्र सरकार में अतिरिक्त सचिव के पद पर तैनात थे। आर.सी. टकरू अन्य ऐसे अभ्यर्थी थे जिनका चयन भी वी.पी. सिंह की मर्ज़ी के ख़िलाफ़ हुआ था। वे राज्य लोक सेवा आयोग से चुनकर आये थे और 1975 में उनको आईएएस कैडर में पदोन्नति दी गयी थी। हालाँकि वरिष्ठता सूची में वे 326वें स्थान पर थे, इसके बावजूद उनको गृहसचिव के पद पर तैनात कर दिया गया। क़ानून-व्यवस्था वी.पी. सिंह की पहली वरीयता थी और उन्होंने डकैतों के विरुद्ध एक अभूतपूर्व मुहिम शुरू कर दी। 1500 से ज़्यादा डकैतों को मौत के घाट उतार दिया गया। इस मुहिम में पुलिस का भी बड़ा नुक़सान हुआ और 133 पुलिसकर्मी शहीद हुए। उनके कार्यकाल के दौरान राज्य में चारों तरफ़ अफ़रा-तफ़री का माहौल

बना रहा। इस अव्यवस्था के कुछेक उदाहरणों पर एक नज़र डाल लेते हैं। मैनपुरी ज़िले के देहुली गाँव में राधे-सन्तोष गिरोह ने जाटव समुदाय के 24 लोगों की हत्या कर दी।[2] वहीं कानपुर ज़िले के बेहमी गाँव में मल्लाह जाति की डकैत फूलन देवी ने ठाकुर समुदाय के 21 लोगों को क़त्ल कर डाला।[3] 2001 में एक ठाकुर ने ही दिल्ली में गोली मारकर फूलन देवी की हत्या की। मार्च 1982 में उनको अपने बड़े भाई सी.एस.पी. सिंह (ये इलाहाबाद उच्च न्यायालय में न्यायाधीश थे) तथा भतीजे को खोना पड़ा। डकैतों ने गोली मारकर इन दोनों की हत्या कर दी थी। वी.पी. सिंह ने कहा कि उनके पद की क़ीमत उनके भाई को जान देकर चुकानी पड़ी थी।

वी.पी. सिंह ने किसी से सलाह-मशविरा किये बग़ैर ही अपना त्यागपत्र सीधे ही राज्यपाल के पास भेज दिया था। उनकी यह हरकत न तो इन्दिरा गांधी को पसन्द आयी और न ही कांग्रेस पार्टी के अन्य ताक़तवर नेताओं को। सितम्बर 1980 में जब मुरादाबाद और अलीगढ़ में साम्प्रदायिक हिंसा भड़क उठी थी तब भी उन्होंने अपना त्यागपत्र इन्दिरा गांधी के पास भेजा था लेकिन इन्दिरा ने उनका त्यागपत्र अस्वीकार कर दिया था। नवम्बर 1981 में राधे-शंकर गिरोह द्वारा की गयी हत्याओं के बाद भी उन्होंने त्यागपत्र देने की घोषणा की थी लेकिन पुलिस ने इन दोनों डकैतों को दबोच लिया और मुठभेड़ में 50 से ज़्यादा डकैत मारे गये। जब उन्होंने सार्वजनिक रूप से यह स्वीकार किया कि वे उत्तर प्रदेश में क़ानून-व्यवस्था बनाकर रखने में असफल रहे हैं तो वे अप्रत्यक्ष रूप से अन्य असफल मुख्यमन्त्रियों तथा केन्द्रीय मन्त्रियों पर भी उँगली उठा रहे थे। वी.पी. सिंह अपनी अलग ही शैली की राजनीति करते थे। हालाँकि उनका कोई बड़ा जनाधार नहीं था, इसके बावजूद अपने मुख्यमन्त्री काल के दौरान उन्होंने नौ में से सात उपचुनाव कांग्रेस पार्टी को जितवाये।

1983 में वी.पी. सिंह इन्दिरा गांधी की मन्त्रिपरिषद् में वाणिज्य मन्त्री बने। इन्दिरा की हत्या के बाद 1984 के आम चुनावों में राजीव को महाकाय जीत मिली। इन चुनावों में कांग्रेस पार्टी 414 सीटें जीत ले गयी। इन्हीं चुनावों में ही दो सीटें जीतकर भाजपा ने अपने संसदीय सफ़र की शुरुआत की थी। वी.पी. सिंह देश के वित्तमन्त्री बने और बड़े कड़क आईएएस अधिकारी भूरे लाल उनके सहायक नियुक्त हुए। प्रवर्तन निदेशालय (ईडी) वित्त मन्त्रालय के मातहत आता था और वी.पी. सिंह के निर्देश पर पहली बार यह विभाग क़ानून का राज स्थापित करने की आतुरता प्रदर्शित करने लगा था। व्यवसाय-राजनीति के गठजोड़ की कमर टूटने लगी थी। दशकों से उद्योगपति कांग्रेस पार्टी को मदद देते आ रहे थे, लेकिन अब इनको भी नियम-क़ानून की अनुपालना करने के लिए मजबूर किया जाने लगा। इसी दौरान

मंच पर एक नया किरदार भी उभर रहा था जो बाबूशाही को जवाब देना पसन्द नहीं करता था। यह नया किरदार था धीरूभाई अम्बानी। ये अपने काम के नेता पाल के रखते थे। बहुत कम राजनेता धीरूभाई को न कहने की हिम्मत कर पाते थे। जब ईडी ने धीरूभाई की कम्पनी रिलायंस की जाँच शुरू की और अमिताभ बच्चन से पूछताछ की तो राजीव सरकार में वी.पी. सिंह का भविष्य तय हो गया था। यह कोई संयोग नहीं है कि इस घटना के बाद वी.पी. सिंह तथा राजीव गांधी के बीच तनातनी बढ़ने लगी थी।

अब यह समस्या उत्पन्न होने लगी थी कि मिस्टर क्लीन वी.पी. सिंह को हटाकर कहाँ पर पदस्थ किया जाये क्योंकि ये कांग्रेस के सबसे बड़े मिस्टर क्लीन राजीव गांधी की छवि के लिए ख़तरा बनते जा रहे थे। राजीव गांधी कांग्रेस में विद्यमान अवसरवाद और भ्रष्टाचार का ख़ात्मा करने का दम भरते थे। चूँकि वे पुराने राजनेता नहीं थे इसलिए उनका अतीत भी कलुषमुक्त था। जब बोफ़ोर्स अनुबन्ध पर हस्ताक्षर हुए तब राजीव गांधी देश के रक्षामन्त्री थे। उन्होंने वी.पी. सिंह के साथ पदों की अदला-बदली करने का फ़ैसला किया। जनवरी 1987 में राजीव गांधी वित्तमन्त्री बने तथा वी.पी. सिंह रक्षा मन्त्रालय में जा पहुँचे। वे कुल 78 दिन तक ही रक्षामन्त्री रह पाये। 12 अप्रैल 1987 को इन्होंने एच डी डब्ल्यू (होवाल्डस्वर्क-डोएच-वर्फ्टसबमरीन) सौदे के कारण इस्ती!फ़ा दिया था, बोफ़ोर्स समझौते की वजह से नहीं। जब उन्हें सूचना मिली कि 32.55 करोड़ रुपये की दलाली दी गयी है (जो कि कुल अनुबन्ध का लगभग 7 प्रतिशत बनती थी) तो उन्होंने इस सौदे के ऊपर जाँच बिठा दी। अरुण सिंह, एन.डी. तिवारी तथा कांग्रेस के अन्य कद्दावर नेताओं ने बन्द कमरे में मुलाक़ात की तथा राजीव गांधी को यह समझाने की कोशिश की कि वी.पी. सिंह ख़ुद को पाक-पवित्र साबित करने का दिखावा कर रहा है और दूसरा मिस्टर क्लीन बनकर राजीव का विकल्प बनना चाहता है। वह ख़ुद को ईमानदारी और सदाचार के नमूने के रूप में स्थापित करने का प्रयास कर रहा था। काफ़ी झिझक के बाद राजीव वी.पी. सिंह का इस्तीफ़ा माँगने के लिए राज़ी हो गये।

कांग्रेस के बहुत से कार्यकर्ता, सांसद तथा मन्त्री पार्टी की कार्यप्रणाली से ख़ुश नहीं थे। मोहम्मद सईद, विद्याचरण शुक्ला, रामधन, आरिफ़ मुहम्मद खान, सत्यपाल मलिक, अरुण नेहरू आदि इस समूह में शामिल थे। वी.पी. सिंह के नेतृत्व में इन्होंने कांग्रेस छोड़ दी और 'जन मोर्चा' के नाम से एक नया राजनैतिक दल बना लिया। यह समूह जयप्रकाश नारायण की तर्ज़ पर सम्पूर्ण क्रान्ति की बात करता था और उच्च पदों पर व्याप्त भ्रष्टाचार को ख़त्म करने की माँग करता था। वी.पी. सिंह

के बारे में नारा बुलन्द किया गया कि *'राजा नहीं फ़क़ीर है, देश की तक़दीर है।.'* जब सिनेमा सितारे अमिताभ बच्चन ने लोकसभा से इस्तीफ़ा दिया तो इस समूह को अपनी ताक़त आज़माकर देखने का मौक़ा भी उपलब्ध हो गया।

इन्दिरा गांधी की हत्या के बाद राजीव गांधी के अनुरोध पर अमिताभ बच्चन ने राजनीति में आने का निर्णय लिया। गांधी तथा बच्चन परिवार के बीच पुरानी मित्रता थी, शादी से पहले सोनिया जब भारत आती थीं तो वे बच्चन परिवार के साथ ही ठहरा करती थीं। 1984 में अमिताभ बच्चन ने इलाहाबाद से चुनाव लड़ा, इनको 68.21 प्रतिशत मत मिले और ये 1,87,795 मतों के विशाल अन्तर के साथ विजयी हुए। उन्होंने उत्तर प्रदेश के कद्दावर नेता तथा भूतपूर्व मुख्यमन्त्री हेमवतीनन्दन बहुगुणा को शिकस्त दी थी। अमिताभ बच्चन द्वारा स्थापित किया गया मत-अन्तर का यह कीर्तिमान आज तक कोई तोड़ नहीं पाया है, हालाँकि लाल बहादुर शास्त्री, वी.पी. सिंह और मुरली मनोहर जोशी जैसे पुरोधा इलाहाबाद से चुनाव लड़ चुके हैं। 2019 की मोदी लहर में हेमवती नन्दन बहुगुणा की पुत्री रीता बहुगुणा जोशी ने इलाहाबाद से चुनाव लड़ा और इनको 4,94,454 मत मिले। लेकिन अमिताभ बच्चन द्वारा स्थापित किया गया कीर्तिमान ये भी नहीं लाँघ पायीं।

बाद में अपने इस्तीफ़े के बारे में अमिताभ ने अलग-अलग वजहें बतायीं। उन्होंने कहा कि वे अपने प्रशंसकों तथा पार्टी की वफ़ादारी में से किसी एक को चुनने के लिए मजबूर हो गये थे। हो सकता है उनके प्रशंसक विरोधी दलों के समर्थक हों। लेकिन अब उनको ज़िम्मेदारी दी गयी कि वे अपने प्रशंसकों को कांग्रेस पार्टी का समर्थक बनायें। उनको यह बात ठीक नहीं लग रही थी। उनको लगने लगा कि अभिनेता के लिए राजनीति सही पेशा नहीं। लेकिन आम मान्यता यही थी कि बोफ़ोर्स घोटाले में नाम आने के कारण उन्होंने इस्तीफ़ा दिया था। राजीव गांधी की मन्त्रिपरिषद् में रहते हुए ही वी.पी. सिंह ने इलाहाबाद में एक भाषण दिया था और फ़ब्ती लेने के लिए उन्होंने समय का भी सही चयन किया था। उन्होंने चेतावनी दी कि विदेशों में धन जमा करने वालों को भी बख्शा नहीं जायेगा, उन्हीं दिनों अमिताभ के भाई अजिताभ ने स्विट्ज़रलैंड में अनिवासी स्थिति हासिल की थी।

16 जून 1988 को इलाहाबाद उपचुनाव का आयोजन किया गया और यह भारतीय राजनीति में मील का पत्थर साबित हुआ। वी.पी. सिंह विपक्षी उम्मीदवार थे और उनके विरुद्ध कांग्रेस ने लाल बहादुर शास्त्री के बेटे सुनील शास्त्री को मैदान

में उतारा था। पूरे देश से बड़े-बड़े नेता इलाहाबाद पहुँचने लगे, कांग्रेस के दिग्गज भी आ पहुँचे। बड़ा भीषण अभियान चलाया गया। देवीलाल ने 200 पगड़ीबन्द समर्थकों के साथ मोटरसाइकिल यात्रा निकाली जिसको मीडिया में बड़ी लोकप्रियता मिली। इनको ग्रीन ब्रिगेड का नाम दिया गया। वी.पी. सिंह की जीत हुई और साथ ही मुख्यमन्त्री वीर बहादुर सिंह की कुर्सी भी जाती रही। उनकी जगह पर एन.डी. तिवारी को मुख्यमन्त्री बनाया गया।

11 अक्तूबर 1988 को जन मोर्चा, जनता पार्टी, लोक दल तथा कांग्रेस (एस) का विलय हो गया और इन्होंने जनता दल की स्थापना की, यह जयप्रकाश नारायण का जन्मदिन भी था। यह संकेत किया गया कि वी.पी. सिंह की अध्यक्षता में जनता दल भ्रष्टाचार के विरुद्ध संघर्ष करेगा। दूसरे चरण में नेशनल फ्रंट का गठन किया गया और जनता दल, डीएमके, तेलुगू देशम तथा असम गण परिषद् इस गठबन्धन में शामिल हो गये। वी.पी. सिंह नेशनल फ्रंट के संयोजक, एन.टी. रामाराव अध्यक्ष तथा पी. उपेन्द्र महासचिव नियुक्त किये गये। बोफ़ोर्स घोटाले को मुद्दा बनाकर नेशनल फ्रंट ने 1989 के आम चुनावों में अपना प्रचार अभियान शुरू कर दिया। भाजपा, भाकपा तथा माकपा के साथ इन्होंने एक प्रकार का चुनावी तालमेल भी स्थापित कर लिया था।

1989 के लोकसभा चुनावों में किसी भी दल को प्रत्यक्ष बहुमत नहीं मिला। जनता दल को 143 सीटें (17.79 प्रतिशत मत) प्राप्त हुईं; साथ ही वी.पी. सिंह की लहर पर सवार होकर भाजपा भी 2 से 85 सीटों (11.36 प्रतिशत मत) पर जा पहुँची। माकपा को 33 सीटें (6.55 प्रतिशत मत) तथा भाकपा को 12 सीटें (2.57 प्रतिशत मत) मिलीं। इस प्रकार इन सबकी मिली-जुली संख्या 273 पर पहुँच गयी और ये 545 सदस्यीय लोकसभा में सरकार बनाने की स्थिति में आ गये। 38.27 प्रतिशत मत पाकर इन दलों ने 273 सीटें जीती थीं। 2014 में तो भाजपा ने चुनावी अंकगणित की एक अलग ही परिभाषा गढ़ डाली। भाजपा को केवल 31.34 प्रतिशत मत मिले थे लेकिन इसके बावजूद यह 282 सीटें जीतकर एकतरफ़ा बहुमत हासिल करने में कामयाब रही। चुनावी अंकगणित का अजब खेल हमें 1989 के चुनावों में भी देखने को मिलता है। कांग्रेस ने 39.53 प्रतिशत मत प्राप्त किये थे और 197 सीटें जीतकर यह देश की सबसे बड़ी पार्टी बनकर उभरी थी लेकिन इसके बावजूद कांग्रेस को विपक्ष में बैठना पड़ा। सीट संख्या और मत प्रतिशत के आँकड़े कभी-कभी जनभावना के बारे में उचित तस्वीर प्रस्तुत नहीं करते।

1 दिसम्बर 1989 को जनता दल की संसदीय समिति की बैठक हुई। इससे एक दिन पहले दिग्गजों के बीच हुई एक बैठक के दौरान चन्द्रशेखर वी.पी. सिंह को प्रधानमन्त्री न बनाने पर अड़े हुए थे। वी.पी. सिंह भी बहुत बार यह बयान दे चुके थे कि प्रधानमन्त्री पद में उनकी कोई रुचि नहीं। वे भ्रष्टाचार के विरुद्ध लड़ने वाले एक धर्मयोद्धा, व्यवस्था में बदलाव लाने तथा समानता स्थापित करने वाले नेता की छवि बनाने के प्रयास में लगे हुए थे। आमजन उनके साथ सहानुभूति रखते थे। वे जयप्रकाश नारायण तथा गांधी के मार्ग का अनुसरण करना चाहते थे। अन्त में देवीलाल के नाम पर समझौता कर लिया गया। लेकिन देवीलाल ने पलटी मार दी और अपने भाषण में यह कह दिया कि प्रधानमन्त्री तो वी.पी. सिंह को ही बनना चाहिए क्योंकि लोगों ने उन्हीं के नाम पर जनता दल को मत दिया है। चन्द्रशेखर के चेहरे पर नाराज़गी साफ़ झलक रही थी, वे बैठक छोड़कर चले गये। 2 दिसम्बर को वी.पी. सिंह ने प्रधानमन्त्री पद की शपथ ली और उनके साथ ही देवीलाल ने भी उपप्रधानमन्त्री पद की शपथ ली। वे भारत के ऐसे पहले प्रधानमन्त्री थे जो बहुमत के बाहरी समर्थन से अल्पमत की सरकार चला रहे थे।

पाँच राज्यों में जनता दल की सरकार बनी–हरियाणा, गुजरात, उत्तर प्रदेश, बिहार तथा ओड़िशा। आन्ध्र प्रदेश तथा असम में नेशनल फ्रंट की सरकार बनी। ई. के. नयनार केरल के मुख्यमन्त्री बने और उन्होंने जनता दल के साथ सत्ता साझा की जबकि राजस्थान में भाजपा के भैरों सिंह शेखावत मुख्यमन्त्री बने और जनता दल ने इनको बाहरी समर्थन प्रदान किया। भाजपा ने पहली बार किसी राज्य में अपने दम पर सरकार बनायी थी। लोकतन्त्र की एक ख़ूबी यह होती है कि इसके अन्तर्गत विधानसभा के द्वारा मुख्यमन्त्री का चयन किया जाये, हाईकमान को अपनी मर्ज़ी का नेता मुख्यमन्त्री की कुर्सी पर नहीं थोपना चाहिए। यह प्रक्रिया आख़िरी बार बिहार तथा उत्तर प्रदेश में अमल में लायी गयी थी। उत्तर प्रदेश में विधानसभा का नेता तथा अन्ततः मुख्यमन्त्री बनने के लिए मुलायम सिंह यादव तथा अजित सिंह के बीच मुक़ाबला हुआ। इस मुक़ाबले में वी.पी. सिंह ने अजित सिंह को समर्थन दिया तो देवीलाल मुलायम के पक्ष में खड़े हो गये। बिहार में भी विधानसभा में जनता दल का नेता चुनने के लिए काँटे की टक्कर हुई। दलित पृष्ठभूमि से आये रामशरण दास को वी.पी. सिंह का समर्थन हासिल था और उनकी जीत निश्चित समझी जा रही थी। चूँकि मुलायम उत्तर प्रदेश के मुख्यमन्त्री बन चुके थे इसलिए बिहार में उनके जातिभाई लालू की दावेदारी काफ़ी कमज़ोर हो गयी थी। देवीलाल तथा शरद यादव

ने लालू के पीछे ताक़त झोंक दी। शरद यादव पिछड़ों को, विशेषकर यादवों को, आगे लाने का भरसक प्रयास किया करते थे। चूँकि वी.पी. सिंह ने रामशरण दास के सर पर वरद्हस्त रख दिया था इसलिए लालू के पक्ष में चन्द्रशेखर की मदद ली गयी। वे पहले से ही वी.पी. सिंह के प्रधानमन्त्री बन जाने से नाराज़ थे, इसलिए फ़ौरन ही वी.पी. की जड़ें काटने के लिए तैयार हो गये। सवर्ण वोटों में कटौती करने के लिए चन्द्रशेखर ने रघुनाथ झा को तीसरे उम्मीदवार के रूप में मैदान में उतार दिया। सवर्ण विधायक रामशरण दास के पक्ष में मतदान करने का मन बना चुके थे लेकिन बाद में उनमें से बहुत से लोगों ने रघुनाथ झा को मत दिया। अन्ततः रघुनाथ झा को 13 मत मिले और 3 मतों से लालू यादव चुनाव जीत गये। इसके बाद तो जो हुआ वह सर्वज्ञात है।

वी.पी. सिंह कांग्रेसी राज के तथाकथित कुशासन की सभी निशानियों को मिटा डालने की जल्दी में रहते थे। उन्होंने जो निर्णय लिए उनका भारत के भविष्य पर दूरगामी प्रभाव पड़ा। यहाँ हम मण्डल आयोग के अतिरिक्त तीन अन्य महत्त्वपूर्ण निर्णयों पर चर्चा करेंगे। पहले तो भारतीय शान्ति सेना को तुरन्त प्रभाव से श्रीलंका से वापिस बुला लिया गया। सेना को श्रीलंका भेजने का उद्देश्य हासिल नहीं हो पाया था और आगे चलकर लिट्टे (लिबरेशन टाइगर्स ऑफ़ तमिल ईलम) राजीव गांधी की हत्या करने में सफल रहा। दूसरा निर्णय पंजाब समस्या के सम्बन्ध में लिया गया। सिख समुदाय का तुष्टिकरण करने के लिए वी.पी. सिंह स्वर्ण मन्दिर गये और माफ़ी माँगी। सिद्धार्थ शंकर रे पंजाब के राज्यपाल थे। वे मज़बूत एवं सक्षम व्यक्तित्व के धनी थे तथा पश्चिम बंगाल के मुख्यमन्त्री के रूप में प्रशासन का अच्छा अनुभव हासिल कर चुके थे। उनकी जगह एक सेवानिवृत्त आईएएस अधिकारी एन.के. मुखर्जी को पंजाब का राज्यपाल नियुक्त किया गया। पंजाब में शान्ति स्थापित करने तथा राज्य को फिर से प्रगति के मार्ग पर अग्रसर करने में एक दशक से अधिक समय लग गया। तीसरा निर्णय जॉर्ज फ़र्नांडीस के सम्बन्ध में लिया गया, इनको आपातकाल के बाद के दौर में कुशलतम नेताओं में शुमार किया जा सकता है। इनको कश्मीर मामलों का कार्यभारी मन्त्री बनाया गया। जॉर्ज बड़ोदा डायनामाइट मामले में मुख्य अभियुक्त थे। ये बड़े प्रभावशाली मज़दूर नेता रहे थे और इनके ही नेतृत्व में 1974 में पूरे देश में रेलवे का चक्काजाम किया गया था। महाराष्ट्र की राजनीति में इनका बाला साहेब तथा शरद पवार के साथ संघर्ष चलता रहता था लेकिन इन दोनों के साथ इनकी व्यक्तिगत घनिष्ठता भी इतनी थी कि ये बिना बुलाये-बताये इन दोनों के घर भी पहुँच जाते थे। तिब्बत तथा म्यांमार की

स्वतन्त्रता के संघर्ष में लगे हुए कार्यकर्ता इनके घर को अपने मुख्यालय की तरह इस्तेमाल करते थे। आंग सान सू की का स्वतन्त्रता संघर्ष इनके घर से ही चलाया जा रहा था। जॉर्ज ने कश्मीर का दौरा करना शुरू कर दिया लेकिन उनका सबके साथ बातचीत करने–यहाँ तक कि उग्रवादियों के साथ भी–का ग़ैर-परम्परागत ढंग बहुत से लोगों को अखरने लगा था। अलग-अलग धड़ों के नेताओं के साथ वार्ता करने के लिए ये अकेले ही निकल जाया करते थे। वे हालात को समझना चाहते थे तथा बातचीत के द्वारा सम्पर्क-सूत्रों को पुनः जोड़ने के प्रयास में संलग्न थे। भाजपा सरकार को बाहरी समर्थन प्रदान कर रही थी, वे जॉर्ज की जगह पर भाजपा विचारधारा के जगमोहन मल्होत्रा को मनोनीत करवाने में सफल रही। जगमोहन को जम्मू-कश्मीर का राज्यपाल नियुक्त कर दिया गया। जॉर्ज को बताये बिना ही बड़ी बेरुख़ी के साथ उनको पद से हटा दिया गया। जॉर्ज जब भुवनेश्वर यात्रा पर थे तब वी.पी. सिंह ने कश्मीर मामलों का कार्यभार उनसे ले लिया। यहाँ यह भी स्पष्ट कर दें कि कश्मीरी पण्डितों का पलायन जगमोहन के कार्यकाल में हुआ था। यह त्रासदी आज भी भारत को टीस देती है।

मण्डल आयोग पर चर्चा करने से पहले हमें यह समझ लेना चाहिए कि वी.पी. भी चाणक्य जैसी ही शातिर राजनैतिक समझ रखते थे। वे न तो जननेता थे और न ही सर्वसम्मानित राजमर्मज्ञ माने जाते थे। उनके बारे में कहा जाता था कि उनके सहयोगी तो बहुत थे लेकिन दोस्त कोई नहीं। उनके बड़े भाई सन्तबख्श सिंह 1967 तथा 1971 में फतेहपुर से सांसद रह चुके थे। उन्होंने ही इन्दिरा के साथ वी.पी. का परिचय करवाया था। सन्तबख्श ऑक्सफ़ोर्ड से पढ़े हुए थे तथा वैश्विक मामलों में इन्दिरा गांधी उनसे सलाह लिया करती थीं। ऐसा माना जाता है कि जब इन्दिरा ने 1980 में सन्तबख्श को टिकट देने से इनकार किया तो उनके इस इनकार में वी.पी. ने भी अपनी भूमिका निभाई थी। 1989 तथा 1991 में वे अपने भाई के निर्वाचन क्षेत्र से चुनाव जीत कर आये। अपना हित साधने तथा अपनी छवि को दूसरों से अलहदा एवं बेहतर बनाकर प्रस्तुत करने की उनकी इच्छा के कारण ही 1989 के चुनावों में राजीव गांधी को हार का सामना करना पड़ा। जनमोर्चा में उनका एक भी ऐसा साथी नहीं था जो व्यापक जनाधार रखता हो। उनके सभी साथियों का प्रभाव केवल अपने-अपने निर्वाचन क्षेत्र तक ही सीमित था। जब जनता दल का गठन हुआ तो विपक्ष के बड़े-बड़े नेता इसमें शामिल हो गये। शक्ति-सन्तुलन अपने पक्ष में बनाये रखने के लिए उन्होंने भाजपा को अधिक संख्या में सीटें प्रदान कीं जबकि

1984 में भाजपा केवल 2 सीट की पार्टी थी। जनता दल के पुराने वफ़ादारों की सीटें काटकर भाजपा को ये सीटें प्रदान की गयी थीं। और जब भाजपा ने जनता दल की सरकार को बिना शर्त समर्थन देने से इनकार किया तो इनकी असल मंशा भी सबके सामने ज़ाहिर हो गयी। आडवाणी ने घोषणा कर दी कि वे सरकार के 'ब्रेक तथा एक्सेलरेटर' दोनों की ही भूमिका निभाएँगे। इसके बावजूद अपने स्वार्थ की सिद्धि के लिए वी.पी. ने भाजपा को आवश्यकता से अधिक महत्त्व प्रदान किया। आज के दिन भाजपा हमें अपराजेय नज़र आती है, वी.पी. सिंह के दौर में ही इसकी शक्ति का उभार शुरू हुआ था। उनके सहयोग से भाजपा 85 सांसदों तक पहुँच गयी। वी.पी. सिंह का प्रधानमन्त्री-काल भाजपा के लिए संजीवनी साबित हुआ। *इंडिया टुडे* को दिये एक साक्षात्कार के दौरान वी.पी. सिंह ने कहा था : 'मेरी तो यही इच्छा है कि मैं महाभारत के बलराम वाली भूमिका निभाऊँ।' इसलिए यह अब तक एक रहस्य बना हुआ है 30 नवम्बर की रात को ऐसा क्या घटा कि बार-बार प्रधानमन्त्री पद को नकारने वाले वी.पी. सिंह अन्ततः प्रधानमन्त्री बनने के लिए राज़ी गये।

टिप्पणियाँ

1. फ्रांसीसी तोपों के स्थान पर भारत ने स्वीडन की बोफ़ोर्स कम्पनी के साथ 155 एमएम होवित्ज़र तोपों की आपूर्ति के अनुबन्ध पर हस्ताक्षर किये थे। ऐसा आरोप लगाया जाता है कि इस अनुबन्ध को हासिल करने के लिए बोफ़ोर्स ने दलाली खिलाई थी।
2. ठाकुर जाति के राधे और श्याम तथा उनके साथ सोलह अन्य डकैतों का गिरोह।
3. बैंडिट क्वीन के नाम से मशहूर फूलन देवी ने 1983 में आत्मसमर्पण कर दिया। आगे चलकर ये दो बार सांसद चुनी गयीं।

अध्याय ग्यारह

बन्धनमुक्त भारत

नरसिम्हा राव तथा स्टॉक बाज़ार घोटाला
21 मई 1991, मंगलवार

नरसिम्हा राव की सरकार को भले-बुरे-भद्दे, सभी प्रकार के निर्णयों के लिए याद किया जाता रहेगा। प्रधानमन्त्री इन्दिरा गांधी की हत्या के थोड़े समय बाद ही लोकसभा की 541 सीटों के लिए चुनावों का आयोजन किया गया। चुनाव दो चरण में हुए थे। पहले चरण में 514 सीटों पर मतदान हुआ। पंजाब तथा असम की 27 सीटों पर दूसरे चरण में मतदान करवाया गया। इन्दिरा गांधी की हत्या के बाद देश के लोगों की सद्भावना राजीव गांधी के साथ जुड़ गयी थी जिसके परिणामस्वरूप कांग्रेस को अभूतपूर्व जीत हासिल हुई। कांग्रेस को 49.10 प्रतिशत मत मिले और इसने 414 सीटें जीतीं–मुझे ऐसा लगता है कि भविष्य में भी इस कीर्तिमान को तोड़ा नहीं जा सकेगा। तेलुगू देशम दूसरी सबसे बड़ी पार्टी बनकर उभरी–इनको

4.31 प्रतिशत मत तथा 30 सीटें मिलीं। भारतीय जनता पार्टी केवल दो सीटें जीत पायी–डॉ. ए.के. पटेल गुजरात में मेहसाणा से विजयी हुए तथा चंदूपटला जे. रेड्डी ने आन्ध्र प्रदेश की हनमकोंडा सीट जीती थी। रेड्डी ने कांग्रेसी नेता नरसिम्हा राव को पटखनी दी थी, इन्दिरा-सद्भावना की लहर के बावजूद नरसिम्हा राव जीतने में नाकाम रहे। 1989 में हुए अगले लोकसभा चुनावों में यही चंदूपटला जे. रेड्डी तेलुगू देशम तथा जनता दल गठबन्धन के उम्मीदवार बनकर खड़े हुए थे लेकिन कांग्रेस के कमालुद्दीन अहमद से हार गये। लोकतन्त्र में ऐसे-ऐसे चुनाव परिणाम सामने आ जाते हैं जो अक़्ल और तर्क के सभी पैमानों की हवा निकाल देते हैं। 1984 के चुनावों में भाजपा को केवल दो सीटें मिली थीं लेकिन 7.74 प्रतिशत मत लेकर यह देश की दूसरी सबसे लोकप्रिय पार्टी बनने में कामयाब रही थी। विडम्बना देखिए कि इन्हीं चुनावों में दो-दो सीटें प्राप्त करने वाली अन्य पार्टियों का मत प्रतिशत बहुत कम रहा था–ऑल इंडिया फॉरवर्ड ब्लॉक को 0.45 प्रतिशत मत मिले, इंडियन यूनियन मुस्लिम लीग को 0.28 प्रतिशत तथा केरल कांग्रेस (जोसेफ) को केवल 0.25 प्रतिशत मत हासिल हुए थे।

1991 में जब दसवें लोकसभा चुनाव हुए तब तक लड़ाई त्रिकोणीय बन चुकी थी। भंग की गयी लोकसभा में कांग्रेस मुख्य विपक्षी दल थी, आडवाणी की रथयात्रा के बाद भाजपा हिन्दू वोटों का दम भरने लगी थी तथा मण्डल आयोग लागू करने के बाद वी.पी. की अध्यक्षता में जनता दल पिछड़ा वर्ग के वोटों के एकजुट हो जाने पर उम्मीद बाँधकर बैठी था। जम्मू-कश्मीर तथा पंजाब की 19 सीटों पर चुनाव को भविष्य के लिए स्थगित कर दिया गया था इसलिए 1991 के लोकसभा चुनावों में 524 सीटों पर मतदान हुआ। सरकार बनाने के लिए 263 की संख्या दरकार थी। पहले चरण में 211 सीटों के लिए मतदान हुआ और इसके एक दिन बाद ही भारत के भूतपूर्व प्रधानमन्त्री राजीव गांधी की हत्या कर दी गयी। इसके कारण दूसरे तथा तीसरे चरण के मतदान को 12 एवं 15 जून 1991 तक स्थगित कर दिया गया। राजीव गांधी की हत्या के कारण मिली सद्भावना के कारण कांग्रेस 232 सीटें जीत पाने में कामयाब रही लेकिन इसको सरकार बनाने के लिए अभी भी 31 सीटों की आवश्यकता थी। इस संख्या की भरपाई साम्यवादियों ने कर दी। रामजन्मभूमि के मुद्दे पर चुनाव लड़ रही भाजपा ने 120 सीटें जीतीं तथा यह मुख्य विपक्षी दल बनकर उभरी। जनता दल बहुत से धड़ों में टूट गया। वी.पी. सिंह की अध्यक्षता में जनता दल के मूल धड़े ने 69 सीटें जीतीं। आगे चलकर जब जनवरी 1992 में

कांग्रेस ने पंजाब की 13 में से 12 सीटें जीत लीं तो इसकी कुल सीट संख्या 244 पर पहुँच गयी।

जब दसवीं लोकसभा के चुनाव हो रहे थे तो पी.वी. नरसिम्हा राव दिल्ली से अपना बोरिया-बिस्तरा समेटने की तैयारी कर रहे थे, वे आन्ध्र प्रदेश वापिस जाकर सेवानिवृत्त जीवन बिताने का मन बना चुके थे। लेकिन राजीव गांधी की हत्या हो जाने के कारण उन्हें कांग्रेस का अन्तरिम अध्यक्ष बनाया गया। राजनेता यह भली-भाँति जानते थे कि राजीव गांधी को श्रद्धांजलि देने के लिए लोग सद्भावानावश झोलियां भर-भरकर कांग्रेस पार्टी को वोट देने वाले थे। राजीव के बाद तो गांधी परिवार का कोई सद्स्य दूर-दूर तक राजनीति में नज़र नहीं आता था। प्रधानमन्त्री पद के लिए तीन नेताओं की उम्मीदवारी मज़बूत मानी जा रही थी–शरद पवार, अर्जुन सिंह, तथा एन.डी. तिवारी। हालाँकि कांग्रेस से सबसे अधिक सांसद महाराष्ट्र से ही आये थे लेकिन इसके बावजूद शरद पवार ने अपना नाम वापिस ले लिया। अर्जुन सिंह तथा राव में यह समझौता हो गया कि प्रधानमन्त्री बनते ही राव कांग्रेस अध्यक्ष का पद ख़ाली कर देंगे तथा यह पद अर्जुन सिंह को प्रदान कर दिया जायेगा। यह अलग बात है कि नरसिम्हा राव जब तक देश के प्रधानमन्त्री रहे तब तक वे कांग्रेस अध्यक्ष की कुर्सी से भी चिपक कर बैठे रहे, अर्जुन सिंह को मौक़ा दिया ही नहीं। एन. डी. तिवारी के पास प्रधानमन्त्री बनने की सभी अर्हताएँ मौजूद थीं। वे देश के सबसे बड़े राज्य के मुख्यमन्त्री रहे थे और इस प्रकार आवश्यक प्रशासनिक अनुभव प्राप्त कर चुके थे तथा केन्द्रीय मन्त्री के रूप में भी उनकी निपुणता को स्वीकार जाता था। वे हिन्दीपट्टी के सबसे बड़े राज्य उत्तर प्रदेश से आते थे तथा ब्राह्मण जाति में जन्मे थे, हालाँकि उनकी इस अन्तिम अर्हता को कभी खुले शब्दों में अभिव्यक्त नहीं किया जाता था। एनडीटी ने नैनीताल लोकसभा सीट से चुनाव लड़ा था। यहाँ से भाग्य का खेल शुरू होता है। नैनीताल में 20 मई 1991 को मतदान हुआ था तथा इसके ठीक अगले दिन ही 21 मई को राजीव गांधी की हत्या कर दी गयी। इसलिए एनडीटी को राजीव गांधी की हत्या के बाद बनी सद्भावना लहर का कोई फ़ायदा नहीं हुआ। भाजपा के तीस वर्षीय युवा नेता बलराज पासी ने एनडीटी को 11,429 वोटों से पटखनी दे दी। उन दिनों लोकसभा चुनाव हारने वाले को मन्त्री पद तक के लिए स्वीकार नहीं किया जाता था, प्रधानमन्त्री पद की तो बात ही अलग है। नरसिम्हा राव ने तो 1991 में चुनाव भी नहीं लड़ा था। लेकिन पहले उनको कांग्रेस अध्यक्ष बनाया गया और बाद में जब उन्होंने 21 जून 1991 को प्रधानमन्त्री पद की शपथ ली तो एन.डी. तिवारी के सारे सपने चकनाचूर हो गये। प्रधानमन्त्री रहते

हुए उन्होंने आन्ध्र प्रदेश प्रदेश की नंदयाल सीट से चुनाव लड़ा तथा बड़े अन्तर से विजयी हुए। उनके लिए नंदयाल की सीट गंगुला प्रताप रेड्डी ने ख़ाली की थी। यह भी एक अजब संयोग है कि एनडीटी को पटखनी देने वाले बलराज पासी तथा नरसिम्हा राव से लिए अपनी सीट का बलिदान देने वाले जी.पी. रेड्डी इसके बाद ज़िन्दगी में कभी सांसद नहीं बन पाये।

नरसिम्हा राव के पंचवर्षीय कार्यकाल के दौरान उनके ख़िलाफ़ तीन बार अविश्वास प्रस्ताव लाया गया और वे इन तीनों मौक़ों पर सदन का विश्वास जीतने में कामयाब रहे। हर्षद मेहता स्टॉक मार्केट घोटाला सामने आने के बाद जुलाई 1992 में नरसिम्हा राव के ख़िलाफ़ अविश्वास प्रस्ताव लाया गया। इस प्रस्ताव के पक्ष में 215 मत पड़े तथा 267 मत लेकर नरसिम्हा राव अपनी सरकार बचाने में कामयाब रहे। उसी साल दिसम्बर में जब बाबरी मस्जिद का विध्वंस किया गया तो उसके फ़ौरन बाद दूसरा अविश्वास प्रस्ताव लाया गया। सभी ग़ैर-भाजपाई दल ख़ुद को भाजपा-विरोधी दिखाने की कोशिश कर रहे थे लेकिन जब मतदान हुआ तो यह प्रस्ताव पिछले प्रस्ताव से भी अधिक असफल साबित हुआ। प्रस्ताव के पक्ष में 106 मत पड़े तथा विरोध में 334। जुलाई 1993 में माकपा के अजय मुखोपाध्याय भ्रष्टाचार के मुद्दे पर सरकार के ख़िलाफ़ तीसरा अविश्वास प्रस्ताव लेकर आये। यह प्रस्ताव नरसिम्हा राव की सबसे कड़ी परीक्षा साबित हुआ। 20 जुलाई को इस प्रस्ताव पर सदन में बहस शुरू हुई तथा 28 जुलाई तक चलती रही। बाहरी समर्थन का अंकगणित तथा कांग्रेस पार्टी के अन्दर का रसायन शास्त्र दोनों ही नरसिम्हा राव के ख़िलाफ़ जाते नज़र आ रहे थे। अर्जुन सिंह के नेतृत्व में एक शक्तिशाली धड़ा बन चुका था तथा ये नरसिम्हा राव की रुख़सती करवाने के लिए ताने-बाने बुन रहे थे। पिछले दो प्रस्तावों के दौरान तो नरसिम्हा राव आसानी से बच निकले थे लेकिन इस प्रस्ताव को वामपन्थी दलों तथा हिन्दू पुनर्जागरण के मुद्दे पर बने दक्षिणपन्थी दल भाजपा का समर्थन प्राप्त था। भाजपा सदन में दूसरी सबसे बड़ी पार्टी भी थी। भाजपा भी भ्रष्टाचार के मुद्दे पर विपक्ष के साथ आ गयी। इसने थोड़े समय के लिए हिन्दू तथा राममन्दिर के मुद्दों को निचले पायदान पर डाल दिया और अपना ध्यान यह प्रदर्शित करने में लगा दिया कि भाजपा भी नैतिकता तथा सिद्धान्तों की कद्र करती है तथा एक भ्रष्ट सरकार को बर्दाश्त नहीं करना चाहती। यह कट्टर राजनैतिक प्रतिद्वन्द्वियों का गठबन्धन था। सरकार के बचने की कोई उम्मीद नहीं दिखती थी। नरसिम्हा राव तो बहस के दौरान संसद में आये तक नहीं। मतदान से पहले जब उन्होंने भाषण दिया तो उस भाषण में उनकी निरुद्देश्यता स्पष्ट झलकती थी। लेकिन

जब नतीजे सामने आये तो सबके होश उड़ गये–प्रस्ताव के पक्ष में 251 मत पड़े जबकि सरकार को 265 मत मिले। नरसिम्हा राव तीसरी बार अपनी सरकार बचाने में सफल रहे। इन नतीजों के बारे में माकपा के प्रकाश करात ने बड़ी मौजूं टिप्पणी की थी, 'जो समस्या सूटकेस से पैदा हुई थी उसका समाधान सूटकेस से ही निकाल लिया गया।' झारखण्ड मुक्ति मोर्चा के चार सांसदों तथा जनता दल के अजित सिंह धड़े के सात सांसदों ने अन्तिम समय पर दलबदली करके सरकार के पक्ष में मतदान किया था। इनकी भूमिका आज तक सन्देह के घेरे में है। सीबीआई से इस मामले की जाँच करवाई गयी और नरसिम्हा राव निचली अदालत में भ्रष्टाचार के मामले में दोषी साबित होने वाले प्रथम प्रधानमन्त्री बने। बाद में उच्चतर न्यायालयों ने उनको दोषमुक्त क़रार दे दिया। सर्वोच्च न्यायालय ने भी टिप्पणी दी कि संविधान के अनुच्छेद 105(2) के अनुसार सदन के अन्दर सांसदों का क्रियाव्यापर न्यायालय के अधिकारक्षेत्र में नहीं आता। यह संसद को प्राप्त विशेषाधिकारों तथा प्रतिरक्षा का मामला बनता है।

जब-जब नरसिम्हा राव का नाम लिया जायेगा तब-तब हर्षद मेहता स्टॉक बाज़ार घोटाले की यादें भी ताज़ा हो ही जायेंगी। इस घोटाले के बारे में बात करने से पहले हम भारत में स्टॉक बाज़ार के इतिहास पर एक नज़र डाल लेते हैं। भारत में दो दर्ज़न से अधिक स्टॉक एक्सचेंज काम किया करती थीं। लेकिन जब बाज़ार नियामक संस्था–भारतीय प्रतिभूति और विनिमय बोर्ड (सेबी)–की स्थापना की गयी तो उसके बाद से देश में केवल दो स्टॉक एक्सचेंज ही बच गयी हैं–बॉम्बे स्टॉक एक्सचेंज (बीएसई) तथा नेशनल स्टॉक एक्सचेंज (एनएसई)। स्टॉक मार्केट की नब्ज़ यानी कि स्टॉक सूचकांक को एस एंड पी बॉम्बे स्टॉक एक्सचेंज सेंसेक्स या बीएसई सेंसेक्स कहा जाता है। लेकिन आमतौर पर इसको केवल सेंसेक्स कहकर ही काम चला लिया जाता है। 19 फ़रवरी 2013 को बीएसई तथा परामर्शदाता फर्म स्टैंडर्ड एंड पुअर के बीच एक औपचारिक समझौता हुआ और उसके बाद से ही एस एंड पी बॉम्बे स्टॉक एक्सचेंज नाम का प्रयोग किया जाने लगा। स्टॉक बाज़ार विश्लेषक दीपक मोहानी ने 1989 में सेंसेक्स शब्द गढ़ा था, उन्होंने अंग्रेज़ी के दो शब्दों–सेंसिटिव तथा इंडेक्स–का मेल करके सेंसेक्स नाम का नया शब्द बाज़ार में स्थापित कर दिया। यह स्टॉक बाज़ार के 30 उच्चतम शेयरों का पुंज होता है (इन शेयरों के मूल्य का निर्धारण पूर्वनिर्धारित मानदण्डों के आधार पर किया जाता है)। एक अप्रैल 1979 की तारीख़ को इन शेयरों का आधार मूल्य 100 निर्धारित किया गया था। इसी 100 की संख्या को सेंसेक्स का आधार मूल्य माना गया।

1 जनवरी 1986 से सेंसेक्स का प्रकाशन किया जा रहा है। यहाँ सम्पूर्ण बाज़ार पूँजीकरण तथा मुक्त प्रवाही बाज़ार पूँजीकरण प्रक्रियाओं के बारे में थोड़ी तकनीकी जानकारी हासिल कर लेना मौजूं रहेगा। सेंसेक्स मुक्त प्रवाह बाज़ार पूँजीकरण के आधार पर कार्य करता है। इसका अर्थ यह है कि किसी कम्पनी के बाज़ार में उपलब्ध सभी शेयरों का व्यापार किया जाता है (इसमें सम्बन्धित कम्पनी के निदेशकों के पास उपलब्ध शेयरों का व्यापार नहीं जाता)। यदि कम्पनी निदेशकों के पास उपलब्ध शेयरों को भी बाज़ार में ले आया जाये तो यह सम्पूर्ण बाज़ार पूँजीकरण बन जाता है।

सेंसेक्स की शुरुआत 1 अप्रैल 1979 को 100 अंकों के साथ हुई थी। 11 साल बाद 25 जुलाई 1990 को यह 1000 अंक को छू गया। 15 जनवरी 1992 को सेंसेक्स 2000 अंक पर पहुँचा, 29 फ़रवरी 1992 को 3000 अंक पर और 30 मार्च 1992 को यह 4000 के अंक पर जा चढ़ा। 1000 से 2000 तक जाने में सेंसेक्स 18 महीने लगे और अगले 75 दिन में ही यह 2000 से दुगुना होकर 4000 तक पहुँच गया। यह 2000 से 4000 तक का सफ़र असल में देश के सबसे बड़े तेजड़िए हर्षद मेहता की कारस्तानी है। हर्षद मेहता का जन्म 29 जुलाई 1954 को राजकोट में हुआ। वह मुम्बई में कांदीवली में रहता था। उसने मध्य प्रदेश के रायपुर शहर (अब यह छत्तीसगढ़ में है) में स्कूली शिक्षा हासिल की। मुम्बई के लाजपत राय कॉलेज से बी.कॉम. करने के बाद वह मार्केटिंग के क्षेत्र में यहाँ-वहाँ छोटे-मोटे काम करने लगा और ऐसा लगता था कि लाखों आम निम्नमध्यवर्गीय युवाओं की तरह उसका जीवन भी एक औसत कॅरियर बनाने में बीतने वाला है। लेकिन हर्षद मेहता के इरादे अलग ही थे। उसने बॉम्बे स्टॉक बाज़ार में काम करने वाले प्रसन्न प्रंजीवनदास की शागिर्दी इख़्तियार कर ली और उसके लिए आढ़तिए का काम करने लगा। बाज़ार की रग-रग से वाक़िफ़ होने के बाद 1984 में उसने बॉम्बे स्टॉक एक्सचेंज की सदस्यता ली। उसने ग्रोमोर रिसर्च एंड एसेट मैनेजमेंट के नाम से अपनी कम्पनी की स्थापना की और लगभग पाँच वर्षों के दौरान ही शेयर बाज़ार का बादशाह बन गया। स्टॉक बाज़ार अभूतपूर्व गति के साथ ऊपर चढ़ता जा रहा था, इसके साथ ही हर्षद मेहता की किस्मत भी आसमान में चढ़ती जा रही थी। उसको अपनी चमकीली-भड़कीली जीवनशैली का प्रदर्शन करने में मज़ा आता था, लोगों को अपने-आप ही पता लग जाता था कि हर्षद बड़ा आदमी बन चुका है। वह 15000 वर्ग फुट के पैंटहाउस में रहता था, इस घर में मिनी गोल्फ़ कोर्स तथा स्विमिंग पूल बना हुआ था। उसने महँगी गाड़ियों की क़तार लगा दी थी। स्टॉक बाज़ार में काम

करने वाले लोग हर्षद मेहता को अपना रोलमॉडल मानते थे और उसको इज़्ज़त की नज़र से देखते थे।

23 अप्रैल 1992 को सुचेता दलाल ने *टाइम्स ऑफ़ इंडिया* में एक लेख लिखा, इसके बाद तो स्टॉक बाज़ार का गुब्बारा फूट गया। इस लेख में बताया गया था कि हर्षद मेहता ने किस-किस प्रकार की तकनीकें अपनाकर बाज़ार को अपने फ़ायदे के लिए इस्तेमाल किया। हालाँकि कुछेक वित्त-विशेषज्ञों का विचार था कि इस तेजड़िए द्वारा किये गये लेनदेन को धोखेबाज़ी का नाम देना न्यायसंगत नहीं, उसने तो केवल बैंकिंग व्यवस्था में पहले से मौजूद कमियों-ख़ामियों का फ़ायदा भर उठाया था। मेहता द्वारा किये गये धोखेबाज़ीपूर्ण लेनदेन को समझने के लिए हम बैंकिंग क्षेत्र में इस्तेमाल किये जा रहे दो इंस्ट्रूमेंट्स पर एक नज़र डाल लेते हैं; ये दो इंस्ट्रूमेंट्स हैं–रेडी फॉरवर्ड डील (आरएफ़डी) तथा बैंक रसीद (बीआर)। रेडी फॉरवर्ड डील दो बैंकों के बीच एक पन्द्रह दिवसीय लघु-अवधि का सुरक्षित ऋण होता है। यह ऋण सरकारी प्रतिभूतियों के विरुद्ध दिया जाता है। बैंकों ने सीधे एक-दूसरे को आरएफ़डी देने के बजाय इस प्रक्रिया में बिचौलियों को घुसा लिया। उधार लेने वाला बैंक ऋणदाता बैंक को सरकारी प्रतिभूतियाँ बेचता है और ऋण की मियाद पूरी होने के बाद लेनदेन से पहले तय किये गये मूल्य पर (इसमें ब्याज तथा बिचौलिये की दलाली को भी जोड़ दिया जाता था) इन प्रतिभूतियों को वापिस ख़रीद लेता है। बैंकों को यह पता ही नहीं होता था कि कौन-सा बैंक उधार ले रहा है तथा कौन-सा बैंक ऋण दे रहा है। चूँकि सारा सौदा बिचौलिये ही किया करते थे इसलिए ऋणदाता बैंक के लिए यह पता लगाना आसान नहीं होता था कि उनके द्वारा दिये गये ऋण को कहाँ इस्तेमाल किया जा रहा है। इसी प्रकार, उधार लेने वाला बैंक भी इस बारे में ज़्यादा तहकीकात नहीं करता था कि उनके पास पैसा आ कहाँ से रहा है। सारी सौदेबाज़ी दोनों तरफ़ के बिचौलियों के द्वारा की जाती थी। बैंकों को तो पता भी नहीं होता था कि किसके साथ उनका लेनदेन चल रहा है। ऐसा माना जाता था कि इस प्रकार के लेनदेन के दौरान एक बिचौलिये ने दूसरे बिचौलिये से ऋण लिया है। आगे चलकर ये बिचौलिये वास्तविक सरकारी प्रतिभूतियों की बजाय बैंक रसीदों का इस्तेमाल करने लगे। जब तक ऋणदाता बैंक का पैसा ब्याज़ समेत सही समय पर वापिस आता रहा तब तक किसी भी पक्ष को इस पूरी सौदेबाज़ी से कोई समस्या नहीं थी।

यह पूरी प्रक्रिया काफ़ी सरल थी। बैंक से ऋण लो, इस पैसे को स्टॉक बाज़ार में निवेश करो, अपनी पसन्द के शेयर की क़ीमत में हेरफेर करो, लाभ

कमाकर अपना पैसा बाज़ार से निकालो और ऋण वापिस बैंक में जमा करवा दो। इसी प्रकार की हरकतें करके एसीसी के शेयर को सिर्फ़ तीन महीने के अन्दर 200 रुपये से उठाकर 9000 रुपये तक पहुँचा दिया गया। स्टर्लाइट तथा विडियोकोन मेहता के पसन्दीदा शेयर थे। उसकी योजना के दूसरे चरण का भी पर्दाफ़ाश किया गया। सरकारी बैंकों के साथ-साथ उसने बैंक ऑफ़ कराड़ तथा मेट्रोपोलिटन को-ऑपरेटिव बैंक के साथ भी बिचौलिया बनकर लघु-अवधि ऋणों का यह खेल शुरू कर दिया। इन बैंकों ने फ़र्ज़ी बैंक रसीदें ज़ारी करना शुरू कर दीं जिनके आधार पर ऋण लिए जाते थे और शेयर बाज़ार में लाभ कमाने के बाद ऋण की रक़म बैंक को वापिस लौटा दी जाती थी। सुचेता दलाल के लेख के बाद तो जैसे आसमान फट पड़ा और नवम्बर 1992 में हर्षद मेहता को गिरफ़्तार करना पड़ा। उसके ख़िलाफ़ 76 आपराधिक मुक़दमे दायर किये गये तथा 600 से अधिक सिविल कार्रवाइयाँ शुरू की गयीं। वह ज़मानत पर बाहर आया, अख़बारों में लेख लिखने लगा और स्टॉक बाज़ार के गुर सिखाने लगा। 1999 में उसको पाँच वर्ष सश्रम कारावास की सज़ा दी गयी। 31 दिसम्बर 2001 को उसकी मृत्यु हो गयी। उसकी सज़ा के विरुद्ध सर्वोच्च न्यायालय में याचिका दायर की गयी थी जिसका फ़ैसला 14 जनवरी 2003 को आया। 2:1 का विभाजित निर्णय आया था जिसमें एक न्यायाधीश ने हर्षद मेहता को बेकुसूर क़रार दिया था। उसकी मृत्यु के बाद आपराधिक मुक़दमे तो समाप्त हो गये लेकिन सिविल कार्रवाइयाँ अभी तक चल रही हैं। इन मामलों में हर्षद का भाई अश्विन मेहता अपने भाई के मुक़दमे लड़ रहा है, विशेषकर इसी काम के लिए उसने एल.एल.बी. भी किया था ताकि वह अपने भाई का वक़ील बनकर अदालत में खड़ा हो सके। अश्विन को विश्वास है कि एक दिन सभी मामलों का समाधान हो जायेगा और सभी लोगों की देयताएँ चुका दी जायेंगी। इस मामले में सबसे बड़ी रक़म तो आयकर विभाग को देय है और ब्याज़ एवं जुर्माने लग-लगकर यह रक़म दिन-ब-दिन बढ़ती ही जा रही है।

नवम्बर 1992 में हर्षद मेहता को गिरफ़्तार किया गया लेकिन 111 दिन हिरासत में रहने के बाद वह ज़मानत पर बाहर आ गया। 16 जून 1993 को देश के सबसे बड़े वक़ील राम जेठमलानी के साथ बैठकर उसने एक पत्रकार वार्ता की। उसने यह विवरण दिया कि पैसा कैसे पहुँचाया गया था। मेहता ने बताया कि प्रधानमन्त्री राव की सलाह पर उसने 67 लाख रुपयों से भरा हुआ सूटकेस प्रधानमन्त्री के निजी सचिव राम खांडेकर को सुपुर्द किया था। चूँकि वह उस दिन एक करोड़ रुपये की रक़म का इन्तज़ाम नहीं कर पाया था इसलिए बचे हुए 33 लाख रुपये अगले दिन

सुपुर्द किये गये। 15 जुलाई 1993 को *इंडिया टुडे* को दिये साक्षात्कार में हर्षद मेहता ने बताया कि कांग्रेस सांसद तथा भारती टेलिकॉम के मालिक सुनील मित्तल के पिता सतपाल मित्तल उसको प्रधानमन्त्री से मिलवाने लेकर गये थे। सतपाल मित्तल ने 67 लाख रुपये लाने की वजह यह बताई कि यह अंक उनके लिए शुभ था। मेहता ने एक विडियो भी चलाया जिसमें उसने तफ़सीलन यह बताया कि रिश्वत की इतनी बड़ी रक़म चूँकि छोटे सूटकेस में नहीं रखी जा सकती थी इसलिए बड़े सूटकेस का इन्तज़ाम किया गया। उसने एक ऑडियो टेप भी उपलब्ध करवाया जिसमें सुनील मित्तल के साथ उसकी बातचीत रिकॉर्ड की गयी थी। यह भी अजीब बात है कि न तो रिश्वत देने का आरोप लगाने वाले हर्षद मेहता को और न ही रिश्वत लेने के आरोपी प्रधानमन्त्री को इस मामले में दोषी ठहराया गया। अगस्त 1992 में हुए बैंकिंग लेनदेन तथा स्टॉक बाज़ार की गतिविधियों की जाँच करने के लिए एक संयुक्त संसदीय समिति का गठन किया गया, इस समिति ने हर्षद मेहता के इस आरोप की भी जाँच की कि उसने प्रधानमन्त्री नरसिम्हा राव को रिश्वत दी थी। रामनिवास मिर्धा इस समिति के अध्यक्ष थे। मिर्धा, जॉर्ज फ़र्नांडीस, जसवन्त सिंह तथा समिति के अन्य सदस्यों ने जुलाई 1993 में मेहता के साथ पूछताछ की। इस समिति की सिफ़ारिशों को न तो पूरी तरह से माना ही गया और न ही इनका क्रियान्वयन किया गया। भविष्य में स्टॉक बाज़ार को इस प्रकार के हेर-फेर से बचाने के लिए भारतीय प्रतिभूति और विनिमय बोर्ड की स्थापना की गयी।

राव पर अनेक आरोप लगाये गये। हवाला घोटाला या जैन डायरीज़ केस एक अन्य बड़ा घोटाला था जिसने भारतीय राजनीति में बड़ी हलचल पैदा की। यह घोटाला भी नरसिम्हा राव के कार्यकाल में हुआ। हवाला घोटाले ने दिखा दिया कि देश के राजनेताओं, नौकरशाहों तथा अपराधियों के बीच एक गठजोड़ बन चुका है जो अवैध तरीक़ों से दौलत कमा रहे हैं। हवाला घोटाला मामले में 1995 में जैन बन्धुओं को गिरफ़्तार कर लिया गया। नरसिम्हा राव पर आरोप लगाये गये कि उन्होंने रिश्वत ली थी तथा जाँच को प्रभावित करने का प्रयास किया था। यह 1.8 करोड़ डॉलर की रिश्वत का मामला था जिसमें देश के बड़े-बड़े नेताओं का नाम सामने आ रहा था।

एनआरआई अचार निर्माता लखुभाई पाठक ने भी आरोप लगाया कि नरसिम्हा राव की ज़िद पर उन्होंने विवादास्पद धर्मगुरु चन्द्रास्वामी को 1 लाख डॉलर की रक़म सुपुर्द की थी। इसके बदले में पाठक से वादा किया गया कि उनको भारत में

अख़बारी तथा रद्दी काग़ज़ की आपूर्ति करने का अनुबन्ध दिया जायेगा। हालाँकि 2003 में नरसिम्हा राव को इस मामले में भी दोषमुक्त क़रार दे दिया गया।

सेंट किट्स घोटाला एक अन्य ऐसा मामला है जो आज भी लोगों की याद में ताज़ा बना हुआ है; हालाँकि यह मामला उनके प्रधानमन्त्री काल में नहीं घटा था बल्कि उस समय की घटना है जब वे राजीव गांधी की मन्त्रिपरिषद् में विदेशमन्त्री के पद पर तैनात थे। वी.पी. सिंह राजीव गांधी के प्रतिद्वन्द्वी बनकर उभर रहे थे इसलिए उन पर कीचड़ उछालने के लिए एक षड्यन्त्र के ताने-बाने बुने गये। राज्य विदेशमन्त्री के. के. तिवारी, चन्द्रास्वामी तथा अन्य ने मिलकर यह षड्यन्त्र गढ़ा था। विदेशमन्त्री के रूप में नरसिम्हा राव ने भी इस षड्यन्त्र में बड़ी महत्त्वपूर्ण भूमिका निभाई। फ़र्ज़ी दस्तावेज़ों के आधार पर वी.पी. सिंह के एनआरआई बेटे अजय सिंह के नाम पर सेंट किट्स में एक बैंक खाता खोला गया। यह आरोप लगाया गया कि इस खाते में 2.1 करोड़ डॉलर की रक़म जमा करवाई गयी थी। सीबीआई ने इस मामले की जाँच की तथा फ़र्ज़ी दस्तावेज़ों के द्वारा वी.पी. सिंह का चरित्रहनन करने के प्रयास के आरोप में नरसिम्हा राव को गिरफ़्तार कर लिया गया। बाद में अक्तूबर 1996 में उनको ज़मानत पर रिहा कर दिया गया। इस प्रकार नरसिम्हा राव ने एक और कीर्तिमान स्थापित कर दिया, वे आपराधिक आरोपों पर गिरफ़्तार होने वाले देश के प्रथम प्रधानमन्त्री बने। इस मामले में भी 1999 में उनको दोषमुक्त क़रार दिया गया।

भारत को परिवर्तन के मार्ग पर अग्रसर करने का श्रेय भी नरसिम्हा राव को दिया जाना चाहिए। उभरती हुई विश्वव्यवस्था में भारत की उन्नति को सुनिश्चित करने के लिए देश का दिशापरिवर्तन करना आवश्यक हो गया था। यह विचार अभिव्यक्त किया गया "यदि यह कहा जाता है कि नेहरू ने भारत की 'खोज' की थी तो यह कहना भी न्यायसंगत होगा कि नरसिम्हा राव ने देश का 'पुनराविष्कार' किया था।" अब हम नरसिम्हा राव के उन निर्णयों की चर्चा करेंगे जिन्होंने देश की नियति को बदलकर रख दिया। भारत का विदेशी मुद्रा भण्डार ख़तरनाक हद तक नीचे जा चुका था–1991 की शुरुआत में यह केवल 1.2 बिलियन डॉलर था और जून तक जाते-जाते तो यह इसका आधा ही रह गया था। यह आवश्यक वस्तुओं के आयात की केवल तीन हफ़्ते तक अदायगी कर सकता था। भारत अन्तरराष्ट्रीय मुद्रा कोष से लिए गये ऋण को भी चुकाने की स्थिति में नहीं रहा था। देश के पास इसके अलावा और कोई विकल्प नहीं बचा था कि 67 टन सोने की ज़मानत देकर

आपातकालीन ऋण लिया जाये। भारतीय स्टेट बैंक ने सेल एंड पर्चेज़ ऑप्शन के रूप में 20 मीट्रिक टन सोने का अधिग्रहण किया था, 200 मिलियन डॉलर का ऋण लेने के लिए पहली खेप के रूप में इसी सोने की अदायगी की गयी। उस वक़्त चन्द्रशेखर देश के प्रधानमन्त्री थे तथा यशवन्त सिन्हा वित्तमन्त्री थे। जैसे ही इस विषय पर सदन में मतदान का समापन हुआ वैसे ही आनन-फ़ानन में 21 तथा 31 मई 1991 को इस सोने को हवाई जहाज़ में भरकर मुम्बई से लन्दन ले जाया गया और इसको बैंक ऑफ़ इंग्लैंड तथा यूनियन बैंक ऑफ़ स्विट्ज़रलैंड में जमा करवा दिया गया। चूँकि उस समय 1991 के आम चुनाव चल रहे थे इसलिए इस पूरी कार्रवाई को गोपनीयता के साथ अंजाम दिया गया। चुनाव-प्रचार के दौरान ही राजीव गांधी की हत्या हो गयी और बाद में जब देश के सामने इस मामले की हक़ीक़त खुली तो लोगों के बीच यह भावना फ़ैल गयी कि जैसे राष्ट्रीय सम्पदा को बेच दिया गया हो। देश की अर्थव्यवस्था ही नहीं बल्कि हर चीज़ जर्जर हो चुकी थी, यहाँ तक कि जिस वैन में भरकर यह सोना बैंक से हवाई अड्डे तक ले जाया जा रहा था वह खटारा वैन भी रास्ते में ख़राब हो गयी।

प्रधानमन्त्री पद की शपथ लेते ही नरसिम्हा राव के सामने सबसे बड़ी चुनौती यह थी कि देश की डूबती हुई अर्थव्यवस्था को कैसे बचाया जाये। भारतीय रिज़र्व बैंक के भूतपूर्व गवर्नर आई. जी. पटेल लन्दन स्कूल ऑफ़ इकोनॉमिक्स के निदेशक के रूप में अपनी सेवाओं को अंजाम दे रहे थे। वित्तमन्त्री के रूप में नरसिम्हा राव की पहली पसन्द यही थे। लेकिन उन्होंने इस चुनौती से निपटने के लिए इनकार कर दिया। नरसिम्हा राव को साफ़ समझ आ चुका था कि उन्हें एक विशेषज्ञ अर्थशास्त्री की ज़रूरत थी जिसको अन्तरराष्ट्रीय स्तर पर काम करने का अनुभव भी हासिल हो, जो अन्तरराष्ट्रीय तथा राष्ट्रीय अर्थव्यवस्था की समझ रखता हो, जो समष्टि एवं व्यष्टि अर्थशास्त्र की रग-रग से वाक़िफ़ हो, और साथ ही भारत की नौकरशाही तथा भारतीय समाज को भी समझता हो। पहली बार एक ग़ैर-राजनैतिक व्यक्तित्व को वित्तमन्त्री के पद पर आसीन किया गया और डॉ. मनमोहन सिंह को देश की अर्थव्यवस्था का उद्धार करने की ज़िम्मेदारी दी गयी। आगे के 400 मिलियन डॉलर प्राप्त करने के लिए 4 और 18 जुलाई 1991 के बीच 46.91 टन सोने की दूसरी खेप बैंक ऑफ़ इंग्लैंड तथा बैंक ऑफ़ जापान को भिजवाई गयी। देश को विकास के मार्ग पर अग्रसर करने के मक़सद से राव ने वाणिज्य मन्त्रालय अपने ही पास रखा। इसके बाद देश में से लाइसेंस-परमिट राज का ख़ात्मा किया

गया। भारतीय अर्थव्यवस्था के उदारीकरण, निजीकरण तथा वैश्वीकरण की प्रक्रिया शुरू हुई और देश बाज़ार-आधारित अर्थव्यवस्था के नवीन मार्ग पर बढ़ चला। यह नया आर्थिक प्रतिमान नेहरू के मिश्रित अर्थव्यवस्था वाले प्रतिमान से पूर्णतः भिन्न था। अर्थव्यवस्था को विदेशी निवेशकों के लिए खोल दिया गया। इक्विटी बाज़ार में सुधार किये गये। शेयर बाज़ार के क्षेत्र में भी पहले से अधिक वैज्ञानिक व्यवस्था लायी गयी तथा 1994 में नेशनल स्टॉक एक्सचेंज (एनएसई) की स्थापना कर दी गयी।

नरसिम्हा राव के दो व्यक्तिगत कीर्तिमान भी हैं जिनको शायद ही कोई राजनेता लाँघ पाये। पहला तो यह कि वे एक बहुभाषी व्यक्ति थे, वे 17 भाषाओं के ज्ञाता थे और इन सभी भाषाओं में बड़ी निपुणता के साथ बोल, पढ़ तथा लिख सकते थे। दूसरा कीर्तिमान यह कि वे चार राज्यों से लोकसभा चुनाव जीतने वाले देश के एकमात्र सांसद हैं। वे तेलंगाना के हनमकोंडा, आन्ध्र प्रदेश के नंदयाल, महाराष्ट्र के रामटेक तथा ओड़िशा के ब्रह्मपुर से चुनाव जीतकर संसद में आये। केवल अन्य दो राजनेता ही उनके आस-पास फटक सकते हैं। पहले तो हैं वरिष्ठ समाजवादी राजनेता शरद यादव जो संसद में तीन राज्यों का प्रतिनिधित्व कर चुके हैं। वे मध्य प्रदेश के जबलपुर, उत्तर प्रदेश के बदायूँ तथा बिहार के माधेपुरा से जीतकर आये। दूसरे नेता हैं वी. के. मेनन। वे महाराष्ट्र में उत्तर मुम्बई, पश्चिम बंगाल में मिदनापुर तथा केरल में त्रिवेन्द्रम से विजयी हुए थे। प्रधानमन्त्री रहते हुए नरसिम्हा राव ने ऐसे दो महत्त्वपूर्ण निर्णय लिए जिनके बारे में बहुत ज़्यादा चर्चा तो नहीं की जाती लेकिन उनके इन निर्णयों ने देश की लोकतान्त्रिक परम्परा को मज़बूती प्रदान की। सुब्रामणियम स्वामी विपक्षी नेता थे लेकिन उनको श्रम मानक एवं अन्तरराष्ट्रीय व्यापार का अध्यक्ष नियुक्त किया गया। इतिहास में किसी भी प्रधानमन्त्री ने किसी विपक्षी नेता को कैबिनेट मन्त्री के स्तर पर विराजमान नहीं किया है। उनकी नेतृत्वकुशलता का दूसरा उदाहरण यह है कि उन्होंने संयुक्त राष्ट्र संघ के जेनेवा सम्मेलन में भारत का प्रतिनिधित्व करने के लिए विपक्षी नेता अटल बिहारी वाजपेयी को भेजा। नरसिम्हा राव ने दो महत्त्वपूर्ण कूटनीतिक निर्णय भी लिए जिनके ऊपर ज़्यादा ध्यान नहीं दिया जाता। पहला, उन्होंने भारत में इज़रायली दूतावास खुलवाया तथा तेल अवीव में भारतीय दूतावास खोला। इस प्रकार सुस्थापित अरब-समर्थक नीति का त्याग कर दिया गया। दूसरा, चीन के साथ घनिष्ठ सम्बन्ध बनाने के लिए दलाई लामा तथा तिब्बत मुद्दे से दूरी इख़्तियार कर ली।

एक और कीर्तिमान पर चर्चा किये बग़ैर नरसिम्हा-कथा का समापन नहीं किया जा सकता। यह कीर्तिमान उन्होंने प्रधानमन्त्री के रूप में नहीं बल्कि 1991 से 1996 तक कांग्रेस अध्यक्ष के रूप में स्थापित किया था। उनकी अध्यक्षता में कांग्रेस पार्टी में सबसे अधिक विभाजन हुआ। 1994 में ऑल इंडिया इन्दिरा कांग्रेस (तिवारी) का गठन किया गया। इस पार्टी में एन.डी. तिवारी, अर्जुन सिंह, नटवर सिंह तथा रंगाराजन कुमारमंगलम शामिल थे। कर्नाटक में एस. बंगारप्पा को हटाकर वीरप्पा मोइली को मुख्यमन्त्री के पद पर बिठा दिया गया। नाराज़ होकर 1992 में उसने कर्नाटक कांग्रेस की स्थापना कर ली। तमिलनाडु में दो धड़े कांग्रेस छोड़कर निकल गये और दोनों ने ही अपनी अलग-अलग पार्टी बना ली–1994 में वी. रामामूर्ति ने तमिझगा राजीव कांग्रेस का गठन किया तो 1996 के लोकसभा चुनावों से ठीक पहले जी.के. मूपनार ने तमिल मनीला कांग्रेस की स्थापना की। 1996 में अरुणाचल प्रदेश में गेगोंग अपांग ने कांग्रेस छोड़ दी और अरुणाचल कांग्रेस की स्थापना कर ली। 1996 में ही माधवराव सिंधिया ने भी कांग्रेस से किनारा कर लिया और मध्य प्रदेश विकास कांग्रेस के नाम से अपनी नयी पार्टी बना ली।

प्रधानमन्त्री तथा कांग्रेस अध्यक्ष के रूप में नरसिम्हा राव का कार्यकाल भारत के इतिहास में बड़ा महत्त्वपूर्ण दौर साबित हुआ। उससे पहले देश की राजनीति में एक दल–यानी कि कांग्रेस पार्टी–की एकतरफ़ा प्रभुसत्ता हुआ करती थी। कांग्रेस सर्वशक्तिमान पार्टी थी। अन्य सभी विपक्षी पार्टियों को कांग्रेस-विरोधी दल कहकर सम्बोधित किया जाता था। कांग्रेस-विरोध ही इन सभी विपक्षी दलों को एकसूत्र में बाँधने वाला एकमात्र मुद्दा था। धुर वामपन्थियों से लेकर दक्षिणपन्थी दल भाजपा और इनके बीच के मार्ग पर अपनी राजनीति करने वाले समाजवादी दल कांग्रेस की प्रभुसत्ता को चुनौती देने के लिए एक साथ आ जाते थे। 1990 के दशक में वामपन्थी-दक्षिणपन्थी राजनीति का समीकरण पूरी तरह से बदल गया। न केवल कांग्रेस का संगठन कमज़ोर हुआ बल्कि इसके विरोध में बनने वाली जनता पार्टी तथा जनता दल भी खण्ड-खण्ड हो गये और परिवारों की पार्टी बनकर क्षेत्रीय दल बनकर रह गये। 4 अक्तूबर 1992 को मुलायम सिंह यादव ने समाजवादी पार्टी की स्थापना की, अब इस पार्टी की बागडोर उनके बेटे अखिलेश के हाथ में आ गयी है। 1996 में अजित सिंह ने राष्ट्रीय लोक दल की स्थापना की, इसका नियन्त्रण अब उनके बेटे जयन्त चौधरी के पास है। ताऊ के नाम से मशहूर देवीलाल की पार्टी इंडियन नेशनल लोक दल का नियन्त्रण पहले उनके बेटे ओमप्रकाश चौटाला

के हाथ में रहा। लेकिन ताऊ की तीसरी और चौथी पीढ़ी की आपस में नहीं पटती। ओमप्रकाश चौटाला के बेटों अजय तथा अभय ने अपनी अलग-अलग पार्टी बना ली और वर्तमान में इन पार्टियों का नियन्त्रण इनके बेटों के हाथ में है। 1997 में जनता दल के दो और धड़े सामने आये। लालू यादव ने राष्ट्रीय जनता दल की स्थापना की। चारा घोटाले में सज़ा पाने के बाद लालू की पत्नी राबड़ी देवी अपने बेटों तेजस्वी तथा तेजप्रताप के साथ मिलकर इस पार्टी को चला रही हैं। 1997 में नवीन पटनायक ने बीजू जनता दल की स्थापना की। बचे-खुचे जनता दल (यूनाइटेड) में आगे चलकर और ज़्यादा विभाजन हुआ। रामविलास पासवान ने लोक जनशक्ति पार्टी बना ली, इसका नियन्त्रण आजकल उनके बेटे चिराग पासवान के हाथ में है। देवगौड़ा की पार्टी जनता दल (एस) को आजकल उनके बेटे एच.डी. कुमारास्वामी चला रहे हैं। यानी कि सभी पार्टियाँ पारिवारिक व्यवसाय बन चुकी हैं और इनका प्रभाव अपने-अपने क्षेत्र तक सीमित है। यह भी विडम्बना है कि इन सभी दलों के संस्थापक एक समय में कांग्रेस के परिवारवाद के विरोधी हुआ करते थे और नेहरू-गांधी खानदान के प्रभुत्व की आलोचना किया करते थे। आज के दिन ये सभी नेता परिवारवाद को बढ़ावा दे रहे हैं।

भाजपा और समता पार्टी की बात किये बग़ैर इस अध्याय का पटाक्षेप नहीं किया जा सकता। 1980 में पुराने जनसंघ का पुनरुद्धार करने के लिए भारतीय जनता पार्टी की स्थापना की गयी। नरसिम्हा राव के शासनकाल में विपक्षी नेता बड़ी हड़बड़ी में जनता पार्टी को छोड़कर जा रहे थे और अपने-अपने परिवार के नियन्त्रण में नयी-नयी पार्टियों की स्थापना कर रहे थे। 1994 में जॉर्ज फ़र्नांडीस द्वारा स्थापित की गयी समता पार्टी इसका इकलौता अपवाद थी और परिवारवाद की समस्या से पूर्णतः मुक्त थी। जनता दल के 22 मौजूदा सांसदों ने मिलकर समता पार्टी की स्थापना की थी। हालाँकि इस पार्टी के अधिकांश नेता बिहार से आते थे लेकिन फिर भी समता पार्टी अपना अखिल भारतीय चेहरा लेकर चलती थी। उत्तर प्रदेश में चन्द्रजीत यादव, हर्षवर्धन, मोहन सिंह तथा हरकेवल प्रसाद का बड़ा जनाधार था। ओड़िशा में भूतपूर्व स्पीकर रबी रे तथा हरियाणा में वयोवृद्ध नेता मणिराम बागड़ी भी बड़े मज़बूत नेता थे। बिहार में नीतीश कुमार समता पार्टी का चेहरा बने तथा उनकी कुर्मी जाति लालू के यादव-मुस्लिम गठजोड़ के विरोध में एक बड़ा जनाधार प्रदान करती थी। चाचा ग़फूर के नाम से मशहूर अब्दुल ग़फूर बिहार में समता पार्टी के अध्यक्ष बने। 1995 के विधानसभा चुनावों में समता पार्टी सरकार बनाने के लिए पूर्णतः आश्वस्त होकर मैदान में उतरी। लेकिन नतीजा कुछ और ही निकला।

लालू के नेतृत्व में जदयू को 167, भाजपा को 41, कांग्रेस को 29, भाकपा को 26 तथा झारखण्ड मुक्ति मोर्चा को 10 सीटें मिलीं। समता पार्टी केवल 7 सीटें जीत पायी थी। अपनी वोट लाने की क्षमता से वाक़िफ़ होने के बाद जॉर्ज तथा नीतीश ने भाजपा के साथ जाने का निर्णय लिया। इस एक निर्णय ने समय की धारा बदल दी। बाबरी-विध्वंस के बाद भाजपा भी धर्मनिरपेक्ष तथा समाजवादी विचारधारा के दलों की तलाश कर रही थी। 1996 का लोकसभा चुनाव भाजपा तथा समता पार्टी ने मिलकर लड़ा था। आगे चलकर जॉर्ज फ़र्नांडीस को राजग का संयोजक भी नियुक्त किया गया। यानी कि हम कह सकते हैं कि नरसिम्हा राव के प्रधानमन्त्री तथा कांग्रेस अध्यक्ष काल में ही कांग्रेस को विस्थापित करके भाजपा ने भारतीय राजनीति में केन्द्रीय स्थिति हासिल करनी शुरू की थी और इसका प्रभाव देश के कोने-कोने में फैलने लगा था। एक दशक पहले तक जो हिन्दू रूढ़िवादी देश की राजनीति में हाशिए पर पड़े हुए थे वे अब संसद के अन्दर विपक्ष की सबसे ज़्यादा सीटों के ऊपर बैठे हुए थे और सदा से ही भारतीय राष्ट्रवाद का अभिन्न अंग रही धर्मनिरपेक्षता को राजनैतिक संवाद से निष्कासित करने की स्थिति में आ चुके थे।

अध्याय बारह
राम कहानी

बाबरी मस्जिद का विध्वंस, एक नयी सामाजिक अस्मिता का उभार
6 दिसम्बर 1992, रविवार

हिन्दू धर्म में भगवान राम की बड़ी मान्यता है, उनको मर्यादापुरुषोत्तम कहा जाता है और उनको तर्कशीलता, सद्-व्यवहार एवं सद्गुण का प्रतीक माना जाता है। भारत के कोने-कोने में राम की अमिट छाप मिलती है। भारत और भारत के लोगों के साथ उनका सम्बन्ध इतना आत्मीय है कि लोग जब अपनी व्यथा-कथा किसी को बताते हैं तो इसको *'राम कहानी'* का नाम दिया जाता है। मर्यादापुरुषोत्तम राम की जन्मस्थली वही अयोध्या नगरी आज विवाद का केन्द्र बन चुकी है और राममन्दिर के मुद्दे पर राजनैतिक, ऐतिहासिक और सामाजिक-धार्मिक बहस पिछले कई दशकों से उबाल पर है। इस अध्याय में हम राममन्दिर की चर्चा करेंगे। यह कहा

जाता है कि मुग़ल बादशाह बाबर के सेनापति मीर बाक़ी ने 1528 में राममन्दिर का विध्वंस किया था और उसके स्थान पर एक मस्जिद का निर्माण करवा दिया था। अपने बादशाह को सम्मान देने के लिए इस नवनिर्मित मस्जिद को उसने बाबरी मस्जिद का नाम दिया। इस संरचना के मुद्दे पर हिन्दुओं तथा मुसलमानों के बीच हुए प्रथम दंगे का विवरण 1853 में मिलता है। उस समय इस विवादित संरचना को बाबरी मस्जिद कहा जाता था और बीसवीं सदी के अन्तिम दशकों के दौरान हिन्दू इसको रामजन्मभूमि के नाम से बुलाने लगे। हिन्दुओं के लिए तो पूरी अयोध्या ही पवित्र है लेकिन भगवान राम की जन्मस्थली (*रामचबूतरा*) तथा *सीता चरण चिन्ह रसोई* की महत्ता और भी अधिक बढ़ जाती है। मस्जिद का निर्माण रामचबूतरे के नज़दीक ही किया गया था। बाबरी मस्जिद वक्फ बोर्ड[1] की सम्पत्ति थी और मुसलमान यहाँ पर नियमित रूप से नमाज़ अदा करते थे। अगस्त 1947 में देश आज़ाद हुआ और अगले दो वर्षों तक सारा ध्यान तथा संसाधन विभाजन के कारण पैदा हुई पीड़ा को शान्त करने की दिशा में लगाये गये। गांधी की हत्या करने के बाद हिन्दू रूढ़िवादियों को यह भरोसा होने लगा था कि अब गांधी के कद-काठी का कोई नेता उनके रास्ते का रोड़ा नहीं बन पायेगा और हिन्दू राष्ट्र का निर्माण करने के मार्ग में और कोई रुकावट नहीं बची है। महात्मा गांधी कांग्रेस के अन्दर विभिन्न गुटों को एक साथ बाँधकर रख लेते थे, लेकिन उनके जाने के बाद संयम की सम्भावनाएँ भी जाती रही थीं। कांग्रेस के विभिन्न धड़ों का झगड़ा खुलकर सामने आ गया। नेहरू कांग्रेस के अन्दर धर्मनिरपेक्ष धड़े का नेतृत्व करते थे जबकि गोविन्द वल्लभ पन्त नरम हिन्दुत्व के कट्टर अनुयायी थे। ये संयुक्त प्रान्त के प्रधानमन्त्री थे (1950 में संविधान लागू होने से पहले मुख्यमन्त्री को प्रधानमन्त्री ही कहा जाता था)।

22-23 दिसम्बर 1949 की रात को बाबा अभिराम दास ने जनपद मैजिस्ट्रेट के. के. नायर तथा नगर मैजिस्ट्रेट गुरुदत्त सिंह की मदद से बाबरी मस्जिद के अन्दर भगवान राम की मूर्ति की स्थापना की थी। लेकिन समय के साथ-साथ इस कहानी को भुला दिया गया। 1949 में कृत्रिम रूप से मूर्ति उत्पन्न करवाये जाने की घटना बारे में वास्तविक ऐतिहासिक तथ्य समय के अन्धकार में धकेल दिये गये हैं। श्रद्धावान हिन्दू बड़ी संख्या में अखिल भारतीय हिन्दू महासभा तथा राष्ट्रीय स्वयंसेवक संघ के इस दावे पर भरोसा करने लगे थे कि मूर्ति रात के अँधेरे में स्थापित नहीं की गयी थी बल्कि भगवान राम स्वयं अपनी जन्मस्थली पर पुनः प्रकट हुए थे। अभिराम दास के कृत्य को भुला दिया गया और दैवी प्रेरणा के सिद्धान्त का प्रचार किया गया। राम मन्दिर के मुद्दे को एक जनआन्दोलन में बदले जाने

की आवश्यकता थी, इसलिए लोगों की भावनाएँ भड़काने के लिए यह दावा किया गया कि रामलला स्वयं अपनी जन्मस्थली पर प्रकट हुए हैं। 22 दिसम्बर 1949 के दिन शीतकालीन अयनांत भी पड़ता था, यानी कि यह साल का सबसे छोटा दिन अथवा सबसे लम्बी रात थी। इसलिए रात के अँधेरे में इस घटना को अंजाम देने के लिए अधिक समय मिल गया। बाद में दायर किये गये मुक़दमे में अभिराम दास को मुख्य अभियुक्त बनाया गया था लेकिन इस मामले का कोई नतीजा नहीं निकल सका और अभिराम दास स्वयं *रामजन्मभूमि उद्धारक* और *उद्धारक बाबा* के नाम से मशहूर हो गये। मस्जिद के अन्दर रामलला (भगवान राम का बाल रूप) की मूर्ति रखने की पूरी रणनीति गोरखपीठ के महन्त दिग्विजयनाथ ने बनाई थी। हिन्दुओं के बीच गोरखपीठ की भी बड़ी मान्यता है। गोरखपीठ अयोध्या से ज़्यादा दूर स्थित नहीं। गांधी की हत्या में भी महन्त दिग्विजयनाथ का नाम आया था लेकिन बाद में उनका नाम हटा लिया गया। फ़ैज़ाबाद के तत्कालीन ज़िला मैजिस्ट्रेट के.के. नायर महन्त दिग्विजयनाथ के मित्र थे। स्थानीय प्रशासन के सहयोग के बिना यह योजना सफलतापूर्वक अंजाम नहीं दी जा सकती थी। नगर मैजिस्ट्रेट गुरुदत्त सिंह का हिन्दू राष्ट्र के प्रति समर्पण कोई दबी-ढँकी बात नहीं थी। हालाँकि वे प्रान्तीय सिविल सेवा के अफ़सर थे लेकिन इसके बावजूद उन्होंने औपनिवेशिक शासकों की इच्छा के सामने झुकने से इनकार कर दिया था। वह अंग्रेज़ों की तरह हैट पहनने को राज़ी नहीं हुए और परम्परागत पगड़ी पहनकर ही कार्यालय जाते रहे। वे फ़ौरन ही मस्जिद के अन्दर रामलला की मूर्ति स्थापित करने के लिए तैयार हो गये। महन्त दिग्विजयनाथ उस समय हिन्दू महासभा[2] की उत्तर प्रदेश इकाई के अध्यक्ष थे, इस घटना के थोड़े समय बाद ही उनको हिन्दू महासभा का अखिल भारतीय महासचिव नियुक्त कर दिया गया। गीता प्रेस[3] के न्यासी हनुमान प्रसाद पोद्दार ने भी इस रणनीति को अपना समर्थन दिया था। सरयू नदी में डुबकी लगाने के बाद अभिराम दास रामलला की मूर्ति अपने हाथों में लेकर मस्जिद की ओर चल पड़े। अयोध्या के अन्दर घाघरा नदी को सरयूजी कहा जाता है। अयोध्या से पहले तथा बाद में इसको इसके मूल नाम घाघरा से ही बुलाया जाता है।[4]

उत्तर प्रदेश पुलिस के सिपाही बरकत अली को रात को बाबरी मस्जिद के दरवाज़े पर पहरा दे रहे सिपाही शेर सिंह की जगह लेनी थी। यह स्पष्ट नहीं है कि शेर सिंह तथा रामलला की मूर्ति ले जा रहे पाँच लोगों के बीच पहले से ही कोई समन्वय स्थापित हो चुका था अथवा नहीं लेकिन इतना तय है कि शेर सिंह ने एक

घंटा देर से बरकत अली को जगाया। इस समय तक रामलला की मूर्ति मस्जिद के अन्दर स्थापित की जा चुकी थी। बरकत अली इस बात से डर गया था कि उसको देर से ड्यूटी पर पहुँचने की सज़ा दी जायेगी, सज़ा से बचने के लिए उसने भी दावा कर दिया कि रामलला की मूर्ति चमत्कारिक रूप से प्रकट हुई तथा मस्जिद का मुख्य गुम्बद प्रकाश से भर गया था। रामलला की मूर्ति प्रकट होने की ख़बर दिल्ली पहुँची तो गृहमन्त्री पटेल की बजाय प्रधानमन्त्री नेहरू ने 26 दिसम्बर को गोविन्द वल्लभ पन्त को तार भेजा और उनको फ़ौरन मूर्ति हटाने का निर्देश दे दिया। नेहरू मस्जिद के अन्दर मूर्ति रखने के इस मामले से बहुत परेशान हो गये थे। विभाजन के बाद से साम्प्रदायिक भावनाएँ धीरे-धीरे ठण्डी पड़ने लगी थीं और नेहरू इस ज़हर को फिर से समाज के अन्दर फैलने का अवसर नहीं देना चाहते थे। हिन्दू साधुओं तथा उनके अनुयायियों की गतिविधियाँ फिर से देश में साम्प्रदायिकता की लपटों को भड़का सकती थीं और देश का धर्मनिरपेक्ष ताना-बाना तहस-नहस हो जाता। फ़ैज़ाबाद के ज़िला मैजिस्ट्रेट नायर तथा अयोध्या के नगर मैजिस्ट्रेट गुरुदत्त सिंह ने सरकार को सूचित किया कि यदि मूर्ति को हटाया गया तो सरकार उसके बाद उत्पन्न होने वाली अशान्ति से निपट नहीं पायेगी। नेहरू बार-बार पत्र लिखकर पन्त से मूर्ति हटाने का आग्रह करते रहे लेकिन पन्त ने इस अवसर का इस्तेमाल नेहरू के समर्थकों को कमज़ोर करने के लिए किया। 23 दिसम्बर 1949 को अयोध्या थाने के सब-इंस्पेक्टर श्रीराम दुबे ने इस मामले की पहली एफ़आईआर लिखी। एफ़आईआर नम्बर 167/49 में भारतीय दंड संहिता की धारा 147 तथा 148 लगाई गयी थी। इस एफ़आईआर में सविस्तार लिखा गया कि मस्जिद के अन्दर मूर्ति किस प्रकार स्थापित की गयी थी।

इस मामले में दर्ज की गयी प्रथम सूचना रिपोर्ट की प्रति नीचे की गयी है :

प्रथम सूचना रिपोर्ट (एफ़आईआर), 23 दिसम्बर 1949

स्टेशन अफ़सर (एसओ) की रिपोर्ट की प्रति, दिनांक 23 दिसम्बर 1949, ताज़ीराते-हिन्द की धारा 147/295/448 के तहत, पण्डित श्रीराम दुबे, वरिष्ठ सब-इंस्पेक्टर, थाना प्रभारी, अयोध्या, फ़ैज़ाबाद द्वारा दर्ज

विरुद्ध

(1) अभय राम दास (2) राम शुक्ला दास (3) सुदर्शन दास वासी अयोध्या, फ़ैज़ाबाद तथा 50-60 बेनामो-बेपता अन्य फ़र्द जिनका निवास थाना अयोध्या को मालूम नहीं

माता प्रसाद, कांस्टेबल नम्बर 7, की सूचना के अनुसार :

कि सुबह नौ बजे के लगभग जब मैं जन्मभूमि पहुँचा तो मुझे जानकारी मिली कि 50-60 लोगों की भीड़ मस्जिद के अहाते के दरवाज़े पर लगा ताला खोलकर मस्जिद के अन्दर घुसी थी। कुछ लोग दीवार फाँदकर और सीढ़ियों के रास्ते से भी मस्जिद में दाख़िल हुए। वहाँ पर इन्होंने श्री भगवान की मूर्ति स्थापित की, मस्जिद की अन्दरूनी और बाहरी दीवारों पर गेरुआ और पीले रंगों से सीता, राम जी के चित्र भी बना दिये। कांस्टेबल नम्बर 70 हंस राज ने उनको रोकने का प्रयास किया लेकिन भीड़ रुकी नहीं। वहाँ पर मौजूद पीएसी गार्ड्स को सहायता के लिए बुलाया गया लेकिन तब तक भीड़ मस्जिद के अन्दर घुस चुकी थी। वरिष्ठ ज़िलाधिकारी घटनास्थल पर आये और तुरन्त स्थिति को क़ाबू करने में लग गये। बाद में पाँच-छह हज़ार लोगों की भीड़ इकट्ठा हो गयी, नारे लगाती और कीर्तन करती हुई इस भीड़ ने मस्जिद के अन्दर घुसने की कोशिश की। लेकिन प्रशासन की मुकम्मल तैयारियों के कारण इनको कामयाब नहीं होने दिया गया। दंगा करने और मस्जिद के अन्दर मूर्ति की स्थापना करने के द्वारा मुजरिमान राम दास, शुक्ला दास, सुदर्शन दास तथा अन्य 50-60 नामालूम लोगों ने मस्जिद को नापाक किया है। घटनास्थल पर मौजूद अधिकारी तथा अन्य लोग इसके चशमदीद गवाह हैं। घटना की तस्दीक कर ली गयी है। यह रिपोर्ट पूरी तरह सही है।

एसडी/-एसओ
(मुख्य मुहर्रिर)[5]

27 दिसम्बर 1949 को के.के. नायर, आईसीएस (उपायुक्त, फ़ैज़ाबाद) ने उत्तर प्रदेश के मुख्य सचिव भगवान सहाय को लिखा कि 'बलप्रयोग और छल के द्वारा यह अवैध स्थिति उत्पन्न की गयी है।'[6] विवादित प्लाट नम्बर 583 की मालकियत के बारे में फ़ैज़ाबाद न्यायालय में एक सिविल वाद भी दाख़िल किया गया। प्रशासन ने तर्क दिया कि यह क्षेत्र विवादित है और मामला न्यायालय के अधीन है, इस आधार पर मस्जिद के दरवाज़े पर ताला लगा दिया गया।

यह भी विचित्र संयोग है कि इस घटना के छह महीने के अन्दर ही गुरुदत्त ने नौकरी से त्यागपत्र दे दिया और वे भारतीय जनसंघ के अध्यक्ष बन गये। यह एक नवस्थापित राजनैतिक दल था जो हिन्दू राष्ट्र की स्थापना का सपना लेकर जनता के बीच आया था। आगे चलकर गुरुदत्त ने चुनाव लड़ा। वे उत्तर प्रदेश विधानसभा में विधायक निर्वाचित हुए। महन्त दिग्विजयनाथ के मित्र और इस षड्यन्त्र में

शामिल दूसरे नौकरशाह के.के. नायर ने भी नौकरी छोड़ दी। 1967 में ये अयोध्या के नज़दीकी जनपद बहराइच से जनसंघ के टिकट पर सांसद निर्वाचित हुए। 1952 के प्रथम लोकसभा चुनावों में इनकी पत्नी शकुन्तला नायर गोंडा (पश्चिम) से हिन्दू महासभा के टिकट पर सांसद निर्वाचित हो चुकी थीं, इन चुनावों में हिन्दू महासभा ने केवल यही एक सीट जीती थी। 1962 से 1967 तक वे उत्तर प्रदेश में विधायक भी रहीं। 1967 और 1971 के लोकसभा चुनावों में उन्होंने जनसंघ के टिकट पर कैसरगंज सीट पर विजय प्राप्त की। यानी कि 1967 की चौथी लोकसभा में पति-पत्नी दोनों ही सांसद चुनकर आये थे। यहाँ तक कि उनके ड्राइवर ने भी जनसंघ के टिकट पर चुनाव लड़ा और विधायक बन गया।

इस बीच अदालत में मामला अपनी गति से आगे बढ़ता रहा। हिन्दू और मुसलमान दोनों ही इस स्थान पर अपना-अपना मालिकाना साबित करने का प्रयास कर रहे थे। अदालत ने मस्जिद के दरवाज़े पर ताला लगवा दिया था। 3 मार्च 1951 को फ़ैज़ाबाद के सिविल जज ने हिन्दू पुजारियों को पूजा करने की नियन्त्रित अनुमति प्रदान कर दी। 1984 में इन्दिरा गांधी की हत्या के बाद आनन-फ़ानन में राजीव गांधी को प्रधानमन्त्री की कुर्सी पर विराजमान कर दिया गया। उनके दादा जवाहरलाल ने मस्जिद के प्रांगण से मूर्ति को हटवाने के लिए एड़ी-चोटी का ज़ोर लगा रखा था ताकि देश में सहिष्णुता बनी रहे। राजीव भोले मिज़ाज के व्यक्ति थे और राजनीति की पेचीदगियों को नहीं समझते थे। उनके सलाहकार भी उन्हीं जैसे अनुभवहीन साबित हुए। अरुण नेहरू हालाँकि बेहद मेधावी थे लेकिन समाज की ज़मीनी हक़ीक़त से पूरी तरह नावाक़िफ़ होने के कारण उनके द्वारा दी गयी सलाह में राजनैतिक समझबूझ और गम्भीरता की कमी पायी जाती थी। शाह बानो मामले में भी इसी प्रकार की नौसीखिया प्रवृत्ति अपनायी गयी थी।

1978 में 62 वर्षीया शाह बानो ने अपने पति तथा इन्दौर के नामी-गिरामी वक़ील मोहम्मद अहमद खान के ख़िलाफ़ मुक़दमा दर्ज करवाया। शाह बानो ने दण्ड प्रक्रिया संहिता, 1973 की धारा 123 के अन्तर्गत ख़ुद अपने लिए और अपने बच्चों के लिए निर्वहन राशि की माँग की थी। इनकी शादी 1937 में हुई थी लेकिन बाद में खान ने दूसरी शादी भी कर ली। उनके पाँच बच्चे थे। खान ने शाह बानो से अलगाव स्थापित कर लिया और उसको तलाक़ दे दिया। इद्दत ख़त्म होने के बाद उसने निर्वहन देने से भी इनकार कर दिया। ऑल इंडिया मुस्लिम पर्सनल लॉ बोर्ड के समर्थन से खान ने अपना मुक़दमा लड़ना शुरू कर दिया। उनका तर्क था कि अदालतें इस मामले में हस्तक्षेप नहीं कर सकतीं क्योंकि ऐसा करने से

मुस्लिम पर्सनल लॉ (शरीयत) अधिनियम, 1937 का हनन होता था। अलग-अलग न्यायालयों से होता हुआ आख़िरकार यह मामला भारत के मुख्य न्यायाधीश चन्द्रचूड़ की अदालत में पहुँचा। 1985 में सर्वोच्च न्यायालय ने इस मामले में बड़ा महत्त्वपूर्ण निर्णय दिया। सर्वोच्च न्यायालय ने उच्च न्यायालय के निर्णय का अनुमोदन किया जिसमें शाह बानो को निर्वहन प्रदान करने का आदेश दिया गया था। मुस्लिम स्त्रियों के निकाह-तलाक़ के मामलों का निर्धारण शरीयत के आधार पर किया जाता था और ये अदालतों के अधिकार-क्षेत्र से बाहर माने जाते थे। व्यक्तिगत विधि की पुनर्व्याख्या प्रदान करने के कारण इस मामले को भारत के वैधानिक इतिहास में बड़ी महत्त्वपूर्ण घटना माना जाता है। इसके बाद समान आचार संहिता लागू करने के विचार को भी बल मिला।

आरिफ़ मुहम्मद खान राजीव गांधी के मन्त्रिमण्डल में आधुनिकता पसन्द और सुधारवादी मुसलमानों का प्रतिनिधित्व करते थे। सर्वोच्च न्यायालय का निर्णय आने के बाद उन्होंने सदन के अन्दर 70 मिनट का भाषण दिया जिसमें उन्होंने इस निर्णय का स्वागत किया और इसको मुस्लिम महिलाओं को गरिमा तथा समानता प्रदान करने की दिशा में मील का पत्थर क़रार दिया। कांग्रेस पार्टी के वोट प्रबन्धक तथा चुनावी विशेषज्ञ राजीव गांधी को सलाह देने लगे कि सर्वोच्च न्यायालय का निर्णय मुसलमानों को कांग्रेस पार्टी से दूर ले जायेगा और वे मुसलमान वोटों से महरूम रह जायेंगे। ब्राह्मण, मुसलमान और अनुसूचित जाति कांग्रेस पार्टी का पारम्परिक वोट बैंक हुआ करता था, इसी वोट बैंक की सवारी करते हुए कांग्रेस ने आज़ादी के बाद धड़ाधड़ चुनाव जीते थे। लेकिन इन चुनावी विशेषज्ञों ने भविष्यवाणी कर दी कि मुसलमान कांग्रेस को वोट नहीं देंगे और कांग्रेस का भविष्य अन्धकार में डूब जायेगा। उनको लगता था कि आने वाले चुनावों में कांग्रेस का सूपड़ा साफ़ हो जायेगा। धर्मोन्माद में भरे मुस्लिम कट्टरपन्थियों ने राजीव गांधी के ऊपर दबाव बनाना शुरू कर दिया कि वे सर्वोच्च न्यायालय के निर्णय को पलट दें। राजीव गांधी के पास न तो नेहरू जैसा चमत्कारी व्यक्तित्व और दूरनदेशी थी, न ही उनके पास इन्दिरा जैसी इच्छाशक्ति और मतदाताओं की नब्ज़ पहचानने की क्षमता थी। राजीव गांधी कट्टरपन्थियों के दबाव के सामने झुक गये। 1986 में वे एक क़ानून लेकर आये जिसके द्वारा सर्वोच्च न्यायालय के निर्णय को पलट दिया गया। 5 फ़रवरी 1986 को संसद के अन्दर मुस्लिम स्त्री (विवाह-विच्छेद पर अधिकार संरक्षण) अधिनियम, 1986 को पारित कर दिया गया। लेकिन इस अधिनियम को पारित करवाने से पहले मुसलमान नेताओं के साथ एक सौदा भी किया गया था, आगे

के अनुच्छेदों में इस सौदे पर चर्चा की जायेगी। शाह बानो के वक़ील दानियाल लतीफ़ी ने अदालत के अन्दर इस अधिनियम को चुनौती दी लेकिन अदालत ने भी इस अधिनियम की वैधता को बरक़रार रखा। यह अधिनियम न केवल स्त्रियों की समानता के लिए घातक सिद्ध हुआ बल्कि भविष्य में इसने कांग्रेस के वोट बैंक को भी बड़ा नुक़सान पहुँचाया। नेहरू-गांधी परिवार शुरुआत से ही मुसलमानों का तुष्टिकरण करने के लिए बदनाम रहा है लेकिन राजीव गांधी ने तो तुष्टिकरण की हदें ही लाँघ दीं। उन पर कट्टरपन्थी मुल्लों के सामने झुकने का आरोप लगाया गया जो सर्वोच्च न्यायालय के निर्णय को शरीयत की ख़िलाफ़वर्ज़ी मानते थे। और सबसे बड़ा विद्रूप तो यह हुआ कि इतना सब हो जाने के बाद शाह बानो ने भी अपना मुक़दमा वापिस ले लिया।

ख़ुद को धर्मनिरपेक्षता का प्रहरी दिखाने की ज़िद में राजीव गांधी तुष्टिकरण की नीतियाँ अपनाते रहे जिसके प्रत्युत्तर में साम्प्रदायिक राजनीति का जन्म हुआ। अब कांग्रेस के अन्दर हिन्दू वोटों के विशेषज्ञों ने राजीव गांधी को समझाना शुरू कर दिया कि मुस्लिम वोट जोड़ने की ज़िद में वे हिन्दू वोटों को न भूल जायें। उनकी छवि ऐसी बनती जा रही थी कि वे केवल मुसलमानों के हितों की रक्षा करते हैं, ऐसे में यदि हिन्दुओं को राज़ी करने के लिए कोई बड़ा क़दम न उठाया गया तो कांग्रेस हिन्दू वोटों से हाथ धो बैठेगी। सो, अरुण नेहरू के नेतृत्व में वोट बैंक विशेषज्ञों ने यह निर्णय लिया कि रामजन्मभूमि के द्वार खोल दिये जायें और हिन्दुओं को पूजा करने की अनुमति प्रदान की जाये। मुसलमान नेताओं के साथ सौदा किया गया कि वे इस निर्णय के ख़िलाफ़ आवाज़ नहीं उठाएँगे और इसके बदले में संसद में एक अधिनियम लाया जायेगा जिसके द्वारा सर्वोच्च न्यायालय के निर्णय को पलट दिया जायेगा। बीर बहादुर सिंह उत्तर प्रदेश के मुख्यमन्त्री हुआ करते थे। फ़ैज़ाबाद के ज़िला मैजिस्ट्रेट तथा पुलिस अधीक्षक को निर्देश दिये गये कि वे न्यायालय के सामने जाकर बयान दें कि यदि हिन्दुओं के लिए रामजन्मभूमि के द्वार खोल दिये जायें तो क़ानून-व्यवस्था की समस्या उत्पन्न होने की कोई सम्भावना नहीं। 25 जनवरी 1986 को एक अधिवक्ता उमेश चन्द्र पाण्डे ने याचिका दायर की कि श्रद्धालुओं को परिसर के अन्दर से दर्शन करने की अनुमति प्रदान की जाये तथा 1949 में लगाया गया सरकारी ताला खोल दिया जाये। 28 जनवरी को फ़ैज़ाबाद के मुन्सिफ़ मैजिस्ट्रेट हरिशंकर दुबे ने उमेश चन्द्र की इस याचिका को ख़ारिज कर दिया। इसके साथ ही उमेश चन्द्र ने ज़िला न्यायाधीश की अदालत में भी एक याचिका दायर कर रखी थी जो पहले से लम्बित मामला नम्बर 2/1949 से सम्बन्धित थी। इसको 1

फ़रवरी को तुरन्त सुनवाई के लिए सूचीबद्ध कर लिया गया। 1 फ़रवरी 1986 को फ़ैज़ाबाद के ज़िला न्यायाधीश के.एम. पाण्डे ने शाम 4:40 बजे द्वार खोलने का निर्णय दिया। उन्होंने मैजिस्ट्रेट तथा पुलिस अधीक्षक के ज़बानी आश्वासन पर यह निर्णय दिया था, इसने कोई लिखित हलफ़नामा नहीं लिया। ज़िला प्रशासन ने गोली की सी रफ़्तार से इस निर्णय को लागू करवा दिया। सिर्फ़ 40 मिनट बाद 5:20 बजे तक रामजन्मभूमि का ताला खोल दिया गया था। इसके साथ ही कलह के कपाट भी खुल गये।

श्रद्धालुओं ने तुरन्त रामजन्मभूमि पर भजन-कीर्तन शुरू कर दिया। द्वार खुलने की घटना का सरकारी चैनल दूरदर्शन पर सीधा प्रसारण किया गया। न्यायाधीश कृष्ण मोहन पाण्डे ने दावा किया कि रामजन्मभूमि के द्वार खोलने के लिए उन्हें दैवीय प्रेरणा मिली थी। उन्होंने बताया कि एक लंगूर ने उन्हें द्वार खोलने के लिए प्रेरित किया था। निर्णय से पहले लंगूर रूप में हनुमानजी[8] उनके स्वप्न में आये और निर्णय के दिन यह लंगूर न केवल उनके निवास पर आया था बल्कि बिना कुछ खाये-पिये पूरा दिन अदालत के प्रांगण में भी बैठा रहा था। निर्णय सुनाये जाने के बाद यह लंगूर शाम को फिर से उनके निवास पर आया। सो, सन् 1986 में भी हमें दैवी प्रेरणा की कथा सुनाई जा रही थी। मुस्लिम पर्सनल लॉ बोर्ड ने सौदेबाज़ी निभाई और इस निर्णय का विरोध नहीं किया। बाद में 5 फ़रवरी को मुस्लिम स्त्री अधिनियम संसद में पारित करवा दिया गया। ताला खोलने और सर्वोच्च न्यायालय के निर्णय को पलटने की घटनाएँ दो हफ़्ते के अन्दर सम्पन्न कर दी गयीं। बहुत से लोगों ने कहा कि यह सन्तुलन स्थापित करने का प्रयास था और उनको लगता था कि इसके बाद हिन्दू और मुसलमान दोनों ही पक्ष सन्तुष्ट हो जायेंगे। केन्द्रीय गृहमन्त्री बूटा सिंह तथा उत्तर प्रदेश के मुख्यमन्त्री एन.डी. तिवारी की उपस्थिति में विवादित ढाँचे के पास ही मन्दिर का शिलान्यास किया गया। यह सारा काम कांग्रेस पार्टी के निर्देशन में किया जा रहा था जो अब नरम हिन्दुत्व की राह पर चल पड़ी थी। दोनों पक्षों के कट्टरपन्थियों का तुष्टिकरण करने की इस नीति के कारण भाजपा के लिए अवसर खुल गये और भविष्य में चुनावों में सफलता प्राप्त करने के लिए भाजपा ने बड़ी बेहतरी के साथ इन अवसरों को भुनाया। तुष्टिकरण का सन्तुलन स्थापित करने के कारण देश में साम्प्रदायिक ध्रुवीकरण स्थापित हो गया। आरएसएस-भाजपा-वीएचपी के गठजोड़ की स्थापना और भविष्य में इनके सबसे बड़ी राजनैतिक शक्ति बनकर उभरने की प्रक्रिया की जड़ें इन्हीं जटिल राजनैतिक घटनाओं में तलाशी जा सकती हैं।

राजनैतिक समझ की कमी के कारण राजीव गांधी कांग्रेस की अन्दरूनी गुटबाज़ी को समझने और इनकी आपसी तनातनी पर लगाम लगाने में भी असफल रहे। वोट बैंक की खिचड़ी पकाते वक़्त उन्होंने एक के बाद एक बहुत सी ग़लतियाँ कीं। आरिफ़ मुहम्मद खान ने सदन में सर्वोच्च न्यायालय के निर्णय का स्वागत करते हुए भाषण दिया था, अरुण नेहरू ने रामजन्मभूमि पर लगा ताला खुलवा कर रामलला को आज़ाद करवाने में केन्द्रीय भूमिका निभाई थी, वी.पी. सिंह ने रक्षा सौदों में मिलने वाली दलाली के ऊपर जाँच बिठाकर पार्टी को शर्मिन्दा किया था; और अब ये सभी नेता कांग्रेस छोड़कर चले गये थे और इन्होंने कांग्रेस के विरोध में अपनी अलग पार्टी बना ली थी। 1988 में अमिताभ बच्चन ने इलाहाबाद की संसदीय सीट से इस्तीफ़ा दे दिया और राजनीति को अलविदा कह दिया, इसके बाद हुए उप-चुनावों में वी.पी. सिंह ने इस सीट पर बाज़ी मार ली। इन्हीं चुनावों में कांशी राम ने भी बहुजन समाज पार्टी के टिकट पर पहली बार चुनाव लड़ा था और 70,000 मत लेकर तीसरे स्थान पर आये थे। फ़रवरी 1989 में माघ मेले के दौरान प्रयागराज (इलाहाबाद) में विश्व हिन्दू परिषद् (वीएचपी) ने परमहंस रामचन्द्र दास की अध्यक्षता में धर्म-संसद का आयोजन किया।[9] सन्तों ने 9 नवम्बर 1989 को शिलान्यास तथा शिलापूजन करने का निर्णय लिया। 9 नवम्बर के दिन *देवोत्थान एकादशी* पड़ती थी,[10] इसीलिए इस दिन का चयन किया गया। वीएचपी ने बड़ी रणनीति के तहत इस दिन का चयन किया था क्योंकि इस दिन अयोध्या में लाखों श्रद्धालु इकट्ठा होते हैं। उन्होंने यह विनती भी की कि प्रत्येक गाँव तथा प्रत्येक व्यक्ति राम-नाम लिखी हुई ईंट लेकर अयोध्या आये। इन ईंटों का प्रयोग मन्दिर के निर्माण में किया जाना था। 17 अक्तूबर 1989 को केन्द्रीय गृहमन्त्री बूटा सिंह ने वीएचपी को 9 नवम्बर के दिन शिलान्यास करने की अनुमति प्रदान कर दी। शिलान्यास से पहले अलग-अलग गाँवों में रामशिला पूजन की प्रथा का आयोजन किया गया जिनके दौरान देश के विभिन्न भागों में बड़ी संख्या में दंगे हुए। 24 अक्तूबर 1989 को बिहार के भागलपुर नगर में सबसे बड़ा दंगा हुआ जिसमें लगभग 900 लोगों की मृत्यु हुई। मरने वालों में अधिसंख्या मुसलमानों की थी।

फ़रवरी 1989 वाली धर्म-संसद में ही यह घोषणा कर दी गयी थी कि 9 नवम्बर 1989 को शिलान्यास समारोह का आयोजन बड़ी धूम-धाम के साथ किया जायेगा। विरोधाभास देखिए कि इसी तिथि को बर्लिन की दीवार भी गिराई गयी थी और पूर्वी जर्मनी एवं पश्चिमी जर्मनी का पुनः संगम हुआ था,[11] जबकि भारत में यह तिथि विभाजन और कलह ही लेकर आयी। भाजपा ने भी मौक़े का सही

फ़ायदा उठाया। 11 जून 1989 को हिमाचल प्रदेश में भाजपा राष्ट्रीय कार्यकारिणी की बैठक हुई जिसमें राम मन्दिर की माँग को भाजपा के चुनावी एजेंडे में शामिल कर लिया गया। उस समय तक वीएचपी तथा भाजपा के बीच गहरा समन्वय नहीं बना था। इन्दिरा गांधी को वीएचपी के साथ सम्पर्क बनाकर रखने में कोई झिझक नहीं होती थी। 1983 में वीएचपी के निमन्त्रण पर उन्होंने *एकात्मता यात्रा* (गंगाजल यात्रा) को हरी झंडी भी दिखाई थी।[12] 1989 के लोकसभा चुनाव सर पर आ गये तो भाजपा ने इसको अपने अस्तित्व की लड़ाई बना लिया। वी.पी. सिंह नेशनल फ्रंट के संयोजक थे और एन.टी. रामाराव इसके अध्यक्ष; भाजपा ने नेशनल फ्रंट के साथ चुनाव-पूर्व सीट विभाजन का समायोजन कर लिया। 30 सांसदों के साथ एन.टी. रामाराव की तेलुगू देशम पार्टी सबसे बड़ी विपक्षी पार्टी थी लेकिन 1989 के चुनावों में वी.पी. सिंह की लहर होने के बावजूद यह केवल 2 सीटें ही जीत पायी। वी.पी. सिंह ने अलग-अलग विचारधारा वाली पार्टियों को साथ मिलाकर चुनाव से ठीक पहले अपना भानमती का कुनबा जोड़ लिया था। कांग्रेस को सत्ता से हटाने के लिए वामपन्थी तथा दक्षिणपन्थी वी.पी. सिंह के साथ आ गये। चुनाव-पूर्व गठबन्धन में एक तरफ़ तो साम्यवादी थे और दूसरी तरफ़ भाजपा ने नेशनल फ्रंट का दामन थामा था। एक-दूसरे के साथ सीधा समझौता करने की बजाय इन्होंने नेशनल फ्रंट को बिचौलिया बनाना बेहतर समझा। हालाँकि 1984 की लोकसभा में भाजपा के केवल 2 सांसद थे लेकिन फिर भी भाजपा ने इतनी दक्षता के साथ वार्ता की थी कि ये अपने लिए 224 सीटें प्राप्त करने में कामयाब रहे। दूसरी तरफ़, 50 के लगभग सांसद लेकर बैठा नेशनल फ्रंट (साम्यवादियों के अतिरिक्त) 241 सीटों पर चुनाव लड़ने को राज़ी हो गया। बची हुई सीटें साम्यवादी एवं अन्य दलों के खाते में गयीं। वी.पी. सिंह के नेतृत्व में जनता दल/नेशनल फ्रंट ने केवल 143 सीटें जीतीं तथा ये अल्पमत की सरकार चला रहे थे, लेकिन विचारधारात्मक रूप से धुर विरोधी साम्यवादी तथा भाजपा इस सरकार को बाहरी समर्थन प्रदान कर रहे थे। 1989 में भाजपा 85 सीटें जीत गयी, दोनों साम्यवादी दलों तथा इनके सहयोगी वामपन्थी दलों को 51 सीटों पर जीत मिली।

1989 के चुनाव के दौरान नेशनल फ्रंट ने 'सीट समायोजन' नाम के नये शब्द की ईजाद की। गठबन्धन शब्द का प्रयोग नहीं किया गया। सभी दल इस नयी पदावली से ख़ुश थे। *जनसत्ता* अख़बार के प्रभाष जोशी की उपस्थिति में वी.पी. सिंह तथा आरएसएस के रज्जू भैया मुम्बई में सीट विभाजन की वार्ता कर रहे थे। वार्ता के दौरान वी.पी. ने खुले शब्दों में कह दिया गठबन्धन की बजाय समायोजन

का फ़ायदा यह होगा कि मुस्लिम मतदाता जनता दल का साथ नहीं छोड़ेंगे और भाजपा के हिन्दू मतदाताओं को भी यह लगेगा कि जिस पार्टी को वे वोट दे रहे हैं उसका मुसलमानों के साथ कोई लेना-देना नहीं। दूसरे शब्दों में कहें तो मतदाताओं को मूर्ख बनाया गया।

24 जून 1988 को उत्तर प्रदेश के मुख्यमन्त्री बीर बहादुर सिंह को केन्द्रीय संचार मन्त्री बना दिया गया और उनकी जगह एन. डी. तिवारी के रूप में एक वरिष्ठ तथा अनुभवी ब्राह्मण चेहरे को उत्तर प्रदेश की बागडोर सौंप दी गयी। हिन्दू वोटों को संघटित करने के उद्देश्य से 25 जून 1988 को वे उत्तर प्रदेश के मुख्यमन्त्री बने। जिस दिन कांग्रेस ने अपने प्रचार अभियान का विधिवत उद्घाटन किया उसी दिन यह स्पष्ट हो गया कि कांग्रेस हिन्दू बहुलतावाद के एजेंडे पर यह चुनाव लड़ना चाहती थी। कांग्रेसी नेता अयोध्या विवाद के कारण उत्पन्न हुए राजनैतिक अवसरों को दुहने के लिए उतावले हो रहे थे, चाहे इसके लिए धर्मनिरपेक्षता के आदर्शों की बलि ही क्यों न देनी पड़े। 3 नवम्बर 1989 को राजीव गांधी ने अयोध्या से कांग्रेस के प्रचार अभियान की विधिवत शुरुआत की और सन्देश यह दिया गया कि चूँकि कांग्रेस ने ही रामलला को मुक्त करवाया था इसलिए कांग्रेस ही हिन्दू वोटों की एकमात्र अधिकारी है। राजीव ने रैली में यह घोषणा भी कर दी कि कांग्रेस भारत में रामराज्य की स्थापना करेगी।[13] कांग्रेस के इस दृष्टिकोण को नरम हिन्दुत्व का नाम दिया गया। कांग्रेस को यह अहसास ही नहीं हुआ कि भाजपा पहले से ही इस मुद्दे को अपनी झोली में डाल चुकी है (हम यह भी कह सकते हैं चुरा चुकी है अथवा हथिया चुकी है)। शुरू में तो भाजपा हो या अन्य कोई दल, कोई भी इस मुद्दे के आसपास भी नहीं फटकना चाहता था। लेकिन बाद में भाजपा ने इस मुद्दे की राजनैतिक प्रासंगिकता का मूल्यांकन कर लिया और अपने सारे संसाधन इस मुद्दे को जनभावना के साथ जोड़ने में लगा दिये। यह साबित हुआ कि राम मन्दिर का मुद्दा बड़ी संख्या में लोगों को प्रभावित करता है और भाजपा चुनावी सफलता के मार्ग पर उड़ चली।

1989 के नवें लोकसभा चुनावों में राजीव गांधी के नेतृत्व में कांग्रेस की हार हुई। भाजपा के समर्थन से वी.पी. सिंह ने सरकार बनायी। नारायण दत्त तिवारी उत्तर प्रदेश के आख़िरी कांग्रेसी मुख्यमन्त्री साबित हुए और पिछले 30 वर्षों के दौरान राज्य में कांग्रेस की यह गत हुई है कि 2023 में इनके पास उत्तर प्रदेश में केवल 2 विधायक तथा 1 सांसद है। जनता दल के अन्दर शक्ति-समन्वय नहीं बन पाया था। ऐसे में चन्द्रशेखर उत्तर प्रदेश के मुख्यमन्त्री मुलायम सिंह यादव को समर्थन दे रहे

थे तो बिहार के मुख्यमन्त्री लालू प्रसाद यादव को वी.पी. सिंह का समर्थन प्राप्त था। 7 अगस्त 1990 को नेशनल फ्रंट की सरकार ने मण्डल आयोग की रिपोर्ट को लागू कर दिया जिसके द्वारा अन्य पिछड़ा वर्ग को आरक्षण प्रदान किया गया। 15 अगस्त 1990 को लाल क़िले की प्राचीर से दिये अपने भाषण में वी.पी. सिंह ने अपनी इस उपलब्धि पर बहुत ज़ोर दिया था। वे ख़ुद को पिछड़ा वर्ग तथा अल्पसंख्यकों का मसीहा बनाकर प्रस्तुत करने में लगे हुए थे ताकि उनको एक बँधा-बँधाया वोट बैंक प्राप्त हो सके। पूरे देश में मण्डल आयोग के विरोध में हिंसक आन्दोलन भड़क उठे। विरोध प्रदर्शन के दौरान दिल्ली विश्वविद्यालय के छात्र राजीव गोस्वामी ने आत्मदाह का प्रयास किया।

वीएचपी ने घोषणा कर दी कि 30 अक्तूबर 1990 से राम मन्दिर का निर्माण कार्य शुरू कर दिया जायेगा। भाजपा अपने वोट बैंक को संगठित करने का अवसर ढूँढ़ रही थी, ऐसे में राम मन्दिर के निर्माण के लिए समर्थन जुटाने हेतु लालकृष्ण आडवाणी ने सोमनाथ से अयोध्या तक 10,000 किलोमीटर की रथयात्रा शुरू कर दी (असल में एक बस की ही साज-सज्जा करके इसको रथ का नाम दे दिया गया था)। उनके इस आन्दोलन को *'मण्डल बनाम कमण्डल'* का नाम दिया गया। 25 सितम्बर 1990 को यात्रा शुरू हुई और लक्ष्य यह रखा गया कि 30 अक्तूबर को यह यात्रा अयोध्या पहुँचकर वीएचपी द्वारा आयोजित करवाई जा रही कारसेवा में शामिल हो जायेगी। सरकार को प्राप्त ख़ुफ़िया जानकारी यही बता रही थी कि ये कारसेवक जब अयोध्या पहुँचेंगे तो वे बाबरी मस्जिद को ध्वस्त करने का प्रयास करेंगे। अल्पसंख्यकों के वोट हासिल करने के लिए मुलायम ख़ुद को मुसलमानों के रक्षक के रूप में स्थापित करते जा रहे थे। जब उन्होंने बयान दिया कि *'अयोध्या में कार सेवक तो क्या, परिन्दा भी पर नहीं मार सकता'* तब जाकर मुसलमानों का डर दूर हुआ। यह सर्वविदित था कि आडवाणी को अयोध्या नहीं पहुँचने दिया जायेगा। मुसलमानों के बीच अपनी छवि बेहतर बनाने के लिए मुलायम ने आडवाणी को हिरासत में लेने की योजना बना रखी थी। लेकिन प्रधानमन्त्री वी.पी. सिंह ख़ुद भी मुसलमानों को अपना अनुयायी बनाने की कोशिश में लगे हुए थे। मुलायम की योजना की हवा निकालने के लिए उन्होंने लालू यादव को सलाह दी कि आडवाणी को बिहार में ही गिरफ़्तार कर लिया जाये। नयी दिल्ली में एक अहम बैठक में शामिल होने के लिए आडवाणी रथयात्रा बीच में छोड़कर दिल्ली चले गये। उनकी योजना थी कि रेलगाड़ी के द्वारा वे धनबाद पहुँचेंगे और फिर से रथयात्रा का नेतृत्व

करेंगे। लालू ने सासाराम में आडवाणी को गिरफ़्तार करने की योजना बनायी थी। लेकिन लालू की इस योजना का पर्दाफ़ाश हो गया और क़ानून-व्यवस्था को बनाये रखने के लिए इस योजना को त्याग दिया गया। लालू की नयी योजना यह थी कि अब आडवाणी को समस्तीपुर में गिरफ़्तार किया जायेगा, लेकिन इस बार योजना गुप्त रखी गयी। उन्होंने दुमका के ज़िला मैजिस्ट्रेट सुधीर कुमार से कहा कि वे अगले दिन मसंजोर अतिथि निवास को पूरी तरह से ख़ाली करवा के रखें क्योंकि लालू ख़ुद वहाँ आने वाले थे। उन्होंने समस्तीपुर के ज़िला मैजिस्ट्रेट आर.के. सिंह तथा उप पुलिस महानिरीक्षक (डीआईजी) रामेश्वर ओराओं को बुला भेजा और वहीं रुकने का आदेश दिया। आडवाणी पटना से निकल चुके थे और 23 अक्तूबर को वे समस्तीपुर के अतिथि निवास में निद्रालीन थे कि उनको हिरासत में ले लिया गया और सरकारी हेलीकॉप्टर में बिठाकर मसंजोर अतिथि निवास ले आया गया। बाद में जब राजग सरकार में आडवाणी गृहमन्त्री बने तो उन्होंने आर.के. सिंह को संयुक्त सचिव बनाकर अपने विभाग में रखा था।[14]

आडवाणी की गिरफ़्तारी से कारसेवक क्रुद्ध हो गये और सरकारी आदेशों को धता बताते हुए 30 अक्तूबर को कारसेवा के दिन बड़ी संख्या में (लगभग 40-50 हज़ार) अयोध्या में जमा हो गये। कारसेवक विवादित ढाँचे के पास पहुँच गये और मस्जिद के गुम्बद पर पताका फहराने के बाद मस्जिद को गिराने में लग गये। जमावड़ा तोड़ने के लिए पुलिस ने गोली चलाने का निर्णय लिया। इस गोलीबारी में 11 कारसेवकों की मृत्यु हुई। क्रुद्ध कारसेवकों ने 2 नवम्बर को पुनः अयोध्या में जमा होने की घोषणा कर दी। यह आरोप लगाया जाता है कि ये कारसेवक जब विवादित ढाँचे से 2 किलोमीटर दूर थे तो लाठी और आँसू गैस चलाने के बाद पुलिस ने फिर से गोलियाँ बरसा दीं। यह मुख्यमन्त्री मुलायम सिंह यादव के प्रत्यक्ष हुकुम पर किया गया था। वाटर कैनन और रबर बुलेट्स का इस्तेमाल किये बग़ैर सीधे ही गोलियाँ चला दी गयीं जिसके कारण बड़ी संख्या में नरसंहार हुआ। अनुमान लगाया जाता है कि इस आन्दोलन के दौरान देश भर में लगभग 50 लोगों की जान गयी। इसके बाद तो मुलायम 'मौलाना मुलायम' के नाम से मशहूर हो गये। फ़ैज़ाबाद के आयुक्त मधुकर गुप्ता तमाम सरकारी प्रबन्धन के प्रभारी थे। वे वीएचपी अध्यक्ष अशोक सिंघल के ममेरे भाई थे।

जैसा कि अपेक्षित था, इसके बाद भाजपा ने सरकार से समर्थन वापिस ले लिया और 343 दिन प्रधानमन्त्री रहने के बाद 7 नवम्बर 1990 को वी.पी. सिंह ने

इस्तीफ़ा दे दिया। कांग्रेस के समर्थन से थोड़े दिन के लिए चन्द्रशेखर प्रधानमन्त्री बने। हरियाणा सरकार द्वारा राजीव गांधी की निगरानी की जाने के मामूली से मुद्दे पर कांग्रेस ने अपना समर्थन वापिस ले लिया और 1991 में देश को मध्यावधि चुनावों में जाना पड़ा। विपक्षी दलों का यह दूसरा जनता प्रयोग न केवल पूरी तरह नाकाम हुआ था बल्कि इसका परिणाम इसके स्वघोषित उद्देश्यों से पूर्णतः विपरीत सामने आया था। विपक्षी दलों को एकजुट करने के बजाय अलग-अलग राज्यों में इसने विभिन्न धड़ों को जन्म दिया। राजीव गांधी की हत्या कर दी गयी और सद्भावना मत मिलने के कारण तितर-बितर हो चुकी कांग्रेस 224 सीटें जीतकर गठबन्धन सरकार बनाने में सफल रही। भाजपा को भी चुनाव जीतने का मसाला मिल गया था–राम मन्दिर का निर्माण लोगों की भावनाओं के साथ जुड़ गया था और इसी मुद्दे पर चुनाव लड़ते हुए वह 120 सीटें जीतकर संसद में आयी। वी.पी. सिंह के जनता दल को केवल 69 सीटें मिलीं जिसके कारण रथयात्रा के नायक आडवाणी को नेता प्रतिपक्ष बनाया गया।

1991 के उत्तर प्रदेश विधानसभा चुनावों में भाजपा को पूर्ण बहुमत मिला और कल्याण सिंह को मुख्यमन्त्री बनाया गया। राम मन्दिर के मुद्दे पर विभिन्न हिन्दुत्ववादी दलों तथा समूहों द्वारा अलग-अलग कार्यक्रमों का आयोजन किया गया। कल्याण सिंह सरकार ने विवादित ढाँचे की 2.77 एकड़ ज़मीन का अधिग्रहण कर लिया और एक रुपया प्रतिवर्ष की दर पर यह भूमि रामजन्मभूमि ट्रस्ट को पट्टे पर प्रदान कर दी गयी। जैसा कि अपेक्षित था, उच्च न्यायालय में इस मामले को चुनौती दी गयी और उच्च न्यायालय ने सरकार के इस क़दम को स्थगित कर दिया, साथ ही राज्य सरकार को यह निर्देश भी दिया कि अधिग्रहित भूमि पर किसी भी प्रकार की स्थायी संरचना का निर्माण न होने दिया जाये। उच्च न्यायालय के निर्णय को सर्वोच्च न्यायालय में चुनौती दी गयी। वीएचपी ने घोषणा कर दी कि स्थगित कारसेवा 9 जुलाई 1992 से पुनः आरम्भ की जायेगी। साथ ही, उच्च न्यायालय के निर्णय की काट निकालने के लिए राम मन्दिर 'निर्माण' की बजाय राम मन्दिर 'जीर्णोद्धार' शब्द का प्रयोग किया जाने लगा। 9 जुलाई को अयोध्या में लगभग 50,000 कारसेवक जमा हुए और राम मन्दिर निर्माण की सांकेतिक शुरुआत करने के लिए एक चबूतरा खड़ा कर दिया गया। भाजपा ने यह दलील दी कि यह कार्य सन्तों ने किया था, राज्य सरकार की इसमें कोई भूमिका नहीं थी और केन्द्र सरकार राज्य सरकार की मध्यस्थता के बग़ैर सन्तों से सीधे संवाद कर ले। 23 जुलाई 1992 को नरसिम्हा राव ने सन्तों के साथ मुलाक़ात की जिसके बाद 90 दिन के लिए

कारसेवा को स्थगित कर दिया गया। वीएचपी तथा बाबरी मस्जिद एक्शन कमेटी (बी.एम.ए.सी.) के बीच संवाद करवाने का प्रथम तथा एकमात्र सरकारी प्रयास शुरू हुआ, इस संवाद में सरकार भी शामिल रही। केन्द्रीय मन्त्री पी.आर. कुमारमंगलम केन्द्र सरकार की तरफ़ से इस संवाद का समन्वय कर रहे थे, साथ ही वे केन्द्र सरकार का प्रतिनिधित्व भी कर रहे थे। 30 अक्तूबर 1992 को वीएचपी ने धर्म संसद के अन्दर घोषणा कर दी कि वार्ता असफल हो चुकी है और 6 दिसम्बर से कारसेवा पुन: शुरू कर दी जायेगी। हालाँकि इसके बाद 8 नवम्बर को भी वीएचपी तथा बीएमएसी के बीच एक वार्ता और हुई जिसके बाद बीएमएससी ने घोषणा कर दी कि इनके (वीएचपी) के पास मामले को सुलझाने का कोई एजेंडा नहीं है। मुद्दे का समाधान निकालने के लिए प्रधानमन्त्री राव तथा मुख्यमन्त्री कल्याण सिंह की मुलाक़ात हुई और 23 नवम्बर को राष्ट्रीय एकता परिषद् की बैठक बुला ली गयी। भाजपा ने इस बैठक का बहिष्कार किया। 26 नवम्बर को उत्तर प्रदेश सरकार ने सर्वोच्च न्यायालय में शपथ-पत्र जमा करवाया जिसमें सरकार ने यह आश्वासन तथा वचन दिया कि कारसेवा के दौरान विवादित ढाँचे को कोई नुक़सान नहीं पहुँचेगा। उत्तर प्रदेश के राज्यपाल सत्यनारायण रेड्डी को दिल्ली बुलाया गया था, लेकिन यह शपथ-पत्र दाख़िल होने के बाद कल्याण सिंह सरकार को बर्ख़ास्त करने और हर क़ीमत पर विवादित ढाँचे को संरक्षण प्रदान करने की योजना को त्याग दिया गया।

उच्च न्यायालय के निर्णय का भी बेसब्री से इन्तज़ार किया जा रहा था। दो वरिष्ठ भाजपा नेता–अटल बिहारी वाजपेयी तथा लालकृष्ण आडवाणी–बहुत बार यह विचार व्यक्त कर चुके हैं कि न्यायालय द्वारा मामला लटकाने के कारण ही कारसेवकों ने बाबरी मस्जिद को तोड़ा था। इनका तर्क था कि यदि भूमि इनको प्रदान कर दी जाती तो कोई समस्या ही नहीं होती, चाहे निर्णय इनके विरुद्ध ही आया होता। मन्दिर के स्थान या रूपरेखा में परिवर्तन करके राम मन्दिर का निर्माण शुरू कर दिया जाता, या फिर उस स्थान पर मन्दिर का निर्माण कर दिया जाता जहाँ कांग्रेस ने शिलान्यास करवाया था। 30 नवम्बर को उच्च न्यायालय में इस मामले की सुनवाई हुई और लोग निर्णय की उम्मीद बाँधकर बैठे थे लेकिन न्यायालय ने निर्णय की तिथि पहले 4 दिसम्बर और उसके बाद 11 दिसम्बर तक स्थगित कर दी।

कल्याण सिंह के नेतृत्व में भाजपा सरकार ने कारसेवकों को आश्वासन दे रखा था कि क़ानून-व्यवस्था चाहे कितनी ही बिगड़ जाये, पुलिस उन पर गोली नहीं चलाएगी। 5 दिसम्बर 1992 को गीता जयन्ती दिवस[15] पड़ता था, इस दिन अटल

बिहारी वाजपेयी ने लखनऊ में कारसेवकों से संवाद किया। वाक्पटु वाजपेयी जी उस दिन तंज़िया अन्दाज़ में बोल रहे थे, उनके शब्द भड़काऊ थे और भाषा जल की तरह बह रही थी। उन्होंने अपने भाषण में मिलीभगत की ओर इशारा किया और वे वक्रोक्ति, संकेतों तथा बिम्बों का प्रयोग करते हुए लोगों तक अपनी बात पहुँचा रहे थे। उन्होंने कारसेवकों से कहा कि न्यायालय ने स्थायी संरचना बनाने पर रोक लगाई है, लेकिन भजन-कीर्तन पर तो कोई पाबन्दी नहीं। आगे उन्होंने कहा कि घण्टों तक तो कोई भी कीर्तन में खड़ा नहीं हो सकता, आख़िर में तो बैठना ही पड़ता है। अगर बैठना है तो बैठने के स्थान की सफ़ाई तो करनी ही पड़ेगी। मैदान में से नुकीले पत्थर खोदकर निकालने पड़ेंगे और भूमि को समतल करना पड़ेगा। यज्ञ[16] के आयोजन के लिए प्रबन्धन करना पड़ेगा। यह स्पष्ट नहीं कि 'नुकीले पत्थरों' तथा 'भूमि को समतल करने' से उनका क्या अभिप्राय था लेकिन यह अकाट्य तथ्य है कि इसके अगले दिन ही सोलहवीं सदी में बनी बाबरी मस्जिद को तहस-नहस कर दिया गया। 6 दिसम्बर को वाजपेयी के अलावा भाजपा के सभी बड़े नेता–आडवाणी, मुरली मनोहर जोशी, विजया राजे सिंधिया, प्रमोद महाजन तथा उमा भारती–अयोध्या में उपस्थित थे। 3 दिसम्बर 1992 से आरएसएस के दिग्गज पदाधिकारी–एच.बी. शेषाद्रि, के.सी. सुदर्शन तथा मोरोपंत पिंगले–अयोध्या में डेरा डालकर बैठ गये थे और तैयारियों का निरीक्षण कर रहे थे। यह स्पष्ट हो चुका था कि भाजपा नेता किसी बड़ी अनहोनी के लिए तैयार होकर आये थे। अयोध्या में 2 लाख से ज़्यादा कारसेवक पहुँच चुके थे। मुहूर्त 12:15 बजे का था; प्रकाशित कार्यक्रम में बताया गया था कि पूजा का आयोजन होगा तथा राम चबूतरे का सांकेतिक निर्माण किया जायेगा। कारसेवकों का हुजूम लगने लगा। इस कार्यक्रम के लिए 46 एकड़ भूमि अधिसूचित की गयी थी और पूरे 46 एकड़ में तिल रखने तक की जगह नहीं बची थी। पूजा करने के पश्चात् 11 बजे रामजन्मभूमि/बाबरी मस्जिद का द्वार अन्तिम बार बंद कर दिया गया। दोपहर तक भीड़ बेकाबू हो गयी थी। पुलिस के बैरिकेड तोड़ दिये गये, 200 के लगभग कारसेवक मस्जिद के गुम्बद पर चढ़ गये और लाख के लगभग उन्मादी कारसेवक उनके नीचे खड़े हो गये। भाजपा तथा वीएचपी नेताओं के मंच विवादित भूमि से 300 मीटर दूर रामकथा कुंज पार्क में स्थापित किये गये थे, इन मंचों पर से मस्जिद के गुम्बद स्पष्ट नज़र आते थे। आडवाणी तथा अशोक सिंघल ने बार-बार लोगों से अपील की कि गुम्बद न तोड़े जायें क्योंकि नीचे रामलला की मूर्ति भी विराजमान थी। लेकिन उन्मादी भीड़ पर उनकी अपील का कोई असर नहीं हुआ। नये-नये नारे ईजाद करके उमा भारती, साध्वी ऋतंभरा

तथा आचार्य धर्मेन्द्र उन्मादी भीड़ को मस्जिद के गुम्बद तोड़ने के लिए उकसा रहे थे। इनके द्वारा ईजाद किये गये कुछ नारे इस प्रकार थे:

गांधी बोलो जय श्रीराम, जिन्ना बोलो जय श्रीराम, मुल्ला बोलो जय श्रीराम
राम नाम सत्य है, बाबरी मस्जिद ध्वस्त है
एक धक्का और दो, बाबरी मस्जिद तोड़ दो

विध्वंस के बाद लिए गये चित्रों में मुरली मनोहर जोशी की पीठ पर चढ़ी हुई उमा भारती का उल्लसित चेहरा सबने देखा। पाँच घण्टे की कारसेवा के दौरान तीनों गुम्बदों को ज़मींदोज़ कर दिया गया। उस भगदड़ में से कोई रामलला की मूर्ति को उठा ले गया और आज तक यह पता नहीं लग पाया है कि वह मूर्ति किसके पास है। राजा विमलेंद्र प्रसाद मिश्रा ने नयी मूर्तियाँ दान कीं तथा तिरपाल में बने अस्थायी मन्दिर के अन्दर इन्हीं मूर्तियों को स्थापित किया गया। शाम सात बजे तक अस्थायी मन्दिर के सामने राम दरबार में भजन-कीर्तन शुरू कर दिया गया।[17]

यहाँ हमें उन व्यक्तियों तथा संस्थाओं पर भी चर्चा कर लेनी चाहिए जो बाबरी मस्जिद के ढाँचे को सुरक्षा प्रदान करने में नाकाम रहे। ज़िला प्रशासन की ही बात कर लेते हैं–भारत-तिब्बत सीमा पुलिस (आईटीबीपी) के महानिदेशक ने 1 बजे ज़िला मैजिस्ट्रेट से सम्पर्क किया और संरचना की सुरक्षा के लिए दो बटालियन तैनात करने की अनुमति माँगी, लेकिन उनको जवाब दिया गया कि सम्बन्धित क्षेत्र के मैजिस्ट्रेट द्वारा ही यह अनुमति प्रदान की जा सकती है। महानिदेशक निरन्तर सम्बन्धित मैजिस्ट्रेट से सम्पर्क करने का प्रयास करते रहे लेकिन उस दिन मैजिस्ट्रेट साहब का सुराग़ नहीं मिल पाया। तत्कालीन ज़िला मैजिस्ट्रेट आर.एन. श्रीवास्तव तथा वरिष्ठ पुलिस अधीक्षक (एसएसपी) रिकॉर्ड पर यह बात बता चुके हैं कि केन्द्रीय रिज़र्व पुलिस बल के उप-महानिरीक्षक (डीआईजी) मलिक ने सीआरपीएफ़ की प्रत्येक कम्पनी की सुरक्षा के लिए प्रान्तीय सशस्त्र रक्षिवर्ग की एक-एक कम्पनी तथा एक-एक मैजिस्ट्रेट की माँग की थी। ज़िला अधिकारी बताते हैं कि केन्द्रीय पुलिस बल की सुरक्षा के लिए 50 राजपत्रित अधिकारियों, 50 मैजिस्ट्रेटों तथा प्रान्तीय सशस्त्र रक्षिवर्ग की माँग करना एक हास्यास्पद बात थी। सर्वोच्च न्यायालय में शपथ-पत्र देने के बाद कल्याण सिंह बाबरी मस्जिद के विध्वंस के दिन अपने घर में लेटे हुए धूप सेंक रहे थे।[18] पहले तो यह कहा गया कि भाजपा नेताओं ने उनको भरोसे में नहीं लिया था जिसकी वजह से आहत होकर वे तुरन्त इस्तीफ़ा देना चाहते थे लेकिन आडवाणी ने उनको रोक लिया ताकि विध्वंस काम पूरा किया जा

सके। यदि वे तुरन्त इस्तीफ़ा दे देते तो निर्णय-क्षमता राज्य के बजाय केन्द्र सरकार के हाथ में आ जाती और यह ख़तरा पहले से ही था कि केन्द्र सरकार विध्वंस की प्रक्रिया को बीच में ही रुकवा देती। अपनी आत्मकथा 'माई कंट्री, माई लाइफ़' में आडवाणी जी ने इसको अपने जीवन का सबसे दुखद दिन बताया है।[19] प्रधानमन्त्री नरसिम्हा राव एकान्त में चले गये, एक-दो लोग उनको स्थिति से आगाह करवाते रहे लेकिन वे अनिर्णय की स्थिति में फँसे रहे। बहुत से लोग यही मानते हैं कि 'कोई निर्णय न लेना' ही उनका निर्णय था। यह आरोप लगाया जाता है कि कल्याण सिंह को तुरन्त बर्ख़ास्त करने की बजाय उन्होंने नयी मूर्तियों की स्थापना हो जाने का इन्तज़ार किया, उसके बाद राज्य सरकार को बर्ख़ास्त किया गया। लेकिन तब तक तो कल्याण सिंह स्वयं ही इस्तीफ़ा दे चुके थे। उस शाम को उत्तर प्रदेश सरकार के अधिवक्ता के. वेणुगोपाल को सर्वोच्च न्यायालय बुलाकर उनसे स्पष्टीकरण माँगा गया। उनका जवाब था, 'मेरे मुवक्किल ने मुझे धोखा दिया, इसके लिए मैं शर्मिन्दा हूँ।' संविधान के तीनों अंग–विधायिका, न्यायपालिका तथा कार्यपालिका–इस स्मारक को सुरक्षा प्रदान करने में असफल रहे जिसके कारण भविष्य में भी इनकी तटस्थता पर सन्देह किया जाता रहेगा।

टिप्पणियाँ

1. वक्फ एक प्रकार की निधि होती है जिसको ट्रस्ट में रखा जाता है और दानार्थ एवं धर्मार्थ कार्यों में इसका प्रयोग किया जाता है।
2. 1906 में मुसलमानों के हितों की रक्षा करने के लिए मुस्लिम लीग की स्थापना की गयी। इसके प्रत्युत्तर में हिन्दुओं के हितों की रक्षा करने के लिए 1915 में हिन्दू महासभा की स्थापना की गयी।
3. 1923 में जय दयाल गोयनका तथा घनश्यामदास जालान ने हिन्दू धर्मग्रन्थों के प्रकाशन के लिए इस प्रसिद्ध प्रकाशन की शुरुआत की थी।
4. हिन्दी पट्टी में नदियों का नाम सम्मान के साथ लिया जाता है और नदी के नाम के साथ सम्मानसूचक *जी, माता* अथवा *मैया* प्रत्यय लगाया जाता है।
5. मौखिक स्रोत।
6. ए. जी. नूरानी, *द बाबरी मस्जिद क्वेश्चन, 1528-2003–'ए मैटर ऑफ़ नेशनल ऑनर'*, खण्ड 1, पृ. 215, दिल्ली, तूलिका बुक्स, 2020 में प्रकाशित पत्र की पाण्डुलिपि से उद्धृत। ए. जी. नूरानी देश के नामवर वक़ील तथा संविधान विशेषज्ञ हैं।
7. मुस्लिम पर्सनल लॉ के अनुसार तलाक़/मृत्यु के बाद की तीन महीने की अवधि को इद्दत माना जाता है, यह अवधि समाप्त होने के बाद स्त्री को पुनर्विवाह की इजाज़त होती है।

8. वानर रूप में हनुमानजी को भगवान राम का सबसे बड़ा भक्त माना जाता है।
9. प्रत्येक वर्ष नदी तट पर माघ मेले का आयोजन किया जाता है। ऐसी मान्यता है कि माघ मास में नदी में स्नान करने के बाद व्यक्ति के पाप धुल जाते हैं, इसको मोक्ष का मार्ग भी बताया जाता है।
10. चार महीने की निद्रा के बाद देवता पुनः जागते हैं। चूँकि विष्णु निद्रालीन होते हैं इसलिए इन चार महीनों के दौरान कोई शुभ कार्य नहीं किया जाता है।
11. पश्चिमी तथा पूर्वी बर्लिन को अलग करने के लिए कंक्रीट की दीवार बनाई गयी थी। इसका निर्माण जर्मन लोकतान्त्रिक गणतन्त्र के द्वारा किया गया था। यह पूर्वी ब्लॉक का देश था और शीत युद्ध के दौरान उसी ख़ेमे में बना रहा। यह दीवार पूर्वी बर्लिन को पश्चिमी यूरोप से अलग करती थी। पश्चिमी जर्मनी के चांसलर विली ब्रांट ने इसको 'शर्मिन्दगी की दीवार' नाम दिया था।
12. हिन्दुओं का समर्थन तथा वोट प्राप्त करने के लिए वीएचपी ने 1983 से बहुत सी तीर्थयात्राओं का आयोजन करना शुरू कर दिया।
13. शासन की एक ऐसी अवधारणा जिसमें राज्य निर्धनतम लोगों का कल्याण करने हेतु उत्तरदायी होता है; जाति-रंग-पन्थ-लिंग के आधार पर किसी के साथ भेदभाव नहीं किया जाता।
14. आर.के. सिंह ने संप्रग सरकार के दौरान भी गृहसचिव के पद पर कार्य किया था, उस समय चिदम्बरम गृहमन्त्री हुआ करते थे। सेवानिवृत्त होने के बाद उन्होंने भाजपा के टिकट पर बिहार के आरा से चुनाव लड़ा और सांसद बन गये। दूसरी मोदी सरकार में इनको केन्द्रीय ऊर्जा मन्त्री बनाया गया है। रामेश्वर ओराओं ने इस्तीफ़ा दे दिया और 2004 में कांग्रेस के टिकट पर झारखण्ड से सांसद निर्वाचित हुए। मनमोहन सिंह की संप्रग सरकार में उनको मन्त्री बनाया गया था। वर्तमान में वे झारखण्ड सरकार में मन्त्री हैं।
15. कुरुक्षेत्र का पहला दिन, इस दिन भगवान श्रीकृष्ण ने अर्जुन को गीता-ज्ञान दिया था।
16. अग्नि के सम्मुख किया जाने वाला एक अनुष्ठान।
17. राम, सीता, लक्ष्मण तथा हनुमान को राम दरबार में स्थापित किया जाता है। श्रद्धालु हिन्दू राम दरबार को चित्र अथवा मूर्ति रूप में अपने घर, पूजा स्थल आदि में स्थापित करते हैं।
18. हेमन्त शर्मा, 2020, *अयोध्या : द बैटलग्राउंड*, दिल्ली, रूपा पब्लिकेशंस, भारत।
19. एल.के. आडवाणी, 2008, *माई कंट्री, माई लाइफ़*, दिल्ली, रूपा पब्लिकेशंस, भारत।

अध्याय तेरह
पोखरण II

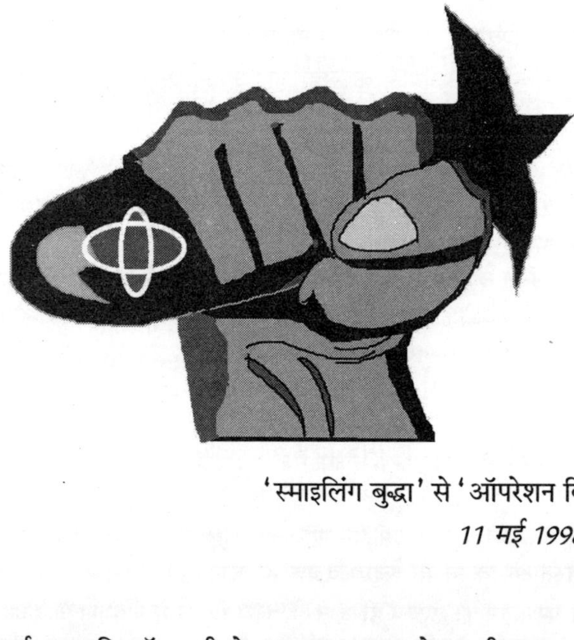

'स्माइलिंग बुद्धा' से 'ऑपरेशन विजय' तक

11 मई 1998, सोमवार

भारत के पूर्व राष्ट्रपति डॉ. ए.पी.जे. अब्दुल कलाम ने अपनी पुस्तक *अग्नि की उड़ान*[1] में अपनी एक अमेरिका यात्रा का विवरण दिया है। वे मैरीलैंड में नासा की वालप्स फ्लाइट फेसिलिटी का दौरा कर रहे थे। इस संस्थान में उन्होंने एक चित्र देखा जिसमें टीपू सुल्तान तथा ब्रिटिश फ़ौज की लड़ाई दिखाई गयी थी। टीपू सुल्तान की सेना दुश्मन के ख़िलाफ़ रॉकेट का इस्तेमाल कर रही थी। यह इस बात का प्रमाण था कि युद्ध सामग्री के शोध और विकास के क्षेत्र में उस समय भी भारत यूरोप से पिछड़ा नहीं था। टीपू सुल्तान इकलौता भारतीय शासक है जिसने मातृभूमि की रक्षा में अंग्रेज़ों के ख़िलाफ़ लड़ते हुए युद्धभूमि में अपने प्राण दिये थे।[2]

भारतीय परमाणु कार्यक्रम की चर्चा करने से पहले हम वैश्विक पृष्ठभूमि पर एक नज़र डाल लेते हैं। संयुक्त राष्ट्र संघ की सुरक्षा परिषद् के पाँच स्थायी सदस्यों–यानी कि अमेरिका, सोवियत संघ, ब्रिटेन, फ्रांस तथा चीन–ने अपना एक अलग समूह बना लिया था। इन पाँच महाशक्तियों ने निर्णय लिया कि दुनिया के अन्य सभी देशों को परमाणु हथियार विकसित करने तथा परमाणु हथियारों का प्रसरण करने से रोका जाना आवश्यक है ताकि आगे चलकर कोई भी उनको चुनौती न दे सके। जबकि इसी दौरान ये पाँचों राष्ट्र अपने पास मौजूद परमाणु हथियारों का तथा इनके निर्माण से सम्बन्धित संरचनाओं का आधुनिकीकरण भी करते जा रहे थे। द्वितीय विश्वयुद्ध के दौरान जर्मनी बड़े ज़ोर-शोर के साथ परमाणु हथियार का आविष्कार करने का प्रयास कर रहा था। जर्मनी के प्रयासों की काट करने के लिए मित्र राष्ट्रों ने भी 'ऑपरेशन मैनहेटन' के कूटनाम से अपना ख़ुद का परमाणु कार्यक्रम शुरू कर दिया। यह कार्यक्रम अमेरिका, ब्रिटेन तथा कैनेडा का साझा प्रयास था। 16 जुलाई 1945 को उन्होंने प्रथम परीक्षण किया। अमेरिका युद्ध भूमि में इस नवीन अस्त्र का इस्तेमाल करने वाला एकमात्र देश है। परीक्षण के महीने भर के अन्दर अमेरिका ने *लिटिल बॉय* तथा *फैट मैन* नाम के दो बम क्रमशः 6 और 9 अगस्त 1945 को जापान के दो नगरों हिरोशिमा तथा नागासाकी पर गिरा दिये और इन नगरों को पूरी तरह तहस-नहस कर दिया। अमेरिका के इस कुकृत्य को किसी भी प्रकार से न्यायसंगत नहीं ठहराया जा सकता। हिटलर 30 अप्रैल 1945 को ही आत्महत्या कर चुका था और मित्र देशों की सेनाएँ यूरोप में युद्ध जीत चुकी थीं, ऐसे में इस बम के इस्तेमाल की ज़रूरत ही नहीं थी। अमेरिका ने यह तर्क दिया कि परमाणु बम के इस्तेमाल के फ़ौरन बाद युद्ध समाप्त हो गया और जापान शान्ति सन्धि पर हस्ताक्षर करने के लिए विवश हो गया। लेकिन फिर भी अमेरिका के इस कुकृत्य पर प्रश्न तो उठाये ही जाते हैं, जैसे कि क्या परमाणु बम का इस्तेमाल करने के अलावा और कोई रास्ता नहीं था? क्या एक बम गिराने से काम नहीं चल जाता? दो बम क्यों गिराये गये? सोवियत संघ भी सैन्य प्रभुसत्ता की इस दौड़ में पीछे नहीं रहना चाहता था और 29 अगस्त 1945 को सोवियत संघ ने भी अपने परमाणु अस्त्र–आरडीएस-1–का परीक्षण कर दिया। ब्रिटेन ने 30 अक्तूबर 1952, फ्रांस ने 13 फ़रवरी 1960 तथा चीन ने 16 अक्तूबर 1964 को अपने-अपने परमाणु अस्त्रों का परीक्षण किया और ये परमाणु अस्त्र सम्पन्न देशों के समूह में शामिल हो गये।

भारतीय परमाणु अस्त्र का परीक्षण करने के लिए पहले तेलंगाना में एक जगह का चयन किया था। लेकिन चूँकि इस जगह की 25 वर्ग किलोमीटर की परिधि

में आबादी भी आती थी इसलिए इस स्थान को त्याग दिया गया। अण्डमान द्वीप पर परमाणु परीक्षण करने के लिए आवश्यक एकान्त तथा अलगाव तो उपलब्ध था लेकिन विश्व महाशक्तियों की नज़र से बचा कर बड़ी संख्या में उपकरणों तथा व्यक्तियों को अण्डमान द्वीप पर ले जाना सम्भव नहीं था। पोखरण सभी आवश्यकताओं की पूर्ति करता था। यह जगह पाकिस्तान सीमा के पास स्थित है। यह क्षेत्र सेना के नियन्त्रण में है इसलिए सैनिकों का आवागमन और सैन्य गतिविधियाँ किसी प्रकार का सन्देह उत्पन्न नहीं करतीं। पोखरण रेंज 1200 वर्ग किलोमीटर में फैली हुई है, यानी कि परमाणु अस्त्र के परीक्षण के लिए ख़ूब जगह मौजूद थी। इस क्षेत्र में आबादी भी ज़्यादा नहीं। जलस्तर बहुत नीचे स्थित है इसलिए भूमिगत परीक्षण करने में कोई ख़तरा भी नहीं।

18 मई 1974 को बुद्ध पूर्णिमा के दिन भारत ने पोखरण में प्रथम परमाणु परीक्षण किया। सरकार ने तर्क दिया कि परमाणु शक्ति का इस्तेमाल शान्तिपूर्ण उद्देश्यों के लिए किया जायेगा। इस ऑपरेशन को 'स्माइलिंग बुद्धा' कूटनाम दिया गया था। इस परीक्षण के बाद भारत परमाणु शक्ति सम्पन्न छठा देश बन गया। लेकिन इस परीक्षण के बाद देश की राह में बड़ी मुश्किलें खड़ी की गयीं। मज़बूत और दृढ़-निश्चयी व्यक्तित्व की धनी इन्दिरा गांधी ने परमाणु परीक्षण करने का कठिन निर्णय लिया था। पहली बार सुरक्षा परिषद् के पाँच सदस्य देशों के समूह से बाहर के किसी देश ने ऐसा परीक्षण किया था जिसके कारण यह समूह भारत से नाराज़ हो गया। 1974 के बाद इन्दिरा का राजनैतिक कॅरियर पतन का ही शिकार रहा। राजनैतिक नेतृत्व तथा प्रबन्धन के अभाव में भारत के परमाणु कार्यक्रम पर धूल जमने लगी थी। अगले परमाणु हथियार का परीक्षण करने में भारत को 24 वर्ष लग गये। 1974 के परीक्षण के बाद लम्बे समय तक परमाणु अस्त्रों का खुला परीक्षण नहीं किया जा सका।

ग्यारहवीं लोकसभा दो वर्ष भी पूरे नहीं कर पायी और इस दौरान तीन प्रधानमन्त्री बदले। पहले तो 13 दिन के लिए अटल बिहारी वाजपेयी देश के प्रधानमन्त्री बने, उनके बाद एच.डी. देवगौड़ा तथा इन्द्र कुमार गुजराल ने यह पद सँभाला। नरसिम्हा राव ने 1995 तथा 1996 में दो बार परमाणु परीक्षण करने का प्रयास किया लेकिन दोनों ही बार अमेरिकी सरकार ने उनको परीक्षण करने से रोक दिया। परीक्षण की सूचना उन तक पहुँच गयी थी जिसके बाद अन्तरराष्ट्रीय स्तर पर भारत पर दबाव बनाया गया और सरकार को अपनी यह योजना स्थगित करनी पड़ी। 16 अक्तूबर 1964 को जब चीन ने अपने परमाणु अस्त्र का परीक्षण किया था

उस समय अटल बिहारी वाजपेयी जनसंघ के सदस्य के रूप में सांसद हुआ करते थे, राज्यसभा में उन्होंने कहा था, 'परमाणु बम का प्रत्युत्तर केवल परमाणु बम ही हो सकता है, और कुछ नहीं।' मई 1974 में जब इन्दिरा गांधी ने पोखरण I परीक्षण किया तो वाजपेयी विपक्ष की तरफ़ से उनके इस कार्य का स्वागत एवं प्रशंसा करने वाले प्रथम नेता थे। उन्होंने देश को दुनिया का छठा परमाणु शक्ति सम्पन्न देश बनाने के लिए इन्दिरा गांधी को बधाई दी। 19 मार्च 1998 को अटल बिहारी वाजपेयी फिर से देश के प्रधानमन्त्री बने।

अमेरिका पाकिस्तान को सभी प्रकार की परमाणु तकनीकी तथा सहायता उपलब्ध करवाता जा रहा था इसलिए परमाणु कार्यक्रम से सम्बन्धित लोग तथा वैज्ञानिक दुबारा परीक्षण करने के लिए उतावले हो रहे थे। चीन भी पाकिस्तान के साथ परमाणु ज्ञान साझा कर रहा था और ऐसा लग रहा था कि थोड़े ही समय में पाकिस्तान भी ख़ुद अपना परीक्षण करने में सक्षम हो जायेगा। 8 अप्रैल 1998 को प्रधानमन्त्री अटल बिहारी वाजपेयी ने रक्षा अनुसन्धान एवं विकास संगठन (डीआरडीओ) के अध्यक्ष डॉ. ए.पी.जे. अब्दुल कलाम तथा परमाणु ऊर्जा विभाग (डीएई) के अध्यक्ष आर. चिदम्बरम ने साथ मिलकर एक बैठक की। कलाम तथा चिदम्बरम के अलावा भाभा परमाणु अनुसन्धान केन्द्र (बीएआरसी) के निदेशक काकोडकर तथा मिशन निदेशक के. संथानम को ही केन्द्रीय टीम में रखा गया। भारतीय गुप्तचर एजेन्सियाँ इस तथ्य से अवगत थीं कि 1995 से ही अमेरिका अपने उपग्रहों के द्वारा भारत की परमाणु परीक्षण तैयारियों को समय-पूर्व पकड़ने के प्रयास में लगा हुआ था। अमेरिका ने पोखरण के ऊपर नज़र बनाये रखने के लिए दो केएच-11 उपग्रह तैनात कर रखे थे जो निरन्तर इस स्थान के चित्र लेते रहते थे। किसी भी प्रकार की अन्तरराष्ट्रीय अड़चन से बचने के लिए इस कार्यक्रम को पूरी तरह से गुप्त बनाकर रखना आवश्यक हो गया था। प्रधानमन्त्री के निजी सचिव ब्रजेश मिश्रा को यह दायित्व दिया गया कि वे सरकार की तरफ़ से इस पूरे कार्यक्रम का समन्वय करेंगे। किसी भी मन्त्री को, यहाँ तक कि रक्षामन्त्री जॉर्ज फ़र्नांडीस को भी, इस कार्यक्रम से अवगत नहीं करवाया गया। लेकिन गृहमन्त्री लालकृष्ण आडवाणी को ज़रूर भरोसे में लिया गया था।

पोखरण II विषय पर *परमाणु* नाम से बॉलीवुड फ़िल्म बनाई गयी है। व्यवसाय करने के लिए डाले गये फ़िल्मी तड़के को नज़रन्दाज़ कर दें तो यह फ़िल्म वास्तविकता के नज़दीक नज़र आती है। घटनाएँ जैसे घटी थीं वैसे ही दिखाई गयी हैं। इस परीक्षण को *ऑपरेशन शक्ति* कूटनाम दिया गया। आसमानी तथा ज़मीनी

गुप्तचरों को झाँसा देने के लिए यह निर्णय लिया गया कि इस कार्यक्रम में संलग्न सभी व्यक्ति, यहाँ तक कि वैज्ञानिक भी, सेना की वर्दी पहनकर काम करेंगे। दिन में दो बार तीन से सात घण्टे तक इन जासूसी उपग्रहों का मुँह पोखरण की विपरीत दिशा में होता था। तकनीकी भाषा में इसको ब्लाइंड स्पॉट कहा जाता है।[3] दो महत्त्वपूर्ण कारकों की वजह से मई में परीक्षण करने का निर्णय लिया गया। पहला, मई महीने में हवा की गति बढ़ जाती है जिसकी वजह से तूफ़ान आते हैं और धूल उड़ने के कारण दृश्य साफ़ नज़र नहीं आता। तूफ़ान गाड़ियों के टायरों के निशान भी मिटा देता है। दूसरा कारक यह था कि मई महीने में इस क्षेत्र में तापमान 50° सेल्सियस से ऊपर पहुँच जाता है और इतने अधिक तापमान में इन्फ्रारेड सेंसर स्पष्ट चित्र लेने में सक्षम नहीं होता।

परमाणु उपकरण को मुम्बई स्थित बीएआरसी मुख्यालय से हवाई जहाज़ में लादकर लाया गया, इसके बाद इसके भिन्न-भिन्न अंशों को अलग-अलग स्थानों पर पहुँचाया गया और वहाँ से ये अंश जैसलमेर भेजे गये। इसके बाद सेना के ट्रकों में भरकर इन अंशों को परीक्षण स्थल पर लेकर जाया गया। 10 मई को व्हाइट हाउस, ताज महल तथा कुम्भकर्ण कूटनाम की तीन शाफ्ट को तापनाभिकीय यंत्र (शक्ति I), संलयन यंत्र (शक्ति II) तथा किलोटन यंत्र (शक्ति III) में स्थापित किया गया और शाम 8:30 बजे इसको सीलबन्द कर दिया गया। सारी तैयारियाँ पूरी हो चुकी थीं। जॉर्ज फ़र्नांडीस, तीनों सेनाओं के अध्यक्षों तथा विदेश सचिव को सूचित किया गया और 11 मई को सुरक्षा सम्बन्धी कैबिनेट समिति की बैठक बुलाई गयी। जल्दबाज़ी में पत्रकार-वार्ता का आयोजन किया गया जिसके दौरान प्रधानमन्त्री वाजपेयी ने राष्ट्र को सूचना दी कि दोपहर 3:45 बजे सफलतापूर्वक परमाणु परीक्षण कर लिया गया था। यह देश के लिए भी महत्त्वपूर्ण पल था और वाजपेयी के लिए व्यक्तिगत रूप से भी जो उस समय गठबन्धन की ढुलमुल सरकार चला रहे थे। विज्ञान एवं तकनीकी की ख़बर देने वाले देश के सभी प्रमुख पत्रकार उस समय बेंगलुरु में वैज्ञानिक एवं औद्योगिक शोध परिषद् द्वारा आयोजित करवाये जा रहे एक सम्मेलन में शामिल थे। विज्ञान एवं तकनीकी मन्त्री मुरली मनोहर जोशी भी उस सम्मेलन में उपस्थित थे। सम्मेलन का कार्यक्रम रोककर उन्होंने सभी उपस्थित जन को सफल परीक्षण की सूचना दी। भारत ने शक्ति IV तथा शक्ति V के नाम से दो और परीक्षण किये तथा 13 मई 1998 को परीक्षण का समापन कर दिया।

अमेरिका के नेतृत्व में अन्तरराष्ट्रीय समुदाय ने बहुत हाय-तौबा की। भारत पर बहुत से प्रतिबन्ध लगा दिये गये। 18 मई 1998, रविवार के दिन डॉ. अब्दुल कलाम

पत्रकारों के सवालों के जवाब दे रहे थे जिसके दौरान उन्होंने स्पष्ट किया कि यह परीक्षण भारत के लिए क्यों आवश्यक था। एक विदेशी संवाददाता ने डॉ. कलाम से पूछा कि भारत जैसे निर्धन देश के लिए परमाणु परीक्षण करना कैसे न्यायसंगत ठहराया जा सकता है तो कलाम साहब ने जवाब दिया–'भारत के लम्बे इतिहास के दौरान हमारा देश सदा से ही विदेशी आक्रांताओं के निशाने पर रहा है, पड़ोसी हमारे साथ शत्रुतापूर्ण रवैया रखते हैं जिसके कारण भारत को अवरोधक क़दम उठाने की आवश्यकता है। इसके विपरीत, अमेरिका पर कभी किसी देश ने हमला नहीं किया है, सबसे कम ख़तरा अमेरिका को ही है लेकिन इसके बावजूद इसने परमाणु अस्त्रों का सबसे बड़ा जखीरा जमा कर रखा है। यह क्या न्यायसंगत है?' (*बिजनेस लाइन*, 2018)। जैसा कि अपेक्षित था, पाकिस्तान ने भी 28 तथा 30 मई को चागई I तथा चागई II नाम से परमाणु परीक्षण कर दिये।

मई 1998 में भारत तथा पाकिस्तान दोनों ने परमाणु परीक्षण किये और अगले बारह महीनों के दौरान ये दोनों देश शान्ति-स्थापना की दिशा में महत्त्वपूर्ण क़दम उठाने तथा शान्ति की पहल असफल होने के बाद युद्ध तक आ गये। यह विश्व का पहला तथा एकमात्र ऐसा युद्ध है जिसमें दोनों ही पक्ष परमाणु शक्ति सम्पन्न थे। *1998-99 के इन बारह महीनों ने भारत-पाकिस्तान की शत्रुता को पूर्णत: बदलकर रख दिया। परमाणु अस्त्र एक निवारक के रूप में काम करने में सफल रहे और यह प्रदर्शित हो चुका है कि राजनैतिक झगड़ों के समाधान में इनका इस्तेमाल नहीं किया जा सकता।* परीक्षण के बाद आडवाणी ने गर्व में भरकर उद्घोष किया था कि 'परमाणु शक्ति सम्पन्न राष्ट्र बनने के बाद भारत-पाकिस्तान सम्बन्धों में गुणात्मक परिवर्तन आ चुका है। ऐसे में कश्मीर समस्या का स्थायी समाधान निकाल लेना ही बेहतर होगा। इस्लामाबाद को क्षेत्र तथा विश्व में बदली हुई भूरणनीतिक अवस्थिति को समझना चाहिए।'[4]

जल्द ही आडवाणी ग़लत साबित हो गये। इस्लामाबाद ने समझा तो ज़रूर, लेकिन बिल्कुल विपरीत दिशा में। कारगिल में युद्ध शुरू करके पाकिस्तान ने यह साफ़ ज़ाहिर कर दिया कि पोखरण परीक्षण उनके लिए क्या मायने रखता है और जम्मू-कश्मीर के बारे में उनके क्या इरादे हैं।

1999 में ऑपरेशन विजय के दौरान हमने अपनी चौकियों को पाकिस्तानी क़ब्ज़े से मुक्त करवाया था। लेकिन इस युद्ध पर चर्चा करने से पहले हम कश्मीर में भारत-पाकिस्तान के संघर्ष का ऐतिहासिक जायज़ा ले लेते हैं। यह भी विश्व

इतिहास की एक विचित्र घटना है कि भारत तथा पाकिस्तान को स्वतन्त्रता तो पहले मिली लेकिन इनकी सीमाओं का निर्धारण बाद में किया गया। 17 अगस्त 1947 को सीमा आयोग के चेयरमैन रेडक्लिफ़ द्वारा निर्धारित की गयी सीमा को दोनों देशों द्वारा स्वीकार कर लिया गया। भारत-पाकिस्तान की सीमा 3,323 किलोमीटर लम्बी है और अलग-अलग जगहों पर इसको अलग-अलग नाम दिये गये हैं। जम्मू-कश्मीर राज्य (2019 के बाद से इसको केन्द्र-शासित प्रदेश लद्दाख तथा जम्मू-कश्मीर में बदल दिया गया) में भारत-पाकिस्तान सीमा 1,222 किलोमीटर लम्बी है और इसको तीन खण्डों में विभाजित किया जा सकता है। इन्दिरा कोल से एनजे 9842 तक का सियाचिन ग्लेशियर भारत के अधीन आता है। यहाँ पर न तो नियन्त्रण रेखा का निर्धारण किया गया है और न ही किसी प्रकार की सुनिर्धारित अन्तरराष्ट्रीय सीमा स्थित है। एनजे 9842 से चिनाब नदी के दक्षिणतम बिन्दु पर स्थित पश्चिमी तट तक 830 किलोमीटर लम्बी नियन्त्रण रेखा स्थापित की गयी है, इसके बाद से अन्तरराष्ट्रीय सीमा शुरू हो जाती है। जम्मू-कश्मीर के दक्षिण में पंजाब (425 किलोमीटर), राजस्थान (1,170 किलोमीटर) तथा गुजरात (506 किलोमीटर) पाकिस्तान के साथ सीमा साझा करते हैं।

स्वतन्त्रता के तुरन्त बाद जम्मू-कश्मीर को अपने साथ मिलाने के मुद्दे पर दोनों देशों में युद्ध छिड़ गया लेकिन जम्मू-कश्मीर के महाराजा ने भारत में सम्मिलित होने का निर्णय लिया। 27 जुलाई 1949 को भारतीय तथा पाकिस्तानी सैन्य प्रतिनिधियों ने कराची समझौते पर हस्ताक्षर किये जिसके द्वारा युद्धबन्दी रेखा का निर्धारण किया गया। यह समझौता भारत तथा पाकिस्तान हेतु संयुक्त राष्ट्र आयोग (यूएनसीआईपी) के निरीक्षण में हुआ था। अप्रैल 1948 में प्रस्ताव संख्या 39 के अन्तर्गत सुरक्षा परिषद् ने इस आयोग की स्थापना की थी। भारत की तरफ़ से लेफ्टिनेंट जनरल श्रीनागेश (बाद में ये सेनाध्यक्ष बने) ने इस समझौते पर हस्ताक्षर किये थे। भारतीय प्रतिनिधिमण्डल के अन्य सदस्य थे–मेजर जनरल के.एस. थिमय्या (बाद में सेनाध्यक्ष बने), ब्रिगेडियर सैम मानेकशॉ (बाद में सेनाध्यक्ष तथा फ़ील्ड मार्शल बने), तथा जनरल श्रीनागेश के परिसहायक (एडीसी) मेजर एस.के. सिन्हा (बाद में ये लेफ्टिनेंट जनरल के रैंक तक पहुँचे, इनकी गिनती सेना के उत्कृष्टतम अफ़सरों में होती थी लेकिन स्वर्ण मन्दिर पर हमला करने से इनकार करने के कारण इनको सेनाध्यक्ष नहीं बनाया गया)। पाकिस्तान की तरफ़ से मेजर जनरल डब्ल्यू.

जे. कॉथोर्न (ये मूल रूप से ऑस्ट्रेलियाई थे) ने इस समझौते पर हस्ताक्षर किये। भारत तथा पाकिस्तान हेतु संयुक्त राष्ट्र आयोग की तरफ़ से हेर्नान्दो सैम्पर तथा एम. डेलवोई ने हस्ताक्षर किये।

चिनाब के दक्षिणतम बिन्दु के पश्चिमी तट से लेकर उत्तर में सुदूरतम बिन्दु–एनजे 9842–तक 830 किलोमीटर लम्बी सीमा को युद्धविराम रेखा निर्धारित किया गया। एनजे 9842 से चीन सीमा केवल 65-75 किलोमीटर दूर रह जाती है, बीच में सियाचिन ग्लेशियर पड़ता है। 3 जुलाई 1972 (हालाँकि रात को 12:40 पर हस्ताक्षर किये गये थे लेकिन दस्तावेज़ में समझौते की तिथि 2 जुलाई 1972 ही लिखी गयी है) को शिमला समझौते पर हस्ताक्षर हुए थे।[5] इस समझौते के द्वारा युद्धविराम रेखा को नियन्त्रण रेखा बना दिया गया। लेकिन इस समझौते में भी सियाचिन ग्लेशियर का ज़िक्र नहीं किया गया था (शायद इसको बंजर भूमि समझा जाता था जहाँ आबादी बसाई ही नहीं जा सकती थी)।[6]

पाकिस्तान की तरफ़ से सियाचिन ग्लेशियर की ऊँचाई कम होने के कारण चढ़ाई करना आसान है जबकि भारत की तरफ़ से खड़ी चढ़ाई चढ़नी पड़ती है। अगर अक्साई चिन की तरफ़ से पाकिस्तान और चीन सियाचिन ग्लेशियर पर क़ब्ज़ा कर लें तो उन दोनों देशों की सीमाएं मिल सकती हैं।[7] 1979 में ज़ुल्फ़िकार अली भुट्टो को फाँसी पर झुलाने के बाद जनरल ज़िया उल हक़ सियाचिन पर क़ब्ज़े का मंसूबा बनाने में लग गया। इस उद्देश्य की प्राप्ति के लिए उसने ग्लेशियर के ऊपर अभियान दल भेजने शुरू कर दिये। 1984 में अप्रैल महीने के शुरुआती दिनों में अनुसन्धान और विश्लेषण स्कन्ध (रॉ) ने भारतीय सेना को बाख़बर किया कि पाकिस्तानी सेना ने बर्फ़ीले क्षेत्र में काम आने वाली पोशाकें तथा उपकरण मँगाने का ऑर्डर दिया है। थोड़ी और खोजबीन करने के बाद पता चला कि पाकिस्तानी सेना ने 17 अप्रैल 1984 को सियाचिन ग्लेशियर पर क़ब्ज़ा करने की योजना बना रखी है। पाकिस्तान के एबटाबाद में जन्मे भारतीय सेना के लेफ्टिनेंट जनरल प्रेमनाथ हून उस समय पश्चिमी कमान के जनरल अफ़सर कमांडिंग इन चीफ़ के पद पर तैनात थे (मई 2011 में ओसामा बिन लादेन इसी एबटाबाद शहर में छिपा हुआ था और अमेरिकी सैनिकों के हाथों मारा गया था)। सियाचिन पर क़ब्ज़ा करने के लिए ऑपरेशन मेघदूत की कमान उन्हीं को सुपुर्द की गयी थी। लेकिन चूँकि सेना के पास बर्फ़ीले क्षेत्र में लड़ने हेतु आवश्यक उपकरण नहीं थे इसलिए इस ऑपरेशन में देरी होती जा रही थी। सियाचिन में पारा शून्य से 60° सेल्सियस नीचे तक चला जाता है।

12 अप्रैल को हिमरक्षक साज-सामान, उपकरण तथा हथियार सेना के पास पहुँच गये। 13 अप्रैल को बैसाखी के दिन ऑपरेशन मेघदूत शुरू कर दिया गया। लद्दाख स्काउट और 4थी कुमाऊँ बिलाफोंड ला, सिआ ला तथा ग्यांग ला पर जमकर बैठ गयी और उस दिन के बाद से हमारे जवान अपनी जान की बाज़ी लगाकर आज तक इन चौकियों पर पहरा दे रहे हैं। मौसम की अतिशयता के कारण ऑपरेशन मेघदूत के दौरान भी बहुत से जवानों ने अपने प्राणों की बलि दी थी। सियाचिन का मौसम इतना कठिन है कि ग्लेशियर की रक्षा में औसतन प्रतिमाह दो सिपाहियों को जान की बलि देनी पड़ती है।

पोखरण II तथा चागई I एवं II के बाद विश्व समुदाय ने भारत तथा पाकिस्तान दोनों पर ही प्रतिबन्ध लगाये थे। विशेषकर वीटो शक्ति प्राप्त पाँच राष्ट्र तो भारत-पाकिस्तान विरोधी बन गये थे। भारतीय प्रधानमन्त्री तथा उनके पाकिस्तानी समकक्ष नवाज़ शरीफ़ दोनों ही समस्याओं से घिरे हुए थे। ऐसे में आपसी रिश्तों में जमी बर्फ़ को पिघलाने के लिए वाजपेयी जी ने 19 फ़रवरी 1999 को दिल्ली से लाहौर तक बस यात्रा करने का निर्णय लिया। दस वर्ष बाद किसी भारतीय प्रधानमन्त्री का पाकिस्तान दौरा हो रहा था। पाकिस्तान के अन्दर कुछ हलकों ने वाजपेयी और नवाज़ शरीफ़ की इस पहल का विरोध किया लेकिन भारतीय समाज ने अपने प्रधानमन्त्री का पूरा समर्थन किया। वाजपेयी अपने साथ अलग-अलग क्षेत्रों की विभूतियों को भी पाकिस्तान ले गये थे। देव आनन्द, जावेद अख्तर, शत्रुघन सिन्हा, कपिल देव, मल्लिका साराभाई, कुलदीप नय्यर आदि प्रधानमन्त्री के साथ बस में पाकिस्तान गये।

दिल्ली से लाहौर तक की यात्रा को सदा-ए-सरहद (सीमा की आवाज़) नाम दिया गया। वाजपेयी की शुरुआती योजना यह थी कि वाघा सीमा पार करने के बाद वे वहीं से वापिस लौट आयेंगे। लेकिन शरीफ़ ने ज़िद कर ली, *'द्वार तक आये हो, घर नहीं आओगे?'* लाहौर क़िले में स्वागत-समारोह का आयोजन किया गया। नवाज़ शरीफ़ ने इस पूरे समारोह के आयोजन की ज़िम्मेदारी सलीमा हाशमी को सुपुर्द कर रखी थी, ये मशहूर शाइर फ़ैज़ अहमद फ़ैज़ की पुत्री थीं तथा उस समय नेशनल कॉलेज ऑफ़ आर्ट्स की प्रधानाचार्य थीं। वाजपेयी ने पाकिस्तान के निर्माण की याद में बनाये गये स्मारक 'मीनार-ए-पाकिस्तान' का दौरा किया और आगंतुक-पुस्तिका में लिखा, 'एक स्थिर, सुरक्षित तथा समृद्ध पाकिस्तान भारत के हित में है। पाकिस्तान में किसी को इस बात पर सन्देह नहीं होना चाहिए कि भारत उनको अपनी शुभकामनाएँ भेजता है।'

21 फ़रवरी 1999 को दोनों प्रधानमन्त्रियों ने सन्धि पर हस्ताक्षर किये तथा इसके बाद दोनों देशों के विदेश सचिवों–के. रघुनाथ तथा शमशाद अहमद– ने समझौता ज्ञापन (एमओयू) पर हस्ताक्षर किये। इसको लाहौर प्रख्यापन कहा जाता है। दोनों देशों की संसद द्वारा इसकी अनुशंसा की गयी। शिमला समझौते को लागू करने का संकल्प लिया गया तथा साथ ही यह विचार भी अभिव्यक्त किया गया कि परमाणु शक्ति बनने के कारण दोनों देशों की ज़िम्मेदारियाँ बढ़ गयी हैं इसलिए दोनों देशों को झगड़ा छोड़कर एक-दूसरे का सम्मान करना चाहिए। वाजपेयी के इस एक क़दम ने यह साबित कर दिया भारत कोई युद्धातुर राष्ट्र नहीं था बल्कि भारत तो अपने पड़ोसियों के साथ शान्तिपूर्ण ढंग से मामले सुलझाने की मंशा रखता है और इस मामले में हमें किसी तीसरे पक्ष (अमेरिका) के हस्तक्षेप की भी आवश्यकता नहीं। पाकिस्तानी सेनाध्यक्ष जनरल परवेज़ मुशर्रफ़ ने इस समारोह का बहिष्कार किया था।

1984 की विफलता के बाद भी पाकिस्तान ने बहुत बार सियाचिन पर क़ब्ज़ा करने की योजनाएँ बनायीं लेकिन किसी-न-किसी वजह ये उनको अपनी योजना टालनी पड़ जाती थी। सियाचिन पाकिस्तान की आँख का काँटा बना रहा और पाकिस्तानी सेना तथा राजनेता अपनी नाकामी पर सुलगते रहते थे। पाकिस्तानी सेना की कमान चार-सितारा जनरल के हाथों में होती है। सामान्यत: थलसेना, वायुसेना तथा नौसेना से वरिष्ठतम अध्यक्ष को चेयरमैन ऑफ़ जॉइंट चीफ़्स नियुक्त किया जाता है। 2019 में भारत में चीफ़ ऑफ़ डिफेंस स्टाफ़ के पद का सृजन किया गया, इस पद पर एक पाँच-सितारा जनरल को नियुक्त किया जाता है। अक्तूबर 1998 में नवाज़ शरीफ़ ने पाकिस्तान के सेनाध्यक्ष तथा चेयरमैन ऑफ़ जॉइंट चीफ़्स जहाँगीर करामत को बर्ख़ास्त कर दिया और उनकी जगह आर्टिलरी शाखा के अफ़सर लेफ्टिनेंट जनरल परवेज़ मुशर्रफ़ को चार सितारे देकर सेनाध्यक्ष नियुक्त कर दिया। वह अपने से वरिष्ठ दो लेफ्टिनेंट जनरलों को पार करके सेनाध्यक्ष बने थे। नवम्बर 1998 में मुशर्रफ़ ने लेफ्टिनेंट जनरल महमूद अहमद, लेफ्टिनेंट जनरल मोहम्मद अज़ीज़ तथा मेजर जनरल जावेद हसन को बैठक के लिए अपने पास बुलाया और ये चारों मिलकर कारगिल षड्यन्त्र को तरतीब देने लगे। नवाज़ शरीफ़ सदा से यही कहते आये हैं कि इस ऑपरेशन के बारे में उनको अँधेरे में रखा गया था। लेकिन पाकिस्तान के कुछेक विचारक उनके इस दावे को चुनौती देते हैं। ऐसा कहा जाता है कि सेना समय-समय पर नवाज़ शरीफ़ को इस ऑपरेशन के बारे में जानकारी देती रहती थी। पिछले पचास वर्षों से यही परम्परा बनी हुई थी कि सर्दी के दिनों में

बर्फ़बारी होने के बाद भारतीय सैनिक नियन्त्रण रेखा पर द्रास-कारगिल क्षेत्र में बने अपने बंकरों तथा चौकियों को ख़ाली करके नीचे आ जाते थे। शरद ऋतु बीतने के बाद वे पुनः अपने बंकरों में पहुँच जाते थे। 1998-99 की सर्दियों में पाकिस्तानी जनरलों की योजना के मुताबिक़ पाकिस्तानी सेना ने 100 किलोमीटर के क्षेत्र में फैले लगभग 132 ख़ाली पड़े बंकरों पर क़ब्ज़ा कर लिया और वे वहाँ जम कर बैठ गये। 316 किलोमीटर लम्बा राष्ट्रीय राजमार्ग नम्बर 1 लेह को जोजिला दर्रे से जोड़ता है, श्रीनगर भी इसी मार्ग पर पड़ता है। यह राजमार्ग पूरे लद्दाख क्षेत्र की जीवनरेखा है। मुद्रित तथा नये-नये विकसित हो रहे इलेक्ट्रोनिक मीडिया दोनों ने ही बड़े पैमाने पर कारगिल युद्ध की कवरेज की थी। वाजपेयी के नेतृत्व में राजग सरकार बाल बराबर अन्तर से संसद में अविश्वास प्रस्ताव हार गयी थी। इस प्रस्ताव के पक्ष में 270 वोट पड़े थे जबकि सरकार 269 वोट लेकर सिर्फ़ 1 वोट से हार गयी। इसके बाद नये प्रधानमन्त्री का चयन होने तक वाजपेयी अन्तरिम प्रधानमन्त्री की भूमिका निभा रहे थे। द्रास क्षेत्र में कुछ गड़रिये अपनी भेड़ें चरा रहे थे, दूरबीन से उन्होंने देखा कि सीमा पर सन्देहास्पद गतिविधि हो रही है। 3 मई 1999 को उन्होंने सेना को इस बारे में आगाह किया। 22 वर्षीय लेफ्टिनेंट सौरभ कालिया दिसम्बर 1998 में भारतीय सेना अकादमी से उत्तीर्ण हुए थे तथा उन्हें जाट रेजिमेंट की 4थी बटालियन में नियुक्ति दी गयी थी। 15 मई 1999 को पाँच जवानों को साथ लेकर वे मामले की टोह लेने के लिए निकले लेकिन उनका दल वापिस नहीं लौटा। पूरे टोही दल के ग़ायब हो जाने के कारण सेना का सन्देह और ज़्यादा बढ़ गया। इसी बीच युद्ध शुरू हो गया और 22 दिन बाद उनके क्षत-विक्षत शव भारतीय सेना को सुपुर्द किये गये। स्पष्ट नज़र आ रहा था कि उनको भयंकर प्रताड़ना दी गयी थी। जेनेवा सम्मेलन का घोर उल्लंघन करते हुए पाकिस्तानी सेना ने लेफ्टिनेंट सौरभ कालिया तथा उनके सैनिकों को कठोर यातनाएँ दीं—उनके कानों में लोहे की गरम सलाखें घुसाई गयीं, आँखें फोड़ी गयीं, अंग काट दिये गये, दाँत तोड़ दिये तथा खोपड़ी फोड़ी गयी। शवपरीक्षा के दौरान यह राज़ भी खुला कि उनके शरीर को सिगरेट से जलाया गया था। पाकिस्तानी सेना ने दावा किया कि यह मुजाहिद्दीन का काम था लेकिन बाद में यह साबित हो गया कि यह पाकिस्तानी सेना की ही कारस्तानी थी। पाकिस्तानी योजना-निर्माता दो कारकों को ध्यान में रखने में असफल रहे। पहला, उनको लगा कि यदि उन्होंने अनुकूल स्थानों पर क़ब्ज़ा कर लिया तो भारतीय सेना उनको प्रत्युत्तर नहीं दे पायेगी। दूसरा, अगर उन्होंने राष्ट्रीय राजमार्ग 1 पर क़ब्ज़ा कर लिया तो वे लद्दाख की जीवनरेखा काट सकते हैं। लेकिन उन्होंने

यह नहीं सोचा कि इस दशा में भारत के पास जवाबी हमला करने के अलावा और कोई चारा बचेगा ही नहीं। उनको इस बात का भी बड़ा गुमान था कि उनके परमाणु हथियार से डर कर भारत मुक़ाबला करने से पहले सौ बार सोचेगा। उन्होंने यह नहीं सोचा कि नागासाकी-हिरोशिमा के बाद दुनिया के किसी भी राष्ट्र ने परमाणु बम का इस्तेमाल नहीं किया है, अमेरिका ने भी नहीं। अमेरिका ने वियतनाम से नाक कटाकर भागना बेहतर समझा लेकिन परमाणु बम को पिटारे से बाहर नहीं निकाला। हाल ही में, उत्तर कोरिया हालाँकि परमाणु बम छोड़ने की धमकी तो हर रोज़ देता रहता है लेकिन उसने भी इस बम का इस्तेमाल न करने में ही अपनी भलाई समझी है।

भारत ने युद्धक्षेत्र में 150 बोफ़ोर्स तोपें लगा दीं और ये तोपें शत्रु के विरुद्ध बहुत प्रभावशाली साबित हुईं। 22 मई 1999 को 18 ग्रेनेडियर्स, एक नागा तथा दो राजपूताना राइफल्स ने विधिवत रूप से इन्फेंट्री हमले की शुरुआत की और जो झगड़ा मामूली सीमा झड़प के रूप में शुरू हुआ था वह अब एक व्यापक युद्ध का रूप ले गया। 13 जून को टोलोलिंग वापिस लेने के बाद प्रधानमन्त्री वाजपेयी ने कारगिल का दौरा किया। लगभग ढाई महीने तक युद्ध चला। भारतीय सीमा के अन्दर घुस कर बैठे हुए पाकिस्तानी सैनिकों का सफ़ाया करने में थलसेना की मदद करने के लिए वायुसेना भी शामिल हो गयी। भारत युद्ध को सीमित रखना चाहता था इसलिए वायुसेना को स्पष्ट निर्देश दिये गये कि भारतीय वायुसीमा के अन्दर रहें, पाकिस्तानी चौकियों को नष्ट करें तथा उनकी आपूर्ति व्यवस्था को भंग करें। सेवानिवृत्त योद्धा यह विचार अभिव्यक्त करते हैं कि जब भारत ने पॉइंट 5140 पर क़ब्ज़ा किया तो उसके बाद पाकिस्तान की उलटी गिनती शुरू हो गयी। 13 जेएके राइफ़ल्स के लेफ्टिनेंट विक्रम बत्रा पॉइंट 5140 की विजय के नायक थे। 1997 में भारतीय सेना अकादमी की मानेकशॉ बटालियन से उत्तीर्ण होने के बाद इनको सेना में नियुक्ति दी गयी थी। मध्य प्रदेश के मऊ से इन्होंने यंग ऑफ़िसर्स कोर्स किया, यहाँ पर उनको अल्फ़ा ग्रेडिंग दी गयी थी। कर्नाटक के बेलगाँव से इन्होंने कमांडो कोर्स भी किया, यहाँ पर भी उनका प्रदर्शन सर्वोत्कृष्ट रहा। उनको सर्वोच्च ग्रेडिंग, यानी कि इंस्ट्रक्टर्स ग्रेडिंग दी गयी।

13 जेएके को द्रास भेजा गया और 5 जून 1999 को इनकी अग्रिम टुकड़ी अपने नियत मुक़ाम शाहजहाँपुर पहुँच गयी। पॉइंट 5140 टोलोलिंग पर्वत-शृंखला का सर्वोच्च बिन्दु है। 19-20 जून की रात को अँधेरे का सहारा लेते हुए पॉइंट 5140 पर क़ब्ज़ा करने का अभियान शुरू कर दिया गया। सुबह 04:30 बजे ट्रांसमीटर पर विक्रम बत्रा ने *ये दिल माँगे मोर* बोलकर सफलता की सूचना दी। इस पूरे अभियान

में कोई भी हताहत नहीं हुआ, मामूली ज़ख़्म खाकर ही पॉइंट 5140 फ़तह कर लिया गया। इसके बाद विक्रम को तरक़्क़ी देकर कैप्टन बना दिया गया। इसके बाद 13 जेएके को मुशकोश घाटी में भेज दिया गया और उनको पॉइंट 4875 फ़तह करने का मिशन दिया गया। यह चौकी बहुत महत्त्वपूर्ण थी क्योंकि यहाँ पर बैठकर दुश्मन राष्ट्रीय राजमार्ग 1 के 30-40 किलोमीटर क्षेत्र पर निगरानी रख सकता था। 4 जुलाई को आक्रमण शुरू हुआ। कैप्टन विक्रम को बुख़ार था और उनके ज़ख़्म भी अभी ताज़ा थे। लेकिन शत्रु को पता लग गया और पाकिस्तानी सेना ने पॉइंट 4875 के उत्तरी क्षेत्र में स्थित एरिया फ्लैट टॉप पर से आकस्मिक हमला बोल दिया। अब भारतीय टुकड़ी को भरोसा हो गया था कि यदि पॉइंट 4875 पर क़ब्ज़ा नहीं किया गया तो युद्ध में शत्रु इसका बहुत लाभ उठाने वाला था। तीन दिन तक लड़ाई चलती रही। कुछेक भारतीय सिपाही फँस गये थे। उनको मुख्य टुकड़ी के पास वापिस लाने के लिए कैप्टन विक्रम ने अपना नाम दिया। चूँकि वे बुख़ार से तप रहे थे इसलिए बड़े बेमन के साथ कमांडर ने उनको इस मिशन पर जाने की अनुमति दी। 6-7 जुलाई की रात को 25 सिपाहियों के साथ उन्होंने पहाड़ी चढ़नी शुरू की लेकिन चूँकि दुश्मन बेहतर स्थिति पर बैठा था इसलिए उनको दिन की रौशनी का इन्तज़ार करना पड़ा। बड़ी भीषण लड़ाई हुई जिसके दौरान शत्रु की गोली लगने से घायल होकर एक सिपाही उनकी बन्दूक़ के सामने खुले में ही गिर पड़ा था। सूबेदार रघुनाथ सिंह घायल सिपाही के नज़दीक ही मौजूद थे और वे उस सिपाही को ओट में लेकर आने के लिए हरकत में आये। लेकिन कैप्टन विक्रम ने सूबेदार को रोक दिया और ख़ुद ही अपने घायल सिपाही को बचाने के लिए खुले में चल पड़े। जाते-जाते उन्होंने सूबेदार से कहा–'आपके तो बाल-बच्चे हैं। मुझ पर घर की कोई ज़िम्मेदारी नहीं।' वे घायल सिपाही को लगभग घसीट ही लाये थे लेकिन अन्तिम समय पर दुश्मन की गोली का शिकार बन गये और युद्धभूमि में अपनी शहादत दे दी। उनको परमवीर चक्र से सम्मानित किया गया।

कारगिल युद्ध में चार सैनिकों को परमवीर चक्र प्रदान किया गया था–कैप्टन विक्रम बत्रा तथा कैप्टन मनोज पाण्डे को मरणोपरान्त जबकि हवलदार संजय कुमार तथा नायब सूबेदार योगेन्द्र सिंह यादव अभी भी सेना में सेवाएँ दे रहे हैं। बाक़ी तीनों सैनिकों की बहादुरी की दास्तान भी इतनी ही प्रेरणास्पद है। हवलदार संजय कुमार भी 13 जेएके से ही थे और पॉइंट 4875 की विजय में बहादुरी का प्रदर्शन करने के लिए उनको परमवीर चक्र से सम्मानित किया गया। 1/11 गोरखा राइफ़ल्स के

कैप्टन मनोज पाण्डे ने बटालिक क्षेत्र में जुबार टॉप की लड़ाई में 3 जुलाई 1999 को शहादत दी। 18 ग्रेनेडियर्स के योगेन्द्र सिंह यादव अब एक दक्ष वक्ता बन चुके हैं तथा प्रेरणास्पद लेक्चर दिया करते हैं। *लक्ष्य* फ़िल्म में ऋतिक रौशन ने उनका किरदार निभाया था।

हालाँकि भारतीय नौसेना को युद्ध में इस्तेमाल नहीं किया गया था लेकिन नौसेना ने पश्चिमी घाट पर अपने युद्धपोत तैनात कर दिये थे। आवश्यकता पड़ने पर भारतीय नौसेना पाकिस्तान की इकलौती बन्दरगाह कराची की घेराबन्दी करने के लिए पूरी तरह से तैयार थी। खाड़ी देशों से आने वाली तेल की आपूर्ति को ख़तरा उत्पन्न हो गया था। युद्ध के बाद नवाज़ शरीफ़ ने स्वीकार किया कि पाकिस्तान के पास केवल छह दिन का तेल भण्डार बच गया था। प्रधानमन्त्री वाजपेयी ने युद्ध को बेक़ाबू नहीं होने दिया। उनका स्पष्ट निर्देश था कि भारतीय सेना नियन्त्रण रेखा पार नहीं करेगी, इसीलिए पाकिस्तान ढाई महीने तक इस युद्ध को खींच पाया। वायुसेना थलसेना को सहयोग प्रदान करती रही लेकिन यह सीधी लड़ाई में शामिल नहीं हुई। लेकिन इतनी ऊँचाई पर युद्ध लड़कर इसने वायु युद्ध का एक नया और स्वर्णिम अध्याय लिख दिया। जुलाई के पहले हफ़्ते तक भारतीय सेना पाकिस्तान की आपूर्ति व्यवस्था को पूरी तरह नष्ट कर चुकी थी। युद्ध के बाद कुछ पाकिस्तानी सैनिकों ने स्वीकार भी किया कि बहुत दिन तक उनको केवल चीनी खाकर भूख मिटानी पड़ी थी।

यहाँ हम दो दिलचस्प तथ्यों का ज़िक्र करना चाहेंगे–ऑपरेशन मेघदूत के बाद लेफ्टिनेंट जनरल हून पाकिस्तान में घृणा के पात्र बन गये थे, हालाँकि उसका जन्म पाकिस्तान में ही हुआ था। दूसरी तरफ़, कारगिल के बाद भारत में जनरल मुशर्रफ़ को इसी प्रकार की घृणा मिली हालाँकि उसका जन्म दिल्ली में हुआ था। 1997 के आम चुनावों में नवाज़ शरीफ़ की पार्टी पाकिस्तान मुस्लिम लीग (न) को एकतरफ़ा जीत मिली थी, उन्होंने 207 में से 137 सीटें जीती थीं। लेकिन उसकी सेना ने कभी उसको भरोसे में नहीं लिया। इसके विपरीत, उस समय का भारतीय प्रधानमन्त्री संसद में अविश्वास प्रस्ताव हार चुका था और अन्तरिम प्रधानमन्त्री के रूप में सेवाएँ दे रहा था लेकिन सेना पूरी तरह से उसके निर्देशों के अनुसार कार्य कर रही थी।

एक अपवाद को छोड़ दें तो 1999 का युद्ध पूरी तरह से कारगिल क्षेत्र तक सीमित रहा। ब्रिगेडियर पी.सी. कटोच के नेतृत्व में 48 सैनिकों की एक छोटी-सी टुकड़ी ने 27 जून 1999 को पाकिस्तानी सेना को खदेड़ कर पॉइंट 5770 (नवीद

टॉप/चीमा टॉप/बिलाल टॉप) पर नियन्त्रण कर लिया। अमेरिकी राष्ट्रपति बिल क्लिंटन ने पाकिस्तान को पीछे हटने का निर्देश दिया और भारत के संयम तथा पाकिस्तान द्वारा बार-बार उकसाने के बावजूद युद्ध को कारगिल क्षेत्र तक सीमित रखने की बुद्धिमत्ता की प्रशंसा की। ज़मीनी हक़ीक़त का ब्यौरा देने तथा भारत की अपेक्षाओं से अवगत करवाने के लिए प्रधानमन्त्री के सुरक्षा सलाहकार ब्रजेश मिश्रा ने 17 जून को जेनेवा में जी-8 राष्ट्राध्यक्षों के साथ मुलाक़ात की। नवाज़ शरीफ़ भी विश्व समुदाय का समर्थन हासिल करने के लिए जी-तोड़ प्रयास कर रहे थे। इसी सिलसिले में जब वे चीन के दौरे पर थे तो 27 जून को मीडिया से उनको ख़बर मिली कि युद्धबन्दी करवाने के लिए प्रधानमन्त्री नवाज़ शरीफ़ अमेरिका जाने वाले हैं। चीन दौरा वहीं पर समाप्त करके नवाज़ शरीफ़ पाकिस्तान लौट आये। राष्ट्रपति क्लिंटन अवकाश पर जाने वाले थे लेकिन युद्ध रुकवाने के लिए उन्होंने अपनी छुट्टियाँ स्थगित कर दीं। क्लिंटन ने वाजपेयी से भी आने का आग्रह किया लेकिन मँजे हुए राजनेता वाजपेयी क्लिंटन के इस जाल में नहीं फँसे। भारत का प्रतिनिधित्व करने के लिए उन्होंने ब्रजेश मिश्रा को भेज दिया।

नवाज़ शरीफ़ अमेरिका पहुँच गये और 4 जुलाई को अमेरिका के स्वतन्त्रता दिवस वाले दिन राष्ट्रपति क्लिंटन के साथ उनकी मुलाक़ात हुई। अमेरिकी मीडिया के अभिलेखागार को खँगालें तो हमें पता लगता है कि 4 जुलाई को 'वह दिन जब परमाणु युद्ध को टाला गया' शीर्षक दिया गया था। क्लिंटन की सबसे बड़ी चिन्ता यही थी कहीं परमाणु हथियारों का प्रयोग न हो जाये। पूरे विश्व के सामने यह स्पष्ट हो गया था कि आक्रान्ता कौन था, संयम का परिचय किसने दिया था और सेना पर पूर्ण नियन्त्रण रखने वाला लोकतन्त्र किस देश में स्थापित था। अपने अर्धसैनिक बलों एवं उग्रवादियों को नियन्त्रण रेखा के पार भेजने के कारण विश्व समुदाय द्वारा पाकिस्तान की आलोचना की गयी। पाकिस्तान ने इसको 'कश्मीरी स्वतन्त्रता सेनानियों' की कार्रवाई बताकर कूटनीतिक हलकों में अपनी नाक बचाने की कोशिश की लेकिन उनका यह तर्क किसी ने स्वीकार नहीं किया। नवाज़ शरीफ़ को दो टूक बता दिया गया कि उनके पास इकलौता मार्ग यही है कि वे वापिस हट जायें। अमेरिकी राष्ट्रीय सुरक्षा सलाहकार सैमुएल बर्जर तथा उनके भारतीय समकक्ष ब्रजेश मिश्रा ने मिलकर घोषणा लिखी तथा इसमें इस्तेमाल किये गये शब्दों पर गहन चर्चा किये जाने के बाद ही इसको ज़ारी किया गया। 11 जुलाई से पाकिस्तानी सेना पीछे हटने लगी, भारत ने पाकिस्तान को बता दिया कि 16 जुलाई तक पीछे हटने

की यह प्रक्रिया पूरी तरह सम्पन्न हो जानी चाहिए। टेलीविज़न पर नवाज़ ने अपने राष्ट्र को बताया कि सेना को वापिस बुलाना किसलिए ज़रूरी था।

आधिकारिक रूप से 26 जुलाई को युद्ध समाप्त हुआ। इसके बाद से प्रत्येक वर्ष भारत इस दिन को 'कारगिल विजय दिवस' के रूप में मनाता आ रहा है। 13वीं लोकसभा में राजग गठबन्धन ने बहुमत हासिल किया, वाजपेयी ने फिर से प्रधानमन्त्री की शपथ ली और पाँच साल का कार्यकाल पूरा किया। लेकिन पाकिस्तान में 12 अक्तूबर 1999 को तख़्तापलट कर दिया गया। परवेज़ मुशर्रफ़ ने बन्दूक़ के ज़ोर पर अपने प्रधानमन्त्री को सत्ता से हटा दिया और ख़ुद कुर्सी पर जमकर बैठ गया। नवाज़ शरीफ़ और पाकिस्तानी लोकतन्त्र दोनों को सलाख़ों के पीछे डाल दिया गया।

टिप्पणियाँ

1. अरुण तिवारी तथा ए.पी.जे. अब्दुल कलाम, 1999, *विंग्स ऑफ़ फायर : एन ऑटोबायोग्राफी ऑफ़ अब्दुल कलाम,* यूनिवर्सिटी प्रेस।
2. फ़ैसल इफ़्तिखार, 2006, *द ओनली किंग हु डाइड ऑन द बैटलफ़ील्ड : एन हिस्टोरिकल नॉवेल बेस्ड ऑन ट्रुथ,* ऑथर हाउस।
3. जब किसी कारणवश उपग्रह स्पष्ट रूप से डाटा संग्रहण करने में अक्षम होते हैं तो ऐसी स्थिति को ब्लाइंड स्पॉट कहा जाता है।
4. प्रफुल्ल बदवई तथा अचिन वनायक, 1999, *न्यू न्यूक्स : इंडिया, पाकिस्तान एंड ग्लोबल न्यूक्लियर डिसआर्मामेंट,* अध्याय 9, पृ. 187, इंटरलिंक पब्लिशिंग ग्रुप।
5. इस पुस्तक का अध्याय 5 देखें।
6. किसी पर्वत श्रृंखला के निम्नतम बिन्दु अथवा दो चोटियों के बीच के निचले भाग को कोल कहा जाता है। इसके रास्ते से आसानी से पहाड़ियों को पार किया जा सकता है। सियाचिन में ग्लेशियर के मुख को इन्दिरा कोल नाम दिया गया है।

   इन्दिरा कोल 5,753 मीटर की ऊँचाई पर स्थित है। यह सिआ काँगड़ी से मात्र 3 किलोमीटर दूर स्थित है। सिआ काँगड़ी की चोटी को 'ट्रिपपॉइंट' नाम दिया गया है। यहाँ पर भारत, पाकिस्तान तथा चीन की सीमा मिलती है। ग्लेसियर का पंजा या थूथन 3,620 मीटर की ऊँचाई पर स्थित है। चोटी से पंजे तक की ऊँचाई 71-76 मीटर है।
7. बाल्टी भाषा में गुलाब के फूल को 'सिआ' कहा जाता है। इस क्षेत्र में यह पुष्प बहुतायत में मिलता है। 'चुन' का अर्थ होता है अथाह मात्रा अथवा बहुतायत। यानी कि सियाचिन का अर्थ हुआ ऐसा स्थान जहाँ गुलाब की भरमार है।

अध्याय चौदह
सोहराबुद्दीन को किसी ने नहीं मारा

गोधरा नरसंहार तथा गुजरात दंगे
27 फ़रवरी 2002, बुधवार

मेरा यह विचार है कि स्वतन्त्र भारत के इतिहास में 27 फ़रवरी भी 30 जनवरी जितना ही महत्त्वपूर्ण है क्योंकि इन दोनों तिथियों ने देश की दशा-दिशा बदलने में बहुत बड़ी भूमिका निभाई है। राम मन्दिर आन्दोलन चल रहा था और इसी क्रम में विश्व हिन्दू परिषद् ने अयोध्या में *पूर्ण आहुति यज्ञ* का आयोजन किया था। देश भर से कारसेवकों को इस यज्ञ में शामिल होने के लिए बुलाया गया। यज्ञ सम्पन्न होने के बाद 25 फ़रवरी 2002 को 1,700 कारसेवकों का एक जत्था अयोध्या रेलवे स्टेशन से साबरमती एक्सप्रेस में सवार हुआ और गाड़ी उनको अपने गन्तव्य गुजरात की ओर ले चली।

गोधरा रेल त्रासदी के समय केन्द्र में भाजपा के नेतृत्व में राजग गठबन्धन की सरकार थी, अटल बिहारी वाजपेयी देश के प्रधानमन्त्री थे। हिन्दी पट्टी के राज्यों–मध्य प्रदेश, छत्तीसगढ़ तथा राजस्थान–में हुए विधानसभा चुनावों में भाजपा का प्रदर्शन बहुत अच्छा रहा था। बाज़ार उत्थान की तरफ़ जा रहा था, अर्थव्यवस्था अच्छी स्थिति में थी, मानसून में अच्छी बारिश हुई थी, देश में राजनैतिक स्थायित्व स्थापित था तथा सरकार के ऊपर भ्रष्टाचार के बड़े आरोप भी नहीं लगे थे। इन सभी कारकों को ध्यान में रखते हुए भाजपा के चुनाव रणनीतिकारों ने समझा कि समय से छह महीने पहले चुनाव करवा लेना बेहतर रहेगा ताकि भाजपा इन सभी कारकों का लाभ उठा सके। 'शाइनिंग इंडिया' का नारा देकर भाजपा चुनाव के मैदान में उतरी, भाजपाइयों को पूरा भरोसा था कि जीत तो उनकी ही होनी है।

2004 के आम चुनावों में मिली हार से भाजपा को बड़ा धक्का लगा। उनको यह हार दो अवयवों के कारण मिली थी–गणितीय तथा रासायनिक। चुनाव का गणित इतना अधिक जटिल तथा उलझाव भरा होता है कि बड़े-बड़े बुद्धिमान भी इसके सामने चकरा जाते हैं। जो घटा माना जाता है वह जमा साबित हो जाता है और जिसको हम जमा मानकर चलते हैं वह घटा बनकर सामने आ जाता है। 1998 में भाजपा को 25.59 प्रतिशत मत मिले थे जिनके दम पर इसने 182 सीटें जीत लीं। जबकि कांग्रेस 26.14 प्रतिशत मत लेकर भी केवल 141 सीटें जीतने में कामयाब रही। 1999 में जब मध्यावधि चुनाव हुए तो उससे पहले भारत ऑपरेशन विजय को मिली सफलता से झूम रहा था और केवल 1 वोट से सरकार गिर जाने के कारण देश की सद्भावना भी वाजपेयी जी के साथ जुड़ गयी थी। लेकिन जब चुनावों का नतीजा सामने आया तो आँकड़े कुछ और ही कहानी बयाँ कर रहे थे। 1999 के चुनावों में भाजपा की सीट संख्या तो 182 के आँकड़े पर ही बनी रही लेकिन हैरत की बात यह थी कि इसका मत प्रतिशत 25.59 से गिरकर 23.75 पर आ गया। इसके विपरीत कांग्रेस का मत प्रतिशत 26.14 से बढ़कर 28.30 पर पहुँच गया, लेकिन इसकी सीट संख्या 141 से गिरकर 114 पर आ पहुँची। हालाँकि राजग सरकार बनाने में सफल रहा लेकिन पिछले चुनावों की तुलना में इनका कुल मत प्रतिशत काफ़ी कम हो गया था। यह भी ध्यान रखा जाना चाहिए कि उससे पहले के चुनावों में 1999 से ज़्यादा मत लेने के बावजूद भी इनकी पिछली सरकारें गिर गयी थीं। आँकड़ों के लिहाज़ से देखें तो 2004 के चुनाव ने बड़े दिलचस्प नतीजे दिये थे। जैसा कि हम पहले ही कह चुके हैं कि वाजपेयी के सुशासन के कारण

भाजपा अपनी जीत के प्रति पूरी तरह से आश्वस्त होकर चुनावी मैदान में उतरी थी। लेकिन नतीजा यह निकला कि इसका मत प्रतिशत 23.75 से घटकर 22.16 पर आ ठहरा और इनकी सीट संख्या भी 138 पर आ गिरी। यानी कि मत प्रतिशत में 1.5 प्रतिशत की गिरावट आयी और यह 44 सीटें भी गँवा बैठी। दूसरी तरफ़ कांग्रेस के मत प्रतिशत में भी 1.75 प्रतिशत की गिरावट आयी (यह 28.30 प्रतिशत से घटकर 26.53 प्रतिशत पर आ गिरा) लेकिन इसके बावजूद इसकी सीट संख्या 114 से बढ़कर 145 पर पहुँच गयी। भाजपा और कांग्रेस के बीच केवल 7 सीटों का अन्तर था लेकिन कांग्रेस गठबन्धन सरकार बनाने में सफल रही और डॉ. मनमोहन सिंह ने प्रधानमन्त्री पद की शपथ ली। गणित उनके हक़ में होने के बावजूद भाजपा सरकार क्यों नहीं बना पायी? इसका उत्तर हमें राजनैतिक रसायनशास्त्र तथा इतिहास के क्षेत्र में ढूँढ़ना चाहिए। सरकार न बन पाने का सबसे बड़ा कारण था गोधरा (इतिहास)। अपने भविष्य को सुरक्षित रखने के लिए छोटे क्षेत्रीय दलों ने कांग्रेस के साथ जाना ज़्यादा बेहतर समझा (रसायनशास्त्र)। कोई भी क्षेत्रीय दल यह नहीं चाहता था कि लोग उनको उग्र हिन्दुत्ववादी भाजपा के सहयोगी के रूप में देखने लग जायें।

13वीं लोकसभा ने अपना कार्यकाल पूरा किया था और अब कांग्रेस के साथ-साथ भाजपा भी अपने आप को एक बड़े राष्ट्रीय दल के रूप में स्थापित कर चुकी थी। मेरे व्यक्तिगत विचार में जॉर्ज फ़र्नांडीस वह व्यक्ति हैं जिन्होंने भाजपाई न होने के बावजूद राष्ट्रीय स्तर पर भाजपा की स्वीकार्यता स्थापित करने में सबसे बड़ी भूमिका निभाई थी। उनको राजग का संयोजक बनाया गया था। ईसाई पृष्ठभूमि से होने के कारण उनको भली-भाँति अहसास था कि जाति-आधारित भारतीय राजनीति में वे राजा तो कभी नहीं बन पायेंगे, इसलिए उन्होंने राजा बनवाने वाले की भूमिका इख़्तियार कर ली। जॉर्ज पक्के समाजवादी तथा धर्मनिरपेक्ष थे। अन्त तक उनकी राजनीति से एक कार्यकर्ता की सी गन्ध आती थी जो उत्पीड़ितों को हक़ दिलवाने के लिए सत्ता से उलझ पड़ता है। जॉर्ज ने अपने राजनैतिक जीवन की शुरुआत मुम्बई के बड़े मज़दूर संघ नेता डी'मेलो की शागिर्दी में की थी। जब जॉर्ज ने चीनी प्रधानमन्त्री चाऊ एनलाई की यात्रा के दौरान विरोध-प्रदर्शन किया तो बड़ी बेरहमी के साथ उनकी पिटाई की गयी। उत्तर मुम्बई लोकसभा क्षेत्र से एस.के. पाटिल को पटखनी देकर 1967 में जॉर्ज लोकसभा में पहुँचे। 8 मई से 27 मई 1974 के बीस दिनों के दौरान उन्होंने दुनिया की सबसे बड़ी हड़ताल का आयोजन तथा नेतृत्व किया। जॉर्ज के आह्वान पर 17 लाख रेलवे कर्मी इस हड़ताल में शामिल हुए थे।

आपातकाल के दौरान जॉर्ज ने ही डायनामाइट लगाकर धमाका करने की योजना बनायी थी। भगत सिंह की ही तरह उनका भी विचार था कि बहरों को सुनाने के लिए बड़े धमाके की आवश्यकता होती है। लेकिन उनको समयपूर्व धर लिया गया और उसके बाद से यह मामला बड़ोदा डायनामाइट केस के नाम से मशहूर हो गया। 1977 में जॉर्ज को उद्योग मन्त्री बनाया गया तो उन्होंने आईबीएम तथा कोका-कोला को बाहर का रास्ता दिखा दिया। आईबीएम के विरुद्ध भारत के नियन्त्रक तथा महालेखापरीक्षक (कैग) की रिपोर्ट आयी थी, इसके साथ ही विदेशी विनिमय नियन्त्रण अधिनियम (फेरा) के नये प्रावधानों के अनुसार आईबीएम को अपनी इक्विटी का विलय करने के लिए कहा गया। लेकिन आईबीएम ने इन नियमों की अनुपालना करने से इनकार कर दिया तो जॉर्ज ने उनको भारत से बाहर निकाल दिया। कोका-कोला से भी कहा गया कि वह अपनी उत्पाद बनाने की विधि को सार्वजनिक करे तथा नये नियमों के अनुसार शेयरों का विलय करे। कोका-कोला ने भी इनकार किया और देश छोड़ने का निर्णय लिया। जॉर्ज में साहस की कमी नहीं थी, प्रशासनिक आदेश ज़ारी करके उन्होंने उद्योग भवन में धीरूभाई अम्बानी का प्रवेश बन्द करवा दिया था। युवाओं की एक पूरी पीढ़ी जॉर्ज को अपने नायक के रूप में देखती थी, लेकिन जब जॉर्ज भाजपा के पाले में जाने लगे तो इनके समर्थकों को बड़ा धक्का पहुँचा। इससे पहले वे नागरिकों एवं मज़दूरों के अधिकारों के पक्ष में आवाज़ उठाया करते थे और धर्मनिरपेक्षता के आदर्शों की रक्षा करते थे, लेकिन जब भाजपा से उनकी नज़दीकी बढ़ने लगी तो उनके अनुयायियों ने उनसे बड़े तल्ख़ सवाल किये। किन्तु जॉर्ज ने नये मित्र तथा नये समीकरण बनाने का निर्णय ले लिया था। राजग संयोजक के रूप में भाजपा की ऐसी-ऐसी नीतियों का बचाव करते रहे जिनको उस समय तक समाज में स्वीकार्यता प्राप्त नहीं थी। 6 दिसम्बर 1992 को जब बाबरी मस्जिद के विध्वंस की ख़बर आयी उस समय मैं दिल्ली में जॉर्ज के साथ ही मौजूद था। इस ख़बर को सुनकर जॉर्ज न केवल दुखी हुए बल्कि भाजपा नेताओं पर क्रोधित भी होते रहे। लेकिन किसको पता था कि छह साल बाद यही जॉर्ज पाला बदल लेंगे! जॉर्ज ने भाजपा को एक राजनैतिक शक्ति तथा सुशासन को गम्भीरता से लेने वाले दल के रूप में स्थापित करने में बड़ी भूमिका निभाई।

गोधरा त्रासदी पर चर्चा करने से पहले हम एक और ग़ैर-भाजपाई नेता का ज़िक्र कर लेते हैं। मनोहर जोशी 13वीं लोकसभा में मुम्बई से सांसद चुनकर आये थे। 1999 के चुनावों में तेलुगू देशम पार्टी ने 29 सीटें जीती थीं और यह राजग गठबन्धन के अन्दर भाजपा के बाद दूसरा सबसे बड़ा दल बन गयी थी। तेलुगू देशम

पार्टी ने जी.एम.सी. बालयोगी को लोकसभा के सभापति के रूप में नामित किया। ये देश के प्रथम दलित सभापति थे (12वीं लोकसभा में भी इन्हीं को सभापति बनाया गया था)। 3 मार्च 2002 को हेलीकॉप्टर हादसे में बालयोगी की मृत्यु हो गयी। उनकी जगह पर शिवसेना सदस्य तथा महाराष्ट्र के पूर्व मुख्यमन्त्री मनोहर जोशी को सभापति बनाया गया। वे बाल ठाकरे के विश्वस्त सहयोगी थे और श्रीकृष्णा रिपोर्ट में 1992-93 के मुम्बई दंगों के लिए इनको ज़िम्मेदार ठहराया गया था। इन्होंने इस रिपोर्ट को 'हिन्दू-विरोधी, मुस्लिम-समर्थक तथा पक्षपातपूर्ण' घोषित कर दिया। आरटीआई कार्यकर्ता विजय कुमार घोर ने यह सूचना साझा कर दी कि सनड्यू के पुणे आवासीय परिसर भूमि घोटाले में मनोहर जोशी के दामाद को रियायत दी गयी थी, इसके बाद मनोहर जोशी को महाराष्ट्र के मुख्यमन्त्री पद से इस्तीफ़ा देना पड़ा था। उच्च न्यायालय ने निर्माता के विरुद्ध फ़ैसला दिया था। बाद में सर्वोच्च न्यायालय ने भी उच्च न्यायालय के निर्णय का अनुमोदन किया। सभापति के पद पर मनोहर जोशी की नियुक्ति यह दर्शाती है कि भाजपा भी अपने सहयोगियों को ख़ुश रखने का खेल सीख रही थी। एक तरफ़ तो सदा से ही बेदाग़ छवि के सांसद को सुपुर्द किया जाने वाला सभापति का पद एक कट्टर हिन्दुत्ववादी मनोहर जोशी को सुपुर्द कर दिया गया जो पहले ही भ्रष्टाचार के मामले में अपनी कुर्सी खो चुका था, तो दूसरी तरफ़ जॉर्ज जैसे चिर-विद्रोही नेता थे जिन्होंने भाजपा के दामन पर लगे धर्मान्धता के दाग़ धोते-धोते ख़ुद अपनी विश्वसनीयता धो डाली।

गोधरा त्रासदी ने बहुत से प्रश्नों को जन्म दिया, इनमें से कुछेक प्रश्नों के उत्तर तो आज तक भी पूरी विश्वसनीयता के साथ नहीं दिये जा सके हैं। पहला प्रश्न, 'आग डिब्बे के अन्दर से लगी या इसको बाहर से जलाया गया था?' इस प्रश्न का उत्तर ही यह निर्धारित करेगा कि यह त्रासदी एक षड्यन्त्र के द्वारा अंजाम दी गयी या यह सिर्फ़ एक हादसा था।

कारसेवकों को लेकर साबरमती एक्सप्रेस 25 फ़रवरी को अयोध्या से चली। अपने नियत समय से चार घण्टे की देरी से सुबह 7:43 बजे गाड़ी गोधरा स्टेशन पहुँची। निर्धारित समय तक स्टेशन पर रुकने के बाद गाड़ी फिर से चल पड़ी लेकिन सिग्नल के ऊपर ड्राइवर को गाड़ी रोकनी पड़ी क्योंकि गाड़ी के अन्दर से बार-बार ज़ंजीर खींची जा रही थी। इसके बाद लगभग 1000-2000 लोगों की उन्मादी भीड़ ने गाड़ी पर हमला कर दिया। तीन टियर वाली बोगी एस6 को आग लगा दी गयी और सारे यात्री-डिब्बे के अन्दर फँसकर रह गये। इस अग्निकाण्ड में 59 लोग

ज़िन्दा जल गये जिनमें 27 स्त्रियाँ तथा 10 बच्चे भी थे और 48 लोग ज़ख़्मी हुए। इन 59 मृतकों में से केवल चार ने ही आरक्षण करवा रखा था। 19 शव इस कदर जल गये थे कि उनकी पहचान भी नहीं की जा सकी, 35 शवों की पहचान सरकार द्वारा की गयी (कुछेक रेकॉर्ड्स में मृतकों की संख्या 59 की बजाय 58 बतायी जाती है)। इस मामले की जाँच के लिए दो आयोगों का गठन किया गया : एक आयोग का गठन राज्य सरकार ने किया तो दूसरे आयोग का गठन केन्द्र सरकार के अधीन आने वाले भारतीय रेलवे द्वारा किया गया। गोधरा मामले की जाँच करके रिपोर्ट पेश करने के लिए गुजरात सरकार ने 6 मार्च 2002 को आयोग का गठन किया, गुजरात उच्च न्यायालय के सेवानिवृत्त न्यायाधीश के.जी. शाह इस आयोग के अध्यक्ष तथा एकमात्र सदस्य थे। आगे चलकर इस आयोग के कार्यक्षेत्र में विस्तार किया गया और गोधरा के बाद हुए दंगों की जाँच करने का दायित्व भी आयोग को प्रदान कर दिया गया। मानवाधिकार संगठनों ने आरोप लगाया कि न्यायाधीश शाह तथा मुख्यमन्त्री नरेन्द्र मोदी के घनिष्ठ सम्बन्ध थे इसलिए इस आयोग की निष्पक्षता पर सन्देह उठाया गया। इस सन्देह के जवाब में सरकार ने आयोग का पुनर्गठन कर दिया। अब सर्वोच्च न्यायालय के सेवानिवृत्त न्यायाधीश नानावती को आयोग का अध्यक्ष बना दिया गया और न्यायाधीश शाह इस आयोग के सदस्य बने रहे। इसके बाद इस आयोग को नानावती-शाह आयोग नाम दिया गया। 2008 में न्यायाधीश शाह की अपने अहमदाबाद वाले फ्लैट में मृत्यु हो गयी, ये अकेले रहते थे। लेकिन इस समय तक आयोग अपनी रिपोर्ट पेश नहीं कर पाया था। आयोग के प्रावधान के अनुसार गुजरात उच्च न्यायालय के सेवानिवृत्त न्यायाधीश ए. एच. मेहता को आयोग का सदस्य बनाया गया। इसके बाद आयोग को नानावती-मेहता आयोग के नाम से जाना जाने लगा। लेकिन मानवाधिकार कार्यकर्ता न्यायाधीश मेहता के नाम से भी सन्तुष्ट नहीं थे क्योंकि इन्होंने ही नरोदा पाटिया दंगे के मुख्य अभियुक्त बाबू बजरंगी को ज़मानत दी थी। 28 फ़रवरी 2002 को नरोदा पाटिया में दंगा किया गया और 97 मुसलमानों की हत्या कर दी गयी। राज्य सरकार से 24 बार अपनी समय-सीमा में विस्तार हासिल करने के बाद आयोग ने अन्ततः दो खण्डों में अपनी रिपोर्ट सरकार के सामने पेश की। गोधरा काण्ड के सम्बन्ध में प्रथम खण्ड सितम्बर 2008 में प्रस्तुत किया गया। रिपोर्ट में कहा गया कि एस6 बोगी का जलाया जाना एक 'सुनियोजित षड्यन्त्र' था। गोधरा काण्ड के बाद हुए दंगों से सम्बन्धित दूसरा खंड 26 मई 2014 को प्रस्तुत किया गया, लेकिन इस समय तक नरेन्द्र मोदी गुजरात

के मुख्यमन्त्री निवास से निकलकर दिल्ली में प्रधानमन्त्री निवास में पहुँच चुके थे। फ़रवरी 2011 में निचली अदालत का निर्णय आया जिसमें 31 लोगों को दोषी ठहराया गया। 11 को मृत्युदण्ड दिया गया और 20 दोषियों को उम्रक़ैद की सज़ा दी गयी जबकि 63 लोगों को बरी कर दिया गया, तथाकथित मुख्य षड्यन्त्रकारी मौलवी उमरजी भी बरी होने वालों में शामिल था। अक्तूबर 2017 में उच्च न्यायालय ने निचली अदालत के फ़ैसले को बरक़रार रखा लेकिन इतना परिवर्तन अवश्य किया कि मृत्युदण्ड के दोषियों की सज़ा को भी उम्रक़ैद में बदल दिया। अदालत ने गुजरात सरकार को पीड़ितों के परिजनों को 10-10 लाख रुपये क्षतिपूर्ति प्रदान करने का आदेश भी दे दिया। क्या अपनी रिपोर्ट को राज्यपाल को सुपुर्द करने की बजाय मुख्यमन्त्री को सुपुर्द करके नानावती-मेहता आयोग ने अपनी नैतिकता के साथ समझौता नहीं किया था? आख़िर यह जाँच दंगों में राज्य सरकार की भूमिका का परीक्षण करने के लिए ही तो की जा रही थी! यह प्रश्न सदैव अनुत्तरित रहेगा। इस प्रकार तो वही क़ाज़ी वही मुद्दई वाली बात हो गयी थी, और जाँच करने वाली प्रशासनिक व्यवस्था भी तो सरकार से ही वित्तीय तथा संरचनागत सहयोग प्राप्त कर रही थी। न्यायाधीश नानावती, शाह या फिर मेहता तीनों में से किसी ने भी नरेन्द्र मोदी से पूछताछ करने की ज़रूरत महसूस नहीं की, न ही आयोग के सम्मुख अपना पक्ष रखने के लिए मुख्यमन्त्री को बुलाया गया। आलोचक कहते हैं कि इस आयोग ने अपेक्षित परिणाम दिये थे और सरकार ने बड़े पैमाने पर इस आयोग को प्रभावित किया था।

2004 में संप्रग सरकार में लालू यादव रेलवे मन्त्री बने तो सितम्बर 2004 में सर्वोच्च न्यायालय के सेवानिवृत्त न्यायाधीश यू.सी. बैनर्जी को गोधरा काण्ड की जाँच करने के लिए नियुक्त किया गया। जनवरी 2005 में न्यायमूर्ति बैनर्जी ने अपनी अन्तरिम रिपोर्ट प्रस्तुत की जिसमें उन्होंने इस घटना को एक हादसा क़रार दिया और सुनियोजित षड्यन्त्र वाली धारणा को नकार दिया। जलती हुई गाड़ी में घायल होने वाले तुलसीदास भाटिया ने गुजरात उच्च न्यायालय में इस रिपोर्ट को चुनौती दी। अक्तूबर 2006 में गुजरात उच्च न्यायालय ने इस मामले में निर्णय दिया–जाँच को असंवैधानिक, अवैध तथा अमान्य क़रार दे दिया गया साथ ही यह निर्देश भी दे दिया कि इस रिपोर्ट को संसद के सम्मुख प्रस्तुत नहीं किया जाना चाहिए। अलग-अलग समय पर भिन्न-भिन्न स्तर की जाँच एजेंसियों द्वारा गोधरा काण्ड की जाँच करवाई जा चुकी है।

गोधरा काण्ड वह चिनगारी साबित हुआ जिसने 2002 में पूरे गुजरात में दंगों की आग भड़का दी। इन दंगों में हज़ारों जानें तो गयीं ही, साथ ही बड़े पैमाने पर माली नुक़सान भी हुआ।

अब हम दूसरे प्रश्न पर आते हैं–27 फ़रवरी 2002 को मुख्यमन्त्री निवास पर हुई बैठक में क्या-क्या बातें हुई थीं? उस शाम को कितनी बैठकें हुई थीं? एक, या दो? इस बैठक में ही यह महत्त्वपूर्ण निर्णय लिया गया था कि गोधरा त्रासदी से किस प्रकार निपटा जाये, इसलिए इस बैठक में हुई बातों के बारे में अलग-अलग कयास लगाये जाते हैं और भिन्न-भिन्न धारणाएँ प्रस्तुत की जाती हैं। इस बैठक ने न केवल गुजरात के भविष्य का निर्धारण किया बल्कि भारतीय राजव्यवस्था की दिशा भी बदलकर रख दी। हम गुजरात सरकार के तत्कालीन सदस्यों द्वारा उठाये गये प्रश्नों पर भी चर्चा करेंगे जिनका अभी तक सन्तुष्टिदायक उत्तर नहीं दिया जा सका है। अदालतों तथा जाँच आयोगों के सामने जो उत्तर दिये गये वे पूरी तस्वीर प्रस्तुत नहीं करते हैं और सन्देह की सम्भावना छोड़ देते हैं। ऐसे में हम कह सकते हैं ये प्रश्न आज दिन तक अनुत्तरित हैं।

मार्च 2008 में सर्वोच्च न्यायालय ने 2002 के गुजरात दंगों की जाँच करने के लिए सीबीआई के भूतपूर्व निदेशक आर.के. राघवन की अध्यक्षता में एक विशिष्ट जाँच दल (एसआईटी) का गठन किया। 2009 में इस एसआईटी के कार्यक्षेत्र का विस्तार करते हुए इसको मोदी तथा 62 अन्य व्यक्तियों की भूमिका की जाँच करने का उत्तरदायित्व भी दिया गया। 2009 में संजीव भट्ट इस एसआईटी के सम्मुख प्रस्तुत हुए तथा सबूत उपलब्ध करवाये। उन्होंने मुम्बई आईआईटी से एम.टेक किया था और 1988 की सिविल सेवा परीक्षा में प्रथम स्थान प्राप्त किया था। उन्होंने आईपीएस बनने का निर्णय लिया और अपने सेवाकाल के दौरान एक उत्कृष्ट अफ़सर माने जाते थे।

यहाँ हम संजीव भट्ट द्वारा लगाये गये आरोपों की जाँच करेंगे तथा यह पता लगाने का प्रयास करेंगे कि सत्ता-व्यवस्था से उनकी क्यों तथा कैसे बिगड़ी। संजीव भट्ट ने सर्वोच्च न्यायालय में शपथ-पत्र दाख़िल करके यह रहस्योद्घाटन किया कि 27 फ़रवरी 2002 को मुख्यमन्त्री नरेन्द्र मोदी की अध्यक्षता में हुई बैठक में अधिकारियों से कहा गया था कि हिन्दुओं को मुसलमानों के ख़िलाफ़ ग़ुस्सा निकालने का अवसर दिया जाना चाहिए। गुजरात दंगों की असल कहानी यहीं से शुरू होती है और संजीव भट्ट भी इस बैठक में मौजूद थे। यह शपथ-पत्र उन्होंने

14 अप्रैल 2011 को दाख़िल किया था, यानी कि गुजरात त्रासदी के 9 वर्ष बीत जाने के बाद। इस देरी की वजह से ही संजीव भट्ट पर यह सन्देह उत्पन्न होता है कि उनकी असल मंशा मानवतावाद नहीं थी बल्कि द्वेष में भरकर यह क़दम उठाया गया था। ऐसा लगता है कि भट्ट कोई बाग़ी नहीं बना था, न ही उसका हृदय परिवर्तन हुआ था, बल्कि उसके इस कृत्य के कारण व्यक्तिगत अधिक प्रतीत होते हैं। यह विचार व्यक्त किया जाता है वह मोदी सरकार से 'बदला लेने के लिए' सर्वोच्च न्यायालय के सामने गया था। हालाँकि भट्ट कह चुके हैं कि वे नानावती आयोग के सामने भी गवाही देना चाहते थे लेकिन उनको प्रस्तुत होने से रोक दिया गया। शपथ-पत्र दाख़िल करने के बाद मई 2011 में नानावती-मेहता आयोग ने सुनवाई के लिए संजीव भट्ट को बुलाया लेकिन उसके बाद भट्ट ने आरोप लगा दिया कि निष्पक्ष जाँच सुनिश्चित करवाने हेतु आवश्यक दस्तावेज़ उपलब्ध नहीं करवाये गये जिनके द्वारा वह आयोग के सामने अपने दावों को सत्यापित कर पाता। साथ ही, आयोग ने भी इन दस्तावेज़ों की जाँच नहीं की। संजीव भट्ट के आरोपों की जाँच करने के लिए सर्वोच्च न्यायालय ने एक और एसआईटी का गठन कर दिया। एसआईटी ने अपनी रिपोर्ट में कहा कि संजीव भट्ट का यह दावा कि वह बैठक में शामिल हुआ था असत्य है, अतः उसके द्वारा लगाये गये आरोप भी बेबुनियाद हैं। भट्ट ने आरोप लगाया था कि वे उस समय के पुलिस महानिदेशक (डीजीपी) के. चक्रबर्ती के साथ बैठक में गये थे। भट्ट तथा डीजीपी चक्रबर्ती एक ही कार में सफ़र कर रहे थे जिसको ताराचन्द यादव चला रहा था और भट्ट की कार डीजीपी की कार के पीछे आ रही थी जिसको कांस्टेबल के. पन्थ चला रहा था। भट्ट के साथ-साथ पन्थ ने भी शपथ-पत्र पर हस्ताक्षर किये थे। पन्थ भट्ट के छह गवाहों में से एक गवाह था। 24 जून 2011 को कांस्टेबल पन्थ ने 23 साल से आईपीएस अफ़सर रहे संजीव भट्ट के विरुद्ध एफ़आईआर दर्ज करवाने का दुस्साहस कर दिखाया, इससे स्पष्ट होता है कि पन्थ को ताक़तवर लोगों का समर्थन प्राप्त था जो भट्ट की ज़बान बन्द करवाना चाहते थे। एफ़आईआर में भट्ट ने आरोप लगाया कि उस पर दबाव बनाकर पत्र पर हस्ताक्षर लिए गये और दावा किया कि घटना के दिन वह छुट्टी पर था। डीजीपी चक्रबर्ती ने भी भट्ट के आरोपों का खण्डन किया लेकिन उनके ड्राइवर ताराचंद यादव ने बयान दे दिया कि भट्ट तथा डीजीपी चक्रबर्ती एक ही कार में बैठकर साथ में मुख्यमन्त्री निवास गये थे और पन्थ उनके पीछे-पीछे भट्ट की कार लेकर आ रहा था। एसआईटी ने भट्ट के अन्य आरोपों को भी आधारहीन पाया।

2011 के अपने शपथ-पत्र में भट्ट ने गुजरात के तत्कालीन सहायक महाधिवक्ता तुषार मेहता पर भी आरोप लगाये थे (बाद में मोदी सरकार ने इनको भारत का महान्यायवादी भी नियुक्त किया)। संजीव भट्ट तथा तुषार मेहता की 1980 से ही गाढ़ी दोस्ती थी तथा ये छुट्टियों पर भी सपरिवार साथ में जाया करते थे। संजीव भट्ट की पत्नी श्वेता बताती हैं कि तकनीकी में तुषार मेहता का हाथ तंग था इसलिए कम्प्यूटर चलाने में भट्ट उसकी मदद किया करते थे। दूसरे शब्दों में, तुषार मेहता के ईमेल के पासवर्ड भट्ट को मालूम थे। भट्ट ने दावा किया कि सितम्बर 2009 में उनकी गोवा छुट्टियों तथा मार्च 2010 में अमेरिका यात्रा के लिए टिकटें उन्होंने ख़ुद तुषार मेहता के ईमेल से बुक की थीं। इस दौरान उनकी नज़र तुषार मेहता के अकाउंट में एसआईटी सम्बन्धी ईमेल्स पर पड़ी। भट्ट ने आरोप लगाया कि गुजरात का सहायक महाधिवक्ता एसआईटी में अपने एक ख़बरी के माध्यम से मोदी सरकार तक गुप्त सूचनाएँ पहुँचा रहा था। अगस्त 2011 में, संजीव भट्ट द्वारा शपथ-पत्र दाख़िल करवाने के बाद, तुषार मेहता ने एक शिकायत दर्ज करवाई कि संजीव भट्ट ने उनका ईमेल अकाउंट हैक किया था। उनकी मित्रता के मामले पर मेहता का कहना कि अमेरिका यात्रा के बाद कोई ऐसी घटना हुई जिसके कारण उनकी दोस्ती टूट गयी। लेकिन उन्होंने इस घटना के बारे में ज़्यादा जानकारी देने से इनकार कर दिया, सिर्फ़ इतना कहा कि यह निजी मामला था।

के.के. राघवन की अध्यक्षता में बनी एसआईटी ने नवम्बर 2010 में अपनी रिपोर्ट प्रस्तुत की। सर्वोच्च न्यायालय द्वारा नियुक्त न्यायमित्र (एमिकस क्यूरिआइ) राजू रामाचन्द्रन ने इस रिपोर्ट का परीक्षण किया। रामाचन्द्रन की अनुशंसाओं के आधार पर सर्वोच्च न्यायालय ने एसआईटी को आत्म-समीक्षा करने का आदेश दिया। अप्रैल 2011 में यह आत्म-समीक्षा प्रस्तुत की गयी और परीक्षण के लिए इस आत्म-समीक्षा को फिर से रामाचन्द्रन के पास भेज दिया गया। उस समय तक भट्ट सर्वोच्च न्यायालय में अपना शपथ-पत्र दाख़िल कर चुके थे लेकिन इसको स्वीकार नहीं किया गया।

'ड्यूटी से अनधिकृत अनुपस्थिति,' जाँच आयोग के सामने प्रस्तुत न होने तथा ड्यूटी पर न होने के बावजूद सरकारी गाड़ी के इस्तेमाल जैसे जाली आरोप लगाकर 8 अगस्त 2011 को संजीव भट्ट को नौकरी से बर्ख़ास्त कर दिया गया। 27 साल भारतीय पुलिस सेवा में नौकरी करने के बाद उनकी सेवा समाप्त कर दी गयी। सोच कर देखिए कि अगर सरकार सरकारी गाड़ी के दुरुपयोग जैसे आरोपों के आधार पर अफ़सरों को बर्ख़ास्त करने लग गयी तो कितने अफ़सर बच पायेंगे?

कांस्टेबल पन्थ की एफ़आईआर पर प्रारम्भिक जाँच पूरी करने के बाद 30 सितम्बर 2011 को भट्ट को गिरफ़्तार कर लिया गया। 17 अक्तूबर 2011 को उनको ज़मानत मिल गयी। भट्ट को दोषी सिद्ध करने में गुजरात की क़ानून व्यवस्था ने कोई कोर-कसर नहीं रख छोड़ी थी। नवम्बर 2012 में भट्ट तथा छह अन्य पुलिसकर्मियों पर प्रभुदास वैहनानी की हिरासती मृत्यु का 22 साल पुराना मामला फिर से खोल दिया गया। 1990 में प्रभुदास वैहनानी की पुलिस हिरासत में मृत्यु हो गयी थी तथा सरकार इस मामले को बन्द करवाने के प्रयास में लगी हुई थी। लेकिन जब भट्ट ने ज़बान खोलनी शुरू कर दी और मुख्यमन्त्री पर अल्पसंख्यक विरोधी दंगों में संलिप्त होने का आरोप लगाने लगा तो सरकार ने इस मामले में अपना रुख़ बदल लिया और मामले के निपटान की अर्ज़ी वापिस ले ली। 19 अगस्त को भट्ट को आईपीएस से हटा दिया गया तथा उसको हिरासती मृत्यु के मामले में दोषी क़रार दे दिया गया। 20 जून 2019 को उसको उम्रक़ैद की सज़ा सुनाई गयी।

अब हम पुन: 27 फ़रवरी 2002 को मुख्यमन्त्री निवास पर हुई बैठक के विषय पर आते हैं। पुलिस तथा प्रशासनिक अधिकारियों ने गोधरा हादसे में मृत हुए लोगों के जले हुए शव अहमदाबाद लाने के निर्णय का विरोध किया था। अहमदाबाद में पहले से ही चिनगारी सुलग रही थी, इसलिए इस बात की पूरी सम्भावना थी कि शवों का प्रदर्शन करने के बाद गम्भीर परिणाम भुगतने पड़ेंगे। लेकिन चूँकि इस बैठक का कोई आधिकारिक वृत्तान्त नहीं रखा गया था इसलिए साक्ष्य के आधार पर यह कह पाना सम्भव नहीं कि शवों को अहमदाबाद लाने का निर्णय किसने लिया था। इस मामले में अलग-अलग लोगों की सुनी-सुनाई बातों पर ही भरोसा करना पड़ता है। ऐसा कहा जाता है एक-दो लोगों के बुद्धिमत्तापूर्ण प्रतिरोध के अतिरिक्त बैठक में उपस्थित लोगों ने एकमत से यह स्वीकार किया था कि शवों के प्रदर्शन के द्वारा आगामी चुनावों में भाजपा को बड़ा लाभ मिलेगा। 28 फ़रवरी को एक खुले ट्रक में लादकर शव अहमदाबाद लाये गये। शवों को परिजनों को सुपुर्द करने के बजाय विश्व हिन्दू परिषद् के नेताओं को सौंप दिया गया। इसके बाद एक जुलूस के रूप में इन शवों को अहमदाबाद की सड़कों पर घुमाया गया। अहमदाबाद के लगभग 16 क्षेत्रों में यह जुलूस पहुँचा, तब तक शहर में कर्फ़्यू नहीं लगाया गया था। साम्प्रदायिक भावनाओं को भड़का कर अपेक्षित परिणाम भी हासिल कर ही लिए गये। अहमदाबाद में तीन महीने तक दंगे होते रहे। गुजरात में तो साल भर से ज़्यादा समय तक साम्प्रदायिक अशान्ति बनी रही। सरकारी आँकड़े 1,044 मृत, 233 लापता तथा 2,500 लोगों के घायल होने को स्वीकार करते हैं। 1,044 मृतकों

में से 790 मुसलमान थे तथा 254 हिन्दू। लेकिन असल आँकड़ा इससे बहुत अधिक रहा होगा। सम्पत्ति का तो बेतहाशा नुक़सान हुआ।

गोधरा के बाद पूरे गुजरात में पुलिस एनकाउंटर तथा ग़ैर-क़ानूनी हत्याओं का जो खेल खेला गया उससे यह साबित हो गया कि साम्प्रदायिकता तथा घृणा से भरा हुआ वातावरण किस-किस प्रकार के भयावह सरकारी दैत्यों को जन्म दे सकता है। राजनैतिक व्यक्तित्वों को 'मिटा दिया गया' तथा उनकी हत्या कर दी गयी। सरकार इस बारे में बेख़बर होने का दावा करती रही। बड़े-बड़े एनकाउंटर करने के बाद पुलिस यह शेखी बघारा करती थी कि उन्होंने राज्य के राजनैतिक नेतृत्व को समाप्त करने के षड्यन्त्र को नाकाम बना दिया था। गोधरा के इतने वर्ष बाद भी इन एनकाउंटरों तथा हत्याओं की स्मृति आत्मा को हिला जाती है।

2003 में गुजरात के पूर्व गृहमन्त्री हरेन पांड्या की हत्या कर दी गयी। इस हत्या के द्वारा उनके क़ातिल हरेन पांड्या का मुँह बन्द करवाने तथा उनसे छुटकारा पाने में तो सफल हो गये थे लेकिन इस हत्या ने हरेन पांड्या के हत्यारों को सदा-सदा के लिए सन्देह के घेरे में खड़ा कर दिया। हालाँकि वर्तमान राजनैतिक माहौल में लोग इन हत्यारों का नाम लेने से डरते हैं लेकिन एक-न-एक दिन सत्य सामने आ ही जायेगा। भूतपूर्व गृहमन्त्री हरेन पांड्या गुजरात के भूतपूर्व मुख्यमन्त्री केशूभाई पटेल के प्रगाढ़ मित्र थे। केशूभाई को हटाकर ही 2001 में नरेन्द्र मोदी को मुख्यमन्त्री नियुक्त किया गया था। हरेन पांड्या अहमदाबाद के एलिस ब्रिज निर्वाचन क्षेत्र से चुनकर आये थे, 1975 के बाद से इस सीट पर कोई कांग्रेसी विधायक जीत दर्ज नहीं कर पाया है। 1975 से यह सीट निरन्तर भाजपा के पास रही है। मोदी के साथ पांड्या के *जटिल सम्बन्ध* थे। हरेन पांड्या के रूप में मोदी को एक टक्कर का प्रतिद्वन्द्वी मिल गया था। नरेन्द्र मोदी मुख्यमन्त्री बनने के बाद एक सुरक्षित सीट की तलाश में थे ताकि चुनाव जीतकर विधिवत रूप से विधायक बन सकें। उनके विचार से हरेन पांड्या की एलिस ब्रिज सीट ऐसी ही सुरक्षित सीट थी, भाजपा यहाँ से हारती ही नहीं थी। लेकिन पांड्या ने मोदी की इच्छा को ठुकरा दिया। पांड्या भी पुराने आरएसएस कार्यकर्ता थे और भाजपा (जनसंघ) तथा अहमदाबाद की राजनीति में गहरी जड़ें जमा चुके थे, लेकिन इस बात से अनजान थे कि 'मोदी न कभी भूलता है, न माफ़ करता है।' वाजूभाई वाला ने मोदी के लिए अपनी राजकोट II सीट ख़ाली कर दी, यह सीट भी सुरक्षित समझी जाती थी। 1980 में एक अपवाद को छोड़ दें तो 1975 के बाद से भाजपा निरन्तर इस सीट पर जीतती आ रही है। नरेन्द्र मोदी राजकोट II से चुनाव जीत गये और 2014 में वाजूभाई वाला को कर्नाटक का राज्यपाल

नियुक्त किया गया, 2019 के चुनावों के बाद भी वाजूभाई को राज्यपाल के पद पर पुनः नियुक्ति दे दी गयी। हरेन पांड्या दावा करते थे कि सिर्फ़ उन्होंने ही शवों का प्रदर्शन करने के निर्णय का विरोध किया था। मोदी ने पांड्या से गृह मन्त्रालय छीन लिया तथा उनको राजस्व मन्त्रालय में धकेल दिया गया। अगस्त 2002 में पांड्या को त्यागपत्र देना पड़ा। 2002 के विधानसभा चुनावों में हरेन पांड्या को टिकट भी नहीं दिया गया। 2002 के आम विधानसभा चुनावों में मोदी ने अहमदाबाद-मणिनगर सीट से चुनाव लड़ा। हरेन पांड्या मोदी की आलोचना करते रहे। पांड्या एक मज़बूत नेता थे, उनको बड़ा समर्थन प्राप्त था तथा बहुत-सी गुप्त जानकारियों के साक्षी थे। उनका विचार था कि गोधरा त्रासदी के बाद साम्प्रदायिक भावनाओं को हवा देकर ज़बरदस्ती दंगे भड़काये गये थे। इन दंगों के दौरान हुई हिंसा ने उनका मन ख़राब कर दिया था।

26 मार्च 2003 को हरेन पांड्या सुबह की सैर के लिए घर से निकले तो उनकी हत्या कर दी गयी। सैर के बाद जब वे कार में बैठे थे तो उनको गोलियाँ मारी गयीं और दो घण्टे तक उनका शव कार में ही पड़ा रहा। यह स्पष्ट नज़र आ रहा था कि पांड्या को रास्ते से हटाने के लिए षड्यन्त्र रचा गया था और केन्द्र तथा राज्य स्तर पर भाजपा नेतृत्व पर उँगलियाँ उठाई जाने लगीं। यह बड़ी अपमानजनक बात थी कि ख़ुद को लौहपुरुष पटेल बनाकर प्रस्तुत करने वाले दो शक्तिशाली भाजपाई नेता महत्त्वपूर्ण पदों पर विराजमान थे और ऐसे में उनके ही दल के पूर्व गृहमन्त्री हरेन पांड्या की दिनदहाड़े हत्या हो जाती है—लालकृष्ण आडवाणी देश के गृहमन्त्री थे और नरेन्द्र मोदी गुजरात के मुख्यमन्त्री पद पर बैठे थे। हरेन पांड्या के पिता ने अपने बेटे की हत्या के लिए नरेन्द्र मोदी पर आरोप लगाया। हत्या का मुक़दमा दर्ज कर लिया गया तथा सीबीआई द्वारा इस मामले की जाँच करवाई गयी। 2007 में आतंकवाद निरोधी अधिनियम के अन्तर्गत बनी विशिष्ट अदालत ने हैदाराबादी मूल के मुख्य आरोपी असग़र अली को उम्रक़ैद की सज़ा सुनाई जबकि 11 अन्य आरोपियों को 5 से 10 वर्ष के बीच कारावास की सज़ा दी गयी। अगस्त 2011 में गुजरात उच्च न्यायालय ने हत्या का आरोप तो समाप्त कर दिया लेकिन आपराधिक षड्यन्त्र तथा हत्या का प्रयास का आरोप बरक़रार रखा। *उच्च न्यायालय के निर्णय में यह विचार व्यक्त किया गया कि सीबीआई की जाँच 'गड्डमड्ड एवं संकीर्ण' तथा 'दिशाभ्रमित' थी।* हालाँकि जुलाई 2019 में सर्वोच्च न्यायालय ने उच्च न्यायालय के निर्णय को फिर से पलट दिया तथा अभियुक्तों को हत्या के मामले में दोषी क़रार दिया।

सोहराबुद्दीन का एनकाउंटर एक अन्य मामला था जिस पर बहुत हो-हल्ला हुआ। उसके एनकाउंटर के बाद तो जैसे एक प्रकार का राजनैतिक भूचाल ही आ गया। यह मामला हरेन पांड्या की हत्या के मामले से भी जुड़ा हुआ है और आज तक इसकी जाँच सन्देह के घेरे में है। सोहराबुद्दीन आपराधिक पृष्ठभूमि का व्यक्ति था। उसके ऊपर साठ से ज़्यादा मुक़दमे दर्ज थे तथा उसकी आपराधिक गतिविधियों का तन्त्र राजस्थान, मध्य प्रदेश तथा गुजरात तक फैला हुआ था। वह मुख्य रूप से फ़िरौती का धन्धा चलाया करता था तथा संगमरमर खदानों के मालिकों, व्यापारियों तथा ठेकेदारों से फ़िरौती वसूल किया करता था। इन राज्यों में जब पुलिस उसके पीछे पड़ी तो उसने आन्ध्र प्रदेश के हैदराबाद (वर्तमान में यह तेलंगाना में है) में अपना नया ठिकाना बना लिया। यह आरोप लगाया जाता है कि हरेन पांड्या की हत्या करने के लिए सोहराबुद्दीन ने पहले हैदराबाद के अपराधी असग़र अली से सम्पर्क किया था लेकिन जब असग़र अली ने पैर खींच लिए तो यह सुपारी तुलसीराम प्रजापति को दे दी गयी जिसने काम को अंजाम दे दिया। 23 नवम्बर 2005 की रात को सोहराबुद्दीन अपनी पत्नी क़ौसर बी के साथ सरकारी बस में बैठकर हैदराबाद से महाराष्ट्र के सांगली नगर आ रहा था। रास्ते में ही गुजरात पुलिस के आतंकवाद निरोधी दस्ते (एटीएस) ने सोहराबुद्दीन तथा उसकी पत्नी को अगवा कर लिया। दोनों को अहमदाबाद लाया गया। 26 नवम्बर 2005 को पुलिस ने अहमदाबाद में सोहराबुद्दीन का एनकाउंटर कर दिया और एटीएस थाने में पुलिस स्टेशन अफ़सर (पीएसओ) की ड्यूटी अंजाम दे रहे गुजरात पुलिस के कर्मी रविन्द्र मकवाणा ने इस तथाकथित एनकाउंटर की एफ़आईआर दर्ज की। एनकाउंटर के बाद आरोप लगाये गये कि सोहराबुद्दीन के दाऊद इब्राहीम तथा पाकिस्तानी आईएसआई के साथ सम्बन्ध थे।

गोधरा त्रासदी के बाद गुजरात में एक-के-बाद-एक कई एनकाउंटर किये गये जिनके ऊपर अनेक आयोग, एसआईटी, सीबीआई जाँच तथा अदालत निर्देशित जाँचें बिठाई गयीं। लेकिन अधिकांश मामलों में आरोपियों को बरी कर दिया गया। इस एनकाउंटर की जाँच करवाने तथा उसी समय से लापता चल रही क़ौसर बी का पता लगाने के लिए सोहराबुद्दीन के परिवार ने सर्वोच्च न्यायालय में गुहार लगाई। सर्वोच्च न्यायालय ने राज्य सरकार को इस मामले की अपराध जाँच विभाग (सीआईडी) से जाँच करवाने के निर्देश दे दिये। गुजरात कैडर की आईपीएस अधिकारी गीता जोहरी ने यह जाँच की, आगे चलकर इनको गुजरात की पुलिस महानिदेशक (डीजीपी) भी नियुक्त किया गया।

सोहराबुद्दीन के साथ ही उसकी पत्नी क़ौसर बी को भी हिरासत में लिया गया था। वह लापता हो गयी। 26 नवम्बर 2005 के बाद से उसका कोई सुराग़ नहीं मिल पाया है। सर्वोच्च न्यायालय में लगाई गयी बन्दी-प्रत्यक्षीकरण की याचिका के जवाब में गुजरात सरकार के अधिवक्ता के.टी.एस. तुलसी तथा हेमंतिका वाही ने अदालत को बताया कि 'वह मारी जा चुकी है।' जब सोहराबुद्दीन एनकाउंटर मामले में आरोपित तीन आईपीएस अधिकारियों के साथ हिरासती पूछताछ की गयी तब जाकर क़ौसर बी की हत्या का राज़ खुलकर सामने आया। इसकी रिपोर्ट सर्वोच्च न्यायालय के सामने मुहरबन्द लिफ़ाफ़े में पेश की गयी थी जिसमें यह उद्घाटन किया गया कि क़ौसर बी की मृत देह को जला दिया गया था। पहले उसको अहमदाबाद के नज़दीक एक फार्महाउस में रखा गया और बाद में उसकी गला घोंटकर हत्या कर दी गयी, उसकी मृत देह को इलोल के पास स्थित आईपीएस अफ़सर डी.जी. वंजारा के फार्महाउस में जलाया गया। सोहराबुद्दीन के भाई रुबाबुद्दीन ने इस मामले की सीबीआई जाँच करवाने की याचिका लगाई जिसका गुजरात सरकार ने यह कहकर विरोध किया कि इस मामले में पहले से ही एसआईटी जाँच चल रही है और तीन वरिष्ठ आईपीएस अधिकारियों–गुजरात कैडर के डी.जी. वंजारा, राजकुमार पांडियान तथा राजस्थान कैडर के एम.एन. दिनेश कुमार–को पहले ही हिरासत में लिया जा चुका है। एनकाउंटर की एफ़आईआर लिखने वाले पीएसओ रविन्द्र मकवाणा ने बाद में सीबीआई को दिये अपने बयान में यह पुष्टि की कि क़ौसर बी की हत्या करने से पहले एटीएस सब-इंस्पेक्टर बालकृष्ण चौबे ने उनके साथ बलात्कार किया था। लेकिन यह सवाल अभी भी बना हुआ है कि क़ौसर बी को क्यों मारा गया? वह तो आतंकवादी नहीं थी, न ही वह किसी आपराधिक मामले में अभियुक्त थी। उसका इकलौता गुनाह यही था कि वह एनकाउंटर किये जाने वाले व्यक्ति की पत्नी थी। गुजरात में संविधान के रक्षकों ने अभी तक इस सवाल का जवाब नहीं दिया है।

'क्या तुलसीराम प्रजापति ने हरेन पांड्या की हत्या की थी?' 30 अगस्त 2011 को *डीएनए* समाचार-पत्र ने इस शीर्षक से एक स्टोरी की। कौन था तुलसीराम प्रजापति? वह सोहराबुद्दीन का सहयोगी था, और जैसा कि *डीएनए* की स्टोरी में लिखा गया है, असग़र अली के पीछे हट जाने के बाद सोहराबुद्दीन ने तुलसीराम को सुपारी दी जिसने हत्या को अंजाम दे दिया। 2004 में जब संप्रग सरकार आयी तो यह अन्देशा बढ़ गया था कि सोहराबुद्दीन से पूछताछ की जा सकती है, इसलिए सोहराबुद्दीन को रास्ते से हटाने का निर्णय लिया गया। तुलसीराम प्रजापति को भी

हिरासत में लिया गया था और उसको ही सोहराबुद्दीन एनकाउंटर का चश्मदीद गवाह बनाया गया। तुलसीराम को उदयपुर कारागार में भेज दिया गया। 27 दिसम्बर 2006 को राजस्थान एवं गुजरात पुलिस तुलसीराम को उदयपुर कारागार से बाहर लेकर गयी और 28 दिसम्बर को बनासकांठा में सरहोद-चापरी के पास गुजरात-राजस्थान सीमा पर उसका भी एनकाउंटर कर दिया गया। यह भी अजब संयोग है कि इस एनकाउंटर से केवल तेरह दिन पहले ही गुजरात के गृहमन्त्री अमित शाह ने गुजरात पुलिस के एनकाउंटर विशेषज्ञ दहयाजी गोबरजी वंजारा का तबादला किया था। यह अपराधियों का पुराना तरीक़ा है कि षड्यन्त्र में शामिल सभी लोगों का सफ़ाया किया जाता है ताकि कोई भी सुराग़ न मिल सके। यहाँ भी ऐसा ही लगता है कि जिस मुख्य षड्यन्त्रकारी के हुकुम पर हरेन पांड्या का क़त्ल किया गया था उसको सोहराबुद्दीन तथा तुलसीराम प्रजापति पर भरोसा नहीं रहा था। जब षड्यन्त्रकारियों को अपनी कलई खुलने का डर सताने लगा तो सोहराबुद्दीन तथा तुलसीराम प्रजापति का एनकाउंटर करने का फ़ैसला लिया गया। जनवरी 2010 में सर्वोच्च न्यायालय ने अन्ततः यह मामला सीबीआई के सुपुर्द कर दिया। सीबीआई ने 38 लोगों के विरुद्ध अभियोग-पत्र दाख़िल किया, इन अभियुक्तों में गुजरात के गृहमन्त्री अमित शाह तथा राजस्थान के गृहमन्त्री गुलाबचन्द्र कटारिया भी शामिल थे। 2019 में जब कांग्रेस ने राजस्थान में सरकार बनाई तो भाजपा की तरफ़ से गुलाबचन्द्र कटारिया को नेता प्रतिपक्ष बनाया गया। 2004 से 2008 तक तथा पुनः 2014 से 2018 तक वे वसुन्धरा राजे सरकार में वह गृहमन्त्री भी रहे। उनका सम्बन्ध उदयपुर से है, यहीं पर तुलसीराम प्रजापति को कारागार में रखा गया था। सबसे विवादास्पद भूमिका अमित शाह ने निभाई थी और सीबीआई के अभियोग-पत्र में अमित शाह को सोहराबुद्दीन, क़ौसर बी तथा तुलसीराम प्रजापति की हत्या में आरोपित किया गया था। सीबीआई ने शाह को पूरे मामले का 'केन्द्रीय किरदार' बताया था। अमित शाह मुख्यमन्त्री नरेन्द्र मोदी के सबसे विश्वस्त साथी थे। हालाँकि उसको केवल राज्यमन्त्री बनाया गया था लेकिन उसको गृह मन्त्रालय समेत कई मन्त्रालयों का दायित्व दिया गया। एक समय तो अमित शाह बारह विभागों के प्रभारी बने हुए थे। सीबीआई द्वारा अमित शाह का फ़ोन कॉल विवरण अदालत के सामने रखा गया जिससे यह स्पष्ट होता था कि उस दौरान अमित शाह एनकाउंटर करने वाले अफ़सरों के साथ निरन्तर सम्पर्क में बने हुए थे। लेकिन शाह का मत है कि गृहमन्त्री के रूप में उन्हें सभी अफ़सरों के साथ निरन्तर सम्पर्क रखना पड़ता है। 25 जुलाई 2010 को सोहराबुद्दीन मामले में अमित शाह को गिरफ़्तार कर लिया गया

और 29 अक्तूबर तक लगभग 100 दिनों के लिए उनको न्यायिक हिरासत में रखा गया। उस समय पी. चिदम्बरम देश के गृहमन्त्री थे। ऐसा माना जाता है कि 2019 में 106 दिन तक चिदम्बरम को हिरासत में रखकर अमित शाह ने चोर-सिपाही के इस खेल में अपनी भूमिका भी अदा कर दी थी।[1] आरोप लगाया गया कि सीबीआई तथा प्रवर्तन निदेशालय (ईडी) ने अपने वर्तमान आकाओं के हुकुम पर चिदम्बरम को क़ैद में रखा था। कांग्रेस ने चिदम्बरम के विरुद्ध सीबीआई की कार्रवाई को राजनैतिक प्रतिशोध का नाम दिया।

30 अक्तूबर 2010 को शनिवार के दिन सर्वोच्च न्यायालय के न्यायमूर्ति आफ़ताब आलम तथा न्यायमूर्ति लोधा की दो सदस्यीय पीठ ने आफ़ताब आलम के सरकारी निवास पर सीबीआई की याचिका की सुनवाई की और अपना वह मशहूर आदेश पारित किया जिसके द्वारा अमित शाह के गुजरात घुसने पर प्रतिबन्ध लगा दिया गया था। इसके बाद से ही अमित शाह *तड़ीपार* नाम से मशहूर हुए। चूँकि गुजरात में अमित शाह का सिक्का चलता था इसलिए गवाहों को दबाव से बचाने के लिए सर्वोच्च न्यायालय ने यह निर्णय लिया था। इस मामले में सीबीआई का प्रतिनिधित्व के.टी.एस. तुलसी कर रहे थे जिन्होंने अमित शाह की ज़मानत का घोर विरोध किया। उन्होंने ज़मानत देने की प्रक्रिया तथा समय पर सवाल उठाये तथा कारागार से अमित शाह की रिहाई के लिए जिस समय का चयन किया गया था उसको भी सवालों के घेरे में लाया गया। सीबीआई भी उच्च न्यायालय का निर्णय आने के बाद बड़ी फुर्ती दिखाते हुए कुछ घण्टे बाद ही सर्वोच्च न्यायालय के दरवाज़े पर पहुँच गयी थी। गुजरात उच्च न्यायालय ने अमित शाह को 29 अक्तूबर 2010 को शुक्रवार के दिन ज़मानत दी थी, चूँकि शनिवार तथा रविवार को न्यायालय बन्द रहता है इसलिए सोमवार तक इस ज़मानत को चुनौती नहीं दी जा सकती थी। रात को दस बजे उनको कारागार से रिहा किया गया। चूँकि कारागार के नियम सूर्यास्त के बाद किसी बन्दी की रिहाई की इजाज़त नहीं देते इसलिए इस मामले में नियमों की भी धज्जियाँ उड़ाई गयी थीं। अप्रैल 2012 में अदालत ने सोहराबुद्दीन, क़ौसर बी तथा तुलसीराम प्रजापति के अलग-अलग चल रहे मामलों को एक साथ नत्थी कर दिया। सितम्बर 2012 में विधानसभा चुनावों को ध्यान में रखते हुए सर्वोच्च न्यायालय ने अमित शाह को ज़मानत प्रदान कर दी तथा गुजरात में दाख़िल होने की अनुमति भी प्रदान कर दी। अमित शाह ने चुनाव लड़ा तथा विधायक बन गये।

इस पूरे मामले में के. टी. एस. तुलसी ने भी बड़ी दिलचस्प भूमिका निभाई है। 2014 में ये कांग्रेस के प्रत्याशी बनकर राज्यसभा में पहुँचे। के. टी. एस. तुलसी का

कार्यकाल समाप्त होने के बाद इनकी रिक्त की हुई जगह पर भारत के भूतपूर्व मुख्य न्यायाधीश रंजन गोगोई को राज्यसभा में भेजा गया। इनका नामांकन भाजपा द्वारा किया गया था। 2020 में तुलसी छत्तीसगढ़ से कांग्रेस के निर्विवाद सदस्य निर्वाचित हुए। उनके विकिपीडिया पृष्ठ पर यह जानकारी दी गयी है कि वे डीएलएफ़ मामले में रोबर्ट वाड्रा का प्रतिनिधित्व कर रहे हैं। हैरत की बात यह है कि यही तुलसी गुजरात सरकार के प्रतिनिधि बनकर सर्वोच्च न्यायालय में आये थे और केन्द्र सरकार पर आपराधिक मामलों में गन्दी राजनीति खेलने का आरोप लगाया था। गुजरात सरकार के अधिवक्ता तुलसी ने आरोप लगाया था कि कांग्रेस की केन्द्र सरकार सोहराबुद्दीन शेख़ के एनकाउंटर के मामले को 'चुनावी मुद्दा' बनाने का प्रयास कर रही थी। उस समय गुजरात सरकार सीबीआई जाँच का विरोध कर रही थी। सर्वोच्च न्यायालय के आदेश पर सीबीआई जाँच का गठन किया गया, अभियोग-पत्र दाख़िल हुआ और यही तुलसी पाला बदलकर सीबीआई तथा केन्द्र सरकार के अधिवक्ता बन गये और राज्य सरकार पर लांछन लगाने लगे। विकिपीडिया में लिखा गया है कि तुलसी ने सोहराबुद्दीन मामले में राज्य का प्रतिनिधित्व करने से इनकार कर दिया था, आदि।

27 सितम्बर 2012 को सीबीआई के निवेदन पर सर्वोच्च न्यायालय ने सोहराबुद्दीन मामले को गुजरात से मुम्बई में स्थानान्तरित कर दिया। इसके पीछे कारण यह दिया गया कि गुजरात में निष्पक्ष मुक़दमा चलाना सम्भव नहीं। सर्वोच्च न्यायालय ने टिप्पणी की थी–'हमारा यह विचार है कि मुक़दमे की सत्यनिष्ठा की रक्षा करने के लिए इसको (गुजरात) राज्य से बाहर स्थानान्तरित किया जाना आवश्यक है।' सर्वोच्च न्यायालय ने यह निर्देश भी दिया कि जब तक इस मामले में निर्णय नहीं सुना दिया जाता तब तक किसी न्यायाधीश का तबादला नहीं किया जा सकता। गुजरात में मोदी की सरकार थी तो महाराष्ट्र उस समय कांग्रेस के हाथ में था। 26 मई 2014 को नरेन्द्र मोदी ने प्रधानमन्त्री पद की शपथ ली। फ़रवरी 2015 के अंक में *आउटलुक* पत्रिका ने लिखा कि '6 जून 2014 को उत्पल ने शाह के अधिवक्ता के सामने अमित शाह के प्रति नाराज़गी ज़ाहिर की, हालाँकि उस दिन के लिए तो छूट प्रदान कर दी, लेकिन 20 जून को शाह को अदालत में उपस्थित होने का हुकुम दे दिया। लेकिन 20 जून को भी शाह अदालत के सामने नहीं गये।'[2]

कहानी में आगे बताया गया कि निचली अदालत के न्यायाधीश जे. टी. उत्पल ने '26 जून को अगली सुनवाई रख दी। लेकिन 25 जून को ही उन्हें पुणे न्यायालय

में स्थानान्तरित कर दिया गया' (उपर्युक्त)। यह सितम्बर 2012 में दिये गये सर्वोच्च न्यायालय के निर्देश का उल्लंघन था जिसमें कहा गया था कि सोहराबुद्दीन मुक़दमा 'शुरू से अन्त तक एक ही अफ़सर द्वारा सुना जायेगा।' सर्वोच्च न्यायालय के निर्देश के बावजूद 'अदालती दस्तावेज़ दर्शाते हैं कि अमित शाह एक बार भी न्यायालय के सम्मुख उपस्थित नहीं हुए—यहाँ तक कि अपनी रिहाई की अन्तिम सुनवाई के दौरान भी नहीं' (उपर्युक्त)।

उत्पल के स्थानान्तरण के बाद जून 2014 में न्यायाधीश बृजगोपाल हरकिशन लोया ने विशिष्ट सीबीआई अदालत का कार्यभार सँभाला। *आउटलुक* की कहानी के अनुसार, 'न्यायाधीश लोया की अन्तिम टिप्पणी में यह लिखा गया था कि "आरोप-पत्र दाख़िल होने तक" अमित शाह को अदालत के सम्मुख आने से मुक्ति दी जा रही है। अमित शाह के प्रति नरमी दिखाने के बावजूद लोया आरोपों को निरस्त करने के लिए तैयार नहीं थे' (उपर्युक्त)। इस मामले में शिकायतकर्ता सोहराबुद्दीन के भाई रुबाबुद्दीन का प्रतिनिधित्व करने वाले वक़ील मिहिर देसाई के अनुसार न्यायमूर्ति लोया 10,000 पृष्ठ के पूरे अभियोग-पत्र का अध्ययन तथा सुबूतों की गहराई से जाँच करना चाहते थे। 'यह मामला बहुत संवेदनशील तथा महत्त्वपूर्ण था, इस मामले से एक न्यायाधीश के रूप में न्यायमूर्ति लोया की साख का भी निर्धारण होना था,' देसाई ने कहा, 'लेकिन दबाव भी निरन्तर बढ़ता जा रहा था।'[3]

लोया ने अमित शाह को अदालत के सम्मुख प्रस्तुत न होने की अनुमति दे रखी थी, लेकिन जब 31 अक्तूबर 2014 की सुनवाई के दौरान उनको पता चला कि भाजपा सरकार के शपथग्रहण समारोह में शामिल होने के लिए अमित शाह अदालत से मात्र 1.5 किलोमीटर की दूरी पर आये हुए हैं तो वे बहुत खिन्न हुए। लोया ने कहा कि जब तक अमित शाह महाराष्ट्र में उपस्थित नहीं होते तभी तक यह मुक्ति प्रदान की गयी है। सुनवाई की अगली तारीख़ 15 दिसम्बर 2014 को निर्धारित कर दी गयी। एक शादी में शामिल होने के लिए लोया नागपुर गये तथा 30 नवम्बर 2014 की रात को उनकी मृत्यु हो गयी। उनकी मृत्यु को भी सन्देहास्पद माना जाता है। इस मामले पर द *कारावान*, द *वायर* तथा द *इंडियन एक्सप्रेस* ने तफ़सीलवार कहानियाँ लिखी हैं। उनके शव-परीक्षण की रिपोर्ट पर भी सवाल उठाये गये। न्यायमूर्ति लोया का फ़ोन पुलिस ने नहीं बल्कि आरएसएस कार्यकर्ता ईश्वर बहेती ने लोया के परिवार के सुपुर्द किया था, वह भी उनकी मृत्यु के 3-4 दिन बाद। इसलिए भी उनकी मृत्यु की पूरी घटना सन्देह को जन्म देती है। ईश्वर बहेती के न्यायमूर्ति लोया के साथ मित्रता

के दावे को लोया के पिता तथा बहन दोनों ने ही नकार दिया। यदि वह सच में ही लोया के मित्र थे तो लोया के पिता तथा बहन को उनके बारे में जानकारी कैसे नहीं थी? इस बात पर भी सवाल उठाये गये कि उनके शव को मुम्बई भेजने की बजाय अंत्येष्टि के लिए उनके पैतृक गाँव क्यों भेजा गया। लोया की बहन अनुराधा बियानी ने आरोप लगाया कि मुम्बई उच्च न्यायालय के तत्कालीन मुख्य न्यायाधीश मोहित शाह ने अनुकूल निर्णय देने के बदले उनको 100 करोड़ रुपये की पेशकश की थी। हैरत की बात यह है कि मोहित शाह ने इस आरोप का खण्डन नहीं किया। लोया के पिता ने भी आरोप लगाया कि अनुकूल निर्णय हासिल करने के लिए पेशकशें आती रहती थीं।

लोया की मृत्यु के बाद एम.बी. गोसावी को सोहराबुद्दीन मामले का प्रभार दिया गया। 15 दिसम्बर 2014 को गोसावी ने मामले की सुनवाई शुरू की। अपनी मृत्यु से पहले न्यायमूर्ति लोया ही इस तारीख़ का चयन करके गये थे। गोसावी ने तीन दिन तक प्रतिवादी की जिरह सुनी लेकिन सीबीआई के अधिवक्ता को केवल 15 मिनट का ही समय दिया और अमित शाह को सभी आरोपों से बरी कर दिया। 17 दिसम्बर को उन्होंने जिरह का समापन किया और निर्णय सुरक्षित रख लिया। अनुराधा बियानी ने यह आरोप भी लगाया था कि न्यायमूर्ति मोहित शाह ने न्यायमूर्ति लोया से कहा था कि यदि वे 30 दिसम्बर से पहले निर्णय दे दें तो किसी का ध्यान इस तरफ़ नहीं जायेगा क्योंकि पूरे देश का ध्यान एक बड़ी सनसनीखेज कहानी पर लगने वाला था। 30 दिसम्बर को न्यायमूर्ति गोसावी ने प्रतिवादी की इस दलील को स्वीकार कर लिया कि सीबीआई राजनैतिक कारणों से अभियुक्त को फँसाने का प्रयास कर रही है। इसके साथ ही अमित शाह तथा 16 अन्य लोगों को बरी कर दिया गया। 30 दिसम्बर 2014 को ही महेन्द्र सिंह धोनी के संन्यास की ख़बर भी आयी और जैसा कि अपेक्षित था देश तथा मीडिया का सारा ध्यान उसी कहानी पर लग गया, अमित शाह की रिहाई की ख़बर एक छोटी-सी टिकट बनकर टेलीविज़न चैनलों पर चलती रही। निर्णय में यह भी कहा गया कि सीबीआई का इस्तेमाल राजनैतिक लक्ष्यों को साधने हेतु किया गया था। सोहराबुद्दीन मामले में सीबीआई जिनको अभियुक्त बना रही थी वे अब देश के आका बन चुके थे। सीबीआई ने अमित शाह को इस मामले का 'केन्द्रीय किरदार' बताया था लेकिन वे एक भी दिन न्यायालय के सम्मुख जाये बिना ही बरी हो गये। केन्द्रीय अन्वेषण ब्यूरो न केवल एक बार फिर से 'पिंजरे में बन्द परिन्दा' नज़र आ रहा था बल्कि इसके 'पर भी कतर दिये गये थे।' आगे चलकर बाक़ी बचे 22 अभियुक्तों को भी बरी कर दिया

गया और आख़िर में साबित यह हुआ कि सोहराबुद्दीन, क़ौसर बी तथा तुलसीराम प्रजापति को किसी ने नहीं मारा।

साम्प्रदायिक हिंसा अक्सर ही लोगों के योजनाबद्ध षड्यन्त्रों के परिणामस्वरूप अपना सर उठाती है। राष्ट्रवादी तथा धार्मिक भावनाओं को भड़काकर इस हिंसा को हवा दी जाती है। भारत में समय-समय पर सर उठाने वाले धार्मिक झगड़े तो यही सिद्ध करते हैं। यदि चिरकालीन सहिष्णुता की स्थापना करनी है तो हमें ज़मीनी स्तर पर सुलह तथा मैत्री के प्रयास करने होंगे। हालाँकि गोधरा दंगों के बाद पीड़ितों को सहायता प्रदान करने तथा उनके पुनर्वास की दिशा में तो बहुत प्रयास किये गये लेकिन सुलह की दिशा में कोई प्रयास नहीं हुआ। नेताओं द्वारा इन दंगों की बेलागलपेट भर्त्सना न किये जाने तथा नरसंहार देखकर भी चुप्पी बनाये रखने के कारण हिंसा को वैधता मिलती है। यह बड़ा भयावह उदाहरण स्थापित कर सकती है। जब कट्टर साम्प्रदायिक तत्त्व अलग-अलग स्तरों पर ख़ुद को सरकार में स्थापित कर लेते हैं तो धर्मनिरपेक्षता के लिए न्याय प्राप्त करने की सारी आशा समाप्त हो जाती है। लोग राष्ट्र की समेकित चेतना को अपनी-अपनी पसन्द के लेबल देने के प्रयास में लगे हुए हैं, लेकिन इस बात में कोई सन्देह नहीं कि गोधरा जैसी भयावह घटनाएँ देश की सर्वसमावेशी संस्कृति तथा धर्मनिरपेक्ष सामाजिक ताने-बाने को तार-तार करने का सोचा-समझा और संगठित प्रयास हैं। लोग देश की नींव तथा सामाजिक संरचना को कमज़ोर होते नहीं देखना चाहते। ऐसे में राज्य तथा राजकीय संरचनाओं को सामने आकर शान्ति-प्रक्रिया की अगुआई करनी चाहिए। सरकार अलगाव महसूस कर रहे समूहों के बीच संवाद स्थापित करवाने की भूमिका से भाग नहीं सकती। गुजरात दंगों का सबक़ एकदम स्पष्ट है। इतिहास हमें ऐसी पीढ़ी के रूप में याद रखेगा जिनके पास ज्ञान तो बहुत था लेकिन बुद्धिमत्ता तिल भर भी नहीं। एक ऐसी पीढ़ी जिसमें *राजधर्म* को निभाने की इच्छाशक्ति नहीं थी और जो अपनी दिशा बदलकर सही रास्ते पर चलने में नाकाम रही।

टिप्पणियाँ

1. बच्चों का एक खेल जिसमें दोनों पक्ष बारी-बारी से चोर तथा पुलिस की भूमिका निभाते हैं। इस प्रकार दोनों को ही चोर तथा पुलिस बनने का अवसर मिल जाता है।
2. 'द क्यूरियस केस ऑफ़ अमित शाह'। *आउटलुक,* 16 फ़रवरी 2015 https://magazine.outlookindia.com/issue/11379 पर उपलब्ध (30 जनवरी 2021 को देखा गया)।
3. उपर्युक्त।

अध्याय पन्द्रह

तुरुप का इक्का 'मनरेगा'

2009 में संप्रग की सत्ता-वापसी, अधिकारों का विस्तार

26 नवम्बर 2008, बुधवार

अपना पाँच वर्ष का कार्यकाल पूर्ण करने के पश्चात् संयुक्त प्रगतिशील गठबन्धन (संप्रग) सरकार 2009 में दुबारा सत्ता हासिल करने का इरादा लेकर चुनावी मैदान में उतरी। कांग्रेस ने अपने प्रदर्शन के आधार पर वोट माँगे थे। विरोधियों ने प्रधानमन्त्री का उपहास करने के लिए उनके लिए 'मौनमोहन सिंह' नाम का इस्तेमाल करना शुरू कर दिया। भारत के साठ साला लोकतान्त्रिक इतिहास में देश का नेतृत्व पहली बार एक पेशेवर अर्थशास्त्री और दक्ष योजना-निर्माता के हाथ में आया था। लेकिन यह प्रधानमन्त्री जननेता नहीं था। मनमोहन सिंह परम्परागत राजनेता नहीं थे तथा राजनैतिक धरातल की समझ भी नहीं रखते थे। वे करिश्माई व्यक्तित्व के धनी भी

नहीं थे और न ही उनके अन्दर वोट दिलवाने की क्षमता थी। इससे पहले केवल इन्द्र कुमार गुजराल को ही मनमोहन सिंह जैसा ग़ैर-परम्परागत प्रधानमन्त्री माना जा सकता है। लेकिन इन्द्र कुमार गुजराल के एक वर्ष से भी कम समय के कार्यकाल (इसमें उनका अन्तरिम प्रधानमन्त्री के रूप में कार्यकाल भी शामिल है) की तुलना किसी भी प्रकार से मनमोहन सिंह के दस वर्षीय कार्यकाल के साथ नहीं की जा सकती।

भाजपा 'शाइनिंग इंडिया' का नारा लेकर 2004 में 14वें लोकसभा चुनावों में उतरी थी। भाजपा पुनः सत्ता जीतने के प्रति अतिआश्वस्त थी। लेकिन इन चुनावों में भाजपा की हार के साथ ही आडवाणी का लम्बे समय से पल रहा प्रधानमन्त्री बनने का सपना भी धराशायी हो गया। आडवाणी की मेहनत से ही भाजपा 1984 में 2 सीटों से उठकर 1999 में 182 सीटों तक पहुँची थी और सरकार बनाने में सफल रही थी। आडवाणी की रथयात्रा के कारण ही मतदाता बड़ी संख्या में भाजपा के पाले में आये थे। जब भाजपा के विचारक गोविन्दाचार्य ने अटल बिहारी को भाजपा का केवल *मुखौटा* भर कह दिया तो उनको पार्टी से निष्कासित कर दिया गया। लेकिन सच्चाई तो यही है कि 1980 के बाद भाजपा का क़िला खड़ा करने में सबसे ज़्यादा श्रम आडवाणी का ही लगा है।

2004 तथा 2009 के चुनावों में कांग्रेस की जीत के पीछे भाजपा की ग़लतियाँ, दम्भ, जल्दबाज़ी तथा लोगों का कार्यकाल-विरोध जैसे कारण तो निहित हैं ही, लेकिन इनके अतिरिक्त दो और बड़े कारकों ने भी कांग्रेस की जीत में अपनी भूमिका निभाई। जिस कांग्रेसी गठबन्धन को क्षीण तथा प्रभावहीन माना जा रहा था, 2004 के चुनाव में उसी संगठन ने वोट प्राप्त करने के लिए बड़ी मेहनत की। सोनिया गांधी वह दूसरा बड़ा कारक है जिसने कांग्रेस की जीत में महती भूमिका निभाई। वे कांग्रेस के संगठन को एकजुट करने तथा इसे उत्प्रेरित करने में कामयाब रहीं। अधिकांश राजनैतिक पण्डितों का यही मानना है कि 2004 का चुनाव कांग्रेस ने जीता नहीं बल्कि अपनी ग़लत रणनीतियों तथा अहंकारलिप्त 'शाइनिंग इंडिया' जैसे नारे के कारण भाजपा हार गयी थी। 2009 के चुनावों में मनमोहन सिंह सरकार की कड़ी परीक्षा हुई लेकिन अन्ततः लोगों ने इनको दूसरा कार्यकाल प्रदान कर ही दिया। इस जीत के लिए कांग्रेस के संगठन को श्रेय नहीं दिया जाना चाहिए। निःसन्देह राहुल गांधी ऐसे कांग्रेसी नेता बनकर उभरे जिन्होंने इन चुनावों को बहुत हद तक प्रभावित किया। हालाँकि राहुल गांधी के आलोचक इस जीत का सेहरा मनमोहन सिंह के सर

पर बाँधने का प्रयास करते हैं लेकिन हमें यह याद रखना चाहिए कि मनमोहन सिंह हालाँकि कभी भी कांग्रेस पार्टी के लिए बोझ नहीं बने, लेकिन वे जननेता आज तक नहीं बन पाये हैं। वे वोट खींचकर कांग्रेस की झोली में नहीं डलवा सकते। निःसन्देह 2009 के चुनाव में राहुल गांधी के करिश्माई व्यक्तित्व ने कांग्रेस की विजय में भूमिका निभाई थी।

2004 का लोकसभा चुनाव कांग्रेस ने बिना किसी राष्ट्रीय गठबन्धन में शामिल हुए बिना ही लड़ा था। हालाँकि उन्होंने राज्य-स्तर पर क्षेत्रीय दलों के साथ चुनावी समझौते अवश्य किये। माकपा और भाकपा ने केरल, पश्चिम बंगाल और त्रिपुरा में अपने-अपने दम पर चुनाव लड़ा था लेकिन पंजाब और आन्ध्र प्रदेश में उन्होंने कांग्रेस के साथ गठबन्धन कर लिया। तमिलनाडु में कांग्रेस तथा साम्यवादी दल डीएमके द्वारा बनाये गये लोकतान्त्रिक प्रगतिशील गठबन्धन में शामिल हो गये। चुनावोत्तर समझौते के रूप में संयुक्त प्रगतिशील गठबन्धन की स्थापना की गयी और सोनिया गांधी को इसकी अध्यक्ष बनाया गया। जब संप्रग की प्रथम सरकार ने भारत-अमेरिका नागरिक नाभिकीय समझौते पर हस्ताक्षर किये तो इसके विरोध में साम्यवादियों ने सरकार से समर्थन वापिस ले लिया। यह उनकी ऐतिहासिक भूल साबित हुई। इसके बाद पश्चिम बंगाल से साम्यवादियों की सरकार चली गयी और तब से वे निरन्तर पतन की राह पर चल रहे हैं–केवल केरल ही एक बड़े राज्य के रूप में उनके हाथ में रह गया है। 2008 में अविश्वास प्रस्ताव जीतने के लिए कांग्रेसी रणनीतिकारों ने समाजवादी पार्टी के अमर सिंह से मदद ली। भारतीय चुनावी इतिहास में 2009 के चुनाव को कुछेक पूर्वस्थापित प्रक्रियाओं को घनीभूत करने तथा कुछेक नवीन परिवर्तनों का प्रतिपादन करने के लिए जाना जायेगा। प्रक्रिया वाले पक्ष पर नज़र डालें तो 2001 की जनगणना के आधार पर लोकसभा की 543 में से 499 सीटों का पुनः परिसीमन किया गया। भारत के इतिहास में पहली बार लोकसभा चुनावों का प्रबन्धन दो मुख्य चुनाव आयुक्तों द्वारा किया गया। 16 अप्रैल 2009 को 124 सीटों के लिए प्रथम चरण के मतदान हुए। मुख्य चुनाव आयुक्त गोपालास्वामी सेवानिवृत्त हुए। उनकी जगह 21 अप्रैल को नवीन चावला ने कार्यभार सँभाला और आगे के चरणों के चुनाव का प्रबन्धन किया।

राजनैतिक पक्ष का विश्लेषण करें तो भारत के चुनावी इतिहास में पहली बार किसी बड़े गठबन्धन द्वारा आगामी चुनावों हेतु अपने प्रधानमन्त्री पद के उम्मीदवार की घोषणा करने की परम्परा शुरू की गयी। भाजपा के नेतृत्व में राजग ने इस परम्परा का आग़ाज़ किया। 11 दिसम्बर 2007 को, आम चुनावों से लगभग डेढ़

वर्ष पहले ही, प्रधानमन्त्री पद के प्रत्याशी के रूप में लालकृष्ण आडवाणी के नाम की घोषणा कर दी गयी। 23 जनवरी 2008 को राजग के सभी घटक दलों ने उनके नाम की अनुशंसा कर दी। संसदीय लोकतन्त्र में यह अपेक्षा की जाती है कि विजेता सांसद अपने नेता का चयन करेंगे। चुनाव से पहले यदि कोई दल प्रधानमन्त्री पद के प्रत्याशी की घोषणा कर देता है तो निःसन्देह इससे मतदाता प्रभावित होते हैं। प्रधानमन्त्री पद का दावेदार ही आकर्षण का केन्द्र बन जाता है। लोग उसके नाम और छवि से प्रभावित होकर मतदान करते हैं। दूसरे शब्दों में, लोग प्रधानमन्त्री पद के दावेदार को ध्यान में रखकर उसके दल को वोट देने लगते हैं और इस प्रक्रिया में अपने-अपने निर्वाचन क्षेत्र के प्रत्याशी की योग्यताओं को नज़रन्दाज़ कर दिया जाता है। आगे के चुनावों में यह देखा भी गया कि लोगों ने नरेन्द्र मोदी के नाम पर भाजपा के अयोग्य उम्मीदवारों तक को वोट दिया था। 24 जनवरी 2009 को दिल की बाईपास सर्जरी करवाने के लिए प्रधानमन्त्री मनमोहन सिंह को अखिल भारतीय आयुर्विज्ञान संस्थान (एम्स) में दाख़िल करवाया गया। राजग की ही तर्ज़ पर संप्रग का एक धड़ा प्रधानमन्त्री पद के उम्मीदवार के रूप में शरद पवार के नाम की घोषणा करवाना चाहता था। सोनिया गांधी संप्रग के अन्दर अटकलबाज़ी पर लगाम लगाना चाहती थीं। इसलिए कांग्रेस के इतिहास में पहली बार चुनाव से पहले प्रधानमन्त्री पद के उम्मीदवार की घोषणा की गयी। 6 फ़रवरी 2009 को कांग्रेस की मुखपत्रिका *सन्देश* में लेख लिखकर उन्होंने आगामी चुनावों के लिए मनमोहन सिंह को प्रधानमन्त्री पद का दावेदार घोषित कर दिया।

राजग तथा संप्रग के अलावा दो और गठबन्धन इस चुनाव में उतरे थे। साम्यवादियों की पहल पर बनाया गया तीसरा मोर्चा ग़ैर-कांग्रेसी तथा ग़ैर-भाजपाई दलों को एक मंच पर लाने का प्रयास था। चुनाव के पहले तीसरे मोर्चे के पास 109 सांसद थे। 1998 में मुलायम सिंह यादव प्रधानमन्त्री बनने ही वाले थे कि उनके जातिभाई लालू प्रसाद यादव ने टाँग अड़ा दी। 2004 के लोकसभा चुनावों में उनकी पार्टी ने 36 सीटें जीती थीं और अब भाजपा के पूर्व-मुख्यमन्त्री कल्याण सिंह भी उनके साथ आ गये थे। उनके विश्वस्त साथी तथा राजनैतिक बाज़ीगर अमर सिंह पूरे ज़ोर-शोर से सक्रिय हो चुके थे। बहुजन समाज पार्टी (बसपा) के कार्यकाल के प्रति असन्तोष व्याप्त था। ऐसे में मुलायम सिंह यादव को प्रधानमन्त्री बनने के सब्ज़बाग़ फिर से दिखाये जाने लगे। कांग्रेस के साथ समझौता वार्ता असफल होने के पश्चात मुलायम सिंह की समाजवादी पार्टी, लालू प्रसाद यादव की राष्ट्रीय जनता दल तथा

रामविलास पासवान की लोक जनशक्ति पार्टी ने हाथ मिला लिए। इस मोर्चे के पास 64 सांसद थे। 2009 के चुनावों में कांग्रेस ने अपना प्रदर्शन सुधारा तथा यह सबसे बड़ी पार्टी बनकर उभरी। इस परिणाम को मनमोहन सिंह की संप्रग-I सरकार की नीतियों के अनुमोदन के रूप में देखा जा सकता है। यह बहस सदैव चलती रहेगी कि राष्ट्रीय ग्रामीण रोज़गार गारंटी अधिनियम (नरेगा) ने कांग्रेस को चुनाव जीतने में सहायता की अथवा नहीं।

कांग्रेस का मत प्रतिशत 26.7 से बढ़कर 28.6 पर पहुँच गया और 2004 की 145 सीटों के प्रदर्शन में सुधार करते हुए 2009 में इसने 206 सीटें जीत लीं। 11वीं लोकसभा से 17वीं लोकसभा के दौरान यह कांग्रेस का सर्वोत्कृष्ट प्रदर्शन रहा है। यह चुनाव इस मामले को समझने का एक उत्तम उदाहरण है कि बहुदलीय लोकतन्त्र काम कैसे करता है। कुछेक राज्यों में तो अंकगणित कांग्रेस के हक़ में चला गया। कुछेक महत्त्वपूर्ण व्यक्तित्वों के चुनावी मैदान में उतरने से भी कांग्रेस को लाभ पहुँचा। आन्ध्र प्रदेश में चिरंजीवी की प्रजा राज्यम पार्टी ने 40 सीटों पर चुनाव लड़ा और 15.6 प्रतिशत वोट ले गयी, हालाँकि यह एक भी सीट जीतने में नाकाम रही। पिछले चुनाव की तुलना में राज्य में कांग्रेस के मत प्रतिशत में 2.6 प्रतिशत की गिरावट आयी थी। 2004 में कांग्रेस ने 41 प्रतिशत मत प्राप्त किये थे जो 2009 के चुनाव में 39 प्रतिशत तक पहुँच गया लेकिन इसके बावजूद कांग्रेस की सीट संख्या 29 से बढ़कर 33 हो गयी। देश का सबसे बड़ा राज्य होने के कारण उत्तर प्रदेश को 'किंगमेकर' माना जाता है, यहाँ पर भी कांग्रेस का प्रदर्शन बहुत अच्छा रहा और यह 22 सीटें जीतने में कामयाब रही (शुरू में कांग्रेस को 21 सीटें मिली थीं, बाद में अपनी कन्नौज की सीट बचाये रखने के लिए अखिलेश यादव ने फ़िरोज़ाबाद की सीट से इस्तीफ़ा दिया तो उप-चुनावों में यह सीट भी कांग्रेस प्रत्याशी राज बब्बर की झोली में आ गयी)। कल्याण सिंह को साथ मिलाना मुलायम के लिए आत्मघाती सिद्ध हुआ। यादवों के अलावा मुसलमान भी लामबन्द होकर मुलायम को वोट दिया करते थे। कल्याण सिंह के आने के बाद मुसलमानों ने मुलायम का हाथ छोड़ दिया और बसपा तथा कांग्रेस के पक्ष में मतदान कर दिया। महाराष्ट्र में राज ठाकरे की पार्टी महाराष्ट्र नवनिर्माण सेना (मनसे) चुनावी मैदान में उतरी तो इसका लाभ भी कांग्रेस को मिला। मनसे ने मुम्बई-कोंकण क्षेत्र की 11 सीटों पर अपने प्रत्याशी उतारे, इसका नतीजा यह हुआ कि भाजपा-शिवसेना गठबन्धन इन 11 में से 8 सीटों पर चित हो गया। हालाँकि कांग्रेस को केवल 19.61 प्रतिशत मत

मिले और पिछले चुनाव की तुलना में इनका मत प्रतिशत 4 अंक नीचे आ गया था लेकिन इसके बावजूद अपनी सीट संख्या में 4 सीटों की बढ़ोतरी करते हुए कांग्रेस 17 सीट जीतने में कामयाब रही।

एक अन्य महत्त्वपूर्ण कारक भी था जिसने कांग्रेस के हक़ में काम किया, यह कारक था मनरेगा। 5 सितम्बर भारत के दूसरे राष्ट्रपति डॉ. सर्वपल्ली राधाकृष्णन का जन्म दिवस है। देश भर में इस दिन को अध्यापक दिवस के रूप में मनाया जाता है। देश भर के शैक्षणिक संस्थानों में इस दिन अध्यापकों को सम्मानित करने के लिए कार्यक्रमों का आयोजन किया जाता है। 5 सितम्बर 2005 के ही दिन राष्ट्रपति ने महात्मा गांधी रोज़गार गारंटी अधिनियम की अनुशंसा की थी जिसके द्वारा ग्राम सशक्तीकरण तथा प्रत्येक ग्रामवासी को रोज़गार का अवसर प्रदान किया गया। अकुशल मज़दूरों को रोज़गार गारंटी प्रदान करने का प्रस्ताव पहली बार 1991 में पी.वी. नरसिम्हा राव की सरकार द्वारा सदन के सामने रखा गया था, 2005 में इस अधिनियम की यात्रा सम्पन्न हुई और 7 सितम्बर 2005 को यह अधिनियम राजपत्रित कर दिया गया। हालाँकि हम आज भी 5 सितम्बर को अध्यापक दिवस के रूप में मनाते हैं, लेकिन हमें यह नहीं भूलना चाहिए कि इसी दिन भारत के गाँवों में रहने वाले करोड़ों *दरिद्रनारायण*[1] को साल में कम-से-कम 100 दिन के रोज़गार की गारंटी मिली थी।

आगे चलकर नरेगा योजना का नया नामकरण किया गया और इसको महात्मा गांधी राष्ट्रीय ग्रामीण रोज़गार गारंटी अधिनियम (मनरेगा) नाम दे दिया गया। शुरुआत में यह योजना देश के चुनिन्दा ज़िलों में लागू की गयी और 1 अप्रैल 2008 से इस योजना को देश के सभी ज़िलों में लागू कर दिया गया। इस योजना के अन्तर्गत देश के सभी अकुशल मज़दूरों के प्रत्येक परिवार को उनके निवास-स्थान से 5 किलोमीटर की सीमा के अन्दर ही साल में कम-से-कम 100 दिन के रोज़गार की गारंटी प्रदान की गयी। इसकी तुलना 1971 में इन्दिरा गांधी द्वारा दिये गये *'ग़रीबी हटाओ'* नारे के साथ की गयी। इस नारे ने उनकी झोली में मतवर्षा करवा दी थी। 2009 के आम चुनाव में नरेगा भी कांग्रेस के लिए इसी प्रकार का तुरुप का इक्का साबित हुआ। लेकिन इन दोनों में बड़ा फ़र्क़ है। *ग़रीबी हटाओ* केवल नारा भर था, यह बेहतर भविष्य का सब्ज़बाग़ दिखाता था। जबकि नरेगा के द्वारा यह वादा पूरा करके दिखा दिया गया था। कांग्रेस अपने वास्तविक प्रदर्शन के आधार पर लोगों से वोट माँगने निकली थी। प्रत्येक सरकार को एक बार सत्ता में रहने के बाद सत्ता-विरोध का सामना करना पड़ता है लेकिन हैरत की बात यह है कि 2004 की तुलना

में कांग्रेस के मत प्रतिशत में 2 प्रतिशत का सुधार हुआ। मनरेगा ने ग्रामीण भारत की भावनाओं को आन्दोलित कर दिया था। कालाहांडी इस भावनात्मक उद्वेलन का सबसे प्रत्यक्ष उदाहरण है। ओड़िशा में स्थित कालाहांडी का नाम दरिद्रता तथा भुखमरी का पर्यायवाची बन चुका था। इस क्षेत्र से आख़िरी बार 1991 में कांग्रेसी सांसद चुनकर आया था। लगातार चार चुनाव हारने के बाद मनरेगा की सद्‌भावना के कारण ढाई दशक के बाद कालाहांडी में कांग्रेसी प्रत्याशी को जीत मिली। इससे सिद्ध होता है मनरेगा एक क्रान्तिकारी पहल थी।

भाजपा जब विपक्ष में थी तो उसने मनरेगा योजना का उपहास किया था। लेकिन सत्ता में आने के बाद भाजपा ने भी इस योजना को ज़ारी रखा है। यह दुनिया का सबसे बड़ा सामाजिक सुरक्षा कार्यक्रम है। ग्रामीण विकास के क्षेत्र में इस योजना के योगदान को स्वीकार करते हुए विश्व बैंक अनेक अवसरों पर मनरेगा योजना की प्रशंसा कर चुका है। शुरुआत में तो गाँवों के बड़े ज़मींदार इस योजना से ख़ुश नहीं थे क्योंकि मनरेगा लागू होने के बाद न केवल मज़दूरी की दर बढ़ गयी थी बल्कि खेतों में काम करने के लिए मज़दूर मिलने भी बन्द हो गये थे। निर्धन ग्रामीणों के लिए वरदान साबित हुई इस योजना पर भ्रष्टाचार तथा बेईमानी के बेतहाशा आरोप लगाये गये। मनरेगा योजना की आलोचना करते हुए राजीव गांधी द्वारा 1985 में की गयी इस टिप्पणी को भी बार-बार दुहराया जाता था कि 'सरकार द्वारा भेजे गये 1 रुपये में से केवल 15 पैसे ही ग़रीब की झोली में पहुँचते हैं।' यहाँ इस तथ्य को समझ लेना चाहिए कि मनरेगा एक ऐतिहासिक तथा नवनिर्माण की सम्भावनाओं से भरपूर योजना है। इस योजना को सही ढंग से लागू न करने के कारण इस पर भ्रष्टाचार के आरोप लगते हैं।

संप्रग-I सरकार का एक अन्य महत्त्वपूर्ण क़दम था सूचना के अधिकार अधिनियम (आरटीआई) को लागू करना। हालाँकि इस अधिनियम ने कांग्रेस पार्टी के लिए वोट बटोरने में तो कोई भूमिका नहीं निभाई लेकिन इसने देश के आमजन का सशक्तीकरण करने में बहुत महत्त्वपूर्ण भूमिका निभाई है। प्रताड़ित नागरिक अपनी समस्याओं के निवारण के लिए अक्सर आरटीआई का सहारा लेते हैं। आरटीआई कार्यकर्ता के रूप में अपने कॅरियर की शुरुआत करने वाले दो नेता–अरविन्द केजरीवाल तथा मनीष सिसोदिया–आज के दिन दिल्ली के मुख्यमन्त्री तथा उप-मुख्यमन्त्री पद पर विराजमान हैं।

21वीं सदी में राजनैतिक दलों के चुनावी मुद्दे भी काफ़ी हद तक बदल चुके हैं। हालिया सालों में राजनैतिक दल अपने प्रदर्शन की बजाय भावनात्मक मुद्दों पर

वोट माँगने को वरीयता देने लगे हैं। 26 नवम्बर 2008 के मुम्बई हमले के बाद देश के राजनैतिक विमर्श में बड़ा परिवर्तन आया। पाकिस्तान स्थित आतंकवादी संगठन लश्कर-ए-तय्यबा ने यह आतंकवादी हमला करवाया था। 26 नवम्बर, बुधवार को हमला शुरू हुआ और 29 नवम्बर तक चलता रहा। इसके बाद सरकार भविष्य में इस प्रकार के आतंकवादी हमलों को रोकने के प्रति संजीदा हो गयी। इस उद्देश्य के लिए राष्ट्रीय अन्वेषण अभिकरण (एनआईए) की स्थापना की गयी। यह एजेंसी केन्द्र सरकार के अन्तर्गत आती है। इसको वृहत स्तर पर शक्तियाँ प्रदान की गयी हैं। लोकसभा चुनावों से ठीक पहले फ़रवरी 2009 में एनआईए की स्थापना की गयी थी। यह एजेंसी राज्य सरकारों को सूचना दिये या उनसे अनुमति लिए बग़ैर पूरे देश में कहीं भी आतंकवाद सम्बन्धी गतिविधियों से निपट सकती है। मुम्बई आतंकवादी हमले का पूरे चार दिन तक टेलीविज़न पर सीधा प्रसारण किया गया। पाकिस्तान इस हमले के लिए ज़िम्मेदार था और राष्ट्रवादी भावनाएँ चरम पर पहुँच चुकी थीं, लेकिन पूरे चुनाव प्रचार के दौरान कांग्रेस ने मुम्बई हमले को मुद्दा बनाकर वोट नहीं माँगे। दूसरी तरफ़, भाजपा का 2019 का चुनाव प्रचार पूरी तरह से पुलवामा हमले पर केन्द्रित था। विमुद्रीकरण जैसा बड़ा निर्णय लेकर (8 नवम्बर 2016) देश के आर्थिक भविष्य को बड़ी हद तक प्रभावित किया गया था लेकिन अपने चुनाव प्रचार में सत्तारूढ़ दल ने इस मुद्दे को छुआ तक नहीं।

पिछले कई वर्षों के दौरान राष्ट्रवाद की अभिव्यक्ति में सूक्ष्म परिवर्तन आते जा रहे हैं और वर्तमान में तो इसका मूल राष्ट्रवादी आदर्शों से पूर्ण विच्छेद नज़र आने लगा है। राष्ट्रवाद को अब दलबन्दी में तब्दील कर दिया गया है। 2010 से 2020 के दस वर्षों के दौरान राष्ट्रवाद का एक रूढ़िवादी, उग्रवादी रूप सामने आया है। यह राजनैतिक विचारधारा/अभियान में बदलता हुआ नज़र आता है। जो राष्ट्रवाद एक समय पूरे देश की थाती हुआ करता था अब उस पर एक राजनैतिक दल कुंडली मारकर बैठ गया है।

टिप्पणियाँ

1. गांधीजी ने ईश्वर की संकल्पना दरिद्रनारायण के रूप में की थी।

अध्याय सोलह

मैं हूँ अन्ना

इंडिया अगेंस्ट करप्शन, आम आदमी पार्टी का आगमन

28 अगस्त 2011, रविवार

मण्डल आयोग के लागू होने तथा बाबरी मस्जिद के विध्वंस के बाद भारत की राजनैतिक संरचना में बड़ा बदलाव आया। राजनैतिक दल तथा मतदाता जाति एवं धर्म के आधार पर लामबन्द होने लगे। जयप्रकाश के 'सम्पूर्ण क्रान्ति' आन्दोलन के बाद से देश में कोई बड़ा राष्ट्रव्यापी आन्दोलन सामने नहीं आया था, और यह तो हम जानते ही हैं कि जेपी आन्दोलन के बाद देश को आपातकाल की यातना भोगनी पड़ी थी। हालाँकि जेपी ने भी भ्रष्टाचार के उन्मूलन को अपने आन्दोलन का उद्देश्य बताया था लेकिन उनका आन्दोलन एक दल, यानी कि कांग्रेस, और मुख्यत: एक व्यक्तित्व, यानी कि इन्दिरा गांधी के विरोध पर केन्द्रित था। आपातकाल समाप्त

होने के दो दशक बाद लोग केवल किसी एक दल या व्यक्ति से नहीं बल्कि सभी राजनैतिक दलों तथा राजनेताओं से अघा चुके थे।

किसन बाबूराव हजारे मुम्बई के दादर क्षेत्र में एक पुष्पविक्रेता के रूप में कार्य किया करते थे, 1990 तक ये अन्ना हजारे के नाम से मशहूर हो चुके थे। निर्धन परिवार में जन्म लेने के कारण सातवीं कक्षा के बाद इन्हें स्कूल छोड़ना पड़ा क्योंकि माता-पिता इनकी फ़ीस भरने में असमर्थ थे। 1960 में ये एक वाहनचालक के रूप में सेना में भर्ती हुए। सेना की नौकरी में दो बार चमत्कारिक रूप से उनकी जान बची–पहला मौक़ा तो 1965 के भारत-पाक युद्ध के दौरान आया। उनको खेमकरण क्षेत्र में तैनात किया गया था। पाकिस्तानी आक्रमण के दौरान सिर्फ़ अन्ना को छोड़कर उनके सभी साथी सैनिक मारे गये। दूसरा अवसर उनकी नागालैंड में तैनाती के दौरान आया। उग्रवादियों के विरुद्ध चल रहे ऑपरेशन में अन्ना को छोड़कर उनके अन्य सभी साथी शहीद हो गये। इन चमत्कारों से अन्ना ने यह निष्कर्ष निकाला कि शायद किसी महान उद्देश्य के पूर्ति के लिए उनकी जान बचाई गयी है। वे विवेकानन्द, गांधी तथा विनोबा भावे के विचारों से प्रभावित थे।

1975 में सेना से सेवानिवृत्त होकर वे अपने पैतृक गाँव रालेगण सिद्धि में आ बसे। यह गाँव महाराष्ट्र के अहमदनगर ज़िले में स्थित है। रालेगण सिद्धि भी भारत के असंख्य गाँवों की तरह अकाल तथा निर्धनता से पीड़ित एक गाँव था। अन्ना ने यहीं से अपने प्रयोग शुरू करने का निर्णय लिया। किसानों की आय बढ़ाने के लिए उन्होंने भिन्न-भिन्न प्रकार की सिंचाई विधियों को आज़माया। इसके बाद वे सामाजिक सुधार के क्षेत्र में भी घुस गये–मदिरापान तथा धूम्रपान निषिद्ध कर दिया गया, अन्न बैंक की स्थापना की गयी, वृक्ष काटने पर प्रतिबन्ध लगा दिया गया, आदि। अन्ना अविवाहित ही रहे और उन्होंने गाँव के मन्दिर को अपनी समस्त गतिविधियों का केन्द्र बना लिया। समाज कल्याण में उनके योगदान की सराहना करते हुए भारत सरकार ने 1992 में अन्ना को पद्म भूषण से सम्मानित किया।

1991 में उन्होंने 'भ्रष्टाचार विरोधी जन आन्दोलन' शुरू किया। इसके साथ ही उनकी गतिविधियों के क्षेत्र का विस्तार हुआ और वे राजनीति में व्याप्त भ्रष्टाचार का सफाया करने के अभियान पर चल पड़े। 1991 का उनका यह प्रथम आन्दोलन स्थानीय वन अधिकारियों के विरुद्ध था। 1997 में उन्होंने मुख्यमन्त्री मनोहर जोशी के मन्त्रिमण्डल में सामाजिक कल्याण मन्त्री के पद पर नियुक्त बबनराव घोलप के विरुद्ध राज्यव्यापी अभियान चलाया। घोलप ने अन्ना हजारे के विरुद्ध मानहानि का

मुक़दमा दर्ज करवा दिया। हजारे को गिरफ़्तार किया गया, फिर रिहा किया गया, और फिर से गिरफ़्तार कर के तीन महीने के लिए कारावास भेज दिया गया। सत्तारूढ़ शिव सेना तथा भाजपा के अतिरिक्त अन्य सभी राजनैतिक दल अन्ना के समर्थन में आ गये जिसके परिणामस्वरूप अन्ना को रिहा करना पड़ा और घोलप को त्यागपत्र देकर मन्त्री पद छोड़ना पड़ा।

2000 में सूचना के अधिकार अधिनियम में संशोधन करवाने हेतु अन्ना ने राज्यव्यापी आन्दोलन का आयोजन किया, अन्ना द्वारा इस संशोधित अधिनियम को ही 2005 के सूचना के अधिकार अधिनियम हेतु मूल सन्दर्भ दस्तावेज़ के रूप में इस्तेमाल किया गया था। 2003 में राष्ट्रवादी कांग्रेस पार्टी तथा कांग्रेस अन्ना हजारे के भ्रष्टाचार विरोधी आन्दोलन के निशाने पर आ गये। महाराष्ट्र में इनके गठबन्धन की सरकार थी। इस आन्दोलन के दौरान उन्होंने पाया कि जनान्दोलनों में आमरण अनशन का इस्तेमाल बहुत प्रभावी साबित होता है। 9 अगस्त 2003 को उन्होंने अपना आमरण अनशन शुरू किया और जब मुख्यमन्त्री सुशील कुमार शिंदे ने सेवानिवृत्त न्यायमूर्ति पी.बी. सावंत की अध्यक्षता में एक सदस्यीय जाँच आयोग का गठन किया तब जाकर 17 अगस्त को उन्होंने अपना अनशन तोड़ा। न्यायमूर्ति सावंत ने 2005 में अपनी रिपोर्ट प्रस्तुत की जिसमें तीन मन्त्रियों को दोषी सिद्ध किया गया था, इन तीनों मन्त्रियों को इस्तीफ़ा देना पड़ा। इस रिपोर्ट में अन्ना हजारे द्वारा स्थापित तथा संचालित तीन न्यासों पर भी उँगलियाँ उठाई गयी थीं। न्यास के पैसे को अपना जन्मदिन मनाने के लिए ख़र्च करने के कारण आयोग ने अन्ना को आड़े हाथों लिया था। लेकिन कांग्रेस ने अन्ना के विरुद्ध कोई कार्रवाई नहीं की।

20 जुलाई 2006 को केन्द्र सरकार ने सूचना के अधिकार अधिनियम में परिवर्तन करने का प्रस्ताव रखा, अन्ना हजारे ने इसका विरोध किया। यहीं से राष्ट्रीय स्तर की राजनीति में उनकी आमद होती है। इन प्रस्तावित संशोधनों के विरोध में 9 अगस्त 2006 को उन्होंने आमरण अनशन शुरू कर दिया। केन्द्र सरकार द्वारा संशोधन न करने की सहमति देने के बाद ही 19 अगस्त को उन्होंने अपना अनशन तोड़ा। लम्बे संघर्ष के बाद अन्ना हजारे 2006 में ही महाराष्ट्र में स्थानान्तरण नियमन तथा शासकीय उत्तरदायित्वों के निष्पादन में विलम्ब अधिनियम लागू करवाने में भी सफल रहे। इस अधिनियम के अन्तर्गत यह प्रावधान किया गया कि तीन वर्ष का कार्यकाल पूरा करने से पहले सरकारी कार्मिकों का स्थानान्तरण नहीं किया जायेगा। साथ ही, फ़ाइलों का एक निश्चित अवधि के दौरान निष्पादन करने का प्रावधान भी किया गया। यह अधिनियम केवल काग़ज़ पर ही मौजूद है।

अन्ना के जीवन का सबसे महत्त्वपूर्ण अवसर 2011 में आया जिसके लिए उन्हें लम्बे समय तक याद किया जाता रहेगा। लोकपाल लागू करवाने के लिए देश के अलग-अलग क्षेत्रों में अलग-अलग सामाजिक एवं राजनैतिक कार्यकर्ता एवं दल अपने-अपने स्तर पर काम कर रहे थे। लोकपाल के रूप में एक निष्पक्ष व्यक्ति को नियुक्त किया जाना था जो आमजन के हितों की रक्षा कर सके। विधायिका, कार्यपालिका तथा न्यायपालिका के विरुद्ध लगने वाले भ्रष्टाचार के आरोपों की जाँच करना लोकपाल का प्रधान दायित्व होता। देश की बड़ी-बड़ी हस्तियाँ जैसे कि मेधा पाटकर, सन्तोष हेगड़े, शान्ति भूषण, उनके पुत्र प्रशान्त भूषण, अरविन्द केजरीवाल, किरण बेदी आदि एक साथ आ गये। आन्दोलन का नेतृत्व अन्ना हजारे के हाथ में दिया गया। सरकार तथा सिविल समाज दोनों पक्षों की एक संयुक्त समिति की स्थापना करने की माँग लेकर 5 अप्रैल 2011 को दिल्ली के जंतर-मंतर पर अन्ना हजारे ने आमरण अनशन शुरू कर दिया। श्री श्री रविशंकर तथा बाबा रामदेव भी अन्ना हजारे के समर्थन में आ गये। चूँकि इस आन्दोलन ने यह घोषणा कर रखी थी कि किसी भी राजनेता को मंच पर नहीं आने दिया जायेगा, इसलिए उमा भारती तथा ओमप्रकाश चौटाला को आन्दोलन के मंच से प्रदर्शनकारियों को भाषण देने का अवसर नहीं दिया गया।

पूरे देश से इस आन्दोलन को समर्थन मिला। बेंगलुरु, मुम्बई, चेन्नई, लखनऊ, अहमदाबाद, गुवाहाटी, शिलोंग, एजवाल आदि में लोगों ने धरने दिये, अनशन किये तथा मोमबत्तियाँ लेकर जुलूस निकाले। 8 अप्रैल 2011 को सरकार ने माँगें स्वीकार कर लीं तथा दस सदस्यीय संयुक्त समिति का गठन कर दिया गया। सरकार की तरफ़ से प्रणब मुखर्जी, चिदम्बरम, कपिल सिब्बल, वीरप्पा मोइली तथा सलमान ख़ुर्शीद को नामजद किया गया। सिविल समाज की तरफ़ से अन्ना हजारे, सन्तोष हेगड़े, शान्ति भूषण, प्रशान्त भूषण तथा अरविन्द केजरीवाल इस समिति में शामिल हुए। 15 अगस्त 2011 तक विधेयक पारित करने की चेतावनी देते हुए 9 अप्रैल को अन्ना हजारे ने अपना 98 घण्टे का अनशन समाप्त किया।

2010 में बाबा रामदेव 'स्वाभिमान भारत' के नाम से अपने राजनैतिक दल की स्थापना कर चुके थे, वे भी भ्रष्टाचार विरोधी आन्दोलन में सक्रिय हो गये। रामदेव ने सभी सीटों पर चुनाव लड़ने की घोषणा कर दी। साथ ही, रामदेव ने लोकपाल विधेयक के लिए भी आन्दोलन शुरू कर दिया। उन्होंने 4 जून 2011 से दिल्ली के रामलीला मैदान में काले धन तथा भ्रष्टाचार के विरुद्ध भूख हड़ताल करने की घोषणा कर दी। 5,000 लोगों के लिए योग शिविर आयोजित करवाने का नाम लेकर

प्रशासन से अनुमति ली गयी थी लेकिन 50,000 से ज़्यादा लोग उनके आन्दोलन में पहुँच गये। सरकार तथा रामदेव के बीच समझौता वार्ता चल ही रही थी कि विश्वासघात का बहाना बनाकर रामदेव ने वार्ता समाप्त कर दी। सरकार ने कार्रवाई की तथा रामदेव ने शलवार, कुर्ता, दुपट्टा ओढ़कर भेष बदलकर भाग निकलने का प्रयास किया लेकिन मंच पर ही धर लिए गये। रामदेव को विमान में बिठाकर उनके हरिद्वार स्थित आश्रम में पहुँचा दिया गया। साथ ही उन पर 15 दिन तक दिल्ली में दाख़िल होने का प्रतिबन्ध लगा दिया गया।

विधेयक के मसौदे में सरकार प्रधानमन्त्री, न्यायपालिका तथा निचले स्तर की नौकरशाही को लोकपाल के अधिकार-क्षेत्र से बाहर रखना चाहती थी, लेकिन इस मुद्दे पर दोनों पक्षों के सींग फँस गये। 6 जून 2011 को सिविल समाज के सदस्यों ने सभी पदों को लोकपाल के अन्तर्गत लाने तथा रामदेव की गिरफ़्तारी के विरोध में मसौदा समिति की बैठक का बहिष्कार कर दिया। इसके बाद दोनों पक्षों ने अपने अलग-अलग मसौदे बनाये। सरकार ने अपने सदस्यों द्वारा बनाये गये मसौदे का अनुमोदन कर दिया।

16 अगस्त 2011 से अन्ना हजारे अपने समर्थकों के साथ मिलकर फिर से अनशन पर बैठने वाले थे लेकिन अनशन शुरू करने के कुछ घण्टे पहले ही अन्ना हजारे को गिरफ़्तार कर लिया गया। उनसे कहा गया कि यदि वे अनुबन्ध पर हस्ताक्षर करने को तैयार हों तो उनको रिहा किया जा सकता है। अन्ना हजारे ने अनुबन्ध पर हस्ताक्षर करने से इनकार कर दिया। इसके बाद उनको दिल्ली की तिहाड़ जेल में भेज दिया गया। पूरे देश में अन्ना हजारे की गिरफ़्तारी का विरोध किया गया, इस मामले पर कांग्रेस पार्टी के अन्दर विभाजन हो गया। ऐसा कहा जाता है कांग्रेस के उपाध्यक्ष राहुल गांधी ने प्रधानमन्त्री मनमोहन सिंह से मिलकर अन्ना हजारे की गिरफ़्तारी पर अपनी नाराज़गी ज़ाहिर की। अन्ना हजारे को रिहा कर दिया गया लेकिन अन्ना हजारे इस ज़िद पर अड़ गये कि जब तक उनको विरोध करने की अनुमति नहीं दी जायेगी तब तक वे तिहाड़ जेल के परिसर से बाहर नहीं जायेंगे। अन्ततः उनको रामलीला मैदान पर विरोध प्रदर्शन करने की अनुमति मिल ही गयी। अनशन फिर से शुरू करने के लिए 20 अगस्त को अन्ना हजारे तिहाड़ जेल से बाहर निकले।

अगस्त 2011 के अनशन ने बहुत-सी सम्भावनाओं को जीवित कर दिया। यह भारतीय राजनीति में अभूतपूर्ण परिवर्तन लाने का साधन बना। सरकार जनता के दबाव के नीचे दबती जा रही थी। इसका नतीजा यह हुआ कि संसद के अन्दर

लोकपाल विधेयक को निर्विरोध रूप से पारित कर दिया गया। 288 घण्टे के पश्चात् 28 अगस्त 2011 को अन्ना हजारे ने अपना अनशन तोड़ा। उनको फ़ौरन गुड़गाँव के मेदांता अस्पताल ले जाया गया, अरविन्द केजरीवाल भी एम्बुलेंस में उनके साथ गये। लोकपाल विधेयक की लड़ाई इंडिया अगेंस्ट करप्शन संस्था के झण्डे तले लड़ी गयी थी, यह संस्था सामाजिक कार्यकर्ताओं का एक ढीला-ढाला समूह था जिसकी 24 सदस्यीय केन्द्रीय समिति इस संस्था का नेतृत्व करती थी। जब तक लोकपाल विधेयक पारित हुआ तब तक इंडिया अगेंस्ट करप्शन के अन्दर टीम अन्ना के नाम से एक पृथक् समूह अस्तित्व में आ चुका था।

टीम अन्ना ने 2010 के मिस्र प्रदर्शनों से प्रेरणा लेते हुए अपने आन्दोलन को आगे बढ़ाने का निर्णय लिया। मिस्र के आन्दोलन में भाग लेने वाले एक आन्दोलनकारी ख़ालिद सईद की 2010 में हत्या कर दी गयी थी। इसके बाद वहाँ पर 'हम सब ख़ालिद' आन्दोलन चल पड़ा। इसी तर्ज़ पर टीम अन्ना ने 'मैं भी अन्ना' आन्दोलन शुरू किया। गांधीवादियों द्वारा गांधी टोपी भी एक महत्त्वपूर्ण प्रतीक के रूप में इस्तेमाल की जाती रही है। गांधी की हत्या के लगभग साठ साल बाद अन्ना हजारे गांधी टोपी को फिर से प्रचलन में ले आये। आज के दिन सभी राजनैतिक दल गांधी टोपी का इस्तेमाल करते हैं, बस अलग-अलग दल टोपी का रंग भर बदल लेते हैं। यह भी एक दिलचस्प बात है कि गांधी की ऐसी बहुत कम तस्वीरें मिलती हैं जिनमें उन्होंने गांधी टोपी पहनी हुई हो। रामपुर मूल के इतिहासकार तथा लेखक नफ़ीस सिद्दीक़ ने गांधी टोपी की कहानी पर से पर्दा उठाया है। वे बताते हैं कि नवाब सय्यद हामिद अली खान बहादुर से मुलाक़ात करने के लिए 1919 में गांधी रामपुर आये थे। उनको बताया गया कि राजदरबार की परम्परा के अनुसार सिर ढँके बिना नवाब के सामने नहीं जा सकते, उनको टोपी पहननी पड़ेगी। लेकिन गांधी तो अपने साथ टोपी लेकर आये नहीं थे। ऐसे में ख़िलाफ़त आन्दोलन का नेतृत्व करने वाले अली बन्धुओं की माँ अबदी बेगम ने हाथ से बनी हुई टोपी गांधीजी को पेश की। इस टोपी के दोनों सिरे चोंचदार होते हैं तथा सर ढँकने के लिए बीच की पट्टी को चौड़ा बनाया जाता है। यहीं पर गांधी ने पहली बार यह टोपी पहनी थी। बाद में यह टोपी गांधी तथा गांधीवाद का प्रतीक बन गयी। गांधी टोपी कांग्रेसी पोशाक का अंग बन गयी तथा इसको स्वतन्त्रता संघर्ष के प्रतीक के रूप में इस्तेमाल किया जाने लगा। सिद्दीक़ बताते हैं कि एक बार तो अंग्रेज़ों ने गांधी टोपी पर प्रतिबन्ध लगाने का असफल प्रयास भी किया।

यह विचार अभिव्यक्त किया जाता है कि कांग्रेस को निशाना बनाने के लिए आरएसएस/भाजपा ने सुनियोजित रूप से अन्ना को समर्थन प्रदान किया था। अक्तूबर 2011 में अन्ना धड़े ने पहली बार चुनावी राजनीति में सक्रियता दिखाई तथा हिसार उपचुनाव में अजय चौटाला को समर्थन प्रदान किया। अन्ना ने कांग्रेस को हराने की अपील की। अरविन्द केजरीवाल, मनीष सिसोदिया तथा किरण बेदी ने घूम-घूम कर अजय चौटाला के लिए प्रचार किया। इस उपचुनाव के समय 2008 के शिक्षक भर्ती घोटाले की जाँच चल रही थी और 2013 में इस मामले में अजय चौटाला तथा उनके पिता ओमप्रकाश चौटाला को दोषी पाया गया। दोनों को 10 वर्ष कारावास की सज़ा सुनाई गयी। कांग्रेस विरोधी आन्दोलन के दौरान अन्ना ने योगगुरु से कारोबारी बन चुके बाबा रामदेव को खुला समर्थन प्रदान किया। रामदेव ने कांग्रेस राज में भ्रष्टाचार सम्बन्धी जितने भी मुद्दे उठाये थे वे आज भी प्रासंगिक हैं। बहुत-से मामलों में तो भाजपा शासन के तहत समस्या पहले से ज़्यादा विकराल हुई है, लेकिन योगगुरु रामदेव चुप्पी साधे रहते हैं।

इंडिया अगेंस्ट करप्शन भिन्न-भिन्न व्यक्तित्वों का बनाया हुआ एक विषमरूप संगठन था। कांग्रेस विरोध ही इनको जोड़कर रखने वाला एकमात्र मुद्दा था। इस दौरान इंडिया अगेंस्ट करप्शन के अन्दर दो विचारों का संघर्ष होने लगा–सीधे-सीधे राजनैतिक दंगल में कूदा जाये, या फिर अराजनीतिक बने रह कर एक दबाव समूह के रूप में काम किया जाये। चुनावी राजनीति में सफल होने के लिए बड़ी मात्रा में धन का प्रबन्धन करना पड़ता है, इसलिए अन्ना ऐसी मुसीबत से दूर रहना चाहते थे। लेकिन अरविन्द केजरीवाल, शान्ति भूषण, प्रशान्त भूषण, मनीष सिसोदिया, योगेन्द्र यादव, कुमार विश्वास, आनन्द कुमार का विरोधी गुट यह मानता था कि यदि भ्रष्ट व्यवस्था में कोई महत्त्वपूर्ण परिवर्तन लाना है तो इसके लिए सक्रिय राजनीति में कूदना ही पड़ेगा। दोनों पक्षों के बीच बहस चलती रही और अन्ततः सितम्बर 2012 में अन्ना हजारे तथा अरविन्द केजरीवाल ने अपने रास्ते अलग कर लिए। 26 नवम्बर 2012 को विधिवत रूप से आम आदमी पार्टी की घोषणा की गयी। भारत के इतिहास में 26 नवम्बर का बड़ा महत्त्व है क्योंकि इसी तिथि पर 1949 में भारत के संविधान को अंगीकार किया गया था। 2013 का दिल्ली विधानसभा चुनाव आम आदमी पार्टी का पहला चुनावी अनुभव था। 70 में से भाजपा ने 34 सीटें जीतीं, आप ने 28 तथा कांग्रेस के हिस्से में 8 सीटें आयीं। इसके बाद एक अजीब राजनीतिक प्रयोग किया गया। निर्बल सा बहुमत लेकर कांग्रेस तथा आप गठबन्धन ने सरकार

बना ली। लेकिन जैसा कि अपेक्षित था, 49 दिन बाद ही अरविन्द केजरीवाल को इस्तीफ़ा देना पड़ा। कांग्रेस के साथ उनके गठबन्धन ने यह भी दिखा दिया कि चुनावी राजनीति असल में सत्ता हासिल करने तथा समझौते करने का खेल है। आदर्श, सदाचार, सत्यनिष्ठा, मुद्दों और मूल्यों का कोई महत्त्व नहीं रहता। कांग्रेस-विरोध से आप का जन्म हुआ था लेकिन उसी कांग्रेस से हाथ मिलाकर सरकार बनाने में आप को कोई झिझक नहीं हुई। आप पार्टी की गुप्त मंशा तथा आकांक्षा सबके सामने खुलकर आ गयी।

2014 का लोकसभा चुनाव आप ने बड़ी दक्षता के साथ लड़ा। चुनाव लड़ने के लिए देश के सभी हिस्सों से सामाजिक-राजनैतिक कार्यकर्ताओं को तैयार किया गया। केजरीवाल ने वाराणसी में मोदी को चुनौती दी और कुमार विश्वास अमेठी में राहुल गांधी के विरुद्ध उतर आये। चुनावों में बहुत ज़ोर लगाया गया। मतसंख्या के आँकड़े इस संघर्ष की पूरी कहानी बयाँ नहीं कर सकते। चुनाव-प्रचार के दौरान मोदी तथा राहुल गांधी को अपने-अपने निर्वाचन क्षेत्रों पर अधिक ध्यान देना पड़ा। भाजपा ने 487, कांग्रेस ने 464 तथा आप ने 432 सीटों पर चुनाव लड़ा। अपने पहले लोकसभा चुनाव में आप ने पंजाब से 4 सीटें जीतीं, यह भाजपा द्वारा अपने प्रथम चुनाव में जीती गयीं सीटों से दुगुनी संख्या थी। 1984 में भाजपा ने पहली बार चुनाव लड़ा था तथा केवल 2 सीटें जीतने में कामयाब रही थी। 413 सीटों पर ज़मानत ज़ब्त करवाकर इस क्षेत्र में भी आप ने एक कीर्तिमान खड़ा कर दिया। इन्होंने 1991 के आम चुनावों में जयगुरुदेव दूरदर्शी पार्टी द्वारा 321 सीटों पर ज़मानत ज़ब्त करवाने का कीर्तिमान तोड़ दिया। 2015 के दिल्ली विधानसभा चुनाव ने बहुत से मिथकों को तोड़ दिया तथा यह साबित कर दिया कि भारत में लोकतन्त्र की जड़ें बहुत गहरे तक जम चुकी हैं। 67 सीटें जीतकर आप ने अपने विपक्षियों पर झाड़ू फेर दी, बची हुई तीन सीटें भाजपा की झोली में आयीं। 15 साल से दिल्ली पर शासन कर रही कांग्रेस एक भी सीट जीत पाने में नाकाम रही। सरकार बनाने के बाद आप ने चार विषयों पर अपना ध्यान केन्द्रित किया–बिजली, पानी, शिक्षा तथा अस्पताल–और इन सभी क्षेत्रों में बेहतरीन प्रदर्शन करके दिखाया। 2019 के लोकसभा चुनावों में भाजपा को बहुत बड़ा जनमत मिला। इसके बाद 2020 के दिल्ली विधानसभा चुनावों में जान झोंक दी गयी। अमित शाह स्वयं इस चुनाव का पर्यवेक्षण कर रहे थे। आप अपने प्रदर्शन के आधार पर वोट माँग रही थी तो भाजपा अपने पुराने आजमाए हुए मुद्दे–यानी कि साम्प्रदायिकता–के आधार पर वोट हासिल करने निकली। कपिल मिश्रा, परवेश वर्मा तथा अमित शाह ने अल्पसंख्यकों को निशाना

बनाते हुए बयानबाज़ी की। लेकिन दिल्लीवालों ने सोच-समझकर मतदान किया और आप फिर से 62 सीटें जीत गयी, इसके विपरीत जी-जान लगाकर अभियान चलाने के बावजूद भाजपा केवल 8 सीटों पर ही विजय हासिल कर पायी। दिल्ली का विधानसभा चुनाव यह दर्शाता है कि अपनी तमाम ख़ामियों के बावजूद भारतीय लोकतन्त्र परिपक्वता हासिल कर चुका है। यदि आप सुशासन प्रदान कर सकते हैं और जनहित को ध्यान में रखते हैं तो लोग विभाजक राजनीति के झाँसे में नहीं आते और धर्म, जाति जैसे संकीर्ण मुद्दों के आधार पर मतदान नहीं करते हैं। मतदाता पार्टी के प्रदर्शन के आधार पर उनको भविष्य के लिए मौक़ा देते हैं।

यहाँ इस तथ्य को भी स्वीकार किया जाना चाहिए कि आप के शासन में भ्रष्टाचार का स्तर नीचे गिरा है। 2008 तथा 2013 का चुनाव लड़ने वाले 66 प्रत्याशियों की सम्पत्ति इसका एक उदाहरण है। प्रत्याशियों द्वारा चुनाव-पूर्व भरे जाने वाले शपथ-पत्र यह दर्शाते हैं कि 2008 से 2013 के बीच इनकी सम्पत्ति में 259 प्रतिशत (औसतन 7.53 करोड़ रुपये) की वृद्धि हुई थी। 2020 के चुनावों में यह देखा गया कि पिछले पाँच वर्षों के दौरान प्रत्याशियों की सम्पत्ति में केवल 13 प्रतिशत (92.12 लाख रुपये) की ही वृद्धि हुई। दिल्ली में आप के शासन में ख़ामियाँ-कमियाँ भी रही हैं लेकिन इनके बावजूद यह स्वीकार किया जाना चाहिए कि निर्वाचित विधायक भ्रष्टाचार से बहुत हद तक दूर ही रहे। आम जन के साथ भी उनका ज़्यादा जुड़ाव था तथा उनकी नीतियाँ भी आम आदमी के हक़ में रहीं।

सन् 2012 को भारत के इतिहास में एक ऐसे वर्ष के रूप में याद किया जायेगा जब समाज अपनी तंद्रा से जाग उठा और आमजन ने 'बस बहुत हो गया' कह दिया। लोग समाज, सरकार तथा राज्य में व्याप्त कुरीतियों के विरुद्ध उठ खड़े हुए। सच्चाई और नैतिकता का मार्ग अपनाने की बजाय हमारे राजनेता स्वहितसाधन की राह पर चल पड़े हैं। अर्धपक्व अन्ना आन्दोलन की परिणति आम आदमी पार्टी के रूप में हुई। इसके बाद निर्भया आन्दोलन शुरू हो गया। मूल रूप से बलिया से आने वाली 23 वर्षीया फ़िजियोथेरेपी की छात्रा अपने गोरखपुर मूल से पुरुष मित्र के साथ दिल्ली में सिनेमा देखने गयी थी। *लाइफ़ ऑफ़ पाई* फ़िल्म देखने के बाद रात 9:30 बजे वे एक बस में सवार हुए। वे मुनिरका से बस में चढ़े थे तथा उनको द्वारका जाना था। यह दिल्ली परिवहन निगम के अन्तर्गत चलने वाली एक निजी बस थी। काले शीशे वाली इस बस का इस्तेमाल विशेष बुकिंग के लिए किया जाता था, इस बस को आम सवारियाँ ढोने की अनुमति नहीं थी। चालक राम सिंह को मिलाकर बस में छह लोग सवार थे। वे मस्ती करते झूम रहे थे। निर्भया को बस में चढ़ाने से पहले

ये लोग एक बढ़ई के साथ लूटमार भी कर चुके थे। सभी छह लोगों ने निर्भया के साथ बलात्कार किया तथा उसकी बुरी तरह से पिटाई करने के बाद अधमरी हालत में उसको सड़क के किनारे फेंककर चले गये। उसके मित्र की भी पिटाई की गयी थी, लोहे की रॉड का वार लगने के कारण वह बेहोश हो गया था। उसको भी सड़क किनारे फेंक दिया गया। एक राहगीर ने निर्भया का अधमरा शरीर देखा और पुलिस को ख़बर की। पुलिस की गाड़ी में निर्भया को अस्पताल लाया गया। बलात्कार इतनी बेरहमी के साथ किया गया था कि उसके पेट, अंतड़ियों तथा गुप्तांग को बहुत नुक़सान पहुँचा था। बलात्कार करने के बाद उसके गुप्तांग में हैंडल की रॉड घुसाई गयी थी जिसके कारण उसके गर्भाशय तथा अंतड़ियाँ पूरी तरह क्षत-विक्षत हो गये थे। मुक़दमे के दौरान यह तथ्य भी खुलकर आया कि एक आरोपी ने अपने हाथ से उसकी अंतड़ियाँ खींच कर निकाली थीं। 11 दिन तक बहुत बार सर्जरी करने के बाद 27 दिसम्बर को उसको सिंगापुर के अस्पताल में पहुँचाया गया जहाँ 29 दिसम्बर को उसकी मृत्यु हो गयी। दस्तावेज़ों के अनुसार, दिल्ली की मुख्यमन्त्री शीला दीक्षित द्वारा बार-बार दबाव दिये जाने के बाद सरकार ने निर्भया को सिंगापुर भेजने का निर्णय लिया था। 27 दिसम्बर को उसकी पाँचवीं सर्जरी होने के बाद यह लगभग निश्चित हो चुका था कि उसको बचाया नहीं जा सकता। उसकी मृत्यु के पश्चात् उभरने वाले जनाक्रोश से बचने के लिए एयर एम्बुलेंस द्वारा उसको सिंगापुर के अस्पताल में भिजवाया गया था।

सभी छह आरोपी धर लिए गये तथा उनको जेल भेज दिया गया। अपराध के समय एक आरोपी की उम्र 17 वर्ष 6 महीने थी, अल्पायु होने के कारण उसको केवल 3 वर्ष सुधार-गृह में रखने की सज़ा मिली। इस अल्पायु अपराधी ने ही निर्भया को बस में सवार होने का झाँसा दिया था। 3 साल बाद आज़ाद होकर वह फिर समाज में घूमने लगा। इस नृशंस बलात्कारी की पहचान को न केवल छुपाया गया बल्कि क़ानून के मुताबिक़ रिहाई के समय उसको नया जीवन शुरू करने के लिए सरकार की तरफ़ से आर्थिक सहायता भी प्रदान की गयी। इस अल्पायु किशोर की रिहाई को चुनौती देते हुए डॉ. सुब्रामणियम स्वामी ने उच्च न्यायालय में याचिका भी लगाई। डॉ. सुब्रामणियम स्वामी ने कहा कि सिर्फ़ उसकी उम्र के आधार पर उसको अपने जघन्य कृत्य के दण्ड से मुक्ति नहीं दी जानी चाहिए। लेकिन क़ानून अपराधी के पक्ष में था और वह कठोर दण्ड से बच गया। मुक़दमे के दौरान मार्च 2013 में राम सिंह की मृत्यु हो गयी, आधिकारिक रिपोर्ट में इसको ख़ुदकुशी बताया गया। सितम्बर 2013 में निचली अदालत ने बाक़ी चार अभियुक्तों को दोषी क़रार दिया।

इनको मृत्युदण्ड की सज़ा दी गयी। भारतीय अदालतों की लेटलतीफ़ी को ध्यान में रखें तो इस मामले का निपटान बहुत जल्दी कर दिया गया था। उच्च न्यायालय ने भी निचली अदालत के फ़ैसले का अनुमोदन किया तथा इसके बाद यह मामला सर्वोच्च न्यायालय में चला गया। फाँसी टालने के लिए सभी क़ानूनी दाँवपेंच आजमाये गये लेकिन अन्ततः 20 मार्च 2020 को चारों दोषियों को दिल्ली में फाँसी पर लटका दिया गया।

निर्भया के बलात्कार के विरोध में शुरू में तो दिल्ली में छोटे स्तर पर प्रदर्शन शुरू हुए लेकिन कुछ ही दिन में पूरा देश विद्रोह की लपेट में आ गया। आन्दोलनकारियों पर लाठियाँ बरसाई गयीं। लोगों को छितराने के लिए वाटर कैनन तथा आँसू गैस का इस्तेमाल किया गया। मुख्यमन्त्री शीला दीक्षित ने अपने ही राज्य को भारत की बलात्कार राजधानी कह दिया। बहुत कम बोलने वाले मनमोहन सिंह को भी टेलीविज़न पर आकर आमजन के साथ संवाद करना पड़ा। लोगों से शान्ति की अपील करते हुए उन्होंने कहा कि वे भी तीन बेटियों के पिता हैं, इसलिए निर्भया के माता-पिता की पीड़ा को महसूस कर सकते हैं। इस मामले ने भारत में अभूतपूर्व विरोध-प्रदर्शनों को जन्म दिया था। सरकारी स्तर पर भी बहुत से परिवर्तन लागू किये गये तथा मुक़दमों के त्वरित एवं प्रभावी निपटान हेतु संसद में आपराधिक क़ानून (संशोधन) अध्यादेश 2013 पारित किया गया। महिलाओं के विरुद्ध होने वाले अपराधों के बारे में नयी जागृति आयी और स्त्रियों को अपने विरुद्ध होने वाले अपराधों को पुलिस के सामने लाने का नैतिक बल मिला। ऐसी रिपोर्टें भी आयी थीं कि आगामी वर्ष में विदेशी महिला पर्यटकों की संख्या में 30-40 प्रतिशत की कमी आयी थी।

1942 का भारत छोड़ो आन्दोलन देश भर के आम लोगों को एक साथ जोड़ने में कामयाब रहा था जिसके फलस्वरूप अन्ततः अंग्रेज़ों को भारत छोड़कर जाना पड़ा। उसके 70 साल बाद आयोजित अन्ना तथा निर्भया आन्दोलन इतनी बड़ी संख्या में लोगों को एक साथ जोड़ने में सफल नहीं रहे। गांधी के व्यक्तित्व को 1942 की एकता का सूत्रधार माना जाना चाहिए। 1942 में जब गांधी ने भारत छोड़ो का ऐलान किया तो आरएसएस, मुस्लिम लीग, अम्बेडकर तथा साम्यवादी अंग्रेज़ों के साथ खड़े रहे थे। लेकिन अपने भाषणों अथवा लेखों में गांधी ने कभी भी उनको ग़द्दार अथवा देशद्रोही नहीं कहा। स्वतन्त्रता के समय गांधी ने हठ किया था कि स्वतन्त्र भारत के निर्माण में अम्बेडकर तथा श्यामा प्रसाद मुखर्जी की भूमिका स्वीकार की जानी चाहिए। संविधान सभा तथा प्रथम लोकसभा गांधी के इस विचार की साक्षी हैं।

आज के दिन विरोध के किसी भी स्वर या सरकार या एक विशेष राजनैतिक दल से पूछे गये किसी भी प्रश्न को फ़ौरन देशद्रोही बता दिया जाता है। जेपी की सम्पूर्ण क्रान्ति की ही तरह 2012 में भारत ने व्यवस्था की सफ़ाई करने का अवसर एक बार फिर गँवा दिया। इन आन्दोलनों को मज़बूत नेतृत्व नहीं मिला, आन्दोलन से सहानुभूति रखने वाले भी अपने-अपने निहित स्वार्थों की पूर्ति में लगे थे। वास्तविक आज़ादी हासिल करने के लिए भारत को फिर से प्रतीक्षा करनी पड़ेगी।

अध्याय सत्रह

मोदीमय भारत

मोदी की भारत विजय, हैडलाइन प्रबन्धन के दौर का आग़ाज़
26 मई 2014, सोमवार

26 मई 2014 को नरेन्द्र मोदी ने पहली बार प्रधानमन्त्री पद की शपथ ली। मोदी को वोट देने वाले 31.34 प्रतिशत देशवासियों (राजग का कुल मत प्रतिशत 38.5 रहा था) तथा मोदी के विरुद्ध वोट देने वाले 68.66 प्रतिशत भारतीयों ने मोदी से बड़ी-बड़ी उम्मीदें बाँध रखी थीं। हालाँकि भाजपा को पूर्ण बहुमत मिल गया था (282 सीटें) लेकिन उनका मत प्रतिशत बहुत कम रहा था। स्वतन्त्रता के बाद हुए प्रथम आम चुनावों से अब तक बहुमत प्राप्त करने वाली सभी सरकारों ने इससे अधिक

मत लिए हैं। यह आँकड़ा दर्शाता है कि देश किस हद तक विभाजित हो चुका था। राष्ट्रपति भवन के प्रांगण में शपथ-ग्रहण समारोह का आयोजन किया गया। इसके साथ ही भव्य समारोहों की परम्परा का भी आग़ाज़ हुआ। प्रत्येक अवसर को एक भव्य समारोह में प्रदर्शित करना मोदी राज की पहचान बन चुका है। सार्क (क्षेत्रीय सहयोग हेतु दक्षिण एशियाई संघ) देशों के राष्ट्राध्यक्षों ने इस समारोह में शिरकत की। बहुत से लोगों को इसमें नेहरू के पंचशील सिद्धान्त का पुनर्जीवन नज़र आया।[1]

भारत का पन्द्रहवाँ प्रधानमन्त्री बनने की मोदी की कहानी को दो भागों में विभाजित किया जा सकता है। प्रथम भाग केन्द्र में घटने वाली घटनाओं तथा संप्रग सरकार की मूर्खताओं से सम्बन्धित है। या तो ये ग़लतियाँ जान-बूझकर अंजाम दी गयी थीं या फिर संयोगवश प्रधानमन्त्री बने मनमोहन सिंह के नेतृत्व में संयोगवश ही घट गयी थीं। लेकिन इतना तय है कि इनकी बड़ी महँगी क़ीमत चुकानी पड़ी। दूसरा भाग टीम मोदी द्वारा अति-सूक्ष्मता के साथ तैयार की गयी योजना से हमें अवगत करवाता है।

कांग्रेस के नेतृत्व में संप्रग दल जब 2014 के चुनाव में उतरे तो उनके पास मतदाताओं को देने के लिए कुछ नहीं था। हालाँकि अर्थव्यवस्था अच्छी हालत में थी लेकिन नरेन्द्र मोदी के असरदार चुनाव प्रचार के सैलाब के सामने संप्रग सरकार की सभी उपलब्धियाँ तिनके की तरह बह गयीं। सरकार की बहुत-सी उपलब्धियाँ थीं, जैसे कि–भारत सफलतापूर्वक राष्ट्रमण्डल खेलों का आयोजन कर चुका था। अपनी तमाम आलोचनाओं के बावजूद मनरेगा योजना ग्रामीण दरिद्र वर्ग के हाथ में पैसा पहुँचाने में कामयाब रही थी। मनमोहन सिंह ने लगातार दो कार्यकाल पूरे किये, उन्होंने पार्टी द्वारा दी गयी ज़िम्मेदारी को तो बेहतरी के साथ निभाया लेकिन 10 साल प्रधानमन्त्री रहने के बावजूद वे ख़ुद को एक जननेता के रूप में स्थापित नहीं कर पाये। कांग्रेस पार्टी के चुनाव प्रबन्धक तथा रणनीतिकार मान कर बैठे थे कि एक-के-बाद-एक घोटाले के आरोपों तथा लगातार दो बार सत्ता में रहने के कारण उत्पन्न हुई एंटी-इनकमबेन्सी के बावजूद कांग्रेस इतनी सीटें हासिल करने में कामयाब हो जायेगी कि तीसरी बार भी गठबन्धन की सरकार बनाई जा सकेगी। कांग्रेसी नेता सोच रहे थे कि आपातकाल के बाद कांग्रेस से घोर ख़फ़ा होने के बावजूद अगर लोगों ने उनको 189 सीटें दे दी थीं तो उसकी तुलना में संप्रग सरकार पर लगने वाले भ्रष्टाचार के आरोप तो मामूली सी बात हैं। इस समस्या को आसानी से सुलझाया जा सकता है। यह सोच उनकी बहुत बड़ी भूल साबित हुई।

घोटालों के आरोपों से घिरी हुई सरकार भ्रष्ट छवि से पीछा नहीं छुड़ा पा रही थी। राष्ट्रमण्डल खेलों के द्वारा भारत को पूरे विश्व के सामने अपना सर्वोत्तम चेहरा दिखाने का अवसर मिला था। लेकिन थोड़े दिन बाद ही राष्ट्रमण्डल खेलों के पिटारे से भी भ्रष्टाचार के साँप निकलकर सामने आने लगे। कांग्रेस के राज में घोटालों की झड़ी लग गयी थी–2जी घोटाला, कोयला घोटाला, आदि। इनके कारण लोगों के मन में यह धारणा घर कर गयी कि कांग्रेस सर से पाँव तक भ्रष्टाचार में धँसी हुई है। हालाँकि मनमोहन सिंह की ख़ुद की छवि साफ़-सुथरी बनी हुई थी लेकिन उनके पास अनैतिक कार्य करने वाले मन्त्रियों के विरुद्ध कार्रवाई करने का अधिकार नहीं था। सेकिंड जेनरेशन स्पेक्ट्रम लाइसेंस यानी कि 2जी के सम्बन्ध में जब कैग की रिपोर्ट आयी तो इसके साथ ही संप्रग-2 का अन्तिम अध्याय भी लिखा जाने लगा। 1972 बैच के आईएएस अधिकारी विनोद राय भारत के नियन्त्रक तथा महालेखा परीक्षक थे। 16 नवम्बर 2010 को उन्होंने 2जी स्पेक्ट्रम के सम्बन्ध में अपनी रिपोर्ट प्रस्तुत की–गणना कर के इन्होंने बताया कि इस समझौते में भारत को 1.76 लाख करोड़ का घाटा हुआ था। इसको भारत का सबसे बड़ा घोटाला बताया जा रहा था। *टाइम* पत्रिका ने इसको निक्सन के वाटरगेट के बाद विश्व इतिहास का दूसरा सबसे बड़ा घोटाला बता दिया। संयुक्त संसदीय समिति तथा सीबीआई ने 2जी घोटाले की जाँच की। दिसम्बर 2017 में विशिष्ट न्यायालय ने द्रमुक के ए. राजा तथा कानिमोझी समेत सभी अभियुक्तों को बरी कर दिया। न्यायालय के निर्णय में कहा गया–'कुछेक चुनिन्दा आँकड़ों का चयन करके तथा इन आँकड़ों की अतिशयता की हद तक व्याख्या करने के द्वारा कुछ लोगों ने हवा में ही घोटाले की कहानी गढ़ दी।' नयी सरकार ने 2जी घोटाले के रचयिता विनोद राय की सेवाओं की सराहना करते हुए 2016 में उनको बैंकिंग बोर्ड का अध्यक्ष नियुक्त कर दिया। बाद में सर्वोच्च न्यायालय ने उनको दुनिया के सबसे धनाढ्य क्रिकेट बोर्ड बीसीसीआई का अन्तरिम अध्यक्ष भी नियुक्त किया।

2002 के गोधरा दंगों के बाद नरेन्द्र मोदी की छवि बहुत बिगड़ चुकी थी तथा उनकी कुर्सी जाने तक की नौबत आ गयी थी। 2002 में गोवा में हुई भाजपा की राष्ट्रीय कार्यकारिणी की बैठक में अटल बिहारी वाजपेयी ने नरेन्द्र मोदी को राजधर्म निभाने की नसीहत दी। यह स्पष्ट हो गया था कि मोदी से कुर्सी छीन ली जायेगी। लेकिन आडवाणी के अड़ जाने के कारण अटल बिहारी को पीछे हटना पड़ा। आडवाणी ने धमकी दे दी कि यदि गुजरात के नेतृत्व में परिवर्तन किया गया

तो वे भी त्यागपत्र दे देंगे। इस प्रकार एक नया अतिवादी भाजपाई नायक जनता के सामने आया जिसकी महामानवी छवि मतदाताओं को आकर्षित करने लगी। मोदी के सामने अगली चुनौती यह थी कि अपनी छवि को सुधारा जाये, इस काम को उन्होंने बड़े संयम के साथ, सुनियोजित ढंग से अंजाम दिया। इसी दिशा में नरेन्द्र मोदी के लिए 'नमो' जैसा लुभावना उपनाम भी प्रयोग किया जाने लगा। गोधरा दंगों के अगले साल ही ग्रे एडवरटाइजिंग एजेंसी की सेवाएँ ली गयीं तथा उनको वाइब्रेंट गुजरात का मिथक गढ़ने का उत्तरदायित्व दिया गया। उनको स्पष्ट निर्देश दिये गये थे–गुजरात तथा नरेन्द्र मोदी की सकारात्मक छवि गढ़ें। चूँकि नवरात्रि के समय पूरा गुजरात उत्सव-उमंग के माहौल में होता है, इसीलिए ग्रे एडवरटाइजिंग एजेंसी ने इस त्यौहार के आस-पास ही उद्घाटन समारोह का आयोजन किया। विदेशी निवेशकों को आकर्षित करने तथा विदेशी पूँजी को गुजरात में निवेश करने के लिए मनाने हेतु एड़ी-चोटी का ज़ोर लगा दिया गया। भड़कदार प्रचार तथा वाइब्रेंट गुजरात के मिथक ने मोदी की छवि को बहुत हद तक निखारा। अब प्रत्येक दो वर्ष पर पूरी तड़क-भड़क के साथ वाइब्रेंट गुजरात के महा-उत्सव का आयोजन किया जाता है। राज्य या दल की बजाय इस महोत्सव का सबसे ज़्यादा फ़ायदा व्यक्तिगत रूप से नरेन्द्र मोदी को मिला।

इसी दौरान 'गुजरात मॉडल' नाम का पद भी गढ़ा गया और इसको विकास तथा तरक़्क़ी का पर्यायवाची बनाकर प्रचार किया गया। देश को बताया गया कि गुजरात मॉडल के अन्तर्गत लोग सुख-सम्पन्नता का जीवन बिता रहे हैं। लेकिन तथ्य इस दावे की हवा निकाल देते हैं–2003-04 में भारत की प्रति व्यक्ति आय 20,871 रुपये थी और 23,198 रुपये प्रति व्यक्ति आय के साथ गुजरात नवें स्थान पर था। 2004-05 में भारत की प्रति व्यक्ति आय बढ़कर 23,198 रुपये हो गयी और 28,846 रुपये प्रति व्यक्ति आय के साथ गुजरात को ग्यारहवें स्थान पर रखा गया। 2013-14 गुजरात के मुख्यमन्त्री तथा गुजरात मॉडल के पुरोधा के रूप में नरेन्द्र मोदी का अन्तिम वर्ष था, इसके बाद पूरे देश की कमान उनके हाथ में आयी। इस वर्ष के दौरान भारत की प्रति व्यक्ति आय 79,118 रुपये हो चुकी थी और 1,13,339 रुपये प्रति व्यक्ति आय के साथ गुजरात चौदहवें स्थान पर लुढ़क चुका था। बहुत से लोग इन आँकड़ों तथा तथ्यों को चुनौती दे सकते हैं। कुछ अर्थशास्त्री यह तर्क दे सकते हैं कि प्रति व्यक्ति आय का आकलन चालू क़ीमत पर किया गया है जबकि अर्थशास्त्रियों का दूसरा धड़ा यह तर्क देगा कि यह आकलन स्थिर

क़ीमत के आधार पर किया गया है। सांख्यिकीय आँकड़े सदैव अलग-अलग प्रकार की कहानियाँ बयान कर सकते हैं, सब इस पर निर्भर करता है कि कब, कैसे और किसने इन आँकड़ों का चयन किया है। कैसी भी शब्दावली का प्रयोग कर लें या फिर कोई भी विधि अपना लें, यह तथ्य तो बना रहता है कि यह विधि सभी स्तरों पर समान रूप से लागू होती है। इसलिए इनके द्वारा हासिल किये गये परिणाम भी सभी स्तरों पर समान रूप से लागू होते हैं। गहरी समीक्षा करने पर हम पाते हैं कि 2002-14 के दौरान वृद्धि के बहुत से पैमानों पर गुजरात राज्य का प्रदर्शन औसत से भी नीचे रहा था। लेकिन विश्व के सर्वोत्कृष्ट मार्केटिंग रणनीतिकारों की सहायता लेकर एवं महोत्सवों के आयोजन द्वारा नरेन्द्र मोदी अपनी कमियों पर पर्दा डालने में सफल रहे।

2009 के लोकसभा चुनावों से पहले भाजपा ने चुनाव-पूर्व प्रधानमन्त्री पद का उम्मीदवार घोषित करने की परम्परा शुरू की थी, मोदी ने इस परम्परा का भरपूर दोहन किया। हालाँकि 2004 के चुनाव से पहले प्रधानमन्त्री पद के उम्मीदवार की घोषणा नहीं की गयी थी। यह सर्वविदित था कि भाजपा तथा राजग की ओर से अटल बिहारी वाजपेयी को ही प्रधानमन्त्री बनाया जायेगा। कांग्रेस ने भी प्रधानमन्त्री पद के लिए किसी नाम की घोषणा नहीं की। यह आम मान्यता थी कि चूँकि सोनिया गांधी कांग्रेस अध्यक्ष थीं इसलिए अगर कांग्रेस सरकार बनने में सफल रही तो उनको ही प्रधानमन्त्री बनाया जायेगा। सोनिया गांधी के इतालवी मूल पर एतराज़ की शुरुआत हालाँकि भाजपा ने की थी लेकिन यह प्रचार प्रणब मुखर्जी तथा ए.के. एंटनी जैसे कांग्रेसी नेताओं के लिए भी फ़ायदे का सौदा था। मनमोहन सिंह के बारे में तो किसी ने सपने में भी नहीं सोचा था। 2009 के लोकसभा चुनावों में लालकृष्ण आडवाणी को प्रधानमन्त्री पद का दावेदार घोषित किया गया। भाजपा अध्यक्ष राजनाथ सिंह को यह स्पष्टीकरण ज़ारी करना पड़ गया कि आडवाणी केवल भाजपा के ही नहीं बल्कि पूरे राजग के उम्मीदवार थे। इस स्पष्टीकरण की ज़रूरत इसलिए पड़ी क्योंकि भैरों सिंह शेखावत ने अपना संन्यास तोड़कर फिर से राजनीति में सक्रिय होने तथा राजस्थान से चुनाव लड़ने की इच्छा ज़ाहिर कर दी थी। साथ ही उन्होंने यह बयान भी दे दिया था कि प्रधानमन्त्री का चयन सांसदों द्वारा किया जाता है। राजनाथ सिंह ने प्रत्युत्तर दिया कि देश के उप-राष्ट्रपति तथा राष्ट्रपति चुनावों में प्रत्याशी रहने के बाद फिर से चुनावी राजनीति में उतरना भैरों सिंह को शोभा नहीं देता। कांग्रेस ने अपने तत्कालीन प्रधानमन्त्री मनमोहन सिंह के नाम की घोषणा कर दी।

प्रधानमन्त्री पद के उम्मीदवार के नाम की घोषणा के मुद्दे पर भाजपा के वयोवृद्ध नेताओं तथा नये नेतृत्व के बीच आपस में ही खिंच गयी। घोटालों तथा भ्रष्टाचार के धड़ाधड़ आरोपों के कारण चुनाव शुरू होने से पहले ही संप्रग सरकार ख़स्ताहाल हो चुकी थी। अन्ना आन्दोलन को रणनीतिक समर्थन देकर भाजपा ने यह भी सुनिश्चित कर लिया कि लोगों के मन में भ्रष्ट कांग्रेस से छुटकारा पाने की भावना घर कर जाये। 74 वर्ष के हो चुके आडवाणी को इस चुनाव में प्रधानमन्त्री बनने का अन्तिम अवसर नज़र आ रहा था, साथ ही पार्टी के अन्दर भी बहुत से लोग उनको प्रधानमन्त्री पद का न्यायोचित पात्र मानते थे। लेकिन मोदी के इरादे अलग ही थे। पहले तो उन्होंने नागपुर स्थित आरएसएस मुख्यालय को अपने पक्ष में लिया। यह माना जाता है कि राजनीति के चारों दाँवों–*साम, दाम, दंड, भेद*–को अपनाकर भाजपा अध्यक्ष तथा प्रधानमन्त्री पद के इच्छुक राजनाथ सिंह को मोदी के पक्ष में किया गया। अमित शाह दिन-रात मोदी के लिए काम कर रहे थे और मोदी भी अपने राजनैतिक गुरु आडवाणी के रास्ते से हटने को तैयार नहीं थे, हालाँकि इसी गुरु ने अतीत में बहुत बार मोदी की राहें आसान की थीं। मेक्यावेली का अनुसरण करते हुए निर्मम तथा संवेदनाहीन राजनीति की गयी। अपने जन्मदिन (17 सितम्बर) से चार दिन पहले ही मोदी को जन्मदिन का तोहफ़ा मिल गया। 13 सितम्बर 2013 को राजनाथ सिंह ने संसदीय बोर्ड के निर्णय की घोषणा की। नरेन्द्र मोदी को प्रधानमन्त्री पद का दावेदार घोषित कर दिया गया। आडवाणी ने इस बैठक का बहिष्कार किया। उन्होंने सन्देश भिजवाया कि नरेन्द्र मोदी के नाम की घोषणा न की जाये क्योंकि इससे राजस्थान, मध्य प्रदेश, छत्तीसगढ़ तथा दिल्ली के आगामी विधानसभा चुनावों पर बुरा असर पड़ सकता था। लेकिन पार्टी ने आडवाणी के सभी सुझावों को ठुकरा दिया।

राजग का प्रधानमन्त्री उम्मीदवार घोषित होने के बाद टीम मोदी ने त्रिमुखी रणनीति अपनाई। पहले तो एक निर्णायक तथा किसी प्रकार की बकवास को बर्दाश्त न करने वाले नेता के रूप में मोदी की छवि गढ़ी गयी। इसका नतीजा यह हुआ कि 2014 का चुनाव एक प्रकार से राष्ट्रपति चुनाव की तरह बन गया जहाँ लोग राष्ट्रपति के नाम पर मतदान करते हैं और दल अथवा सांसदों की गुणवत्ता का कोई महत्त्व नहीं रहा। दूसरे, कांग्रेस के कुशासन एवं भ्रष्टाचार को निशाना बनाते हुए देश को नेहरू-गांधी परिवार की चौथी पीढ़ी से मुक्त करवाने का प्रचार किया गया और *कांग्रेस मुक्त भारत* बनाने का आह्वान किया गया। तीसरी और सबसे महत्त्वपूर्ण रणनीति यह थी कि काग़ज़ पर लिख-लिखकर अन्तिम क़दम तक चुनाव की योजना

तैयार की गयी (जबकि अन्य दल अन्तिम मील तक की योजना बनाने के आदी थे) और पूरी सूक्ष्मता के साथ इस योजना को मैदान पर लागू किया गया।

गुजरात का मुख्यमन्त्री बनने के समय से ही नरेन्द्र मोदी की छवि एक निर्णायक नेता की रही थी, ऐसा नेता जिसने जो कह दिया वह कर के दिखाया। जबकि दूसरी तरफ़ राहुल गांधी एक अनिच्छुक नेता की छवि बना चुके थे। कांग्रेस पार्टी ने भी अपने प्रधानमन्त्री पद के दावेदार के बारे में कोई स्पष्टता नहीं दी। ऐसे कयास लगाये जा रहे थे कि चुनाव जीतने के बाद राहुल गांधी को प्रधानमन्त्री बनाया जाता। असमर्पित मतदाताओं का एक बड़ा वर्ग था जो न तो भाजपा के समर्थक थे और न ही कांग्रेस के साथ जुड़े थे, यह वर्ग किसी अनिच्छुक अथवा ढुलमुल प्रधानमन्त्री के पक्ष में मतदान करने को तैयार नहीं था। इसका लाभ सीधे-सीधे मोदी को मिला। बिना जाने-समझे ही भारत के मतदाताओं ने संसदीय चुनाव को राष्ट्रपति चुनावों का रूप दे दिया।

स्टॉक बाज़ार में प्रशिक्षण हासिल कर चुका एक राजनेता मोदी को रणनीतिक एवं संगठनात्मक समर्थन लाकर दे रहा था। न्यायालय के निर्णय के कारण इस व्यक्ति को दो साल तक गुजरात से तड़ीपार रहना पड़ा था। यह नेता था अमित शाह। पीके (प्रशान्त किशोर) एक अन्य व्यक्ति था जिसने चुनाव की गतिकी तथा प्रविधि को पूरी तरह से बदलकर रख दिया था। वह ब्रिटेन में सार्वजनिक स्वास्थ्य सेवाओं का विशेषज्ञ रहा था। यह नौकरी छोड़कर पीके ने मोदी के लिए काम करना शुरू कर दिया। गुजरात के 2012 के विधानसभा चुनावों में पहली बार पीके ने ख़ुद को चुनावों के अतिसूक्ष्म नियोजन के कार्य में संलिप्त किया। मोदी तीसरा कार्यकाल हासिल करने के लिए चुनाव में उतरे थे। मोदी का पूरा भरोसा हासिल करने के बाद ही 2013 में प्रशान्त किशोर ने सिटीजंस फॉर अकाउंटेबल गवर्नमेंट (कैग) के नाम से अपनी संस्था की स्थापना की। 2014 के लोकसभा चुनावों में उसने प्रचार तथा मतदान केन्द्र के प्रबन्धन की ज़िम्मेदारियाँ भी सँभाल लीं। पीके ने अलग-अलग प्रकार के समारोहों का आयोजन किया तथा इनका जनसंवाद के मॉडल के रूप में परीक्षण करके देखा। चाय पर चर्चा, 3डी रैलियाँ, रन फॉर यूनिटी, सरदार पटेल की महाकाय प्रतिमा बनवाने के लिए पूरे देश से पुराने तथा अप्रयुक्त कृषि उपकरणों का संग्रह करना, आदि।

मोदी स्वयं भी चुनावों तथा शक्ति संघर्ष के बारे में बड़ी पैनी समझ रखते हैं। उन्होंने चिड़िया की आँख पर एकाग्र दृष्टि जमा ली थी। अतीत में ग़ैर-हिन्दी भाषी क्षेत्र से आने वाले दो प्रधानमन्त्री–मोरारजी देसाई तथा एच.डी. देवगौड़ा–इसीलिए

असफल हो गये थे क्योंकि हिन्दी पट्टी में इनका कोई जनाधार नहीं था। इन्द्र कुमार गुजराल तथा मनमोहन सिंह अपने दम पर प्रधानमन्त्री नहीं बने थे। ऐतिहासिक रूप से उत्तर प्रदेश ने प्रधानमन्त्री बनने के सबसे अधिक अवसर प्रदान किये हैं। सभी नामवर प्रधानमन्त्रियों ने उत्तर प्रदेश से चुनाव लड़ा है। मोदी ने भी उत्तर प्रदेश से चुनाव लड़ने का निर्णय लिया और गंगापुत्र बनकर वाराणसी निर्वाचन क्षेत्र में पहुँच गये। उनके दायें हाथ अमित शाह को विशिष्ट रूप से वाराणसी चुनाव का निरीक्षण करने का उत्तरदायित्व दिया गया। उनको प्रत्याशियों का चयन करने तथा संसाधनों का इस्तेमाल करने की अबाध छूट दे दी गयी। समाजवादी पार्टी (सपा) तथा बहुजन समाज पार्टी (बसपा) का चुनाव में कूदना भी मोदी के लिए लाभकारी साबित हुआ। समाजवादी पार्टी कांग्रेस विरोध में चुनाव लड़ने का दावा कर रही थी लेकिन इन्होंने सोनिया तथा राहुल के विरुद्ध प्रत्याशी उतारे ही नहीं जिससे उनके कांग्रेस विरोधी मिथ्या दावों का भंडा फूट गया। मायावती ने संप्रग-2 सरकार को समर्थन प्रदान किया था तथा यह माना जा रहा था कि उनकी पार्टी भी कांग्रेस के साथ ही जायेगी। इसका नतीजा यह निकला कि कांग्रेस के कुशासन के विरुद्ध पड़ने वाले सभी मत सपा, बसपा तथा भाजपा के बीच आपस में बँटने की बजाय बड़ी संख्या में भाजपा की झोली में आ गये।

इस पूरी दौड़ में 'आप' को खेल बिगाड़ने वाला कहा गया। अरविन्द केजरीवाल ने वाराणसी में नरेन्द्र मोदी को चुनौती दी तो राहुल गांधी को चुनौती देने के लिए कुमार विश्वास ने अमेठी में डेरा डाल लिया। वाराणसी के साथ-साथ मोदी ने वडोदरा से भी नामांकन भरा। इसी से अन्दाज़ा लगा सकते हैं कि वे उत्तर प्रदेश में अपनी जीत के प्रति कितने आश्वस्त थे! पिछले चुनावों के परिणामों की समीक्षा करने के बाद मोदी ने वाराणसी सीट का चयन किया था। मण्डलोत्तर दौर में 1991 से लेकर 2009 तक 6 लोकसभा चुनाव हो चुके थे। 2004 को छोड़ दें तो बाक़ी पाँच बार भाजपा ने चुनाव जीता था। अपनी स्थिति को और अधिक मज़बूत बनाने के लिए मोदी ने कुर्मी समाज (खेती-बाड़ी के काम में संलग्न पिछड़े वर्ग की एक जाति) की प्रतिनिधि पार्टी अपना दल को वाराणसी के आस-पास की दो सीटें प्रदान कर दीं। मोदी के निर्वाचन क्षेत्र में कुर्मियों की अच्छी-ख़ासी संख्या है। 'आप' के अरविन्द केजरीवाल के साथ-साथ कांग्रेस, समाजवादी पार्टी तथा बहुजन समाज पार्टी ने भी चुनाव में अपने-अपने प्रत्याशी उतार दिये जिसका सीधा फ़ायदा मोदी को पहुँचा। चुनाव-प्रचार के दौरान केजरीवाल ने मोदी को कड़ी टक्कर दी।

मोदी को अच्छा ख़ासा समय वाराणसी में बिताने के लिए मजबूर होना पड़ा। मोदी को 5,81,022 मत मिले, केजरीवाल ने 2,09, 238 मत लिए जबकि सपा, बसपा तथा कांग्रेस के प्रत्याशियों ने कुल मिलाकर 1,81,484 मत हासिल किये। यह तो निश्चित है कि यदि मोदी और केजरीवाल की सीधी टक्कर भी होती तो भी जीत तो मोदी की ही होनी थी, लेकिन मत अन्तर में बड़ा फ़र्क़ तो आ ही सकता था। मोदी-युग की छह सालों की चुनावी रणनीति का अनुभव हासिल कर लेने के बाद हम यह कयास लगा सकते हैं कि केजरीवाल के अतिरिक्त अन्य तीनों दलों ने योजना अथवा रणनीति के तहत अपने प्रत्याशी उतारे थे या उनका यह निर्णय दल की सोच पर आधारित था। यह प्रश्न अभी भी अनुत्तरित है कि विपक्ष वाराणसी में सर्वसम्मति से एक मज़बूत प्रतिद्वन्द्वी उतारने में असफल क्यों रहा? इस चुनाव के बारे में एक अन्य दिलचस्प तथ्य यह है कि मोदी ने बाक़ी चारों उम्मीदवारों की तुलना में सबसे कम ख़र्चा किया था। लोकसभा चुनाव लड़ने वाले उम्मीदवारों के लिए ख़र्च सीमा 70 लाख रुपये निर्धारित की गयी है। निर्वाचन आयोग को दिये गये ख़र्च विवरण के आधार पर हम पाते हैं कि कांग्रेस के अजय राय ने 32,12,470 रुपये, आप के अरविन्द केजरीवाल ने 22,72,000 रुपये, सपा के कैलाश चौरसिया ने 9,74,707 रुपये, बसपा के वी. पी. जायसवाल ने 8,20,000 रुपये तथा भाजपा के नरेन्द्र मोदी ने 5,83,099 रुपये ख़र्च किये थे। 2 मार्च 2015 को *इकनोमिक टाइम्स* में प्रकाशित निधि शर्मा की रिपोर्ट के अनुसार 26 मई 2014 को राष्ट्रपति भवन में आयोजित किये गये शपथ-ग्रहण समारोह पर 34 लाख रुपये ख़र्च किये गये थे।

अमेठी में राहुल गांधी ने स्मृति ईरानी को 1 लाख से अधिक वोटों से हरा दिया। यहाँ सबसे बुरी गत कुमार विश्वास की हुई जो केवल 25,527 मत हासिल करके चौथे स्थान पर रहे, इनको तीसरे स्थान पर स्थित उम्मीदवार की तुलना में आधे से भी कम मत मिले थे। 2004 के चुनाव में राहुल गांधी ने अमेठी से 66.18 प्रतिशत मत प्राप्त किये थे, 2009 में उनका यह आँकड़ा बढ़कर 71.78 प्रतिशत तक पहुँच गया। लेकिन 2014 के चुनाव में उनको केवल 46.71 प्रतिशत मत मिले, यानी कि 2009 की तुलना में उनके मत प्रतिशत में 25 प्रतिशत से भी ज़्यादा की गिरावट आयी। लेकिन आँकड़े यह कहानी बयान नहीं कर सकते कि कुमार विश्वास ने जी-जान लगाकर चुनाव लड़ा था और 5 महीने तक अमेठी में डेरा डालकर प्रचार अभियान चलाया था। कुमार विश्वास का अभियान ही राहुल गांधी के वोटों में गिरावट का सबसे बड़ा कारण था। 2014 में मोदी ने वाराणसी से 56.37 प्रतिशत

मत हासिल किये और 2019 की मोदी लहर में उनका मत प्रतिशत बढ़कर 63.62 पर जा पहुँचा।

उस समय तक सोशल मीडिया को वक़्त की बर्बादी माना जाता था। पहली बार टीम मोदी ने ही चुनाव अभियान के एक गम्भीर तथा प्रभावी माध्यम के रूप में सोशल मीडिया का प्रयोग करके दिखाया। अतीत में कृषि के क्षेत्र में तकनीकी का इस्तेमाल भारत में खाद्य सुरक्षा में सहायक रहा था। इसी तर्ज़ पर 2014 में मोदी के पक्ष में वोट लाने के लिए सभी आधुनिक सम्प्रेषण तकनीकों का पुरज़ोर इस्तेमाल किया गया। एक राजनेता के रूप में मनमोहन सिंह अत्यन्त मितभाषी व्यक्ति हैं, यदा-कदा बोलते भी हैं तो श्रोताओं को निद्रालीन कर देते हैं। इसके विपरीत मोदी जनसम्प्रेषण की कला में सिद्धहस्त हैं। गुजरात का मुख्यमन्त्री रहते हुए वे श्रोताओं को बाँधकर रखने की कला में निपुणता हासिल कर चुके थे। उनकी सबसे बड़ी शक्ति यही है कि उनको मालूम होता है श्रोता कौन-सी बात सुनना चाहते हैं। वे आमजन के साथ पूरा तारतम्य स्थापित कर लेते हैं। सोशल मीडिया मंचों के माध्यम से उन्होंने पहली बार मतदान करने योग्य हुए युवा मतदाताओं को बहुत प्रभावित किया। 2014 तक भारत में लगभग 8 करोड़ इंटरनेट कनेक्शन हो चुके थे। देश के कोने-कोने में पहुँचने के लिए टीम मोदी ने गूगल हैंगआउट्स तथा सोशल नेटवर्क का प्रयोग किया। चुनावों के बाद ट्विटर इंडिया ने उद्घाटन किया कि 2014 के चुनाव प्रचार की शुरुआत से लेकर मोदी के शपथ-ग्रहण के दिन तक 5 करोड़ 80 लाख ट्वीट्स की गयी थीं।

हालाँकि गोधरा का भूत सदा से ही बेताल की तरह मोदी के कन्धे पर सवार रहा लेकिन अब उन्होंने इस मुद्दे को भी अपने हक़ में इस्तेमाल करना सीख लिया। अनिश्चय की स्थिति में फँसे हुए मतदाताओं के लिए उनकी एक सफल मुख्यमन्त्री की छवि प्रस्तुत की गयी जो अपने वादे पूरे करता है। कट्टर हिन्दुत्ववादी मतदाताओं को मोदी के रूप में देश को धर्मनिरपेक्षता की आड़ में मुसलमानों का तुष्टिकरण करने वाले नेताओं से मुक्ति पाने का अवसर मिल गया। 2014 में भारत में मुसलमानों की जनसंख्या लगभग 18 करोड़ थी। 543 सीटों में से 218 सीटों पर मुसलमानों की जनसंख्या 10 प्रतिशत से अधिक है। मुस्लिम जनसंख्या का ब्यौरा इस प्रकार दिया जा सकता है–35 सीटों पर 30 प्रतिशत से अधिक मुसलमान हैं, 38 सीटों पर इनकी जनसंख्या 21-30 प्रतिशत है, और 145 सीटों पर 11-20 प्रतिशत मुस्लिम जनसंख्या है। भाजपा के उभरने के बाद मुसलमान लामबन्द होकर मतदान करने लगे हैं। उनका केवल एक ही पैमाना होता है–ऐसे दल या उम्मीदवार के पक्ष

में मतदान करना जो भाजपा को हरा सकता हो। मुसलमान वोटों की लामबन्दी भी भाजपा के लिए फ़ायदे का सौदा साबित हुई है क्योंकि इसकी प्रतिक्रिया में हिन्दू मतदाता भी लामबन्द हुए।

मुसलमान भारत की जनसंख्या का लगभग 14 प्रतिशत हैं। समानुपाती प्रतिनिधित्व के सिद्धान्त पर जायें तो लोकसभा की 545 में से 76 सीटों पर मुस्लिम प्रतिनिधियों का चयन होना चाहिए। 1980 के चुनाव में 49 मुस्लिम सांसद चुनकर आये थे, यह भारत के लोकसभा चुनावों के इतिहास की सबसे बड़ी संख्या है। जैसा कि पहले से ही अपेक्षित था, हिन्दू वोटों की लामबन्दी के कारण केवल 22 मुस्लिम सांसद ही संसद में पहुँच सके। प्रथम लोकसभा के बाद यह मुस्लिम सांसदों की सबसे कम संख्या है। 2014 के लोकसभा चुनाव में यह कीर्तिमान भी स्थापित किया गया कि देश के इतिहास में पहली बार उत्तर प्रदेश से एक भी मुस्लिम सांसद लोकसभा में नहीं पहुँच पाया। 2017 के उत्तर प्रदेश विधानसभा चुनावों में भाजपा ने 403 में से एक भी सीट पर किसी मुस्लिम प्रत्याशी को टिकट नहीं दिया। देश के सबसे बड़े राज्य में, जो 80 सांसद चुनकर भेजता है, अल्पसंख्यकों के तुष्टिकरण का जवाब देने के लिए बहुसंख्यकों के तुष्टिकरण की नीति अपना ली गयी। 2019 के लोकसभा चुनावों में बड़ा दिल दिखाते हुए भाजपा ने 6 मुसलमान प्रत्याशियों को टिकट दिया, 3 को बंगाल से तथा 3 को जम्मू-कश्मीर से। सौमित्रा खान इनमें से एक प्रत्याशी हैं, तृणमूल कांग्रेस छोड़कर ये भाजपा में शामिल हुए तथा चुनाव जीता। ये अपने नाम में खान तो लगाते हैं लेकिन मूलतः हिन्दू हैं।

2014 में देश ने पहली बार टीम मोदी को चुनाव जीतने तथा सत्ता हासिल करने के मक़सद से पूरी तन्मयता और समर्पण के साथ काम करते हुए देखा। इनकी टीम साल में हर दिन चौबीसों घण्टे काम करती है। टीम मोदी स्पष्टता के साथ सोचती है, पूरी सूक्ष्मता के साथ योजना बनाती है और चुनाव जीतना ही इनका एकमात्र उद्देश्य होता है। मुझे जॉर्ज फ़र्नांडीस के साथ जुड़कर काम करने का सौभाग्य प्राप्त है। जॉर्ज सदैव ऊर्जा से भरे रहते थे, हमेशा व्यस्त रहते थे, एक साथ बहुत से कामों में हाथ फँसाये रहते थे और हर बार ही उनके पास काम ज़्यादा होता था और वक़्त बहुत कम। उनके कुछेक राजनैतिक निर्णयों पर सवाल उठाये जा सकते हैं लेकिन अपनी तमाम व्यस्तताओं के बावजूद जॉर्ज जीवन के बाक़ी उदात्त पहलुओं को समय देना भी नहीं भूलते थे। वे पढ़ने के बहुत शौक़ीन थे। अख़बारों-पत्रिकाओं में लेख भी लिखा करते थे। इसके साथ-साथ वे अपने पार्टी सदस्यों तथा अन्य लोगों को व्यक्तिगत पत्र लिखना भी नहीं भूलते थे। वे मज़दूर

संघों की गतिविधियों का आयोजन करते थे, समाज के अलग-अलग वर्ग के लोगों से मिलते थे, मानवाधिकार कार्यकर्ताओं के सम्पर्क में रहते थे, और तिब्बत एवं म्यांमार को अधिकार दिलवाने के लिए विरोध में शामिल होते थे। चुनाव जॉर्ज की लम्बी-चौड़ी व्यस्तताओं का एक पहलू भर हुआ करता था। टीम मोदी कविता या लेख लिखने को बकवास कवायद समझती है। नये भारत का प्रधानमन्त्री पत्रकार वार्ता नहीं करता है, विदेशी दौरों पर पत्रकारों को साथ ले जाने की रवायत भी उसने तोड़ दी है। मोदी एकालाप वाले व्यक्ति हैं, संवाद को उन्होंने अतीत के घूरे पर फेंक दिया है। उनकी टीम चुनावी गणित में इस कदर तल्लीन रहती है कि प्रत्येक सीट के ऊपर पूरी विस्तृत चर्चा की जाती है, यहाँ तक कि विपक्षी नेताओं पर भी एक-एक कर के शोध किया जाता है। यहाँ मैं अपने भाई के बारे में एक निजी वृत्तान्त बताना चाहता हूँ। जब 2014 का चुनाव प्रचार शुरू हुआ तब मेरे भाई कांग्रेस के सांसद थे। कांग्रेस की जीत की सम्भावनाएँ बहुत कम थीं। कोई नौसिखिया भी बता सकता था कि कश्ती डूबने वाली है। भाजपा के एक सांसद मेरे भाई के दिल्ली स्थित निवास पर आये तथा उनको भाजपा के टिकट पर चुनाव लड़ने के लिए मनाने लगे। उन्होंने मेरे भाई को याद दिलाया कि 2009 के लोकसभा चुनावों के लिए आपको टिकट देते वक़्त कांग्रेस ने आपके साथ कितना दुर्व्यवहार किया था! सभी प्रकार के प्रलोभन दिये गये। लेकिन मेरे भाई प्रलोभन में नहीं फँसे, कांग्रेस के टिकट पर चुनाव लड़ा और हार गये। मेरे भाई द्वारा नामांकन पत्र भरने के बाद एक और घटना हुई। नाम वापिस लेने का आख़िरी दिन आने से कुछ समय पहले एक कांग्रेसी नेता मेरे समाचार-पत्र के लखनऊ कार्यालय में आये, कांग्रेस पार्टी के अन्दर की ओछी राजनीति के बारे में यहाँ-वहाँ की बातें कीं और फिर अन्त में नामांकन वापिस लेने के लिए पैसे की पेशकश कर दी। यदि उस समय नामांकन वापिस ले लिया जाता तो कांग्रेस इतनी जल्दी में दूसरे प्रत्याशी का नामांकन नहीं भरवा पाती और उस सीट पर भाजपा को कांग्रेस से चुनौती ही नहीं मिलती। जितने पैसे की उन्होंने पेशकश की थी उससे लगभग आधा क्विंटल सोना ख़रीदा जा सकता था। कहने का तात्पर्य यह है कि बहुत से कांग्रेसियों को इसी प्रकार के प्रलोभन दिये गये थे जिनमें से कुछेक रातों-रात दल बदलने के लिए राज़ी हो गये और भाजपा के टिकट से सांसद बन गये या फिर अन्तिम समय पर नामांकन वापिस ले लिया। टीम मोदी के लिए चुनाव जीतना ही सबसे बड़ा दर्शन और सर्वोच्च आदर्श है।

टिप्पणियाँ

1. इस पुस्तक का अध्याय 3 देखें।

अध्याय अठारह

नोटबन्दी

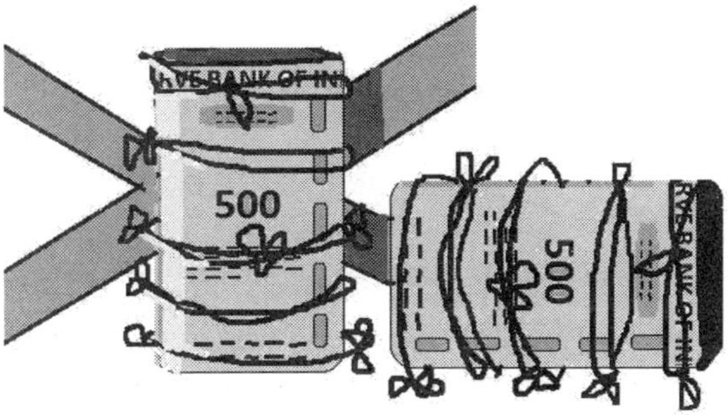

देश ने क्या पाया क्या खोया?

8 नवम्बर 2016, मंगलवार

8 नवम्बर 2016 के दिन बॉम्बे स्टॉक एक्सचेंज में रोज़मर्रा की तरह नियमपूर्वक कारोबार चल रहा था। 132 अंकों की बढ़ोतरी के साथ 27,591 के अंक पर पहुँचकर सेंसेक्स बन्द हुआ था। शाम तक आम सा दिन चल रहा था लेकिन दिन ढले प्रधानमन्त्री नरेन्द्र मोदी ने अपने मन्त्रिमण्डल की बैठक बुलाई। बैठक समाप्त होने के बाद प्रधानमन्त्री रात 8:15 बजे राष्ट्र के नाम अपना सन्देश देने के लिए टेलीविज़न पर अवतरित हुए। उनके 'मित्रों' बोलते ही सारा माहौल बदल गया। देश के बड़े हिस्से के लिए 'मित्रों' शब्द अशुभ-सूचक बन गया और लम्बे समय तक लोग इस शब्द से भय खाते रहे। अपने सन्देश में नरेन्द्र मोदी ने बताया कि उनकी सरकार ने 500 तथा 1000 रुपये के सभी नोटों का विमुद्रीकरण कर दिया है। इस क़दम के पीछे सरकार की यह मंशा थी कि काले धन को व्यवस्था से बाहर निकाला जाये तथा अर्थव्यवस्था में घुस चुकी जाली मुद्रा के स्रोत पर प्रहार किया जाये। यह

आकलन लगाया गया कि 500 तथा 1000 के कुल 15.41 लाख नोटों में से लगभग 20 प्रतिशत जाली नोट थे। यह भी कहा गया कि हमारा पड़ोसी देश जाली मुद्रा छाप-छाप कर भारत की अर्थव्यवस्था में इनका प्रसार कर रहा था। यह मुद्रा उनके सरकारी छापाखाने में मुद्रित की जाती थी और इस बात का भरपूर प्रयास किया जाता था कि यह जाली मुद्रा भी असल भारतीय मुद्रा के समरूप ही लगे।

विमुद्रीकरण के पक्ष में यह तर्क भी दिया गया कि इस क़दम के द्वारा आतंकवाद तथा नक्सलवाद की समस्या पर भी सफलतापूर्वक नकेल लगाई जा सकेगी। इस दौरान प्रधानमन्त्री मोदी ने भी एक-के-बाद-एक कई भावुकता भरे भाषण दिये। ऐसे ही एक भावुक भाषण के दौरान उन्होंने राष्ट्र से विनती की कि देश इस 'दर्द' को 'पचास दिन' के लिए बर्दाश्त कर ले, इसके बाद वे (प्रधानमन्त्री) उनकी सभी समस्याओं का निवारण कर देंगे तथा देश को भ्रष्टाचार, काले धन आदि की समस्याओं से मुक्ति दिलवा देंगे। साथ ही यह वादा भी किया गया कि विमुद्रीकरण के द्वारा एक मज़बूत अर्थव्यवस्था का निर्माण होगा तथा सभी के लिए रोज़गार उपलब्ध करवाने का सुनहरा मार्ग भी खुल जायेगा। भारतीय रिज़र्व बैंक (आरबीआई) ने दिशा-निर्देश ज़ारी कर दिये कि 31 दिसम्बर 2016 तक विमुद्रीकृत नोटों को बैंक में जमा करवाया जा सकता है। क़ायदे से तो अपने पास उपलब्ध सम्पूर्ण मुद्रा का विनिमय करना प्रत्येक नागरिक का अधिकार होना चाहिए लेकिन सच यह है कि बहुत से प्रतिबन्धों तथा कठोर नियमों के अन्तर्गत नवीन मुद्रा लोगों को उपलब्ध करवाई गयी। पहले तो प्रत्येक व्यक्ति को प्रतिदिन केवल 4,000 रुपये की मुद्रा का विनिमय करने की अनुमति प्रदान की गयी। बाद में इस सीमा का विस्तार करते हुए प्रतिदिन 4,500 रुपये के विनिमय की अनुमति मिली। थोड़े दिन बाद ही इस सीमा को घटाकर प्रतिदिन 2,000 रुपये के विनिमय पर ले आया गया। 25 नवम्बर के बाद से मुद्रा विनिमय अचानक से रोक दिया गया। दूसरी पूर्वशर्त नक़दी आहरण पर लगाई गयी–शुरुआत में प्रतिदिन 10,000 रुपये तथा प्रति सप्ताह 20,000 रुपये के आहरण की अनुमति प्रदान की गयी। लेकिन इसमें भी परिवर्तन किये गये और अन्ततः 13 मार्च 2017 को जाकर आहरण पर लगे सभी प्रतिबन्धों को समाप्त किया गया। सबसे बुरी हालत एटीएम आहरण की थी। प्रत्येक व्यक्ति को प्रतिदिन केवल 2,000 रुपये का आहरण करने की अनुमति मिली थी। एटीएम में मुद्रा की कमी रहती थी, बहुत से एटीएम ख़ाली पड़े रहते थे। एटीएम मशीनों का नये नोटों के आकार के अनुरूप मापन भी नहीं किया गया था जिसकी वजह से लोगों की चिन्ता तथा संशय में इज़ाफ़ा हुआ।

बैंकों के सामने लम्बी-लम्बी क़तारें लगने लगीं और लोगों को बहुत कठिनाइयों-कष्टों का सामना करना पड़ा। लोग इस उम्मीद में बड़े संयम-सब्र के साथ इन कठिनाइयों को झेलते चले गये कि इस कड़े निर्णय के द्वारा मोदीजी देश से भ्रष्टाचार का सफ़ाया कर देंगे। लोगों को यक़ीन हो चला था कि अवैध रूप से धन जमा करने वाले अमीरों तथा राजनेताओं को तो हमसे भी ज़्यादा कठिनाइयाँ झेलनी पड़ रही हैं। अन्ततः मोदीजी व्यवस्था में से गन्दगी को पूरी तरह बाहर निकाल देंगे। इस भरोसे ने ही उनको अपनी कठिनाइयों को चुपचाप झेलने का हौसला प्रदान किया। न तो बैंक इस प्रकार के बड़े फ़ैसले से निपटने के लिए तैयार थे और न ही आरबीआई ने कोई तैयारी कर रखी थी। अक्तूबर में जाकर आरबीआई ने नयी मुद्रा छापनी शुरू की। मोदी सरकार के इस औचक फ़ैसले ने स्त्रीधन को भी पूरी तरह से मिटाकर रख दिया। पूरे देश में सभी परिवारों में–चाहे वे धनाढ्य परिवार हों अथवा निर्धन, शिक्षित हों या अशिक्षित, शहरी परिवार हों या ग्रामीण–परिवार की स्त्रियाँ अलग से धन जोड़कर रखा करती थीं (पता नहीं यह परम्परा अब भी बची है अथवा नहीं)। इस धन के बारे में केवल उस स्त्री को ही पता होता था और आवश्यकता पड़ने पर वह इस बचाये हुए धन के द्वारा अपना तथा अपने परिवार का काम चला लिया करती थी। स्त्रियाँ बिस्कुट के डिब्बों, बर्तनों, सिंक के नीचे अथवा अलमारी के पीछे यानी कि परिवार के मर्दों तथा अन्य सदस्यों की टोही नज़रों से छुपा कर थोड़ा-बहुत धन छुपाकर रख देती थीं। यह धन बुरे वक़्त में उनको सुरक्षा प्रदान करने का माध्यम बन जाता था। स्त्रियाँ स्कूल की फ़ीस, ब्याह-शादी, अस्पताल-दवाई का ख़र्चा या भोजन-भात आदि का प्रबन्ध करने हेतु आवश्यकतानुसार इस धन का इस्तेमाल कर लिया करती थीं। बहुत कम स्त्रियों ने अपने ख़ुद के नाम से बैंक खाते खुलवा रखे थे इसलिए उनके पास अपनी बचत को छुपाकर रखने के अलावा और कोई चारा नहीं था। विमुद्रीकरण लागू होने के बाद परिवार के पुरुषों के सामने इस स्त्रीधन का राज़ खुला लेकिन साथ ही देश की आधी आबादी अपनी मेहनत से जमा की गयी बचत से हाथ धो बैठी। चूँकि अधिकांश स्त्रियों को बैंकिंग व्यवस्था तक न तो पहुँच उपलब्ध थी और न ही उनके पास बैंक की क्रियाविधि की कोई जानकारी थी, इसलिए मोदी सरकार के इस फ़ैसले से स्त्रियों के ऊपर बहुत आफ़त आयी।

आलोचकों ने भाजपा सरकार द्वारा उच्च मान की मुद्रा को अमान्य घोषित करने के निर्णय पर बहुत से सवाल उठाये। इनमें से एक सवाल विमुद्रीकरण के लिए चुने गये समय से सम्बन्धित है। हालाँकि मोदी तथा भाजपा सदैव अपने इस निर्णय का बचाव करते रहे लेकिन राजनैतिक हलकों में यह खुसर-पुसर चलती रही कि

उत्तर प्रदेश का विधानसभा चुनाव जीतने के लिए भाजपा ने विमुद्रीकरण लागू किया था। चूँकि चुनाव में पैसा पानी की तरह बहाया जाता है, इसलिए अपने विरोधियों का धन-बल तोड़ने के लिए मोदी सरकार ने अपने विरोधियों के पास उपलब्ध धन को ही अमान्य घोषित करवा दिया। युवा एवं ऊर्जस्वी अखिलेश यादव के नेतृत्व में समाजवादी पार्टी ने अपने कार्यकाल में ठीक-ठाक शासन उपलब्ध करवाया था। इस चुनाव में कांग्रेस ने प्रशान्त किशोर को अपना सलाहकार बनाया था। मायावती की तिजोरियों में बहुत धन भरा था और उनके पास अपना बँधा-बँधाया वोट बैंक भी उपलब्ध था जिनके दम पर वे अखिलेश यादव को सत्ताच्युत करने का सपना पाले हुए थीं। तब तक मोदी ने अपने दम पर किसी राज्य का चुनाव जीतकर नहीं दिखाया था। इस क़दम के बाद यह बात सबके सामने खुलकर आ गयी कि भाजपा केवल चुनाव जीतने को ही महत्त्व देती है और अपनी जीत सुनिश्चित करने के लिए कोई भी अस्त्र आजमाने में झिझक नहीं करेगी। यह दल अन्त भला तो सब भला के दर्शन को अपना चुका है। यदि किसी सरकारी निर्णय के द्वारा विपक्ष के हाथ बाँधे जा सकते हैं तो उस निर्णय को लेने में कोई दो राय नहीं होनी चाहिए। भारत में पैसे के दम पर ही चुनाव लड़ा जाता है। प्रचार अभियान में अवैध नक़दी पानी की तरह बहाई जाती है और वोट ख़रीदने का कोई मौक़ा हाथ से जाने नहीं दिया जाता। हालाँकि आधिकारिक रूप से व्यय-सीमा निर्धारित की जा चुकी है लेकिन सब जानते हैं कि प्रत्यक्ष एवं अप्रत्यक्ष रूप से निर्धारित सीमा से बहुत अधिक पैसा ख़र्च किया जाता है। इसीलिए भाजपा सरकार ऐसा नियम लेकर आयी कि नक़दी पास में होते हुए भी विपक्षी दल चुनाव में इस नक़दी का इस्तेमाल नहीं कर पाये। विमुद्रीकरण ने मायावती तथा अखिलेश के प्रचार अभियान पर बहुत बुरा असर डाला। चूँकि भाजपा को विमुद्रीकरण के बारे में पहले से ही पता था इसलिए इसने तैयारी करके रखी थी और प्रचार अभियान में इनको लाभ पहुँचा।

शुरुआत में सभी बैंकों तथा डाकखानों को पुरानी मुद्रा जमा करने हेतु अधिकृत किया गया। लेकिन पाँच दिन बाद ही 15 नवम्बर को सरकार ने ज़िला सहकारी बैंकों पर निषेधाज्ञा लगा दी। इन बैंकों में बड़े पैमाने पर अनियमितताएँ सामने आने के कारण यह निर्णय लिया गया था। विशेषकर दो बैंकों ने मौक़े का फ़ायदा उठाने की कहावत को चरितार्थ करके दिखा दिया। अहमदाबाद ज़िला सहकारी बैंक (एडीसीबी) तथा राजकोट ज़िला सहकारी बैंक (आरडीसीबी) ऐसे ही दो मौक़ापरस्त बैंक थे। भाजपा के अमित शाह बहुत सालों तक एडीसीबी के चेयरमैन रह चुके थे। सन् 2000 में तो ये इस बैंक के अध्यक्ष भी रहे थे। देश भर में विमुद्रीकृत

नोट जमा करने वाले ज़िला सहकारी बैंकों में एडीसीबी सर्वोच्च स्थान पर था, इस बैंक ने 745.59 करोड़ रुपये के विमुद्रीकृत नोट जमा किये थे। दूसरे स्थान पर आरडीसीबी था। इस बैंक ने 693.19 करोड़ की पुरानी मुद्रा जमा की। उस समय गुजरात मन्त्रिमण्डल के एक मन्त्री जयेशभाई विट्ठलभाई राडाडिया इस बैंक के चेयरमैन भी थे। देश भर में 370 ज़िला सहकारी बैंकों ने कुल 22,271 करोड़ रुपये की पुरानी मुद्रा जमा की थी, यानी कि प्रत्येक बैंक ने औसतन 60 करोड़ रुपये की मुद्रा ली। यहाँ हमें इस तथ्य से भी नज़र नहीं फेरनी चाहिए कि नरेन्द्र मोदी ने 2001 में पहली बार राजकोट से ही चुनाव लड़ा था।

विमुद्रीकरण के दो वर्ष बाद जो आँकड़े ज़ारी किये गये उनसे अलग ही कहानी खुलकर सामने आती है। 500 तथा 1000 के लगभग 15.41 लाख करोड़ मूल्य के नोट बाज़ार में उपलब्ध थे। इनमें से 15.30 लाख करोड़ के नोट बैंकों में वापिस जमा करवा दिये गये। इसका यह अर्थ हुआ कि केवल 10,270 करोड़ के नोट ही बैंकों के पास वापिस नहीं पहुँचे, इन्हीं को काला धन अथवा जाली मुद्रा बताकर पूरे देश में विमुद्रीकरण लागू किया गया था। 2018 में आरबीआई ने एक रिपोर्ट प्रकशित की जिसमें उद्घाटन किया गया कि कुल विमुद्रीकृत मुद्रा का 99.3 प्रतिशत बैंकों में जमा करवा दिया गया था। स्वतन्त्र भारत में 1978 में जनता पार्टी की सरकार ने पहली बार विमुद्रीकरण किया था। इसके पीछे भी काले धन को कारण बताया गया था। 16 जनवरी 1978 को अध्यादेश पारित करके सरकार ने 1000, 5000 तथा 10,000 के नोटों का विमुद्रीकरण कर दिया, 30 मार्च 1978 को सरकार ने इस विधेयक को अधिनियम बनाकर पारित करवा दिया। हालाँकि जनता पार्टी सरकार ने विमुद्रीकृत मुद्रा जमा करवाने के लिए लम्बा समय दिया था लेकिन उसके बावजूद केवल 75 प्रतिशत नोट ही बैंकों में वापिस जमा करवाये गये, बचे हुए 25 प्रतिशत को हम काला धन मान सकते हैं।

इस क़दम के परिणाम लम्बे समय तक देश के सामने आते रहेंगे। भाजपा के कट्टर समर्थक भी निजी बातचीत में विमुद्रीकरण को मोदी-1 राज की सबसे बड़ी ग़लती के रूप में स्वीकार करते हैं। उत्पादन पर नकारात्मक प्रभाव पड़ा, सकल घरेलू उत्पाद (जीडीपी) में गिरावट आने लगी, बेरोज़गारी में वृद्धि हुई तथा अर्थव्यवस्था बेक़ाबू होने लगी। केन्द्रीय प्रत्यक्ष कर बोर्ड (सीबीडीटी) द्वारा 2012 में प्रकाशित की गयी रिपोर्ट में बताया गया था कि भारत में काले धन को बेनामी सम्पत्तियों, सोने-चाँदी एवं आभूषणों के रूप में छुपाकर रखा ज़ाता है। अनुमान

लगाया गया कि केवल 6 प्रतिशत काला धन ही नक़दी के रूप में उपलब्ध है। ऐसे में पूरे देश को क़तारबद्ध करने के पीछे कोई तुक नज़र नहीं आता। भारत में अधिकांश श्रमिक दैनिक मज़दूरी-दिहाड़ी करके जीविका अर्जित करते हैं। तीव्र गति से वृद्धि होने लगी तो देश में नगरीकरण भी बड़ी तेज़ी से हुआ। ऐसे में निर्माण क्षेत्र लोगों को रोज़गार उपलब्ध करवाने वाला सबसे बड़ा क्षेत्र बनकर उभरा। विमुद्रीकरण का सबसे पहला तथा सबसे बुरा प्रभाव भी निर्माण क्षेत्र पर ही पड़ा जिसके कारण बड़ी संख्या में मज़दूरों की नौकरी गयी। आमदनी का और कोई ज़रिया न होने के कारण इन बेरोज़गार मज़दूरों को अपने गाँव वापस पलायन करना पड़ा।

मोदी ने 2014 में भ्रष्टाचार तथा अर्थव्यवस्था की बुरी हालत को अपने चुनावी अभियान का केन्द्रीय विषय बनाकर प्रस्तुत किया था। यह भारत का प्रथम तथा इकलौता चुनाव था जब लोगों ने भ्रष्टाचार तथा बेरोज़गारी जैसे आमजन के जीवन को प्रभावित करने वाले मुद्दों के आधार पर मतदान किया था। मोदी की सरकार बनने के बाद उनके द्वारा हर भारतीय के खाते में 15 लाख रुपये पहुँचाने के चुनाव-पूर्व वादे पर भी बहुत हल्ला किया गया। अपने पूरे प्रचार अभियान के दौरान मोदी ज़ोर दे-देकर यह दावा करते रहे थे कि वे भ्रष्टाचारियों (विशेषकर नेताओं) द्वारा विदेशों में जमा किये गये काले धन को वापस लेकर आयेंगे। उनके इस दावे ने लोगों को बहुत आकर्षित किया था। उन्होंने बताया कि भ्रष्टाचारियों ने विदेशों में इतना धन जमा कर रखा है कि यदि वह सारा धन वापस ले आया जाये तो प्रत्येक भारतीय के खाते में 15-15 लाख रुपये आ सकते हैं। बहुत से लोगों को लगने लगा कि मोदी की सरकार बनने के बाद उनके खाते में 15-15 लाख रुपये डाले जायेंगे, लेकिन चुनाव जीतने के बाद भाजपा ने यह सफ़ाई देनी शुरू कर दी कि ऐसा कोई वादा किया ही नहीं गया था। भाजपा के कट्टर समर्थक भी यह स्वीकार करते हैं कि हालाँकि विदेशों से काला धन वापस लाने का वादा तो बहुत ज़ोर-शोर से किया गया था लेकिन इस मामले में कोई काम नहीं किया गया। विपक्षियों द्वारा अपने वादे को पूरा करने की चुनौती मिलने के बाद भाजपा इस अजीब-सी स्थिति से बचकर निकलने के रास्ते ढूँढ़ने में लग गयी।

भारतीय अर्थव्यवस्था में काले धन का प्रसार कोई नयी समस्या नहीं है। एक तरफ़ तो काला धन लोगों की क्रयशक्ति में वृद्धि करता है जिसके परिणामस्वरूप माँग, उत्पादन तथा सकल घरेलू उत्पाद में भी वृद्धि होती है। वहीं दूसरी तरफ़ काले धन के कारण आय के अघोषित स्त्रोतों की मात्रा में भी वृद्धि होती है। इस अघोषित

सम्पत्ति को ही मूलतः काला धन कहा जाता है। अलग-अलग सरकारें समय-समय पर इस समस्या का समाधान निकालने हेतु प्रयास करती रही हैं। हालिया दिनों में ही 1997 में वित्तमन्त्री पी. चिदम्बरम् स्वैच्छिक आय प्रकटीकरण योजना (वीडीआईएस) लेकर आये थे जिसके अन्तर्गत ग़बनकर्ताओं को विदेशी विनिमय विनियमन अधिनियम, आयकर अधिनियम, सम्पत्ति कर अधिनियम तथा कम्पनी अधिनियम से प्रतिरक्षा प्रदान की गयी। इस योजना के अन्तर्गत आत्म-मूल्यांकन तथा प्रकटीकरण की सुविधा प्रदान की गयी थी। लगभग 3,50,000 लोगों ने इस योजना का लाभ उठाया तथा 7,500 करोड़ रुपये सरकारी ख़ज़ाने में आये। 2016 के संघीय बजट में वित्तमन्त्री अरुण जेटली एक और आम क्षमा योजना लेकर आये। यह योजना 1 जून से 30 सितम्बर तक लागू रही। इस दौरान लगभग 65,000 लोगों ने लगभग 67,382 करोड़ रुपये की सम्पत्ति का खुलासा किया। सबसे बड़ा खुलासा तो अहमदाबाद के महेश शाह ने किया था, इन्होंने 13,860 करोड़ रुपये की अघोषित सम्पत्ति की घोषणा की थी।

वस्तु एवं सेवा कर (जीएसटी) को लागू करना भी मोदी सरकार एक और बड़ा निर्णय था जिसने अर्थव्यवस्था पर दूरगामी प्रभाव छोड़े। अपनी स्थापित परिपाटी के मुताबिक़ इस निर्णय की घोषणा भी मोदी ने भव्य समारोह का आयोजन करके की थी। यहाँ हम जीएसटी के बारे में बुनियादी जानकारी ले लेते हैं। 1986 में राजीव गांधी के वित्तमन्त्री वी.पी. सिंह ने संशोधित मूल्य वर्धित कर (मोडवैट) लागू किया था। कालान्तर में पूरे देश को एक ही अप्रत्यक्ष कर के नीचे लाने के लिए राज्य सरकारों ने मिलकर काम किया, उनका प्रयास था कि इस कर को सर्वग्राही, बहुस्तरीय तथा गन्तव्य-आधारित बनाया जाये। माकपा सरकार में बंगाल के वित्तमन्त्री रहे असीम दासगुप्ता की अध्यक्षता में जीएसटी समिति ने ज़मीनी काम पूरा किया। 2011 में तृणमूल कांग्रेस ने माकपा को सत्ता से बेदख़ल कर दिया, इसके बाद असीम दासगुप्ता को भी समिति की अध्यक्षता से इस्तीफ़ा देना पड़ा। 12 अप्रैल 2017 को मोदी सरकार ने एक अधिनियम पारित करवाकर पूरे देश में जीएसटी लागू कर दी। स्वतन्त्रता प्राप्ति के बाद संसद के तीन मध्यरात्रि सत्र बुलाये जा चुके थे। प्रथम मध्यरात्रि सत्र तो 1947 में अंग्रेज़ों द्वारा भारत छोड़ने के उत्सव में बुलाया गया था। बाक़ी दो मध्यरात्रि सत्र 1972 तथा 1997 में क्रमशः स्वतन्त्रता की रजत जयन्ती एवं स्वर्ण जयन्ती मनाने हेतु बुलाये गये थे। स्वतन्त्रता का उत्सव मनाना इन तीनों सत्रों का उद्देश्य था। किसी कर योजना, यानी कि जीएसटी, को लागू करने के मुद्दे पर पहली बार संसद का मध्यरात्रि सत्र बुलाया गया था। हालाँकि अभी

यह मूल्यांकन होना बाक़ी है कि जीएसटी आमजन के लिए लाभकारी सिद्ध हुआ है या हानिकारक बनकर आया है। 30 जून-1 जुलाई की रात को संसद का मध्यरात्रि सत्र बुलाकर संविधान के 101वें संशोधन के रूप में जीएसटी को लागू किया गया। विपक्ष ने इस सत्र का बहिष्कार किया। हालाँकि यह दावा किया गया कि 1 जुलाई से ही पूरा भारत एक समेकित जीएसटी व्यवस्था के अन्तर्गत आ गया था लेकिन वास्तविकता यह है कि जम्मू-कश्मीर विधानसभा ने 7 जुलाई 2017 को जीएसटी अधिनियम पारित किया था। इसके बाद पूरा देश समेकित अप्रत्यक्ष कर व्यवस्था के अन्तर्गत आ गया।

उत्पादन प्रक्रिया के भिन्न-भिन्न चरणों पर जीएसटी लगाया जाता है। बाद में सभी पक्षों को यह कर वापस लौटा दिया जाता है। अन्त में उपभोग के स्तर पर यह कर लागू होता है, उत्पत्ति के बिन्दु पर नहीं। यानी कि जिन राज्यों में वस्तुओं एवं सेवाओं का उपभोग किया जाता है वहाँ पर जीएसटी का भुगतान किया जाता है। वस्तुओं एवं सेवाओं का उत्पादन करने वाले राज्यों में यह भुगतान नहीं होता। जीएसटी के द्वारा पेट्रोलियम उत्पादों, एल्कोहोलिक पेय पदार्थों तथा बिजली को छोड़कर अन्य सभी वस्तुओं को केन्द्र एवं राज्य सरकारों द्वारा लगाये जाने वाले अन्य सभी करों से मुक्त कर दिया गया। इन तीन श्रेणियों पर पहले की ही तरह राज्य सरकार अपना स्थानीय कर लगाती है। भारत ने द्वैत जीएसटी मॉडल अपनाया है। राज्य के अन्दर होने वाले किसी भी लेनदेन को एकल राज्य लेनदेन माना जाता है तथा इसपर केन्द्रीय जीएसटी (सीजीएसटी) एवं राज्य जीएसटी (एसजीएसटी) दोनों ही लगाये जाते हैं। जीएसटी कराधान व्यवस्था के अन्तर्गत वस्तुओं एवं सेवाओं की अन्तः-राज्यीय आपूर्ति पर समेकित जीएसटी (आईजीएसटी) लगाया जाता है। आईजीएसटी अधिनियम के अन्तर्गत उपर्युक्त प्रावधान किया गया है। आईजीएसटी का संग्रहण केन्द्र द्वारा किया जायेगा तथा राज्यों का अंश उनको पहुँचा दिया जायेगा। ई-वे बिल वह परमिट होता है जिसके द्वारा एक निश्चित मूल्य से अधिक की वस्तुओं एवं सेवाओं के अन्तः-राज्य एवं अन्तर-राज्य परिवहन की अनुमति प्रदान की जाती है। परमिट में वस्तुओं, प्रेषक, प्रापक तथा परिवाहक का ब्यौरा दर्ज होता है। 1 जून 2018 से आईजीएसटी प्रभाव में आ गया।

जीएसटी दरों में बहुत बार संशोधन किये गये। कर खण्ड में अनेक परिवर्तन किये गये। पहले तीन महीने में ही 7 संशोधन करने पड़ गये। अपने क्लिष्ट प्रारूप तथा बुरी तरह से लागू किये जाने के कारण जीएसटी आलोचना के घेरे में आता

रहता है। यह कहा जाता है जीएसटी अपनाने वाले 115 देशों में से कर की सबसे ज़्यादा दर वसूल करने वालों में भारत दूसरे स्थान पर है। अग्रिम जीएसटी अदायगी करने वाली कम्पनियों के लिए धनवापसी में होने वाली देरी भी चिन्ता का बड़ा विषय है। शुरू-शुरू में सर्वर भी काम नहीं करते थे। भारत में डिजिटल तकनीकी का प्रसार भी इतना ज़्यादा नहीं हुआ था कि बिना काग़ज़ी कार्रवाई के जीएसटी का क्रियान्वयन किया जा सके। एक सकारात्मक प्रभाव यह सामने आया है कि जीएसटी लागू होने के बाद से वस्तुओं के परिवहन में लगने वाले समय में 20 प्रतिशत की कमी आयी है क्योंकि राजमार्गों पर लगे सभी टोल बूथ को हटा दिया गया है। सरकार यह तर्क देती है कि भविष्य में जीएसटी व्यवसाय के लिए लाभकारी साबित होगा। लेकिन जीएसटी के वर्तमान प्रभाव तो उद्योगों, विशेषकर मध्यम एवं लघु उद्योगों, के लिए सकारात्मक ख़बर लेकर नहीं आये हैं। विमुद्रीकरण तथा जीएसटी को भारत के उत्पादन एवं सकल घरेलू उत्पाद में आयी गिरावट के लिए उत्तरदायी ठहराया जाता है।

यदि भारत को विश्वगुरु बनना है तो पहले हमें विश्व में हमारी वास्तविक स्थिति का यथार्थवादी अवलोकन करना होगा। 2012 में संयुक्त राष्ट्र संघ ने विश्व के सभी देशों की सूची बनाकर विश्व ख़ुशहाली सूचकांक प्रकाशित करना शुरू किया। इनकी रिपोर्ट में ख़ुशहाली तथा कष्ट के कारणों का मूल्यांकन किया जाता है। इस रिपोर्ट में जीवन को सकारात्मक तथा नकारात्मक रूप से प्रभावित करने वाले कारकों को भी ध्यान में रखा जाता है। इनका सर्वेक्षण बेरोज़गारी, सामाजिक सहयोग, स्वतन्त्रता, भ्रष्टाचार, स्वास्थ्य, शिक्षा तथा सुशासन आदि कारकों के बारे में तथ्य-संग्रहण करता है। 2012 की प्रथम रिपोर्ट में 156 देशों की रैंकिंग की गयी थी। 2012 के बाद से प्रत्येक वर्ष इस रिपोर्ट का प्रकाशन किया जाता है (केवल 2014 में यह रिपोर्ट प्रकाशित नहीं हो पायी थी)। 2012 में 7.693 अंकों के साथ डेनमार्क को विश्व का सबसे ख़ुशहाल राष्ट्र घोषित किया गया। 4.772 अंक लेकर भारत 111वें स्थान पर रहा। दो और वर्षों की रैंकिंग पर ध्यान दें तो हमें अनुमान लग जाता है कि देश किस दिशा में बढ़ रहा है। 2015 में मोदी राज के प्रथम वर्ष की रैंकिंग आयी तो 7.587 अंक लेकर स्विट्ज़रलैंड इस सूची में प्रथम स्थान पर रहा और 4.565 अंकों के साथ भारत को 117वें स्थान पर रखा गया। मोदी राज के छह वर्ष पूरे होने के बाद जब 2020 की रिपोर्ट प्रकाशित हुई तो 3.573 अंक लेकर भारत 144वें स्थान पर फिसल चुका था तो वहीं दूसरी तरफ़ 7.809 अंकों के साथ

फ़िनलैंड को विश्व का सबसे ख़ुशहाल देश घोषित किया गया। फ़िनलैंड पिछले तीन वर्षों से लगातार प्रथम स्थान पर बना हुआ था।

मोदी राज के समर्थकों द्वारा यह प्रचार किया जाता है कि 2024 तक (यानी कि आगामी आम चुनावों तक) भारत 5 ट्रिलियन डॉलर की अर्थव्यवस्था वाला देश बन जायेगा। अर्थव्यवस्था का आकार आख़िर बढ़ता कैसे है? किसी दिये गये वर्ष के दौरान एक अर्थव्यवस्था के अन्दर उत्पादित की गयी वस्तुओं तथा सेवाओं के कुल मान को उस अर्थव्यवस्था का सकल घरेलू उत्पाद कहा जाता है। अन्य देशों के साथ तुलना करने की सहूलियत हेतु इस मान को अमेरिकी डॉलर में अभिव्यक्त किया जाता है। 2019-20 में भारत दुनिया की पाँचवीं सबसे बड़ी अर्थव्यवस्था बन चुका है। 21.3 ट्रिलियन की अंकित जीडीपी के साथ अमेरिका दुनिया का सबसे बड़ी अर्थव्यवस्था वाला देश है। 14.2 ट्रिलियन डॉलर के साथ चीन सुदूर द्वितीय स्थान पर है और 5.18 ट्रिलियन डॉलर के साथ जापान तीसरे स्थान पर स्थित है। 4 ट्रिलियन डॉलर के साथ जर्मनी चौथे स्थान पर है। यह विश्व की पाँच सबसे बड़ी अर्थव्यवस्थाओं में शामिल इकलौता यूरोपीय राष्ट्र है। ब्रिटेन को लाँघकर भारत पाँचवें स्थान पर पहुँच चुका है और हमारी अर्थव्यवस्था का वर्तमान मान 2.972 ट्रिलियन डॉलर हो चुका है।

भारत के पास बहुत बड़ा आन्तरिक बाज़ार उपलब्ध है, हमारे देश में बचत दर भी बहुत ऊँची है तथा भिन्न-भिन्न प्रकार की मृदा से सम्पन्न होने के कारण सभी प्रकार की फ़सलें उगाने की क्षमता रखता है। इन सब कारकों को ध्यान में रखें तो भारत के पास विश्व की सबसे उत्पादक अर्थव्यवस्था बनने के सभी अवयव मौजूद हैं। अभी तक देश में विकास की दर न्यून स्तर पर रही है। इस दिशा में सबसे पहले तो हमें देश के अन्दर बड़ी संख्या में उपलब्ध मानव संसाधन का विकास करना होगा। मात्रा और क्षमता के लिहाज़ से हमारा मानव संसाधन देश की सबसे बड़ी थाती है। मानव संसाधन के विकास हेतु देश को बड़े स्तर पर शिक्षा एवं स्वास्थ्य के क्षेत्र में निवेश करना होगा। यदि भारत को 5 ट्रिलियन डॉलर की अर्थव्यवस्था बनना है तो इसके लिए उद्यमों, निर्यात, कारोबार करने की सहूलियत, क़ानून-व्यवस्था तथा उपभोक्ता व्यय शक्ति को बड़े स्तर पर बढ़ावा देना होगा। भविष्य की योजना बनाने के लिए देश के सभी प्रबुद्धजन को एक-साथ मिलकर काम करना होगा।

2014 में केन्द्र में भाजपा की सरकार बनी तो देश की दिशा में महत्त्वपूर्ण परिवर्तन हुआ। 2019 के आम चुनावों तक 'भाजपा शासन' की बजाय देश में

'मोदी-राज' स्थापित हो चुका था। सिर्फ़ चुनावों का ही नहीं बल्कि सरकार का प्रबन्धन भी किसी कॉर्पोरेट संस्था की तरह किया जाने लगा है। मार्केटिंग तथा प्रचार पर दिया जाने वाला ज़ोर स्पष्ट नज़र आता है। साथ ही, एक ऐसा वफ़ादार गुट भी अस्तित्व में ले आया गया जो सरकार की प्रत्येक नीति पर तालियाँ बजाता है तथा जी भरकर इन नीतियों की तारीफ़ करता है। सरकार को इवेंट मैनेजमेंट की लत लगा दी गयी है। सिविल सेवा जैसे मज़बूत संस्थान की भी चूलें हिलाई जा रही हैं तथा इनका रूप-परिवर्तन करने का भरसक प्रयास किया जा रहा है। यह सारी उथल-पुथल अनायास नहीं है बल्कि एक सोची-समझी नीति के तहत की जा रही है। अब सुशासन पर ज़ोर नहीं दिया जाता बल्कि यदि किसी अधिकारी को किसी महत्त्वपूर्ण पद पर नियुक्ति पानी है तो उसको स्वयं को इवेंट मैनेजमेंट की कला में सिद्धहस्त बनाना होगा।

स्टैच्यू ऑफ़ यूनिटी की स्थापना में भी इसी इवेंट मैनजमेंट की कला का सहारा लिया गया था। सितम्बर 2013 में भाजपा ने गुजरात के तत्कालीन मुख्यमन्त्री नरेन्द्र मोदी को 2014 के लोकसभा चुनावों के लिए अपना प्रधानमन्त्री प्रत्याशी घोषित कर दिया। 7 अक्तूबर 2013 को मोदी ने स्वतन्त्रता सेनानी सरदार वल्लभभाई पटेल की विश्व की सबसे ऊँची प्रतिमा स्थापित करने की घोषणा की। गुजरात विधानसभा की 182 सीटों का प्रतिनिधित्व करने हेतु 182 मीटर ऊँची मूर्ति बनाने का प्रस्ताव रखा गया। नरेन्द्र मोदी के गुजरात के मुख्यमन्त्री के रूप में दशम वर्ष का आरम्भ हो रहा था, इसी उपलक्ष्य में यह घोषणा की गयी थी। बाद में गुजरात की यह प्रस्तावना पूरे राष्ट्र की परियोजना बना दी गयी। लौह-पुरुष के नाम से विख्यात सरदार वल्लभभाई पटेल की लौह प्रतिमा बनाने हेतु पूरे देश से किसानों से पुराने तथा अप्रयुक्त पड़ चुके औज़ार एकत्र किये गये ताकि इनको पिघलाकर स्टैच्यू ऑफ़ यूनिटी का निर्माण किया जा सके। इस उद्देश्य की प्राप्ति हेतु 2014 के लोकसभा चुनावों से ठीक पहले इवेंट की शक्ल में राष्ट्रव्यापी अभियान चलाया गया। यह दावा किया गया कि इस अभियान के अन्तर्गत 135 मीट्रिक टन लोहे का संग्रहण किया गया और इसके प्रसंस्करण के पश्चात् 109 मीट्रिक टन लोहे का इस्तेमाल स्टैच्यू ऑफ़ यूनिटी की नींव में किया गया।

2,989 करोड़ रुपये देकर एल. एंड टी. कम्पनी ने स्टैच्यू ऑफ़ यूनिटी के डिज़ाइन, निर्माण तथा रखरखाव की निविदा हासिल कर ली। 2013 में इस प्रतिमा की घोषणा की गयी थी तथा 31 अक्तूबर 2018 को नरेन्द्र मोदी ने सरदार

वल्लभभाई पटेल की विश्व की सबसे बड़ी प्रतिमा राष्ट्र को समर्पित कर दी। इस अवसर पर भी भव्य समारोह का आयोजन किया गया। यह दर्शाता है कि किसी भी इवेंट को अपने दल तथा नेता के हित में कैसे इस्तेमाल किया जाता है। संघ परिवार सरदार पटेल के साथ विचारधारात्मक तादात्म्य का दावा करता है, हालाँकि यह पटेल ही थे जिन्होंने गांधी की हत्या के बाद आरएसएस पर प्रतिबन्ध लगाया था। पटेल जीवनपर्यन्त कांग्रेसी रहे लेकिन भाजपा उनको अपने पक्ष के नेता के रूप में दिखाने का भरसक प्रयास करती है। आलोचक बताते हैं कि भाजपा सरदार पटेल की विरासत तथा प्रभामण्डल को हड़पने का प्रयास कर रही है। यह भी अजीब बात है कि जब भाजपा-समर्थक संगठन तथा गिरोह चीनी वस्तुओं का बहिष्कार करने का अभियान चला रहे थे ठीक उसी समय मोदी सरकार चीन में स्टैच्यू ऑफ़ यूनिटी का निर्माण करवा रही थी। नरेन्द्र मोदी स्वयं दुनिया के कोने-कोने में जाकर विदेशी निवेशकों को भारत में निवेश करने तथा भारत को दुनिया का निर्माण केन्द्र बनाने के लिए मनाने पर लगे हुए हैं, ऐसे में स्वयं प्रधानमन्त्री द्वारा तैयार की गयी तथा उनको अतिप्रिय परियोजना के निर्माण हेतु चीन का चयन किया गया। जब प्रतिमा का अनावरण हुआ तो एक तरफ़ तो बड़े उमंग-उत्साह का माहौल था और दूसरी तरह उनकी इस परियोजना की कटु आलोचना हो रही थी। लेकिन हर सवाल उठाने वाले का मुँह बन्द करवा दिया गया और उनको राष्ट्रद्रोही कहकर बदनाम किया गया।

2014 के प्रचार अभियान की कमान प्रशान्त किशोर के हाथ में थी, उन्होंने ही इवेंट मैनेजमेंट की परम्परा की नींव डाली थी। 2019 में मोदी को प्रशान्त किशोर जैसे लोगों की सेवाओं की आवश्यकता नहीं थी क्योंकि पिछले पाँच वर्षों के दौरान अमित शाह के नेतृत्व में नरेन्द्र मोदी की आन्तरिक टीम स्वयं इवेंट मैनेजमेंट की कला में निष्णात हो चुकी थी। 2019 के प्रचार अभियान के दौरान कांग्रेस अध्यक्ष राहुल गांधी ने नरेन्द्र मोदी पर निशाना साधते हुए 'चौकीदार चोर है' का नारा दिया था। राहुल गांधी द्वारा फेंकी गयी इस बाउंसर से बचने का प्रयास करने की बजाय मोदी ने इसको सीमा-रेखा से बाहर भेजने का फ़ैसला किया और 'मैं भी चौकीदार' नाम से अपना प्रति-अभियान शुरू कर दिया। इस समय तक सभी मन्त्री अपनी-अपनी सोशल मीडिया टीम बना चुके थे और सभी मन्त्रियों ने अपने-अपने नाम के आगे चौकीदार उपसर्ग लगा लिया। आचार संहिता लागू हो जाने के बावजूद नरेन्द्र मोदी ने 31 मार्च 2019 को एक और इवेंट का आयोजन किया जिसके अन्तर्गत उन्होंने देशभर में 500 स्थानों पर जमा हुए पार्टी कार्यकर्ताओं से ऑनलाइन

संवाद किया, इन सभी कार्यकर्ताओं को भी चौकीदार नाम दिया गया था। सरकारी टेलीविज़न चैनल दूरदर्शन ने बड़ी ताबेदारी के साथ इस राजनैतिक आयोजन का सीधा प्रसारण किया। चौकीदार अभियान का प्रारूप नरेन्द्र मोदी की सोशल मीडिया टीम ने तैयार किया था तथा गुरुग्राम (गुड़गाँव) आधारित एबीएम कम्पनी ने इस कार्यक्रम को सोशल मीडिया पर लागू किया था। 'मैं भी चौकीदार' अभियान ने मोदी की ऑनलाइन छवि को और अधिक बल प्रदान किया। नरेन्द्र मोदी न केवल ज़मीनी चुनावी लड़ाई में बल्कि 'हैशटैग संग्राम' में भी राहुल गांधी से कोसों आगे निकल गये।

भारत का दौरा करने वाले विदेशी राष्ट्राध्यक्षों तथा विशिष्टजन की यात्राओं का विहंगावलोकन करें तो हम पाते हैं कि इस प्रकार के राजनयिक कार्यक्रमों को भी इवेंट में बदल दिया गया था। इस परम्परा की शुरुआत 26 मई 2014 को शपथ-ग्रहण समारोह में ही कर दी गयी थी। सभी सार्क देशों के राष्ट्राध्यक्ष नरेन्द्र मोदी के शपथ-ग्रहण समारोह में सम्मिलित हुए, यहाँ तक कि पाकिस्तान के प्रधानमन्त्री नवाज़ शरीफ़ भी आये। 2014 के बाद विदेशी विशिष्टजन के साथ दिल्ली अथवा आगरा में बैठक करने की बजाय उनको अद्भुत भारत की सैर पर ले जाने की परिपाटी की नींव डाली गयी। अहमदाबाद नरेन्द्र मोदी की राजनैतिक शक्ति का स्रोत रहा है। अमेरिका के राष्ट्रपति डोनल्ड ट्रम्प, चीन के राष्ट्रपति शी जिनपिंग, इज़रायल के प्रधानमन्त्री बेंजामिन नेतन्याहू तथा जापान के प्रधानमन्त्री शिंजो आबे को अहमदाबाद की यात्रा करवाई गयी। फ्रांस के राष्ट्रपति इमानुएल मैक्रों तथा जापानी प्रधानमन्त्री शिंजो आबे नरेन्द्र मोदी के निर्वाचन क्षेत्र वाराणसी का दौरा भी कर चुके हैं। प्रधानमन्त्री शिंजो आबे तो गंगा आरती में भी शामिल हुए और उनके आगमन के उपलक्ष्य में आयोजित किये गये समारोह में नरेन्द्र मोदी ने वाराणसी को भारत का क्योतो बनाने का संकल्प लिया। राष्ट्रपति शी जिनपिंग ने चेन्नई के नज़दीक स्थित महाबलीपुरम में मोदी के साथ बैठक की।

2005 में जब नरेन्द्र मोदी गुजरात के मुख्यमन्त्री थे तो अमेरिका ने उनके ए-2 वीज़ा पर प्रतिबन्ध लगा दिया था। पहले उनको जो बी-1/बी-2 वीज़ा प्रदान किया गया था उसको भी निरस्त कर दिया गया। अमेरिकी क़ानून के तहत धार्मिक स्वतन्त्रताओं का घोर हनन करने वाले विदेशी सरकारी अधिकारियों के वीज़ा पर प्रतिबन्ध लगाने का प्रावधान किया गया है। नरेन्द्र मोदी यूनाइटेड स्टेट्स आप्रवास एवं राष्ट्रीयता अधिनियम के अन्तर्गत आने वाले अन्तरराष्ट्रीय धार्मिक स्वतन्त्रता

अधिनियम के प्रावधानों के तहत प्रतिबन्धित होने वाले एकमात्र व्यक्ति हैं। सितम्बर 2019 में हाउडी मोदी इवेंट का आयोजन करके मोदी ने एक और कीर्तिमान अपने नाम कर लिया। 2019 तक वे छह बार अमेरिका का दौरा कर चुके थे, यानी कि अन्य किसी देश की तुलना में उन्होंने अमेरिका का दौरा सबसे ज़्यादा बार किया था। प्रधानमन्त्री के रूप में अपने प्रथम कार्यकाल के दौरान उन्होंने लगभग 60 देशों की 95 विदेश यात्राएँ कीं। दिसम्बर 2015 की उनकी पाकिस्तान यात्रा की बहुत चर्चा हुई। काबुल से वापिस लौटते समय उन्होंने नवाज़ शरीफ़ के जन्मदिन तथा उनकी पोती की शादी के उपलक्ष्य में पाकिस्तान में रुकने का निर्णय लिया। इस यात्रा की पहले से कोई योजना नहीं बनाई गयी थी। मोदी ने नवाज़ शरीफ़ की माता के चरण भी छुए।

अमेरिका के प्रति मोदी का मोह छुपाए नहीं छुपता है। सितम्बर 2014 में टीम मोदी ने न्यूयॉर्क के मेडिसन स्क्वेयर गार्डन के इनडोर एरिना में सबसे बड़े राजनैतिक कार्यक्रम का आयोजन किया। अपने भाषण के दौरान मोदी ने एनआरआई समुदाय के लिए बहुत-सी रियायतों का ऐलान किया। नवम्बर 2014 में सिडनी, ऑस्ट्रेलिया में एक और बड़े कार्यक्रम का आयोजन किया गया। अगस्त 2015 में दुबई तथा उसी वर्ष नवम्बर में लन्दन के वेम्बली स्टेडियम में भी बड़े-बड़े कार्यक्रमों का आयोजन किया गया। ये सभी विदेशी इवेंट मोदी की अन्तरराष्ट्रीय स्तर पर बड़ा कार्यक्रम करने की व्यग्रता को प्रदर्शित करते हैं।

निष्कर्षतः हम कह सकते हैं कि मोदी सरकार ने अपना सारा ध्यान इवेंट मैनेजमेंट तथा अर्थव्यवस्था के बारे में भ्रामक मिथक गढ़ने पर लगा रखा है। पूरी सरकार किसी इवेंट मैनेजमेंट फर्म की तरह काम करती हुई प्रतीत होती है। सरकार झूठ पर झूठ बोलती जाती है और अपने प्रदर्शन, आर्थिक प्रबन्धन एवं उपलब्धियों की शेखी बघारती है। सरकार को यह महसूस करने की आवश्यकता है कि इसका विभाजनकारी एजेंडा भविष्य की पीढ़ियों के लिए बहुत घातक सिद्ध होने वाला है। निर्धनता तथा हाशिए पर पड़े हुए लोगों को मुख्यधारा में शामिल करने जैसे ज्वलन्त मुद्दों पर ध्यान लगाना चाहिए। पारदर्शिता के साथ इन ग़लतियों का निवारण किया जाना आवश्यक हो चुका है। सरकार को चाहिए कि खुले दिमाग़ के साथ सभी क्षेत्रों के विशेषज्ञों तथा भागीदारों को अपने साथ मिलाये और देश को संकट से बाहर निकालने की दिशा में गम्भीरता के साथ प्रयास करे।

अध्याय उन्नीस

प्रधान सेवक से प्रधान सेनापति का सफ़र

मोदी-शाह की अपराजेय चुनावी जोड़ी

30 मई 2019, गुरुवार

2019 के अप्रैल-मई महीनों में 17वीं लोकसभा के लिए चुनावों का आयोजन किया गया। इससे पहले देश 16 लोकसभाओं का चुनावों का आयोजन कर चुका था। उनमें से केवल 11 लोकसभाएँ ही अपना पाँच वर्ष का कार्यकाल पूरा कर पाने में सफल रही थीं। चौथी (1967), छठी (1977), नवीं (1989), ग्यारहवीं (1996) तथा बारहवीं (1998) लोकसभाएँ अपना कार्यकाल पूरा करने में असफल रहीं। 2019 के आम चुनाव से पहले लगातार चार लोकसभाएँ अपना कार्यकाल पूरा करके गयी थीं। अतीत में विधानसभा चुनाव भी लोकसभा चुनावों के साथ ही करवाये जाते थे। 1967 में अन्तिम बार यह प्रक्रिया दोहराई गयी, उसके बाद से विधानसभा तथा लोकसभा चुनावों का आयोजन अलग-अलग समय पर, इनका कार्यकाल समाप्त होने के पश्चात्, किया जाने लगा।

संसद समाज के प्रति जवाबदेह होती है। लेकिन दुर्भाग्य यह है कि कार्यकाल की समाप्ति पर सरकार अथवा विपक्ष के प्रदर्शन की न तो समीक्षा की जाती और न ही इनके काम का मूल्यांकन किया जाता है, इन सबसे हटकर अलग ही मुद्दों पर आगामी चुनाव लड़ा जाता है। 2019 के लोकसभा चुनावों पर आने से पहले हम 16वीं लोकसभा के बारे में कुछ रोचक तथा प्रासंगिक तथ्यों पर चर्चा कर लेते हैं। राज्यसभा निरन्तर चलती रहती है, यह कभी भंग नहीं की जाती जबकि संसद के निचले सदन लोकसभा का कार्यकाल पाँच वर्ष निर्धारित किया गया है। प्रत्येक पाँच वर्ष के बाद लोकसभा को पुनः चुनाव के लिए जाना ही होता है। प्रत्येक वर्ष लोकसभा के तीन सत्र बुलाये जाते हैं–बजट सत्र, मानसून सत्र तथा शरद सत्र। पाँच वर्ष का कार्यकाल पूरा करने वाली प्रत्येक लोकसभा को 5 बजट, 5 मानसून तथा 5 शरद सत्रों का सामना करना होता है। 16वीं लोकसभा में जब नरेन्द्र मोदी ने प्रधानमन्त्री पद की शपथ ली तब तक बजट सत्र का समय आ चुका था लेकिन बहिर्गामी लोकसभा ने 2014-15 का बजट प्रस्तुत नहीं किया था इसलिए मोदी सरकार के अन्तर्गत आयोजित प्रथम सत्र को बजट सत्र में परिवर्तित कर दिया गया। इस प्रकार 16वीं लोकसभा में 6 बजट, 4 मानसून तथा 5 शरद सत्रों का आयोजन किया गया।

16वीं लोकसभा (2014-19) से पहले दस लोकसभाएँ अपना कार्यकाल पूर्ण करके गयी थीं। समतुल्यता स्थापित करने हेतु हम केवल कार्यकाल पूर्ण करने वाली लोकसभाओं के साथ ही 16वीं लोकसभा की तुलना करेंगे। पिछली दस पूर्णकालिक लोकसभाओं के दौरान 5 वर्ष में औसतन 468 दिन तक लोकसभा सत्र में रही थी। इसकी तुलना में 16वीं लोकसभा 5 वर्ष के दौरान केवल 331 दिन सत्र में बैठी। दूसरे शब्दों में कहें तो 16वीं लोकसभा ने 52 सप्ताह प्रतिवर्ष के हिसाब से कुल 262 सप्ताह के दौरान औसतन प्रति सप्ताह 1.27 दिन काम किया। इसमें हमने उन दिनों को शामिल नहीं किया है जब विपक्ष के बहिष्कार, व्यवधान अथवा शोक-सन्देश आदि के कारण लोकसभा का कार्य सामान्य रूप से नहीं हो पाया था। दूसरा दिलचस्प तथ्य यह है कि पिछली दस पूर्णकालिक लोकसभाओं ने अपने कार्यकाल के दौरान औसतन 2,689 घण्टे काम किया था जबकि 16वीं लोकसभा ने केवल 1,615 घण्टे ही काम किया। दूसरे शब्दों में, 1,825 दिन के कार्यकाल के दौरान सांसदों ने प्रतिदिन एक घण्टे से भी कम समय तक काम किया। इन 1,615 घण्टों में से भी 16 प्रतिशत समय व्यवधान की भेंट चढ़ गया। 15वीं लोकसभा (2009-14) के दौरान विपक्ष ने सदन की कार्रवाई को बार-बार रुकवा कर 37 प्रतिशत

समय व्यवधान की भेंट चढ़ा दिया था। 16 प्रतिशत तथा 37 प्रतिशत का अन्तर हमें यह बताता है कि कौन-सा दल सदन को सुचारु रूप से चलाने हेतु गम्भीर है तथा कौन-सा दल प्रतिबद्ध विपक्ष उपलब्ध करवाता है।

एक अन्य विश्लेषण यह दर्शाता है कि शासक दल द्वारा संसदीय परम्पराओं को कितना सम्मान प्रदान किया गया। पिछली दस पूर्णकालिक लोकसभाओं के दौरान औसतन 675 घण्टे यानी कि 25 प्रतिशत समय विधायी कार्यों के निष्पादन हेतु लगाया गया था, 16वीं लोकसभा के दौरान विधायी कार्यों को 480 घण्टे यानी कि सत्र का 32 प्रतिशत समय दिया गया। 16वीं लोकसभा ने 133 विधेयक पारित किये। इनमें से केवल 25 प्रतिशत को ही स्थायी समितियों के सामने भेजा गया, इसके विपरीत 14वीं तथा 15वीं लोकसभाओं के दौरान क्रमश: 60 प्रतिशत तथा 71 प्रतिशत विधेयकों को स्थायी समितियों के सामने भेजा गया था। अधिकांश सांसदों को किसी-न-किसी मन्त्रालय की स्थायी समिति अथवा परामर्शदाता समिति का सदस्य बनाया ही जाता है। इन समितियों में भिन्न-भिन्न दलों का प्रतिनिधित्व होता है तथा ये समितियाँ अन्त:-दलीय सहमति बनाने हेतु उपयोगी मंच प्रदान करती हैं। स्थायी समितियाँ सरकार द्वारा इनके सामने भेजे गये विधेयक के बारे में अनुसन्धान करती हैं, इसकी समीक्षा करती हैं तथा विधेयक में बदलाव का सुझाव भी देती हैं। यदि शासन व्यवस्था इन समितियों को अनुपयोगी अथवा कम उपयोगी संस्थान समझकर चल रही हो तो वह अपने विधेयक इन समितियों के पास भेजती ही नहीं। इसका दूसरा कारण यह हो सकता है कि सरकार अपने विधेयकों को समीक्षा से बचाना चाहती है। एक छोटा-सा तथ्य सामने रखकर हम इस चर्चा का समापन करते हैं—संसद के दोनों सदनों, यानी कि राज्यसभा तथा लोकसभा, से पारित होने के बाद ही कोई विधेयक अधिनियम बन सकता है। यदि किसी विधेयक को राज्यसभा द्वारा पारित करके लोकसभा के सामने भेजा जाता है और विधेयक पर मतदान करने से पहले ही वह लोकसभा भंग हो जाती है तो नयी आने वाली लोकसभा मतदान के द्वारा उस विधेयक को पारित कर सकती है। अगर लोकसभा द्वारा पारित कोई विधेयक राज्यसभा के सामने लम्बित है और इसी बीच लोकसभा भंग हो जाती है तो ऐसे में इसके द्वारा पारित विधेयक भी भंग हो जाता है।

प्रधानमन्त्री मोदी सदन की कार्रवाई में उपस्थित होने के प्रति अधिक उत्सुक नहीं दिखते। संसद के अन्दर उनकी उपस्थिति के बारे में सही-सही आँकड़ा तो प्रदान नहीं किया जा सकता क्योंकि प्रधानमन्त्री को उपस्थिति पंजिका में हस्ताक्षर करने से छूट मिली होती है। सांसदों को सदन की बहसों में भागीदारी करने के साथ-

साथ सरकार से प्रश्न पूछने का विशेषाधिकार भी प्राप्त होता है। 16वीं लोकसभा के दौरान लगभग 1,42,000 प्रश्न पूछे गये, यानी कि प्रति सांसद औसतन 260 प्रश्न। 31 सांसदों ने एक भी प्रश्न नहीं पूछा। मौन सांसदों में शामिल थे–कांग्रेस अध्यक्ष राहुल गांधी, सोनिया गांधी, लालकृष्ण आडवाणी, देवगौड़ा, मुलायम सिंह यादव तथा अन्य। एसोसिएशन फॉर डेमोक्रेटिक रिफॉर्म्स (एडीआर) ने इस प्रकार के तथ्यों का बड़ा सूक्ष्म विश्लेषण प्रदान किया है।

जिस दिन 2014 के लोकसभा चुनावों का परिणाम घोषित किया गया उसी दिन भाजपा ने 2019 के लोकसभा चुनावों की तैयारी शुरू कर दी थी। हिन्दी पट्टी में भाजपा ने शानदार प्रदर्शन किया था। 2014 के चुनाव के समय भारत में 29 राज्य तथा 7 केन्द्र-शासित प्रदेश थे, इन 36 इकाइयों में से केवल 7 इकाइयों (यानी कि केवल 20 प्रतिशत) ने 2014 के चुनाव का निर्धारण किया था। इन 7 में से 5 राज्य उत्तर भारत में स्थित हैं जबकि 2 राज्य विंध्य पर्वतमाला के दक्षिण में स्थित हैं। उत्तर प्रदेश की 80, महाराष्ट्र की 48, बिहार की 40, मध्य प्रदेश की 29, कर्नाटक की 26, गुजरात की 26 तथा राजस्थान की 25 लोकसभा सीटें ही कुल मिलाकर 276 सीटें बन जाती हैं जो बहुमत के आँकड़े से ज़्यादा हैं। 2014 में भाजपा तथा इसके गठबन्धन साथियों ने इन सातों राज्यों में शानदार प्रदर्शन किया–उत्तर प्रदेश में 73, महाराष्ट्र में 42, बिहार में 31, मध्य प्रदेश में 27, कर्नाटक में 17, गुजरात में 26 तथा राजस्थान में 25 सीटें लेकर राजग 276 में से 241 सीटें निकाल ले गयी, यानी कि 87 प्रतिशत सीटों पर इनका क़ब्ज़ा हो गया।

मोदी ने सबसे ज़्यादा सांसद लोकसभा में भेजने वाले राज्य उत्तर प्रदेश से चुनाव लड़ने तथा उत्तर प्रदेश में सम्पूर्ण चुनाव प्रबन्धन को अमित शाह के हाथ में देने का व्यावहारिक निर्णय लिया। उत्तर प्रदेश की 80 लोकसभा सीटें लोकसभा चुनावों में निर्णायक भूमिका निभाती हैं। यह कहावत ही चल पड़ी है कि अगर देश पर शासन करना है तो उत्तर प्रदेश में जीतकर दिखाना होगा। उत्तर प्रदेश देश को 9 प्रधानमन्त्री दे चुका है। 2019 के लोकसभा चुनावों से पहले इन सात राज्यों में भाजपा के लिए स्थिति अनुकूल नहीं थी–2 राज्यों में भाजपा की सरकार थी तो 2 राज्य कांग्रेस के हाथ में थे, 2 राज्यों में भाजपा गठबन्धन की सरकार थी और बाक़ी बचे 1 राज्य में कांग्रेस सत्ताधारी मोर्चे का हिस्सा थी। उत्तर प्रदेश विधानसभा में भाजपा बड़ा बहुमत लेकर आयी थी तथा यह राज्य कट्टर हिन्दुत्व के प्रतीक योगी आदित्यनाथ के हाथ में था लेकिन फिर भी पिछले प्रदर्शन को दोहराने की सम्भावना

दूर-दूर तक नज़र नहीं आती थी। योगी आदित्यनाथ ने गोरखपुर की सीट ख़ाली की थी जिसके बाद वहाँ पर उपचुनाव हुए, इस चुनाव में सपा ने भाजपा प्रत्याशी को पटखनी दे दी। हालाँकि मायावती तथा अखिलेश यादव उत्तर प्रदेश की राजनीति में एक-दूसरे के घोर विरोधी थे लेकिन इस उपचुनाव में उन्होंने साथ मिलकर भाजपा के विरुद्ध लड़ने का निर्णय लिया। आख़िर यह चुनाव इन दोनों के लिए अस्तित्व की लड़ाई बन चुका था। कांग्रेस ने भी प्रियंका गांधी के रूप में अपना ब्रह्मास्त्र छोड़ दिया। शिवपाल समाजवादी पार्टी से बग़ावत कर गये और उन्होंने सभी सीटों पर अपने प्रत्याशी उतार दिये। वे विपक्ष का खेल बिगाड़ने पर उतारू हो चुके थे। चुनाव परिणाम सामने आये तो भाजपा तथा इसके सहयोगी 73 से 64 सीटों पर आ गये थे।

गुजरात मोदी का अभेद्य क़िला रहा है लेकिन पिछले विधानसभा चुनावों में तीन युवा नेताओं–हार्दिक पटेल, जिग्नेश मेवाणी तथा अल्पेश ठाकुर–का सहारा लेकर कांग्रेस ने भाजपा को कड़ी टक्कर दी थी। कांग्रेस ने भाजपा के दो दशकों से भी लम्बे समय से निरन्तर चले आ रहे राज की चूलें हिलाने के लिए एड़ी-चोटी का ज़ोर लगा दिया था। लेकिन परिणाम सामने आये तो 2014 की ही तरह 2019 में भी भाजपा ने गुजरात की सभी छब्बीस सीटों पर कमल खिला दिया था।

महाराष्ट्र तथा बिहार में भाजपा की गठबन्धन सरकार थी। इन राज्यों में अपने गठबन्धन सहयोगियों के साथ लेन-देन करते समय अमित शाह ने बड़ी सतर्कता से काम लिया तथा दरियादिली दिखाते हुए शिवसेना तथा जनता दल (यू) को अपेक्षा से अधिक सीटें प्रदान कर दीं। शिवसेना बिना गठबन्धन के विधानसभा चुनाव लड़कर देख चुकी थी तथा इन चुनावों में मिली हार से सबक़ भी सीख चुकी थी, इसलिए जल्दी ही 23:25 के आँकड़े पर सहमत हो गयी। यानी कि 23 सीटों पर शिवसेना चुनाव लड़ती और 25 सीटों पर भाजपा। ऑल इंडिया मजलिसे-इत्तेहादुल-मुस्लिमीन (एआईएमआईएम) के असदुद्दीन ओवैसी ने प्रकाश अम्बेडकर के साथ हाथ मिला लिए। इन दोनों का गठबन्धन कांग्रेस तथा राष्ट्रवादी कांग्रेस पार्टी के वोट काटने में सफल रहा। भारतीय राजनीति की बारीक़ समझ हासिल किये बिना राजनीति में कुछेक छोटे दलों की वास्तविक भूमिका को नहीं समझा जा सकता। ये दल ऊपर से तो किसी दल का विरोध करते नज़र आते हैं लेकिन चुनाव के समय अपने प्रत्याशी खड़े करके उसी दल के विरोधियों के वोट काटने का काम भी करते हैं। एआईएमआईएम को भी हम ऐसा ही एक दल मान सकते हैं। चूँकि इस पार्टी का वोट बैंक मुसलमानों पर आधारित है इसलिए सार्वजनिक रूप से तो यह दल

भाजपा का विरोध करता है लेकिन भाजपा विरोधियों के समक्ष यह अपने उम्मीदवार भी खड़े करता है जिसके कारण भाजपा विरोधी वोट बँट जाता है और भाजपा को जीतने में मदद मिलती है।

बिहार में गठबन्धन का निर्माण करते समय भाजपा की हताशा खुलकर सामने आयी। नीतीश कुमार ने लालू यादव तथा कांग्रेस के साथ हाथ मिलाकर पिछला विधानसभा चुनाव लड़ा था तथा सरकार बनायी थी। नीतीश को मोदी के विकल्प के रूप में भी देखा जाने लगा था। मोदी की ही तरह नीतीश भी पिछड़ी जाति से आते हैं। नीतीश की जाति–कुर्मी–का प्रसार भी बड़े क्षेत्र में है। उनकी छवि साफ़-सुथरी थी। वे सुशासन बाबू के नाम से मशहूर हो चुके थे। भाजपा के अतिरिक्त अन्य दलों में उनकी स्वीकार्यता भी मोदी से अधिक थी। यहाँ तक कि भाजपा के अन्दर भी उनके मित्रों की कमी नहीं थी। नीतीश कुमार इंजीनियर हैं जबकि मोदी की डिग्री आज तक शक के घेरे में है। वे हिन्दी पट्टी से आते हैं तथा बिहार की राजनीति में अपने धुर विरोधी लालू यादव तक के साथ गठबन्धन करने की क्षमता रखते हैं। बहिर्गामी लोकसभा में बिहार से भाजपा के पास 22, रामविलास पासवान की लोजपा के पास 6 तथा जनता दल (यूनाइटेड) के पास 2 सांसद थे। मोदी और शाह किसी भी क़ीमत पर नीतीश कुमार को अपने साथ मिलाना चाहते थे, इसीलिए 17:17:6 सीटों का समझौता हो गया। भाजपा ने अपने 5 पदस्थ सांसदों की क़ुर्बानी दे दी जबकि 2 सांसदों वाली जदयू को 17 सीटें मिल गयीं। सीट विभाजन का यह सूत्र किसी को समझ न आया। इस समझौते के द्वारा नीतीश को केवल बिहार के स्थानीय नेता के रूप में सीमित कर दिया गया और मोदी का विकल्प बनने की सभी सम्भावनाएँ उनसे छीन ली गयीं।

मध्य प्रदेश, राजस्थान तथा छत्तीसगढ़ विधानसभा चुनावों के परिणाम सामने आये तो लोग मोदी राज के अन्त के कयास लगाने लगे। इन राज्यों में भाजपा को अपदस्थ करके कांग्रेस ने सरकार बनायी, हालाँकि कांग्रेस को पूर्वानुमानों के मुताबिक़ सीटें नहीं मिली थीं। कमलनाथ तथा अशोक गहलोत के रूप में कांग्रेस ने मँजे हुए नेताओं को मुख्यमन्त्री बनाया था और अनुमान लगाया जा रहा था कि कांग्रेस यदि बड़ी मात्रा में सीटें नहीं भी जीत पायी तो भी कम से कम आधी सीटों पर तो क़ब्ज़ा कर ही लेगी। लेकिन जब मतगणना हुई तो भाजपा मध्य प्रदेश तथा राजस्थान की 54 सीटों पर 2014 वाला प्रदर्शन दोहराते हुए दुबारा 52 सीटें जीतने में कामयाब रही।

कर्नाटक में कांग्रेस गठबन्धन की सरकार थी। 2014 के लोकसभा चुनावों में भाजपा ने 17 सीटें जीती थीं और कांग्रेस के हाथ 9 सीटें आयी थीं। यह अपेक्षा की जा रही थी कि कांग्रेस तथा पूर्व प्रधानमन्त्री देवगौड़ा के नेतृत्व में जनता दल (एस) भाजपा के अश्वमेध का घोड़ा रोकने में सफल रहेगी। नतीजा आया तो भाजपा अपनी सीटें बढ़ाने में सफल रही और कर्नाटक की 25 सीटों पर भाजपा प्रत्याशियों की विजय हुई। परिणाम यह निकला कि इन सात राज्यों की 276 में से 247 सीटों पर भाजपा विजयी हुई, यह 2014 के 241 सीटों के आँकड़े से भी बड़ी संख्या थी। अकेले भाजपा ही देशभर से 303 सीटें जीत गयी और पूरे राजग गठबन्धन को 353 सीटों पर विजय मिली। छह राज्यों–पश्चिम बंगाल, ओड़िशा, तमिलनाडु, आन्ध्र प्रदेश, तेलंगाना तथा केरल–की कुल सीट संख्या 164 थी, यह लोकसभा की कुल 545 सीटों का लगभग 30 प्रतिशत बनता है। 2014 में भाजपा ने इनमें से 7 सीटें जीती थीं। 2019 में अपने प्रदर्शन को दुगुना करते हुए भाजपा 14 सीटें निकाल ले गयी।

लोकसभा चुनावों से ठीक पाँच महीने पहले राजस्थान, मध्य प्रदेश तथा छत्तीसगढ़ में विधानसभा चुनाव हारने के कारण भाजपा समर्थक भी पार्टी की सत्ता में वापसी के प्रति आश्वस्त तो थे लेकिन उनका विचार था कि पहले जैसा पूर्ण बहुमत नहीं मिलने वाला। मोदी के उत्तराधिकारी के रूप में गडकरी के नाम की चर्चा होने लगी क्योंकि न केवल भाजपा के अन्दर बल्कि दूसरे दलों के अन्दर भी गडकरी की अधिक स्वीकार्यता थी और इन दलों को साथ मिलाकर गडकरी के नेतृत्व में गठबन्धन सरकार बनायी जा सकती थी। सरकार के प्रदर्शन के आधार पर तो मतदाताओं से वोट माँगे नहीं जा सकते थे। हालाँकि उज्ज्वला योजना (निर्धनों को एलपीजी गैस सिलेंडर उपलब्ध करवाना) तथा स्वच्छता अभियान के अन्तर्गत शौचालयों का निर्माण सरकार की सफल नीतियाँ रही थीं। लेकिन विमुद्रीकरण के कारण उत्पन्न हुई कठिनाइयाँ सरकार के पूरे कार्यकाल के दौरान किये गये बेहतरीन कार्य पर पानी फेरने के लिए काफ़ी थीं। भाजपा की प्रयोगशाला के अन्दर बैठे हुए राजनीति-वैज्ञानिक कोई विजयी सूत्र ढूँढ़ निकालने के प्रयास में लगे हुए थे। राम मन्दिर के नाम पर हिन्दू-मुस्लिम का विभाजन उत्पन्न करना पहले से ही उनके तरकश में शामिल था लेकिन इसकी प्रभावशीलता पर सन्देह किया जा रहा था। प्रत्येक दवा एक नियत अवधि तक ही प्रभावी होती है, उसके बाद यह बेअसर हो जाती है। इस बात पर सन्देह था कि राम मन्दिर नाम की गोली एक बार फिर से मतदाताओं को खिलाई जा सकती है अथवा नहीं।

ऐसे में पुलवामा-बालाकोट का आतंकवादी हमला भाजपा के लिए पेनिसिलिन जैसी संजीवनी बनकर आया। पेनिसिलिन का आविष्कार तो वर्षों तक प्रयोगशाला के अन्दर कष्टसाध्य अनुसन्धान तथा परीक्षण करने के बाद हो पाया था लेकिन पुलवामा-बालाकोट दुर्घटना अचानक से ही राजनीति-वैज्ञानिकों की झोली में आ गिरी थी। देश के लिए पुलवामा हमला बड़ी चुनौती था, लेकिन भाजपा ने इसको चुनाव जीतने के नुस्ख़े के रूप में इस्तेमाल किया। टीम मोदी राष्ट्रवाद के ऊपर अपना एकाधिकार होने का दावा करती थी और पुलवामा हमले के बाद उन्होंने राष्ट्रवाद की लहर पर सवारी करके बहुमत का किनारा पकड़ने की नीति अपनाई। 2014 से 2019 के बीच मोदी ने अपनी छवि में बड़ा परिवर्तन किया–उन्होंने प्रधान सेवक के रूप में अपनी यात्रा शुरू की थी लेकिन 2019 का चुनाव आते-आते उन्होंने ख़ुद को प्रधान सेनापति की भूमिका में ढाल लिया था। अब वे भारतीयता तथा भारतीय धर्म, संस्कृति एवं राष्ट्र के संरक्षक के रूप में ख़ुद को लोगों के सामने प्रस्तुत करने लगे। अब लोगों की सेवा करने की बजाय वे लोगों को संरक्षण प्रदान करने वाले थे। वोट माँगने के लिए मोदी ने पुलवामा के शहीदों का आह्वान किया। चुनावी रैलियों के दौरान एक नारा बार-बार उछाला जाता था–मोदी मतदाताओं से अपील करते थे कि वे बालाकोट में एयर स्ट्राइक करने वाले बहादुर फ़ौजियों तथा पुलवामा के शहीदों को श्रद्धांजलि अर्पित करने हेतु अपने मत का इस्तेमाल करें।

14 फ़रवरी को वैलेंटाइन्स डे आता है, पूरे विश्व में यह दिन प्रेम के प्रतीक के रूप में मनाया जाता है, विशेषकर युवा वर्ग इस दिवस को बहुत महत्त्व देता है। लेकिन 14 फ़रवरी 2019 के दिन एक 22 वर्षीय कश्मीरी युवक आदिल अहमद डार घृणा तथा प्रतिशोध की भावना से भरा हुआ था। भारी बर्फ़बारी के कारण श्रीनगर-जम्मू महामार्ग कुछ दिनों के लिए बन्द करना पड़ा था और 14 फ़रवरी को जाकर गाड़ियों को चलने की अनुमति प्रदान की गयी। 14 फ़रवरी की सुबह केन्द्रीय रिज़र्व पुलिस बल (सीआरपीएफ) के 2,500 जवानों को लेकर 78 बसें जम्मू से श्रीनगर की ओर चलीं। दोपहर 3:15 बजे पुलवामा ज़िले के लेथपुरा गाँव (अवंतिपुर के नज़दीक) के पास आदिल ने अपनी विस्फोटक भरी कार से सीआरपीएफ की एक बस में टक्कर मार दी। 76वीं बटालियन के 40 जवान मौक़े पर ही मारे गये। यह क्षेत्र उग्रवाद का गढ़ है। पुलवामा अनन्तनाग संसदीय क्षेत्र के अन्तर्गत आता है। 2019 के लोकसभा चुनावों के दौरान अनन्तनाग ही देश का एकमात्र निर्वाचन क्षेत्र था जहाँ उग्रवाद के कारण तीन चरणों में मतदान करवाना पड़ा। हमले के थोड़े समय बाद ही मसूद अज़हर के आतंकवादी संगठन जैश-ए-मुहम्मद ने इस

आतंकवादी हमले की ज़िम्मेदारी ले ली। साथ ही उन्होंने आदिल अहमद डार द्वारा हमले से पहले रिकॉर्ड किया गया एक वीडियो सन्देश भी ज़ारी किया जिसमें आदिल ने इस हमले का मंसूबा बताया था।

कश्मीर के भारत विलय के समय भी बहुत हिंसा हुई थी लेकिन बाद में ज़्यादातर शान्ति ही रही। 1989 में भाजपा के समर्थन से बनी वी.पी. सिंह सरकार ने कश्मीरी राजनेता मुफ़्ती मुहम्मद सईद को देश का गृहमन्त्री नियुक्त किया। कश्मीर में सभी पक्षों से बातचीत करने हेतु रेलमन्त्री जॉर्ज फ़र्नांडीस को नियुक्त किया गया। जॉर्ज ने अलगाववादियों, कट्टरपन्थियों और यहाँ तक कि आतंकवादियों के साथ भी बातचीत की शुरुआत कर दी। उस समय तक कश्मीर में कट्टरपन्थियों तथा उग्रवादियों के बीच का महीन फ़र्क़ साफ़ नज़र आ जाता था। जॉर्ज ने बड़ी गम्भीरता के साथ चर्चा-प्रक्रिया शुरू करवाई लेकिन कुछेक राजनैतिक समूहों को जॉर्ज के प्रयासों में कश्मीर के लिए बनाये गये अपने दीर्घकालीन मंसूबे के लिए ख़तरा नज़र आने लगा और उन्होंने आनन-फ़ानन में जॉर्ज को इस पद से हटवा कर उनकी जगह जगमोहन को जम्मू-कश्मीर का राज्यपाल नियुक्त करवा दिया। कश्मीरी पण्डितों का पलायन जगमोहन के कार्यकाल में हुआ था। पण्डितों के पलायन के समय कांग्रेस सत्ता में नहीं थी, भाजपा के समर्थन से जनता दल सरकार बनाकर बैठा था, तो फिर इस पलायन के लिए कांग्रेस को क्यों दोषी ठहराया जाता है? उसके बाद से घाटी में अशान्ति व्याप्त हो गयी। 2000 के आस-पास थोड़ी शान्ति लौटकर आयी।

2014 के लोकसभा चुनावों में मोदी के नाम पर स्पष्ट बहुमत हासिल करने के बाद विधानसभा चुनावों में भाजपा का प्रदर्शन अपेक्षाओं से कमतर ही रहा। आन्ध्र प्रदेश, तेलंगाना, अरुणाचल प्रदेश, ओड़िशा तथा सिक्किम की 652 विधानसभा सीटों पर चुनाव हुए। आन्ध्र प्रदेश में भाजपा ने 4, तेलंगाना में 5, अरुणाचल में 11 तथा ओड़िशा में 10 सीटें जीतीं जबकि सिक्किम में तो भाजपा खाता भी नहीं खोल पायी। 652 में से कुल 30 सीटें भाजपा की झोली में आयीं, यानी कि 5 प्रतिशत से कम। अन्य भारतीय राज्यों के पाँच वर्षीय विधानसभा चुनावों के विपरीत जम्मू-कश्मीर में प्रत्येक छह वर्ष के अन्तराल पर विधानसभा चुनाव करवाये जाते हैं। उमर अब्दुल्ला के नेतृत्व में नेशनल कॉन्फ्रेंस की सरकार का कार्यकाल जनवरी 2015 में समाप्त हो रहा था इसलिए दिसम्बर 2014 में चुनावों का आयोजन किया गया। राजग सरकार सत्ता में जमकर बैठ चुकी थी तथा अमित शाह के रूप में इनको एक युवा तथा मज़बूत अध्यक्ष भी मिल गया था जिसको प्रधानमन्त्री नरेन्द्र मोदी का पूरा विश्वास हासिल था। अक्तूबर 2014 में भाजपा अमित शाह के प्रबन्धन के अन्तर्गत

हरियाणा तथा महाराष्ट्र के विधानसभा चुनावों में उतरी। महाराष्ट्र में शिवसेना के साथ दशकों पुराना गठबन्धन तोड़ दिया गया। राज्य में भाजपा शिवसेना के कनिष्ठ सहयोगी की भूमिका निभाती आ रही थी लेकिन भाजपा के नवनिर्वाचित अध्यक्ष अमित शाह पार्टी के लिए नयी भूमिका गढ़ने की योजना लेकर आये थे। भाजपा अपने दम पर बहुमत हासिल करने में नाकाम रही। चुनाव के पश्चात् शिवसेना के साथ पुन: गठबन्धन किया गया और देवेन्द्र फड़नवीस के रूप में राज्य के इतिहास में पहली बार भाजपा ने अपना मुख्यमन्त्री बनाया। हरियाणा की कहानी इससे बिल्कुल अलग है। भाजपा 90 में से 47 सीटें जीत गयी और इनको पूर्ण बहुमत मिल गया। यहाँ भी मनोहर लाल खट्टर के रूप में हरियाणा के इतिहास में पहली बार भाजपा ने अपना मुख्यमन्त्री स्थापित किया। जम्मू-कश्मीर चुनावों की चर्चा करते समय इस पृष्ठभूमि को ध्यान में रखना आवश्यक है। अलगाववादियों द्वारा चुनाव का बहिष्कार करने के आह्वान के बावजूद राज्य की 87 सीटों पर मतदान करने हेतु 65 प्रतिशत से अधिक लोग मतदान केन्द्रों पर आये। 28 सीटें लेकर मुफ़्ती मुहम्मद सईद की जम्मू-कश्मीर पीपल्स डेमोक्रेटिक पार्टी (पीडीपी) सबसे बड़ी पार्टी बनकर उभरी तो 25 सीटें लेकर भाजपा दूसरे स्थान पर रही। हालाँकि दोनों दलों को ही 23 प्रतिशत के लगभग वोट मिले थे लेकिन भाजपा का मत प्रतिशत पीडीपी से अंशमात्र अधिक था। घाटी में स्वयं प्रधानमन्त्री नरेन्द्र मोदी ने भाजपा के लिए प्रचार किया, यानी कि वोट लेने के लिए कोई भी मौक़ा गँवाया नहीं गया। अलगाववादी नेता सज्जाद लोन हंदवाड़ा सीट से चुनाव लड़ रहा था, उसने मतदान से पहले नरेन्द्र मोदी से मुलाक़ात की तथा उनको 'बड़े भाई' कहकर सम्बोधित किया। भाजपा ने भी सज्जाद लोन के विरुद्ध कोई प्रत्याशी नहीं उतारा। सज्जाद चुनाव जीत गया और बाद में उसको भाजपा गठबन्धन सरकार में मन्त्री भी बनाया गया।

दो महीने तक वार्ता चलाने के बाद अन्तत: 1 मार्च 2015 को पीडीपी तथा भाजपा की गठबन्धन सरकार बनी। जम्मू में आयोजित हुए शपथ-ग्रहण समारोह में प्रधानमन्त्री नरेन्द्र मोदी तथा भाजपा अध्यक्ष अमित शाह के साथ-साथ पार्टी के सभी बड़े नेता सम्मिलित हुए। जुलाई 2016 में हिज्बुल मुजाहिद्दीन के 22 वर्षीय कमांडर तथा कुख्यात आतंकवादी बुरहान वानी को ढेर कर दिया गया, इसके बाद जम्मू-कश्मीर में उग्रवाद ने फिर से फन उठा लिया। एक तरफ़ जहाँ वानी कश्मीरी युवाओं के बीच बहुत लोकप्रिय था तो वहीं दूसरी तरफ़ सेना उसको मोस्टवांटेड आतंकवादी घोषित कर चुकी थी। वानी की मृत्यु के बाद घाटी में हिंसक विद्रोह भड़क उठा जिनमें सैकड़ों की तादाद में युवा शामिल हुए, आदिल अहमद डार ने

भी इन विद्रोहों में शिरकत की थी। 2016 से 2018 के बीच आदिल को छह बार गिरफ़्तार किया जा चुका था तथा पाँव में गोली लगने के कारण उसको 11 महीने बिस्तर पर भी रहना पड़ा था। जून 2016 में ढेर किया गया सन्दिग्ध आतंकवादी मंज़ूर उसका चचेरा भाई था। मार्च 2018 में डार घर से ग़ायब हो गया, उसके बाद 14 फ़रवरी 2019 को वक़ास कमांडर डार के रूप में पुनः लोगों के सामने आया। चूँकि ये भटके हुए नौजवान घाटी के लोगों के दिलों में जगह बना चुके थे इसलिए डार के जनाज़े में हज़ारों की तादाद में लोग शामिल हुए। दुःख की बात यह है कि 1989 के बाद पैदा होने वाले इन युवाओं ने कभी कश्मीर में शान्ति की फिज़ां देखी ही नहीं है। ये कर्फ्यू में पैदा हुए, कर्फ्यू में ही जीवन बिताया और कर्फ्यू में ही इनके जनाज़े उठ गये। स्थानीय लोग बताते हैं कि उग्रवादी घर की चारदीवारी के बीच नहीं बनते बल्कि पुलिस स्टेशनों तथा आर्मी कैम्पों में ले जाकर इन नौजवानों को उग्रवादी बनने पर मजबूर किया जाता है। एक उग्रवादी मारा जाता है तो उसकी जगह दो और नौजवान उग्रवादी बनने के लिए तैयार हो जाते हैं। किसी भी उग्रवादी की मौत के बाद हम हर बार यह दावा करते हैं इसके बाद घाटी में शान्ति आ गयी है लेकिन थोड़े दिन बाद एक नयी दुर्घटना घट जाती है। उग्रवादियों को मारने से घाटी में शान्ति नहीं आती बल्कि यह केवल झूठी बहादुरी एवं नायकत्व का भ्रम स्थापित करती है और हर गुज़रते दिन के साथ कश्मीर और ज़्यादा आतंक में धँसता चला जाता है।

'गुप्तचर एजेंसियों की बड़े पैमाने पर विफलता' के कारण ही 14 फ़रवरी का पुलवामा हमला हो पाया था। इसके कारण केन्द्र सरकार की थू-थू हो जाने का ख़तरा उत्पन्न हो गया था। चूँकि पुलवामा हमला चुनावों के पास आ जाने के समय हुआ था इसलिए इस बात में कोई सन्देह नहीं था कि यह हमला चुनाव परिणाम को प्रभावित करने वाला था। लेकिन पुलवामा हमले के रूप में नरेन्द्र मोदी को तो लोकसभा चुनाव से ठीक पहले सुनहरा अवसर मिल गया था। शाम को मोदी उत्तराखण्ड से वापस लौटकर आये। दिल्ली पहुँचते ही उन्होंने पूरा नियन्त्रण अपने हाथ में ले लिया। विपक्ष सूचना की असफलता तथा केन्द्र सरकार की अन्य नाकामियों पर उँगलियाँ उठा पाता उससे पहले ही कोई बड़ा कारनामा अंजाम देना आवश्यक हो गया था। बहुत से सवालों का कोई जवाब नहीं मिल पा रहा था–सभी गुप्तचर एजेंसियाँ इतनी बड़ी मात्रा में विस्फोटक पदार्थों की आमद का पता क्यों नहीं लगा सकीं? जाँच पूरी होने के बाद एक वर्ष से भी अधिक समय गुज़र चुका है लेकिन अभी तक कोई भी इन विस्फोटकों का स्रोत तथा उद्गम स्थल नहीं बता पाया है। सीआरपीएफ जवानों का इतना बड़ा कारवाँ आसानी से

किसी भी आतंकवादी का निशाना बन सकता था। एक साथ इतनी ज़्यादा गाड़ियाँ लेकर क्यों निकला गया? सीआरपीएफ के जवानों को हवाई रास्ते से अपने गन्तव्य पर क्यों नहीं पहुँचाया गया? इस जघन्य आतंकवादी हमले के जवाब में भारत ने उसी पुरानी रटी-रटाई लीक का अनुसरण करते हुए पाकिस्तान के विरुद्ध क़दम उठाये, पाकिस्तान को दिया गया मोस्ट फेवर्ड नेशन का दर्जा वापिस ले लिया गया, पाकिस्तान से आयात होने वाली वस्तुओं पर आयात शुल्क 200 प्रतिशत बढ़ा दिया गया। पाकिस्तानी मूल का एक क़ैदी शुक्रुल्लाह जयपुर कारागार में उम्रक़ैद की सज़ा काट रहा था, 20 फ़रवरी 2019 को कारागार के अन्दर उसकी हत्या कर दी गयी।

क्षति-संरक्षण करने तथा विपक्ष के हाथ से मुद्दा छीन लेने की मंशा से मोदी ख़ुद क्रीज़ पर उतर आये। जब 40 सीआरपीएफ जवानों के शव दिल्ली पहुँचे तो उनको श्रद्धांजलि अर्पित करने के लिए मोदी स्वयं पहुँच गये। उन्होंने प्रत्येक ताबूत की परिक्रमा की। मन्त्रियों को निर्देश दिये गये कि वे शवों के साथ उनके गाँव तक पहुँचें तथा जवानों के अन्तिम संस्कार में शामिल हों। इसके बाद 26 फ़रवरी 2019 को पाकिस्तान के अन्दर एयर स्ट्राइक की गयी। भारतीय वायुसेना के 12 मिराज लड़ाकू विमानों ने नियन्त्रण रेखा पार की तथा बालाकोट में स्थित जैश-ए-मुहम्मद के प्रशिक्षण केन्द्र पर बम गिराये, इस हमले में 300-350 आतंकवादियों के मारे जाने का दावा किया गया। 27 फ़रवरी 2019 को पाकिस्तान ने मिसाइल मारकर विंग कमांडर अभिनन्दन वर्तमान के मिग-21 विमान को गिरा लिया और उनको पाकिस्तानी सीमा के अन्दर गिरफ़्तार कर लिया गया। 60 घण्टे क़ैद में रखने के बाद 1 मार्च 2019 को पाकिस्तान ने अभिनन्दन को भारत के सुपुर्द कर दिया। इमरान खान ने पाकिस्तानी संसद के अन्दर घोषणा की कि शान्ति प्रस्ताव के रूप में विंग कमांडर अभिनन्दन को 28 फ़रवरी को रिहा कर दिया जायेगा। बाद में भारत द्वारा प्रदान किये गये डोजियर के आधार पर पाकिस्तान ने जैश-ए-मुहम्मद के नेता मसूद अज़हर के बेटे हम्माद अज़हर तथा भाई अब्दुल रऊफ़ के साथ-साथ 42 अन्य सन्दिग्धों को भी गिरफ़्तार किया।

इसके बाद अपनी सभी चुनावी रैलियों में मोदी बालाकोट एयर स्ट्राइक का ज़िक्र करने तथा (पाकिस्तान को) *'घर में घुसकर मारेंगे'* का उद्घोष करने का अवसर नहीं चूकते थे। भाजपा तथा मोदी कृषि, निर्धनता, रोज़गार तथा अर्थव्यवस्था के बारे में किसी भी प्रश्न का जवाब देने से बचते रहे। मोदी तथा शाह ने 2019 के लोकसभा चुनावों को 'कारगिल 2.0' का रूप दे दिया। अटल बिहारी वाजपेयी ने भी यही रणनीति अपनायी थी। चुनाव जीतने के लिए 'युद्ध का पत्ता' खेलना एक

अत्यन्त सरल तथा एकायामी रणनीति थी। अतीत में इस रणनीति को आजमा कर मनचाहे परिणाम भी हासिल किये जा चुके थे।

अप्रैल 1999 में अटल बिहारी वाजपेयी 270 के मुक़ाबले 269 वोट लेकर केवल 1 वोट से अविश्वास प्रस्ताव जीतने में असफल रहे थे (यह अविश्वास प्रस्ताव विपक्ष नहीं बल्कि उनका अपना राजग गठबन्धन लेकर आया था)। वाजपेयी की सरकार लील जाने वाले इस एक वोट के लिए तीन लोगों को ज़िम्मेदार ठहराया गया। मतदान के दिन बहुजन समाज पार्टी की नेता मायावती ने वाजपेयी के साथ मुलाक़ात की तथा समर्थन का वादा किया। लेकिन मतदान के समय उन्होंने सरकार के विरोध में वोट डाल दिया। दूसरा आरोप ओड़िशा के मुख्यमन्त्री गिरिधर गामांग पर लगाया जाता है, मुख्यमन्त्री बनने के बावजूद अभी भी वे लोकसभा में कांग्रेस के सांसद बने हुए थे। पार्टी सचेतक लागू होने के कारण उन्हें भी सरकार के विरोध में वोट देना पड़ा। हालाँकि तकनीकी रूप से तो वे संसद के अन्दर मतदान कर सकते थे लेकिन मुख्यमन्त्री बनने के बाद उनका संसद में आकर मतदान करना नैतिक रूप से उचित नहीं ठहराया जा सकता। तीसरा आरोपी नेशनल कॉन्फ्रेंस के नेता सैफ़ुद्दीन सोज़ को ठहराया जाता है, ये वाजपेयी की सरकार में शामिल थे लेकिन अपनी पार्टी का विरोध करते हुए इन्होंने सरकार के विरुद्ध वोट दिया। कारगिल युद्ध से पहले ही देश की भावनाएँ वाजपेयी के साथ जुड़ चुकी थीं। उनको एक उत्पीड़ित नेता के रूप में देखा जा रहा था जिसके विरुद्ध षड्यन्त्र करके उसकी सरकार गिराई गयी थी। देश की सद्भावना वाजपेयी के साथ थी। मई-जुलाई में हुए कारगिल युद्ध के दौरान वाजपेयी अन्तरिम प्रधानमन्त्री के रूप में सेवाएँ दे रहे थे। हालाँकि कारगिल युद्ध में मिली विजय ने सितम्बर-अक्तूबर में हुए आम चुनावों में वाजपेयी को विजय दिलाने में अपनी भूमिका निभाई थी लेकिन यह उनकी विजय का इकलौता कारण नहीं था। 2019 के लोकसभा चुनाव में मोदी ने केवल राष्ट्रवाद के मुद्दे पर चुनाव लड़ने का निर्णय लिया। अपने पाँच वर्ष के कार्यकाल के दौरान सरकार के प्रदर्शन का ज़िक्र तक नहीं किया। इन चुनावों में मोदी का आर्थिक क्षेत्र में बुरा रिकॉर्ड उनके लिए सबसे बड़ी जवाबदेही बन चुका था इसके बावजूद वे इस मुद्दे से पीछा छुड़ाने में कामयाब रहे। विगत कुछ वर्षों के दौरान मोदी अपनी एक मज़बूत तथा बाहुबली नेता की छवि गढ़ चुके हैं, ऐसा नेता जो शक्ति के इस्तेमाल और भारतीय सेना के पक्ष में बोलने में झिझक नहीं करता है। वे लगभग अपराजेय बन चुके हैं।

2019 का चुनाव उन विषयों को भी सतह पर उठा लाया जो चुनावों के बीच के काल में सुप्त पड़े रहते हैं। भारत के राजनैतिक वातावरण के सन्दर्भ में सबसे

चिन्ताजनक विषय तो यही है कि सत्ता का केन्द्रीकरण एक व्यक्ति के हाथ में हो रहा है। चुनावों से पहले हमने सीबीआई, निर्वाचन आयोग, आरबीआई तथा ईडी जैसे संस्थानों की विश्वसनीयता को सन्देह के घेरे में आते देखा। न्यायपालिका तथा मीडिया का इस्तेमाल करके रिमोट कंट्रोल की सरकार चलाने का प्रयास किया जा रहा है। ग़ैर-क़ानूनी गतिविधियाँ (रोकथाम) अधिनियम (यूएपीए), राष्ट्रीय अन्वेषण अभिकरण (एनआईए), राष्ट्रीय सुरक्षा अभिकरण (एनएसए), स्वापक औषधि और मन:प्रभावी पदार्थ अधिनियम (एनडीपीएस) आदि का खुला दुरुपयोग भारत के स्थापित संस्थानों की नींव को खोखला करता जा रहा है। चूँकि मोदी सरकार इन संस्थानों को राजनैतिक रूप से प्रभावित करने का प्रयास करती रहती है इसलिए इन संस्थानों की स्वायत्तता सवालों के घेरे में आ गयी है। लोकसभा में पूर्ण बहुमत होने के कारण तो मानो भाजपा को मनमर्ज़ी के क़ानून पारित करवाने की खुली छूट मिल गयी है। सर्वोच्च न्यायालय बहुत पहले ही सीबीआई को 'पिंजरे में बन्द पंछी' बता चुका है, मोदी राज के दौरान सीबीआई के अन्दर अन्त:-विभागीय प्रतिद्वन्द्विता भी खुलकर सबके सामने आ गयी और प्रतिद्वन्द्वी गुटों ने सार्वजनिक रूप से एक-दूसरे से कपड़े उतारे। सीबीआई के भूतपूर्व निदेशकों के कुकृत्य भी समाज के बीच इस संस्था की जग-हँसाई का कारण बनते रहे हैं, मोदी राज के दौरान सीबीआई के निदेशक तथा विशेष निदेशक के आपसी द्वेष की ख़बरें मीडिया में छायी रहीं। पेशेवराना अनिवार्यताओं तथा संस्था की नैतिकता को धता बताते हुए सीबीआई के उच्चाधिकारियों ने एक-दूसरे पर खुलकर कीचड़ उछाला। आरबीआई भी हालाँकि काग़ज़ पर तो एक स्वायत्त संस्था है लेकिन इसके पास भी निर्णय लेने की पूर्ण स्वतन्त्रता नहीं छोड़ी गयी है। एक के बाद एक निदेशक अपना कार्यकाल पूरा होने से पहले ही त्यागपत्र देकर जाते रहे जिसके कारण मुद्रा बाज़ार तथा अर्थव्यवस्था पर बुरा प्रभाव पड़ा। जो जीडीपी 7.4 प्रतिशत की दर से बढ़ रही थी वह 2019-20 में 4.2 प्रतिशत की दर तक गिर चुकी थी। कोविड-19 महामारी के कारण 2020-21 में जीडीपी का और अधिक संकुचन हुआ।

निर्वाचन आयोग इस राजनैतिक दख़लन्दाज़ी का सबसे ज़्यादा शिकार बना। निर्वाचन आयोग संविधान द्वारा स्थापित एक स्वायत्त संस्था है। मुख्य चुनाव आयुक्त इस संस्था का संचालन करते हैं। जब टी.एन. शेषन को मुख्य चुनाव आयुक्त नियुक्त किया गया तो उन्होंने अक्सर भीरु बने रहने वाले निर्वाचन आयोग को समुचित सम्मान तथा प्रतिष्ठा दिलवाई। दिसम्बर 1990 में शेषन को मुख्य चुनाव आयुक्त नियुक्त किया गया था। वे 1996 तक इस पद पर रहे। हमारे दो वक़ीलों

राजीव धवन तथा गोपाल राय को निर्वाचन आयोग के सामने प्रस्तुत होना था, इनको सहयोग प्रदान करने के लिए मुझे भी जॉर्ज फ़र्नांडीस के साथ जाकर शेषन साहब के सामने उपस्थित होने का अवसर प्राप्त हुआ। वे दो टूक और बिना लाग-लपेट बोलने वाले व्यक्ति थे। यदि आप तर्कपूर्ण दलील दे रहे हों तो वे सदैव आपकी बात सुनने के लिए तैयार रहते थे। वे आयोग के प्राधिकार का हनन नहीं होने देते थे तथा नियमों की अनुपालना इतनी सख़्ती से करवाते थे कि उस समय के राजनेता नियमों का उल्लंघन करने के विचार से ही थर्राने लगते थे। वे किसी प्रकार की बकवास बर्दाश्त नहीं करते थे। राजनैतिक दलों एवं प्रत्याशियों को अनुशासन में रखने तथा उनको सीधा रखने का उनका अपना ही तरीक़ा था। उनके कार्यकाल में मुख्य चुनाव आयुक्त के पद की गरिमा का पुनरुद्धार हुआ। उन्होंने निर्वाचन प्रक्रिया में बहुत से सुधार लागू किये–सभी योग्य मतदाताओं को मतदान-पत्र प्रदान करवाना उनका सबसे महत्त्वपूर्ण योगदान था। वे चुनावी आचार संहिता को बड़ी सख़्ती के साथ लागू करवाते थे। शेषन ने निर्वाचन आयोग की भूमिका को पुन:परिभाषित करके दिखा दिया और लोगों को यह अहसास दिलवाया कि निर्वाचन आयोग संविधान द्वारा स्थापित एक स्वायत्त संस्था है जो स्वतन्त्र तथा निष्पक्ष चुनावों के आयोजन को सुनिश्चित करने में कोई कोर-कसर नहीं रख छोड़ेगा। दुर्भाग्य से 2019 तक लोकतन्त्र के इस प्रहरी को भी ज़ंज़ीरों में जकड़ दिया गया। वर्तमान में निर्वाचन आयोग की स्वतन्त्रता, निष्पक्षता तथा प्रभावशीलता पर सन्देह किया जाने लगा है। यह एक नख-दन्त हीन संस्थान बन चुका है। इस सन्दर्भ में हम दो घटनाओं की चर्चा करते हैं।

चुनावी सुधारों के नाम पर भाजपा सरकार ने निर्वाचन बोंड्स को लागू किया।[1] सार्वजनिक रूप से तो इसको चुनावों में पारदर्शिता लाने का माध्यम बताया गया लेकिन इसके कारण चुनावों में लगने वाले धन के बारे में अस्पष्टता और अधिक बढ़ी। वास्तविकता तो यह है कि निर्वाचन बोंड्स की पूरी योजना इस प्रकार की बनाई गयी थी कि सत्ताधारी दल को इसका सबसे ज़्यादा लाभ मिला। साथ ही, इनको बोंड्स कहना भी उचित नहीं होगा। इनको 'बोंड' बताकर जनता को भ्रमित किया गया क्योंकि किसी सम्प्रभु संस्था को ही बोंड ज़ारी करने का प्राधिकार प्राप्त होता है। इन निर्वाचन बोंड्स को हम एक प्रकार का तोहफ़े के रूप में दिया गया चेक या प्रीपेड कार्ड ही बोल सकते हैं।

हालाँकि यह योजना कहती है कि दानदाता की पहचान उजागर नहीं की जा सकती लेकिन चूँकि केवल भारतीय स्टेट बैंक ही ये बोंड ज़ारी कर सकता है तथा

प्रत्येक बोंड को एक विशिष्ट पहचान संख्या प्रदान की जाती है इसलिए इस बोंड को ख़रीदने वाले की असल पहचान तक पहुँचना इतना भी मुश्किल काम नहीं। यह उद्घाटन भी किया गया कि इनमें से 95 प्रतिशत निर्वाचन बोंड्स केवल भाजपा को अदा किये गये थे। निर्वाचन बोंड्स 1,000 रुपये से लेकर 1,000,000 रुपये मूल्यांक तक मुद्रित किये जाते हैं। बोंड दाता एवं बोंड लेने वाले राजनैतिक दल दोनों को ही कर से मुक्ति मिलती है। केवल राजनैतिक दल ही इन निर्वाचन बोंड्स को भुना सकते हैं। लेकिन केवल उन्हीं राजनैतिक दलों को इन बोंड्स को भुनाने की अनुमति है जिन्होंने हालिया लोकसभा अथवा विधानसभा चुनावों में कम से कम 1 प्रतिशत मत प्राप्त किये हों। साथ ही उन्होंने निर्वाचन आयोग तथा आयकर विभाग के सामने अपनी आय का ब्यौरा भी जमा करवाया हो। इसलिए हम कह सकते हैं कि यह योजना केवल बड़े राजनैतिक दलों को लाभ पहुँचाती है। यदि कोई व्यक्ति अथवा समूह अपना ख़ुद का राजनैतिक दल बनाकर चुनाव लड़ना चाहता है तो वह इन निर्वाचन बोंड्स के माध्यम से आय प्राप्त करने हेतु अयोग्य ठहरा दिया जायेगा। यह सुविधा केवल उन्हीं दलों को उपलब्ध है जो वैसे तो ख़ुद को लोकतन्त्र का प्रहरी बताते नहीं थकते लेकिन सच्चाई यह है कि उन दलों के अध्यक्ष तक का चुनाव लोकतान्त्रिक पद्धति से नहीं किया जाता। इन दलों के अन्दर आन्तरिक लोकतन्त्र ढूँढ़े से भी नहीं मिलता। सभी बड़े दल वैसे तो संसद के अन्दर 33 प्रतिशत सीटों पर स्त्रियों को आरक्षण प्रदान करने के मुद्दे का समर्थन करते नज़र आते हैं लेकिन ख़ुद चुनावों में 33 प्रतिशत स्त्री प्रत्याशियों को अपनी पार्टी का टिकट देने से कतराते हैं।

2019 के लोकसभा चुनावों को ध्यान में रखते हुए 1 फ़रवरी 2017 को वित्तमन्त्री अरुण जेटली ने वार्षिक बजट प्रस्तुत किया। साथ ही उन्होंने वित्त विधेयक की पुड़िया में लपेटकर निर्वाचन बोंड्स को भी संसद के सामने रखा। लोकसभा ने एक धन विधेयक के रूप में इस विधेयक को पारित किया। 1 जनवरी 2018 से इसको लागू कर दिया गया। वित्त विधेयक के लिए भारत की समेकित निधि में से पैसा दिया जाता है, लेकिन निर्वाचन बोंड्स का तो समेकित निधि से कुछ लेना-देना ही नहीं है। तो फिर इसको धन विधेयक के रूप में क्यों प्रस्तुत किया गया? धन विधेयक को केवल लोकसभा से ही पारित करवाना होता है, इसको राज्यसभा से पारित करवाना आवश्यक नहीं। फ़रवरी 2017 में राजग को राज्यसभा में बहुमत प्राप्त नहीं था इसलिए राज्यसभा में मतदान से बचने के लिए टीम मोदी ने धन विधेयक के रूप में निर्वाचन बोंड्स को लोकसभा से पारित करवा लिया। इस प्रकार, जिस विधेयक को धन विधेयक कहा ही नहीं जा सकता उसको भी

पारित करवाने का चोर रास्ता ढूँढ़ लिया गया। निर्वाचन बोंड्स को लागू करवाने के लिए चुपके से पाँच अधिनियमों में भी संशोधन करवा दिया गया– (i) चूँकि निर्वाचन बोंड्स भारतीय स्टेट बैंक द्वारा ज़ारी किये जाने थे लेकिन तब तक केवल भारतीय रिज़र्व बैंक तथा संघीय सरकार ही धारक बोंड ज़ारी कर सकती थी इसलिए भारतीय रिज़र्व बैंक अधिनियम, 1934 में संशोधन किया गया; (ii) दानदाताओं की गोपनीयता को सुनिश्चित करने के लिए आयकर अधिनियम, 1961 (1995 में संशोधित) के राजनैतिक दलों को आयकर से मुक्ति प्रदान करने सम्बन्धी अनुच्छेद 13(ए) में संशोधन किया गया। एक और संशोधन करके यह प्रावधान भी किया गया कि 2,000 रुपये से ऊपर का दान चेक, इलेक्ट्रोनिक हस्तान्तरण अथवा निर्वाचन बोंड्स के रूप में दिया जा सकता है। पहली नज़र में तो ऐसा लग सकता है कि इस प्रावधान के द्वारा सरकार पारदर्शिता लाना चाहती थी क्योंकि इससे पहले यह प्रावधान था कि 20,000 रुपये तक का दान नक़दी में दिया जा सकता था, इसके कारण दानदाताओं की पहचान ज़ाहिर नहीं हो पाती थी। राजनैतिक दल इस धारा का बहुत फ़ायदा उठाया करते थे, नक़ली रसीदें काट-काट कर अवैध धन को दान के रूप में दिखा दिया जाता था। यह काले धन को सफ़ेद करने का माध्यम बन चुका था। लेकिन यह सीमा 2,000 रुपये तक ले आयी गयी जिसके कारण राजनैतिक दलों को नक़ली रसीदें बनाने में ज़्यादा पसीना बहाना पड़ा। इस नयी प्रक्रिया में भी झोल यह रखा गया कि यदि किसी व्यक्ति ने 100 करोड़ या इससे ज़्यादा का दान किया हो तो भी उसको आयकर विभाग के सामने अपनी आय का स्रोत ज़ाहिर करने की आवश्यकता नहीं थी; (iii) लोक प्रतिनिधित्व अधिनियम, 1951 के अनुच्छेद 29(सी) में भी संशोधन किया गया। इस अधिनियम के अन्तर्गत यह प्रावधान किया गया था कि 20,000 रुपये से अधिक का दान लेने वाले दल को अपने दानदाता का पूरा ब्यौरा प्रदान करना होता था। लेकिन निर्वाचन बोंड्स लागू करने के पश्चात् दानदाता की पहचान गुप्त रखने का प्रावधान किया गया। इनका ब्यौरा भी किसी को प्रदान नहीं करना पड़ता; (iv) कम्पनी अधिनियम, 1956 में संशोधन किया गया। इससे पहले कम्पनियों को अपने पिछले तीन वर्ष के औसत लाभ का केवल 7.5 प्रतिशत दान करने की अनुमति थी, साथ ही दानदाता कम्पनी को दान की गयी राशि तथा लाभार्थी पार्टी का नाम भी ज़ाहिर करना होता था। अब निर्वाचन बोंड्स की नयी व्यवस्था के अन्तर्गत कम्पनियों को निर्बाध धनराशि दान करने की अनुमति मिल गयी, और साथ ही दानदाता कम्पनी के तीन वर्ष से अस्तित्व में बने रहने अथवा लगातार तीन वर्ष तक लाभ में बने रहने की अनिवार्यता भी समाप्त कर दी गयी।

इसका अर्थ यह है अब घाटे में चलने वाली कम्पनी भी निर्वाचन बोंड्स के माध्यम से अबाध मात्रा में राजनैतिक दलों को दान दे सकती है। सत्ता में बैठे हुए लोग किसी भी कम्पनी को दान देने के लिए मजबूर कर सकते हैं। किस कम्पनी ने किस-किस दल को कितना-कितना दान किया है इसको सार्वजनिक करने की बाध्यता लगाने वाली धारा भी समाप्त कर दी गयी; (v) विदेशी अंशदान विनियमन अधिनियम, 1976 में 2010 में संशोधन करके राजनैतिक दलों द्वारा विदेशी स्रोतों से दान लेने पर प्रतिबन्ध लगा दिया गया था। विदेशी स्रोतों से दान लेने वाली इस धारा में पुन: संशोधन किया गया तथा राजनैतिक दलों को एफ़सीआरए के माध्यम से विदेशी दान लेने की स्वतन्त्रता प्रदान कर दी गयी। मज़े की बात यह है कि इस धारा को 1976 के वर्ष से प्रभावी बनाया गया। इस क़दम के पीछे भाजपा तथा कांग्रेस को संरक्षण प्रदान की मंशा निहित थी क्योंकि ये दोनों दल अतीत में एफ़सीआरए के माध्यम से विदेशी दान लेकर क़ानून तोड़ते आ रहे थे। उस समय एफ़सीआरए के हनन का एक मुक़दमा दिल्ली उच्च न्यायालय में चल भी रहा था। दिल्ली उच्च न्यायालय ने अपने आदेश में कांग्रेस तथा भाजपा दोनों दलों को दोषी बताया था। इस संशोधन के पश्चात् उच्च न्यायालय का यह आदेश भी प्रभावहीन तथा बेमानी हो गया।

शुरुआत में तो निर्वाचन आयोग ने इन निर्वाचन बोंड्स का कड़ा विरोध किया। निर्वाचन आयोग ने लिखित रूप में अपनी आपत्तियाँ विधि एवं न्याय मन्त्रालय को भेजीं तथा सर्वोच्च न्यायालय में जाकर निर्वाचन बोंड्स की वैधता को चुनौती दी। सरकार यह तर्क देती है कि वह दानदाता की गोपनीयता की रक्षा करना चाहती है इसलिए उनकी पहचान सार्वजनिक नहीं की जा सकती। निर्वाचन बांड केवल पन्द्रह दिन तक मान्य रहता है। यदि पन्द्रह दिन के अन्दर निर्वाचन बोंड को भुनाया नहीं जाता तो यह राशि प्रधानमन्त्री राहत कोष में ही जमा करवा दी जाती है। वित्त वर्ष की प्रत्येक तिमाही के शुरुआती दस दिन की निर्धारित समय-सीमा के दौरान ही निर्वाचन बोंड भारतीय स्टेट बैंक में उपलब्ध करवाये जाते हैं। यानी कि लोगों को प्रत्येक वर्ष चार बार निर्वाचन बोंड ख़रीदने का अवसर मिलता है। लोकसभा चुनावों के दौरान 30 दिन के लिए एक अतिरिक्त खिड़की खोली जाती है। वैसे तो प्रधानमन्त्री कार्यालय का इन बोंड्स से सीधे-सीधे कोई लेना-देना नहीं लेकिन इस कार्यालय ने बार-बार इन बोंड्स के मामले में दख़लन्दाज़ी की है। एक जनवरी 2018 को निर्वाचन बोंड्स की योजना शुरू की गयी। 1 अप्रैल 2018 से यह योजना प्रभाव में आ जानी थी। प्रधानमन्त्री कार्यालय के हस्तक्षेप के कारण मार्च 2018 में एक विशेष खिड़की खोली गयी। इस खिड़की से 220 करोड़ रुपये के बोंड्स ख़रीदे

गये जिनमें से 210 करोड़ रुपये, अर्थात् कुल राशि का 95 प्रतिशत, केवल भाजपा को ही दान किये गये थे। मार्च वाली खिड़की के बाद अप्रैल में दस दिन के लिए सामान्य खिड़की भी खोली गयी। कर्नाटक विधानसभा चुनावों से पहले प्रधानमन्त्री कार्यालय ने एक बार फिर से हस्तक्षेप किया तथा मई 2018 में एक बार फिर से विशेष खिड़की खुलवाई गयी। 2018-19 की तीसरी तिमाही के लिए अक्तूबर माह में सामान्य खिड़की भी खुली। इसके बाद फिर से प्रधानमन्त्री कार्यालय ने हस्तक्षेप किया और नवम्बर महीने में फिर से एक और विशेष खिड़की खुलवा दी गयी। मई 2018 में एक रोचक घटना घटी, प्रधानमन्त्री कार्यालय ने वित्त मन्त्रालय से विनती की कि 10-10 करोड़ के जिन दो बोंड्स की अवधि समाप्त हो चुकी थी उनको भुनाने की अनुमति प्रदान कर दी जाये। नियम तो यही कहता है कि जिन बोंड्स की अवधि समाप्त हो चुकी है उसकी राशि प्रधानमन्त्री राहत कोष में जमा करवाई जानी चाहिए। बोंड धारकों ने बैंक से विनती की कि उनके बोंड को भुना दिया जाये क्योंकि उन्होंने 15 कार्यदिवसों के अन्दर बोंड बैंक में जमा करवा दिया था, जबकि नियम 15 कैलेंडर दिवसों की बात करता है। इस बारे में मन्त्रालय ने यह सफ़ाई दी कि कार्यदिवसों तथा कैलेंडर दिवसों के बीच में अस्पष्टता के कारण बोंड धारकों से यह ग़लती हुई। इनमें से एक बोंड को राजनैतिक दान के रूप में भुना लिया गया जबकि दूसरे बोंड को प्रधानमन्त्री राहत कोष में जमा करवा दिया गया। प्रधानमन्त्री कार्यालय ने साफ़ दर्शा दिया था कि वह अपने दलगत हितों को प्रधानमन्त्री राहत कोष से ज़्यादा तरजीह देता है।

सन्देहास्पद तरीक़े से 1 फ़रवरी 2017 को लोकसभा के सामने इस विधेयक को प्रस्तुत किया गया था। चूँकि इस विधेयक के अन्तर्गत आरबीआई अधिनियम में भी संशोधन किया जा रहा था इसलिए अन्तिम समय पर वित्त मन्त्रालय में तैनात अधिकारियों को ध्यान आया कि इस विधेयक को सदन के सामने प्रस्तुत करने से पहली आरबीआई की सहमति लेना आवश्यक है। स्वतन्त्र भारत के इतिहास में पहली बार आरबीआई की स्वायत्त शक्तियों का क्षरण किया जा रहा था। 28 जनवरी को दोपहर 1:45 बजे आरबीआई का अनुमोदन प्राप्त करने हेतु एक ईमेल लिखकर उनको इन संशोधनों की जानकारी दी गयी। चूँकि 29 जनवरी को रविवार था इसलिए 30 जनवरी, सोमवार को आरबीआई ने इस ईमेल का जवाब देते हुए पूरे मसौदे पर कड़े एतराज़ ज़ाहिर किये। आरबीआई ने सरकार को निर्वाचन बोंड्स के ख़तरों से भी आगाह किया। वित्त मन्त्रालय के अनेक सचिवों ने इन एतराज़ों को यह कहकर नज़रन्दाज़ कर दिया कि सर्वोच्च बैंक 'प्रस्तावित क्रियाविधि को समझ नहीं पाया था'

और चूँकि उस समय तक विधेयक का मुद्रण भी किया जा चुका था इसलिए इसको संसद के सामने प्रस्तुत कर ही देना चाहिए। नतीजा यह निकला कि जो विधेयक धन विधेयक नहीं था उसे धन विधेयक बनाकर पारित करवा दिया गया तथा क़ानून बनाकर देश पर थोप दिया गया। यहाँ तक कि मौद्रिक नीति का निर्धारण करने वाली तथा देश के अन्दर आर्थिक अनुशासन स्थापित करने की ज़िम्मेदार सर्वोच्च संस्था के एतराज़ों तक को किनारे रख दिया गया।

सवाल उठता है कि सरकार ने निर्वाचन बोंड्स को लागू करवाने में इतनी जल्दबाज़ी क्यों दिखाई थी? सरकार ने इस मामले में सम्मिलित सभी पक्षों द्वारा व्यक्त की गयी चिन्ताओं तथा एतराज़ों पर कोई ध्यान नहीं दिया। इन बेनामी निर्वाचन बोंड्स के माध्यम से सन्दिग्ध स्रोतों से भी पैसा राजनीति में आ सकता है। यह जानने का कोई तरीक़ा है ही नहीं कि यह नशीले पदार्थों का धंधा करने वालों का पैसा है, किसी शेल कम्पनी का पैसा है अथवा किसी आतंकवादी संगठन की तरफ़ से यह पैसा आया है। पूरी दुनिया में किसी भी कामयाब लोकतन्त्र के अन्दर इस प्रकार के सन्दिग्ध बोंड्स के माध्यम से वित्तपोषण की अनुमति नहीं दी गयी है। अमेरिका में तो यह प्रावधान है कि यदि किसी राजनैतिक दल को 200 डॉलर से अधिक का दान मिलता है तो स्वयं दानदाता तथा उसके नियोक्ता तक का पूरा ब्यौरा देना आवश्यक है। ब्रिटेन में 7,500 पाउंड से अधिक का दान लेने वाले दल को अपने दानदाता का सम्पूर्ण ब्यौरा प्रदान करना होता है। लेकिन भारत में यह दान निर्वाचन बोंड्स के माध्यम से आता है और राजनैतिक दलों के ऊपर अपने दानदाताओं की पहचान उजागर करने का कोई दबाव नहीं, चाहे उन्होंने कितनी ही बड़ी रक़म प्राप्त की हो। भारत के तत्कालीन मुख्य न्यायाधीश रंजन गोगोई ने निर्वाचन बोंड्स के बारे में बड़ी दिलचस्प टिप्पणी की थी–'यदि दानदाता की पहचान गुप्त रहेगी तो काले धन को समाप्त करने की आपकी सारी कवायद ही ढेर हो जायेगी। इस प्रकार तो काले धन को आसानी से सफ़ेद धन में बदला जा सकता है।'

शुरुआत में पार्टी तथा सरकार के बीच का अन्तर साफ़ नज़र आता था। लेकिन वर्तमान में इनके बीच की रेखा काफ़ी हद तक मिटाई जा चुकी है। अब पार्टी तथा सरकार को एक ही संस्था बना दिया गया है। सभी मंत्री, मुख्यमन्त्री तथा स्वयं प्रधानमन्त्री भी अपने दल का काम करते समय सरकारी मशीनरी का जी-भर उपयोग (दुरुपयोग) करते हैं। एक उदाहरण से हम इस प्रवृत्ति को अच्छी तरह समझ सकते हैं–पूरे साल किसी न किसी राज्य में चुनाव चलते ही रहते हैं। ऐसे में बड़े-बड़े राजनेता भी प्रचार अभियानों में व्यस्त रहते हैं। इन अभियानों के दौरान सरकारी

तामझाम का जमकर इस्तेमाल किया जाता है। क्या किसी नेता ने प्रचार अभियान में लगने वाले दिनों के लिए अपने वेतन में कटौती करवाई है?

चुनाव से ठीक पहले बड़े सन्दिग्ध हालात में नमो टीवी के नाम से एक नया टेलीविज़न चैनल शुरू किया गया। इस चैनल के सम्बन्ध में स्वामित्व, लाइसेंस, ट्राई विनियमों, आचार संहिता के उल्लंघन आदि जैसे बहुत से प्रश्न उठते हैं। साथ ही यह सवाल भी कि क्या भाजपा क़ानून से ऊपर है? जिस प्रकार से नमो टीवी का इस्तेमाल किया गया वह भी बहुत से सवाल छोड़कर चला गया। बार-बार शिकायतें मिलने के बावजूद निर्वाचन आयोग ने चैनल अथवा भाजपा के विरुद्ध कोई कार्रवाई नहीं की; न ही नमो एप के स्वामी नरेन्द्र मोदी के विरुद्ध कोई क़दम उठाया गया। नमो टीवी को इसी नमो एप का एक अंग बताया जाता है। 26 मार्च 2019 को अचानक से नरेन्द्र मोदी ने नमो टीवी का उद्घाटन किया और लोकसभा का प्रचार अभियान समाप्त होने के बाद उसी तेज़ी के साथ 17 मई को यह चैनल ग़ायब भी हो गया। आवश्यक लाइसेंस न होने के बावजूद एनएसएस-6 सैटेलाइट के माध्यम से इस चैनल को अपलिंक तथा डाउनलिंक उपलब्ध करवाया गया। यह भारत के प्रसारण नियमों का खुला उल्लंघन था। भारत में टीवी चैनलों को लाइसेंस प्रदान करने तथा उनका नियमन करने वाला विभाग भी नमो टीवी द्वारा किये जा रहे उल्लंघनों की तरफ़ से आँख मूँदकर बैठा रहा। सभी बड़ी डीटीएच प्रचालक कम्पनियों–जैसे कि टाटा स्काई, वीडियोकोन तथा डिश टीवी–नमो टीवी का नि:शुल्क प्रसारण करती रहीं। शुरुआत में तो टाटा स्काई ने नमो टीवी को हिन्दी समाचार चैनल की श्रेणी में रखा था, बाद में इसको विशेष सेवा क़ा नाम देकर प्रसारण ज़ारी रखा। नमो टीवी ने सभी टीवी चैनलों के लिए अनिवार्य सुरक्षा अनुमति भी नहीं ली थी जिसके कारण हम इस चैनल को अवैध उद्यम भी कह सकते हैं। शायद भारत के इतिहास में पहली बार ऐसा हुआ था कि सरकार से अनुमति लिए बिना ही, यहाँ तक कि अनुमति का प्रार्थना-पत्र भेजे बिना ही, कोई चैनल शुरू कर दिया गया तथा यह चैनल प्रसारण भी करता रहा।

राजस्थान के तत्कालीन राज्यपाल कल्याण सिंह ने प्रचार अभियान के बीच में अपने गृहनगर का दौरा किया। अपने भाजपा प्रत्याशी बेटे के लिए उनको वोट माँगते हुए उनको कैमरे में क़ैद भी कर लिया गया। इस मामले में एक टिप्पणी तैयार करके राष्ट्रपति के पास भेजी गयी, चूँकि यह एक संवैधानिक पद के दुरुपयोग का मामला था इसलिए कोई भी कार्रवाई करने से पहले राष्ट्रपति का अनुमोदन लेना आवश्यक था। चुनाव प्रक्रिया पूर्ण होने तक राष्ट्रपति कार्यालय इस टिप्पणी को दबाकर बैठा

रहा। आगे चलकर कल्याण सिंह राज्यपाल के पद से सेवानिवृत्त हो गये। आज तक यह सुनने में नहीं आया है कि उनके विरुद्ध कोई कार्रवाई भी हुई हो। आचार संहिता का उल्लंघन करने के कारण निर्वाचन आयुक्त ने उत्तर प्रदेश के मुख्यमन्त्री योगी आदित्यनाथ पर तीन दिन तक प्रचार न करने का प्रतिबन्ध लगा दिया। क्या यह भी अपने आप में एक विसंगति नहीं है कि संविधान तथा क़ानून की रक्षा करने की ज़िम्मेदारी जिनके हाथ में है उनको ही संविधान तथा क़ानून का उल्लंघन करने के मामले में दण्डित करना पड़ता है? योगी आदित्यनाथ पर जुर्माना लगाया गया और ज़ुर्माने की मामूली सी रक़म भरकर वे पहले की ही तरह मुख्यमन्त्री की कुर्सी पर विराजमान रहे।

योगी आदित्यनाथ हिन्दू मतदाताओं के बीच बहुत लोकप्रिय हैं। उनका चेहरा दिखाकर भाजपा बड़ी संख्या में वोट प्राप्त करती है। 2017 के विधानसभा चुनावों में भाजपा ने उत्तर प्रदेश की 403 सीटों पर एक भी मुसलमान प्रत्याशी नहीं उतारा था। इसके द्वारा भाजपा ने यह स्पष्ट सन्देश दिया था कि वे बहुसंख्यावाद की राजनीति का दामन पकड़ कर सत्ता पर क़ब्ज़ा करना चाहते हैं। मुख्यमन्त्री के रूप में तो योगी आदित्यनाथ व्यावहारिकता से काम लेते हैं तथा प्रशासन की बाध्यताओं को भली-भाँति समझते हैं। लेकिन हिन्दू हृदय सम्राट के अवतार में आते ही वे कट्टर हिन्दुत्ववादी नेता बन जाते हैं तथा 'उनके अली के मुक़ाबले में हमारे बजरंगबली' को उतारने की हुंकार भरते हैं।

अप्रैल 2019 के पहले सप्ताह में कांग्रेस ने अपना घोषणापत्र ज़ारी किया। कांग्रेस ने न्याय योजना (न्यूनतम आय योजना) को अपने घोषणापत्र का केन्द्रीय विषय बनाया था, जिसके अन्तर्गत देश के निर्धनतम 20 प्रतिशत लोगों को सालाना 72,000 रुपये की आर्थिक मदद देने की गारंटी प्रदान की गयी थी। कांग्रेस न्याय योजना को भी मनरेगा जैसी ही आकर्षक योजना मानकर चल रही थी। कुल मिलाकर सम्पन्नता तथा कल्याण को कांग्रेस के घोषणापत्र की मूल विषयवस्तु बताया जा सकता है। 9 अप्रैल को *संकल्प पत्र* के नाम से भाजपा ने भी अपना घोषणापत्र ज़ारी किया। इस संकल्प पत्र में ही प्रधानमन्त्री नरेन्द्र मोदी का देश के 130 करोड़ नागरिकों के नाम पत्र भी प्रकाशित किया गया था। इस दस्तावेज़ में आज़ादी की शताब्दी का उत्सव मनाने की बात की गयी थी, साथ ही यह वादा भी किया गया था कि अगले पाँच वर्ष के दौरान वे इस उपलब्धि की नींव रख देंगे। गहराई से समझें तो देख सकते हैं कि भाजपा 2047 तक देश पर शासन करने का इरादा बनाये हुए है।

मोदी ने कर्कश राष्ट्रवाद की रट लगाये रखी और अधिक महत्त्वपूर्ण आर्थिक मुद्दे उसके शोर में डूब गये। टीम मोदी ने बड़ी कुशलता के साथ मोदी के पाँच साल के प्रदर्शन की बजाय राष्ट्रवाद को 2019 के चुनाव का केन्द्रीय मुद्दा बना दिया। यदि कोई विदेशी प्रेक्षक भारतीय चुनावों को देख रहा होता तो मोदी द्वारा आये दिन पाकिस्तान का नाम लेने के कारण उसको यह भ्रम हो सकता था कि यह दो देशों के बीच का चुनाव था। चुनाव प्रबन्धन के क्षेत्र में तो टीम मोदी अपने विरोधियों से मीलों आगे निकल चुकी है। विशेषकर कांग्रेस का मतदान-केन्द्र प्रबन्धन तथा चुनावी रणनीतियाँ भाजपा के पासंग में भी नज़र नहीं आतीं। भाजपा अध्यक्ष के रूप में अमित शाह ने अपने सभी संसाधन झोंक दिये थे। यह प्रयास रातों-रात नहीं हुआ था। जिस दिन 2014 में मोदी ने शपथ ली थी उसी दिन से 2019 के लोकसभा चुनाव की रणनीति बनना शुरू हो गयी थी। राफ़ेल समझौते जैसे संवेदनशील मुद्दे को बड़ी कुशलता के साथ नेपथ्य में धकेल दिया गया। इस समझौते में तो बोफ़ोर्स घोटाले से भी ज़्यादा अस्पष्टता नज़र आती है। राहुल गांधी द्वारा दिये गये *'चौकीदार चोर है'* नारे को टीम मोदी ने बड़ी चतुराई के साथ औंधा कर दिया और उसके जवाब में *'मैं भी चौकीदार'* का असरदार अभियान शुरू कर दिया। अन्ततः देश ने भी मान लिया कि मोदी का कोई विकल्प नहीं–देयर इज नो आल्टरनेटिव (टीना)– और पिछले से भी बड़ा बहुमत लेकर मोदी पुनः सत्ता में आ गये।

यह देखना बाक़ी है कि मोदी 2.0 एक धर्मनिरपेक्ष गणतन्त्र के रूप में भारत की रूपरेखा को किस प्रकार प्रभावित करते हैं। अब तक तो सरकार का यही दायित्व रहा है कि यह देश की अतुलनीय विविधता तथा जातीय एवं धार्मिक विविधता को संरक्षण प्रदान करती है।

टिप्पणियाँ

1. कोई भी भारतीय नागरिक अथवा भारत में स्थापित कोई भी कम्पनी भारतीय स्टेट बैंक की चयनित शाखाओं से निर्वाचन बोंड ख़रीद सकती है। इसके पश्चात् ये नागरिक अथवा कॉर्पोरेट संस्थाएँ अपनी पसन्द के किसी भी योग्य राजनैतिक दल को ये बोंड दान कर सकते हैं। बैंक नोट्स की ही तरह इन बोंड्स को भी धारक को अदा किया जा सकता है तथा ये ब्याज़ मुक्त होते हैं।

अध्याय बीस
जय श्रीराम

किसका रामराज्य? गांधी का या मोदी का?
5 अगस्त 2020, बुधवार

कुछ लोगों का अब भी यही विचार है कि बाबरी मस्जिद का विध्वंस एक राज्य-प्रायोजित घटना थी। इसके बाद निश्चित ही भारत में धर्मनिरपेक्षता को परिभाषित करने के पैमानों में बड़ी हद तक बदलाव आया। वर्तमान परिभाषा को हम 'भावनात्मक सत्य' के रूप में अभिव्यक्त कर सकते हैं। अब सत्य की परिभाषा तथ्यों के आधार पर नहीं बल्कि लोगों की भावनाओं के आधार पर की जाने लगी है। निःसन्देह बहुसंख्यक भावनाएँ अल्पसंख्यक भावनाओं पर हावी हो जाती हैं। 6 दिसम्बर 1992 की घटना से क्रुद्ध मुसलमानों ने पूरे देश में विरोध प्रदर्शन किये।

शासन-व्यवस्था बनाये रखने के लिए पुलिस ने विरोध शुरू होते ही गोलीबारी का सहारा लिया। क़ानून-व्यवस्था की समस्या से निपटने के लिए पुलिस के पास पहले से एक बनी-बनायी मानक संचालक प्रक्रिया (एसओपी) होती है, भारत में इसको *बोली-डंडा-गोली* कहा जाता है। यानी कि पहले लोगों को बहला-फुसला कर या गाली-धमकी के द्वारा नियन्त्रित किया जाता है। हमारा समाज भी पुलिसवालों की गालियों को यह कहकर स्वीकार कर लेता है कि पुलिस की मजबूरी है कि उनको रोज़-रोज़ लोगों के साथ गाली-गलौज करना पड़ता है जिसकी वजह से यह उनकी आदत में शामिल हो गया है। अधिकांश पुलिसकर्मी डंडा लेकर चलते हैं, यह डंडा उनके अधिकार का प्रतीक बन गया है। प्रदर्शनकारियों पर लाठीचार्ज करना पुलिस के लिए मामूली सी बात बन गयी है। अन्तिम उपाय के रूप में गोली चलाई जाती है और अधिकांशतः पुलिस को केवल आत्मरक्षा में ही गोली चलाने की अनुमति दी जाती है। हालिया दिनों में डंडे तथा गोली के बीच एक और प्रक्रिया घुसा दी गयी है—वाटर कैनन तथा रबर की गोलियों का प्रयोग। अनुमान लगाया जाता है कि बाबरी मस्जिद विध्वंस के विरोध में हुए प्रदर्शनों में लगभग 1,000 लोगों की जानें गयीं, मरने वालों में बड़ी संख्या मुसलमानों की थी। अल्पसंख्यकों की बड़ी शिकायत यह भी थी कि जब मस्जिद ढहाई जा रही थी तब तो प्रशासन ने एक डंडा तक नहीं उठाया और जब मुसलमान प्रदर्शन के लिए सड़कों पर आये तो पुलिस ने पलक झपकते ही अपनी बन्दूक़ों के मुँह खोल दिये।

प्रदर्शन बहुत बड़े क्षेत्र में फैल गया। महाराष्ट्र में सत्ता बाल ठाकरे के हाथ में थी। वे दावा करते रहते थे कि बाबरी मस्जिद को ढहाने के लिए शिव सैनिक ही गुम्बदों पर चढ़े थे। महाराष्ट्र में 259 लोगों की जान गयी थी। गुजरात में 246 लोगों की जान गयी, इनमें अधिसंख्या मुसलमानों की थी। सम्पन्न मुसलमानों के इलाक़ों में दुकानें लूटी गयीं तथा हालात को क़ाबू करने के लिए सेना को बुलाना पड़ा। इस पूरे बवाल का केन्द्रबिन्दु, उत्तर प्रदेश, अपेक्षाकृत शान्त रहा। यहाँ पर केवल 201 लोग मारे गये। कानपुर तथा वाराणसी में लावा फूटने ही वाला था कि स्थिति को समयपूर्व नियन्त्रण में ले लिया गया। इस शान्ति का कारण शायद यह था कि उत्तर प्रदेश में भाजपा की सरकार को बर्ख़ास्त करके राष्ट्रपति शासन लगा दिया गया था। इसके कारण प्रशासन को बवाल से सख़्ती के साथ निपटने की स्वतन्त्रता मिल गयी। बाबरी मस्जिद के विध्वंस के बाद भोपाल में लोगों ने मिठाइयाँ बाँटकर तथा पटाखे फोड़कर उत्सव मनाया था। भाजपा सरकार मूकदर्शक बनी रही। जब

मध्य प्रदेश में भी केन्द्र सरकार के हस्तक्षेप तथा राष्ट्रपति शासन का ख़तरा उत्पन्न हो गया तब जाकर मुख्यमन्त्री सुन्दरलाल पटवा ने कार्रवाई शुरू की। मध्य प्रदेश में 120 लोगों की जान गयी। असम में 100 लोग मारे गये। पर बांग्लादेश से आये हुए शरणार्थियों ने हिन्दुओं तथा हिन्दू मन्दिरों को निशाना बनाया। मुख्यमन्त्री सैकिया अर्ध-सैन्य बलों की अतिरिक्त टुकड़ियों की माँग करते रहे। कर्नाटक में 60 लोग मरे, दंगा-फ़साद शिवाजीनगर तथा बेंगलुरु के मुस्लिम-बहुल क्षेत्रों तक सीमित रहा। कर्नाटक लगातार अर्ध-सैनिक बलों की कमी से जूझता रहा। राजस्थान में भाजपा नेता भैरों सिंह शेखावत की सरकार थी, उन्होंने त्वरित कार्रवाई की। उन्होंने 7 नगरों में सेना बुला ली तथा 8 नगरों में कर्फ़्यू लगा दिया जिसकी वजह से मरने वालों की संख्या 48 तक सीमित रही। पश्चिम बंगाल साम्यवादियों के हाथ में था। यहाँ पर 32 मौतें हुईं। हालात का जायज़ा लेते हुए एक स्थानीय समाचारपत्र ने बड़ी सटीक टिप्पणी की थी–'स्थिति इतनी बुरी तो नहीं लेकिन इसका प्रबन्धन बहुत बुरी तरह से किया जा रहा है।' लालू प्रसाद यादव को एक हँसमुख स्वभाव का व्यक्ति माना जाता था, कड़ाई के साथ दंगों को रोकने के कारण सबसे बेहतर प्रदर्शन इनका ही माना जाता है। बिहार में 24 लोगों की मौत हुई, इनमें से भी पुलिस की गोलीबारी में मरने वालों की संख्या केवल 9 थी। क़ानून व्यवस्था के हाथ मज़बूत करने के लिए उन्होंने वीआईपी ड्यूटी पर लगे हुए कार्मिकों को हटाकर पुलिस बल में तैनात कर दिया। शायद उन्होंने अपने मुस्लिम-यादव गठजोड़ को सुरक्षित रखने के लिए इतनी तेज़ी तथा कड़ाई के साथ कार्रवाई की थी। यह उनका बँधा-बँधाया वोट बैंक था। इसका नतीजा यह हुआ कि मुसलमान भी लालू के संरक्षण में ख़ुद को ज़्यादा सुरक्षित महसूस करने लगे। केरल में वैसे तो 12 लोगों की जान गयी लेकिन हालात सामान्य बने रहे। इस्लामिक सेवा संघ (आईएसएस) के मुखिया मदनी चुप रहे, इसलिए उनको गिरफ़्तार नहीं किया गया। 9 दिसम्बर 1992 को भाजपा ने बन्द का आयोजन किया, इसके नतीजे में भी 4 लोगों को जान से हाथ धोना पड़ा। आन्ध्र प्रदेश में भी स्थिति को बड़ी कुशलता के साथ नियन्त्रण में रखा गया। यहाँ पर केवल 12 लोगों की जान गयी, इस कारण सरकार की प्रशंसा की गयी। मुख्यमन्त्री ने पुलिस को स्थिति के साथ कड़ाई से निपटने की खुली स्वतन्त्रता प्रदान कर रखी थी। तमिलनाडु में मुसलमानों ने अभूतपूर्व संयम दर्शाया। यहाँ पर केवल 2 लोगों की जान गयी, ये दोनों मृत्यु भी तिरुनेलवेली ज़िले में हुईं।

धीरे-धीरे पूरे देश में स्थिति सामान्य हो गयी। मुम्बई में दोनों समुदायों के बीच हत्या, आगजनी, दंगों तथा पुलिस की तरफ़ से गोलीबारी का सिलसिला थमने में

नहीं आ रहा था। इसके कारण 900 लोग जान गँवा चुके थे। 1993 के जनवरी महीने के अन्त तक स्थिति के सामान्य होने का आभास होने लगा था। 1992-93 के दौरान एक तरफ़ तो जहाँ देश के धर्मनिरपेक्ष आदर्शों की अग्निपरीक्षा हो रही थी, वहीं दूसरी तरफ़ बॉलीवुड में राजेश खन्ना के बाद एक दूसरे महानायक का उदय हो रहा था। शाहरुख़ खान का सितारा बुलन्दी पर चढ़ता जा रहा था। आने वाले वर्षों में तो ये भारत के सबसे बड़े नायक बनकर उभरे। 1992 में आयी *दीवाना* फ़िल्म के लिए उनको पुरुष वर्ग में सर्वोत्कृष्ट प्रथम अभिनय का फ़िल्मफ़ेयर पुरस्कार मिला। दिल्ली से आये इस नौजवान को फ़िल्म उद्योग में किसी की छत्रछाया भी प्राप्त नहीं थी लेकिन इसके बावजूद दो वर्षों के दौरान उसने 9 हिट (व्यावसायिक रूप से लाभदायक) फ़िल्में दे डालीं। ये फ़िल्में थीं–*दीवाना, चमत्कार, राजू बन गया जेंटलमैन, दिल आशना है, माया मेमसाब, पहला नशा, किंग अंकल, बाज़ीगर* तथा डर। इस सूची की प्रथम तथा अन्तिम फ़िल्मों के लिए फ़िल्मफ़ेयर ने उनको क्रमशः सर्वोत्कृष्ट पुरुष प्रथम अभिनय तथा सर्वोत्कृष्ट अभिनेता का इनाम देकर सम्मानित किया। इस सूचना के पीछे हमारा मन्तव्य यह है कि साम्प्रदायिक दंगों के बावजूद आम भारतीय समाज धर्म के आधार पर विभाजित नहीं हुआ। आज के दिन कुछ समूहों द्वारा एक समुदाय विशेष द्वारा बनायी गयी फ़िल्मों का बहिष्कार करने का आह्वान करना आम बात हो गयी है। राजनैतिक रणनीतिकारों तथा वोटबैंक प्रबन्धकों ने बड़ी मेहनत करके समाज में यह दरार डाली है। वर्तमान माहौल में एक समुदाय विशेष से आने वाले अदाकारों, कलाकारों, लेखकों, कार्यकर्ताओं, समाजसेवियों, अध्यापकों तथा विश्वविद्यालयों पर राष्ट्रवादी एवं राष्ट्रद्रोही होने का ठप्पा लगाने की नयी परम्परा चल पड़ी है।

मुम्बई दंगों की जाँच करने के लिए महाराष्ट्र सरकार ने उच्च न्यायालय के पदस्थ न्यायाधीश बी.एन. कृष्णा की अध्यक्षता में एक-सदस्यीय आयोग का गठन किया। न्यायमूर्ति कृष्णा कन्नड़ पृष्ठभूमि से आते थे लेकिन उनका जन्म एवं लालन-पालन मुम्बई में ही हुआ था। उन्होंने संस्कृत तथा भारतीय सौन्दर्यशास्त्र विषयों में स्नातकोत्तर की पढ़ाई की, साथ ही उर्दू में डिप्लोमा भी लिया। बाद में आयोग के जाँच-क्षेत्र का विस्तार करते हुए इस आयोग को मार्च 1993 में हुए मुम्बई बम विस्फोटों की जाँच करने की ज़िम्मेदारी भी दे दी गयी। जाँच के पश्चात् आयोग ने पाया कि दिसम्बर 1992 तथा जनवरी 1993 के दंगों में राजनैतिक नेतृत्व तथा पुलिस संलिप्त थे। रिपोर्ट में कांग्रेस तथा भाजपा दोनों दलों की भूमिका की आलोचना की गयी लेकिन साम्प्रदायिक दंगों को भड़काने तथा इनका प्रबन्धन

करने की ज़िम्मेदारी सीधे-सीधे शिवसेना तथा इसके नेता बाल ठाकरे के कन्धों पर डाली गयी। इन दंगों में बड़ी संख्या में मुसलमान मारे गये थे। 1998 में महाराष्ट्र विधानसभा के सामने रिपोर्ट प्रस्तुत करते समय शिवसेना के मुख्यमन्त्री मनोहर जोशी ने रिपोर्ट के परिणामों को मुस्लिमपरस्त तथा हिन्दू-विरोधी बताते हुए नकार दिया। मुम्बई दंगों में अपनी भूमिका साबित हो जाने के कारण 2008 में शिवसेना के भूतपूर्व सांसद मधुकर सरपोतदार को सज़ा सुनाई गयी। वे ज़मानत पर बाहर आ गये तथा 2010 में सज़ा पूरी होने से पहले ही उनकी मृत्यु हो गयी। आगे चलकर न्यायमूर्ति कृष्णा केरल उच्च न्यायालय के मुख्य न्यायाधीश नियुक्त किये गये। अन्ततः वे सर्वोच्च न्यायालय के न्यायाधीश पद से सेवानिवृत्त हुए। उन्होंने बहुत से आयोगों तथा समितियों की अध्यक्षता की थी, जैसे छठा केन्द्रीय वेतन आयोग, मद्रास उच्च न्यायालय दंगा आयोग, तेलंगाना को पृथक् राज्य बनाने सम्बन्धी समिति, डाटा सुरक्षा सम्बन्धी समिति, आदि। बहुत से आयोगों तथा जाँच समितियों ने अपनी-अपनी रिपोर्ट प्रस्तुत की थीं, इसी क्रम में हम यह कह सकते हैं कि न्यायमूर्ति कृष्णा की रिपोर्ट की नियति का निर्धारण भी उनकी नियुक्ति के ही दिन हो गया था। यदि आरोपितों के विरुद्ध कोई कार्रवाई करनी ही नहीं थी तो फिर इतने सारे आयोगों, जाँच समितियों, एसआईटी आदि की स्थापना करने का औचित्य क्या था? ऐसा लगता है जनाक्रोश को तत्कालीन रूप से शान्त करने की मंशा से राजनैतिक नेतृत्व आयोग आदि बनाकर लोगों को घर वापिस भेज देता है जबकि यह सबको पता होता है कि इस पूरी कवायद का नतीजा सिफ़र ही निकलना है।

भारत की राजनैतिक व्यवस्था की ही तरह मुम्बई अंडरवर्ल्ड भी बदलाव के दौर से गुज़र रहा था। अपराध जगत में धर्म की कोई भूमिका नहीं हुआ करती थी। ज़्यादातर माफ़िया डॉन तथा सरगनाओं को तो हम धर्मनिरपेक्ष भाईचारे की प्रतिमूर्ति तक बता सकते हैं। लेकिन अब अपराध जगत में भी विभाजन उत्पन्न होने लगा था। उदारीकरण लागू होने के बाद विदेशी वस्तुएँ खुलेआम बाज़ार में उपलब्ध होने लगीं जिसके कारण पूरे भारतीय उपमहाद्वीप में फैले मुम्बई अंडरवर्ल्ड के तस्करी के धन्धे पर बहुत गहरा प्रभाव पड़ा। पाकिस्तान अभी तक बांग्लादेश को खो देने का सदमा लेकर बैठा था। बाबरी मस्जिद विध्वंस के बाद उनको भारत से बदला लेने का मौक़ा मिल गया। दाऊद इब्राहीम ने भागकर पाकिस्तान में शरण ले रखी थी, वह भी अपने नये आकाओं की मर्ज़ी पूरी करने के लिए राज़ी हो गया क्योंकि पाकिस्तान उसको बेतहाशा पैसा कमाने तथा मुम्बई के अपराध जगत पर अपना सिक्का जमाने में लगातार मदद देता आ रहा था। दाऊद मुसलमानों का मसीहा बन गया और

उसने बाबरी मस्जिद के विध्वंस का बदला लेने का निर्णय लिया। वह दुनिया को दिखा देना चाहता था कि उसने बाबरी विध्वंस के द्वारा मुसलमानों के साथ की गयी नाइन्साफ़ी का बदला ले लिया है। 12 मार्च 1993 को मुम्बई में अलग-अलग जगहों पर बम धमाके हुए। 257 लोग जान से गये तथा 713 लोग घायल हुए। कुछेक दस्तावेज़ों में मृतकों की संख्या 320 बताई जाती है, लेकिन इन दस्तावेज़ों में कोलकाता बम धमाके में मारे जाने वाले 60-70 लोगों की संख्या जोड़कर यह आँकड़ा दिया जाता है।[1] कोलकाता तथा मुम्बई धमाकों के बीच कोई सम्बन्ध नहीं था। मुम्बई में दोपहर को 1:30 से 3:40 के बीच धमाके हुए। धमाके के लिए ऐसी जगहों का चयन किया गया जहाँ बड़ी संख्या में लोग जमा होते हैं, जैसे कि होटल सी रॉक, एयर इंडिया भवन, मुम्बई स्टॉक एक्सचेंज, आदि। सुधाकरराव नाइक को अपदस्थ करके हाल ही में 6 मार्च 1993 को शरद पवार ने मुख्यमन्त्री पद की शपथ ली थी और वे धमाकों के बाद होने वाली अशान्ति, दंगों तथा प्रत्याघात को क़ाबू करने में सफल रहे। मुख्यमन्त्री कार्यालय ने बताया कि 12 जगह नहीं बल्कि 13 जगह धमाके हुए थे। इस तेरहवें धमाके के पीछे उन्होंने तमिल टाइगर्स की भूमिका पर सन्देह व्यक्त किया। काफ़ी साल बाद जाकर शरद पवार ने स्वीकार किया कि उन्होंने मुस्लिम बहुल इलाक़े में होने वाले तेरहवें धमाके की मनगढ़ंत कहानी प्रस्तुत करके इसकी ज़िम्मेदारी तमिल टाइगर्स पर इसलिए डाली थी ताकि हिन्दुओं की भावनाओं को भड़कने से रोका जा सके।

दाऊद का गिरोह भी साम्प्रदायिक आधार पर दो फाड़ हो गया, यह हिन्दू तथा मुसलमान गुटों में बँट गया। जब दाऊद ने ख़ुद को मुसलमानों का मसीहा बताना शुरू कर दिया तो उसका पुराना सहयोगी छोटा राजन दाऊद को छोड़कर चला गया। इसके बाद छोटा राजन ख़ुद को हिन्दुओं के मसीहा की छवि में ढालने लगा। धमाकों के बारे में की गयी जाँचों में सामने आया कि दाऊद ने धमाके के लिए लोगों की भर्ती करने, उनको प्रशिक्षण प्रदान करने तथा योजना को सफलतापूर्वक लागू करने की ज़िम्मेदारी मेमन बन्धुओं को सौंपी थी। 9 मार्च 1993 को मुम्बई पुलिस ने गुलनूर मुहम्मद खान (गुल्लू) को हिरासत में लिया। बहुत से अन्य लोगों के साथ टाइगर मेमन ने उसको भी भर्ती किया था। ऐसा कहा जाता है कि पाकिस्तान से प्रशिक्षण लेकर वापस आने के बाद गुल्लू घबरा गया। अपनी माँ की ज़िद पर उसने किसी छोटे-मोटे मामले में ख़ुद को गिरफ़्तार करवा लिया ताकि वह बम धमाके करने की योजना से बाहर निकल सके। मूल योजना यह थी कि अप्रैल में शिव जयन्ती उत्सव

के दौरान पूरे भारत में कई जगह पर धमाके किये जायेंगे लेकिन दो कारणों से इस योजना को 12 मार्च को लागू करने का निर्णय लिया गया। पहला कारण तो यह कि गुल्लू की गिरफ़्तारी के बाद पूरी योजना का भांडा फूट जाने का ख़तरा उत्पन्न हो गया था। दूसरा कारण यह था कि दाऊद रमज़ान के पवित्र महीने में और जुम्मे के दिन ये धमाके करना चाहता था। पुलिस द्वारा इस मामले में 129 लोगों को आरोपी बनाया गया जिनमें से ज़्यादातर पुलिस की गिरफ़्त में आये ही नहीं। दाऊद तथा टाइगर मेमन भी पुलिस की पकड़ में न आ सके। आतंकवादी एवं विध्वंसकारी गतिविधियाँ निरोधक अधिनियम (टाडा) की विशेष अदालत ने 100 लोगों को दोषी क़रार दिया। इनमें असलहे की उतराई करवाने वाले एजेंटों, बम स्थापित करने वालों, सीमा-शुल्क अधिकारियों, पुलिसकर्मियों तथा षड्यन्त्र में शामिल अन्य लोगों को सज़ा दी गयी। गिरफ़्तार होने वालों में सबसे चर्चित चेहरा फ़िल्म स्टार संजय दत्त थे। 12 अभियुक्तों को मृत्युदण्ड दिया गया, 20 को उम्रक़ैद, कुछेक को छोटी-बड़ी सज़ाएँ मिलीं जबकि 23 अभियुक्त बरी कर दिये गये। 2 मार्च 2013 को सर्वोच्च न्यायालय ने याकूब मेनन के मृत्युदण्ड की अनुशंसा कर दी, साथ ही 10 मामलों में मृत्यदण्ड को उम्रक़ैद में परिवर्तित कर दिया। 30 जुलाई 2015 को नागपुर केन्द्रीय कारागार में याकूब मेनन को फाँसी दे दी गयी। अभियुक्त मुहम्मद इक़बाल की जेल में ही मृत्यु हो गयी।

19 अप्रैल 1993 को संजय दत्त को गिरफ़्तार किया गया था। उसके पिता, कांग्रेस सांसद सुनील दत्त, अपने बेटे की रिहाई के लिए हर किसी के दरवाज़े पर जाकर माथा टेकते रहे। 18 महीने बाद उनके बेटे को ज़मानत मिल पायी। ऐसा कहा जाता है कि अन्तत: बाल ठाकरे ने ही संजय दत्त को ज़मानत दिलवाने में मदद की थी। टाडा अदालत ने संजय दत्त को अवैध हथियार रखने के आरोप में दोषी पाया लेकिन धमाके के षड्यन्त्र से उनका नाम हटा दिया गया। सर्वोच्च न्यायालय ने टाडा अदालत द्वारा दी गयी छह वर्ष की सज़ा को कम करके पाँच वर्ष कर दिया। संजय दत्त को यह सज़ा पूरी करनी पड़ी।

नवम्बर 2008 में पाकिस्तान तथा दाऊद ने मुम्बई शहर पर एक और आतंकवादी हमला किया (इसको 26/11 हमला नाम से जाना जाता है)। समुद्र के रास्ते लश्करे-तय्यबा के 10 आतंकवादी मुम्बई में घुसे तथा ताज होटल, बॉम्बे वीटी स्टेशन, बेस्ट बेकरी आदि स्थानों पर हमला बोल दिया। इन हमलों में 164 नागरिक मारे गये तथा 308 लोग घायल हुए। इनमें से एक आतंकवादी अजमल कसाब को

ज़िन्दा पकड़ लिया गया। भारत की अदालतों में कसाब के ऊपर न्यायपूर्ण रूप से मुक़दमा चलाया गया। सभी क़ानूनी प्रक्रियाओं की पालना करते हुए उसको अपना पक्ष रखने का पूरा अवसर प्रदान किया गया। चार साल बाद 21 नवम्बर 2012 को पुणे के यरवदा कारागार में उसको फाँसी के फन्दे पर झुला दिया गया। प्रक्रिया के अनुसार उसकी मृत्यु की सूचना का पत्र पाकिस्तान भेजा गया। पाकिस्तान सरकार ने यह पत्र स्वीकार करने से इनकार कर दिया। इसके बाद इस पत्र को पाकिस्तानी अधिकारियों के पास फैक्स कर दिया गया। कुरियर के माध्यम से पाकिस्तान में कसाब के घर पर भी उसकी मृत्यु की सूचना भेजी गयी।

बाबरी मस्जिद का विध्वंस उत्तर प्रदेश के अयोध्या में हुआ लेकिन यह सुदूर मुम्बई को अमिट घाव दे गया। 6 दिसम्बर 1992 को बाबरी मस्जिद के विध्वंस के बाद से लेकर 12 मार्च 1993 के बम धमाकों तक यह शहर हृदयविदारक घटनाओं का भोक्ता रहा। 2008 में एक बार फिर आतंकवादी हमला कर के इस कभी न सोने वाले शहर को साँसें थामकर अपनी गलियों में होते नरसंहार को देखने के लिए मजबूर किया गया। 2008 में पूरा शहर थम गया था। इसके सर्वसमावेशी चरित्र में दरारें उभरने लगीं। 1993 का वर्ष मुम्बई नगर के लिए एक निर्णायक वर्ष साबित हुआ, यह वर्ष मुम्बई को बहुत गहरे ज़ख़्म देकर गया। उसके बाद यह शहर पहले जैसा नहीं रह पाया। बॉम्बे का नाम बदलकर मुम्बई कर दिया गया। अब यह नगर अलग-अलग समुदायों के *घेटो* में विभाजित हो चुका है। इस नगर की ऊँची-ऊँची तथा चमकदार अट्टालिकाएँ इसकी देह में समा चुके सामाजिक अलगाव को छुपा नहीं पाती हैं।

अब हम रामजन्मभूमि के स्वामित्व पर 60 साल से चली आ रही अदालती लड़ाई की चर्चा करते हैं। इलाहाबाद उच्च न्यायालय की लखनऊ पीठ का निर्णय आने के बाद ऐसा लगा कि यह मामला अपनी मंज़िल पर पहुँच गया है। सभी पक्षों की दलील सुनने के पश्चात् न्यायमूर्ति एस.यू. खान, न्यायमूर्ति सुधीर अग्रवाल तथा न्यायमूर्ति डी.वी. शर्मा की तीन सदस्यीय पीठ ने 26 जुलाई 2010 को अपना निर्णय सुरक्षित रख लिया। 30 सितम्बर 2010 को उच्च न्यायालय ने 800 पृष्ठ का निर्णय सुनाया। इस निर्णय की शुरुआत ही इन शब्दों से हुई थी–'फ़रिश्ते भी भूमि के इस छोटे से टुकड़े (1,500 वर्ग यार्ड) के आस-पास जाने से कतराते हैं। यहाँ क़दम-क़दम पर लैंडमाइंस बिछी हुई लगती हैं। हमें ये लैंडमाइंस साफ़ करने का उत्तरदायित्व मिला है...तदनुसार, आगे हम वह निर्णय सुना रहे हैं जिसका पूरा देश

साँस रोक कर इन्तज़ार कर रहा है।' 2:1 के बहुमत से आये इस निर्णय में 2.77 एकड़ की इस भूमि का तीन समान भागों में विभाजन किया गया। एक भाग सुन्नी वक्फ बोर्ड को प्रदान किया गया, दूसरा भाग निर्मोही अखाड़े को तथा तीसरा भाग 'रामलला' पक्ष को प्रदान कर दिया गया।

16 दिसम्बर 1992 को लिब्राहन आयोग की स्थापना की गयी थी। न्यायमूर्ति मनमोहन सिंह लिब्राहन को रामजन्मभूमि-बाबरी मस्जिद संरचना के विध्वंस मामले की जाँच का उत्तरदायित्व दिया गया। इस आयोग को तीन महीने के अन्दर अपनी रिपोर्ट प्रस्तुत करनी थी। यह भारत के इतिहास का सबसे लम्बा जाँच आयोग बन गया तथा 48 बार इसकी अवधि का विस्तार किया गया। 17 साल बाद 30 जून 2009 को इस आयोग ने अपनी रिपोर्ट प्रस्तुत की। इस आयोग पर प्रत्यक्ष ख़र्च के रूप में ही 8 करोड़ रुपये लग गये थे। लिब्राहन आयोग ने राजनीति तथा धर्म के घालमेल की प्रवृत्ति की जम कर आलोचना की। अपनी 1,029 पृष्ठ की रिपोर्ट में आयोग ने कठोर क़ानून बनाने की अनुशंसा की ताकि राजनैतिक सत्ता हासिल करने के मक़सद से धर्म का इस्तेमाल करने वालों को मिसाली सज़ाएँ दी जा सकें। राजनीति तथा धर्म का घालमेल एक बेहद ख़तरनाक प्रवृत्ति है। इसके विनाशकारी परिणाम सामने आ सकते हैं। आयोग ने अपनी रिपोर्ट में आगे कहा कि बाबरी मस्जिद का विध्वंस सुनियोजित तथा व्यवस्थागत रूप से किया गया था। भविष्य के लिए सुधारात्मक क़दम सुझाते हुए आयोग ने टिप्पणी की थी :

> 172.16–इसके बाद यही तर्कसंगत निर्णय सामने आता है कि जिस सरकार की स्थापना धर्म के आधार पर हुई है अथवा जो सरकार अपने राजनैतिक उद्देश्यों में धार्मिक विषयों को सम्मिलित करती है उस (सरकार) को भी बाधित किया जाना चाहिए। जो सरकार किसी धर्म विशेष के प्रति समर्थन ज़ाहिर करने के द्वारा सत्ता में आती है अथवा जो अपने कार्यक्रम में धार्मिक विषयों को शामिल करती है वह संविधान के अभिव्यक्त एवं अन्तर्निहित निर्देशों का उल्लंघन करती है।

लिब्राहन आयोग की रिपोर्ट में यह स्पष्ट शब्दों में लिखा गया कि 6 दिसम्बर 1992 को बाबरी मस्जिद के विध्वंस से पहले का घटनाक्रम 'न तो स्वतः-स्फूर्त था और न ही अनियोजित था।' आयोग ने भारतीय सत्ता संरचना की चोटी पर स्थापित सम्भ्रान्त वर्ग के बयान लिए थे, जैसे कि पी.वी. नरसिम्हा राव, वी.पी. सिंह, एस.बी. चव्हाण, आडवाणी, मुलायम सिंह यादव, कल्याण सिंह, अर्जुन सिंह, के.एस. सुदर्शन, विष्णु हरि डालमिया, अशोक सिंघल, उमा भारती, मार्क टली तथा बहुत से

उच्चपदस्थ नौकरशाह। लगभग 100 गवाहों के बयानों की जाँच की गयी। 2015 में सर्वोच्च न्यायालय ने एक याचिका को स्वीकार किया जिसमें यह माँग की गयी थी कि चूँकि सत्ताधारी भाजपा सीबीआई को प्रभावित करने का प्रयास कर सकती है इसलिए यह संस्था लालकृष्ण आडवाणी, मुरली मनोहर जोशी आदि भाजपा नेताओं के विरुद्ध प्रभावशाली रूप से मुक़दमा चलाने में असमर्थ हो गयी है। सीबीआई की यह परिपाटी रही है कि यह सत्ताधारी दल की इच्छा के अनुरूप अपनी जाँच का रुख मोड़ देती है इसीलिए यह शंका अभिव्यक्त की गयी थी। भाजपा सीबीआई को प्रभावित कर सकती थी तथा भाजपा नेताओं के विरुद्ध सीबीआई की जाँच निष्पक्ष नहीं रह पाती। एक विशेष सीबीआई अदालत का गठन किया गया तथा भिन्न-भिन्न अदालतों में चल रहे सभी मामलों को एक साथ मिलाकर इस विशेष अदालत के अधीन ले आया गया, इस नये समेकित मामले को 'रामजन्मभूमि प्रकरण' नाम दिया गया। सर्वोच्च न्यायालय ने निर्देश दिया कि इन मामलों की रोज़ाना सुनवाई की जाये तथा 2 वर्ष के अन्दर निर्णय दिया जाये।

दिसम्बर 2010 में उच्च न्यायालय के विवादित भूमि को तीन समान भागों में विभाजित करने के निर्णय को सर्वोच्च न्यायालय में चुनौती दी गयी। मई 2011 में सर्वोच्च न्यायालय ने उच्च न्यायालय द्वारा सुझाये गये भूमि के बँटवारे पर रोक लगा दी। 3 अक्तूबर 2018 को न्यायमूर्ति रंजन गोगोई ने भारत के मुख्य न्यायाधीश का पदभार सँभाला और थोड़े दिन बाद ही उन्होंने घोषणा कर दी कि सर्वोच्च न्यायालय रामजन्मभूमि मामले को एक निर्धारित अवधि के दौरान सुनकर इसका फ़ैसला सुनायेगा। न्यायमूर्ति रंजन गोगोई को 17 नवम्बर 2019 को सेवानिवृत्त होना था। इस मामले की सुनवाई के लिए पाँच न्यायाधीशों की पीठ का गठन किया गया। इस पीठ में शामिल न्यायमूर्ति रंजन गोगोई, न्यायमूर्ति अरविन्द बोबड़े, न्यायमूर्ति डी. वाई. चन्द्रचूड़, न्यायमूर्ति एस. अब्सुल नज़ीर, तथा न्यायमूर्ति अशोक भूषण ने 6 अगस्त से 16 अक्तूबर 2019 के बीच रोज़ाना इस मामले की सुनवाई की तथा 9 नवम्बर 2019 को सर्वसम्मति से अपना निर्णय सुना दिया।

निर्णय के मुख्य बिन्दु निम्नलिखित हैं :

- निर्णय सुनाये जाने के तीन महीने के अन्दर सरकार को एक न्यास का गठन करके इसके न्यासी बोर्ड की नियुक्ति करनी होगी तथा 2.77 एकड़ की सम्पूर्ण विवादित भूमि इस न्यास को हस्तान्तरित की जायेगी।
- मस्जिद के निर्माण हेतु अयोध्या में एक वैकल्पिक स्थान पर पाँच एकड़ भूमि आवंटित की जायेगी।

- बाबरी मस्जिद के विध्वंस तथा 1949 में मस्जिद को नापाक करना ग़ैर-क़ानूनी गतिविधियाँ क़रार दी गयीं।

दिसम्बर 2019 में सर्वोच्च न्यायालय ने इस निर्णय के पुनर्विचार की माँग करने हेतु दायर की गयी याचिका को ख़ारिज कर दिया।

सेवानिवृत्त होने के बाद मार्च 2020 में न्यायमूर्ति रंजन गोगोई को नामित करके राज्यसभा में भेज दिया गया, इसलिए उनकी अध्यक्षता में बनी सर्वोच्च न्यायालय की पीठ के इस निर्णय पर सदैव सवाल उठते रहेंगे। आमजन तथा विधि समुदाय ने उनके नामांकन की कड़ी आलोचना की। सेवानिवृत्ति के बाद राज्यसभा की सीट स्वीकार करने के कारण न्यायमूर्ति गोगोई के बहुत से निर्णय आलोचना के घेरे में आ गये। रामजन्मभूमि का मामला उठाकर न्यायमूर्ति गोगोई इस दशकों पुराने भूमि विवाद को परिणति तक पहुँचाना चाहते थे। न्यायालय ने निर्णय दिया कि हालाँकि मस्जिद का विध्वंस एक ग़ैर-क़ानूनी काम था। इसके बावजूद केवल एक ही पीड़ित पक्ष को सम्पूर्ण विवादित भूमि का स्वामित्व प्रदान कर दिया। भविष्य में शान्ति की कपोल-कल्पना को मस्जिद के विध्वंस द्वारा एक पक्ष के साथ किये गये अन्याय पर वरीयता देने के कारण इस निर्णय को कड़ी आलोचना का सामना करना पड़ा। तीन तलाक़ तथा सबरीमाला मामलों को भी उनके राज्यसभा नामांकन के साथ जोड़कर देखा जाने लगा। मोदी सरकार द्वारा अनुच्छेद 370 को समाप्त करने का निर्णय लेने के पश्चात् भी गोगोई आलोचना के घेरे में आये थे। जिस प्रकार सरकार ने जम्मू-कश्मीर में अनुच्छेद 370 के रद्दीकरण को लागू किया था उसे सत्ता के अन्धे दुरुपयोग के रूप में देखा जा रहा था और इन सबके बीच न्यायपालिका न केवल मूकदर्शक बनी रही बल्कि पीड़ित पक्ष को न्यायालय के अन्दर सुनवाई का अवसर तक प्रदान नहीं किया गया। मामलों का निपटान करने का प्रयास करने की बजाय अदालती प्रक्रिया पर अधिक ज़ोर देने के कारण भी गोगोई की आलोचना की जाती है। सर्वोच्च न्यायालय आम आदमी के लिए आशा की अन्तिम किरण माना जाता है तथा इस संस्थान से पारदर्शिता की अपेक्षा की जाती है। न्यायमूर्ति गोगोई के कार्यकाल के दौरान एक और नकारात्मक परम्परा की नींव डाली गयी। पूर्व मुख्य न्यायाधीश रंजन गोगोई के कार्यकाल में मुहरबन्द लिफ़ाफ़े के अन्दर साक्ष्य जमा करवाने की आदत ज़ोर पकड़ गयी। संवेदनशील तथा आमजन को प्रभावित करने वाले मामलों में न्यायालय ने मुहरबन्द लिफ़ाफ़ों में साक्ष्य स्वीकार करने शुरू कर दिये। निर्वाचन बोंड्स, सीबीआई निदेशक विवाद, राफ़ेल समझौता आदि मामलों में मुहरबन्द लिफ़ाफ़ों में ही साक्ष्य स्वीकार किये गये। पारदर्शिता तथा उत्तरदायिता

भारतीय विधि व्यवस्था की रीढ़ रहे हैं। न्याय होते हुए दिखना भी चाहिए। तो फिर तथ्यों के आधार पर मामलों का निपटान करने को बाध्य न्यायालयों द्वारा कुछेक चुनिन्दा तथ्यों को आमजन की नज़रों से छुपाया क्यों गया?

उच्च न्यायालयों द्वारा कुछेक स्वतन्त्रमना न्यायाधीशों के साथ किया गया सुलूक भी न्यायमूर्ति रंजन गोगोई के कार्यकाल में न्यायपालिका की स्वतन्त्रता की दुर्दशा को दर्शा देता है। अधिशासी मण्डल (कोलेजियम) ने गुजरात उच्च न्यायालय के वरिष्ठतम न्यायाधीश न्यायमूर्ति क़ुरेशी को मध्य प्रदेश उच्च न्यायालय का मुख्य न्यायाधीश नियुक्त करने की अनुशंसा की थी। भारत के मुख्य न्यायाधीश न्यायमूर्ति रंजन गोगोई इस अधिशासी मण्डल के अध्यक्ष थे। सरकार महीनों तक इस अनुशंसा को ठण्डे बस्ते में डालकर बैठी रही। केन्द्र द्वारा इस प्रकार की 'अव्याख्येय' निष्कर्मण्यता को न्यायपालिका की स्वतन्त्रता पर आघात माना जाता है और यह न्यायपालिका की सर्वोच्चता को कुंद करता है। बाद में सरकार की सलाह पर अधिशासी मण्डल ने न्यायमूर्ति क़ुरेशी को त्रिपुरा उच्च न्यायालय में स्थानान्तरित कर दिया। 2010 में न्यायमूर्ति क़ुरेशी गुजरात उच्च न्यायालय के न्यायाधीश हुआ करते थे तथा उन्होंने सोहराबुद्दीन एनकाउंटर मामले में अमित शाह को पुलिस हिरासत में भेजा था। मद्रास उच्च न्यायालय की मुख्य न्यायाधीश वी.के. ताहिलरमानी को मेघालय उच्च न्यायालय में स्थानान्तरित कर दिया गया। अपने स्थानान्तरण पर पुनर्विचार करने की उनकी विनती को ठुकरा दिया गया, साथ ही, उनके त्यागपत्र देने के बाद, उनके विरुद्ध जाँच भी बिठा दी गयी। 2017 में जब न्यायमूर्ति ताहिलरमानी बॉम्बे उच्च न्यायालय की न्यायाधीश हुआ करती थीं तो उन्होंने गोधरा दंगों के दौरान बिल्कीस बानो के सामूहिक बलात्कार मामले के अभियुक्तों की सज़ा को बरक़रार रखा था। हस्तक्षेप-मुक्त मुक़दमा चलाने के लिए इस मामले को गुजरात से मुम्बई स्थानान्तरित किया गया था। न्यायमूर्ति गोगोई एक और विवाद में घिर गये जब उनके कार्यालय में नियुक्त एक महिला ने न्यायमूर्ति गोगोई पर यौन शोषण का आरोप लगा दिया। क़ानून में प्रावधान है कि इस प्रकार के मामलों की जाँच किसी स्वतन्त्र समिति से करवाई जाये लेकिन इस प्रावधान का उल्लंघन करते हुए सर्वोच्च न्यायालय की सदन समिति से इस मामले की जाँच करवाई गयी। एक महीने के भीतर न्यायमूर्ति गोगोई को दोषहीन बता दिया गया। पीड़िता के रास्ते में पहले ही बहुत बाधाएँ खड़ी कर दी गयी थीं और जब उनको नौकरी से बर्ख़ास्त किया गया तो उनकी मुसीबतें और ज़्यादा बढ़ गयीं। न्याय का जनाज़ा तो तब उठा जब न्यायमूर्ति गोगोई की

सेवानिवृत्ति के बाद उस महिला को भी दोषमुक्त घोषित कर दिया गया तथा पुरानी नौकरी पर पुनः बहाल कर दिया गया। यह बड़ा अजीब सा मामला था कि पीड़ित पक्ष तथा अभियुक्त दोनों को ही निर्दोष पाया गया। इसके बाद हमें इस सवाल का जवाब नहीं मिल पाता कि 'रक्षकों से हमारी रक्षा कौन करेगा?'

1990 के दशक में राज्यसभा सांसद बनने वाले भारत के पूर्व न्यायाधीश रंगनाथ मिश्रा की मिसाल देकर न्यायमूर्ति गोगोई के नामांकन को जायज़ ठहराने का प्रयास किया जाता है। लेकिन न्यायमूर्ति मिश्रा 1991 में सेवानिवृत्त हुए थे तथा कई साल बाद जाकर वे कांग्रेस पार्टी में शामिल हुए थे। 1998 में उन्होंने ओड़िशा से कांग्रेस प्रत्याशी के रूप में राज्यसभा का चुनाव लड़ा तथा विजयी हुए। अतः वे राज्यसभा के चयनित सदस्य थे, नामित सदस्य नहीं। संविधान की अनुसूची 4 के अन्तर्गत राष्ट्रपति कला, साहित्य, विज्ञान तथा समाजसेवा के क्षेत्र में उत्कृष्ट योगदान देने वाले बारह गण्यमान्य व्यक्तियों को राज्यसभा में नामित करते हैं। इन क्षेत्रों में न्यायमूर्ति गोगोई का योगदान शोध का विषय है!

5 फ़रवरी 2020 को प्रधानमन्त्री नरेन्द्र मोदी ने संसद के अन्दर घोषणा की कि सर्वोच्च न्यायालय के निर्णय की अनुपालना करते हुए केन्द्र सरकार ने 'श्रीराम जन्मभूमि तीर्थ क्षेत्र' नाम से एक न्यास की स्थापना की है। इस न्यास के 15 न्यासी हैं जिनमें 9 तो स्थायी न्यासी हैं तथा बाक़ी 6 पदेन न्यासी होते हैं। सर्वोच्च न्यायालय के निर्णय के अनुरूप 2.77 एकड़ की भूमि इस न्यास को हस्तान्तरित की जा चुकी है। न्यास ने विश्व हिन्दू परिषद् के चम्पत राय को महासचिव तथा स्वामी गोविन्द देव गिरी को अपना कोषाध्यक्ष चुना।

निम्न 9 व्यक्ति न्यास के स्थायी सदस्य हैं :

- **गोविन्द देव गिरी**–ब्राह्मण परिवार में जन्म लिया तथा भगवद्गीता पर टीका के लिए जाने जाते हैं। इनका निवास पुणे में है।
- **विमलेंद्र मोहन प्रताप मिश्र**–इनका सम्बन्ध अयोध्या राजपरिवार से है। ये डॉ. लोहिया द्वारा प्रेरित रामायण मेला न्यास के संरक्षक भी हैं। जब 6 दिसम्बर 1992 को रामलला की पुरानी मूर्ति ग़ायब हो गयी तो इनके परिवार ने रामलला की नयी प्रतिमा दान की थी। ये 2009 में बसपा के टिकट पर लोकसभा चुनाव हार चुके हैं।
- **डॉ. अनिल मिश्र**–ये आरएसएस के प्रान्त कार्यवाह (कार्यकारी अध्यक्ष) हैं। इनका जन्म अम्बेडकरनगर में हुआ तथा ये पेशे से होम्योपैथिक डॉक्टर हैं।

- **महन्त दिनेंद्र दास**–इस न्यास में ये अयोध्या के साधु-सन्तों के इकलौते प्रतिनिधि हैं। इनका सम्बन्ध निर्मोही अखाड़े से है। निर्मोही अखाड़ा भी इस पूरे मामले में वादी बना था।
- **वासुदेवनन्द सरस्वती**–ज्योतिष पीठ के शंकराचार्य के रूप में इनको न्यास में नामित किया गया है। ख़ुद को शारदा पीठ तथा ज्योतिष पीठ का शंकराचार्य बताने वाले स्वरूपानन्द सरस्वती वासुदेवनन्द सरस्वती के शंकराचार्य होने के दावे का खण्डन करते हैं। उनका कहना है–'मैं ज्योतिष पीठ का शंकराचार्य हूँ। वासुदेवनन्द को ज्योतिष पीठ के शंकराचार्य के रूप में नामित करके प्रधानमन्त्री ने सर्वोच्च न्यायालय के निर्णय की अवमानना की है जबकि माननीय सर्वोच्च न्यायालय ने तो वासुदेवनन्द को संन्यासी तक मानने से इनकार कर दिया है।'
- **स्वामी परमानन्द महाराज**–हरिद्वार स्थित अखण्ड आश्रम के महन्त हैं। ये वेदान्त के विषय पर 150 से अधिक पुस्तकें लिख चुके हैं।
- **स्वामी विश्वप्रश्नतीर्थ महाराज**–ये कर्नाटक के पेजावर मठ के महन्त हैं।
- **के. परासरण**–इनका जन्म 1927 में हुआ। 92 वर्ष की आयु में ये रामजन्मभूमि मामले में सर्वोच्च न्यायालय के अन्दर हिन्दू पक्ष का मुक़दमा प्रस्तुत कर रहे थे। ये तमिलनाडु के भूतपूर्व महाधिवक्ता, भारत के भूतपूर्व महान्यायभिकर्ता, भारत के भूतपूर्व महान्यायवादी तथा भूतपूर्व राज्यसभा सांसद रह चुके हैं। प्रथम न्यासी के रूप में इन्हीं को नियुक्त किया गया था। न्यास का पंजीकरण भी इनके दिल्ली स्थित निवास के पते पर किया गया है।
- **कामेश्वर चौपाल**–ये आरएसएस के ज़िला प्रचारक तथा बाद में वीएचपी के पदधारी के रूप में अपनी सेवाएँ दे चुके हैं। 9 नवम्बर 1989 को चौपाल ने ही रामजन्मभूमि मन्दिर की नींव में पहली ईंट स्थापित की थी। बिहार के सुपौल क्षेत्र से आने वाला यह दलित नेता तीन बार भाजपा के टिकट पर चुनाव लड़ चुका है–1991 में रसड़ा से लोकसभा चुनाव लड़ा, 1995 में बेगुसराय से विधानसभा चुनाव लड़ा तथा 2014 में फिर यहीं से लोकसभा चुनाव लड़ा। तीनों बार इनकी शिकस्त हुई। 2002 में इनको बिहार विधान परिषद् का सदस्य बनाया गया।

अगस्त 2020 में न्यास के छह नामित सदस्य निम्नलिखित थे :

- **महन्त नृत्यगोपाल दास**–बाबरी मस्जिद विध्वंस मामले में ये भी अभियुक्त थे। ये 1984 से ही रामजन्मभूमि आन्दोलन से जुड़े हुए हैं। सर्वोच्च न्यायालय

का निर्णय आया उस समय यही न्यास के अध्यक्ष थे लेकिन जब सर्वोच्च न्यायालय के निर्णय के अनुरूप न्यास का गठन किया गया तो न्यासियों में इनका नाम शामिल नहीं किया गया था जिसकी वजह से ये नाराज़ भी हुए। बाद में इनको न्यास का अध्यक्ष नियुक्त किया गया।

- **चम्पत राय**–ये विश्व हिन्दू परिषद् के कार्यकर्ता हैं तथा वर्तमान में वीएचपी के अन्तरराष्ट्रीय महासचिव के पद पर तैनात हैं। इनको न्यास का महासचिव भी नियुक्त किया गया है।
- **नृपेन्द्र मिश्र**–इन्होंने इलाहाबाद विश्वविद्यालय से पढ़ाई की है तथा ये 1967 बैच के उत्तर प्रदेश कैडर के आईएएस अधिकारी हैं। 2014-19 के दौरान मोदी के प्रथम कार्यकाल के दौरान प्रधानमन्त्री कार्यालय के संचालन में इन्होंने महत्त्वपूर्ण भूमिका निभाई थी। इनको विनिर्माण समिति का सदस्य तथा चेयरमैन नामित किया गया।
- **ज्ञानेश कुमार**–ये आईएएस अधिकारी हैं। न्यास के प्रावधानों के अन्तर्गत भारत सरकार के गृह मन्त्रालय का प्रतिनिधित्व होना अनिवार्य है। ये अतिरिक्त गृह सचिव के पद पर आसीन हैं इसलिए इनको न्यास का सदस्य बनाया गया है।
- **अवनीश अवस्थी**–ये भी आईएएस अधिकारी हैं तथा अतिरिक्त मुख्य सचिव (गृह) के पद पर आसीन हैं। ये योगी सरकार के सबसे शक्तिशाली नौकरशाह माने जाते हैं तथा न्यास में राज्य सरकार का प्रतिनिधित्व करते हैं।
- **अनुज कुमार झा**–ये भी आईएएस अधिकारी हैं तथा अयोध्या के ज़िला मैजिस्ट्रेट के पद पर तैनात हैं।

सर्वोच्च न्यायालय के निर्णय के अनुरूप स्थापित किये गये इस न्यास को राम मन्दिर के निर्माण का उत्तरदायित्व दिया गया है। न्यास के कुल 15 सदस्यों में से 12 ब्राह्मण हैं। यहाँ यह प्रश्न उत्पन्न होता है कि क्या हम एक ऐसे समाज का निर्माण करने की दिशा में अग्रसर हैं जहाँ जाति, पन्थ, रंग, लिंग के आधार पर किसी के साथ भेदभाव नहीं किया जाता? राम तो सबके हैं, तो फिर सभी जातियों को राम मन्दिर निर्माण में प्रतिनिधित्व प्रदान क्यों नहीं किया गया? 'रामराज्य' में शूद्रों तथा दलितों का समामेलन आवश्यक है। स्त्रियों को न्यास की सदस्यता से दूर रखना भी आधी आबादी के प्रति हमारी मानसिकता को दर्शाता है। एक अन्य प्रावधान यह किया गया है कि यदि अयोध्या का ज़िला मैजिस्ट्रेट हिन्दू होगा तभी उसको न्यास का

पदेन सदस्य बनाया जा सकता है। यदि वह ग़ैर-हिन्दू है तो उनके नायब को न्यास का पदेन सदस्य नियुक्त किया जायेगा, लेकिन उसका भी हिन्दू होना अनिवार्य है। इस न्यास की स्थापना किसी व्यक्ति अथवा संस्था के निजी प्रयासों द्वारा की गयी होती तो इस प्रकार का प्रावधान समझ में आता है। न्यायालय के निर्देश पर सरकार द्वारा किसी न्यास का गठन किया जाता है तो इस प्रकार के प्रावधानों पर चिन्ता प्रकट की जा सकती है। अन्त में, केवल आईएएस अधिकारियों को ही केन्द्र तथा राज्य सरकार के प्रतिनिधियों के रूप में नियुक्त किया जा सकता है। अखिल भारतीय सेवा की अन्य शाखाओं से आने वाले अधिकारी इस नियुक्ति के योग्य नहीं समझे जाते। यहाँ हम आईएएस के पक्ष में भेदभाव को साफ़-साफ़ देख सकते हैं।

5 अगस्त 2020 को रामजन्मभूमि पर पुनः भूमि-पूजन करने का निर्णय लिया गया। 1989 में वीएचपी विवादित भूमि की प्लाट संख्या 586 पर शिलान्यास करवाने के लिए दबाव बना रही थी। सरकार विवादित भूमि से 20 फ़ीट दूर स्थित प्लाट संख्या 576 पर शिलान्यास करना चाहती थी। यह प्लाट रामकृपाल दास को पट्टे पर दिया गया था। उन्होंने अपनी भूमि पर शिलान्यास करने की सहमति दे दी थी। 6 नवम्बर 1989 को राज्य सरकार ने उच्च न्यायालय का दरवाज़ा खटखटाया। न्यायालय ने इस अन्तरिम आदेश का अनुमोदन किया कि चूँकि यह भूमि विवादित है इसलिए इस भूमि पर किसी प्रकार के निर्माण की अनुमति प्रदान नहीं की जायेगी। एन.डी. तिवारी छोटे-छोटे काम भी दिल्ली से अनुमति लेने के बाद ही किया करते थे, इसीलिए वे 'नयी दिल्ली तिवारी' के नाम से मशहूर हो गये थे। वे उच्च न्यायालय के निर्णय की अवमानना नहीं करना चाहते थे। 6 नवम्बर 1989 को उच्च न्यायालय में जाने की बजाय देवराहा बाबा के वृन्दावन स्थित आश्रम में बैठकर इस मामले को सुलझा लिया गया। इस मामले में राजीव गांधी ने देवराहा बाबा से मार्गदर्शन माँगा था। देवराहा बाबा ने उत्तर प्रदेश कैडर के सेवानिवृत्त आईपीएस अधिकारी शीशचंद दीक्षित के साथ परामर्श किया। शीशचंद दीक्षित इस मामले में मुख्य वार्ताकार थे। वीएचपी ने प्रधानमन्त्री को शिलान्यास करने की सहमति प्रदान कर दी। उन्होंने परामर्श भी दिया कि शिलान्यास का स्थान परिवर्तित न किया जाये। अन्ततः 9 नवम्बर को शिलान्यास तथा भूमि पूजन की प्रक्रिया सम्पन्न कर ली गयी। स्वामी वामदेव ने भूमि पूजन किया, वास्तु पूजा महादेव भट्ट तथा अयोध्या प्रसाद ने सम्पन्न की, महन्त अवैद्यनाथ ने पहला फावड़ा चलाया तथा पहली ईंट कामेश्वर चौपाल ने स्थापित की।

2019 में दुबारा सरकार बनाते ही मोदी सरकार ने अनुच्छेद 370 को निरस्त कर दिया तथा जम्मू-कश्मीर से राज्य का दर्जा छीनकर इसको केन्द्र-शासित प्रदेशों में विभाजित कर दिया गया था इसलिए मोदी सरकार के लिए 5 अगस्त का महत्त्व बहुत अधिक बढ़ गया था। हम भारतीय लोग कोई बड़ा शुभ कार्य शुरू करने से पहले ही नहीं बल्कि अपने दैनिक जीवन के छोटे-छोटे कामों में भी मुहूर्त को बहुत अधिक महत्त्व देते हैं। केवल भारत में रहने वाले लोग ही नहीं बल्कि विदेशों में बसे हुए भारतीय भी बड़ी सख़्ती के साथ राहुकाल (वह समय जब किसी महत्त्वपूर्ण कार्य अथवा यात्रा आरम्भ करने को शुभ नहीं माना जाता) की पालना करते हैं। भारत जब किसी राकेट अथवा आकाशयान का परीक्षण करता है तो उसका समय भी मुहूर्त निकालकर निर्धारित किया जाता है तथा प्रक्षेपण से पहले पूजा अनिवार्य रूप से की जाती है। यहाँ तक कि रक्षामन्त्री राजनाथ सिंह ने भी फ्रांस से अत्याधुनिक राफ़ेल विमान ग्रहण करने से पहले फ्रांस जाकर इन विमानों की पूजा सम्पन्न की थी। घर की नींव रखते समय भी भारतीय लोग शुभ एवं अशुभ घड़ी का बहुत ध्यान रखते हैं। भगवा वाहिनी यह प्रचार करती है कि राम मन्दिर का पुनर्निर्माण 500 वर्षों से हिन्दुओं का सबसे बड़ा सपना बना हुआ था, तो ऐसे में शिलान्यास के लिए पंचांग से अनुसार सर्वोत्तम मुहूर्त का चयन किया जाना चाहिए था। मानसून के चार महीनों को चौमासा के नाम से भी जाना जाता है। यह *आषाढ़ मास के शुक्ल पक्ष की देवशयनी एकादशी* से शुरू होता है तथा *कार्तिक मास के शुक्ल पक्ष की देवोत्थान एकादशी* तक चलता है। ऐसी मान्यता है कि इन महीनों में देवता निद्रालीन हो जाते हैं इसीलिए इस अवधि में विवाह, उत्सव तथा अन्य शुभ कार्य करने से बचा जाता है। अयोध्या के रीति-रिवाज़ पूर्वी उत्तर प्रदेश के समाज से प्रभावित हैं। पंचांग के अनुसार 5 अगस्त को भाद्रपद मास की द्वितीया आती थी, इस दिन तो कोई भी शुभ कार्य करने की सख़्त मनाही है।

राम मन्दिर निर्माण की पूजा सम्पन्न करते समय मोदी ने एक और ऐसा अनर्थ कर दिया जिसकी भारतीय परम्परा में संस्तुति नहीं की गयी है। किसी भी शुभ कार्य में पति-पत्नी को साथ शामिल होना होता है। विवाहित व्यक्ति पूजा अथवा अन्य किसी संस्कार में अकेला नहीं बैठ सकता, उसकी पत्नी का साथ होना आवश्यक है। चारों विधानसभा चुनावों में तो मोदी ने विवाह का कॉलम रिक्त छोड़ दिया था लेकिन 2014 के लोकसभा चुनावों में उन्होंने पहली बार पत्नी के कॉलम में जशोदाबेन का नाम लिखकर उनको अपनी पत्नी के रूप में स्वीकार किया। यदि पत्नी जीवित है तो उसको साथ लिए बिना अकेले ही संस्कार में शामिल होना

उचित नहीं ठहराया जा सकता। भगवान राम तथा सीता के दो उदाहरणों के द्वारा हम इस प्रथा की महत्ता का अन्दाज़ा लगा सकते हैं। रामेश्वरम में राम ने पूजा करने का निश्चय किया, चूँकि रावण ही सबसे विद्वान ब्राह्मण था इसलिए पुरोहित का दायित्व निभाने के लिए रावण से विनती की गयी और रावण मान भी गया। कथा बताती है कि चूँकि शास्त्रों के अनुसार यदि पति-पत्नी साथ में उपस्थित न हों तो अनुष्ठान सम्पन्न नहीं माना जाता इसलिए रावण अपने साथ सीता को भी लेकर आया था। दूसरा उदाहरण अश्वमेध यज्ञ के समय का है। यज्ञ के आयोजन के समय पति-पत्नी को साथ बिठाना आवश्यक था। लेकिन सीता जी उस समय वन में रह रही थीं। विद्वानों ने राम को पुनर्विवाह की सलाह दी ताकि उनकी नयी पत्नी यज्ञ में उनके साथ बैठकर अनुष्ठान सम्पन्न कर सके। लेकिन भगवन राम ने यह तर्क देकर इस प्रस्ताव को सिरे से ठुकरा दिया कि वे पहले से ही विवाहित हैं और पूरी तरह से अपनी पत्नी सीता के प्रति समर्पित हैं। इसलिए बीच का रास्ता निकालने के लिए सीता की स्वर्ण-प्रतिमा बनवाई गयी तथा उस प्रतिमा को भगवान राम के वामपक्ष में स्थापित करके यज्ञ सम्पन्न किया गया। उसी राम मन्दिर में अपनी पत्नी को साथ लिए बिना नरेन्द्र मोदी ने पूजा में अकेले शामिल होकर नि:सन्देह परम्परा भंग की थी।

भारत के प्रथम नागरिक के रूप में राष्ट्रपति को यह पूजा सम्पन्न करनी चाहिए थी। राष्ट्रपति को पूजा में शामिल न करने के कारण पिछड़े समुदाय के बीच असन्तोष की भावना आयी। मोदी ने केवल आरएसएस के सरकार्यवाह मोहन भागवत को ही अपने साथ मंच पर बिठाया जिसके कारण यह अनुष्ठान पूरे भारत के हिन्दुओं का समेकित प्रयास न रहकर केवल भगवा वाहिनी का कार्यक्रम बनकर रह गया। कोविड-19 के कारण देश के लोगों को बुनियादी ज़रूरत की चीज़ें तक उपलब्ध नहीं थीं और चीनी सेना भी भारत की सीमा पर आ धमकी थी, ऐसे में हम कह सकते हैं कि इस अनुष्ठान के लिए सही समय का चयन नहीं किया गया था। साथ ही, इस अनुष्ठान के द्वारा धर्म एवं राज्य के बीच के अन्तर को भी पूरी तरह से मिटा दिया गया।

30 सितम्बर 2020 को सीबीआई की विशेष अदालत ने अपना अन्तिम निर्णय सुनाया। इसके साथ ही यह स्पष्ट हो गया कि भारत का भविष्य किस दिशा में बढ़ रहा है। दिसम्बर 1992 में बाबरी मस्जिद के विध्वंस के बाद 49 एफ़आईआर दर्ज करवाई गयी थीं, इनमें से 48 तो संज्ञेय अपराधों के मामलों में काटी गयी थीं। मस्जिद के विध्वंस से पहले भड़काऊ भाषण देने के मामले में एफ़आईआर में आडवाणी,

मुरली मनोहर जोशी, उमा भारती, महन्त अवेद्यनाथ, विष्णु हरि डालमिया तथा अशोक सिंघल को नामज़द किया गया। 2001 में सीबीआई की विशेष अदालत ने षड्यन्त्र मामले में से भारत के तत्कालीन गृहमन्त्री लालकृष्ण आडवाणी का नाम हटा दिया। 2010 में इलाहाबाद उच्च न्यायालय ने भी विशेष अदालत के इस निर्णय की अनुशंसा की। 19 अप्रैल 2017 को न्यायमूर्ति पी.सी. जोशी तथा आर.एफ़. नरीमन की सर्वोच्च न्यायालय की पीठ ने षड्यन्त्र मामले में आडवाणी तथा अन्य का नाम फिर से शामिल करने का निर्णय सुरक्षित रख लिया। दो वर्ष की निर्धारित अवधि में मामले का निपटान करने का निर्देश देते समय पीठ ने टिप्पणी की थी–'वर्तमान मामले में, संविधान के लोकतान्त्रिक ताने-बाने को तार-तार कर देने वाला यह अपराध लगभग 25 वर्ष पहले घटित हुआ था।'

विशेष सीबीआई अदालत के न्यायाधीश सुरेन्द्र कुमार यादव 30 सितम्बर 2019 को सेवानिवृत्त होने वाले थे। सर्वोच्च न्यायालय ने न्यायाधीशों को सेवाकाल में विस्तार प्रदान कर दिया। 9 नवम्बर 2019 को सुनाये गये निर्णय में सर्वोच्च न्यायालय की पाँच सदस्यीय पीठ ने विवादित भूमि मन्दिर निर्माण के लिए प्रदान कर दी तथा साथ ही यह टिप्पणी भी की–'मस्जिद का विध्वंस तथा इस्लामी संरचना का विरूपण क़ानून का उल्लंघन था।' लिब्राहन आयोग पहले ही यह टिप्पणी कर चुका था कि साज़िश के तहत मस्जिद का विध्वंस किया गया था। विध्वंस के 28 वर्ष पश्चात् इस मामले में संलिप्त सभी 32 जीवित अभियुक्तों को 30 सितम्बर 2020 को सीबीआई की विशेष अदालत के सम्मुख उपस्थित होने का निर्देश दिया गया। इनमें से 26 अभियुक्त अदालत के सम्मुख उपस्थित हुए जबकि आडवाणी एवं मुरली मनोहर जोशी को वृद्धावस्था तथा उमा भारती को अस्पताल में भर्ती होने के आधार पर उपस्थिति से छूट प्रदान की गयी। सभी 32 अभियुक्तों को बाइज़्ज़त बरी कर दिया गया। निर्णय में कहा गया कि बाबरी मस्जिद का विध्वंस पूर्वयोजना के द्वारा नहीं किया गया था तथा अभियुक्त तो 'भीड़ को भड़काने का नहीं बल्कि शान्त करने का प्रयास कर रहे थे।' अदालत ने कहा कि यह सीबीआई द्वारा उपलब्ध करवाये गये ऑडियो-वीडियो साक्ष्यों की सत्यता की जाँच नहीं कर सकती। अन्त में हम यह कह सकते हैं कि **बाबरी मस्जिद ढहाई ही नहीं गयी।**

पिछले दिनों में समाज के एक बड़े हिस्से ने हर्षोल्लास के साथ इस प्रकार के निर्णयों का स्वागत किया है। यह तो समय ही बता पायेगा कि इस पथ पर चलते हुए भारत कभी विश्वगुरु बन पायेगा अथवा नहीं। मेरी तो यही कामना है कि देश 'जय

श्रीराम' के उन्माद से बाहर निकलकर हमारी सुव्यवस्थित परम्परा के अनुसार 'जय सिया राम' के अभिवादन में निहित शान्ति-समृद्धि के आदर्शों को फिर से अपना ले।

टिप्पणियाँ

1. 16 मार्च 1993 की रात को राशिद खान कोलकाता के बोउबाज़ार क्षेत्र में विस्फोटक एकत्र कर रहा था, उसी समय दुर्घटनावश ये विस्फोटक फट पड़े। राशिद भी मुम्बई विस्फोटों की ही तर्ज़ पर कलकत्ता के भिन्न-भिन्न इलाक़ों में विस्फोट करने की साज़िश बुन रहा था।

❒❒❒